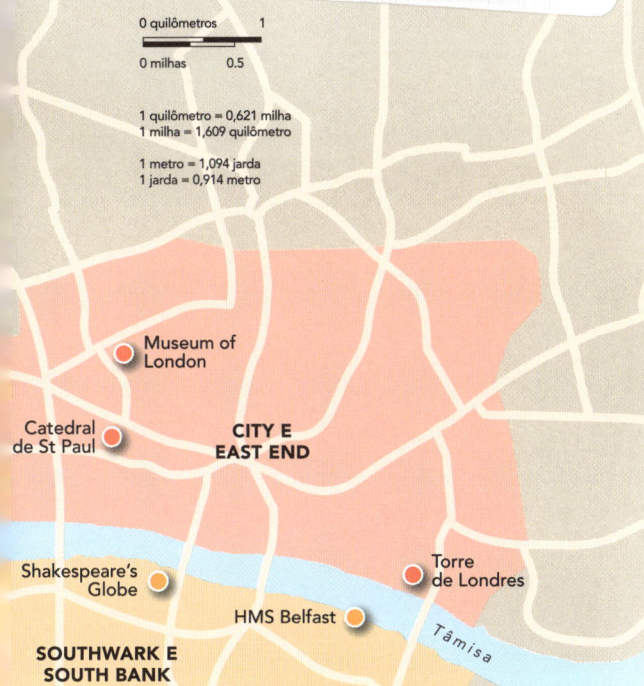

0 quilômetros 1
0 milhas 0.5

1 quilômetro = 0,621 milha
1 milha = 1,609 quilômetro

1 metro = 1,094 jarda
1 jarda = 0,914 metro

- Museum of London
- Catedral de St Paul
- **CITY E EAST END**
- Shakespeare's Globe
- HMS Belfast
- Torre de Londres
- Tâmisa
- **SOUTHWARK E SOUTH BANK**

Legenda das atrações

WESTMINSTER E WEST END
Abadia de Westminster *(pp. 66-7)*
Palácio de Buckingham *(pp. 74-5)*
National Gallery *(pp. 80-1)*
Covent Garden *(pp. 88-9)*

BLOOMSBURY E REGENT'S PARK
British Museum *(pp. 102-3)*
ZSL London Zoo *(pp. 110-1)*

CITY E EAST END
Torre de Londres *(pp. 122-3)*
Catedral de St Paul *(pp. 130-1)*
Museum of London *(pp. 136-7)*

SOUTHWARK E SOUTH BANK
Shakespeare's Globe *(pp. 146-7)*
HMS *Belfast* *(pp. 154-5)*
London Eye *(pp. 160-1)*

KENSINGTON, CHELSEA E BATTERSEA
Kensington Gardens e Hyde Park *(pp. 174-5)*
Science Museum *(pp. 180-1)*
Battersea Park *(pp. 188-9)*

ARREDORES DO CENTRO E PASSEIOS DE UM DIA
Greenwich *(pp. 198-9)*
V&A Museum of Childhood *(pp. 208-9)*
Kenwood House *(pp. 216-7)*
Horniman Museum *(pp. 222-3)*
Kew Gardens *(pp. 228-9)*
Hampton Court Palace *(pp. 236-7)*
Windsor Castle *(pp. 238-9)*

Arredores do Centro e Passeios de Um Dia

- Watford
- Enfield
- Loughton
- Edgware
- Harrow
- Kenwood House
- Walthamstow
- Romford
- Uxbridge
- Wembley
- V&A Museum of Childhood
- Slough
- Ealing
- Central London
- Kew Gardens
- Windsor Castle
- Richmond
- Greenwich
- Dartford
- Staines
- Horniman Museum
- Streatham
- Hampton Court Palace
- Wimbledon
- Bromley
- Orpington
- Woking
- Epsom
- Croydon

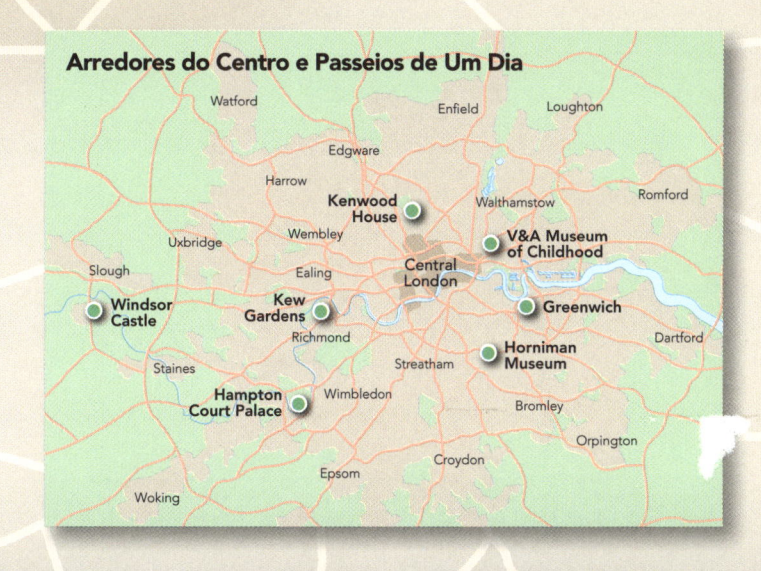

GUIA VISUAL - FOLHA DE S.PAULO

FÉRIAS EM FAMÍLIA

GUIA LONDRES

GUIA VISUAL - **Folha de S.Paulo**

FÉRIAS EM FAMÍLIA

GUIA LONDRES

PubliFolha

Sumário

Como Usar Este Guia	6
Introdução a Londres	8
O Melhor de Londres	10
Londres ao Longo do Ano	14
Cerimônias de Londres	18
Como Chegar	20
Como Circular	22
Londres às Margens do Rio	26
Informações Úteis	30
Onde Ficar	34
Onde Comer	36
Compras	40
Diversão	44
Melhores Teatros e Shows	46
Londres para Brincar	48
Londres Esportiva	50
Londres ao Ar Livre	52
A História de Londres	54

WESTMINSTER E WEST END 60

O Melhor de Westminster e do West End 62

Abadia de Westminster 64
Houses of Parliament
Tate Britain
Churchill War Rooms
Horse Guards Parade
Banqueting House

Palácio de Buckingham 72
O Royal Mews
Guards Museum
Royal Institution

National Gallery 78
Trafalgar Square
National Portrait Gallery
Benjamin Franklin House

Leicester Square
Piccadilly Circus
Hamleys

Covent Garden 86
St Paul's Church
Royal Opera House
Theatre Royal Drury Lane
London Transport Museum
Somerset House
Sir John Soane's Museum
Hunterian Museum
St Clement Danes

BLOOMSBURY E REGENT'S PARK 96

O Melhor de Bloomsbury e do Regent's Park 98

British Museum 100
Pollock's Toy Museum
Wellcome Collection
British Library
Foundling Museum
Charles Dickens Museum
London Canal Museum

ZSL London Zoo 108
Regent's Park
Camden Market
Jewish Museum
Madame Tussauds
Sherlock Holmes Museum
The Wallace Collection

CITY E EAST END 116

O Melhor da City e do East End 118

Bichos de pelúcia coloridos na loja de brinquedos Eric Snook, em Covent Garden

Torre de Londres 120		
The Monument		
Leadenhall Market		
All Hallows by the Tower		
Tower Bridge		
St Katharine's Dock		
Whitechapel Gallery		

Menino experimenta o cockpit de um helicóptero no Royal Air Force Museum, Hendon

Torre de Londres — 120
The Monument
Leadenhall Market
All Hallows by the Tower
Tower Bridge
St Katharine's Dock
Whitechapel Gallery

Catedral de St Paul — 128
Bank of England Museum
Dr Johnson's House
Guildhall Art Gallery

Museum of London — 134
O Barbican
Old Spitalfields Market
Museum of the Order
  of St John

SOUTHWARK E SOUTH BANK — 140
O Melhor de Southwark e da South Bank — 142

Shakespeare's Globe — 144
Tate Modern
Clink Prison Museum
Golden Hinde
Southwark Cathedral
The Old Operating Theatre

HMS *Belfast* — 152
The View from The Shard
Winston Churchill's Britain
  at War Experience
Design Museum

London Eye — 158
National Theatre
BFI Southbank
Gabriel's Wharf
Southbank Centre
Sea Life London Aquarium
London Dungeon
London Film Museum
Imperial War Museum (IWM)
Florence Nightingale
  Museum

KENSINGTON, CHELSEA E BATTERSEA — 168
O Melhor de Kensington, Chelsea e Battersea — 170

Kensington Gardens e Hyde Park — 172
Kensington Palace
Serpentine Galleries
Apsley House

Science Museum — 178

Natural History Museum — 182
Victoria & Albert Museum
Royal Albert Hall

Battersea Park — 186
Battersea Park Children's Zoo
National Army Museum
Chelsea Physic Garden

ARREDORES DO CENTRO — 192
O Melhor nos Arredores do Centro — 194

Greenwich — 196
Old Royal Naval College
National Maritime Museum
Royal Observatory Greenwich
Museum of London
  Docklands
Madchute Park and Farm
British Music Experience
Eltham Palace
Firepower Museum
Thames Barrier

V&A Museum of Childhood — 206
Geffrye Museum
Hackney City Farm
Hackney Museum
Sutton House
Discover
Ragged School Museum

Kenwood House — 214
Warner Bros. Studio Tour
  London – The Making
  of Harry Potter
RAF Museum
Wembley Stadium

Horniman Museum & Gardens — 220
Dulwich Picture Gallery
Crystal Palace Park

Kew Gardens — 226
WWT London Wetland Centre
Syon House
Osterley Park
Richmond Park
Ham House

PASSEIOS DE UM DIA — 234

Hampton Court Palace — 236
Windsor Castle — 238
Windsor Great Park
Eton College
Legoland

Onde Ficar	242
Mapas	252
Índice	278
Frases	285
Agradecimentos	287

Como Usar Este Guia

Este guia foi planejado para auxiliar as famílias a aproveitar ao máximo sua visita a Londres, fornecendo indicações para passeios com crianças e informações práticas detalhadas. A seção introdutória faz uma apresentação da cidade e de seus destaques e oferece dicas úteis para planejar as férias (incluindo informações sobre chegada à cidade, transportes, saúde, seguros, dinheiro, hotéis, restaurantes, compras e comunicações). Traz, ainda, um guia de festivais para toda a família e um breve histórico de Londres.

A seção principal, dedicada às atrações, é dividida em áreas. Depois da apresentação do melhor de cada área, segue-se a descrição dos destaques e das outras atrações nas proximidades, sempre com indicações de restaurantes, bares e locais de diversão. No fim do livro, você encontra relações de hotéis e mapas detalhados da cidade.

APRESENTAÇÃO DA ÁREA
Cada capítulo é aberto com uma página dupla em que, após breve introdução, são apresentados os destaques da área e sua localização na cidade.

Mapa de localização

Principais atrações relaciona os destaques da área.

O MELHOR DE...
Essas páginas indicam os melhores programas para fazer em cada área – de atrações históricas, artísticas e culturais a parques e locais de diversão.

Sugestões temáticas das melhores atrações e programas com as crianças.

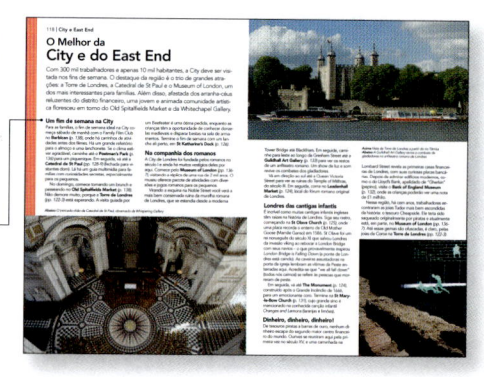

ONDE FICAR
Especialistas relacionam um variado leque de lugares para se hospedar com a família – desde hotéis e pousadas que aceitam crianças até apartamentos totalmente equipados.

Símbolos de fácil identificação mostram as características-chave dos estabelecimentos que hospedam famílias.

Categorias de preço dá detalhes das diárias para uma família com quatro pessoas.

ATRAÇÕES EM LONDRES

Cada área possui algumas atrações principais (veja abaixo), apresentadas num mapa detalhado no qual se relaciona o que é necessário para explorá-las. As páginas seguintes fornecem uma perspectiva real do destino, com foco nas atrações principais e no que as torna especiais para adultos e crianças. Há ainda indicações de locais para relaxar ou para se proteger num dia chuvoso, além de sugestões de lugares onde se pode comer, beber e comprar com os pequenos. Informações práticas e ideias para continuar os passeios completam os roteiros.

O **texto introdutório** mostra os aspectos práticos da visita – da melhor hora do dia para passear à chegada por meio de transporte público.

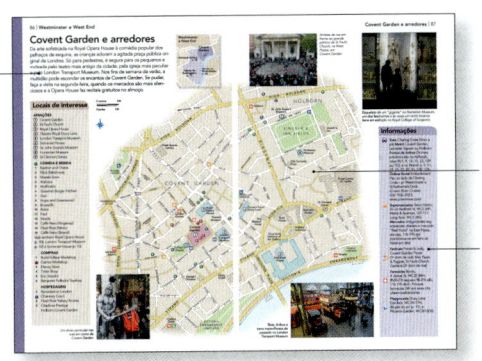

Além das atrações indicadas no capítulo, o **mapa central** mostra restaurantes, lojas, hotéis e meios de transporte. Localiza, ainda, playgrounds, supermercados e farmácias mais próximos.

O quadro **Informações** fornece todas as dicas práticas para visitar a área. A legenda dos símbolos está na orelha da contracapa.

Nas **atrações centrais** – os melhores locais a visitar em cada área – há textos informativos que estimulam adultos e crianças.

Em **Destaques**, as ilustrações mostram as características mais interessantes de cada atração, realçando os elementos que costumam agradar as crianças.

Informações fornece dicas práticas abrangentes, como transportes, horários, preços, atividades, faixa etária e tempo ideal para a visita.

Para relaxar sugere locais para as crianças brincarem depois de uma atração cultural.

O quadro **Criançada!** é destaque em todas as páginas que descrevem passeios (veja abaixo).

Saiba mais dá sugestões de downloads, jogos, aplicativos e filmes que estimulam as crianças a conhecer um local e as ajudam a aprender mais sobre ele.

Comida e bebida lista indicações de locais bons para a família – de opções para piqueniques e lanches a refeições completas e jantares refinados.

Próxima parada... indica outros locais a visitar – perto da atração principal, tematicamente relacionado a ela ou em outra localização que mude o ritmo do restante do dia.

Outros destaques perto da atração central, também selecionados para agradar adultos e crianças, são mostrados nas páginas seguintes.

Os **locais de interesse** são recomendados com ênfase nos aspectos que mais provavelmente vão entusiasmar as crianças. Cada um deles revela histórias e fatos curiosos, além de incluir uma sugestão de local para relaxar ou se abrigar da chuva.

Criançada! foi pensado para envolver os pequenos com a atração, por meio de jogos, curiosidades e fatos divertidos. As respostas do quiz são dadas na parte de baixo do quadro.

O quadro **Informações** fornece dicas práticas e de transporte para visitar a atração.

Balões com a cores da bandeira em frente ao Big Ben

Introdução a
LONDRES

Introdução a Londres

O Melhor de Londres

Com história fascinante, arquitetura impressionante, museus de primeira, parques exuberantes, lojas soberbas e teatro incomparável, Londres é um tesouro para os visitantes e oferece várias atividades para toda a família. Explore monumentos famosos, depois relaxe num passeio junto ao rio ou num parque. Faça uma oficina de arte, pratique um esporte emocionante e, em seguida, assista a uma das cerimônias tradicionais londrinas, cheias de pompa, história e cor.

Para os amantes da cultura

Comece o dia na **Tate Britain** (p. 69) e conheça o Art Trolley. Vá para a **Abadia de Westminster** (pp. 66-7), onde você pode percorrer a Children's Trail e, depois, se fantasiar de monge no museu. Passe uma tarde animada com jogos, mapas e caçando pistas na **Tate Modern** (p. 148).

No dia seguinte, leve a família para visitar a **National Portrait Gallery** (pp. 82-3). Almoce em Chinatown, próxima à Leicester Square, depois faça uma visita à **National Gallery** (pp. 80-1), acompanhando o audioguia infantil ou os percursos impressos.

Outra opção é subir à Whispering Gallery, na **Catedral de St Paul** (pp. 130-1), e depois explorar o fascinante **Museum of London** (pp. 136-7).

À dir. Brinquedos antigos expostos no Museum of London
Abaixo Soldados realizam a Troca da Guarda

Acima Crianças em trajes coloridos participam das comemorações anuais do Notting Hill Carnival

Pegue o metrô até o **V&A Museum of Childhood** (pp. 208-9) e passe a tarde toda visitando a galeria.

Em três dias

Pegue um ônibus turístico de topo aberto (p. 22) e desça na residência da rainha em Londres, o **Palácio de Buckingham** (pp. 74-5), para ver a Troca da Guarda. Passe a tarde no **Science Museum** e no **Natural History Museum** (pp. 180-3), e depois relaxe no **Diana Princess of Wales Memorial Playground** (p. 177).

No dia seguinte, chegue cedo para passar a manhã no castelo dos castelos, a **Torre de Londres** (pp. 122-3), em seguida almoce na pitoresca **St Katharine's Dock** (pp. 126-7). Vá de ônibus fluvial a South Bank para dar uma volta na **London Eye** (pp. 160-1) e ver um filme em 3D no Imax.

No último dia, passe a manhã no **Madame Tussauds** (pp. 112-3). Curta o almoço na Marylebone High Street e depois visite uma atração clássica: o **London Zoo** (pp. 110-1) ou o **British Museum** (pp. 102-3).

As estações

Na primavera, admire as deslumbrantes floradas e os espetaculares campos de narcisos amarelos e jacintos dos **Kew Gardens** (pp. 228-9). Participe de atividades divertidas e gratuitas, como a oficina de chocolate e a caça a ovos de Páscoa.

Reserve ingressos com antecedência para shows de verão na **Kenwood House** (pp. 216-7); leve um tapete e faça (ou encomende) um delicioso piquenique. Vista roupas coloridas para o animado Notting Hill Carnival no fim de agosto.

Faça uma caminhada outonal em **Hampstead Heath** (pp. 216-7) para ver as cores da folhagem, e, se estiver um dia claro e ensolarado de outono, dê uma volta na London Eye.

Faça compras de Natal na **Harrods** (p. 185) e visite a casa do Papai Noel. Patine na pista ao ar livre no Winter Wonderland do Hyde Park (p. 16) e depois se aqueça com o tradicional chá no Brown's Hotel (p. 248).

Ao ar livre

Após uma manhã no **Battersea Park Children's Zoo** (pp. 188-9), alugue bicicletas e pedale pelo parque. Pegue um trem para Waterloo e almoce em Gabriel's Wharf antes de visitar o **Shakespeare's Globe** (pp. 146-7).

Deixe as crianças brincarem livremente nos **Coram's Fields** (p. 52), depois explore os canais de Little Venice até o **London Zoo** (pp. 110-1). Após visitar o zoológico, vá remar no lago do Regent's Park (p. 110) e finalize assistindo a uma peça no **Regent's Park Open-Air Theatre**.

Visite os **Kew Gardens** (pp. 228-9) para entrar numa toca de texugo gigante e percorrer a Treetop Xstrata Walkway. Ou faça um passeio pelo rio até o **Hampton Court Palace** (pp. 236-7) e se perca no labirinto de 300 anos.

À esq. Chefs fantasiados preparam delícias históricas na cozinha Tudor do Hampton Court Palace

Acima, à esq. Crianças se divertem em um playground gratuito de Londres À dir. Crianças correndo e gastando energia na área livre em frente ao British Museum

Londres econômica

Nos maiores museus e galerias de Londres, a entrada é livre para ver os acervos permanentes. Muitos oferecem ainda passeios gratuitos ou baratos para crianças, além de percursos, contação de histórias e oficinas. Nos parques da capital (pp. 52-3) também há muitas opções de entretenimento familiar gratuito, entre elas os playgrounds. E as excelentes fazendas urbanas da cidade, como **Vauxhall** (www.vauxhallcityfarm.org) e **Mudchute** (www.mudchute.org), não cobram entrada – mas apreciam algum tipo de doação.

Uma ótima maneira de conhecer a cidade é a pé: Londres e sua arquitetura histórica e fascinante são um museu vivo. A **Transport for London** (www.tfl.gov.uk/tfl/gettingaround/walking/default.aspx) sugere rotas. Ou simplesmente siga o rio e observe os barcos enquanto caminha. Um passeio por **Covent Garden** (pp. 88-9) garante horas de diversão graças aos artistas de rua.

Para comprar ingressos de teatro com desconto, vá ao estande da **TKTS** em Leicester Square (www.tkts.co.uk) ou acesse na internet: **www.discounttheatre.com** ou **www.lastminute.com**. Os lugares mais baratos para comer (pp. 36-9), além de piqueniques no parque, são cafés locais ou restaurantes étnicos fora das áreas turísticas centrais – às vezes a apenas algumas ruas de distância da rua principal.

Teatro e cinema

Alguns teatros de Londres são dedicados unicamente a espetáculos para crianças (pp. 46-7). Outros montam peças para um público mais jovem, especialmente nas férias escolares, entre eles **Tricycle** (www.tricycle.co.uk), **Chickenshed** (www.chickenshed.org.uk), **Rose Theatre** (www.rosetheatrekingston.org), **New Wimbledon Theatre and Studio** (www.ambassadortickets.com/Wimbledon) e **Hackney Empire** (www.hackneyempire.co.uk).

A pantomima é um dos destaques do feriado de Natal, para adultos e crianças. Entre as melhores estão as de **Old Vic** (www.oldvictheatre.com) e **Richmond Theatre** (www.atgtickets.com/venue/Richmond-Theatre). Também no Natal há balés para crianças no **Coliseum** (www.ballet.org.uk) e na **Royal Opera House** (p. 90), e, durante todo o ano, em **Wells Sadler Peacock Theatre** e **Lilian Baylis Studio** (www.sadlerswells.com).

Os principais cinemas de Londres são o **Odeon** (www.odeon.co.uk), o Vue (www.myvue.com) e o **Cineworld** (www.cineworld.co.uk). Estes três e mais os independentes **Clapham Picture House** (www.picturehouses.co.uk/cinema/Clapham_Picturehouse) e **Electric Cinema** (www.electriccinema.co.uk) têm clubes infantis regulares.

Londres esportiva

Famílias que adoram esportes podem contar com inúmeras opções em Londres para garantir a adrenalina, seja como participantes ou espectadores (pp. 50-1). Outras atividades que devem atrair crianças energéticas são escalada, kart, boliche, patinação in-line e até esqui a seco.

O **Westway Sports Centre** tem uma incrível parede de escalada para iniciantes e um programa júnior com sessões em família (www.westwaysportscentre.org.uk/climbing). Os melhores lugares para pilotos novatos de kart (a partir de 8 anos) são **Playscape** (www.playscape.co.uk) e **Daytona** (www.daytona.co.uk). Há boliche para crianças em **Hollywood Bowl** (www.hollywoodbowl.co.uk), com bolas especiais mais leves, e **Bloomsbury Bowling** (www.bloomsburybowling.com). Nos Kensington Gardens, há patinação inline para crianças em **Kids Rollerblading Lessons** (www.kidsrollerbladinglessons.co.uk), **LondonSkaters** (www.londonskaters.com) e **Citiskate** (www.citiskate.co.uk), que também opera em outros lugares. Para esquiar a seco dentro da M25, procure **Sandown Ski Centre** (www.sandownsports.co.uk/ski-centre.htm) e **Bromley Ski & Snow Board Centre** (www.bromleyski.co.uk).

Nos bastidores

Os museus de Londres – grandes e pequenos – com frequência promovem oficinas criativas para famílias. O **Geffrye Museum** (p. 210), cuja ênfase é construir ou decorar objetos, está entre os melhores. Oficinas no **Imperial War Museum** (p. 164) apresentam às crianças a narração de histórias por meio da arte e ensinam a lidar com o difícil tema da guerra de modo sensível e envolvente. No pequeno e levemente excêntrico **Horniman Museum**

Acima Crianças com a mão na massa na oficina de artes na Somerset House

(pp. 222-3), a imaginação das crianças é despertada pela possibilidade de manusear alguns dos objetos extraordinários da coleção. Como você pode imaginar, o **British Museum** (pp. 102-3) oferece oficinas excelentes, usando tecnologia para criar animações divertidas e às vezes repugnantes sobre mumificação, criaturas fantásticas ou deuses astecas.

Os bastidores de um teatro podem fascinar as crianças, mostrando figurinos, iluminação, mudança de cenário e até truques técnicos. De todos os passeios por bastidores em Londres, os mais impressionantes são os promovidos por **National Theatre** (p. 162), **Royal Opera House** (p. 90), **Shakespeare's Globe** (pp. 144-7) e **Theatre Royal Drury Lane** (pp. 90-1).

Abaixo Crianças em aula de patinação dada por um membro da Kids Rollerblading Lessons nos arborizados Kensington Gardens

Londres ao Longo do Ano

A melhor época para visitar Londres depende do que sua família gosta de fazer. O final da primavera, o verão e o início do outono atraem famílias que ficam mais felizes ao ar livre, enquanto as interessadas em ir a museus e galerias podem optar pelo inverno, quando a cidade está mais calma e as atividades não dependem tanto do clima. Independentemente da meteorologia, todas as estações têm muito a oferecer aqui.

Primavera

Vir a Londres na primavera, quando a natureza está em flor, é maravilhoso. Embora a cidade esteja em uma das áreas mais temperadas do Reino Unido e a estação costume ser agradável, o clima pode se revelar imprevisível, frio e úmido; então é sensato trazer roupas quentes e impermeáveis. A partir de março, esportes ao ar livre (pp. 50-1) e eventos sociais oferecem diversão para toda a família, e muita coisa acontece perto da Páscoa, sobretudo para crianças.

O charmoso **Oranges and Lemons Service** é realizado na terceira quinta-feira de março, na igreja St Clement Danes. Os alunos da escola primária local cantam a famosa música de ninar e cada criança recebe uma laranja e um limão após a cerimônia. Em 21 de março, o equinócio da primavera, primeiro dia do ano-novo solar, é comemorado em Tower Hill com uma cerimônia pagã histórica em que druidas contemporâneos usam longas túnicas brancas.

Na Sexta-Feira Santa, após a missa às 11h em St Bartholomew the Great, Smithfield, pães doces e moedas são distribuídos para as crianças locais pela **Butterworth Charity**. No fim de semana da Páscoa, há caça aos ovos em Battersea Park Zoo, Kenwood House, Fenton House, Handel House Museum e Kew Gardens. Há pintura de ovos em Ham House e, para crianças mais velhas, a London Bridge Experience encena uma aterrorizante caça a cabeças decepadas desaparecidas. Há ainda parques de diversões tradicionais em Hampstead Heath e no gramado em frente a Hampton Court, e a **London Friday Night Skate & Sunday Stroll**, um evento semanal de patinação de rua no Hyde Park, destinado a patinadores de todos os níveis. No fim de semana do feriado bancário de maio, **Canalway Cavalcade** é um evento colorido em Little Venice, com parada de barcos, shows de marionetes e artistas de rua. Maio é tradicionalmente o mês das feiras, e no primeiro sábado o **Punch and Judy Festival** se desenrola na Covent Garden Piazza, com espetáculos entre 10h30 e 17h30. O **Covent Garden May Fayre and Puppet Festival** é celebrado no domingo mais próximo do aniversário de Punch (dia 9). Uma procissão matinal é seguida por uma missa na St Paul's Church, e até 17h30 há apresentações de Punch e Judy no local onde Samuel Pepys assistiu em 1662 ao primeiro show encenado na Inglaterra. Durante quatro dias no fim de maio, jardineiros podem apreciar jardins criativos no **Chelsea Flower Show** no Royal Hospital Chelsea.

Abaixo, à esq. Crianças participam de caça a ovos de Páscoa em Fenton House, Hampstead
Abaixo, à dir. O colorido e animado espetáculo Crazy for You no Regent's Park Open Air Theatre

Londres ao Longo do Ano | 15

Verão

Embora não seja 100% confiável, o clima no verão é em geral bom e ensolarado, com dias longos e noites amenas. As pessoas fazem piquenique nos parques, restaurantes e cafés põem mesas para fora, e a cidade ganha um ar quase mediterrâneo. Há sempre muita coisa para entreter as famílias, de cerimônias (pp. 18-9) e eventos esportivos (pp. 50-1) a teatro e shows ao ar livre. A desvantagem é que Londres fica muito quente e lotada em julho e agosto.

O verão chega quando começa a **Royal Academy Summer Exhibition**, no início de junho. Ela vai até meados de agosto e é famosa como a exposição mais eclética do mundo da arte. Durante todo o verão também acontece o **City of London Festival**, um extenso programa de música, arte, filmes e palestras por toda a cidade. Há peças ao ar livre (algumas especificamente para crianças) no Regent's Park Open Air Theatre e no Shakespeare's Globe, óperas (algumas para crianças) em Holland Park e concertos com piquenique em **Kenwood House**. Um dos primeiros eventos a céu aberto é o **London Green Fair** em Regent's Park no primeiro domingo de junho, com atrações ecológicas como minifazenda, cestaria de salgueiro, aulas de costura e construção de cabanas.

O **Osterley Weekend**, em julho, é uma festa de interior com uma série de atividades – parque de diversões, fazendinha e estandes de arco e flecha, além de oficinas de dança e música. Tem ainda várias bancas com comidas e bebidas. De meados ao final de junho, as ruas de East London ficam tomadas por jazz, música clássica e contemporânea no **Spitalfields Festival**, com shows para crianças, passeios e piqueniques musicais. Há mais música ao ar livre, dança e paradas na semana do **Greenwich & Docklands International Festival**.

No início de julho, o **Hampton Court Flower Show**, que dura cinco dias, rivaliza com Chelsea no colorido e na variedade, mas não é tão lotado. Em meados de julho começam os dois meses dos populares **BBC Promenade Concerts** (os "Proms"), no Royal Albert Hall, que levam música clássica e moderna a um público mais amplo. Também em meados de julho, na corrida **Doggett's Coat and Badge Race**, que remonta a 1714, aprendizes de Watermen (remadores) atravessam o rio Tâmisa em trajes de cores vivas remando da London Bridge ao Chelsea Pier. A temporada de verão termina com o carnaval caribenho de **Notting Hill** no fim de semana do feriado bancário de agosto. Maior carnaval da Europa, é musical, vibrante e colorido, com um desfile de chamativos carros alegóricos e fantasias, bandas de metais e barracas de comida. Domingo é dia das crianças.

Outono

Quando a multidão de veranistas se vai, novos espetáculos estreiam, lojas são reabastecidas e os dias ainda têm sol e céu azul. No início de setembro, o **Mayor's Thames Festival** combina carnaval, arte de rua, música e eventos no rio entre as pontes Westminster e Tower. O destaque é o Sunday's Night Carnival, em que artistas tomam as ruas, culminando em fogos de artifício sobre o rio. No sábado seguinte, o público volta para assistir a cerca de 300 barcos, de canoas havaianas a barcos vikings, competirem na **Great River Race**. O trajeto em geral é de Docklands a Ham, em Surrey, e os atletas muitas vezes usam roupas extravagantes.

No fim de setembro acontece o **Pearly Harvest Festival** na igreja St Martin-in-the-Fields. O principal evento do calendário Pearly, conta com a presença de reis e rainhas cockney usando trajes decorados com botões perolados.

Venha entre fins de outubro e início de novembro, e veja montes de folha nos parques e as festas de Halloween e Bonfire Night.

Abaixo, à esq. Fantasias coloridas e carros alegóricos no centro das atenções no carnaval de Notting Hill
Abaixo, à dir. Saboreando um banquete em Southwark Bridge, parte do Mayor's Thames Festival

A **October Plenty**, festa da colheita de outono realizada em Southwark, tem várias atividades em sua agenda, desde tradições da estação, como guerras de maçãs e jogos infantis com castanhas, até peças de teatro e comida deliciosa. Para o **Dia das Bruxas**, sempre há shows horripilantes no London Dungeon e London Bridge Experience, um arrepiante passeio à la montanha-russa, cortesia do London Canal Museum. Agasalhe-se para assistir aos shows de fogos de artifício comemorando a **Bonfire Night**, em 5 de novembro. Entre os melhores estão os de Bishop's Park, Ravenscourt Park, Battersea Park e Blackheath.

Se sua família gosta de madrugar, entre o nascer do sol e as 8h30 do primeiro domingo de novembro, uma grandiosa coleção de carros antigos pré-1905 sai do Hyde Park de Londres para a **Brighton Veteran Car Run**. Dorminhocos podem ver o desfile dos carros na Regent's Street no dia anterior, entre 13h e 16h.

Como prova de que o inverno está a caminho, em meados de novembro são acesas as luzes de Natal na **Regent Street** e começa o **Winter Wonderland** no Hyde Park (até o início de janeiro), com a maior pista de patinação ao ar livre da cidade, circo, tobogã e uma série de outros brinquedos.

Inverno

Desde o início de dezembro, luzes de Natal cintilam, a decoração transforma lojas e locais públicos e surgem as casas de Papai Noel. Patinadores lotam as pistas ao ar livre (pp. 50-1), e o canto dos corais e o cheiro de castanhas assadas se espalham pelas ruas. Para famílias que apreciam cultura, há exposições, peças e balés; para as que preferem compras, as liquidações. Quando neva, as crianças se reúnem nos parques para andar de trenó e fazer bonecos de neve. A desvantagem é que o transporte pode parar e a neve se transformar em lama.

Se seus filhos estão loucos para ver o Papai Noel, leve-os para visitar uma das casas do bom velhinho em Harrods, Selfridges, Hamleys, Kew Gardens ou Canary Wharf. Na primeira quinta-feira de dezembro acontece a **cerimônia de iluminação da árvore de Natal**, quando são acesas 500 luzes decorativas no gigantesco abeto norueguês na Trafalgar Square. O evento começa às 18h com corais, e as luzes são acesas às 18h30. Coros se apresentam sob a árvore na maioria das noites antes do Natal, e também no Royal Albert Hall e no Horniman Museum, além das **missas com corais** em várias igrejas de Londres. Missas à luz de velas acontecem em St Mary-at-Hill, Southwark Cathedral e All Hallows-by-the-Tower.

Um presente pré-Natal para os amantes de cavalos e cães, o **London International Horse Show** dura uma semana e é realizado no Olympia em meados de dezembro. Entre os destaques, competições de saltos e adestramento, corrida de pôneis Shetland e eventos de agilidade e saltos para cães. O dia de Natal é tranquilo em Londres, mas há uma grande celebração na **véspera do Ano-Novo**, com fogos de artifício à meia-noite na London Eye (exibidos em telões gigantes na Trafalgar e na Parliament Square). No dia seguinte, mais de 10 mil artistas participam da **New Year's Day Parade**, de Piccadilly à Parliament Square, entre 12h e 15h. O clima é de carnaval, com bandas e fanfarras, palhaços, malabaristas e motos e carros clássicos.

Observe a velocidade impressionante e a habilidade dos escultores no **London Ice Sculpting Festival**, no Canada Square Park, em meados de janeiro. No final de janeiro ou início de fevereiro, o **Ano-Novo Chinês** é um evento maravilhosamente colorido e barulhento em Chinatown, com dragões dançantes, lanternas, bandeiras, tochas, comida e fogos de artifício.

Abaixo, à esq. Cavalo e cavaleiro participam de um evento no Olympia London International Horse Show
Abaixo, à dir. Artista trabalha em escultura de gelo no London Ice Sculpture Festival, em Canary Wharf

Londres ao Longo do Ano | 17

Informações

Primavera
Battersea Park Zoo
www.batterseaparkzoo.co.uk
Butterworth Charity
www.greatstbarts.com
Canalway Cavalcade www.waterways.org.uk/events_festivals/festival_of_london_waterways
Chelsea Flower Show www.rhs.org.uk
Covent Garden May Fayre & Puppet Festival www.alternativearts.co.uk
Equin. da primavera calendarcustoms.com/articles/druid-spring-equinox
Fenton House www.nationaltrust.org.uk
Ham House www.nationaltrust.org.uk
Hampstead Heath funfair
www.hampsteadheath.org.uk
Hampton Court funfair
www.hamptoncourtfunfair.co.uk
Handel House Museum
www.handelhouse.org
Kenwood House www.english-heritage.org.uk
Kew Gardens www.kew.org
London Bridge Experience www.thelondonbridgeexperience.com
London Friday Night Skate & Sunday Stroll www.lfns.co.uk
May Fayre & Puppet Festival
www.coventgardenlondonuk.com
Oranges and Lemons Service
www.raf.mod.uk/stclementdanes
Punch & Judy Festival www.thepjf.com

Verão
BBC Promenade Concerts
www.bbc.co.uk/proms
City of London Festival www.colf.org
Doggett's Coat and Badge Race
www.watermenshall.org
Greenwich & Docklands International Festival www.festival.org
Hampton Court Flower Show www.rhs.org.uk
Kenwood House www.englishheritage.org.uk/daysout/properties/kenwood-house
London Green Fair www.londongreenfair.org
Notting Hill Carnival
www.thenottinghillcarnival.com
Osterley Weekend www.nationaltrust.org.uk
Regent's Park Open Air Theatre
www.openairtheatre.org
Royal Academy Summer Exhibition
www.royalacademy.org.uk
Shakespeare's Globe www.shakesparesglobe.com
Spitalfields Festival www.spitalfieldsfestival.org.uk

Outono
Battersea Park www.wandsworth.gov.uk
Bishop's Park & Ravenscourt Park
www.lbhf.gov.uk
Blackheath www.lewisham.gov.uk/NewsAndEvents/Events/Fireworks
Great River Race www.greatriverrace.co.uk
London Bridge Experience www.thelondonbridgeexperience.com
London Canal Museum www.canalmuseum.org.uk
London Dungeon www.thedungeons.com/london/en
London to Brighton Veteran Car Run www.lbvcr.com
Mayor's Thames Festival www.thamesfestival.org
October Plenty www.thelionspart.co.uk/octoberplenty

Pearly Harvest Festival www.pearlysociety.co.uk
Regent's Street Christmas Lights www.regentstreetonline.com
Winter Wonderland www.hydeparkwinterwonderland.com

Inverno
Ano-Novo Chinês www.chinatownlondon.org
Corais de Natal: All Hallows-by-the-Tower www.ahbtt.org.uk; **Horniman Museum** www.horniman.ac.uk; **Royal Albert Hall** www.royalalberthall.com; **St Mary-at-Hill** www.stmary-at-hill.org; **Southwark Cathedral** cathedral.southwark.anglican.org
London Ice Sculpting Festival
www.londonicesculptingfestival.co.uk
London International Horse Show
www.olympiahorseshow.com
New Year's Day Parade www.londonparade.co.uk
Santa's Grottoes: Canary Wharf
www.mycanarywharf.com; **Hamleys** www.hamleys.com; **Harrods** www.harrods.com; **Kew Gardens** www.kew.org; **Selfridges** www.selfridges.com; **Christmas Tree Lighting** www.london.gov.uk/priorities/art-culture/trafalgar-square/events

Feriados
Ano-Novo 1º jan
Sexta-Feira Santa mar/abr
Easter Monday mar/abr
May Day 1ª seg mai
Spring Bank Holiday última seg mai
August Bank Holiday última seg ago
Natal 25 dez
Boxing Day 26 dez

Abaixo, à esq. Artista fantasiado de leão dança nos pódios na Trafalgar Square para celebrar o Ano-Novo Chinês
Abaixo, à dir. Jovem entusiasta inspeciona carros antigos, parte da London to Brighton Veteran Car Run

Cerimônias de Londres

Londres tem um calendário repleto de ocasiões tradicionais e eventos cerimoniais, a maioria ligada à família real e muitos que datam da Idade Média ou antes. Essas cerimônias são historicamente importantes e também oferecem um espetáculo de trajes e esplendor, emocionantes para toda a família assistir.

Trooping the Colour

Combinando pompa, precisão militar e música, essa esplêndida cerimônia em Horse Guards Parade, num sábado em meados de junho, homenageia o aniversário da rainha, que inspeciona um regimento de guardas da Household Division, resplandecentes em suas túnicas vermelhas e peles de urso (ou capacetes emplumados), carregando a "colour" (sua bandeira regimental). Depois, a soberana é escoltada ao Palácio de Buckingham e aparece na varanda.

Troca da Guarda

Soldados da Household Division protegem o monarca desde 1660, e uma colorida cerimônia marca a passagem da guarda de um soldado para outro, geralmente com os Foot Guards (Guardas em Pé) em seu uniforme de gala. Acompanhada pela banda da guarda, a cerimônia acontece diariamente no Palácio de Buckingham entre maio e julho e em dias alternados durante o resto do ano, começando logo após as 11h. As crianças vão gostar do colorido e do espetáculo.

Cerimônia de Abertura do Parlamento

A rainha abre uma nova sessão do Parlamento todos os anos, geralmente em novembro ou dezembro, com essa cerimônia histórica. Embora fechada ao público, a cerimônia em si – em que a rainha anuncia uma proposta de programa legislativo em nome de seu governo – é televisionada, e o cortejo real do Palácio de Buckingham até Westminster pode ser acompanhado ao longo do Mall e de Whitehall. A soberana viaja em carruagem oficial, e a Coroa Imperial do Estado vai em seu próprio carro.

Dia da Lembrança

Nessa cerimônia solene em Whitehall, no segundo domingo de novembro, o país homenageia os mortos nas duas guerras mundiais e em outros conflitos recentes. A família real, líderes políticos e representantes das forças armadas fazem dois minutos de silêncio às 11h e, após o soar do último tiro, depositam coroas de papoulas ao pé do Cenotáfio. Assim que a rainha deixa o local, veteranos de guerra marcham diante do Cenotáfio em sinal de respeito.

Salva de tiros

No passado, o costume de disparar o canhão era sinal de respeito ou boas-vindas, com a arma descarregada indicando uma intenção amigável. Hoje, salvas de tiros na Torre de Londres e no Hyde Park marcam eventos reais, como nascimentos ou aniversários, e, em Green Park, sina-

Abaixo, à esq. A magnífica carruagem do Estado durante as celebrações e a pompa do Lord Mayor's Show
Abaixo, à dir. Coroas de papoulas depositadas aos pés do Cenotáfio como parte das cerimônias do Dia da Lembrança

Cerimônias de Londres | 19

lizam visitas de Estado, a Cerimônia de Abertura do Parlamento e o desfile de aniversário da rainha. A salva real normal é de 21 tiros, mas 20 extras são incluídos quando os disparos ocorrem em parque, palácio ou fortaleza reais. As salvas ocorrem geralmente às 11h ou 12h.

Cerimônia das Chaves

Vigias (Yeoman Warders, ou "Beefeaters") realizam essa cerimônia, aberta ao público, para garantir a segurança da Torre de Londres toda noite há 700 anos. Os portões são trancados precisamente às 21h53 pelo vigia chefe, escoltado por quatro guardas armados. Ele é desafiado por um sentinela, que lhe permite passar, reconhecendo que ele é o portador das chaves da rainha. A cerimônia acaba com o vigia chefe pondo as chaves em segurança, enquanto um trompetista soa o último toque.

Lord Mayor's Show

A parada ocorre no segundo sábado de novembro. O Lord Mayor recém-eleito segue em carruagem de estado de Guildhall a Royal Courts of Justice, onde jura fidelidade à Coroa, e depois volta. O evento acontece há quase 800 anos, começa às 11h, inclui carros alegóricos, bandas militares e membros das guildas da City, e culmina em fogos de artifício às 17h.

Beating Retreat

Em um show espetacular, as bandas da Household Division realizam essa cerimônia em duas noites consecutivas de junho. Ela remonta à época em que um tambor era usado para comunicação no campo de batalha. Bater em retirada sinalizava aos soldados para parar de lutar e voltar ao acampamento. Músicas estimulantes são tocadas por 300 músicos e a rainha geralmente recebe continências.

Oak Apple Day

Em 29 de maio, o Oak Apple Day (Dia do Carvalho) celebra a sortuda fuga do futuro Carlos II das tropas parlamentares escondendo-se em um carvalho oco. A data era aniversário de Carlos e o dia em que ele voltou para Londres para reclamar o trono, em 1660. Hoje, é comemorado pelos Chelsea Pensioners, que decoram a estátua de Carlos II, seu fundador, no Royal Hospital e marcham diante da realeza.

Beating the Bounds

Remontando a uma época em que havia poucos mapas e as fronteiras estavam constantemente em disputa, esse costume manda contornar os limites das paróquias, golpeando-os com uma vara e orando por proteção. É observado ainda no dia da Ascensão em All-Hallows-by-the-Tower, cuja fronteira sul fica no meio do rio Tâmisa. Os membros da paróquia seguem de barco para marcar a fronteira na água.

Informações

Beating Retreat www.guardsbeatingretreat.com
Beating the Bounds www.ahbtt.org.uk/history/beating-the-bounds
Cerimônia das Chaves www.hrp.org.uk/toweroflondon/whatson/ceremonyofthekeys
Lord Mayor's Show www.lordmayorsshow.org
Oak Apple Day www.chelsea-pensioners.co.uk/founders-day
Cerimônias reais (Trooping the Colour; Troca da Guarda; Abertura do Parlamento; Dia da Lembrança; Salva de Tiros) www.royal.gov.uk/RoyalEventsandCeremonies/Overview.aspx

---

Abaixo, à esq. A rainha faz seu discurso na Câmara dos Lordes durante a Cerimônia de Abertura do Parlamento
Abaixo, à dir. Salva de tiros diante da Torre de Londres, marcando uma celebração ou um evento real

Como Chegar

Londres é um importante centro de transportes europeu, e há muitas formas de chegar aqui. Por via aérea, são muitas as opções em todo o mundo, e a competição entre as companhias econômicas tem baixado os preços. O Eurostar liga o RU à Europa, e balsas, aerobarcos e catamarãs cruzam o canal da Mancha e o mar do Norte. Ônibus da Europa para Londres são a opção mais barata.

De avião

Cinco aeroportos servem Londres: Heathrow, Gatwick, Stansted, Luton e City.

DE HEATHROW

Heathrow fica 24km a oeste do centro de Londres. O jeito mais rápido de chegar de lá é o **Heathrow Express**, trem expresso que leva de 15-20 minutos até Paddington Station. Trens partem a cada 15 minutos, das 5h-23h40. Os bilhetes são mais baratos no **Heathrow Connect**, que leva de 25-35 minutos até Paddington e parte a cada 30 minutos, das 5h-23h. Três estações ligam Heathrow à linha Piccadilly do metrô de Londres, 50 minutos de viagem até o West End. À noite, o ônibus N9 segue para Aldwych, centro de Londres, a cada 10-20 minutos.

A viagem para Londres na movimentada autoestrada M4 leva cerca de 1 hora. A **National Express** opera um ônibus de bom preço até Victoria partindo da estação de ônibus de Heathrow das 5h20-21h45, bem como o ônibus Heathrow Hoppa Service por £4. Um serviço de traslado para vários hotéis de Londres é oferecido pelo **Heathrow Shuttle** e **SkyShuttle**, opção mais barata aos táxis, que custam £45-75.

DE GATWICK

O segundo aeroporto londrino fica 50km ao sul da cidade e tem dois terminais. O caminho mais rápido até o centro é o **Gatwick Express**. Os trens saem do South Terminal a cada 15 minutos das 4h35-1h35 e levam de 30-35 minutos para chegar à Victoria Station. Ônibus National Express saem de Victoria a cada 30-60 minutos, das 5h15-21h45. Partindo a cada 15 minutos cheios, o **easyBus** opera ônibus para Earl's Court/West Brompton. Há pontos de ônibus em ambos os terminais e a viagem demora 65 minutos. Os táxis para o centro custam £50-60.

DE STANSTED

O modo mais rápido de viajar os 56km até Londres a partir de Stansted é o **Stansted Express**. Trens partem para Liverpool Street a cada 15 minutos, das 5h30-1h, e a viagem demora 45 minutos. A National Express oferece ônibus 24 horas para Victoria (a cada 20-30 minutos) e Stratford (a cada 30 minutos). Ônibus **Terravision** partem a cada 30 minutos para Victoria (7h15-1h) e Liverpool Street (6h-1h). A easyBus tem ônibus 24 horas para Baker Street a cada 20-30 minutos. Ônibus levam 45-55 minutos para East London e 60-90 minutos para o centro. Táxis para o centro custam £70-80.

DE LUTON

De Luton, 50 km ao norte de Londres, a viagem de ônibus até a esta-

Abaixo, à esq. Balsa deixa o porto de Dover, em direção à França *Abaixo, centro* A estação do Docklands Light Railway no London City Airport, de onde o DLR leva passageiros diretamente ao centro de Londres

Como Chegar | 21

ção Luton Airport Parkway leva 5-10 minutos, com partidas entre 5h-24h (preço incluído no bilhete de trem). De lá, os trens para St Pancras International são operados pela **First Capital Connect** (24 horas, a cada 10-30 minutos, 25-50 minutos de viagem) e **East Midlands Trains** (6h-22h30, a cada hora, 25-35 minutos de viagem). **Green Line 757** e easy-Bus têm ônibus 24 horas para Victoria. A viagem costuma levar pouco mais de 1 hora. Ônibus da Green Line saem a cada 20 minutos-1 hora; os easyBus, a cada 15-30 minutos.

DE LONDON CITY

O London City Airport fica em Docklands, 14 km a leste do centro. Da estação **Docklands Light Railway** (DLR), os trens partem a cada 8-15 minutos para Canning Town e Bank, ambas também no metrô, com conexões para as estações ferroviárias principais. O ônibus 473 vai para Stratford e o 474, para Canning Town. Táxis custam a partir de £25 para a City e £30 para o West End.

DE TREM

St Pancras Internacional é o ponto final em Londres do **Eurostar**, o trem de alta velocidade que liga o Reino Unido à Europa. Da estação de metrô King's Cross St Pancras, é possível viajar para quase qualquer lugar na cidade por seis linhas de metrô. As outras estações principais da cidade e as áreas que elas servem são: **Liverpool Street**, East Anglia; **Kings Cross**, nordeste; **Euston**, noroeste; **Paddington**, oeste; **Waterloo**, sudoeste; **Charing Cross** e Victoria, sudeste. Todas têm estações de metrô. Compre bilhetes com antecedência na **National Rail**.

PELO MAR

Os portos de balsas do Reino Unido têm boas ligações ferroviárias. Os trens vão até St Pancras International a partir de **Dover**, que serve Calais e Ostend, e **Folkestone** (Calais e Boulogne), que também é o terminal do **Eurotunnel**, serviço ferroviário para carros. De **Newhaven**, que serve Dieppe, os trens vão até Victoria. Os trens partindo de **Portsmouth**, que servem os portos do norte da França, vão até Waterloo, e os de **Harwich**, que servem o Hook of Holland, vão até Liverpool Street.

DE ÔNIBUS

Ônibus provenientes da Europa e de outros destinos do Reino Unido chegam à **Victoria Coach Station**, muitas vezes parando em outros pontos de passageiros em Londres. A maior operadora no Reino Unido é a National Express, e a **Eurolines** é seu braço europeu.

Abaixo, à esq. Avião da British Airways na pista do London City Airport *Abaixo, à dir.* Ônibus da frota da Eurolines, que serve o resto do RU e grande parte da Europa

Informações

Aeroportos
Heathrow www.heathrowairport.com; Gatwick www.gatwickairport.com; Luton www.london-luton.co.uk; London City www.londoncityairport.com; Stansted www.stanstedairport.com

Metrô/Ônibus/DLR
Transport for London www.tfl.gov.uk

Ônibus/Traslados
easyBus www.easybus.co.uk; Green Line 757 www.greenline.co.uk; Heathrow Shuttle www.heathrowshuttle.com; National Express www.nationalexpress.com; SkyShuttle www.skyshuttle.co.uk; Terravision www.terravision.eu

Trens/Estações
Charing Cross www.networkrail.co.uk/aspx/795.aspx; East Midlands Trains www.eastmidlandstrains.co.uk; Eurostar www.eurostar.com; Euston www.networkrail.co.uk/aspx/819.aspx; First Capital Connect www.firstcapitalconnect.co.uk; Gatwick Express www.gatwickexpress.com; Heathrow Connect www.heathrowconnect.com; Heathrow Express www.heathrowexpress.com; King's Cross www.networkrail.co.uk/aspx/867.aspx; Liverpool Street www.networkrail.co.uk/aspx/897.aspx; National Rail www.nationalrail.co.uk; Paddington www.networkrail.co.uk/aspx/935.aspx; Stansted Express www.stanstedexpress.com; St Pancras International www.stpancras.com; Victoria www.networkrail.co.uk/aspx/947.aspx; Waterloo www.networkrail.co.uk/aspx/959.aspx

Portos
Dover www.doverport.co.uk; Eurotunnel www.eurotunnel.com; Folkestone www.directferries.co.uk/folkestone.htm; Harwich www.harwich.co.uk; Newhaven www.newhavenferryport.co.uk; Portsmouth www.portsmouthport.co.uk

Ônibus de longa distância
Eurolines www.eurolines.com; Victoria Coach Station www.tfl.gov.uk/gettingaround/1210.aspx

Como Circular

Londres tem um sistema de transporte público excelente, abrangente e movimentado. A Transport for London (TfL) é responsável por ônibus, metrô, Docklands Light Railway (DLR), London Overground, Barclays Cycle Hire (aluguel de bicicletas) e River Buses (ônibus fluviais). Os piores momentos para sair são as horas de pico pela manhã e à tarde: 8h-9h30 e 16h30-18h30, seg-sex. Possivelmente a maneira mais agradável de viajar em Londres é por ônibus fluvial.

De ônibus

Os ônibus de Londres geralmente rodam entre 5h-0h30 (7h30-23h30 dom), com ônibus noturnos identificados pelo prefixo N antes do número, e serviço menos frequente em várias rotas populares. Às vezes lentos, particularmente nas horas de pico, têm pistas exclusivas na maioria das ruas principais e cobrem áreas aonde o metrô não chega.

O tradicional Routemaster de dois andares, hoje percorrendo apenas duas rotas históricas, foi substituído por ônibus modernos de dois andares ou um andar. Foi criada uma linha de ônibus chamativos, promovida como uma versão século XXI do Routemaster e chamada de The New Bus for London. Em 2016, haverá mais 600 desses veículos trafegando na capital. O trajeto é informado nos pontos e no site da **Transport for London** (TfL). O destino é indicado na frente do ônibus. Veja se está indo na direção certa.

Há dois tipos de ponto de ônibus: o normal, onde todos param, e o solicitado, com o mesmo logotipo e a palavra "Request" abaixo dele. Só param nos pontos solicitados se você der o sinal no ônibus ou acenar no ponto. Ônibus noturnos fazem apenas paradas solicitadas.

Os históricos Routemaster nos 9 e 15 são ótimos, mas se o tempo estiver bom, vale mais a pena ver a cidade de um ônibus turístico de dois andares com topo aberto. Passeios guiados são oferecidos pela **Big Bus Tours** e a **Original London Sightseeing Tours**, com comentários especialmente concebidos para crianças. Os bilhetes valem por 24 horas, as rotas incluem os pontos turísticos mais importantes e é possível subir ou descer a qualquer momento

O London Tramlink é uma alternativa útil aos ônibus em áreas como Croydon. Ele vai até o Wimbledon Town Centre e liga os pontos mais ao sul do metrô e também do London Overground.

De metrô, DLR e trem

O metrô de Londres ("Tube") é a forma mais rápida e fácil de se locomover pela cidade. Funciona diariamente, exceto em 25 de dezembro, das 5h-0h30 seg-sáb e das 7h30-23h30 dom. Se planejar uma viagem tarde da noite com várias conexões, certifique-se de que partiu em boa hora. Os trens podem ficar lotados no horário de pico.

As estações são facilmente reconhecíveis pelo logotipo TfL – uma linha azul horizontal cortando um círculo vermelho. Existem onze linhas de cores diferentes, facilitando o planejamento da viagem e as baldeações. Os mapas são exibidos nas es-

Abaixo, à esq. Um icônico ônibus vermelho de dois andares passa no centro de Londres
Abaixo, à dir. Placa do metrô de Londres indica onde pegar as diferentes linhas

tações e nos trens. Algumas linhas são rotas simples; outras têm ramais. A linha Circle vai de Hammersmith até Edgware Road em sentido horário, e depois faz o trajeto de volta.

Após passar a catraca (veja *Bilhetes, ao lado*), siga as placas até a plataforma, a linha e sentido que você procura. Verifique o destino final na frente do trem e no painel eletrônico da plataforma e se certifique de que o trem não é de uma ramificação ou não vai parar antes. As saídas das estações são bem sinalizadas, assim como as conexões com outras linhas.

O **Docklands Light Railway** (DLR) é um sistema de veículos leves sobre trilhos, sem condutor, que liga Londres à área reurbanizada de Docklands, incluindo o City Airport, e o **London Overground**, uma rede ferroviária de superfície que serve os bairros suburbanos, também servidos pela **National Rail** (visite o site). Os trens DLR funcionam das 5h30-0h30, seg-sáb e das 6h30-23h30 dom. Os horários de trens Overground estão disponíveis no site da TfL.

Com exceção das novas, poucas estações de metrô têm elevador. Ao todo, há 66 estações sem escadas. No site da Transport for London, as acessíveis para portadores de deficiência são sinalizadas por um ícone de cadeiras de rodas. Viajar com carrinho de bebê ou carrinho de passeio no metrô pode ser desagradável, sobretudo nas horas de pico.

Bilhetes

A TfL divide a cidade em seis zonas de tarifação para metrô, DLR, London Overground e trens da National Rail, a partir da zona 1, a mais central, até a 6, que inclui os subúrbios. As zonas 7 a 9 se estendem para além da Grande Londres. Os bilhetes mais econômicos, que podem ser usados em todas as formas de transporte, entre elas a National Rail até a zona 9, são os **Travelcards** – cartões de papel válidos entre um e sete dias e em várias combinações de zonas – e os **Visitor Oyster** – "cartões inteligentes" que acumulam créditos para pagamento das viagens. Ambos podem ser adquiridos no site da TfL, nas estações de metrô e nos **Centros de Informação Turística**. Cartões Oyster também são vendidos nos vários **Oyster Ticket Stops** (principalmente em bancas de jornal) e podem ser recarregados ali, nos Centros de Informação Turística e em estações de metrô, mas não em estações da National Rail. Há uma pequena taxa para o cartão, mas ele nunca expira e você poderá usá-lo na sua próxima visita. Cartões Oyster são válidos em todas as zonas e calculam automaticamente a tarifa mais barata para viagens no mesmo dia. Para usar o seu cartão, encoste-o no leitor amarelo ao entrar no ônibus e no início e no final de cada viagem de metrô ou trem. Travelcards deve sem mostrados para o motorista do ônibus e inseridos na bilheteria no início e no fim das viagens de metrô ou trem.

Crianças menores de 11 anos não pagam passagem de ônibus e podem fazer até quatro viagens gratuitas em metrô, DLR, London Overground e National Rail, quando acompanhadas por um adulto. Menores de 16 anos também têm direito a ônibus gratuito e a desconto nas tarifas de metrô desde que possuam um cartão com foto Oyster 11-15 – que deve ser encomendado com pelo menos três semanas de antecedência no site da TfL por uma pequena taxa. Opção mais simples, o Travelcard infantil dá 50% de desconto a jovens de 11-15 anos em todas as redes de metrô e trens.

Dinheiro não é aceito em nenhum ônibus no centro. Quem não tem Oyster ou Travelcard pode comprar um bilhete de uma máquina no ponto de ônibus, porém às vezes elas não funcionam e só aceitam o valor exato da tarifa, portanto considere usar um cartão. Para os ônibus fora do centro, é possível pagar em dinheiro, mas tenha bastante trocado.

Abaixo, à esq. O logotipo vermelho, azul e branco do metrô de Londres, encontrado em todas as estações de metrô da cidade *Abaixo, à dir.* Plataforma de uma das movimentadas estações de trens de superfície

De táxi

Os motoristas dos característicos táxis "pretos" de Londres (embora alguns tenham cores diferentes) têm de passar por um difícil teste para provar sua familiaridade com a cidade antes de ser licenciados. Podem ser chamados na rua se o luminário amarelo escrito "táxi" estiver aceso. Também podem ser encontrados em pontos em aeroportos, estações e grandes hotéis e lojas, bem como em vários outros locais da capital. Sempre que pararem, são obrigados a levar você ao seu destino, desde que seja dentro da área metropolitana e de 9,6km do ponto inicial. A tarifa é mostrada no taxímetro, que começa a rodar assim que o motorista aceita a viagem. Há três tarifas: entre 6h-20h e entre 20h-22h nos dias de semana e entre 6h-22h nos fins de semana; nos feriados, entre 22h-6h. É prática comum dar gorjeta ao motorista, entre 10 e 15% da tarifa. Os táxis também podem ser chamados on-line ou por telefone no **Radio Taxis** e **Dial-a-Cab**.

De mini-cab

Mini-cabs não são regidos pelas regras estritas dos táxis pretos, e, embora profissionais, os motoristas não são tão bem qualificados. Peça um por telefone, e-mail ou em um escritório de mini-cab, e combine a tarifa. Não acene para mini-cabs na rua, pois é ilegal para esses motoristas transportar passageiros sem reserva. Para saber nomes das empresas próximas, informe sua localização em **Cabwise** no site TfL. **Lady Minicabs** só emprega motoristas mulheres.

De carro

Estacionamentos caros e pedágio urbano foram projetados para dissuadir as pessoas de dirigirem no centro de Londres, e o tráfego pode ser muito intenso nas horas de pico em avenidas principais fora da zona de restrição. A tarifa para entrar nessa zona, que cobre a área a leste de Park Lane, ao sul de Marylebone/Euston Road, a oeste de Tower Hamlets e a norte de Elephant and Castle, é £10 por dia (7h-18h, seg-sex), se paga no mesmo dia, ou £12 se paga até 0h do dia seguinte. Custa £9 se você se registrar on-line no **Congestion Charging Auto Pay**. O pagamento pode ser feito pela internet, por telefone ou por SMS. Se não pagar a tempo, será multado em £120, valor reduzido para £60 com pagamento em até catorze dias.

É difícil estacionar no centro de Londres, geralmente em vagas pay-and-display (zona azul), pagas por celular ou SMS, e as restrições devem ser observadas. Cuidado para não estacionar em vagas exclusivas para moradores nas horas designadas. Também é proibido estacionar nas *red routes* (marcadas com faixas vermelhas) ou nas linhas duplas amarelas. É permitido estacionar junto à linha amarela simples à noite e aos domingos. Parar o carro em local proibido ou ficar mais tempo que o permitido em uma vaga pay-and-display pode resultar em multa e/ou apreensão do carro. Uma notificação deve informar onde pagar a multa e recuperar o veículo.

Há várias empresas de aluguel de automóveis em Londres, entre elas **Avis**, **Budget**, **Europcar**, **Hertz** e **Thrifty**, com escritórios nos aeroportos e em outros pontos da cidade, mas as melhores tarifas são encontradas em sites de comparação de preços como **travelsupermarket.com**. Para famílias grandes, a **5th Gear** tem carros com sete e nove lugares, além de cadeirinhas para crianças. A maioria das empresas faz serviço de entrega e coleta do carro. Todos os motoristas precisam estudar o UK **Highway Code** e se familiarizar com os sinais de trânsito.

Pelo rio

Serviços fluviais regulares são oferecidos pela **River Bus**, da TfL, que

Abaixo, à esq. Táxi "preto" de Londres passa pelas ruas do centro da cidade
Abaixo, à dir. Ciclista pega uma das bicicletas da Barclays Cycle Hire de um dos vários pontos em toda a cidade

Como Circular | 25

opera quatro linhas entre Putney, no oeste, e Woolwich Arsenal, no leste. Horários, que mudam de acordo com a estação, e mapas estão disponíveis no site da TfL. Para excursões e cruzeiros fluviais, p. 28.

De bicicleta

Barclays Cycle Hire é um serviço público de compartilhamento de bicicletas lançado em 2010. As características bicicletas azul e cinza estão disponíveis em pontos no centro e no leste de Londres (sinalizados em mapa no site TfL). Registre-se on-line ou pague nos terminais, pegue uma bicicleta e a deixe em qualquer estação participante. As bicicletas têm três marchas e bancos ajustáveis. Elas são pesadas, por isso não são ideais para passeios longos. Bicicletas para toda a família podem ser alugadas na **London Bicycle Tour Company**, que também organiza passeios, e na **Go Pedal**, que oferece cadeiras para crianças e reboques. Se estiver passeando com crianças, a TfL aconselha as Greenways – rotas seguras e favoráveis à família, que atravessam parques, florestas e ruas tranquilas e ao longo de cursos d'água. É sempre aconselhável usar roupas refletoras e capacete, além de cadeado forte para deter ladrões.

Informações

De ônibus
Big Bus Tours www.bigbustours.com
Original London Sightseeing Tours www.theoriginaltour.com
Transport for London www.tfl.gov.uk

De metrô, DLR e trem
Docklands Light Railway www.tfl.gov.uk/modalpages/2632.aspx
London Overground www.tfl.gov.uk/overground
National Rail Enquiries www.nationalrail.co.uk
Oyster Ticket Stops ticketstoplocator.tfl.gov.uk
Travel Information Centres www.tfl.gov.uk/tickets/14432.aspx

De táxi e mini-cab
Dial-a-Cab www.dialacab.co.uk
Cabwise www.tfl.gov.uk/cabwise
Lady Minicabs www.ladyminicabs.co.uk
Radio Taxis www.radiotaxis.co.uk

De carro
5th Gear www.5th-gear.net
Avis www.avis.co.uk
Budget www.budget.co.uk

Congestion Charging Auto Pay www.tfl.gov.uk/roadusers/congestioncharging/17096.aspx
Europcar www.europcar.co.uk
Hertz www.hertz.co.uk
Highway Code www.direct.gov.uk/en/TravelAndTransport/Highwaycode/index.htm
Thrifty www.thrifty.com
travelsupermarket.com www.travelsupermarket.com

Pelo rio
River Bus www.tfl.gov.uk/modalpages/15547.aspx

De bicicleta
Barclays Cycle Hire https://web.barclayscyclehire.tfl.gov.uk/maps
Go Pedal www.gopedal.co.uk
Greenways www.tfl.gov.uk/roadusers/cycling/11673.aspx
London Bicycle Tour Company www.londonbicycle.com

A pé
London Walks www.walks.com
Transport for London www.tfl.gov.uk/gettingaround/walking

A pé

Embora grande, Londres ainda é uma excelente cidade para explorar a pé, seja em um passeio pelas vielas de Covent Garden ou da City ou uma boa caminhada pelos espaços verdes de Richmond Park ou Hampstead Heath. O site TfL tem um planejador de rotas a pé. Várias empresas promovem passeios temáticos, desde Fantasmas da Cidade Velha até as locações de filmagem de Harry Potter. A operadora mais estabelecida é **London Walks**.

Abaixo, à esq. Ônibus fluvial navega pelo Tâmisa, passando pela Cleopatra's Needle, no Embankment
Abaixo, à dir. Família atravessa a pé a Westminster Bridge, com as Houses of Parliament e o Big Ben ao fundo

Londres às Margens do Rio
Westminster Bridge a Blackfriars Bridge

O Tâmisa sempre foi o coração da vida londrina. Hoje, suas margens estão repletas de edifícios e monumentos históricos importantes, da medieval Torre de Londres às Casas do Parlamento. Embora não haja mais navegação comercial, como até a década de 1950, hoje o rio como um todo é a atração. A viagem por ele é um modo fascinante de ver a cidade, seja num barco de passeio ou de transporte. Na maioria dos casos, a idade mínima permitida das crianças é 5 anos.

① Big Ben (p. 68) é o apelido do enorme sino da torre do relógio do Palácio de Westminster, também usado para denominar a própria torre, um dos símbolos mais famosos da cidade.

② Veja os peixes nadarem sob seus pés no maravilhoso Sea Life London Aquarium (p. 164), que abriga mais de 500 espécies marinhas diferentes na antiga sede do conselho de Londres.

③ Dê uma volta na London Eye, a montanha-russa gigante (pp. 160-1), para uma das melhores vistas da cidade. Das cabines, é possível avistar quilômetros em todos os ângulos (desde que o céu esteja limpo).

④ Rejuvenescida no Festival of Britain de 1951, a South Bank (a margem sul) abriga o mais importante complexo de artes de Londres, além de muitas outras atrações, entre elas Shakespeare's Globe, Tate Modern e BFI Southbank (pp. 140-6).

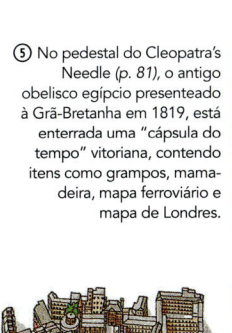

Londres às Margens do Rio | 27

⑤ No pedestal do Cleopatra's Needle (p. 81), o antigo obelisco egípcio presenteado à Grã-Bretanha em 1819, está enterrada uma "cápsula do tempo" vitoriana, contendo itens como grampos, mamadeira, mapa ferroviário e mapa de Londres.

⑥ Primeiro hotel de luxo da Inglaterra, o Savoy foi construído em 1881 por Richard D'Oyly Carte, que produziu óperas de Gilbert e Sullivan no teatro adjacente. O hotel reabriu em 2010 após três anos de reforma e, embora seja adorável, é um passeio mais para adulto.

⑪ Obra-prima de Christopher Wren, a St Paul's (p. 130) dominava a paisagem da cidade no passado.

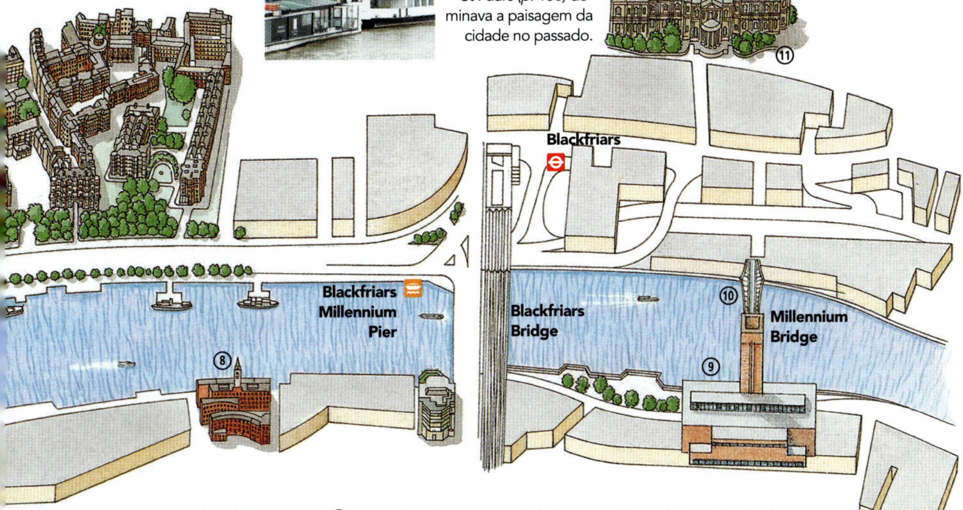

⑦ Aproveite o inverno para ir à Somerset House (p. 93), do século XVIII, e patinar no rinque de gelo a céu aberto montado no pátio central; no verão, assista a um dos shows ou filmes exibidos ao ar livre. No interior, há a soberba coleção de arte da Courtauld Gallery.

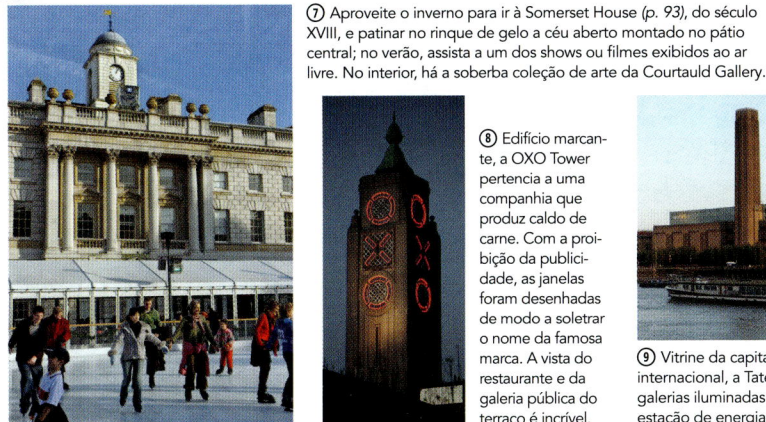

⑧ Edifício marcante, a OXO Tower pertencia a uma companhia que produz caldo de carne. Com a proibição da publicidade, as janelas foram desenhadas de modo a soletrar o nome da famosa marca. A vista do restaurante e da galeria pública do terraço é incrível.

⑨ Vitrine da capital para a arte moderna internacional, a Tate Modern tem 88 galerias iluminadas e arejadas na antiga estação de energia Bankside.

⑩ Quando a Millennium Bridge foi inaugurada em 2000, os pedestres ficaram nervosos ao senti-la balançar. A "Ponte Oscilante" ficou fechada por dois anos e a instabilidade acabou. Ela liga a Tate Modern (p. 148) a St Paul's (pp. 130-1).

Informações

Big Ben www.parliament.uk/about/living-heritage/building/palace/big-ben
London Eye www.londoneye.com
OXO Tower Barge House Street, SE1 9PH; www.harveynichols.com/oxo-tower-london
Savoy Hotel Strand, WC2R 0EU; www.fairmont.com/savoy
Sea Life London Aquarium www.visitsealife.com/London
Somerset House Strand, WC2R 1LA; www.somersethouse.org.uk
South Bank www.southbanklondon.com e www.southbankcentre.co.uk
Tate Modern Bankside, SE1 9TG; www.tate.org.uk/modern

continuação de Londres às Margens do Rio ▶

Londres às Margens do Rio (cont.)
Southwark Bridge a St Katharine's Dock

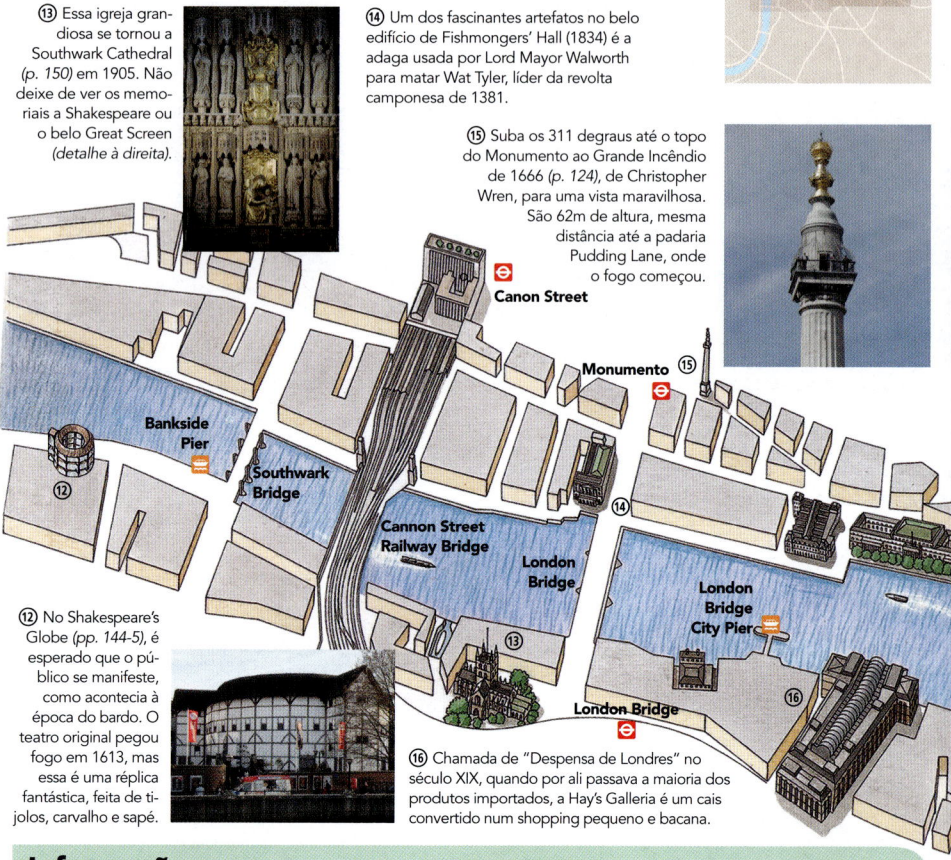

⑬ Essa igreja grandiosa se tornou a Southwark Cathedral (p. 150) em 1905. Não deixe de ver os memoriais a Shakespeare ou o belo Great Screen (detalhe à direita).

⑭ Um dos fascinantes artefatos no belo edifício de Fishmongers' Hall (1834) é a adaga usada por Lord Mayor Walworth para matar Wat Tyler, líder da revolta camponesa de 1381.

⑮ Suba os 311 degraus até o topo do Monumento ao Grande Incêndio de 1666 (p. 124), de Christopher Wren, para uma vista maravilhosa. São 62m de altura, mesma distância até a padaria Pudding Lane, onde o fogo começou.

⑫ No Shakespeare's Globe (pp. 144-5), é esperado que o público se manifeste, como acontecia à época do bardo. O teatro original pegou fogo em 1613, mas essa é uma réplica fantástica, feita de tijolos, carvalho e sapé.

⑯ Chamada de "Despensa de Londres" no século XIX, quando por ali passava a maioria dos produtos importados, a Hay's Galleria é um cais convertido num shopping pequeno e bacana.

Informações

Design Museum Shad Thames, SE1 2YD; www.designmuseum.org

Fishmongers' Hall London Bridge, EC4R 9EL; www.fishhall.org.uk

Hay's Galleria London Bridge City, Tooley Street, SE1 2HD; www.haysgalleria.co.uk

HMS Belfast Morgan's Lane, Tooley Street, SE1 2JH; hmsbelfast.iwm.org.uk

The Monument www.themonument.info

St Katharine's Dock www.skdocks.co.uk

Shakespeare's Globe 21 New Globe Walk, Bankside, SE1 9DT; www.shakespearesglobe.com

Southwark Cathedral London Bridge, SE1 9DA; www.cathedral.southwark.anglican.org

Torre de Londres www.hrp.org.uk/toweroflondon

Tower Bridge www.towerbridge.org.uk

Passeios pelo Tâmisa, Táxis Aquáticos ou Ônibus Fluviais Bateaux London 020 7695 1800; www.bateauxlondon.com

City Cruises (Westminster p/ Greenwich) 020 7740 0400; www.citycruises.com

Thames Clippers (London Eye p/ Greenwich) 0870 781 5049; www.thamesclippers.com

Thames Executive Private Charters & River Taxi 01342 820600; www.thamesexecutivecharters.com

Thames River Services (Greenwich, Thames Barrier) 020 7930 4097; www.thamesriverservices.co.uk

Transport for London, Ônibus Fluviais e Passeios pelo Rio www.tfl.gov.uk/river

Turks (Kingston, Richmond e Hampton Court) 020 8546 2434; www.turks.co.uk

Westminster Passenger Services Association (Kew, Richmond e Hampton Court) 020 7930 2062; www.wpsa.co.uk

Londres às Margens do Rio | 29

⑰ As crianças podem subir as escadas, passar pelas escotilhas e deixar a imaginação à solta no convés do HMS Belfast *(pp. 154-5)*, um navio da Segunda Guerra Mundial que teve papel crucial no desembarque na Normandia em 1944.

⑱ Mais famosa fortaleza medieval britânica, a London Tower *(pp. 122-3)* é marcada por histórias sangrentas. Prisioneiros eram trazidos de barco pelo famoso Traitors' Gate (Portão dos Traidores) para execução. A torre contém uma soberba coleção de armas e armaduras, além das inestimáveis Joias da Coroa.

Fato estranho: mandíbulas!

Em fevereiro de 2004, uma piranha-de-barriga-vermelha, nativa da Amazônia, foi vista recém-morta no deque de um barco no Tâmisa. O mistério é que esse peixe de dentes curtos e afiadíssimos e mandíbulas potentes (que, em grupo, consegue devorar presas grandes em segundos) é incapaz de sobreviver em baixas temperaturas. Aparentemente, havia sido jogada no convés por uma gaivota. Mas como a ave a pegara? Provavelmente a piranha era um bicho de estimação que cresceu demais e foi libertada pelo dono. Morreu na água fria e flutuou até a superfície, onde foi capturada pela gaivota, mas a ave deve ter notado que havia mordido mais do que podia engolir!

⑲ Um ícone de Londres, a Tower Bridge ainda é suspensa para a passagem de barcos, porém não tão frequentemente quanto à época dos navios de carga de mastros altos. Visite a exposição para ver o maquinário hidráulico que operava a ponte antes da eletrificação nos anos 1970.

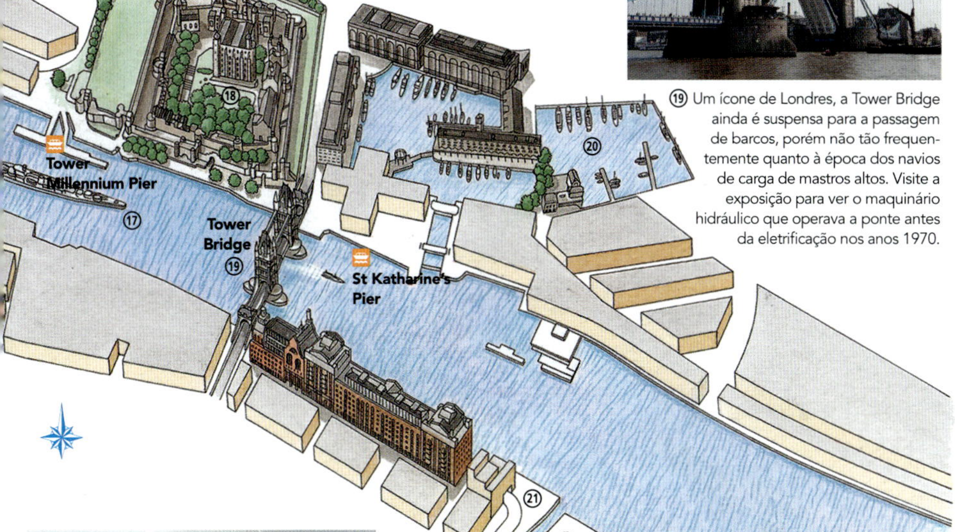

Tower Millennium Pier
⑰
Tower Bridge
⑲
St Katharine's Pier
⑳
㉑

⑳ Construída num local com mais de mil anos de história, St Katharine's Dock *(pp. 126-7)* é hoje uma marina movimentada. Foi a primeira e mais bem-sucedida reurbanização das Docklands nos anos 1970.

㉑ Jogue videogames antigos ou conheça os estilos do futuro no Design Museum *(p. 157)*, que abriu em 1989 nesse edifício branco estilo anos 1930.

Informações Úteis

Londres conta com uma impressionante gama de serviços para turistas, muitos funcionando 24 horas por dia. Entre eles, caixas eletrônicos (ATM), casas de câmbio, farmácias e o serviço de informação sobre saúde, o NHS Direct. Para aproveitar o máximo da visita e garantir que tudo ocorra da melhor maneira possível, é essencial saber algumas coisas sobre a cidade.

Passaportes, vistos e alfândegas

Cidadãos brasileiros precisam apenas de passaporte válido para entrar no RU, sem necessidade de visto.

Aconselha-se ter dinheiro suficiente (entre US$50 e US$100), passagem de ida e volta e reserva em hotel, pois o controle de imigração em aeroportos e portos britânicos é considerado o mais rígido da Europa.

O Reino Unido não participa do acordo Schengen de fronteiras abertas, como a maioria dos países da UE. Assim, mesmo quem vem de um país do Schengen tem de passar pelo controle de imigração ao entrar.

Se você chegar de um país da UE não precisará declarar suas compras, mas se vier diretamente do Brasil terá de passar pela alfândega. Ainda há checagens ao acaso para o controle antidrogas.

Visitantes não residentes na UE podem pedir reembolso do Value Added Tax (VAT) de vários produtos ao saírem da Grã-Bretanha, mas os itens devem ter sido comprados em lojas que operam o VAT Retail Export Scheme (indicado na vitrine da loja). Peça o formulário ao lojista, que informará como fazer o reembolso; isso consta também no site da UK Border Agency (UKBA).

Seguros

É aconselhável fazer seguro-viagem para cobrir o cancelamento ou a redução de sua viagem, o roubo ou a perda de dinheiro e outros bens pessoais, e qualquer despesa médica. Sua seguradora deve fornecer um número de emergência 24 horas caso você venha a precisar.

Se planeja dirigir em Londres, faça um seguro abrangente e leve carteira de motorista válida. Guarde os recibos relativos ao carro e relatórios policiais em caso de sinistro.

Visitantes de países sem acordo recíproco de saúde, como o Brasil, só têm cobertura para atendimentos nos prontos-socorros, os Accident and Emergency (A&E), então o seguro é particularmente importante.

Saúde

Numa emergência médica, ligue 999 para chamar uma ambulância. O atendimento é 24 horas. Há uma série de hospitais em Londres com pronto-socorro 24 horas, mas nem todos tratam crianças. **Chelsea and Westminster**, **Royal London** e **St Mary's** têm departamentos pediátricos especializados. Para encontrar um clínico geral (General Practitioner, ou GP) ou para se consultar on-line ou por telefone, utilize o **NHS Di-**

Abaixo, à esq. Algumas das moedas em circulação no Reino Unido
Abaixo, à dir. Policiais de Londres na área movimentada em torno de Piccadilly Circus

rect, que tem um site e um telefone 24 horas atendidos por enfermeiras.

Para pequenos ferimentos ou doenças leves, consulte um farmacêutico. Procure a farmácia mais próxima no site do NHS Direct. A maioria funciona no mesmo horário das lojas, embora algumas fiquem abertas até mais tarde. **Zafash** fica aberta 24 horas; outras farmácias funcionam até as 24h, como **Pharmacentre**, **Bliss**, **Boots Victoria Station** (21h, dom) e **Boots Piccadilly Circus** (18h, dom). É possível comprar muitos medicamentos no balcão, mas alguns só são vendidos com receita médica. Leve na mala os medicamentos controlados de que sua família possa precisar, incluindo antialérgicos. Existe hoje uma grande consciência sobre alergias e intolerâncias alimentares graves, e os produtos costumam ser identificados claramente. Se você tem intolerância, verifique os ingredientes de pratos servidos em hotéis e restaurantes. O sol do Reino Unido pode ser surpreendentemente quente e ardido, sobretudo para crianças pequenas, por isso é aconselhável usar um bom protetor solar.

Segurança pessoal

Áreas comerciais lotadas, como Oxford Street, mercados movimentados, estações de metrô e pontos de ônibus são visados por assaltantes, que às vezes agem em equipe. Use bolsas que fecham totalmente e as mantenha perto de você. Não carregue grandes quantidades de dinheiro ou objetos de valor e evite áreas mal iluminadas à noite.

Nunca deixe a bolsa ou a mala sozinha no metrô, na estação ou em qualquer lugar público. Ela pode ser considerada um pacote suspeito e disparar um alerta de segurança.

Em caso de emergência, ligue 999 ou 112. Registre crimes graves na Delegacia de Polícia (o site da **Metropolitan Police** tem os endereços). Para crimes não emergenciais, preencha um formulário (disponível no site) ou ligue 101. Se perder algo no transporte público, reporte pelo site da TfL ou vá ao **TfL Lost Property Office**.

Sempre combine um ponto de encontro seguro com seus filhos para o caso de vocês se separarem. Certifique-se de que saibam onde estão hospedados e quem são as pessoas certas para pedir ajuda (policial ou agente de segurança) caso se percam. Lembre a eles que os carros trafegam à esquerda no Reino Unido e que eles sempre devem usar faixas de pedestres ou passagens subterrâneas para atravessar a rua.

Dinheiro

A unidade de moeda no Reino Unido é a libra esterlina (£), dividida em 100 pence (p). Há moedas em circulação de 1p, 2p, 5p, 10p, 20p, 50p, £1 e £2, e notas de £5, £10, £20 e £50. Não há limite para a quantidade de dinheiro que você pode levar para o Reino Unido, mas alternativas pré-pagas, como cartões de débito ou traveller's cheques são mais seguras. Anote separadamente os números de série dos traveller's cheques. Os cartões Visa e MasterCard são os mais aceitos, seguidos por American Express, Diners Club e JCB.

Agências bancárias, como **HSBC**, **Barclays** e **NatWest**, e **correios** trocam dinheiro e traveller's cheques com taxas melhores que casas de câmbio, cuja vantagem é o horário de funcionamento. **Thomas Cook** e **Chequepoint** têm vários escritórios em Londres, e a Chequepoint em Gloucester Road funciona 24 horas. **Travelex** e **American Express** trocam traveller's cheques (lembre de levar o passaporte). Há caixas eletrônicos (ATMs) por toda a cidade, mas tome cuidado com roubos. Use ATM somente onde e quando se sentir confortável. Nunca aceite ajuda de estranhos ao utilizar o caixa eletrônico, não se distraia e sempre cubra sua mão ao digitar a senha.

Abaixo, à esq. A farmácia Boots, em Piccadilly Circus *Abaixo, à dir.* Policiais patrulham a plataforma em uma das muitas estações do metrô de Londres

Comunicações

O código telefônico do RU é 44 e o de área para Londres é 020. Ao ligar para o exterior, disque 00 e o código do país. Se tiver problemas com um número, ligue para a telefonista no 100 ou para a telefonista internacional no 155. Principais provedores de rede de telefonia móvel: **Orange**, **O2**, **T-Mobile** e **Vodafone**. Economize comprando um cartão SIM no RU. A maioria dos telefones públicos funciona com moedas, cartões de crédito e **cartões telefônicos da British Telecom**, à venda no site da BT. Alguns são telefones conectados, pelos quais pode-se enviar e-mails e textos.

Há Wi-Fi na maioria dos hotéis, muitas vezes pago, e em cafés, parques e outros locais públicos, quase sempre de graça. Bibliotecas públicas oferecem acesso gratuito à internet, mas é preciso enfrentar fila. **Visit London** traz uma lista de cibercafés.

Além de canais por satélite e a cabo, a TV aqui tem estações digitais, sendo que BBC1 e BBC2 são públicas; as demais, como ITV1, Channel 4 e Channel 5, são comerciais. Veja a BBC News ou a Sky News para previsão do tempo. As rádios londrinas, entre elas London BBC Live (94.9FM), Capital FM (95.8FM) e LBC (97.3FM), têm boletins regulares de notícias e viagens. Gratuito, o jornal diário *Evening Standard* traz notícias e dicas de divertimento. A revista *Time Out* é ótima para roteiros. O *International Herald Tribune* chega à cidade no mesmo dia, e publicações europeias estão disponíveis com um ou dois dias de atraso. **Gray's Inn News**, em Theobalds Road, tem vários jornais e revistas estrangeiros.

Horários

As lojas em geral abrem das 9h30-18h seg-sáb, das 11h-17h dom e até 20h qua ou qui, nas áreas centrais. O horário oficial dos bancos é 9h30-15h30 seg-sex, mas a maioria fica aberta até as 17h e muitos funcionam sáb 9h30-12h. Geralmente, museus e galerias abrem diariamente das 10h-17h30 ou 18h; alguns funcionam até mais tarde uma noite por semana, em geral sex. Atrações turísticas costumam abrir às 9h ou 9h30; a entrada é permitida até 30 minutos antes do horário de fechamento. Cheque os horários antes de sair.

Informações turísticas

O site Visit London informa sobre atrações populares, hospedagem e roteiros, e o **Young London** sugere eventos infantis. O principal centro de informações turísticas é **The City of London Information Centre**. Outros centros podem ser encontrados em estações ferroviárias, inclusive na **King's Cross St Pancras**.

Portadores de deficiência

A maioria das atrações principais de Londres é acessível a cadeiras de rodas. Telefone antes da visita, para ver se suas necessidades poderão ser atendidas. Os sites que informam as atrações acessíveis são **Artsline**, **Disability Now** e Visit London (que também lista hotéis). Para acessibilidade no transporte público, visite o site da **TfL**. Há um número crescente de banheiros adaptados; muitos pertencem ao National Key Scheme (NKS) e são abertos com uma chave da **Royal Association for Disability and Rehabilitation** (RADAR), que fornece um mapa dos banheiros.

Fuso horário

Londres está três horas à frente de Brasília. De fim de maio a início de outubro, horário de verão britânico, a diferença aumenta para quatro. No horário de verão brasileiro, cai para duas horas. Para saber a hora certa em Londres, ligue 123 de um telefone fixo para BT Speaking Clock.

Eletricidade

A voltagem no RU é 240V AC. As to-

---

*Abaixo, à esq. Cibercafé dentro do hotel Hoxton **Abaixo, à dir**. Criança brinca com um videogame portátil – não se esqueça de levar jogos e atividades para manter os pequenos ocupados*

Informações Úteis | 33

madas têm três pinos quadrados e usam fusível de amperagem 3-, 5- ou 13-. Turistas precisam de adaptador para os aparelhos elétricos.

O que levar

Não se preocupe se esquecer algo, a menos que seja o brinquedo ou o cobertor preferido do seu filho. Você pode comprar quase tudo em Londres, mas coloque na mala marcas específicas caso seus filhos tenham fortes preferências. Deixe-os escolherem algumas roupas e brinquedos favoritos. Seja superorganizado e encomende fraldas e lenços de limpeza pela **Amazon** com entrega no seu hotel ou apartamento.

Prepare-se para mudanças de clima: capas de chuva e guarda-chuvas são essenciais mesmo no verão, quando talvez seja preciso usar protetor solar. No inverno, traga roupas quentes e sapatos com sola antiderrapante. Sempre leve sapatos confortáveis. Um carrinho compacto pode ser útil para crianças pequenas.

Para a viagem, leve brinquedos que deixem as crianças ocupadas, mas que não incomodem outros passageiros. Se o voo for longo, compre brinquedos novos e os entregue às crianças em intervalos. Inclua livros, quebra-cabeças, lápis de cor, papel, livros para colorir, adesivos e cartas.

Informações

Passaportes e vistos
UK Border Agency www.ukba.homeoffice.gov.uk

Seguros
NHS www.nhs.uk/NHSEngland/Healthcareabroad/Pages/Healthcareabroad.aspx

Saúde
Bliss 5-6 Marble Arch, W1H 7EL; 020 7723 6116
Boots Victoria Station; 44-6 Regent St, W1B 5RA; 020 7834 0676; www.boots.com
Chelsea and Westminster Hospital 369 Fulham Rd, SW10 9NH; 020 8746 8000; www.chelwest.nhs.uk
NHS Direct www.nhsdirect.nhs.uk
Pharmacentre 149 Edgware Rd, W2 2HU; 0207 7723 2336
Royal London Hospital Whitechapel Rd, E1 1BB; 020 7377 7000; www.bartsandthelondon.nhs.uk/about-us/how-to-find-us/the-royal-london
St Mary's Hospital Praed St, W2 1NY; 020 3312 6666; www.imperial.nhs.uk/stmarys
Zafash 233-5 Old Brompton Rd, SW5 0EA; 020 7373 2798; www.zafash.com

Segurança
Metropolitan Police 101
TfL Lost Property Office 200 Baker Street, NW1 5RZ; 0845 330 9882; www.tfl.gov.uk/contact/871.aspx

Moeda
American Express www.americanexpress.com/uk
Barclays www.barclays.co.uk
Chequepoint www.chequepoint.com
HSBC www.hsbc.co.uk
NatWest www.natwest.com
Post Office www.postoffice.co.uk
Thomas Cook www.thomascookmoney.com
Travelex www.travelex.com

Comunicações
British Telecom Calling Cards www.payphones.bt.com
Gray's Inn News graysinnnews.com
O2 www.o2.co.uk
Orange www.orange.co.uk
T-Mobile www.t-mobile.co.uk
Vodaphone www.vodafone.co.uk

Informação turística
King's Cross St Pancras Travel Information Centre N1 9AL Western Ticket Hall; www.visitlondon.com
The City of London Information Centre Guildhall, EC2P 2EJ; 020 7606 3030; www.cityoflondon.gov.uk
Young London www.london.gov.uk/young-london/kids/index.jsp

Portadores de deficiência
Artsline www.artsline.org.uk
Disability Now www.disabilitynow.org.uk
RADAR www.radar.org.uk
TfL www.tfl.gov.uk/gettingaround/transportaccessibility/1167.aspx

O que levar
Amazon www.amazon.com

Abaixo, à esquerda Enorme seleção de folhetos e brochuras turísticos expostos nos apartamentos Allen House
Abaixo, à dir. O balcão principal na cidade do City of London Information Centre

Onde Ficar

Hospedar-se em Londres é caro, mas há muitas opções de hotéis, B&B (bed and breakfast) e apartamentos para família. Alguns hotéis e pousadas têm quartos para quatro pessoas, ou suítes com quartos interligados. Outros, camas de armar ou sofás-camas, mas em geral os quartos são pequenos e apertados para quatro. Apartamentos são mais flexíveis. Os melhores alojamentos para famílias têm berços, cadeirões e até serviço de babá. Antes de reservar, confira o que está incluído. Para saber mais sobre hospedagem, acesse o site Visit London.

Hotéis

Os hotéis de Londres eram conhecidos como lugares hostis para famílias, onde raramente se via e certamente nunca se ouvia crianças. Mas os tempos mudaram e hoje os pequenos são bem-vindos na maioria deles. Muitos têm tarifas especiais ou permitem hospedagem gratuita no quarto dos pais, além de cobrar metade do preço pelo café da manhã. Alguns também têm horários de refeições flexíveis. Os hotéis caros do West End estão entre os mais receptivos. Muitos têm concierges infantis, que sugerem passeios divertidos e fazem reservas para shows e atrações. Eles também mantêm coleções de livros de histórias, brinquedos e DVDs, providenciam refeições especiais e fornecem vários atrativos para os pequenos, de roupa de cama divertida a aulas de culinária.

Hotéis modernos de design não são tão receptivos a famílias, mas na mesma faixa de preço há um núcleo de estabelecimentos encantadores, geridos por famílias, com equipe preparada para dar o máximo pelos hóspedes mais jovens.

Hotéis de rede são uma ótima escolha para famílias. O que lhes falta em personalidade e localização, têm em preço e instalações para crianças. Entre as melhores redes para família estão **Apex**, **Crowne Plaza**, **Marriott** e **Park Plaza** na faixa de preço superior, e **All Seasons**, **Novotel** e **Premier Inn** nos mais econômicos.

Bed & Breakfast

Existem dois tipos de B&B: um hotel simples sem restaurante e uma residência particular em que os quartos são alugados para hóspedes. Quando limpos, confortáveis e amigáveis, estes últimos são uma opção mais barata em relação aos hotéis e uma base para explorar a cidade (em sua maioria, tem áreas comuns limitadas e não são para passar o tempo). O café da manhã, em geral típico inglês, está incluído no preço.

Quando os proprietários são acolhedores e amáveis, ficar numa casa pode ser muito bom e você pode fazer amigos para a vida. Mas o sucesso não é garantido: a maioria das casas só tem alguns quartos para alugar e pode ser complicado encontrar um adequado para a família. É aconselhável usar uma agência especializada (p. 242) ou experimentar a **Bed & Breakfast and Homestay Association**, associação de várias agências de renome, cujas propriedades são inspecionadas regularmente.

Abaixo, à esq. *Quarto elegante no hotel The Hoxton, em Shoreditch* **Abaixo, à dir.** *Cozinha e sala de estar de flat SACO – Holborn, no centro de Londres*

Apartamentos e flats

Ficar em apartamento provavelmente é a opção mais tranquila para as famílias, sobretudo se a estadia em Londres for mais extensa. Na maioria dos apartamentos, a estadia mínima varia de duas noites a uma semana. Crianças não adaptadas ao fuso horário, despertas de madrugada, podem ficar à vontade no apartamento sem incomodar os outros. Além disso, você não tem de comer fora sempre: pode preparar as refeições preferidas das crianças (particularmente útil para pequenos agitados à mesa) e economizar dinheiro. Outra opção é a troca de casas. Funciona melhor quando organizada por uma agência de renome, como **Home Base Holidays**, **Home Link**, **Intervac**.

Há dois tipos de apartamentos: flats ou residenciais. A maioria dos apartamentos em Londres são flats, com serviço de concierge e limpeza. **BridgeStreet**, **Cheval Residences**, **Citadines**, **Fraser Place** e **SACO** têm vários edifícios bem localizados para famílias. Há também apartamentos ligados a hotéis, onde os hóspedes podem tomar café da manhã e utilizar as instalações. Apartamentos residenciais são mais baratos, porém mais difíceis de encontrar. Algumas agências oferecem esse tipo de hospedagem (p. 242). A maioria fica nos subúrbios.

Informações

Apex www.apexhotels.co.uk
All Seasons www.all-seasons-hotels.com
Bed & Breakfast and Homestay Association www.bbha.org.uk
BridgeStreet www.bridgestreet.com
Cheval Residences www.chevalresidences.com
Citadines www.citadines.com
Crowne Plaza www.ichotelsgroup.com/crowneplaza
Expedia www.expedia.co.uk
Fraser Place www.frasershospitality.com
Home Base Holidays www.homebase-hols.com
Home Exchange www.homeexchange.com
Home Link www.homelink.org
Hotel Direct www.hoteldirect.co.uk
Intervac www.intervac.co.uk
lastminute.com www.lastminute.com
Late Rooms www.laterooms.com
Marriott www.marriott.co.uk
Novotel www.novotel.com
Park Plaza www.parkplaza.com
Premier Inn www.premierinn.com
SACO www.sacoapartments.com
Travelocity www.travelocity.co.uk
Visit London www.visitlondon.com

Diárias

As diárias nos hotéis de Londres em geral são pelo quarto, não por pessoa, e incluem VAT, mas nem sempre café da manhã (confira antes de reservar). As tarifas tendem a permanecer altas durante todo o ano, embora seja possível conseguir descontos em ofertas especiais e fins de semana, muitas vezes para estadia mínima de duas noites. Geralmente, quanto mais tempo você ficar, mais barata a diária, e os melhores preços são para quem reserva on-line, com antecedência. Se não estiverem lotados, alguns hotéis oferecem descontos de última hora na diária. Você encontra algumas das melhores ofertas em sites como o **Late Rooms** e, para pacotes curtos e hospedagem, visite **Expedia**, **lastminute.com** e **Travelocity**.

Categorias de preço

As três categorias de preços neste guia se baseiam em uma diária para uma família de quatro pessoas na alta temporada, incluindo taxas de serviço e impostos adicionais. A categoria econômica é menos de £150; moderada, entre £150-250; e a cara, acima de £250. É extremamente difícil encontrar hospedagem econômica em Londres, onde os hotéis são notoriamente caros.

Abaixo, à esq. O exterior elegante do B&B Arosfa, perto de Regent's Park
Abaixo, à dir. O lobby do hotel Grange City, a poucos minutos da Torre de Londres

Onde Comer

Silenciosos e pouco tolerantes com crianças no passado, os restaurantes londrinos se tornaram mais complacentes com famílias e o jantar ficou mais informal. Crianças barulhentas não são bem-vindas em qualquer restaurante, mas mesmo os de luxo terão prazer em receber as bem-comportadas, e até fornecer cadeirões, livro de colorir e lápis de cor. A variedade de escolha é enorme, com pratos do mundo todo. Os preços indicados neste guia compreendem almoço para quatro pessoas, com dois pratos, sem vinho, mas com refrigerantes.

Chinês

O lugar óbvio para provar comida chinesa é Chinatown, no West End. Seu coração pulsante, o calçadão Gerrard Street, está repleto de mercados e restaurantes exalando aromas exóticos, desde estabelecimentos simples, com mesas nuas e patos laqueados nas vitrines, até locais elegantes, com menus variados. Famílias chinesas comem fora regularmente e todos os restaurantes estão equipados para atender crianças. Muitos têm cadeirões e todos oferecem porções pequenas – experimente dim sum, que só vem nessa medida. A maioria das crianças adora os sabores delicados de arroz, macarrão e bolinhos dim sum, além de rolinhos primavera e do aromático pato crocante (um prato divertido para as crianças, que devem rechear suas próprias panquecas).

Indiano

Os curries indianos são um dos pratos favoritos no RU. Para comida autêntica, vá até as comunidades indianas de Southall, no oeste de Londres, ou Brick Lane e Bethnal Green, no leste, onde você também encontrará restaurantes de Bangladesh e do Paquistão. Embora muitos pratos sejam bastante quentes e apimentados para o paladar infantil, há versões mais suaves que crianças mais velhas podem saborear, como tandoori, tikka masala, korma e pasanda. Curries suaves em geral são feitos com leite de coco. Se o prato é picante demais, um pouco de iogurte vai aliviar (a água traz apenas alívio temporário). Curries são servidos com arroz ou pães chatos, como naan, chapati ou o crocante poppadom. Vindaloo, madras e jalfrezi estão entre os mais picantes. Dois restaurantes indianos bons para famílias e com menus infantis são **Imli**, que tem uma sala de jantar colorida, e **Masala Zone** de Covent Garden, com bonecos Rajasthani no teto.

Tailandês

Kensington e Fulham têm vários restaurantes tailandeses, entre eles o famoso **Blue Elephant**, com seu interior inspirado no histórico Palácio de Saranrom, em Bancoc. As crianças ficam fascinadas com os lagos de carpas, as pequenas pontes, a cachoeira e o bar que é uma réplica da barca real. Há ainda diversos restaurantes locais mais modestos, além de pubs e cafés que servem comida tailandesa. Embora alguns pratos sejam muito apimentados (pergunte), menus tailandeses incluem opções mais leves, muitas vezes inspiradas

Abaixo, à esq. Restaurantes indianos e casas de curry em Brick Lane, leste de Londres
Abaixo, à dir. O interior de um restaurante chinês em Chinatown, no coração do West End

na cozinha chinesa. Satay (com amendoim), pratos com macarrão, como pad Thai, agridoces e costelinhas costumam agradar crianças.

Grego e turco

A comida é muito semelhante à do Oriente Médio, e os mezze (bocados e pastas) são parte integrante da refeição. Entre as especialidades gregas estão tzatziki (pasta de iogurte, alho e pepino), dolmadakia (folhas de uva recheadas com arroz, ervas e às vezes carne), spanakotyropita (pastéis de massa folhada recheados com espinafre e queijo feta), keftedes (almôndegas com hortelã e cebolinha), moussaka (camadas de batatas, berinjelas, abobrinhas e cordeiro moído, cobertas com molho bechamel e queijo), kebabs de cordeiro e de frango, além de carne e peixe grelhados.

Pratos turcos similares têm nomes diferentes: por exemplo, cacik é uma versão do tzatziki e o dolma, de dolmadakia. É tradicional iniciar a refeição com sopa, e, em seguida, as crianças podem apreciar kuzu tandir (cordeiro assado), eksili köfte (almôndegas ao molho de limão) ou iskender (grelhado misto com molho de iogurte e tomate servido no pão pita). Em ambas as cozinhas, as sobremesas são muito doces e meladas,

como a baklava. Os restaurantes estão concentrados no centro e no norte de Londres, e o jantar costuma ser acompanhado de música e dança, às vezes com quebra de pratos em restaurantes gregos. Para comida grega, experimente as tabernas tradicionais **The Four Lanterns** e **Konaki**, e, para a turca, vá ao **Sofra**.

Indonésio e malaio

Se seus filhos têm paladar aventureiro, vá a restaurantes indonésios e malaios: a maioria fica no centro, como o **Melati** e o **Bali Bali**, que servem pratos de ambos os países. Eles não têm menu infantil, mas a equipe atenciosa terá o prazer de trazer porções para crianças. Ambas as cozinhas são influenciadas pela culinária de Tailândia, China, Índia e Oriente Médio. Arroz e macarrão são certeza no menu; kebabs de carne e satay de frango aparecem regularmente. Alguns pratos têm muita pimenta. Entre as especialidades indonésias que agradam crianças estão gado-gado (salada de vegetais com molho de amendoim) e nasi uduk (arroz com leite de coco). Pratos malaios mais leves são frango Hainanese e os dois tipos de macarrão hokkien mee e konloh mee. Termine com o perfumado mangostim roxo (fruta) ou goreng pisang (banana frita).

Abaixo, à esq. Mesas externas do restaurante The Real Greek na South Bank
Abaixo, à dir. O bufê de Young Cheng, Chinatown

Informações

Al Waha 75 Westbourne Grove, W2 4UL; 020 7229 0806; www.alwaharestaurant.com
Ask www.askitalian.co.uk
Bali Bali 150 Shaftesbury Avenue, WC2H 8HL; 020 7836 2644; www.balibalirestaurant.com
Benihana www.benihana.com
Blue Elephant The Boulevard, Imperial Wharf, Townmead Rd, SW6 2UB; 020 7751 3111; www.blueelephant.com
Café Rouge www.caferouge.co.uk
Carluccio's www.carluccios.com
Chicago Rib Shack 145 Knightsbridge, SW1X 7PA; 020 7591 4664; www.thechicagoribshack.co.uk
Ed's Easy Diner www.edseasydiner.com
The Four Lanterns 96 Cleveland St, W1T 6NP; 020 7387 0704; www.the4lanterns.com
Giraffe www.giraffe.net
Gourmet Burger Kitchen www.gbk.co.uk
The Real Greek www.therealgreek.com
Hard Rock Café 150 Old Park Lane, W1K 1QZ; 020 7514 1700; www.hardrock.com
Imli 167-9 Wardour St, W1F 8WR; 020 7287 4243; www.imli.co.uk
Konaki 5 Coptic St, WC1A 1NH; 020 7580 9730; www.konaki.co.uk
Leon www.leonrestaurants.co.uk
Nando's www.nandos.co.uk
Noura www.noura.co.uk
Maroush www.maroush.com
Masala Zone 48 Floral St, WC2E 9DA; 020 7379 0101; www.masalazone.com
Melati 30-31 Peter St, W1F 0AR; 020 7437 2011; www.melati-restaurant.co.uk
Ping Pong www.pingpongdimsum.com
Pizza Express www.pizzaexpress.com
Roast The Floral Hall, Stoney St, SE1 1TL; 0845 034 7300; www.roast-restaurant.com
Sofra 36 Tavistock St, WC2E 7PB; 020 7240 3773; www.sofra.co.uk/sofra_coventgarden.htm
Spaghetti House www.spaghettihouse.co.uk
Strada www.strada.co.uk
Tas www.tasrestaurant.com
The Diner www.goodlifediner.com
Wagamama www.wagamama.com
Wahaca www.wahaca.co.uk
Zizzi www.zizzi.co.uk

Do Oriente Médio

É fácil esquecer da comida do Oriente Médio como opção para a família, mas as várias opções de porções quentes e frias – mezze – são ótimas para crianças. A maioria das crianças conhece homus (pasta suave e cremosa de grão de bico), mas há muitas coisas para experimentar: samboussek (triângulo de massa recheado com carne, queijo ou vegetais), tabule (salada de trigo, hortelã, tomate, salsa e cebolinha, com suco de limão e azeite) e fatoush (uma salada temperada com limão, hortelã e salsinha, com pedaços de pão sírio torrado), além de pratos maiores com frango ou cordeiro marinados. Quando bem-feitos, esses pratos são repletos de sabor e aroma, sem ser muito picantes. Há uma concentração de restaurantes do Oriente Médio em torno de Edgware Road, a maioria especializada em comida libanesa, entre eles vários da rede Maroush e, mais a oeste, Al Waha.

Britânico

Conhecida no passado por ser insípida e enfadonha, a culinária britânica não era popular entre pessoas de outras nacionalidades. Mas isso mudou graças a um grupo de chefs renomados como Jamie Oliver, Heston Blumenthal e Gordon Ramsay, que incorporaram elementos de outras cozinhas, sem esquecer suas raízes.

Alguns restaurantes britânicos se esforçam para atrair famílias. Um deles é o **Roast**, no paraíso gourmet de Borough Market. Aqui você encontrará cadeirões, livros para colorir e menu infantil, além de excelente culinária tradicional britânica preparada com ingredientes locais e orgânicos. Também há comida excelente em vários gastropubs da cidade – pubs-restaurantes inaugurados nos anos 1990, servindo boa comida em ambiente agradável, e em cuja maioria as crianças são bem-vindas.

Italiano

De todas as cozinhas do mundo, a italiana é a mais convidativa para crianças, pelo menos na forma de pizzas, massas e sorvetes. Crianças são bem recebidas e paparicadas pelos funcionários calorosos de restaurantes italianos, trattorias e pizzarias. Os melhores lugares são despretensiosos, administrados por famílias e servem pratos clássicos a preços razoáveis, com menu especial para crianças, muitas vezes composto por macarrão com molho simples, como pesto (manjericão e queijo), pomodoro (tomate), bolonhesa (carne) ou carbonara (ovos, queijo e presunto ou bacon), pizza caseira e carne. Em geral, há vários sabores de sorvete para a sobremesa.

Espanhol

A crescente popularidade de restaurantes e bares de tapas melhorou a oferta de culinária espanhola em Londres. Como os italianos, os espanhóis são receptivos às crianças, e suas refeições de tapas (pequenas porções de pratos diferentes) permitem que os pequenos experimentem novos sabores e ingredientes sem ter de pedir um prato completo. Os restaurantes costumam ser informais e as refeições, tranquilas. Alguns têm menus para crianças, mas tapas como jamón Serrano e jamón Ibérico (ambos presuntos crus curados), calamares fritos (lulas fritas), gambas al ajillo (camarões ao alho), tortilla (omelete espanhol) e croquetas (croquetes) são pratos saborosos sem ser muito sofisticados.

Francês

Os franceses, cuja cozinha é considerada uma das melhores do mundo, influenciam a culinária britânica desde a conquista normanda, e hoje há diversos restaurantes franceses em Londres servindo comida de primeira. Como as pessoas se preocupam mais com a saúde, os molhos típicos

Abaixo, à esq. Restaurante da popular rede italiana Carluccio's. **Abaixo, à dir.** Uma porção do clássico prato britânico fish and chips (peixe e fritas), melhor quando comida direto do papel de embrulho

à base de creme de leite e manteiga foram substituídos por pratos leves e delicados. É mais fácil encontrar menus infantis em brasseries e bistrôs do que em restaurantes de luxo. Neles, há clássicos como filé ou filé haché (hambúrguer) e frites (batatas fritas), frango, omeletes e salada niçoise, com muitas opções de sobremesa, de torta de maçã ou limão a mousse de chocolate e sorvete.

Norte-americano

Os londrinos têm um caso de amor com a culinária norte-americana desde a inauguração do **Hard Rock Café** em 1971. Com hambúrguer suculento, cachorro-quente, batata frita, frango e costela grelhados, milkshakes cremosos, decoração ao estilo norte-americano e rock'n'roll, o Hard Rock Café é um pedaço dos EUA em Old Park Lane. Outros restaurantes apareceram na esteira, entre eles o autêntico e familiar **Chicago Rib Shack**, em Knightsbridge, e muitas outras réplicas dos típicos diners. A comida é farta, o ambiente é divertido e as crianças não poderiam ser mais bem servidas.

Restaurantes de rede

Eles podem não ser a escolha mais criativa, mas os restaurantes de rede são garantia de uma opção segura para famílias, com cadeirões, superfícies fáceis de limpar e comida adequada a bons preços, bem longe dos pratos complicados, toalhas de linho impecáveis, funcionários arrogantes e preços exorbitantes. Para comida norte-americana, experimente **Ed's Easy Diner** e **The Diner**, réplicas de um original dos anos 1950; o **Gourmet Burger Kitchen** tem hambúrgueres de boa qualidade. Outra rede popular, a **Nando's**, é especializada em pratos de frango com sabores portugueses. Para comida chinesa, a rede **Ping Pong** serve bolinhos ao estilo dim sum, e pratos pan-asiáticos são clássicos no **Wagamama**. Embora comida japonesa não faça sucesso entre as crianças, no **Benihana** as refeições são um espetáculo, com todos os ingredientes cozidos diante de seus olhos. **Maroush** e **Noura** são redes libanesas; **The Real Greek** realmente é grego; **Tas** é turco; **Wahaca**, mexicano; **Café Rouge** é francês. Entre as mais receptivas a famílias estão as redes italianas **Ask**, **Carluccio's**, **Pizza Express**, **Spaghetti House**, **Strada** e **Zizzi**. E para comida internacional a bons preços que todas as crianças adoram há o **Giraffe** e a rede de restaurantes **Leon**, que serve pratos deliciosos.

Abaixo, à esq. Uma refeição no Giraffe *Abaixo, à dir.* Deliciosa seleção de bolos e doces em exposição no Paul

CRIANÇADA!

DESAFIO ALIMENTAR

Veja quantos dos seguintes pratos você consegue experimentar:

Hai shen (pepino do mar) Parente distante do ouriço do mar, geralmente é servido assado ou em sopas e frituras chinesas.

Pad kee mao (macarrão bêbado) Um prato tailandês feito de macarrão frito com molho de soja e peixe, alho, carne ou tofu, brotos de feijão, pimenta e manjericão.

Nasi goreng istem ewa (arroz frito com um ovo frito em cima) Um dos favoritos do café da manhã indonésio.

Kulfi Uma sobremesa gelada indiana à base de leite, semelhante ao sorvete, porém mais espessa e cremosa.

Batinjan (beringela) O vegetal mais consumido no Oriente Médio é base de muitos pratos libaneses, gregos e turcos.

Calamari (lulas) São populares – grelhadas ou fritas – nas culinárias grega e mediterrânea, que mudaram pouco em 2 mil anos.

Haggis Um tipo de salsicha grande escocesa, tradicionalmente uma tripa (estômago) de ovelha recheada, comida com uma espécie de nabo e batatas.

Cassata Siciliana Um pão de ló da Sicília, com camadas de ricota e frutas cristalizadas e recheio de chocolate ou baunilha, coberto com marzipã e decorado com frutas cristalizadas.

Compras

Num shopping moderno, numa famosa e tradicional loja de departamentos, numa típica loja independente ou num animado mercado de rua, comprar em Londres é uma experiência emocionante. É uma das grandes cidades comerciais do mundo, com milhares de lojas vendendo tudo que qualquer um da família queira. Apesar de os artigos de luxo serem caros, compradores dedicados encontram pechinchas nas liquidações, nos mercados de rua e nos outlets.

Ruas comerciais

OXFORD STREET, W1
A principal rua comercial de Londres abriga mais de 500 lojas, desde grandes lojas de departamento como **Selfridges, John Lewis** (ver lojas de departamento e shoppings) e **Debenhams** (n⁰s 334-348), a franquia de marcas mundialmente famosas, entre elas **Nike** (n⁰ 236), **Topshop** (n⁰ 216) e **Gap** (n⁰s 223-225), e uma generosa oferta de lojas turísticas meio bregas. Na extremidade oeste, a Marble Arch **Marks & Spencer** (n⁰ 458) é a maior e mais bem abastecida loja da marca. Movimentada e fragmentada, a Oxford Street recebe multidões nos fins de semana, nas liquidações de janeiro e junho, e antes do Natal, quando é decorada com luzes festivas. Quando a rua está lotada, usar a estação de metrô de Oxford Street pode ser uma experiência desconcertante para alguém com crianças. É mais fácil usar a estação de metrô Bond Street, um pouco mais distante, a oeste da Oxford Street, perto de John Lewis, Selfridges e Debenhams.

KING'S ROAD, SW3
King's Road, em Chelsea, teve seu apogeu nos "Swinging Sixties", nos anos 1960, quando foi o centro da Londres boêmia. Embora não seja mais tão moderna, continua popular graças às lojas de joias e acessórios e roupas de luxo High Street. Em Sloane Square, **Peter Jones** é a loja de departamentos indispensável para os londrinos da zona oeste. Outras lojas úteis são **Trotters** (n⁰ 34) e **Igloo** (n⁰ 227) para roupas infantis e alguns brinquedos; **Paperchase** (n⁰ 289) para artigos de papelaria, arte e presentes; **Bluebird** (n⁰ 350) é um restaurante elegante, café com pátio e loja de alimentos num só local.

KENSINGTON HIGH STREET, W8
Favorita dos interessados em moda hippie nos anos 1960 e 70, "High Street Ken", como é carinhosamente chamada, não é tão lotada como a Oxford Street e provavelmente seja mais funcional do que a King's Road. Quanto às lojas, tem todas as costumeiras: **Trotters** (n⁰ 127); **Topshop** (n⁰s 42-44), para roupa infantil da moda; **Russell & Bromley** (n⁰ 151), para sapatos de boa qualidade; **Waterstone's** (n⁰ 193), para livro e revista; e **TK Maxx** (n⁰s 26-40), que vende roupa de grife a preços imbatíveis. Há também uma loja enorme do supermercado norte-americano de orgânicos **Whole Foods Market** (n⁰s 63-97). O melhor dali é a proximidade do Hyde Park e do Kensington Gardens (pp. 170-3), para onde você pode escapar quando as crianças começam a ficar sonolentas e precisam de um passeio energizante.

Abaixo, à esq. As lojas de roupas infantis Trotters, na King's Road em Chelsea Abaixo, à dir. Encontro com a mascote de uma loja diante de uma das muitas lojas de lembranças na Oxford Street

Lojas de departamentos e shoppings

HARRODS *p. 181*
A maior loja do Reino Unido vai surpreender crianças e adultos. Vende roupas de primeira, produtos de beleza, eletrônicos, equipamentos esportivos, brinquedos e tem uma fabulosa praça de alimentação.

SELFRIDGES
Uma das lojas mais populares de Londres, a Selfridges abriu em 1909 no edifício da Oxford Street que ocupa até hoje. Foi fundada pelo magnata norte-americano Harry Gordon Selfridge, que queria transformar as compras numa atividade divertida. Mais recentemente, ficou famosa pelas vitrines ousadas, que são uma atração tanto quanto a premiada loja. Tem excelente variedade de moda adulta e infantil, uma praça de alimentação excelente e um novo departamento de brinquedos.

JOHN LEWIS
"Sempre vendendo por menos" é o lema da John Lewis Partnership, que tem uma rede de lojas de departamento prática e de luxo no Reino Unido, entre elas o Peter Jones. A filial da Oxford Street, que abriu em 1864 como loja de armarinhos, é a principal. Ela ainda oferece uma boa variedade de tecidos e tem a licença real de fornecedora de produtos domésticos e de armarinho para a rainha. Você vai encontrar tudo de que precisa para bebês, de chocalhos a carrinhos. Os clientes adoram a política de devoluções da loja e os dois anos de garantia para produtos elétricos.

WESTFIELD
Este shopping no oeste de Londres, inaugurado em 2008, é tão grande que poderia abrigar confortavelmente 30 campos de futebol. Oferece muito para famílias que gostam de comprar, com vários andares de mais de 250 lojas, 50 restaurantes e cafés, um espaço de jogos leves e um cinema multiplex. Entre as lojas para crianças estão **Early Learning Centre**, **Mamas & Papas**, **LEGO**, **Build-A-Bear Workshop** e **Disney Store**. "The Village" é um espaço dedicado às marcas mais cobiçadas, como **Versace**, **Miu Miu** e **Tiffany & Co**.

Roupas

RACHEL RILEY
Localizada no centro de Marylebone, essa loja de bom gosto oferece roupas para bebês, crianças e mulheres – todas feitas no local, com lindos tecidos. Lançadas em 1998, as criações de Rachel Riley tornaram-se tão populares que ela abriu uma loja em Nova York. A estilista desenha roupa sob medida para ocasiões especiais, sob encomenda. Também fazem sucesso seus chinelos, produzidos à mão, na França.

LA STUPENDERIA
Se você procura algo especial para seus filhos usarem, experimente a marca italiana La Stupenderia, que tem uma loja grandiosa em Knightsbridge. A coleção é direcionada a meninos e meninas, do nascimento aos 12 anos. A excelente qualidade dos tecidos é tipicamente italiana e o visual é clássico e elegante: jaquetas de tweed combinadas com bermudas e coletes para os meninos; saias rodadas e vestidos para as meninas. Há também muitas roupas casuais bem cortadas, porém com preços altos.

OH BABY LONDRES
Quando estava grávida, a estilista neozelandesa Hannah McHalick achava roupas de bebê em tons pastel tão monótonas e maçantes que começou a fazer suas próprias e divertidas criações originais. Ela vende roupas modernas para crianças de 0-8, como camisetas e macacões com frases, em loja própria na descolada e falada Brick Lane.

Abaixo, à esq. Piso principal do enorme Westfield Centre, em White City **Abaixo, à dir.** Hora de brincar na Toy Kingdom da enorme loja de departamentos Harrods, em Knightsbridge

Livros

GOLDEN TREASURY
A maior livraria infantil independente de Londres tem uma excelente seleção de livros que deve aguçar o apetite do leitor mais relutante, mas a melhor coisa ali é a equipe atenciosa e suas recomendações. A loja também vende livros de culinária e puericultura, títulos adultos selecionados e brinquedos de personagens como a Hungry Caterpillar.

THE LION AND UNICORN
A vitrine dessa livraria especializada em Richmond é tão atraente que é quase impossível não entrar. Escondida em uma travessa, está repleta de títulos bacanas e tem clima amigável. A equipe entusiasmada e bem informada está sempre disposta a dar orientações e encoraja os clientes jovens a explorar o local.

Brinquedos e jogos

BENJAMIN POLLOCK'S TOYSHOP
Se você acha que antigamente os brinquedos eram melhores, esse é o local para ter certeza disso. Pollock's vende todo tipo de brinquedo tradicional, de piões e caixas de música a bonecas de pano e minúsculos jogos de chá. Benjamin Pollock fazia teatros de brinquedo e administrava a loja original, em Shoreditch. A loja de Covent Garden ainda tem um belo estoque deles, além de fantoches de dedo, de luva e marionetes.

DAVENPORT'S MAGIC SHOP
Escondida em uma galeria, essa loja é obrigatória para todos os aspirantes a mágico. Criada em 1898 por Lewis Davenport, um mágico e artista de music hall, é a mais antiga loja de magia gerida por uma família no mundo. É um tesouro de truques engenhosos e ilusões, alguns simples, outros sofisticados, seja você novato ou profissional. São cartões, livros, DVDs e acessórios, entre eles lenços, anéis milagrosos, bolas e béqueres.

DISNEY STORE
Para crianças loucas por Jack Sparrow ou Hannah Montana, essa loja será um sucesso. A de Covent Garden é uma das duas filiais no centro de Londres. As crianças podem se interessar por um quebra-cabeça 3D da arma de Zug, de *Toy Story*, um par de botas de cowboy rosa como as de Hannah Montana ou uma icônica camiseta do Mickey Mouse.

EARLY LEARNING CENTRE
Rede britânica especializada em brinquedos para crianças muito pequenas, possui seis lojas em Londres, a mais central na Kensington High Street (p. 40). Coloridos e bem-feitos, os brinquedos para interiores e exteriores, entre eles quebra-cabeças e centros de atividade, são concebidos não só para brincar, mas também para incentivar o desenvolvimento físico e mental. Os materiais, bastante resistentes, variam de madeira a plástico. As lojas são ótimas para crianças, que podem experimentar os brinquedos ali mesmo.

HAMLEYS p. 85
Esse é o tipo de loja em que o Papai Noel faz compras: vários andares de todo tipo de brinquedos e jogos.

LITTLE STINKIES
Loja de brinquedos e minissalão de cabeleireiro, é a solução para crianças que odeiam cortar o cabelo. Faz até transformação de visual. Não se deixe levar pelo nome ("fedidinhos") – é um lugar fantástico, cheio de animais, bonecas, fantoches, fantasias, jogos, livros, material de papelaria e muitos outros brinquedos acessíveis, que vão entreter os pequenos. Provavelmente você só ouvirá choro na hora de ir embora.

PLAYLOUNGE
Uma loja pequena com grandes ideias, a Playlounge está cheia de brinquedos artísticos e de bom design que agradam crianças e adultos. Animadamente diferente, ela evita

Abaixo, à esq. Barraca vendendo pão fresco, doces e salgados no Borough Market
Abaixo, à dir. Funcionário recebe clientes na lotada loja de brinquedos Hamleys

brinquedos tradicionais e enfadonhos e só oferece opções criativas e estimulantes. Há uma notável coleção de *action figures*, entre elas personagens imaginativos de Tim Burton e Moomins para pais nostálgicos. Brinquedos de pelúcia, livros, artigos de papelaria, jogos e camisetas também estão à venda.

Mercados

BOROUGH *p. 151*
Aberto de quinta a sábado, Borough Market é o paraíso dos gourmets, com produtos de primeira (e preços altos) do mundo todo, bem como o melhor dos produtos britânicos.

CAMDEN LOCK MARKET
Esse mercado de fim de semana reúne um mix divertido de bugigangas e achados maravilhosos, entre eles antiguidades, livros, música, artesanato e moda de rua nova e usada. Tudo começou em uma viela em 1974, e desde então ele tomou Chalk Farm Road. Com uma atmosfera hippie-punk, o mercado principal fica ao lado do Regent's Canal e é um ótimo passeio de sábado para a família; fica lotado aos domingos.

PETTICOAT LANE
Uma instituição de East End, esse mercado de rua dominical cobre

Informações

Benjamin Pollock's Toyshop 44 The Market, Covent Garden, WC2E 8RF; 020 7379 7880; www.pollocks-coventgarden.co.uk
Camden Lock Market www.camdenlockmarket.com
Davenport's Magic Shop 7 Charing Cross Underground Arcade, The Strand, WC2N 4HZ; 020 7836 0408; www.davenportsmagic.co.uk
Disney Store Unit 10 The Piazza, WC2E 8HD; 020 7836 5037; www.disneystore.co.uk
Early Learning Centre Westfield Shopping Centre, W12 7GB; 020 8746 0885; www.elc.co.uk
Golden Treasury 29 Replingham Road, SW18 5LT; 020 8333 0167; www.thegoldentreasury.co.uk
John Lewis 300 Oxford Street, W1A 1EX; www.johnlewis.com
King's Road kingsroad.co.uk
Little Stinkies 15 Victoria Grove, W8 5RW; 020 7052 0077

The Lion and Unicorn 19 King Street, Richmond, TW9 1ND; 020 8940 0483; www.lionunicornbooks.co.uk
Oh Baby London 162 Brick Lane, E1 6RU; 020 7247 4949; www.ohbabylondon.com
Oxford Street www.oxfordstreet.co.uk
Petticoat Lane petticoatlanemarket.net
Playlounge 19 Beak Street, W1F 9RP; 020 7287 7073; www.playlounge.co.uk
Portobello Road www.portobelloroad.co.uk
Rachel Riley 82 Marylebone High Street, W1U 4QW; 020 7935 3845; www.rachelriley.co.uk
Selfridges 400 Oxford Street, W1A 1AB; www.selfridges.com
La Stupenderia 16 Motcomb Street, SW1X 8LB; www.lastupenderia.com
Westfield uk.westfield.com/london

Petticoat Lane (cuja localização verdadeira é Middlesex Street) e o labirinto de ruas nos arredores, e é onde você pode ouvir os vendedores conversando no melodioso dialeto cockney. Se seus filhos madrugam, vá às 4h para as melhores ofertas. A parte mais turística não está em pleno funcionamento até as 9h, mas lota às 11h. As pechinchas são poucas, mas há uma variedade impressionante de artigos de couro, roupas, joias e brinquedos, além de fast-food.

PORTOBELLO ROAD
No sábado, siga a multidão que sai da estação de metrô Notting Hill Gate em direção a essa rua vibrante, repleta de barracas, galerias e lojas modernas. Vários mercados em um só, são mais de mil barracas vendendo desde antiguidades de luxo, joias e prataria, ao norte, até bricabraques, artesanato, comida, roupas e música. Passeie por Portobello Green, o mercado coberto a norte do Westway, para moda jovem original.

Abaixo, à esq. Hora de histórias na livraria Golden Treasury *Abaixo, à dir.* Barraca de usados em Camden Lock Market, repleta de colecionáveis: livros, revistas, brinquedos e muito mais

Diversão

O teatro (pp. 46-7), a música e o cinema em Londres estão entre os melhores do mundo, e há muitas opções para as famílias se divertirem. Há festivais infantis, como LolliBop, para menores de 10 anos, em Regent's Park, em agosto; e Imagine, em South Bank, em fevereiro. Para saber mais sobre as atrações, assine o boletim gratuito em www.officiallondontheatre.co.uk e confira o roteiro em www.timeout.com/london/kids ou www.visitlondon.com/attractions/family.

Música

As melhores casas de espetáculos de Londres vão agradar as famílias. Na **Royal Opera House** (p. 90) há shows de Natal, oficinas Sounding Out e a temporada Summer Screens, com exibições de ópera e balé ao vivo de Covent Garden em telões em Trafalgar Square e Canary Wharf. Perto dali, no London Coliseum, a **English National Opera** realiza sessões musicais para crianças a partir de 6 meses, enquanto os adultos escapam para assistir à matinê. Há concertos clássicos para famílias sábado à tarde na igreja **St Martin-in-the-Fields**, em Trafalgar Square, e o Discovery Concerts para crianças entre 7-12 na **London Symphony Orchestra**. Também há boa programação infantil no **Wigmore Hall**, no West End (principalmente música de câmara). No Royal Festival Hall, no **Southbank Centre** (p. 162), o forte é jazz, world music e música clássica. No verão há música e teatro ao ar livre no **The Scoop**, ao lado da Tower Bridge.

Um local popular para concertos a céu aberto é a **Kenwood House** (pp. 216-7), em Hampstead. A maior "casa" de espetáculos ao ar livre de Londres, no entanto, é a **Somerset House** (p. 93), onde astros da música pop se apresentam em agosto. O festival de rock **Underage** – somente para 13-18 anos – agita o Victoria Park, em Hackney, em agosto.

Cinema

Os cinemas do West End, como o **Odeon Leicester Square**, exibem na maioria filmes de Hollywood. Para uma programação mais eclética, experimente o Family Film Club no **Barbican Centre** (p. 138) ou a semana do London Children's Film Festival, no mesmo local, em novembro, quando os pequenos fazem e assistem a filmes. Os filmes infantis no **British Film Institute's (BFI)** (p. 162) do Southbank Centre se concentram no BFI IMAX – faça reservas para o Film Funday. Há clubes da família em cinemas de toda a cidade, entre eles **Clapham Picture House**, **Electric Cinema** em Portobello Road e **Renoir** em Bloomsbury; no verão há doze dias de exibições de filmes no pátio da Somerset House.

Artes e artesanato

Há sempre algo criativo para as famílias nos gigantes da arte da cidade, como a **National Gallery** (pp. 80-1), a **Tate Modern** (p. 148), o British Museum (pp. 102-3) e a **National Portrait Gallery** (pp. 82-3). A **Sutton House** (p. 212) promove dias para a família em que

Abaixo, à esq. Crianças assistem ao show interativo "bubbles bubbles bubbles" no Science Museum
Abaixo, à dir. Criança aprende a tecer com personagens vestidos com trajes Tudor em Sutton House

Diversão | 45

exibe trajes extravagantes e promove uma série de atividades.

A **Whitechapel Gallery** (p. 127), no East End, tem oficinas para famílias no estúdio dedicado às crianças na maioria dos fins de semana; e a nitidamente mais tradicional **Dulwich Picture Gallery** (p. 224), cujas sessões "Artplay" ocorrem duas vezes por mês e acontecem no espaço externo às quartas-feiras no verão – leve o piquenique. O **Cartoon Museum** em Bloomsbury tem uma sala de arte permanente para crianças e oficinas mensais de desenho para famílias. No verão, não perca a temporada ao ar livre na **Serpentine Galleries** (pp. 176-7), no marcante pavilhão no gramado de Kensington Gardens. Um playground temático sobre arte deve ser construído em breve na nova galeria satélite em Serpentine.

O **V&A Museum** (p. 184) oferece sessões "Drop-in Design" aos domingos e workshops em artes aplicadas para crianças mais velhas aos sábado, além de organizar o London Design Festival em setembro.

O melhor do restante

Os pequenos leitores são bem tratados em Londres, com eventos gratuitos de contação de histórias em quase todos os grandes museus da cidade (na parte de visitas turísticas deste guia). O mesmo vale para aspirantes a cientistas, com uma variedade de experiências científicas ao vivo, além de oficinas que acontecem regularmente: as crianças podem saber mais sobre lançamento de foguetes no **Science Museum** (pp. 180-1) e "cirurgia rápida" no **Old Operating Theatre** (p. 151). Divertidos shows de "natureza viva" ocorrem quase diariamente no **Natural History Museum** (pp. 182-2), e há apresentações sobre o espaço no planetário do **Royal Observatory** (pp. 198-9) em Greenwich.

Por fim, nenhuma família deve perder os palhaços, mágicos e artistas de primeira nas ruas de Covent Garden.

Informações

Cartoon Museum 35 Little Russell Street, WC1A 2HH; 020 7580 8155; www.cartoonmuseum.org
Clapham Picture House 76 Venn Street, SW4 0AT; 0871 902572; www.picturehouses.co.uk
Electric Cinema 191 Portobello Road, W11 2ED; 020 7908 9696; www.electriccinema.co.uk
English National Opera London Coliseum, St. Martin's Lane, WC2N 4ES; 020 7836 0111; www.eno.org
Imagine Children's Festival Southbank Centre, Belvedere Road, London, SE1 8XX; 020 7960 4200; www.southbankcentre.co.uk/imagine-childrens-festival
LolliBop Festival 020 8365 9695; www.lollibopfestival.co.uk
London Symphony Orchestra Barbican Centre, Silk Street, EC2Y 8DS; 020 7588 1116; www.lso.co.uk
London Design Festival 020 7734 6444; www.londondesignfestival.com

Odeon Leicester Square 0871 224 4007; www.odeon.co.uk
Renoir Cinema Brunswick Square, WC1N 1AW; 033 0500 1331; www.curzoncinemas.com
Royal Observatory Blackheath Avenue, SE10 8XJ; www.rmg.co.uk
St Martin-in-the-Fields Church Trafalgar Square, WC2N 4JJ; 020 7766 1100; www.smitf.org
The Scoop 2A More London Riverside, SE1 2DB; 020 7403 4866; www.morelondon.co.uk/scoop.html
Underage Festival www.underagefestivals.com
Wigmore Hall 36 Wigmore Street, W1U 2BP; 020 7935 2141; www.wigmore-hall.org.uk

---

Abaixo, à esq. Exercitando a criatividade num Film Club, no sábado, no Barbican Centre
Abaixo, à dir. Crianças encantadas num workshop Sounding Out na Royal Opera House

Melhores Teatros e Shows

Um dos principais centros de teatro do mundo, Londres oferece uma variedade notável de espetáculos de excelente qualidade. Nos vários tipos de teatro – subvencionado, West End e alternativo – há sempre opções de peças para entreter e envolver crianças de todas as idades, assim como seus pais. Além das novas produções, há muitos clássicos em cartaz para escolher.

Melhores teatros

HALF MOON YOUNG PEOPLE'S THEATRE
Fundado na década de 1980 em East London, o Half Moon produz teatro para e com jovens. A companhia usa o teatro para ensinar, inspirar e envolver crianças de todas as origens e habilidades. As peças em geral são de novos dramaturgos promissores. A temporada de Londres vai de outubro a abril.

LITTLE ANGEL THEATRE
Esse teatro de marionetes de 100 lugares, no antigo Temperance Hall, em Islington, exibe peças e faz oficinas para a montagem das produções e a construção dos bonecos. O Little Angel Theatre faz turnês mundiais e recebe espetáculos de companhias visitantes. Várias culturas inspiram as produções, entre elas sucessos do cinema como *O jardim secreto* e *A bela adormecida*. Promove Fun Days criativos para a família, coincidindo com os espetáculos.

LYRIC THEATRE HAMMERSMITH
Não é especificamente teatro infantil, mas o Lyric costuma exibir espetáculos maravilhosos para crianças em seus dois espaços soberbos. No teatro também acontece uma pantomima animada no Natal, além de atividades criativas, geralmente para menores de 7 anos, como as oficinas "Messy Play".

NATIONAL THEATRE
Todo ano, o principal teatro público de Londres encena uma série de produções para crianças, a maioria durante as férias. São três auditórios, desde o grandioso Olivier até o pequeno Cottesloe (que passará a se chamar Dorfman em 2013). O Watch This Space Festival, no verão, celebra o teatro ao ar livre e oferece aulas de atuação para crianças.

POLKA THEATRE
Mais de 100 mil crianças visitam esse teatro em Wimbledon todos os anos. Seu objetivo é entreter, inspirar e estimular, com peças novíssimas e adaptações dos clássicos. Apresentadas em dois auditórios, as peças são escolhidas não só por ativar a imaginação das crianças, mas também por serem acessíveis e relevantes. O programa Early Years traz histórias visuais simples para crianças entre 6 meses e 6 anos.

PUPPET BARGE
Um conceito exclusivo, esse teatro de bonecos flutuante é um fantástico passeio em família. A barca de 55 lugares fica ancorada em Little Venice entre abril e julho, mas excursiona todos os verões, parando em Richmond de agosto a setembro. A companhia Movingstage é famosa pelas produções criativas e histórias tradicionais com um toque moderno.

Abaixo, à esq. Apresentação de *A tempestade* com bonecos no Puppet Barge, ancorado em Little Venice
Abaixo, à dir. Atores e fantoches levam para o palco o vibrante espetáculo *The Lion King*

Melhores Teatros e Shows | 47

UNICORN THEATRE
De teatro móvel que funcionava em um caminhão velho, o Unicorn se tornou o carro-chefe das companhias britânicas de teatro infantil, com um arejado edifício construído em South Bank. Aqui, há mais de 600 apresentações por ano. Oficinas para famílias complementam os espetáculos, explorando vários temas.

Melhores espetáculos para famílias

THE LION KING
Desde 1999, esse alegre musical originário do cinema encanta plateias no Lyceum Theatre, com sua evocação mágica da planície Serengeti, recriada por movimento e marionetes. Visualmente, é espetacular: o palco fica repleto de dançarinos com figurinos e máscaras fabulosas, e há música empolgante de inspiração africana.

STOMP
Sem falas, diálogos ou enredo, pode parecer uma escolha bizarra, mas o grupo de dança Stomp vai encantar as crianças com criatividade, movimento e música, obtidos a partir de objetos do dia a dia. Os dançarinos e músicos usam caixas, sacos plásticos e até isqueiros Zippo para compor um espetáculo de ritmo sedutor.

WICKED
Prequela teatral de *O mágico de Oz*, Wicked mergulha no passado das duas bruxas de Oz, a boa Glinda e a bruxa malvada do oeste, Elphaba, reinventadas como estudantes universitárias. Estreou em Londres no Victoria Apollo Theatre em 2006 e está em cartaz desde então. Pode ser apreciado em diferentes níveis por adultos e crianças.

Ingressos
A região dos teatros no West End londrino é o lugar dos espetáculos de sucesso. Veja o que está em cartaz no www.thisistheatre.com. Ligações para bilheterias de teatros geralmente são redirecionadas para a gigante dos ingressos **Ticketmaster**, que tem uma seção on-line para famílias (www.ticketmaster.co.uk). Para lugares com desconto, vá à **Tkts** (Leicester Square; aberta 10h-19h, seg-sex; 11h-16h, dom); o site informa as promoções (www.tkts.co.uk), mas não vende ingressos. A melhor época para famílias que gostam de teatro é a **Kids Week**, uma quinzena de espetáculos e oficinas em agosto. Fique atento às sessões Child's Play no **Shakespeare's Globe** (pp. 146-7), programadas para que as crianças brinquem enquanto os pais veem uma peça. O **Theatre Royal Drury Lane** recebe crianças nos bastidores (reserve a versão com figurinos); e as visitas do **National Theatre** e do **Regent's Park Open-Air Theatre** (p. 112) também são divertidas.

Informações

Half Moon Young People's Theatre 43 White Horse Road, E1 0ND; 020 7709 8900; www.halfmoon.org.uk
Kids Week www.kidsweek.co.uk
Little Angel Theatre 14 Dagmar Passage, N1 2DN; 020 7226 1787; www.littleangeltheatre.com
Lyric Theatre Hammersmith Lyric Square, King Street, W6 0QL; 020 8741 6432; www.lyric.co.uk
National Theatre South Bank, SE1 9PX; 020 7452 3000; www.nationaltheatre.org.uk
Polka Theatre 240 The Broadway, SW19 1SB; 0202 8543 4888; www.polkatheatre.com
Puppet Barge opposite 35 Blomfield Road, W9 2PF; 020 7249 6876; www.puppetbarge.com
Stomp www.stomplondon.com
Theatre Royal Drury Lane Catherine Street, WC2B; 0844 412 2955; www.reallyuseful.com/theatres
The Lion King www.thelionking.co.uk
Unicorn Theatre 147 Tooley Street, SE1 2HZ; 020 7645 0560; www.unicorntheatre.com
Wicked www.wickedthemusical.co.uk

Abaixo, à esq. O interior do Unicorn Theatre perto de South Bank *Abaixo, à dir.* Atores apresentam o espetáculo All Join in and Other Stories no famoso Polka Theatre, em Wimbledon

Londres para Brincar

Parques temáticos, playgrounds ou parques de diversões podem ser o ponto alto das férias em família, mas é sempre bom planejar antes. Compre ingressos on-line e tente ir durante a semana para fugir de grandes filas. Verifique as restrições de altura em parques temáticos ou de diversões para evitar que seus filhos se decepcionem. Parques de diversões fecham para o público quando há eventos privados, portanto confirme se estão abertos antes de sair.

Melhores parques temáticos

CHESSINGTON WORLD OF ADVENTURES
Parque de diversões e zoológico, Chessington e suas áreas temáticas mantêm todos entretidos durante o dia. As crianças mais velhas podem se interessar pelos passeios mais assustadores, como a montanha-russa Dragon's Fury e o veloz Runaway Train, enquanto os menores se divertem nos mais leves, como Bubbleworks e Toytown. Faça o Skyway Safari para ver grandes felinos, gorilas e leões-marinhos do local.

THORPE PARK
Embora menor do que Chessington, o Thorpe Park tem atrações que quebraram recordes, como a Stealth, montanha-russa mais veloz da Europa; o Tidal Wave, brinquedo na água assustadoramente alto; e as montanhas-russas Colossus e Nemesis Inferno. Há opções mais tranquilas exclusivas para famílias com crianças menores, como a Canada Creek Railway e o tobogã Wet Wet Wet.

Melhores playgrounds

BATTERSEA PARK ADVENTURE PLAYGROUND
Brinquedos para subir, escorregar, balançar e explorar fazem desse playground um ótimo local para crianças de 5-16 anos. O parque infantil nas proximidades é cheio de estruturas onde brincar.

CORAM'S FIELDS
Em Bloomsbury, esse playground fica no lugar de um hospital infantil. Há áreas gramadas e equipamentos para todas as idades, como estruturas para escalar, escorregadores e tirolesa. A grande atração para os menores, além de tanques de areia e piscinas infláveis, é o cantinho dos animais de estimação, com ovelhas, cabras, coelhos e outros.

DIANA, PRINCESS OF WALES MEMORIAL PLAYGROUND p. 177

HOLLAND PARK ADVENTURE PLAYGROUND
Perfeito para candidatos a Tarzã com mais de 5 anos. Tem cipós, tirolesas, estruturas para escalar, torre, pneu gigante e escorregadores. Convenientemente ao lado há uma área fechada para os pequeninos, com balanços, escorregadores e gangorra.

Melhores parques de diversões

BRAMLEY'S BIG ADVENTURE
Crianças de até 11 anos brincam felizes e em segurança nesse parque coberto, que tem uma estrutura de três andares, um labirinto de escorregadores, piscinas de bolinhas, balanços, escadas e um "quarto assombrado" com efeitos sonoros, tudo projetado para dar confiança às crianças que enfrentam desafios

Abaixo, à esq. Skatista no excelente bowl do Cantelowe Skate Park em Camden Abaixo, centro Toda diversão de um carrossel em Gambado Chelsea Abaixo, à dir. Hora de comer na área do macaco-de-cheiro, em Chessington World of Adventures

Acima A emocionante montanha-russa Colossus, no Thorpe Park **À esq.** O imaginativo parque de aventura Coram's Fields

quanto funcionários prestativos supervisionam as crianças. O local recebe, ainda, festas de aniversário. Há outro Gambado em Watford, para quem fica no norte de Londres.

Melhores parques de BMX e skate

BAY SIXTY6
Sob o Westway em Notting Hill, esse parque de concreto é prático, bem equipado e coberto quando chove. Tem bowl, fun box, corrimão, transições, rampas e tubos. É adequado a praticantes de BMX e skate. Há aulas para skatistas novatos nas manhãs de sábado e domingo, e horários marcados para ciclistas de BMX.

CANTELOWES SKATEPARK
Um dos melhores parques de BMX e skate de Londres, tem bowl de concreto, minirrampa vertical, trilhos deslizantes, pavimentos para prática, fun box, plataforma e áreas para iniciantes e experientes. É supervisionado e iluminado à noite.

físicos e intelectuais enquanto brincam. Há áreas separadas para menores de 5 anos e bebês, e um café para os pais, caso o barulho fique muito alto.

CLOWNTOWN
Versão do Bramley's no norte de Londres, ClownTown tem uma estrutura similar de atividades, com escorregadores, cordas para escalar e "quarto assombrado", que entretêm pequenos aventureiros. Há uma área para crianças que engatinham e outra para os pequenos, com piscina de bolinhas, castelo inflável e área de escalada. Em alguns dias da semana, acontecem sessões de artesanato e há também um café no local.

GAMBADO, CHELSEA
Esse grande parque de diversões tem carrinhos bate-bate, a atração "Tiger Pots" e uma estrutura enorme, com vários níveis, para brincar. É mais caro do que outros parques, mas vale a pena. As crianças passam o dia alegres nos brinquedos e trampolins, escorregando, escalando e se esgueirando em túneis ou pintando o rosto. Há uma parede de escalada para jovens montanhistas; uma área sensorial para os menores; e acesso Wi-Fi gratuito para os adultos, en-

Informações

Battersea Park Adventure Playground www.batterseapark.org/html/playgrounds.html
Bay Sixty6 65 Acklam Rd, W10 5YU; 020 8969 4669; www.baysixty6.com
Bramley's Big Adventure 136 Bramley Rd, W10 6TJ; 020 8960 1515; www.bramleysbig.co.uk
Cantelowes Skatepark Cantelowes Gardens, Camden Rd, NW1 9HG; www.canteloweskatepark.co.uk
Chessington World of Adventures Leatherhead Rd, Chessington, Surrey KT9 2NE; 0871 663 4477; www.chessington.com
ClownTown The Coppetts Centre, N12 0SH; 020 8361 6600; clowntown.co.uk
Coram's Fields www.coramsfields.org
Gambado, Chelsea 7 Station Court, Townmead Rd, SW6 2PY; 020 7384 1635; www.gambado.com/chelsea
Holland Park Adventure Playground www.rbkc.gov.uk/leisureandlibraries/parksandgardens/yourlocalpark/hollandpark.aspx
Thorpe Park Staines Rd, Chertsey, Surrey KT16 8PN; 0871 663 1673; www.thorpepark.com

Londres Esportiva

Há uma variedade impressionante de esportes em Londres para apreciar como espectador ou como jogador; veja abaixo alguns dos mais populares. Jovens fãs entusiasmados podem curtir uma visita aos bastidores dos estádios de seus esportes favoritos. A maioria, entre eles Wembley (futebol), Twickenham (rúgbi) e Lord's (críquete), organiza passeios regulares.

Atletismo

A maioria dos principais eventos de atletismo acontece no **Crystal Palace National Sports Centre**, mas um dos mais divertidos do ano é a **Virgin London Marathon**, entre Blackheath e Mall, passando pelo centro de Londres. Corredores vão encontrar pistas em **Battersea Park Millennium Arena** e **Linford Christie Stadium**. Para praticantes mais casuais, há uma pista no **Regent's Park**.

Críquete

Parte fundamental do verão inglês, as partidas amadoras de críquete são jogadas em toda Londres nos fins de semana. Entre as mais centrais estão as de **Regent's Park** e Barnes Common. Para ver críquete profissional de primeira, vá ao **Lord's**, lar do famoso MCC (Marylebone Cricket Club) e Middlesex, ou Surrey's **Kia Oval**.

Futebol

É o esporte mais popular do Reino Unido. A temporada vai de agosto a maio, e os fãs lotam jogos internacionais e finais da copa no **Wembley Stadium**. Os principais clubes londrinos são o **Arsenal**, cuja sede é o Emirates Stadium, e o **Chelsea**, sediado em Stamford Bridge. Porém é mais fácil encontrar ingressos para ver times menores, como o **Queens Park Rangers**, do oeste de Londres, e o **Crystal Palace**, do sul.

Equitação

Há estábulos próximos a vários parques de Londres. **Ross Nye** e **Hyde Park Stables** ficam diante do Hyde Park. **Stag Lodge Stables** Lodge fica perto do Robin Hood Gate, em Richmond Park. **Ridgway** e **Wimbledon Village Stables** ficam a uma curta distância de Richmond Park e Wimbledon Common.

Patinação no gelo

Os principais rinques de patinação no gelo permanentes são **Queen's Ice and Bowl** e **Streatham Ice Arena**. No inverno, surgem pela cidade rinques temporários ao ar livre. São populares os de **Broadgate**, **Hampton Court**, **Hyde Park**, **Natural History Museum**, **Somerset House** e **Torre de Londres**. Todos são iluminados, muitos funcionam até às 22h.

Remo

Entre as corridas regulares no Tâmisa, destaca-se a **Oxford and Cambridge Boat Race**, de Putney a Mortlake. Torcedores se juntam às margens do rio para ver os "oito" das universidades rivais se enfrentarem em abril. Remo também é uma lúdica atividade em família e há barcos para alugar na **Serpentine** (Páscoa-out) e nos lagos em **Greenwich** (fev-out) e **Regent's Park** (abr-set).

Abaixo, à esq. Patinação no gelo no rinque ao ar livre do Natural History Museum Abaixo, centro Curtindo uma aula de equitação no Hyde Park Stables Abaixo, à dir. Torcedores comemorando nas arquibancadas no Wembley Stadium

Londres Esportiva | 51

Rúgbi

Com quinze jogadores de cada lado, o rúgbi tem certas semelhanças com o futebol americano. Jogos internacionais e importantes acontecem no **Twickenham Stadium**, lar do esporte. Entre os clubes de Londres estão **Harlequins, London Welsh, London Scottish** e **Rosslyn Park**. A maioria dos jogos é no sábado à tarde (set-abr).

Natação

Embora existam muitas piscinas em Londres, poucas são para crianças. Para piscinas infantis, vá a **Brentford Fountain, Newham** e **Woolwich Waterfront Leisure Centres**, todos com toboãs. O **Finchley Lido Leisure Centre** tem piscinas coberta e ao ar livre, e é muito procurado por famílias. **Chelsea Sports Centre, Oasis** e **Porchester Center** não são tão familiares, mas mais centrais. Para piscinas ao ar livre, vá até **Oasis, Parliament Hill** ou **Serpentine**.

Tênis

Há algumas quadras de tênis municipais em Londres, e elas geralmente podem ser reservadas por diária. Leve raquete e bolas. Boas quadras locais são as de **Holland Park** e **Battersea Park**. Quando se trata de assistir aos jogos, os melhores meses são jun-jul, com o **AEGON Championships** na grama do Queens e, claro, **Wimbledon**, a casa do esporte – obrigatório para todo fã de tênis, ou morangos.

Esportes aquáticos

Cursos de vela, canoagem, caiaque e muito mais são oferecidos aos maiores de 8 anos em **Thames Young Mariners, Docklands Sailing and Watersports Centre, Surrey Docks Watersports Centre** e **Royal Victoria Dock Watersports Centre**. Há uma lagoa com pedalinhos para crianças de mais de 5 anos no Regent's Park.

Informações

Atletismo
Battersea Park Millennium Arena www.wandsworth.gov.uk
Crystal Palace National Sports Centre www.gll.org/centre/crystal-palace-national-sports-centre.asp
Linford Christie Sports Centre www.lbhf.gov.uk/Directory/Leisure_and_Culture/Sports_and_leisure/Leisure_centres/37548_Linford_Christie_Outdoor_Sports_Centre.asp
Regent's Park www.royalparks.org.uk/parks/regents_park/sport.cfm
Virgin London Marathon www.virginlondonmarathon.com

Críquete
Barnes Common Cricket Club www.barnescommoncc.co.uk
Kia Oval www.kiaoval.com
Lord's www.lords.org
Regent's Park Cricket Club www.regentspark.play-cricket.com

Futebol
Arsenal www.arsenal.com
Chelsea www.chelseafc.com
Crystal Palace www.cpfc.co.uk
Queens Park Rangers www.qpr.co.uk
Wembley www.wembleystadium.com

Equitação
Hyde Park Stables www.hydeparkstables.com
Ross Nye Stables www.rossnyestables.co.uk
Ridgway Stables www.ridgwaystables.co.uk
Stag Lodge Stables www.ridinginlondon.com
Wimbledon Village Stables www.wvstables.com

Patinação no gelo
Broadgate www.broadgateinfo.net
Hampton Court www.hamptoncourticerink.com
Hyde Park www.hydeparkwinterwonderland.com/rink.html
Natural History Museum www.nhm.ac.uk/visit-us/whats-on/ice-rink/index.html
Queen's Ice and Bowl www.queensiceandbowl.co.uk
Somerset House www.somersethouse.org.uk/ice_rink/default.asp
Streatham Ice Arena streathamicearena.co.uk
Tower of London www.toweroflondonicerink.com

Remo
Greenwich www.royalparks.org.uk/parks/greenwich_park/facilities.cfm
Oxford and Cambridge Boat Race www.theboatrace.org

Regent's Park www.royalparks.org.uk/parks/regents_park/facilities.cfm
Serpentine www.royalparks.org.uk/parks/hyde_park/facilities.cfm

Rúgbi
Harlequins www.quins.co.uk
London Scottish www.londonscottish.com
London Welsh www.london-welsh.co.uk
Rosslyn Park www.rosslynpark.co.uk
Twickenham Stadium www.rfu.com/TwickenhamStadium

Natação
Brentford Fountain Leisure Centre www.fusion-lifestyle.com/centres/Brentford_Fountain_Leisure_Centre
Chelsea Sports Centre www.gll.org/centre/chelsea-sports-centre.asp
Finchley Lido Leisure Centre www.gll.org/centre/finchley-lido-leisure-centre.asp
Newham Leisure Centre www.gll.org/centre/newham-leisure-centre.asp
Oasis www.camden.gov.uk/ccm/navigation/leisure/sport-and-physical-activity/sports-centres/oasis-sports-centre
Parliament Hill Lido www.camden.gov.uk/ccm/content/contacts/non-council-contacts/contact-parliament-hill-lido.en
Porchester Centre www.gll.org/centre/porchester-centre.asp
Serpentine Lido www.royalparks.org.uk/parks/hyde_park/sport.cfm
Woolwich Waterfront Leisure Centre www.gll.org/centre/waterfront-leisure-centre.asp

Tênis
AEGON Championships www.lta.org.uk/fans-major-events/AEGON-British-Tennis-Series/AEGON-Championships
Battersea Park www.batterseapark.org/html/tennis.html
Holland Park www.rbkc.gov.uk/leisureandlibraries/sportsandleisure/sportsfacilitiesinparks/tennis.aspx
Wimbledon www.wimbledon.com

Esportes aquáticos
Docklands Sailing and Watersports Centre www.dswc.org
Royal Victoria Dock Watersports Centre www.royaldockstrust.org.uk/summerwatersports.htm
Surrey Docks Watersports Centre www.fusion-lifestyle.com/centres/Surrey_Docks_Watersports_Centre
Thames Young Mariners www.surreycc.gov.uk/outdoorlearning

Londres ao Ar Livre

Exaltada por seus belos parques, Londres ainda preserva espaços verdes no centro movimentado. A maioria dessas grandes ilhas de vegetação – e algumas das pequenas – data da Idade Média: parte sempre foi pública, parte reservada para uso exclusivo da realeza como área de caça e só mais tarde aberta ao público. O resultado é que, em qualquer parte de Londres, é possível chegar em minutos a áreas históricas ao ar livre.

Battersea Park
Com um lago para barcos, um pequeno zoológico e um playground de aventuras, é uma atração cheia de atividades *(pp. 186-9)*.

Blackheath
Coberto no passado por vegetação espessa e, por isso, local de salteadores, Blackheath é há muito um ponto de manifestações, desde os camponeses rebeldes de Wat Tyler em 1381 até as marchas das sufragistas no início do século XX. Ele também tem uma herança desportiva: aqui, Jaime I introduziu o jogo escocês de golfe na Inglaterra, e abriga a partida da Maratona de Londres *(p. 50)*. O passatempo mais popular é empinar pipas.

Coram's Fields
Esse espaço tem o suficiente para deixar as crianças felizes: uma piscina inflável, uma fazendinha, um playground, quadras de esportes e jogos *(p. 48 e p. 101)*.

Green Park
Com árvores formadas e gramados verdes, o Green Park *(p. 77)* é perfeito para caminhadas e piqueniques. Na primavera, os tapetes de narcisos deixam o gramado amarelo. Área de caça real até ser fechada por Carlos II em 1668, foi transformado em um jardim no início do século XVIII, com templos e piscinas (há muito desaparecidas). Mais tarde, se tornou local de duelos.

Curtindo um passeio de pedalinho no glorioso lago de barcos do Regent's Park

Greenwich Park
Daqui, vê-se quase toda Londres num dia claro. No extremo leste, escavações revelaram sinais de templo romano. Numa de suas colinas fica o Royal Observatory, onde o leste encontra o oeste no Meridiano *(p. 198)*.

Hampstead Heath
"O Heath", como os moradores o chamam, é uma impressionante extensão de colinas, lagos, bosques e clareiras. Há muito para as famílias, como natação ao ar livre, modelismo de barcos e playground de aventuras. Perto dali, o Golders Hill Park tem zoológico infantil, minigolfe e uma bela vista de Parliament Hill *(p. 214)*.

Holland Park
Embora a maior parte da Jacobean Holland House tenha sido destruída nos bombardeios em 1941, seu glorioso parque sobreviveu, com caminhos que serpenteiam pelos bosques e um gabinete que abriga pavões e outras aves exóticas. Um pacífico jardim japonês, um playground de aventuras e um espaço para jogar bola fazem o parque perfeito para todas as idades.

Hyde Park e Kensington Gardens
Perto de vários pontos turísticos imperdíveis, é um dos melhores parques reais de Londres *(pp. 174-5)*.

Primrose Hill
Um bom lugar para visitar quando está nevando, essa colina de 78m *(p. 113)* ao norte do Regent's Park é perfeita para andar de trenó. No século XVI, Henrique VIII se apropriou da

Acima Vista de Londres a partir de Primrose Hill **Abaixo** Veado com galhada de doze pontas e pequena fêmea no Richmond Park

área para caçar, e ela só foi aberta ao público em 1841. Pode ventar muito no topo, e o local é popular para empinar pipas. A vista dali alcança a O2 Arena e a Post Office Tower.

Regent's Park

Corra pelo espaço aberto ouvindo os leões do zoológico ao lado, passeie às margens do canal ou curta os barcos do lago (p. 112).

Richmond Park

Área de caça particular de Carlos I, Richmond (p. 232) é o maior e mais selvagem dos parques reais. Sua charneca e seus bosques abrigam várias plantas, aves e animais nativos, entre eles rebanhos de gamos e cervos que vagam livremente.

Royal Botanic Gardens, Kew

Deixou de ser uma coleção botânica vitoriana abafada; há muitas coisas interessantes para crianças no Royal Botanic Gardens (pp. 228-9).

St James's Park

O mais antigo dos parques reais, fica perto do Palácio de Buckingham e tem encantadores canteiros de flores (p. 72).

Wimbledon e Putney Commons

Local de duelos no passado, essa é a maior extensão de charneca e bosques de Londres. O local é utilizado para atividades que vão desde golfe e passeios a cavalo até modelismo com barcos e colheita de amoras. Não perca o moinho de vento de 1817, hoje Windmill Museum *(aberto abr-out: 14h-17h, sáb, 11h-17h, dom e feriados)*, com exposições de modelos, máquinas e ferramentas, e uma trilha nos arredores.

WWT London Wetland Centre

Mais de 180 espécies de aves e animais se abrigam nessa adorável reserva natural (p. 230).

Informações

Blackheath www.lewisham.gov.uk/inmyarea/openspaces/Pages/default.aspx
Green Park www.royalparks.gov.uk/Green-Park.aspx
Greenwich Park www.royalparks.gov.uk/Greenwich-Park.aspx
Hampstead Heath www.cityoflondon.gov.uk/Corporation/LGNL_Services/Environment_and_planning/Parks_and_open_spaces
Holland Park www.rbkc.gov.uk/leisureandlibraries/parksandgardens/yourlocalpark/hollandpark.aspx
Primrose Hill www.royalparks.gov.uk/the-regents-park.aspx
Richmond Park www.royalparks.gov.uk/Richmond-Park.aspx
St James's Park www.royalparks.gov.uk/St-Jamess-Park.aspx
Wimbledon and Putney Commons www.wpcc.org.uk

A História de Londres

Embora existisse apenas um aglomerado de tendas ao lado do Tâmisa na primeira invasão romana em 55 a.C., cerca de cem anos mais tarde já estava formado o pequeno porto e a comunidade comercial a que os romanos chamavam "Londinium". Crescendo rapidamente, Londres foi a escolha óbvia para capital em 1066, na conquista normanda. Nos mil anos seguintes, a cidade aumentou em tamanho e importância, se tornando uma das maiores do mundo.

Os romanos

Em 43 d.C., romanos enfurecidos comandados pelo imperador Cláudio derrotaram tribos celtas rebeldes no sudeste da Bretanha e, em 50, fundaram "Londinium", construindo uma ponte sobre o Tâmisa, perto do local da atual London Bridge.

A Londres romana se tornou um porto e povoado em ascensão no centro da rede de estradas que os romanos tanto gostavam de abrir. Em 60 e 61, uma revolta da tribo Iceni de Norfolk, liderada pela feroz rainha guerreira Boudicca, terminou com Londres totalmente queimada. Como uma fênix, a cidade renasceu das cinzas para se tornar capital da Inglaterra, um próspero centro financeiro e comercial e sede do governador romano da Bretanha, com mercado e moeda própria. Em 200, os romanos haviam fortificado a cidade com uma muralha, mas o Império Romano estava em declínio. No fim do século III, os romanos precisaram de ferozes mercenários germânicos para repelir invasores saxões. O domínio romano terminou em 410.

Os anglo-saxões

As belas casas romanas foram abandonadas e a cidade ficou praticamente desabitada por cerca de 400 anos. Quando reis guerreiros anglo-saxões enfim chegaram, estabeleceram-se a oeste da antiga cidade romana. A Londres anglo-saxônica não era tão desenvolvida quanto a Londres romana, e se tornou uma simples cidade agrícola. Mas no início do século IX, cresceu sua importância como cidade comercial. A Inglaterra foi reunificada sob os reis de Wessex de Winchester (entre eles o rei Alfredo), o cristianismo foi reintroduzido e com ele veio a educação.

Os vikings

Em 836, os vikings saquearam Londres e continuaram a atacar por todo o século IX. Após a vitória de Alfredo, o Grande, sobre eles em 878, a cidade foi devolvida aos anglo-saxões, e houve um breve período de calma, no qual os habitantes migraram para o leste, de volta à área mais segura dentro das muralhas romanas reconstruídas. Os ataques recomeçaram em 994, até a batalha final em 1014. Diz a lenda que, numa jogada estratégica, Olaf, aliado dos anglo-saxões, amarrou seus barcos à London Bridge e puxou-a para baixo – possivelmente a base para a música *London Bridge is Falling Down* (A ponte de Londres está caindo).

Um pergaminho velino do século X retrata a chegada dos vikings à Inglaterra

Os normandos

O ano de 1066 viu a invasão normanda da Inglaterra. Após a morte do rei anglo-saxão Eduardo, o Con-

Cronologia

200 d.C.	410	836	1070	1176-1209	1259	13
Invasores romanos constroem uma ponte sobre o Tâmisa e fundam "Londinium", fortalecendo-a com uma muralha	Os romanos se retiram da Bretanha. Londres decai, tornando-se uma cidade-mercado anglo-saxã	Vikings saqueiam Londres; anglo-saxões recuperam o controle sob Alfredo, o Grande	A Torre de Londres começa a ser erguida por Guilherme I para consolidar o poder após a conquista normanda	A London Bridge de pedra é construída. Repleta de casas e lojas, ela sobrevive por mais de 600 anos	"Provisões de Westmin assinadas por Henrique estabelecem as fundaç para o Parlamento	A peste negra devasta a cida matando met dos londrinos

fessor, seu primo guerreiro Guilherme da Normandia reclamou o trono, mas descobriu que Haroldo, cunhado de Eduardo, tinha sido coroado em seu lugar. Guilherme derrotou Haroldo em Hastings, mas não quis atacar a fortificada Londres. Em vez disso, arrasou os campos no entorno e a cidade rapidamente aceitou Guilherme, o Conquistador, como rei. Ele foi coroado na Abadia de Westminster no dia de Natal de 1066.

Sob os normandos, Londres prosperou e, em 1070, Guilherme começou a trabalhar na Torre de Londres, onde viveu até se mudar para o Palácio de Westminster, erguido ao lado da abadia por Eduardo, o Confessor, em meados do século XI.

A Idade Média

Em 1215, irritada com os pesados impostos, Londres apoiou os barões na elaboração da Carta Magna que limitava os poderes do rei João. No século XIII houve aqui um boom de construções, entre elas a abadia de Henrique III em Westminster (1269) e a primeira Catedral de St Paul (1280), com metade da altura da atual.

Em 1338, Eduardo III tornou Westminster a sede de sessões parlamentares regulares, mas havia problemas pela frente. Em 1348, a peste negra atingiu a cidade, matando metade de seus 60 mil habitantes. Em 1381, os camponeses se revoltaram: um exército de servos liderados por Wat Tyler tomou Londres por dois dias, mas a revolta acabou quando Tyler foi morto pelo prefeito.

O início do século XV viu surgir uma classe abastada de ex-soldados e comerciantes, ameaçando a aristocracia feudal. Em 1461, o apoio de Londres foi crucial para Eduardo IV, que ganhou a Guerra das Rosas, restaurar a estabilidade na Inglaterra.

Os Tudor

Durante a era Tudor, no século XVI, a Inglaterra passou de pequeno estado a potência mundial, a economia de Londres cresceu e sua população quadruplicou. O lado ruim foi o surgimento de favelas nos arredores. Com a dissolução dos mosteiros (metade da cidade era ocupada por edifícios religiosos) na reforma anglicana feita por Henrique VIII em 1533, a nova pequena nobreza adquiriu as terras livres. Após a morte do rei, "Maria Sangrenta" restabeleceu o catolicismo e martirizou centenas de protestantes em Smithfield entre 1553-58. Com sua morte, a protestante Elizabeth I subiu ao trono, e teve apoio dos londrinos nos 45 anos de seu reinado, quando a cidade floresceu como centro europeu de comércio, exploração e descoberta.

Pintura de Henrique VIII com sua terceira esposa, Jane Seymour, e seu filho, o príncipe Eduardo, por volta de 1545

CURIOSIDADES

Duas em uma
Londres é formada por duas cidades, não uma: a antiga City of London e a vizinha City of Westminster, criada em 1965 englobando o Palácio de Buckingham e o Big Ben. Lar de cerca de 8 milhões de pessoas, Londres é a maior cidade da Europa.

Origens troianas
Segundo a lenda, Londres foi fundada mil anos antes da chegada dos romanos pelo guerreiro troiano Brutus. Ele matou dois gigantes, Gog e Magog, e até hoje suas temíveis estátuas desfilam no Lord Mayor's Show todo novembro.

Entrada proibida!
O único lugar de Londres em que a rainha está proibida de entrar é a Câmara dos Comuns, porque não é "plebeia". A regra entrou em vigor quando a monarquia foi restaurada em 1661, após a Guerra Civil Inglesa.

Centro da cidade
O centro oficial de Londres é a estátua equestre de Carlos I, ao sul de Trafalgar Square: todas as distâncias na cidade são medidas a partir desse ponto.

Saída de incêndio
O Grande Incêndio de 1666 devastou Londres, mas, segundo números oficiais, não morreram mais que oito pessoas.

Invenções londrinas
O primeiro "programa de TV" foi exibido em 1926 pelo inventor John Logie Baird em uma sala na 22 Frith Street, Soho. Entre as várias outras invenções londrinas estão o primeiro jornal diário (1702), os patins (1760), os cartões de Natal (1843), os semáforos (1863) e a penicilina (1928).

1381 — Rebeldes invadem a Torre de Londres para exigir o fim da servidão, na malsucedida Revolta dos Camponeses

1483 — Os "príncipes da Torre" Eduardo V e seu irmão Ricardo, ambos de 12 anos, desaparecem. O tio deles se torna o rei Ricardo III

1533 — Henrique VIII rompe com o Vaticano e constitui a Igreja da Inglaterra

1597 — A companhia de teatro de Shakespeare, Chamberlain's Men, constrói o Globe Theatre

Os Stuart

No século XVII, uma nova geração de aristocratas endinheirados expandiu a cidade para o oeste construindo em terrenos de Piccadilly e Leicester Square. O puritanismo cresceu em reação aos opressores reis Jaime I e Carlos I, e, na Guerra Civil Inglesa (1642-49) que se seguiu, os comerciantes de Londres apoiaram financeiramente o Parlamento. A guerra terminou quando Carlos I foi decapitado em Londres em 1649 e a Inglaterra se tornou uma república Commonwealth sob Oliver Cromwell. Após a morte de Cromwell, houve várias mudanças de governo e, cansados com as restrições puritanas a prazeres simples, como dança e teatro, os londrinos apoiaram a restauração de Carlos II ao trono, em 1660.

Ilustração retrata moradores fugindo do Grande Incêndio de Londres em 1666

Peste e fogo

A Peste Negra eclodiu em 1665. Embora já tivessem ocorrido surtos anteriormente, este foi o último e o pior, com cerca de 100 mil mortes. Foram escavadas valas que receberam centenas de corpos. No ano seguinte, o Grande Incêndio de Londres consumiu a cidade medieval. O fogo começou em uma padaria em Pudding Lane e se espalhou para as ruas circundantes. O incêndio destruiu 60% de Londres, incluindo a Catedral de St Paul. Durante a reconstrução no final do século XVII, edifícios de pedra substituíram construções de madeira e ruas amplas surgiram no lugar das estreitas. Sir Christopher Wren construiu 52 igrejas, entre elas sua obra-prima, a nova St Paul. O fogo também eliminou a peste da cidade e levou à dispersão da população em uma área maior.

Londres georgiana

No início do século XVIII, a população explodiu de novo, com o aumento de pobres e ricos. Em 1750, Londres tinha 675 mil habitantes. As aldeias de Kensington, Knightsbridge e Marylebone foram incorporadas à cidade, começaram as construções em Greenwich e os elegantes St James's e Mayfair foram urbanizados para a elite. Havia também favelas ao leste e ao sul, onde os pobres bebiam gim demais e só uma criança em cada quatro vivia mais de cinco anos. Em 1750, a Westminster Bridge foi aberta, a segunda a cruzar o rio Tâmisa. Os Gordon Riots de 1780, violenta revolta protestante contra as liberdades católicas romanas, levaram à criação da Metropolitan Police em 1829. Os policiais eram conhecidos como "Bobbies" ou "Peelers" por causa de seu fundador, Robert Peel. Entre 1820 e 1838, o dândi Príncipe Regente (depois Jorge IV) e o arquiteto John Nash urbanizaram Regent Street, Regent's Park, Buckingham Palace e The Mall.

A era vitoriana

Durante o século XIX, Londres se tornou a maior cidade do mundo e a rica e poderosa capital do Império Britânico. Aumentaram a riqueza e também a pobreza. A superlotação e a falta de condições sanitárias nas favelas de Londres preocuparam Charles Dickens e outros escritores. Entre 1832 e 1866 a cólera matou milhares, e no verão de 1858 o cheiro era tão

Cronologia

1605 — Guy Fawkes e seus conspiradores católicos tentam, sem sucesso, explodir o Parlamento na Conspiração da Pólvora

1649 — Carlos I é decapitado na Banqueting House, com a vitória dos parlamentaristas de Oliver Cromwell na Guerra Civil Inglesa

1666 — O Grande Incêndio destrói Londres e abre caminho às construções de pedra de Christopher Wren, como St Paul

1721 — Robert Walpole é nomeado Primeiro Lorde do Tesouro, o primeiro primeiro-ministro efetivo da Grã-Bretanha

1837 — A rainha Vitória assume o trono, e o Palácio de Buckingham se torna residência oficial da monarca

1863 — É inaugurada a primeira linha do metrô de Londr[es], uma abrangente rede d[e] esgotos vem a seguir

19.. — O Representation of the Pe[ople] Act dá direito ao voto a [ho]mens acima de 21 e a algu[mas] mulheres com mais de 30 a[nos]

A História de Londres | 57

ruim que foi chamado de "O Grande Fedor", e o Parlamento teve de parar de trabalhar. Mas nem tudo era ruim e entre os sucessos vitorianos estão a Grande Exposição no Crystal Palace em 1851, celebrando o domínio britânico na ciência, no comércio e na indústria; o Gothic Palace of Westminster de Charles Barry (1840); a rede ferroviária do Reino Unido; a primeira linha de metrô de Londres (1863); e o sistema de esgotos de Joseph Bazalgette (1875). A qualidade de vida melhorou com mais mobilidade e progressos na saúde pública e na educação. Em 1897, os vitorianos, normalmente bastante reservados, comemoraram alegremente o Jubileu de Diamante da rainha Vitória com festas de rua.

A modelo Twiggy na King's Road durante os "swinging" anos 1960

O século XX

Nos primeiros anos do século XX, o transporte público e os subúrbios foram ampliados. Durante a Primeira Guerra Mundial (1914-18), as mulheres assumiram vários serviços públicos de Londres, e em 1918 as sufragistas conquistaram o direito do voto feminino. Nos anos 1920-30, a imigração aumentou e a capital quadruplicou, atingindo o pico populacional de todos os tempos em 1939. Na Segunda Guerra, Londres foi fortemente bombardeada durante as Blitze de 1940-41. O pós-guerra viu as Olimpíadas em Wembley (1948), o Festival of Britain (1951) e um boom imobiliário entre 1955-65. Após o Grande Nevoeiro provocado por poluição atmosférica em 1952, o Clean Air Act de 1956 acabou com o *smog* que tomava Londres e marcou o fim da cidade industrial.

Na década de 1960, Londres ficou conhecida como "Swinging London", centro de cultura jovem e moda. Na de 1970, conflitos na Irlanda do Norte a tornaram alvo de ataques terroristas por parte da IRA, e no início dos anos 1980 a tensão racial emergiu nos protestos em Brixton. O boom da década de 1980 foi seguido pelo declínio dos anos 1990.

O século XXI

Em 2000, o governo de Tony Blair criou a Greater London Authority, liderada por um prefeito eleito. Em 6 de julho de 2005, Londres venceu a disputa para as Olimpíadas de 2012, e no dia seguinte terroristas bombardearam o metrô e um ônibus. Com a aproximação da recessão global, em maio de 2010 formou-se um governo de coalizão pela primeira vez desde a Segunda Guerra. Em abril de 2011, a cidade celebrou o casamento do príncipe William e Kate Middleton; em 2012, a comemoração do Jubileu de Diamante da Rainha (60 anos de reinado) foi seguida pelas Olimpíadas.

	A cidade mais moderna do mundo, "Swinging London" tem estrelas como Mick Jagger e Michael Caine		Os Jogos Olímpicos vão a Londres pela terceira vez
1940-41	**1965**	**1991**	**2012**
A Blitz destrói ou danifica 1 milhão de casas em Londres, e mata mais de 20 mil civis		Canary Wharf, o edifício mais alto da Grã-Bretanha, lidera a reurbanização de Docklands como área empresarial	

HERÓIS E VILÕES

Boadiceia
Ela incendiou Londres em 60 d.C., mas esta rainha guerreira é uma heroína para muitos porque quase derrotou os invasores romanos. Procure por ela em Westminster Bridge *(p. 69)* e em All Hallows perto da Torre *(p. 125)*.

Dick Whittington
Este comerciante do século XIV foi Lord Mayor de Londres quatro vezes. Ele foi muito amado, mas ninguém sabe se ele realmente tinha um gato! Procure por ele na Abadia de Westminster *(pp. 66-7)* e The Guildhall *(p. 133)*.

Guy Fawkes
Em 1605, Fawkes tentou acabar com o rei Jaime I colocando pólvora sob as Houses of Parliament. Ele é lembrado na Bonfire Night (5 nov). Procure-o no Museum of London *(pp. 136-7)*.

Christopher Wren
O maior arquiteto de Londres ajudou a cidade a renascer das cinzas após o Grande Incêndio de 1666, construindo 51 igrejas e a Catedral de St. Paul. Procure-o lá *(pp. 130-1)* e em The Monument *(p. 124)*.

Coronel Thomas Sangue
Este irlandês é famoso por conspirar para roubar as joias da Coroa disfarçado de padre, em 1671. Sua gangue escondeu parte das joias nas calças, mas foi capturada durante a fuga. Procure por ele na Torre de Londres *(pp. 122-3)*.

Charles Dickens
Este famoso escritor criou Oliver Twist e o Sr. Scrooge, e fez campanha contra o tratamento cruel dado às crianças pobres e órfãs em Londres. Procure-o no Charles Dickens Museum *(pp. 106-7)*.

O regimento montado da cavalaria da rainha diante do Palácio de Buckingham

Atrações de
LONDRES

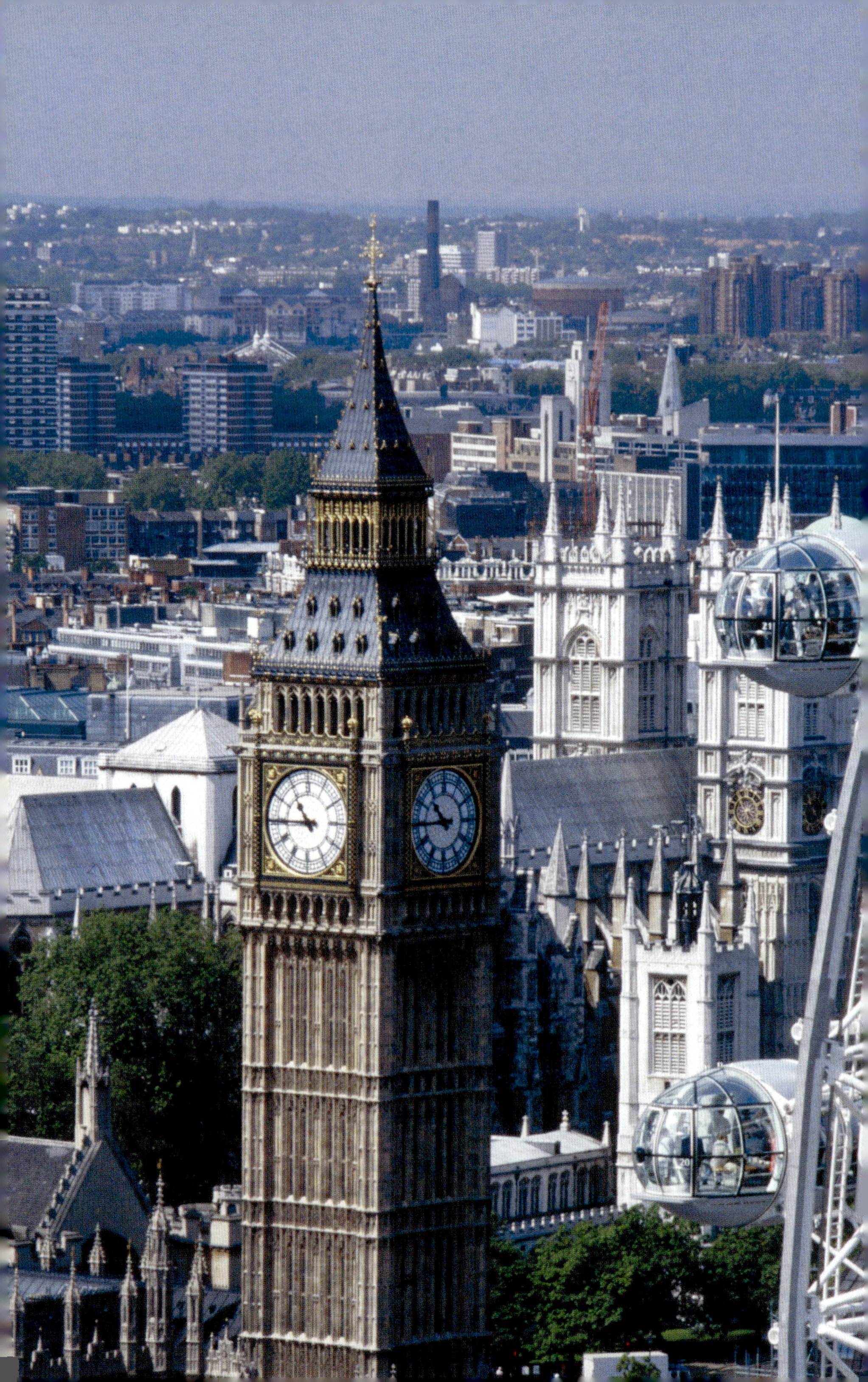

Westminster
e West End

Só duas coisas permanecem imóveis no agitado centro de Londres: as "estátuas vivas" com figurinos fabulosos em Covent Garden e os guardas de rosto impassível como soldados de brinquedo diante do Palácio de Buckingham. Todo o resto está em movimento constante, e há atrações suficientes para manter famílias ocupadas por semanas, como 40 teatros, dúzias de cinemas e alguns dos maiores museus e galerias do mundo.

Principais atrações

Guards Museum
Assista à saída dos guardas de Wellington Barracks e experimente um chapéu de pele de urso no museu, que tem ótima loja (p. 76).

St James's Park
Diga "olá" para os esquilos e veja os famosos pelicanos perto da Duck Island nesse luxuoso triângulo verde entre Westminster e o West End. É o paraíso dos piqueniques (p. 74).

London Transport Museum
Volte no tempo nesse museu gigante repleto de ônibus clássicos e trens antigos para explorar. Todos a bordo! (p. 92).

Royal Opera House
Assistir a um ensaio durante a visita aos bastidores da ópera é um grande privilégio; o show de Natal para famílias é um espetáculo incrível (p. 90).

Somerset House
Leve sua roupa de banho e enfrente os jatos'água desse pátio com fontes neoclássicas. No inverno, há um dos rinques de patinação mais glamorosos de Londres (p. 93).

National Gallery
Aqui as pinturas ganham vida com um trajeto no qual as crianças conduzem o passeio (pp. 80-1).

À esq. Vista panorâmica de Westminster mostrando parte da London Eye, do Big Ben e da Abadia de Westminster
Acima A jovem dançarina (1988), de Enzo Plazzotta, é uma estátua adequada para a área teatral de Covent Garden

O Melhor de
Westminster e do West End

Do Big Ben ao Palácio de Buckingham, da Nelson's Column à National Gallery, essa é a Londres de cartão-postal, com dezenas de museus e monumentos em 5km² na margem norte do Tâmisa. Num minuto, os turistas podem estar na House of Commons (Câmara dos Comuns), fingindo ser o primeiro-ministro, e no seguinte podem passear pela sala do trono da rainha – mas, por favor, não sente na cadeira de Sua Majestade!

Pompa e circunstância

Absorver toda a realeza de Londres exige planejamento cuidadoso. Os State Rooms do **Palácio de Buckingham** (p. 74-5) só abrem no verão: reserve on-line com antecedência para o primeiro passeio do dia, às 9h45. É o tempo certo para visitar o palácio e chegar a Wellington Barracks às 11h, quando os soldados se alinham para a **Troca da Guarda** (p. 76) – é menos lotado aqui do que no pátio do Palácio.

Visite os túmulos dos antigos monarcas na **Abadia de Westminster** (pp. 66-7), local de descanso de dezesseis reis e rainhas, e não se esqueça de fazer o animado percurso para crianças. Contemple o Big Ben e as impressionantes **Houses of Parliament** (p. 68). Após almoçar à beira do lago em **St James's Park** (p. 74), veja a refeição dos pelicanos, diariamente às 14h30. Termine o dia a cavalo: ou com uma visita a The Royal Mews (mar-dez, p. 76) ou com uma olhada mais de perto nos sentinelas do **Horse Guards Parade** (p. 70), onde as crianças podem se vestir de guardas no museu.

Festividades sazonais

A primavera é uma injeção de cor aqui, da parada do St Patrick's Day no Green Park, em março, à Maratona de Londres no The Mall, em abril. As crianças vão adorar as fitas e cordas dançantes em Covent Garden no May Fayre & Puppet Festival (mai).

No verão, o Trooping the Colour no **Horse Guards Parade** comemora o aniversário oficial da rainha, em junho. É um grande momento para fazer um passeio de barco pelo Tâmisa. No West End, as crianças podem ganhar ingressos gratuitos para o teatro numa série de espetáculos durante a Kids' Week (p. 46), que acontece numa quinzena de agosto.

Londres também tem um belo Natal. Veja o

Acima May Fayre & Puppet Festival em Covent Garden
Abaixo Espetacular show de fogos de artifício no Ano-Novo

Multidões diante do Palácio de Buckingham no The Mall, linha de chegada da Maratona de Londres

coral em volta da árvore de Natal em **Trafalgar Square** *(p. 82)*, as luzes da loja de brinquedos **Hamleys** em Regent Street *(p. 85)* ou o rinque de patinação na **Somerset House** *(p. 93)*. Há duas celebrações de Ano-Novo para escolher: o show de fogos de artifício ao longo do Tâmisa em 31 de dezembro, ou a dança dos dragões em Chinatown, no Ano-Novo Chinês, um mês depois.

Bastidores do West End

Comece um dia estrelado na Theatreland pela **Royal Opera House** *(p. 90)*, em Covent Garden. Se for segunda-feira, esteja na bilheteria às 10h para ingressos do recital gratuito na hora do almoço. Se não conseguir, inscreva-se para a visita aos bastidores às 10h30, onde verá os bailarinos principais do Royal Ballet praticarem seu *pas de deux*. Em seguida, explore as butiques elegantes e os restaurantes movimentados nos arredores de **Covent Garden** *(pp. 88-9)*, onde há sempre vários artistas nas ruas.

Se for quarta-feira ou sábado, veja a matinê de um musical no teatro mais antigo da Grã-Bretanha, o **Theatre Royal Drury Lane** *(p. 91)*. Para jovens fanáticos, a entrada fica na Russell Street. Esse teatro também oferece passeios diários para toda a família. Ao cair da noite, vá para a **Leicester Square** *(p. 84)*, procure as mãos dos astros marcadas no cimento das calçadas, consiga ingressos com desconto para shows ou escolha um dos diversos filmes em cartaz nos vários cinemas.

Arte versus ciência

O West End pode ser famoso pelos espetáculos e compras, mas também tem muito para estimular as mentes jovens. As galerias ao lado de Trafalgar Square são a introdução perfeita à arte: a **National Gallery** *(pp. 80-1)* tem três visitas guiadas só para famílias, além de oficinas de desenho e artes. Ao lado, a **National Portrait Gallery** *(p. 82)* promove eventos "visite e desenhe", com artistas. Pequenos gênios podem preferir a **Tate Britain** *(pp. 68-9)*, que distribui kits de arte "faça você mesmo" gratuitos para crianças.

Para crianças indiferentes a Van Gogh e Van Eyck, que tal os fascinantes Faraday e Franklin? Ambos têm seus próprios museus aqui. A **Royal Institution** *(p. 77)* restaurou o laboratório onde Michael Faraday domou a eletricidade, e os pequenos podem começar a explorá-la em um console divertido cheio de jogos e quebra-cabeças. A **Benjamin Franklin House** *(p. 83)* promove um show de som e luz para contar a história do grande estadista.

Guardas do Palácio de Buckingham com seus tradicionais chapéus de pele de urso durante a Troca da Guarda

Abadia de Westminster e arredores

Desde o Natal de 1066, quando Guilherme, o Conquistador, foi coroado aqui, a Abadia de Westminster é local de coroação dos monarcas – e também o lugar de descanso de alguns deles, entre os quais Henrique IV e Elizabeth I. Do lado de fora, a pompa da Parliament Square é um pouco diminuída pelo tráfego, então deixe o passeio pelos arredores para um domingo mais silencioso. A visita ao St James's Park e às atrações ao longo de Whitehall pode ser feita a pé, mas pegue um ônibus (nº 87 ou 88) para visitar a galeria Tate Britain.

Ônibus fluvial, uma maneira divertida de ver muitos dos pontos turísticos do centro

Informações

Trem Charing Cross **Metrô** Westminster ou St James's Park; Pimlico p/ Tate Britain **Ônibus** Parliament Square: rotas 3, 11, 12, 24, 53, 87, 88, 148, 159, 211 ou 453; Tate Britain: 87, 88, C10, 185, 360, 436 **Ônibus fluviais** Westminster Pier p/ St Katharine's Dock diariam, mai-set; p/ Bankside nos fins de semana e feriados, no inverno. Serviços sazonais p/ Hampton Court, Kew Gardens p/ oeste; Torre de Londres, Greenwich p/ leste

Informação turística Victoria Railway Station, SW1E 5NE

Supermercados Tesco Express, 8 Bridge St, SW1A 2JR (lado oposto ao Big Ben). Costcutter, 31 Horseferry Rd, SW1P 2AY **Mercados** Strutton Ground (metrô St James's Park), 9h-14h30 seg-sex; e Tachbrook St (metrô Pimlico) 8h-18h seg-sáb

Festivais New Year's Day Parade (1º jan); Trooping the Colour, Horse Guards Parade (jun); Mayor's Thames Festival (set); Festival of Remembrance, Whitehall (11 nov); Abertura do Parlamento (nov); Corais de Natal, Abadia de Westminster (23 e 24 dez)

Farmácias Boots, 11 Bridge St, SW1A 2JR (diante do Big Ben), diariam. Ou procure em www.nhs.uk/servicedirectories

Playgrounds Victoria Tower Gardens (fim da Lambeth Bridge); Causton St; e playground no St James's Park

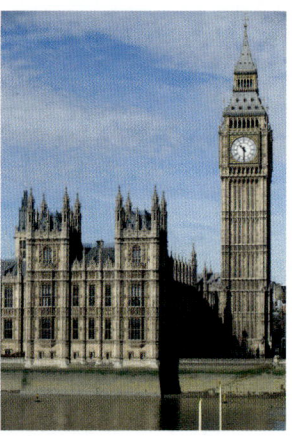

As Houses of Parliament, vistas do outro lado do rio Tâmisa

Garoto experimenta uniforme no Household Cavalry Museum, no Horse Guards Parade

Abadia de Westminster e arredores | 65

Locais de interesse

ATRAÇÕES
1. Abadia de Westminster
2. Houses of Parliament
3. Tate Britain
4. Churchill War Rooms
5. Horse Guards Parade
6. Banqueting House

COMIDA E BEBIDA
1. Le Pain du Jour
2. Wesley's Café
3. The Clarence
4. The Rex Whistler Restaurant
5. Wagamama
6. Inn the Park
7. Pret A Manger

Veja também Houses of Parliament (p. 68), Tate Britain (p. 68) e Churchill War Rooms (p. 70).

HOSPEDAGEM
1. The Goring
2. Luna Simone
3. 51 Buckingham Gate

Réplica da coroa de São Eduardo no museu da Abadia de Westminster

Churchill War Rooms, de onde o primeiro-ministro conduziu a campanha britânica na Segunda Guerra

① Abadia de Westminster
Poetas, príncipes e monges

Henrique VIII expulsou os monges beneditinos em 1540, quando dissolveu os mosteiros e fundou a Igreja da Inglaterra, mas a Abadia de Westminster manteve sua importância ao longo dos séculos. Além de testemunhar as coroações de 39 reis e rainhas, é o lugar de descanso de muitos escritores, músicos e cientistas famosos. Está repleta de túmulos assustadores, cavaleiros adormecidos e jardins secretos, e há ainda um arrepiante museu de cera.

Gárgula em cima da porta da Abadia de Westminster

Destaques

Dick Whittington Window Mostra o mais famoso prefeito de Londres, cujo gato está escondido sob seus pés no vitral.

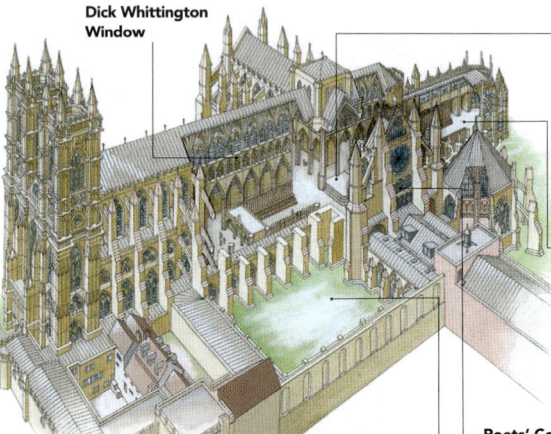

High Altar A rainha Elizabeth II foi coroada aqui em 1953, diante de 8.251 pessoas. A Coronation Chair dourada tem 700 anos e foi rabiscada com grafite por estudantes impertinentes de Westminster.

Lady Chapel Essa capela do século XVI tem um teto de pedra delicado como uma teia de aranha, e há esculturas insolentes sob os bancos do coro. Procure pela mulher batendo no bumbum do marido!

Poets' Corner O primeiro grande escritor enterrado aqui foi Geoffrey Chaucer, há 600 anos. As cinzas do romancista Thomas Hardy estão aqui, mas não seu coração, enterrado ao lado da primeira esposa no seu amado condado de Dorset.

O **túmulo da rainha Elizabeth I** também abriga o corpo da rainha Maria Tudor. O **túmulo do guerreiro desconhecido** (à esq.), de 1920, homenageia os que perderam a vida em guerras.

Cloisters Contêm as primeiras partes da abadia, entre elas a Pyx Chamber, caixa-forte onde os reis guardavam alguns de seus tesouros. Os monges viviam em torno dos claustros e até tomavam banho aqui, mas só quatro vezes por ano.

Informações

- 🌐 **Mapa** 16 G1
  Endereço 20 Dean's Yard, SW1P 3PA; 020 7222 5152; www.westminster-abbey.org
- 🚇 **Metrô** Westminster **P. de ônibus** Ab. de Westminster ou Victoria St **Ônibus fluvial** Westminster Pier
- 🕐 **Aberto** 9h30-16h30 seg-sex (até 19h qua); 9h30-14h30 sáb. Última entrada 1h antes de fechar. Dom e feriados religiosos a abadia abre apenas para o culto – todos podem participar.
- 💲 **Preço** £52-62; até 11 anos grátis

Preços para família de 4 pessoas

- 👥 **Para evitar fila** Não há reserva de ingressos. Os cultos da igreja são grátis; o coral canta nas Vésperas diariam exceto qua (17h dias úteis; 15h sáb e dom).
- 🚩 **Passeios guiados** Visitas com áudio grátis; guiadas por sacristãos, até cinco vezes por dia (£6)
- 👥 **Idade** A partir de 5 anos
- 👥 **Atividades** Children's Trail (5-12 anos) em inglês, francês, alemão, espanhol, italiano; crianças de 5-12 anos podem se vestir como monges no museu (grátis). Workshops de arte, dança e teatro nas tardes de verão, no College Garden (a partir de 5 anos, grátis).
- ⏱ **Duração** Até 2h
- ♿ **Cadeira de rodas** Sim, pela North Door; há áreas inacessíveis
- ☕ **Café** Cellarium Café, nos claustros, oferece chá da tarde.
- 🛍 **Loja** Na saída da West Door
- 🚻 **Banheiros** Perto do Poets' Corner

Bom para a família
Há muito com que se admirar aqui, apesar do preço alto para adultos.

Abadia de Westminster e arredores | 67

O College Garden, na abadia, era usado por monges para cultivar ervas

Para relaxar
Os gramados e caminhos impecáveis do **College Garden**, no terreno da Abadia de Westminster, abrem apenas ter-qui; shows e eventos infantis acontecem em jul-ago. Se as crianças quiserem brincar à vontade mesmo, vá para o **St James's Park**, onde há lago e playground, no final do Palácio de Buckingham (p. 74). Se chover, fique ainda mais molhado no **Queen Mother Sports Centre** (223 Vauxhall Bridge Road, SW1V 1EL; aberto diariam), onde a piscina infantil tem um ótimo escorregador.

Comida e bebida
Piquenique: até £20; Lanches: £20-40; Refeição: £40-60; Para a família: £60 ou mais (base para 4 pessoas)

PIQUENIQUE Le Pain du Jour (10 Strutton Ground, SW1P 2HP; 020 7222 3722; 7h30-16h seg-sex) é a melhor escolha entre as várias opções de sanduíches ao longo de Strutton Ground, perto do metrô St James's Park. Coma à beira do lago no St James's Park.
LANCHES Wesley Café (Central Hall Westminster, Storey's Gate, SW1H 9NH; 020 7222 8010; 8h-16h seg-sex, 9h-16h sáb-dom) fica no térreo do Methodist Central Hall e serve refeições quentes e frias, bem como paninis, saladas e sanduíches. Também oferece grande variedade de bolos, pães doces e biscoitos à tarde.

Almoço no Wesley's Café, Methodist Central Hall

REFEIÇÃO Há poucas opções perto da Parliament Square, portanto experimente **The Clarence** (53 Whitehall, SW1A 2HP; 020 7930 4808; 12h-23h seg-sáb, 12h-22h30 dom), um gastropub limpo com pratos infantis pela metade do preço (£5), entre eles carne ensopada e presunto com ovos.
PARA A FAMÍLIA The Rex Whistler Restaurant, na Tate Britain (020 7887 8825; 11h30-17h diariam), é chique, com comida condizente. Uma criança menor de 13 anos pode almoçar de graça se um adulto consumir prato principal e sobremesa à la carte (£20-25). Os murais, pintados por Whistler em 1927, quando ele ainda era estudante, são muito bonitos.

Saiba mais
INTERNET Crie seu próprio brasão colorido como os dos cavaleiros da Abadia de Westminster em www.makeyourcoatofarms.com. Teste seu conhecimento sobre Guy Fawkes e a Conspiração da Pólvora – e responda o mais rápido possível, para apagar o pavio, em www.bbc.co.uk/history/british/civil_war_revolution/launch_gms_gunpowder_plot.shtml.

A famosa entrada do nº 10 de Downing Street, residência do primeiro-ministro

Próxima parada...
Nº 10 DE DOWNING STREET
Caminhe ao longo de Whitehall para espiar através das grades da casa dos primeiros-ministros desde 1730. Até 1982, os turistas podiam entrar e tirar fotos do nº 10.
WESTMINSTER CATHEDRAL
Perto da estação Victoria fica essa catedral impressionante, sede da Igreja Católica na Grã-Bretanha (42 Francis Street, SW1P 1QW; www.westminstercathedral.org.uk; 8h-19h seg-sex, 10h-13h sáb e dom). Suba a torre de 83m para uma vista abrangente de Londres.

CRIANÇADA!

Caça-insígnia
Na Lady Chapel você verá estandartes dos cavaleiros com suas insígnias. Você consegue encontrar um porco prateado, uma vaca azul e um avestruz? Cada novo cavaleiro ganha uma insígnia, combinando duas criaturas ou símbolos importantes para ele. O que você escolheria? Desenhe e pinte sua própria insígnia.

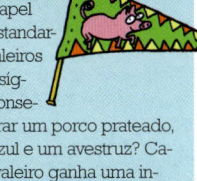

Escrito na pedra
O Poets' Corner lembra os escritores que criaram Ebenezer Scrooge, Mogli e Alice no País das Maravilhas. Quem eram eles?

Respostas no fim do quadro.

Mármores dos monges
Procure fendas no banco do Claustro Norte, onde os monges usavam mármores para jogar "nove buracos". Para brincar, desenhe um quadro como este:

× × ×
× × ×
× × ×

Pegue três pinos brancos e dê três pretos para seu adversário. Ponha um dos pinos sobre uma cruz e vá alternando a colocação com o oponente. Quando todos os pinos estiverem postos, cada um move uma peça por vez para uma cruz vazia. O primeiro a formar uma linha com os três pinos ganha!

UM POUCO DE RESPEITO!
O minúsculo túmulo do dramaturgo Ben Jonson fica no corredor norte da nave. Famoso como Shakespeare no passado, ele morreu pobre e só podia pagar uma cova pequena, então foi sepultado na vertical – e seu nome está escrito errado!

"O RARE BEN JOHNSON"

Respostas: Charles Dickens, Rudyard Kipling e Lewis Carroll.

Westminster e West End

As Houses of Parliament, neogóticas, reconstruídas no século XIX após um grande incêndio

② Houses of Parliament

Lar da democracia britânica e das famosas badaladas

Oficialmente chamadas Palace of Westminster, as Casas do Parlamento tiveram origem com o Westminster Hall, construído em 1097 pelo filho de Guilherme, o Conquistador, e foram pouco alteradas desde então. Guy Fawkes foi julgado aqui depois de tentar explodir o prédio em 1605; Sir Winston Churchill foi velado em 1965; e uma bola de tênis de Henrique VIII foi encontrada no telhado, quase 400 anos após ficar presa ali. Hoje, o hall é um belo e grande salão para visitantes cujo telhado de madeira lembra o interior de um barco viking de cabeça para baixo.

Visitas guiadas gratuitas ocorrem o ano todo para residentes britânicos. Aos sábados e dias de semana no verão, são para turistas pagantes. Quando os membros do Parlamento estão em sessão, ou "sentados", é possível assistir a um debate fazendo fila na rampa do Cromwell Green. A visita passa por Westminster Hall e pela loja, no St Stephen's Hall, onde Spencer Perceval foi morto a tiros em 1812 – único primeiro-ministro britânico assassinado.

Onde Guy Fawkes falhou, um faxineiro teve sucesso, incendiando acidentalmente o Parlamento em 1834. A maior parte do edifício atual foi projetada por Charles Barry em estilo gótico vitoriano e construída entre 1840-60 com interiores suntuosos de Augustus Pugin. A visita de 75 minutos é informal e cheia de histórias. Segue a mesma rota feita pela rainha na cerimônia de Abertura do Parlamento, em novembro. O passeio revela por que Sua Majestade chega pelo tapete azul, a localização do seu banheiro secreto, e por que as estátuas dos primeiros-ministros têm sapatos brilhantes. No entanto, não inclui o Big Ben – só pode ser visitado por residentes no Reino Unido (11 anos ou mais) que solicitem a seu representante no Parlamento. O icônico relógio da torre foi inaugurado em 31 de maio de 1859, e suas famosas "badaladas" anunciam noticiários da rádio BBC desde 1923.

O ponto alto da visita é a Commons Chamber, espaço confortável apesar de ter apenas 20m de comprimento, que acomoda 427 dos 650 parlamentares britânicos. Os visitantes podem ficar em pé no lugar do primeiro-ministro, mas não podem sentar nas cadeiras, reservadas aos legisladores. A Parliament Square tem estátuas de líderes e políticos.

Para relaxar
Victoria Tower Gardens *(Abingdon Street, SW1P 3)* tem um gramado junto ao rio, além de balanços.

③ Tate Britain

Uma obra-prima em cada salão

O lugar abrigava prisioneiros, não pinturas: na era vitoriana, a Millbank Penitentiary mantinha os condenados que, como punição, iam ser embarcados para a Austrália. Em 1897, o magnata do açúcar Henry Tate comprou uma galeria, e ela se tornou a maior coleção de arte britâni-

Informações

- **Mapa** 16 G1
- **Endereço** St Margaret's Street, SW1A; 020 7219 3000; www.parliament.uk
- **Metrô** Westminster **P. de ônibus** Bridge Street, Parliament St, Millbank **Ônib. fluvial** Westminster Pier
- **Aberto** 8h-23h seg-qui; 8h-20h sex; 9h-18h sáb
- **Preço** Os debates são grátis
- **Para evitar fila** Residentes podem conseguir passeios grátis através do representante local (MP); lista de espera de seis meses; cheque antes
- **Passeios guiados** Pagos, ter-sáb ago-set, além de sáb o ano inteiro: £37-60 (0844 847 1672; www.ticketmaster.co.uk/housesofparliament)
- **Idade** A partir de 7 anos; deve-se manter silêncio nos debates
- **Atividades** Geralmente há bons folhetos para crianças na recepção do Westminster Hall
- **Duração** 2h
- **Cadeira de rodas** Sim
- **Comida e bebida** *Lanches* Jubilee Café, saída do Westminster Hall (10h-17h30 seg-sex, até 18h sáb), é adorável, mas abre só p/ participantes de passeios ou debates. *Refeição* Wagamama (76-98 Victoria Street, SW1E 5JD; 020 7828 0561), no shopping do Cardinal Place, tem menu infantil e mesas ao ar livre.
- **Loja** No St Stephen's Hall
- **Banheiros** No Westminster Hall

Preços para família de 4 pessoas

Abadia de Westminster e arredores | 69

Informações

🌐 **Mapa** 16 G3
   Endereço Millbank, SW1P; 020 7887 8888; www.tate.org.uk/visit/tate-britain

🚇 **Metrô** Pimlico, Vauxhall **Ponto de ônibus** Millbank, Vauxhall Bridge Road, John Islip Street **Ônibus fluvial** Tate Boat (www.tate.org.uk/visit/tate-boat) a cada 40min p/ a Tate Modern (p. 148), enquanto aberto

🕐 **Aberto** 10h-18h (última entrada 17h15); até 22h na sex

💷 **Preço** Grátis; exposições especiais temporárias pagas à parte

🚶 **Para evitar fila** Ingressos para exposições temporárias podem ser reservados on-line

🚩 **Passeios guiados** 4 diariam, grátis; guias multimídias £3,50

👨‍👩‍👧 **Idade** A partir de 3 anos

🎨 **Atividades** Pacotes de atividades infantis; Art Trolley nos fins de semana e férias escolares (grátis); ocasionais workshops p/ famílias

⏱ **Duração** 1-2h

♿ **Cadeiras de rodas** Sim, pela entrada Manton, Atterbury Street

☕ **Comida e bebida** Lanches The Café tem menu infantil. *Para a família* The Rex Whistler Restaurant oferece refeição grátis para uma criança de até 13 anos se o adulto pedir dois pratos à la carte.

🏷 **Lojas** Nas entradas Millbank e Manton

🚻 **Banheiros** Na entrada Manton

em exibição varia, mas há sempre muitas obras para impressionar mentes jovens: pinturas históricas (talvez *The Lady of Shalott*, de John Waterhouse); imagens assustadoras (como *Figuras na base de uma crucificação*, de Bacon); imagens de animais (*Cavalo devorado por um leão*, de Stubbs) e de crianças (*Carnation, Lily, Lily, Rose*, de Sargent). Os pré-rafaelitas e sua exuberância de conto de fadas caem especialmente bem, e nas galerias moderna e contemporânea as crianças vão se sentir encorajadas ao ver que riscas de cor (Bridget Riley) ou borrões de tinta (Gillian Ayres) também são geniais. Cuidado, porém: as ovelhas em conserva de Damien Hirst estão à espreita.

A galeria também incentiva as crianças a rabiscarem à vontade. Comece o passeio pela entrada Manton e peça um pacote temático de atividades, cada uma delas para uma faixa etária diferente. Nos fins de semana, visitantes mais jovens são convidados para uma experiência única – física, social e material – com esculturas. A Liminal incentiva as crianças a tocarem e a interagirem com esculturas, num programa concebido por artistas e que muda regularmente. O site Tate Kids (http://kids.tate.org.uk) está cheio de ideias de artesanato e jogos interativos.

Para relaxar

Escondido em uma ruazinha a 5 minutos da Tate, o fantástico **Causton Street Playground** tem quadra, tanque de areia, piscina inflável e brinquedos para crianças de 3 a 7 anos.

CRIANÇADA!

Caça-estátua...

Veja se você consegue encontrar as estátuas destes líderes famosos nos arredores de Parliament Square:
1 O primeiro-ministro que levou a Grã-Bretanha à vitória na Segunda Guerra Mundial
2 A rainha-guerreira que lutou contra os invasores romanos
3 O combatente da liberdade que liderou a luta contra o apartheid na África do Sul
4 O presidente que pôs fim à escravidão nos Estados Unidos

Respostas no fim do quadro.

Jogo dos erros

Na Tate Britain, vá à Sala 1540 e encontre esta pintura de 400 anos de duas irmãs. Elas parecem gêmeas, mas você consegue achar cinco diferenças entre elas?

Respostas no fim do quadro.

Engane um adulto

Desafie um adulto a apontar para o Big Ben. Ele apontou para a torre? Errado! Apontou para o relógio? Errado de novo! Big Ben é o apelido do grande sino que bate as horas, e não do relógio ou da torre. Ele badalou pela primeira vez em 1859 e rachou dois meses depois. Diz-se que a rachadura provoca um som incomum. Veja em quanto tempo você consegue limpar o mostrador de relógio em "Race Against Chime", um dos ótimos jogos em www.parliament.uk/education.

Respostas: Estátuas Winston Churchill; Boadiceia; Nelson Mandela; Abraham Lincoln. **Olhos**, brincos, corpetes bordados, manitas dos bebês, uma está cartunchada, a outra, sorrindo.

ca do mundo. As 30 salas da coleção abrangem 500 anos e obras que vão de Hogarth a Hockney, de Gainsborough a Gilbert e George. O que está

A fachada da Tate Britain

Piquenique até £20; **Lanches** £20-40; **Refeição** £40-60; **Para a família** mais de £60 (base para 4 pessoas)

④ Churchill War Rooms
Passagens secretas, mensagens secretas

Todo mundo ama um labirinto secreto, e aqui está ele, no subsolo do coração de Londres. Os Churchill War Rooms são onde Winston Churchill comandou a campanha britânica contra as potências do Eixo durante a Segunda Guerra Mundial. Esse labirinto de câmaras foi projetado para resistir a bombas – a Câmara dos Comuns foi diretamente atingida nos bombardeios alemães. As salas se tornaram o centro nervoso das mensagens secretas do front, com parte da equipe vivendo no subsolo, usando lâmpadas que emulam o Sol para evitar a deficiência de vitamina D.

O fascinante é que, além de manequins nas máquinas de escrever e sobre os mapas, as salas ficaram congeladas no tempo, preservando a desordem original e o cheiro de mofo. No quarto de Churchill, parece que ele acabou de sair para fumar charuto – o que ele gostava de fazer, muitas vezes subindo no telhado para assistir aos ataques da Luftwaffe.

O audioguia infantil segue até o

O rumo da Segunda Guerra Mundial foi traçado nos Cabinet War Rooms

vizinho Churchill Museum, espaço do século XXI que usa filme, áudio e tela sensível ao toque para contar a carreira do estadista. Interessa principalmente às crianças mais velhas.

Para relaxar
Cruze a rua até o **St James's Park** (p. 74), onde há quiosques de lanches e patos para alimentar.

⑤ Horse Guards Parade
Um espetáculo elegante

Na era Tudor, o palácio real ficava em Whitehall, e a Horse Guards Parade era a arena das justas de Henrique VIII. É por isso que até hoje a guarda pessoal de Sua Majestade monta sentinela nessa calçada. Todas as manhãs, os novos guardas cavalgam ao longo de The Mall a partir dos Hyde Park Barracks, a caminho da cerimônia de troca – 15 minutos de silencioso confronto seguidos por muitos brados enquanto a antiga guarda se afasta. Ao lado da arena fica o Household Cavalry Museum, com objetos históricos do regimento. A principal atração, no entanto, são os estábulos: uma parede de vidro no museu dá direto para o local em que os soldados limpam seus cavalos e preparam seus objetos. A maior parte da ação acontece na hora da Troca da Guarda e às 16h, quando os soldados desmontam. O cheiro também é autêntico! Há armaduras reais para crianças experi-

Informações

- **Mapa** 10 F6
- **Endereço** Horse Guards, Whitehall, SW1A; 020 7930 3070; www.householdcavalrymuseum.co.uk
- **Metrô** Westminster, Embankment, Charing Cross **P. ônibus** Whitehall **Ônibus fluvial** Westminster Pier
- **Aberto** Troca da Guarda, 11h diariam (10h dom); museu 10h-18h diariam (mar-set); até 17h (out-fev)
- **Preço** £15
- **Para evitar fila** Para garantir uma boa visão da Troca da Guarda, chegue às 10h45
- **Passeios guiados** Não
- **Idade** A partir de 4 anos
- **Atividades** Fantasias com uniformes e bons quizzes sobre o museu, por idade; agendamento de artesanatos nas férias escolares (grátis com um adulto pagante)
- **Duração** 1h
- **Cadeira de rodas** Sim
- **Comida e bebida** Refeição Inn the Park, perto daqui (p. 74)
- **Loja** Presentes e suvenires
- **Banheiros** No museu

Informações

- **Mapa** 10 F6
- **Endereço** Clive Steps, King Charles Street, SW1A; 020 7930 6961; http://cwr.iwm.org.uk
- **Metrô** Westminster, St James's Park **Ponto de ônibus** Parliament Street, Parliament Square **Ônibus fluvial** Westminster Pier
- **Aberto** 9h30-18h diariam (última entrada 17h)
- **Preço** £34-44, até 16 anos grátis
- **Passeios guiados** Não; visita com áudio grátis
- **Idade** A partir de 8 anos
- **Atividades** Passeio com áudio p/ crianças (apenas inglês) e trilha familiar nos War Rooms. Programação infantil do Churchill Museum disponível no site. Workshops familiares nas férias escolares.
- **Duração** Até 2h
- **Cadeira de rodas** Sim, pela entrada da Great George Street
- **Comida e bebida** Lanches The Switch Room Café, no meio do passeio, serve pratos e lanches
- **Loja** No final do passeio
- **Banheiros** Perto da bilheteria

Preços para família de 4 pessoas

Menino preenche questionário de inspeção no Household Cavalry Museum

Abadia de Westminster e arredores | 71

Sentinelas montados, na Horse Guards Parade

mentarem, questionários para preencher e TVs sensíveis ao toque com imagens dos guardas falando sobre o trabalho. Jovens recrutas passam até 12 horas por dia lustrando seus uniformes, e a cada manhã os mais brilhantes ganham o direito de ser guardas montados ou "boxmen", enquanto aos menos polidos sobra o dever de ficar em pé. Então, é aceitável para os visitantes fazer caretas a fim de fazê-los sorrir? Não!

Para relaxar
Os espaçosos e bem cuidados gramados e lagos do **St James's Park** (p. 74) ficam bem em frente.

⑥ Banqueting House
Onde um rei perdeu a cabeça
Quatrocentos anos atrás, os reis ingleses acreditavam ser agentes de Deus. Jaime I promovia espetáculos deslumbrantes na corte, as masques, em que atores cabriolavam como demônios e bestas, até o monarca restaurar a ordem. A Banqueting House, erigida em 1622 para abrigar esses espetáculos, foi projetada por Inigo Jones, que animou Londres com a arquitetura neoclássica trazida da Itália.

Hoje, a visita começa com filme histórico no Undercroft, à luz de candelabros. Em seguida, suba as escadas para o salão branco e dourado com suas colunas de dois andares e teto pintado. Este foi encomendado por Carlos I para o mestre barroco Peter Paul Rubens e mostra seu pai, o rei Jaime I, subindo ao céu gloriosamente. As crianças são encorajadas a deitar de costas e admirar a coisa mais próxima à Capela Sistina, de Roma, no Reino Unido. O audio-

guia conta histórias do edifício, como a cerimônia em que pessoas com a terrível escrófula, uma doença de pele, se reuniam para ser "curadas" pelo toque do monarca.

Carlos I herdou a crença de seu pai na superioridade dos reis sobre o homem comum. Mas em 1649, apenas onze anos depois de que o teto havia sido terminado, ele foi expulso da Banqueting House e teve sua cabeça decepada por traição.

Para relaxar
O **St James's Park** (p. 74) fica do outro lado da rua, via Horse Guards Parade, com atividades para crianças de todas as idades.

Informações
🌐 **Mapa** 10 G6
Endereço Whitehall, SW1A; 0844 482 7777; www.hrp.org.uk/banquetinghouse
🚇 **Metrô** Westminster, Charing C., Embankment **P. ônibus** Whitehall **Ônibus fluvial** Westminster Pier
🕐 **Aberto** 10h-17h seg-sáb (última entrada 16h30; ligue antes, pois pode fechar para eventos)
💷 **Preço** £10, até 16 anos grátis; passeio com áudio grátis
Para evitar fila Raramente lotado
Passeios guiados Não
Idade A partir de 9 anos
⏱ **Duração** Até 1h
♿ **Cadeira de rodas** Limitado. Ligue 020 3166 6155/6152
🍴 **Comida e bebida** Piquenique Pret A Manger (1 Whitehall, SW1A 2DD; 020 7932 5216) tem sanduíches e saladas também p/ viagem. *Lanches* The Portrait Café serve refeições leves (p. 82).
Loja Na escadaria principal
Banheiros No Undercroft

CRIANÇADA!

Onde está Winnie?
Winston Churchill está escondido em algum lugar nos Churchill War Rooms, atrás de uma porta misteriosa. Você consegue encontrá-lo? Ele está em um armário, conversando com o líder dos EUA ao telefone. Adolf Hitler também está aqui. Procure por um desenho dele no Map Room.

Lanças a postos!
Na Horse Guards Parade, cavaleiros de armadura costumavam se enfrentar para entreter o rei Henrique VIII. Os vencedores ganhavam prêmios em dinheiro, mas os cavaleiros podiam ser feridos ou até mortos.

Faça o seu próprio torneio com um amigo, usando balões macios em vez de lanças pontiagudas. Cada um pega um balão comprido e fino; fiquem de costas um para o outro; deem vinte passos de distância. Agora virem-se e ataquem. Tente bater o balão no seu rival enquanto toma o balão dele. Continue até que alguém ganhe! Jogue on-line Henry VIII Heads and Hearts em http://henryviiiheadsandhearts.viral-game.co.uk

POCAHONTAS
As masques do rei Jaime I eram como grandes bailes dos contos de fadas, com damas dançando à luz de velas em joias e vestidos fantásticos. Uma das convidadas mais exóticas foi Pocahontas, a princesa nativa norte-americana. Diferentemente do que conta o filme da Disney, ela se casou com um inglês e chegou a Londres em 1617.

Piquenique até £20; **Lanches** £20-40; **Refeição** £40-60; **Para a família** mais de £60 (base para 4 pessoas)

Westminster e West End

Palácio de Buckingham e arredores

Todos os anos, milhares de pessoas se espremem junto às grades douradas do Buckingham Palace, lar da família real desde 1837. O palácio é aberto para visitas pré-agendadas (apenas ago-set) desde 1993, mas verifique o calendário para garantir que sua visita coincida com a cerimônia da Troca da Guarda. Chegue pelo Birdcage Walk, saindo do metrô St James's Park, e explore o playground infantil no caminho. Depois, passe a tarde em torno do lago no St James's Park, ou perambule pelo Green Park e veja vitrines nas galerias ao longo de Piccadilly. É tudo pertinho.

O pequeno mas interessante Guards Museum tem bonecos militares que cobrem desde batalhas históricas até guerras modernas

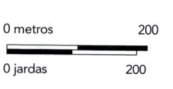

Uma das garden parties da rainha no Palácio de Buckingham

Informações

Trem Victoria (5min a pé) ou Charing Cross (10-15min)
Metrô Victoria, St James's Park ou Green Park **Ônibus** Grosvenor Place: rotas 2, 16, 36, 38, 52, 73, 82, 148, 436 ou C2; ou Buckingham Palace Rd: 11, 211, C1 ou C10

Informação turística Victoria Railway Station (lado oposto da plataforma 8) ou Piccadilly Circus Underground Station, W1D 7DH

Supermercados Sainsbury's, 150 Victoria St, SW1E 5LB; Marks & Spencer, 78 Piccadilly, W1J 8AQ
Mercado Arts & Crafts Market, St James's Churchyard, Piccadilly W1J 9LL; 10h-18h ter-sáb

Festivais St Patrick's Day Parade, Green Park (dom mais próximo de 17 mar); Trooping the Colour, Horse Guards Parade (qualquer sáb jun); Virgin London Marathon, termina em The Mall (abr); Royal Academy Summer Exhibition (jun-ago)

Farmácias Boots, 13 Cathedral Walk (7h30-20h seg-sex, 9h-18h sáb); procure por farmácias 24h em www.nhs.uk/servicedirectories

Playground St James's Park (Palácio de Buckingham, fim do Birdcage Walk)

Locais de interesse

ATRAÇÕES
1. Pal. de Buckingham
2. The Royal Mews
3. Guards Museum
4. Royal Institution

● **COMIDA E BEBIDA**
1. Inn the Park
2. The Parlour Restaurant na Fortnum & Mason
3. The Café, no Institute of Contemporary Arts
4. Benihana
5. Crumpets
6. Le Signore
7. Picnic Kiosk
8. Caffe Grana
9. Laduree

Veja também Royal Institution (p. 77) e Compras (abaixo)

● **COMPRAS**
1. Prestat
2. Burlington Arcade
3. Fortnum & Mason

● **HOSPEDAGEM**
1. Brown's
2. Duke's
3. The Goring
4. 51 Buckingham Gate
5. Athenaeum Apartments
6. Flemings Apartments
7. 44 Curzon Street Apartments

Westminster e West End
- Covent Garden p. 86
- National Gallery p. 78
- Palácio de Buckingham
- Abadia de Westminster p. 64

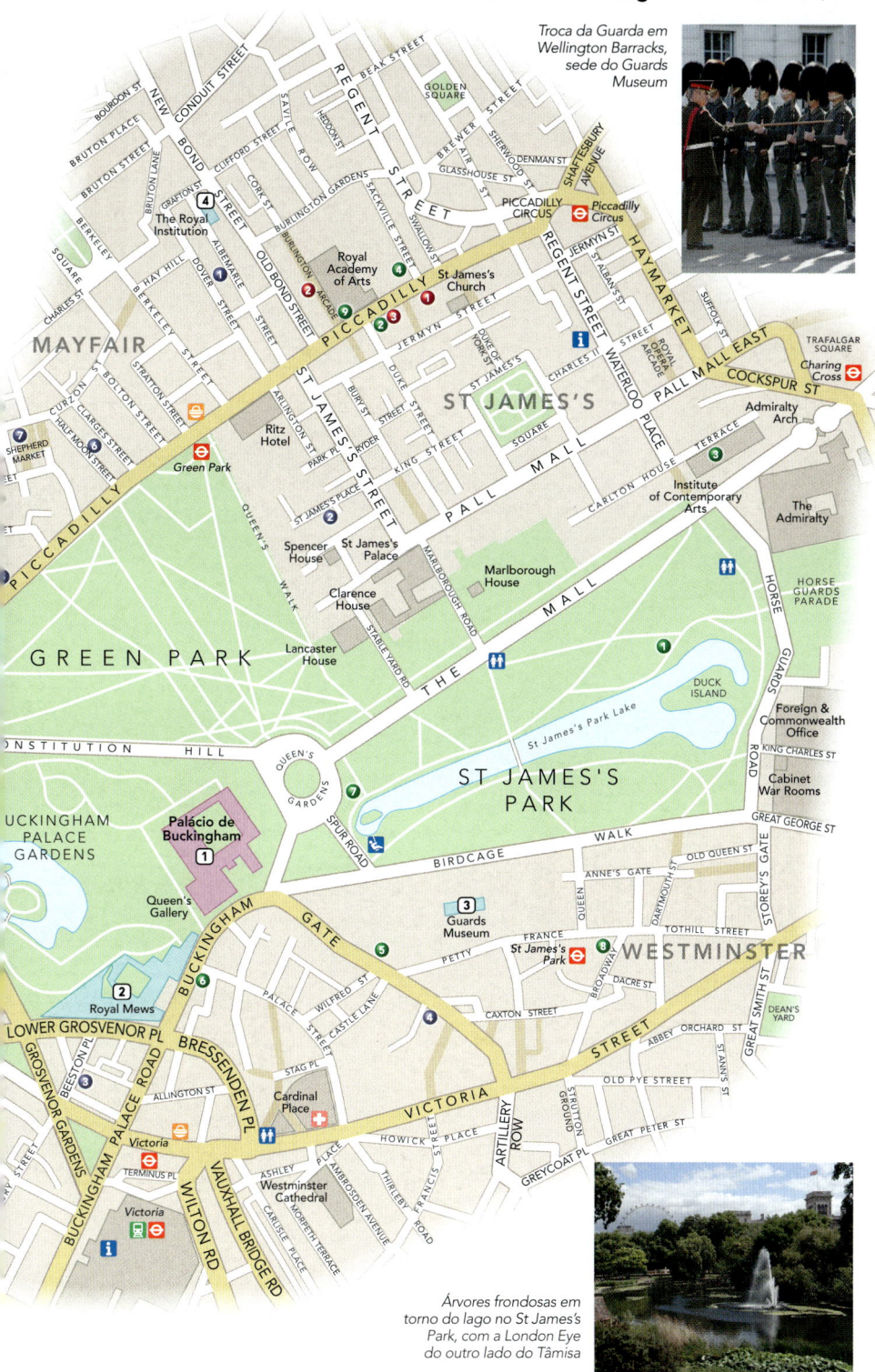

Palácio de Buckingham e arredores | 73

Troca da Guarda em Wellington Barracks, sede do Guards Museum

Árvores frondosas em torno do lago no St James's Park, com a London Eye do outro lado do Tâmisa

① Palácio de Buckingham
Quando a rainha está longe, há visitas a fazer

Cheio de porcelanas de valor inestimável, armários revestidos de joias e folhas de ouro, o palácio deve seu esplendor a Jorge IV, que subiu ao trono em 1820 e gastou uma fortuna, mas nunca viveu aqui. A rainha Elizabeth II mudou-se para cá ainda princesa, aos 10 anos, e agora compartilha o palácio com 350 funcionários. As visitas turísticas acontecem no verão, quando a rainha está na residência de férias, o Balmoral Castle, na Escócia. Apenas dezenove salas de Estado são abertas ao público – há 775 aposentos no total.

Sentinela

Destaques

State Ballroom O salão de baile em estilo francês é utilizado para banquetes de Estado e entrega de prêmios.

Grand Staircase

White Drawing Room Aqui há um painel secreto que se abre por trás para que a realeza apareça como que por mágica.

Grand Staircase Essa era a peça central da extravagante reforma de Jorge IV na antiga "Buckingham House". A balaustrada ornamentada de bronze custou £260 mil em dinheiro de hoje.

State Dining Room

Throne Room

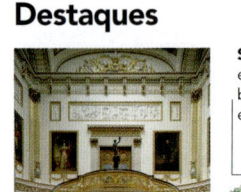

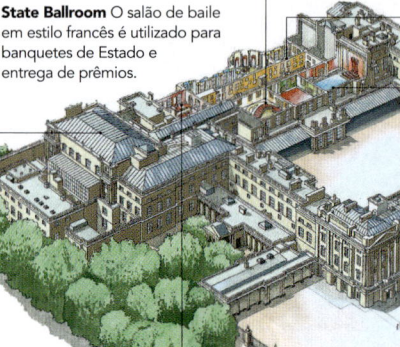

State Dining Room A sala de jantar tem capacidade para 46 convidados, e os criados usam réguas especiais para garantir que talheres e copos estejam posicionados precisamente. A rainha sempre confere!

Throne Room Os dois tronos daqui são bordados com as letras "ER" e "P" e foram usados por Elizabeth II e o duque de Edimburgo na coroação em 1953.

Para relaxar
O **St James's Park** *(020 7930 1793; www.royalparks.org.uk)* fica perto, com ótimo playground para crianças até 11 anos no final do palácio: tem tanque de areia, banheiros infantis, uma lanchonete e mesas de piquenique. Admire os gansos e cisnes que deslizam sobre o lago; mas os reis do parque são os pelicanos, alimentados às 14h30 perto da Duck Island. Os primeiros foram presente do embaixador russo em 1664. Há um bom restaurante nas cercanias *(veja à dir.)* e cadeiras para alugar, shows nos fins de semana de verão, caminhadas guiadas ocasionais… e nenhuma placa de "não pise na grama".

Preços para família de 4 pessoas

Comida e bebida
Piquenique: até £20; Lanches: £20-40; Refeição: £40-60; Para a família: £60 ou mais *(base para 4 pessoas)*

PIQUENIQUE Inn the Park *(St James's Park; 020 7451 9999; www.innthepark.com; 8h-11h, 12h-16h30, 18h-23h diariam)* é um restaurante à beira do lago no parque, com amplas janelas e um ecológico telhado de turfa. O menu infantil é caro, mas há gostosos sanduíches e bolos para viagem que são perfeitos para comer nos gramados ao redor.

LANCHES The Parlour Restaurant at Fortnum & Mason *(181 Piccadilly, W1A 1ER; 0845 300 1707; www.*

Tanque de areia com pedras no St James's Park

fortnumandmason.com; 10h-19h30 seg-sáb, 12h-17h30, dom) faz excelentes sundaes e chocolate quente e oferece um prático menu de sanduíches tostados para menores de 8 anos.

Palácio de Buckingham e arredores | 75

Informações

- **Mapa** 15 D1
  Endereço Buckingham Palace Road, SW1A; 020 7766 7300; www.royalcollection.org.uk
- **Metrô** Victoria, St James's Park **P. de ônibus** Buckingham Palace Rd
- **Aberto** State Rooms jul-out 9h30-18h30 (última entrada às 15h45). Troca da Guarda mai-jul 11h30 diariam; ago-abr dias alternados; cancelada sob chuva forte
- **Preço** £60-70, até 5 anos grátis
- **Para evitar fila** Reserve ingressos on-line. O pátio do palácio fica lotado durante a Troca da Guarda – crianças terão uma visão melhor a partir do pátio do convento, perto daqui, no exterior do St James's Palace. Chegue antes das 11h.
- **Passeios guiados** Visita guiada com áudio em oito línguas

- **Idade** A partir de 5 anos
- **Atividades** Visita com áudio p/ crianças (7-11 anos), mais trilha pelo jardim a pedidos (ou on-line); Family room com atividades grátis nas férias de verão: crie chapéu p/ festa no jardim
- **Duração** 2h
- **Cadeira de rodas** Sim, mas deve-se reservar a visita: 020 7766 7324
- **Café** No terraço do jardim
- **Loja** Uma loja grande no fim dos jardins do palácio, no final da visita
- **Banheiros** No jardim, no final da visita

Bom para a família
A visita ao palácio está longe de ser barata, mas o audioguia infantil e as brilhantes atividades de verão valem o dinheiro investido.

CRIANÇADA!

Embrulhe esta
Que presente você daria à rainha da Inglaterra se ela visitasse sua cidade? Entre os presentes estranhos que ela já recebeu de governantes estrangeiros estão duas tartarugas gigantes, um jaguar, um canário, uma canoa, um elefante chamado Jumbo, um par de botas de cowboy, a maior torta de carne de porco do mundo, óculos de sol, doze latas de atum e 15 toneladas de frutas secas. Inventamos um deles. Qual?

Resposta no fim do quadro.

ENGANE UM ADULTO
Peça a um adulto para dizer se a rainha está em casa. Se a bandeira britânica estiver hasteada sobre o palácio, ele provavelmente vai dizer que sim. Errado! Isso significa o oposto. Uma bandeira vermelha, azul e dourada (a Royal Standard) é hasteada quando a monarca está na residência.

REFEIÇÃO The Café at the Institute of Contemporary Arts *(020 7930 8619; 12h-23h qua, 12h-1h qui-sáb, 12h-21h dom)*, em The Mall, é boa alternativa aos restaurantes de rede em Haymarket. Não há menu infantil, mas peça porções pequenas de massas e hambúrgueres. Também há cadeirões e trocadores.
PARA A FAMÍLIA Benihana *(37 Sackville Street, W1S 3DQ; 020 7494 2525; www.benihana.co.uk; 12h-15h diariam, 17h30-22h30 seg-sáb, 17h-22h dom)* é culinária teatral: os pratos japoneses cozinham de modo espetacular na chapa quente em sua mesa.

Compras
Depois de visitar a rainha, vá às lojas aristocráticas de St James. A **Prestat** *(14 Princes Arcade, SW1Y 6DS)* vende chocolates e trufas de luxo, enquanto na ainda mais exclusiva **Burlington Arcade** *(Mayfair, W1; www.burlingtonarcade.co.uk)*, que alega ser o primeiro shopping center do mundo, os seguranças de cartolas (Beadles) mantêm a paz desde 1819. A **Fortnum & Mason** *(181 Piccadilly, W1A 1ER)* tem assistentes elegantemente vestidos que parecem lacaios fugidos do palácio. Veja se as crianças experimentam os escorpiões cobertos de chocolate da loja.

O balcão de doces na Fortnum & Mason

Saiba mais
INTERNET Leve um dos habitantes mais famosos do Palácio de Buckingham, a rainha Vitória, para a praia e depois a ajude a escrever um postal em *www.museumnetworkuk.org/portraits/activities/activities.html*.
FILME No início do filme *101 dálmatas*, de 1996, Anita e Roger caem no lago (e se apaixonam) no St James's Park graças a seus cães.

Próxima parada...
Queen's Gallery Após a esquina em Buckingham Gate, a Queen's Gallery (abr-nov; *www.royalcollection.org.uk*) exibe arte, joias e heranças de família das coleções reais. Há também um bom percurso para crianças.

Olha o passarinho...
Tente avistar as aves no lago do St James's Park. Você ganha pontos para cada uma:
1 **Galeirão** (pequeno, preto, com testa branca) 1 ponto
2 **Ganso-bravo** (grande, cinza, com pés rosa) 2 pontos
3 **Cisne-negro** (preto, com bico vermelho) 3 pontos
4 **Pelicano** (grande, quase todo branco, com bico grande) 4 pontos
5 **Mergulhão-de-crista** (pescoço fino, com tufos na cabeça avermelhada) 5 pontos

Resposta: A maior torta de carne de porco do mundo

Westminster e West End

② Royal Mews
Uma carruagem para Cinderela

Essa deve ser a garagem mais pitoresca de Londres: um estábulo e pátio georgiano de 200 anos, com uma ornamentada torre do relógio e rodeado pelos chalés dos cocheiros da rainha e de seus familiares. É encantador no Natal, quando Papai Noel desliza em seu trenó real para a festa anual da rainha para as crianças.

Até 30 cavalos estacionam aqui – eles vão à escola por dois anos antes de estarem aptos a puxar uma carruagem. Os treinadores agitam bandeiras, tocam cornetas e ressoam canhões para prepará-los para as multidões em Londres. Os cavalos aprendem, ainda, a parar em semáforos vermelhos.

Além do trenó do Papai Noel, o visitante vê a carruagem de vidro que levou Lady Diana Spencer para seu casamento com o príncipe Charles em 1981, e a pequena carruagem de burros usada pelos filhos da rainha Vitória. Aparentemente, vinha a calhar para chegar aos banheiros nos vastos palácios reais. A maior atração porém é a Gold State Coach (Carruagem de Estado Dourada) usada para desfiles de coroação, exibida totalmente montada, como se tivesse sido emprestada pela Cinderela. É tão grande que é preciso remover uma parede para tirá-la do prédio.

Para a maioria das crianças, no entanto, a magia dos Mews brota de eles estarem entre os sons e cheiros de um estábulo em funcionamento no coração de Londres. Se tiverem sorte, pode haver um cavalo ou dois para conhecer na saída.

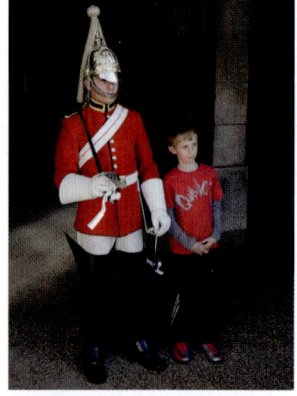

Criança posa para foto com guarda na Horse Guards Parade

Para relaxar

Poucos minutos ao longo do Buckingham Gate está o **St James's Park** (p. 74), com playground excelente, perto do Birdcage Walk.

③ Guards Museum
Soldados reais e de brinquedo

Parte de Wellington Barracks, esse museu modesto preenche algumas salas do porão com as façanhas sangrentas dos cinco regimentos da guarda britânica (e a Household Cavalry). Conheça as histórias dos mosqueteiros de Carlos II, do casaco de Wellington e do copo de remédio de Florence Nightingale, e veja a mostra de equipamentos e lembranças do conflito no Afeganistão.

Em geral, há um quizz para os jovens, e as crianças podem vestir a túnica e o chapéu pele de urso de um guarda para uma foto, mas há custo extra. Se o tempo for curto, vá à loja de soldados de brinquedo, que tem prateleiras com miniaturas brilhantes de cenas de batalha.

Lá fora, no pátio aberto, os soldados se alinham às 11h prontos para marchar para o Palácio de Buckingham para a cerimônia de Troca da Guarda (p. 75), e os pontos de observação aqui são geralmente menos congestionados do que os mais famosos no palácio. Costuma haver treinos em outros horários: ouça a batida do tambor militar ganhando intensidade no St James's Park.

Para relaxar

O excelente playground do **St James's Park**, com tanque de areia, fica do outro lado da rua (p. 74).

Soldadinhos no Guards Museum, para crianças de todas as idades

Informações (Royal Mews)

- **Mapa** 15 D1
- **Endereço** Buckingham Palace, SW1W; 020 7766 7302; www.royalcollection.org.uk
- **Metrô** Victoria, Green Park ou esquina do Hyde Park **Ponto de ônibus** Buckingham Palace Rd
- **Aberto** fev, mar, nov-dez: 10h-16h seg-sáb; abr-out: 10h-17h diariam (última entrada 45min antes de fechar); cheque o site para ver as datas em que está fechado
- **Preço** £22-33, até 5 anos grátis
- **Para evitar fila** Compre ingressos on-line antes da visita
- **Passeios guiados** Toda hora, grátis
- **Idade** A partir de 5 anos

Preços para família de 4 pessoas

Informações (Guards Museum)

- **Mapa** 16 E1
- **Endereço** Wellington Barracks, Birdcage Walk, SW1E; 020 7414 3271; www.theguardsmuseum.com
- **Metrô** St James's Park **Ponto de ônibus** Victoria Street
- **Aberto** 10h-16h (última entrada às 15h30)
- **Preço** £8-12 (men. de 16 grátis)
- **Para evitar fila** Raramente lotado
- **Passeios guiados** Não
- **Idade** Museu, a partir de 8 anos; loja, a partir de 5 anos
- **Atividades** Fantasias, £6; pergunte sobre os quizzes infantis
- **Duração** Até 1h
- **Cadeira de rodas** Sim, elevador
- **Comida e bebida** *Piquenique* Quiosque no St James's Park tem lanches e sorvetes. *Lanches* Caffé Grana (no metrô St James's Park) serve lanches e pratos quentes.
- **Loja** À direita, logo após os portões no Birdcage Walk, há exércitos de soldados de brinquedo
- **Banheiros** Não

Informações (extra)

- **Atividades** Audioguia infantil; sala de arte p/ crianças (5-11 anos) sem supervisão, fins de semana (grátis); workshops, férias escolares
- **Duração** 1h
- **Cadeira de rodas** Sim; para mais informações, ligue 020 7766 7324
- **Comida e bebida** *Piquenique* Crumpets (82 Buckingham Gate, SW1E 6PD) serve bons sanduíches, tostados e crumpets (um tipo de muffin). *Lanches* Le Signore (4 Palace Street, SW1E 5HY) é um café italiano que não decepciona.
- **Loja** Na Buckingham Palace Rd
- **Banheiros** Perto da entrada, com trocador de bebê

Palácio de Buckingham e arredores | 77

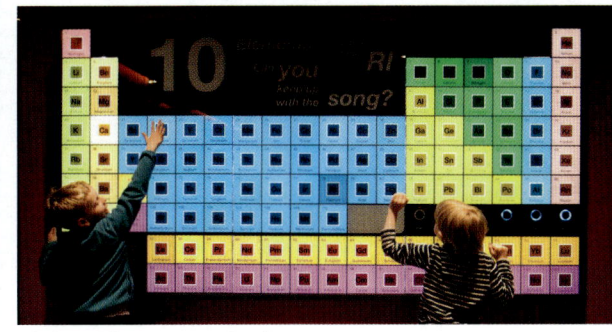

Tabela periódica interativa na Royal Institution

④ Royal Institution
Uma introdução genial às inovações da ciência

Esmagar vidro, eletrocutar um sapo e explodir um assistente de laboratório. Por meio de um engenhoso eGuide – console portátil que exibe cartoons interativos de experiências históricas em vários pontos do museu –, essas são as irresistíveis promessas de uma visita à exposição "Science in the Making" na Royal Institution. Um ótimo local para incentivar pequenos gênios interessados nos mistérios da ciência.

Quatorze ganhadores do Prêmio Nobel trabalharam aqui; portanto, há artefatos fascinantes para ver: a pilha protótipo de Alessandro Volta,

Informações
- 🌐 **Mapa** 9 D4
  Endereço 21 Albemarle St, W1S 4BS; 020 7409 2992; www.rigb.org
- 🚇 **Metrô** Green Park ou Piccadilly Circus **Ponto de ônibus** Berkeley St ou Piccadilly
- 🕐 **Aberto** 9h-18h seg-sex
- 💰 **Preço** Grátis
- 🚩 **Pass. guiado** Não; eGuide grátis
- 👫 **Idade** A partir de 7 anos
- 🧑‍🔬 **Atividades** Sessões práticas de ciências seis vezes por ano (5-12 anos): £16-20
- ⏱ **Duração** Até 2h
- ♿ **Cadeira de rodas** Sim
- 🍴 **Comida e bebida** Lanches Laduree (71 Burlington Arcade, W1J 0QX; www.laduree.fr/) surgiu em Paris em 1862 e é um templo dos macarons. **Para a família** Ri Bar + Kitchen, no museu, tem almoços prontos por bom preço; há também um café mais informal.
- 🚻 **Banheiros** No saguão

a primeira garrafa térmica de James Dewar e o transformador original de Michael Faraday. O laboratório onde Faraday primeiro capturou a eletricidade está exatamente como era na década de 1850. De forma inteligente, a Institution tem um laboratório logo em frente, onde é possível ver cientistas trabalhando em projetos especiais, como o desenvolvimento de nanomagnetos para encontrar e combater células cancerosas.

A maioria das crianças vai se interessar mais pelo eGuide e por seus clipes e jogos divertidos. O dispositivo portátil também dá vida a alguns dos trechos mais populares das célebres palestras de Natal da Royal Institution, que apaixonam crianças desde 1825. Por exemplo, aprenda como um canguru de brinquedo pode desvendar os segredos da gravidade e como transformar uma roda de bicicleta em um giroscópio.

Para relaxar
A dez minutos de caminhada ao longo de Piccadilly ficam os gramados do **Green Park** (p. 73), perfeitos para uma corrida, com cadeiras de aluguel e lanchonete.

Ovo de vidro de Michael Faraday, usado para provar teorias sobre eletricidade

CRIANÇADA!

Em guarda...
Veja o que diferencia os regimentos da Guarda que protegem Buckingham.
1. **Grenadier Guards:** pluma branca no lado esquerdo do chapéu
2. **Coldstream Guards:** pluma vermelha na direita do chapéu
3. **Scots Guards:** s/ pluma
4. **Irish Guards:** pluma azul na direita do chapéu
5. **Welsh Guards:** plumas branca e verde na esquerda do chapéu

LEVANTE, DOBBIN!
A rainha ama seus cavalos, e frequentemente visita os Royal Mews com torrões de açúcar para eles. Ela também escolhe seus nomes. No estábulo, veja se encontra um cavalo nascido no mesmo ano que você.

Pequenos luxos
A State Coach australiana tem muitos pequenos luxos: aquecimento central, ar-condicionado e até vidros elétricos! No entanto, eles não colocaram uma maçaneta do lado de dentro. Você imagina por quê?

....
Resposta no fim do quadro.

Engane um adulto
Por que o céu é azul? Tente perguntar a um adulto. Ele pode dizer que é porque o céu reflete a cor azul do mar. Errado! O cientista John Tyndall descobriu a resposta verdadeira – encontre-a no museu da Royal Institution.

Enquanto isso, confira os jogos incríveis no site do museu. Você pode construir um esqueleto animal, resolver crimes usando DNA ou defender o planeta dos asteroides em www.rigb.org.

....
Resposta: Porque um lacaio sempre abre a porta para a rainha.

Piquenique até £20; **Lanches** £20-40; **Refeição** £40-60; **Para a família** mais de £60 (base para 4 pessoas)

National Gallery e arredores

Em uma sala, São Jorge enfia sua lança no olho do dragão. Em outra, uma rainha adolescente é levada de olhos vendados para ser decapitada. Quem disse que galerias de arte são chatas? A National revela as histórias por trás de cada tela, com percursos infantis e oficinas. A ala Sainsbury é o melhor caminho para as famílias – vire à esquerda ao chegar vindo da Trafalgar Square. Os cinemas e a agitação das ruas do West End estão a poucos passos na Charing Cross Road – e são mais bem aproveitados de dia. Para ver Piccadilly Circus e a loja de brinquedos Hamleys, pegue a linha de metrô Bakerloo em Charing Cross.

Westminster e West End
Covent Garden p. 86
National Gallery
Palácio de Buckingham p. 72
Abadia de Westminster p. 64

O metal dos leões de bronze na Trafalgar Square supostamente veio de canhões franceses capturados na Batalha de Trafalgar (1805)

Acima O grande pórtico de entrada da National Gallery, concluído em 1838
Abaixo Os embaixadores (1533), de Holbein, mostra dois homens com imponentes símbolos de poder

National Gallery e arredores | 79

Interior da National Portrait Gallery

Informações

🚇 **Trem** Charing Cross **Metrô** Charing Cross, Embankment ou Leicester Square **Ônibus** Trafalgar Square: rotas 3, 6, 9, 11, 12, 13, 15, 23, 24, 29, 53, 87, 88, 91, 139, 159, 176, 453; Piccadilly Circus: 3, 6, 9, 12, 13, 15, 22, 23, 88, 94, 139, 159, 453; Shaftesbury Avenue: 14, 19, 38 **Ônibus fluvial** Embankment Pier, p/ Westminster e St Katharine's Dock (Crown River Cruises: 020 7936 2033; www.crownriver.com)

ℹ️ **Informação turística** Leicester Square; Britain & London Visitor Centre, 1 Regent St; ou no metrô Piccadilly Circus

🛒 **Supermercados** New Loon Moon, chinês, 9a Gerrard St, W1D 5PL; Tesco Metro, 17-25 Regent St, SW1Y 4LR **Mercado** Berwick Street (comida, peixe, flores) e Rupert Street (livros, joias, comidas quentes), ambos no Soho: 9h-18h seg-sáb

🎉 **Festivais** New Year's Day Parade, Trafalgar Square (1º jan); Ano-Novo Chinês, Soho (fev); St George's Day, Trafalgar Square (23 abr); Kids' Week Theatre Festival, teatros do West End (ago); Regent Street Festival (set); Trafalgar Day Parade (out); London Film Festival, cinemas da Leicester Sq (out); Christmas Lights, Regent Street (nov-dez)

➕ **Farmácias** Boots, 5-7 Strand, WC2N 5HR (7h30-20h seg-sex, 9h-18h sáb, 11h-17h dom). Procure por farmácias 24h em www.nhs.uk/servicedirectories

🧒 **Playgrounds** Phoenix Garden, no pátio da igreja de St Giles-in-the-Fields, ou no St James's Park (p. 73)

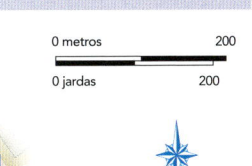

Locais de interesse

ATRAÇÕES
① National Gallery
② Trafalgar Square
③ National Portrait Gallery
④ Benjamin Franklin House
⑤ Leicester Square
⑥ Piccadilly Circus
⑦ Hamleys

🟢 **COMIDA E BEBIDA**
1 Tesco Metro
2 The Café in the Crypt
3 Ed's Easy Diner
4 Portrait Restaurant
5 Leon
6 Patisserie Pompidou
7 Lupita
8 Häagen-Dazs Café
9 Little Lamb
10 Millies
11 The Rainforest Café
12 Fairgrounds Café
Veja também Trafalgar Square (p. 82), National Portrait Gallery (p. 82) e Hamleys (p. 85)

🔴 **COMPRAS**
1 Marchpane
2 Mamas & Papas
3 TokyoToys

A loja de brinquedos William Hamley encanta crianças desde 1760 e hoje é uma grande atração turística

① National Gallery
Heróis e anjos, monstros e assassinos

A mais rica coleção de arte da Grã-Bretanha ganhou vida em 1824 com apenas 38 quadros. Agora são 2.300, dos vívidos santos e serpentes nas galerias medievais aos icônicos girassóis e ninfeias das salas do século XIX. Com grupos escolares sentados em frente a várias telas, há muito movimento no local. Comece pela mesa do audioguia – entre os percursos para a família, está a Teach Your Grown-Ups About Art (ensine arte aos adultos), uma ideia genial que transforma crianças em especialistas instantâneos.

Entrada da National Gallery

Destaques

Galeria Principal Pinturas feitas entre 1500 e 1900 são exibidas aqui.

Ala Sainsbury Abriga a coleção de pinturas do início do Renascimento, entre 1250 e 1500.

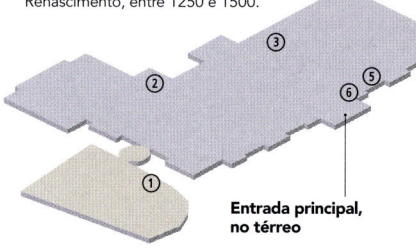

Entrada principal, no térreo

① **São Jorge e o dragão (1470)** Paolo Uccello ilustra dois episódios da história de São Jorge em uma pintura: a vitória do cavaleiro e a princesa resgatada depositando a temível presa a seus pés. (Sala 54)

② **Peepshow (1655-60)** Uma incompreensível "caixa de perspectiva" de Samuel Von Hoogstraten. Pela abertura principal, tudo parece distorcido, mas espie pelos buracos para ter uma surpresa. (Sala 25)

③ **Perseu transformando Phineas e seus seguidores em pedra (1680)** Um exército no ataque é petrificado pelo rosto da Medusa de cabelos de cobra, um evento mitológico capturado brilhantemente por Luca Giordano. (Sala 32)

④ **A execução de Lady Jane Grey (1833)** A pintura de Paul Delaroche mostra a rainha condenada de 17 anos de olhos vendados, a caminho da decapitação. Pessoas choraram quando o quadro foi exibido pela primeira vez em 1834. (Sala 41)

⑤ **Banhistas em Asnières (1884)** Georges Seurat usou sua nova técnica – pequenos pontos de cor contrastantes, o pontilhismo – para dar brilho às pinturas. (Sala 44)

⑥ **Girassóis (1888)** Em vida, Vincent van Gogh vendeu apenas um quadro, por cerca de £50. Seu famoso *Girassóis* hoje vale um milhão de vezes essa soma. As flores simbolizavam felicidade para ele. (Sala 45)

Informações

Mapa 10 F4
Endereço Trafalgar Square, WC2N 5DN; 020 7747 2885; www.nationalgallery.org.uk
Trem Charing Cross
Metrô Charing Cross ou Leicester Square **Ponto de ônibus** Trafalgar Square **Ônibus fluvial** Embankment Pier
Aberto 10h-18h diariam; até 21h sex. Fechado 1º jan, 24-26 dez
Preço Coleção permanente grátis; exposições temporárias pagas à parte
Para evitar fila A entrada pela Sainsbury Wing (esq. da Trafalgar Square) é menos cheia. Chegue cedo para workshops infantis.
Passeios guiados "Taster Tours" pela coleção duas vezes diariam, mais 19h sex
Idade A partir de 5 anos
Atividades Visitas com áudio p/ famílias (até 12 anos grátis), mais percursos temáticos disponíveis em www.nationalgallery.org.uk/families. Sessões Family Sunday para menores de 5 anos e para 5-11 anos (2h; grátis). Também há workshops nas férias escolares.
Duração Até 3h
Cadeira de rodas Sim
Comida e bebida National Café (Nível 0) para brunch, almoço e chá da tarde; National Dining Rooms (Nível 1) para refeições mais formais
Lojas Na Ala Sainsbury e no prédio principal, vendem livros de arte, cartões, pôsteres, joias e presentes
Banheiros Todos os andares; Nível 1, Ala Sainsbury

Bom para a família
Excelente, graças às criativas atrações para crianças. Visite a sala Art Start (Ala Sainsbury) e confira a programação do dia.

Preços para família de 4 pessoas

Para relaxar

Do lado de fora da galeria, na **Trafalgar Square** (p. 82), a diversão é perseguir pombos, escapar dos jatos d'água da fonte e correr ao redor da coluna de Nelson – e montar os famosos e escorregadios leões, algo um tanto perigoso. Para pousos mais suaves, caminhe dois minutos pelo Admiralty Arch até os gramados do **St James's Park** (p. 74).

Perseguição aos pombos na frente da National Gallery na Trafalgar Square

Comida e bebida
Piquenique: até £20; Lanches: £20-40; Refeição: £40-60; Para a família: £60 ou mais (base para 4 pessoas)

PIQUENIQUE Faça compras no supermercado **Tesco Metro**, atrás da St Martin's Lane (*22-25 Bedford Street, WC2E 9EQ; 0845 677 9175; 8h-24h seg-sex, 7h30-23h sáb, 12h-18h dom*) e vá aos Victoria Embankment Gardens para um piquenique.

LANCHES The Café in the Crypt (*Trafalgar Square, WC2N 4JJ; 020 7766 1158; www.smitf.org; 8h-20h seg-ter, 8h-22h30 qua [quem tem ingresso para a noite de jazz, só após 19h30], 8h-21h qui-sáb, 11h-18h dom*) serve pratos superfrescos ao estilo de cantina na cripta da igreja St Martin-in-the-Fields.

REFEIÇÃO Ed's Easy Diner (*London Trocadero, 19 Rupert Street, W1D 7PA; 020 7287 1951; www.edseasydiner.com; 12h até tarde da noite*) é um templo da cultura norte-americana dos anos 1950, com salsichas, shakes e jukeboxes retrô nas mesas.

PARA A FAMÍLIA Portrait Restaurant (*National Portrait Gallery; 020 7312 2490; www.npg.org.uk; 10h-17h diariam; 5h30-20h30 qui-sáb*)

A magnífica Cleopatra's Needle, situada no Embankment

oferece meias porções de seus pratos para crianças, com fantásticas vistas da Nelson's Column na Trafalgar Square, do Big Ben e da London Eye. Reserve com boa antecedência para jantar sáb à noite.

Compras

O paraíso das compras do West End fica próximo, dominado pelos sete andares de brincadeiras da **Hamleys** (p. 85). Para livros infantis antigos, há a **Marchpane** (*16 Cecil Court, WC-2N4HE*). Para deixar os bebês na moda, vá à **Mamas & Papas** (*256-8 Regent Street, W1B 3AF*), que também tem um bom café. Adolescentes fanáticos por anime vão adorar a **TokyoToys**, no Trocadero Centre (*13 Coventry Street, W1D 7DH*).

Saiba mais
INTERNET Faça uma caixa de perspectiva 3D como a de Samuel Van Hoogstraten em *http://kids.tate.org.uk/create/sunsets_box.shtm*.

Próxima parada...
ROYAL ACADEMY OF ARTS
Em Piccadilly, a **Royal Academy** (*www.royalacademy.org.uk*) é outro tesouro da pintura britânica, com percurso "Art Detective" para famílias, guias para download e, em algumas ocasiões, oficinas gratuitas para as famílias. No verão, o café toma o pátio, e as crianças podem brincar nas fontes.

CLEOPATRA'S NEEDLE Passeie até o Embankment e investigue esse obelisco egípcio de 3.500 anos de idade, colocado ao lado do rio em 1878. As esfinges guardiãs (do século XIX) têm altura amigável para fotografar as crianças.

O pátio de entrada da Royal Academy of Arts, Piccadilly

CRIANÇADA!

Ache o artista
Às vezes os artistas gostam de aparecer em seus próprios quadros. Veja se você consegue localizar...

1 Jan van Eyck se escondendo no *Retrato dos Arnolfini* (Sala 56).
2 Jan Gossaert espreitando timidamente a multidão em *A adoração dos Reis Magos* (Sala 14).
O segundo é muito mais difícil!

Respostas no fim do quadro.

Caçada animal!
Praticamente todos os animais existentes na Terra aparecem em pinturas na National Gallery. Tente identificar as seguintes criaturas – você pode procurar ainda mais fazendo o download do Chinese Zodiac Trail antes de sua visita, em www.nationalgallery.org.uk/visiting/printed-trails.

1 Coelhos brincalhões na Sala 62
2 Um gato guloso na Sala 22
3 Um tigre nervoso na Sala 45

Você pode fazer o tigre rugir, adicionando sons à pintura em *www.nationalgallery.org.uk/noisypaintings*

Ponto a ponto
Georges Seurat foi o primeiro pintor a construir uma imagem usando pontos de cor – técnica conhecida como "pontilhismo". Você pode fazer o mesmo. Desenhe os contornos da imagem com lápis e use cotonetes, em vez de um pincel, para fazer pontos de cores diferentes, misturando-os ao longo das linhas. Afaste-se para ver o resultado!

Respostas: 1 Van Eyck está refletido no espelho. 2 Gossaert está acima do ombro direito de Maria, olhando por uma janela muito estreita.

Westminster e West End

② Trafalgar Square
Leões e fontes

Trafalgar Square, com suas fontes de sereias e leões vigilantes, é um playground monumental. É o centro oficial de Londres há 800 anos – desde que Eduardo I ergueu a "Charing Cross" original para lembrar sua rainha, Eleanor. A praça foi concluída em 1840, com a Nelson's Column, e o mais famoso comandante naval britânico olha para Portsmouth, lar de seu navio HMS *Victory*, de um pedestal de 46m.

Multidões se reúnem na praça em momentos de celebração ou luto nacional: o lugar viu comícios anti-apartheid, comemorações da vitória na Copa de 1966 e uma apresentação recorde da "maior orquestra de cocos do mundo". Um grande ponto de discussão é o Fourth Plint (quarto plinto), vago há décadas, porque ninguém concorda sobre o que deve ser construído ali. Atualmente, é uma vitrine rotativa anual para a arte contemporânea. Uma das obras (em 2009) foi *One and Other*, de Antony Gormley, que convidou 2.400 pessoas comuns para ocupar o pódio por uma hora cada – com resultados excêntricos.

Os visitantes passam pelo local hoje, mais do que nunca, graças à reurbanização de 2003, que transformou em calçadão o lado da praça junto à National Gallery, instalou um café e banheiros e expulsou a maio-

A estátua de 5,5m de Nelson em cima da coluna de granito Dartmoor

ria dos 35 mil pombos com o auxílio de falcões. "Guardas patrimoniais" uniformizados estão de plantão 24 horas para ajudar os turistas.

Se chover...
St Martin-in-the-Fields Church (020 7766 1100; www.smitf.org), ao lado da praça, é sede do London Brass Rubbing Centre, onde a diversão é encerar William Shakespeare ou o rei Artur. Os preços variam. Há um bom café e shows nos sábados à tarde na maioria dos meses (acima de 5 anos de idade). A igreja em si também vale uma olhada.

③ National Portrait Gallery
Rostos famosos e muito mais

Os números da "maior coleção de rostos do mundo" são de cair o queixo: 160 mil retratos no total, mil deles nas paredes dos três andares de galeria, do rei Henrique VII (Sala 1) ao ator Ian McKellen, talvez reconhecível pela participação no filme *O senhor dos anéis* (Sala 37).

Comece com os preferidos da escola, os Tudor, no piso 2, onde há muitas crianças vestidas de maneira extravagante para chamar a atenção: por exemplo, o futuro rei Carlos II, pintado por Van Dyck em armadura completa, aos 8 anos. É um exagero da história, porém: Carlos não lutou seriamente antes da Batalha de Edgehill, em 1642, quando tinha... 12!

O piso 1 abrange dos vitorianos até o século XX, mostrando nomes como Beatrix Potter, LS Lowry, Paul McCartney, a princesa Diana e Winston Churchill. Um guia multimídia apenas para os pequenos revela curiosidades históricas ao longo do caminho: descubra a terrível verdade sobre a cabeça do aventureiro Walter Raleigh e conheça o animal estranho que a enfermeira Florence Nightingale guardava no bolso.

Para quem busca celebridades, o melhor são as galerias do piso térreo: no elenco contemporâneo podem estar JK Rowling, Lily Allen

Informações
- **Mapa** 10 F4
- **End.** St Martin's Place, WC2H; 020 7306 0055; www.npg.org.uk
- **Trem** Charing Cross **Metrô** Charing Cross, Leicester Square ou Embankment **Ponto de ônibus** Trafalgar Square
- **Aberto** 10h-18h sáb-qua; 10h-21h qui-sex
- **Preço** Coleção permanente grátis; exposições temporárias pagas à parte
- **Para evitar fila** Ingressos para os workshops familiares livres são postos à venda 1h antes do evento.
- **Passeios guiados** Não; áudio, £3
- **Idade** A partir de 6 anos
- **Atividades** Narração de histórias (a partir de 3 anos) grátis 10h30 e 13h30 e workshops de arte (a partir de 5) grátis 11h30 e 14h30 no 3º sáb do mês; sessões com artistas nas férias escolares. Cartões e audioguias p/ crianças na recepção.
- **Duração** 2h
- **Cadeira de rodas** Sim
- **Comida e bebida** *Lanches* Portrait Café (nível 2) oferece lanches e refeições leves. *Refeição* Portrait Restaurant (nível 3) é ótima opção à la carte, com vista.
- **Loja** No térreo
- **Banheiros** Nos níveis 0 e 4

Informações
- **Mapa** 10 F5
- **Endereço** WC2H; www.london.gov.uk/trafalgarsquare.
- **Trem** Charing Cross **Metrô** C. Cross, Embankment ou Leicester Square **Pt. ônibus** Trafalgar Sq
- **Atividades** Eventos anuais incluem as celebrações do St Patrick's Day (mar), St George's Day (abr), Edi (set), Diwali Festival (out ou nov) e coros de Natal em dez; cheque no site
- **Duração** 1h
- **Comida e bebida** *Lanches* The Café on the Square (10h-18h diariam), embaixo da escadaria central, é boa opção p/ almoço. *Refeição* Leon (73-6 Strand) é parte da cadeia de "fast food saudável", em pleno crescimento.
- **Banheiros** Na escadaria central

Exterior da National Portrait Gallery

Preços para família de 4 pessoas

National Gallery e arredores | 83

Um passeio tranquilo com flores bonitas ao redor nos Victoria Embankment Gardens

ou David Beckham – vale a pena verificar on-line de antemão, porque os rostos mudam regularmente. As crianças podem pesquisar usando os computadores no mezanino.

Para relaxar
As fontes e leões – perfeitos para correr em volta – estão a meros passos de distância em Trafalgar Square.

④ Benjamin Franklin House
Relâmpagos de inspiração e vozes do passado

A casa de janelas altas em 36 Craven Street parece banal à primeira vista, mas no passado suas paredes continham um turbilhão humano. Benjamin Franklin, um dos fundadores dos EUA, inventor, diplomata e versátil herói iluminista, morou no local por dezesseis anos, trabalhando como vice-chefe dos correios para as colônias, inventando o para-raios, medindo a corrente do Golfo e apaziguando os conflitos entre Inglaterra e América. Foi malsucedido nesta última empreitada e, em 1775, com a aproximação da Guerra de Independência, teve de fugir, ou seria preso.

A casa em si é uma experiência de "museu como teatro" – os visitantes são levados pelos aposentos por "Polly Hewson", filha adotiva de Franklin, enquanto são submetidos aos aromas de uma cozinha georgiana, aos relâmpagos do laboratório e ao eco das vozes de Franklin e de sua senhoria. É um show de efeitos perfeito, de que as crianças mais velhas vão gostar particularmente. Franklin, sempre inovador, teria aprovado.

Para relaxar
Basta caminhar dois minutos até os **Victoria Embankment Gardens**, onde há shows à hora do almoço (mai-ago), e o Embankment Café (www.embankmentcafe.co.uk).

Informações
🗺 **Mapa** 10 G5
📍 **Endereço** 36 Craven St, WC2N; 020 7839 2006; www.benjaminfranklinhouse.org
🚇 **Trem** Charing Cross **Metrô** Charing Cross ou Embankment **P. de ônib.** Trafalgar Square ou Strand
🕐 **Aberto** 12h-17h qua-seg. The Historical Experience às 12h, 13h, 14h, 15h15, 16h15, qua-dom
💷 **Preço** £14-19 (até 16 anos grátis)
🚩 **Passeios guiados** Sim. Apenas seg (horários acima): adultos £3,50, até 16 anos grátis
👫 **Idade** A partir de 8 anos
👫 **Atividades** Workshops de arte e ciência nas férias escolares; festa de Natal à fantasia para crianças
⏱ **Duração** 1h
♿ **Cadeira de rodas** Não
🍴 **Comida e bebida** *Lanches* Patisserie Pompidou (35 Villiers St, WC2N 6ND; 020 7839 6010) tem sanduíches e saladas. *Refeição* Lupita (13 Villiers St, WC2N 6ND; 020 7930 5355) serve comida mexicana que agrada às crianças.
🚻 **Banheiros** No subsolo

CRIANÇADA!

Pessoas no pedestal
Eis o que aconteceu quando as pessoas comuns foram convidadas para virar obras de arte viva no quarto plinto (pedestal) da Trafalgar Square... Treze ficaram peladas; onze fizeram pedidos de casamento; três saltaram; uma jogou aviões de papel para a multidão e outra foi engolida inteira por um balão vermelho gigante! O que você faria se tivesse uma hora no Fourth Plinth?

Fazer caretas
Na Sala 32 da National Portrait Gallery, procure uma imagem incomum do comediante britânico Sid James. Você consegue fazer um retrato assim? Procure uma foto ou desenhe alguém que você conhece e, em seguida, adicione os pedaços para construir uma colagem que resuma sua vida.

HO HO HORÁCIO!
Como curar enjoo de mar? Sente-se debaixo de uma árvore! Essa era a brincadeira favorita do Almirante Nelson. Ele começou a navegar aos 12 anos e se tornou o maior herói naval da Grã-Bretanha – apesar de sofrer de enjoo.

Gênio!
Entre as invenções de Benjamin Franklin estão pés de pato para nadar mais rápido e a "harmônica", instrumento musical feito com taças de vidro. Você pode fazer sua própria versão simples: encha quatro copos com diferentes quantidades de água e bata com uma caneta para tocar as notas. Ou toque on-line em www.fi.edu/franklin/musician/virtualarmonica.html.

Piquenique até £20; **Lanches** £20-40; **Refeição** £40-60; **Para a família** mais de £60 (base para 4 pessoas)

84 | Westminster e West End

⑤ Leicester Square
Blockbusters e burburinho

Todo outono, um festival animado toma os Leicester Square Gardens. Essa é a mais movimentada zona de entretenimento de Londres, rodeada por grandes cinemas (onde muitas vezes acontecem estreias estreladas), palácios de fast-food e lojas de suvenires com ursos gigantes usando uniformes de guardas. Há também muitos desenhistas rabiscando caricaturas dos transeuntes e, em geral, é o local preferido de artistas de rua.

A praça já teve moradores mais ilustres, entre eles o cientista Isaac Newton (1643-1727) e os artistas Joshua Reynolds (1723-92) e William Hogarth (1697-1764) – procure pelas estátuas deles.

Embora o ambiente seja mais adulto à noite, durante o dia é um local animado para todos; sem tráfego e com bancos para o almoço, é um bom local para procurar ofertas de ingressos de teatro. A melhor bilheteria é a da TKTS, no lado sul dos Leicester Square Gardens (seg-sex 10h-19h, dom 11h-16h).

A dois minutos de caminhada, perto da Gerrard Street, fica a animada e aromática Chinatown (*www.chinatownlondon.org*), com seus coloridos arcos e autênticas mercearias, barbeiros e salões de beleza chineses. De novo, é melhor visitar a área durante o dia.

A movimentada rua principal em Chinatown

Preços para família de 4 pessoas

Informações
- **Mapa** 10 F4
- **Metrô** Leicester Square ou Piccadilly Circus **Ponto de ônibus** Shaftesbury Avenue ou Charing Cross Road
- **Atividades** Há cerca de 50 estreias de filmes anualmente, em geral no Odeon Leicester Square (*0871 224 4007; www.odeon.co.uk*). Há também uma feira de Natal, às vezes parques de diversão e eventos musicais. Chinatown ganha vida no Ano-Novo Chinês (fim jan ou fev; *www.chinatownlondon.org*), com dança de leões, acrobacias e música.
- **Duração** 1h
- **Comida e bebida** *Lanches* Häagen-Dazs Café (*14 Leicester Square WC2H 7NG; 020 7287 9577*) tem sorvete excelente. *Refeição* Little Lamb (*72 Shaftesbury Ave, W1D 6NA*) dá a chance de você cozinhar sua própria comida – mergulhe petiscos em quentes e apimentados molhos comunais (ótimo para crianças).
- **Banheiros** No subsolo no lado norte, com vestiários.

Se chover...
A área da Leicester Square tem vinte cinemas e mais de 6 mil lugares. Verifique quais os filmes mais recentes em cartaz no **Odeon Leicester Square** (*0871 224 4007; www.odeon.co.uk*), no Vue (*0871 224 0240; www.myvue.com*) e no Empire (*0871 471 4714; www.empirecinemas.co.uk*).

O colorido Piccadilly Circus, cheio de pessoas e trânsito

⑥ Piccadilly Circus
Luzes brilhantes e diversões

Piccadilly Circus frequentemente aparece em livros, cinema e televisão como a imagem de Londres – as crianças podem reconhecê-lo pela cena de perseguição a cavalo nos romances *Alex Rider* de Anthony Horowitz; também era o covil do Dr. Evil no primeiro filme de Austin Powers. Basicamente um cruzamento, graças ao seu poder de significação geográfica (e o Trocadero Centre), é um ponto focal para turistas. Sente-se nos degraus da famosa fonte (erguida em homenagem ao filantropo Lord Shaftesbury em 1893, e uma das primeiras estátuas fundidas em alumínio) e observe os famosos luminosos gigantes, instalados inicialmente em 1923.

A estação de metrô é um bom ponto de partida para explorar o bairro dos teatros de Londres – há um balcão de informações e sanitários. Junto à estação fica a atração **Ripley's Believe It Or Not**

Informações
- **Mapa** 10 E4
- **Metrô** Piccadilly Circus **Ponto de ônibus** Piccadilly Circus
- **Duração** 1h
- **Comida e bebida** *Piquenique* Millies (*Trocadero Centre, W1D 7DH*) vende biscoitos fresquinhos e sorvete. *Refeição* The Rainforest Café (*20 Shaftesbury Ave, W1D 7EU*) é um extraordinário restaurante temático, numa selva animatrônica com trilha sonora. Há filas nos fins de semana.
- **Banheiros** Na estação de metrô Piccadilly Circus

National Gallery e arredores | 85

Curtindo uma atração maluca em Ripley's Believe it or Not

(1 Piccadilly Circus, W1J 0DA; www.ripleyslondon.com), parte parque de diversões, parte show bizarro. Reúne curiosidades esquisitas do mundo todo, de garfos canibais maori a carros cobertos de cristais. Cuidado, porém: é implausivelmente caro.

Se chover...
Localizado dentro do famoso Trocadero Centre de Londres, o **Star Command** (15h-22h seg-sex, 11h-22h sáb-dom) é o que há de mais recente em *tag combat* a laser. Iluminação surreal e som surround ajudam os participantes a mergulhar na diversão. O preço é caro se se considerar que são apenas 20 minutos de jogo; no site www.londontrocadero.com você pode pesquisar se há descontos.

⑦ Hamleys
Brinquedos e... brinquedos
Esse empório é considerado por alguns "a melhor loja de brinquedos do mundo". As crianças certamente concordam, e entrar na loja de sete andares na Regent Street é como mergulhar no paraíso das brincadeiras. Palhaços perambulam soltando bolhas de sabão, ilusionistas fazem objetos desaparecer e as crianças se reúnem, rindo, em torno do teatro de fantoches, enquanto aviões de controle remoto sobrevoam o local.

E isso é apenas o térreo. Os outros andares são temáticos: partindo do subsolo, você encontra jogos de computador e Lego; jogos de tabuleiro e quebra-cabeças; livros e brinquedos pré-escolares; bonecas e fantasias; hobbies, trenzinhos e carrinhos de controle remoto; e, final-

mente, bonecos *action figure*. Se a coisa ficar agitada demais, vá para o café das princesas no último andar.

O equivalente à Hamleys para adultos fica bem próximo. A **Carnaby Street** (www.carnaby.co.uk), que mudou um pouco desde o auge na década de 1960 como epicentro da Swinging London, é um calçadão repleto de butiques de roupas casuais, além de lojas de presentes e cafés. Compre artigos para crianças na **David & Goliath** (15 Carnaby Street) e na **Carry Me Home** (Real Tribunal).

Para relaxar
São apenas cinco minutos após dobrar a esquina até a gramada **Hanover Square** (Mayfair, W1): pare no **Sunflower Café** (3 Pollen St, W1S 1NA) para comprar seu piquenique.

Criança concentrada em uma casa de bonecas na loja de brinquedos Hamleys

---

Informações

🌐 **Mapa** 9 D3
📍 **Endereço** 188-196 Regent St, W1B; www.hamleys.com
🚇 **Metrô** Piccadilly Circus ou Oxford Circus **Pt. ônibus** Regent St
🕐 **Aberto** 10h-20h seg-qua e sáb, 10h-21h qui-sex, 12h-18h dom
🧸 **Atividades** Muitas mesas para brincar na loja, além de contação de história e outros eventos, com frequência relacionados a promoções. Tem renas reais no Natal.
⏱ **Duração** Até 1h
☕ **Comida e bebida** *Piquenique* Fairgrounds Café (74 Broadway Street) tem bolos e assados. *Lanches* Regal Tea Café (último andar); aqui a criança cria os pratos.
🚻 **Banheiros** No último andar

CRIANÇADA!

Caçando estrelas
Procure pelas marcas das mãos de astros do cinema que passaram pelo tapete vermelho nas estreias de seus filmes na calçada em torno da Leicester Square. Você consegue achar os atores que fizeram os seguintes papéis (há um anagrama dos nomes para ajudar)?
1 Nanny McPhee (Phantom memos)
2 The Grinch (I cry, Marje)
3 Gandalf (Kneel, criminals)
4 Professora McGonagall (Made hammiest gig)

Respostas no fim do quadro.

PORCO, RATO OU COBRA?
Cada ano chinês é representado por um de doze animais. Em que ano você nasceu? 1997: Boi. 1998: Tigre. 1999: Coelho. 2000: Dragão. 2001: Cobra. 2002: Cavalo. 2003: Cabra. 2004: Macaco. 2005: Galo. 2006: Cachorro. 2007: Porco. 2008: Rato. E então o ciclo recomeça.

Os nomes
Onde estão os palhaços em Piccadilly Circus? Em latim, *circus* significa "círculo", como a rotatória em Piccadilly. Veja como outras ruas de Londres ganharam seus nomes...
• **Birdcage Walk**: o rei Carlos II tinha um aviário aqui e até mantinha uma garça-azul com perna de madeira! (*birdcage* é "gaiola", em inglês)
• **Pall Mall**: O jogo francês de "paille maille", semelhante ao croquet, foi disputado aqui no século XVII.
• **Bear Gardens**: Na era Tudor, ursos (*bears*) lutavam contra cães aqui.

Engane um adulto!
Pergunte se ele sabe o nome da estátua em Piccadilly Circus. Eros? Errado! O escultor Alfred Gilbert modelou seu querubim em Anteros, outro deus grego do amor.

Respostas: 1 Emma Thompson. **2** Jim Carrey. **3** Ian McKellen. **4** Dame Maggie Smith.

Piquenique até £20; **Lanches** £20-40; **Refeição** £40-60; **Para a família** mais de £60 (base para 4 pessoas)

Westminster e West End

Covent Garden e arredores

Da arte sofisticada na Royal Opera House à comédia popular dos palhaços de esquina, as crianças adoram a agitada praça pública original de Londres. Só para pedestres, é segura para os pequenos e rodeada pelo teatro mais antigo da cidade, pela igreja mais peculiar e pelo London Transport Museum. Nos fins de semana de verão, a multidão pode esconder os encantos de Covent Garden. Se puder, faça a visita na segunda-feira, quando os mercados são mais silenciosos e a Opera House faz recitais gratuitos no almoço.

Locais de interesse

ATRAÇÕES
1. Covent Garden
2. St Paul's Church
3. Royal Opera House
4. Theatre Royal Drury Lane
5. London Transport Museum
6. Somerset House
7. Sir John Soane's Museum
8. Hunterian Museum
9. St Clement Danes

COMIDA E BEBIDA
1. Kastner and Ovens
2. Ella's Bakehouse
3. Masala Zone
4. Wahaca
5. Paul (29 Bedford Street, WC2E 9ED)
6. Gourmet Burger Kitchen
7. Zizzi
8. Hope and Greenwood
9. Benito's Hat
10. Rules
11. Paul (296-98 High Holborn, WC1V 7JH)
12. Strada
13. Caffè Nero (Kingsway)
14. Fleet River Bakery
15. Caffè Nero (Strand)

Veja também Royal Opera House (p. 90), London Transport Museum (p. 92) e Somerset House (p. 93).

COMPRAS
1. Build-A-Bear Workshop
2. Games Workshop
3. Disney Store
4. Tintin Shop
5. Eric Snook's
6. Benjamin Pollock's Toyshop

HOSPEDAGEM
1. Renaissance London Chancery Court
2. Fleet River Bakery Rooms
3. Citadines Prestige Holborn-Covent Garden

Um show particular nas ruas em torno de Covent Garden

Covent Garden e arredores | 87

Artistas de rua em frente ao grande pórtico da St Paul's Church, na West Piazza, em Covent Garden

Esqueleto de um "gigante" no Hunterian Museum, um dos fascinantes e às vezes um tanto bizarros itens em exibição no Royal College of Surgeons

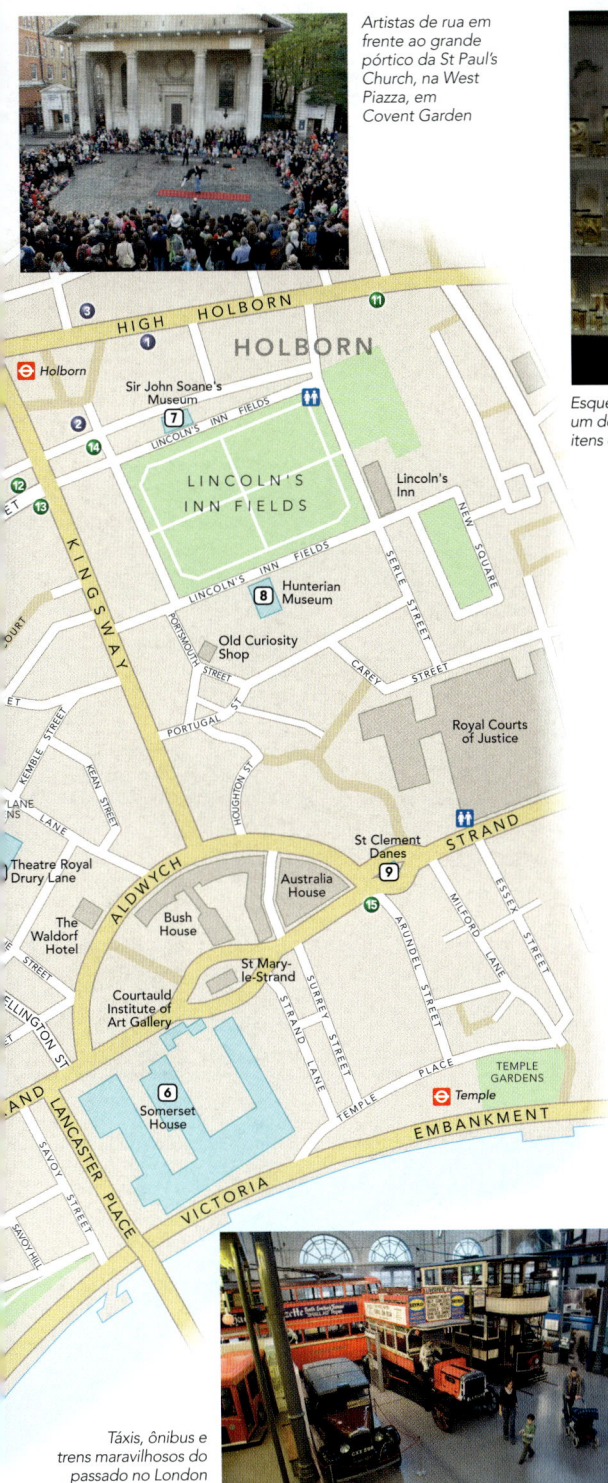

Informações

Trem Charing Cross (5min a pé) **Metrô** Covent Garden, Leicester Square ou Holborn **Pontos de ônibus** Os mais próximos são na Aldwych, rotas RV1, 9, 13, 15, 23, 139 ou 153; e na Strand: 6, 9, 11, 13, 15, 23, 87, 91, 139, 176 **Ônibus fluvial** Embankment Pier, ao lado da Charing Cross – p/ Westminster e St Katharine's Dock (Crown River Cruises: 020 7936 2033; www.crownriver.com)

Supermercados Tesco Metro, 22-25 Bedford St, WC2 5RF; Marks & Spencer, 107-111 Long Acre, WC2 3RG. **Mercados** Antiguidades seg, artesanato diariam e mercado "Real Food" na East Piazza, abr-dez, 11h-19h qui (transforma-se em feira de Natal em dez)

Festivais Covent Garden May Fayre and Puppet Festival, St Paul's Church Gardens (2º dom mai), Summer Fair, St Paul's Church (jul)

Farmácias Boots, 4 James St, WC2E 8BH: 8h30-21h seg-sex; 9h-21h sáb; 11h-19h dom. Procure farmácias 24h em www.nhs.ukservicedirectories.

Playgrounds Drury Lane Gardens, WC2N 5TH, 8h-pôr do sol (p. 91), e Phoenix Garden, WC2H 8DG

Táxis, ônibus e trens maravilhosos do passado no London Transport Museum

① Covent Garden
Cuspidores de fogo, cantores de ópera e muitos cupcakes

Covent Garden é o melhor local de Londres para comprar e se divertir, e uma irresistível atração turística. É assustador pensar que a praça quase foi demolida na década de 1970 – os moradores lutaram para salvá-la. Ela foi construída por Inigo Jones em 1632, com base em uma praça palladiana que ele conhecera em Livorno, Itália. Hoje, está repleta de diversões agradáveis para as crianças, das "estátuas vivas" ao longo da James Street aos artistas de rua que desafiam a morte diante da St Paul's Church.

Cartaz do London Transport Museum

Destaques

Apple Store
Maior Apple Store do mundo, é um templo da tecnologia, com colunas clássicas, escadas de vidro e três andares de magia tecnológica.

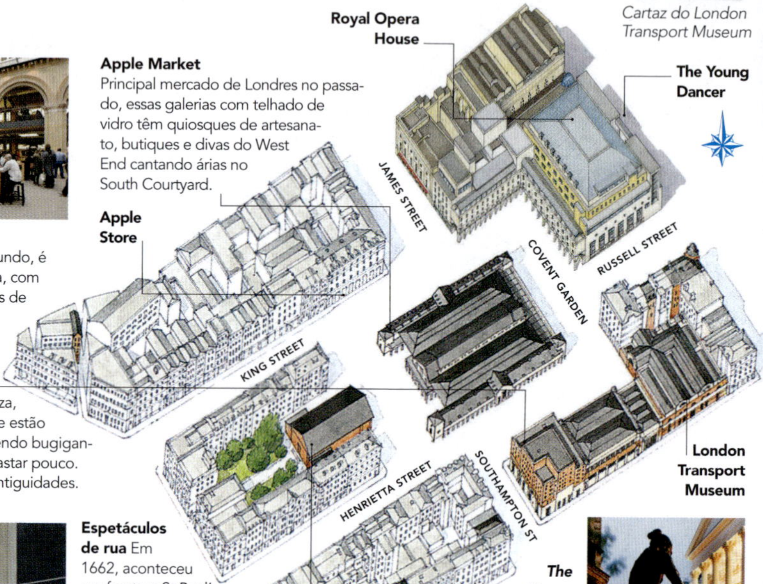

Jubilee Market
Espremido na South Piazza, suas vielas de estilo árabe estão cheias de barracas vendendo bugigangas e camisetas – para gastar pouco. Segunda-feira é dia de antiguidades.

Espetáculos de rua Em 1662, aconteceu em frente a St Paul's Church o primeiro show de marionetes Punch and Judy de que se tem notícia na Inglaterra. Hoje, você pode ver uma mistura de música, acrobacias e mágica.

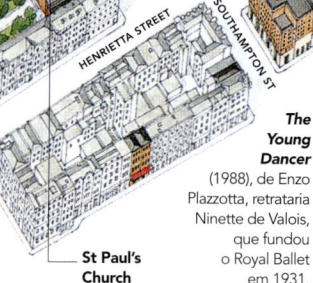

Royal Opera House

Apple Market
Principal mercado de Londres no passado, essas galerias com telhado de vidro têm quiosques de artesanato, butiques e divas do West End cantando árias no South Courtyard.

Apple Store

St Paul's Church

The Young Dancer
(1988), de Enzo Plazzotta, retratava Ninette de Valois, que fundou o Royal Ballet em 1931.

London Transport Museum

Para relaxar
A praça é pavimentada e livre de carros, mas quem busca mais espaço para correr deve ir à **Somerset House** (p. 93). Para fugir da chuva, siga pelo norte na Endell Street até o **Oasis Sports Centre** (020 7831 1804; www.gll.org/oasis), com piscinas internas e externas, um terraço e aluguel de toalhas.

Comida e bebida
Piquenique: até £20; Lanches: £20-40; Refeição: £40-60; Para a família: £60 ou mais (base para 4 pessoas)

Preços para família de 4 pessoas

PIQUENIQUE Kastner & Ovens (52 Floral St, WC2E 9DA; 8h-17h, dias úteis) faz fabulosas quiches, tortas, saladas e bolos de dar água na boca para viagem. Pegue algumas guloseimas para um piquenique nos bancos do **Neal's Yard** (veja ao lado).
LANCHES Quem faz o melhor cupcake de Covent Garden? A resposta clássica é **Ella's Bakehouse** (20a The Piazza, WC2E 8RB; 10h-19h seg-sáb; 10h-18h dom), um lugar elegante ao estilo dos anos 1950. Mas existem muitas outras opções próximas para saciar uma formiguinha.

REFEIÇÃO Masala Zone (48 Floral St, WC2E 9DA; 020 7379 0101; 12h-23h seg-sáb, 12h30-22h30 dom) é uma excelente opção para quem deseja fazer uma refeição indiana. O restaurante é muito amigável, o teto é coberto por bonecos Rajasthani, e ele serve um autêntico prato thali para crianças.
PARA A FAMÍLIA Wahaca (66 Chandos Place, WC2N 4HG; 020 7240 1883; 12h-23h seg-sáb, 12h-22h30 dom) oferece autêntica culinária mexicana, servindo autêntica comida de rua. Há porções para crianças, cadeirões e trocadores.

Informações

- **Mapa** 10 G3
  Endereço Covent Garden Piazza, WC2E 8HD; 0870 780 5001; www.coventgardenlondonuk.com
- **Metrô** Covent Garden **Ponto de ônibus** Aldwych **Ônibus fluvial** Embankment Pier
- **Aberto** Apple Market: 10h30-18h diariam (até 19h30 qui). Jubilee Market: 9h30-18h30 diariam (até 17h30 fins de semana). Apple Store (1 The Piazza, WC2E 8HA): 9h-21h (12h-16h dom)
- **Para evitar fila** O metrô Covent Garden pode ser uma confusão nas horas de pico e de almoço; considere andar de Holborn, Temple,

- Leicester Square ou Charing Cross (10-15min)
- **Idade** Livre
- **Atividades** Veja no site eventos de rua p/ famílias – workshops de circo nas férias de verão, carinho em renas no Natal
- **Duração** 2h para compras e atrações nas ruas
- **Banheiros** West Piazza, ao lado da St Paul's Church; Tavistock Place (com trocador de bebê), à direita do Transport Museum

Bom para a família
Horas de diversão grátis olhando vitrines e assistindo a músicos de rua – mas coloque uma moedinha no chapéu se o show for bom!

Se chover...
O **London Transport Museum** (p. 92) é uma ótima opção para esperar a chuva passar: apenas na loja e no café você pode gastar uma hora.

Próxima parada...
NEAL'S YARD Uma caminhada rápida leva a esse conjunto de lojas de comida saudável e cafés New Age pintados em cores vivas. Há espaço para piquenique, um espelho mágico e potencial infinito para observar.
ENGLISH NATIONAL OPERA Crianças que gostaram de ver ópera na rua podem fazer um workshop aqui (St Martin's Lane, WC2N 4ES; 020 7632 8484; www.eno.org). Programados para que os pais possam assistir à matinê, o Opera Tots é para crianças de 6 meses a 4 anos, e o Opera Stars, para as de 7 a 12.

Benjamin Pollock's Toyshop, onde se encontram brinquedos criativos e teatrais

Compras
Opções para todas as idades, desde ursos de pelúcia em **Build-A-Bear Workshop** (9 The Piazza, WC2H 9HP) até guerra de tabuleiros no **Games Workshop** (33 The Market, WC2E 8BE). Há uma **Disney Store** (The Piazza, WC2E 8HD) e a **Tintin Shop** (34 Floral St, WC2E 9DJ). O melhor são os empórios de brinquedos históricos: **Eric Snook's** (32 The Market, WC2E 8RE), de 1980, e **Benjamin Pollock's Toyshop** (44 The Market, WC2E 8RF), que vende teatros de papel desde 1880.

Saiba mais
INTERNET Baixe um teatro de brinquedo do século XIX para construir e colorir no site do Victoria & Albert Museum: www.vam.ac.uk/collections/theatre_performance/todoonline.
FILME O musical *My Fair Lady* começa na Royal Opera House, onde Henry Higgins vê a florista Eliza Dolittle e promete transformá-la em "uma verdadeira dama".

A loja e café no fascinante London Transport Museum

CRIANÇADA!

É assim que se faz!
Três fatos curiosos a respeito dos shows de Punch and Judy...
1 Eles chegaram da Itália a Covent Garden há quase 400 anos. No início, as apresentações eram para adultos.
2 Alguns dos primeiros shows usavam um cão real para fazer o papel de Toby. Ainda bem que não usaram um bebê de verdade: o sr. Punch costuma jogá-lo pela janela!
3 Os homens de Punch and Judy são sempre chamados de "Professor". Eles fazem a voz esganiçada usando um bocal chamado *swazzle*. Você consegue fazer uma voz de sr. Punch? Um jeito é falar apertando bem as narinas!

FATO FESTIVO
O evento mais louco de Covent Garden é a Great Christmas Pudding Race, realizada em dezembro. As pessoas se vestem de Papai Noel, renas e duendes e passam por uma série de obstáculos carregando pudins de ameixa. Você pode assistir a corrida mais recente no www.xmaspuddingrace.org.uk.

Maravilhas de três minutos
Os artistas incríveis de Covent Garden têm de fazer um teste para ganhar a chance de se apresentar aqui e, assim como cantores em um show de calouros na TV, só têm três minutos para impressionar! O que você faria para entreter os juízes?

Informações

🌐 **Mapa** 10 G4
Endereço Bedford St, WC2E; 020 7836 5221; www.actorschurch.org

🚗 **Metrô** Covent Garden ou Leicester Square **P. de ônibus** Aldwych

🕐 **Aberto** 8h30-17h seg-sex; horário varia sáb; 9h-13h dom

💲 **Preço** Doações

🏃 **Atividades** Cultos ter-qui e dom, além de shows regulares

⏱ **Duração** 30min

☕ **Comida e bebida** *Lanches* Paul (29 Bedford Street, WC2E 9ED) tem ótimos bolos e doces. *Refeição* Gourmet Burger Kitchen (13-14 Maiden Lane, WC2E 7NE) oferece hambúrgueres saborosos.

🚻 **Banheiros** Muito perto, na West Piazza

② St Paul's Church
Igreja dos atores

Por onde se entra? Esse é o mistério do pórtico de St Paul's, com suas imensas colunas de mármore. A resposta é: pelos fundos. Depois de Inigo Jones projetar a igreja como peça central de sua nova praça em 1631, o bispo de Londres insistiu que o altar devia estar no extremo leste, para que os fiéis ficassem em direção a Jerusalém – o que fez com que o grande portão nunca fosse usado.

Hoje, ele é o palco perfeito para acrobatas e palhaços, algo adequado, já que St Paul's é há muito a "igreja dos atores", e no interior existem inscrições lembrando Charlie Chaplin, Vivien Leigh e muitos outros. As crianças podem procurar o ator que interpretou pela primeira vez o monstro de Frankenstein, Boris Karloff.

Procure também o antigo teatro-modelo da igreja, que no passado era exibido nos salões das aldeias para arrecadar dinheiro para um albergue de Londres que abrigava os filhos dos atores em turnê.

A primeira vítima da Grande Peste de 1665-66, Margaret Porteous, está enterrada aqui. A peste se espalhou, matando um em cada cinco londrinos.

Para relaxar
Fuja das multidões de Covent Garden no jardim da igreja – mas chegue cedo a fim de pegar um banco para o almoço.

③ Royal Opera House
Tenores, sopranos e bailarinas rodopiantes

Sede tanto da Royal Opera quanto do Royal Ballet, esse teatro teve sua construção iniciada em 1732 por John Rich, um arlequim famoso pioneiro na encenação de pantomimas na Grã-Bretanha. George Frederick Handel (1685-1759) foi o diretor musical da casa: seu *Messiah* estreou no Reino Unido aqui.

Após uma reforma na década de 1990, o teatro tem atuado para suavizar a imagem elitista da ópera. Os preços dos ingressos foram reduzidos, há um recital livre na maioria das segundas-feiras e excursões guiadas aos bastidores diariamente. A visita começa no estupendo auditório, construído em 1858, com o palco de 15m e balcões dourados. A excursão em geral passa pelo Model Room, onde são construídas delicadas maquetes do tamanho de casas

Drury Lane Gardens, um pequeno playground para os menores nas vielas

Informações

🌐 **Mapa** 10 G3
End. Covent Garden, WC2E; 020 7304 4000; www.roh.org.uk

🚗 **Metrô** Covent Garden **Ponto de ônibus** Aldwych

🕐 **Aberto** 10h-13h30 seg-sáb e para apresentações

💲 **Preço** Ingressos para shows a partir de £38

👥 **Para evitar fila** Ingressos grátis para os recitais de seg são liberados on-line nove dias antes, mas a maioria vai à venda apenas no próprio dia – 10h na bilheteria

🚩 **Pass. guiados** seg-sáb (£34-40)

🏃 **Atividades** Uma trilha grátis para crianças explora áreas públicas; workshops criativos em mai, alternados; produções de Natal infantis (a partir de 6 anos)

👶 **Idade** A partir de 8 anos (passeios guiados) e de 7 anos (workshops)

⏱ **Duração** 75min para o passeio

♿ **Cadeira de rodas** Sim, elevadores dão acesso quase ilimitado

☕ **Comida e bebida** *Lanches* O terraço do Amphitheatre Bar, na cobertura, serve lanches leves 10h-15h. *Refeição* Zizzi (20 Bow St, WC2E 7AW) oferece pizzas deliciosas.

🛍 **Loja** Entrada de Covent Garden e Amphitheatre Bar antes de shows

🚻 **Banheiros** No saguão

O espaço verde do jardim da St Paul's Church, um oásis de calma em Covent Garden

Preços para família de 4 pessoas

Covent Garden e arredores | 91

Bailarinas do Royal Ballet dançam O lago dos Cisnes na Royal Opera House.

de bonecas para cada novo espetáculo. Mas o destaque é o estúdio de ensaio do Royal Ballet, onde é possível ver bailarinas rodopiando.

Para relaxar
O minúsculo playground nos **Drury Lane Gardens** (por Broad Court, depois à direita em Drury Lane) era um cemitério! Tem balanços e escorregadores para crianças de 3 a 7 anos.

④ Theatre Royal Drury Lane
Magia teatral e fantasmas

O mais antigo teatro em funcionamento de Londres foi inaugurado em 1663, quando Carlos II suspendeu os onze anos de proibição ao teatro impostos por Oliver Cromwell. O edifício inteiro caberia no palco atual: não tinha teto e contava com a primeira mulher a atuar na Grã-Bretanha e o primeiro arco do proscênio.

Hoje, vale conhecer o lobby revestido de carvalho e visitar os bastidores acompanhado por atores a caráter. Siga então para baixo do palco para ver os alçapões.

As apresentações no "Lane" eram famosas por seus efeitos especiais espetaculares, entre eles um terremoto e uma corrida com doze cavalos reais cavalgando em uma esteira. Miss Saigon, em cartaz por dez anos e 4.263 apresentações, fazia "aterrissar" um helicóptero de verdade no palco todas as vezes!

Para relaxar
Para chegar ao playground dos **Drury Lane Gardens** (veja à esq.) siga pela Russell Street e vire à esquerda.

Informações
- 🌐 **Mapa** 10 H3
  Endereço Catherine St, WC2B; www.reallyuseful.com/theatres
- 🚇 **Metrô** Covent Garden ou Holborn **Ponto de ônibus** Aldwych
- 🕐 **Aberto** Bilheteria 10h-20h
- 💷 **Preço** Ingressos de £80 p/ shows
- 🚩 **Passeios guiados** Duas vezes diariam, seg-sáb (£32-6)
- 👥 **Idade** Passeios, a partir de 6 anos
- ⏱ **Duração** 1h para o passeio
- ♿ **Cadeira de rodas** Limitado. Ligue 08444 124648 p/ informação
- ☕ **Comida e bebida** Piquenique Hope and Greenwood (1 Russell St, WC2B 5JD) vende doces de antigamente. Refeição Boswell's (8 Russell St, WC2B 5HZ) tem sanduíches, saladas, assados e mais.
- 🚻 **Banheiros** A pedidos

Uma excursão divertida pelos bastidores do histórico Theatre Royal Drury Lane

CRIANÇADA!

Cuidado com...
1 Depois de 350 anos de espetáculos, o Theatre Royal Drury Lane está cheio de fantasmas. Cuidado!
1 Dan Leno, que inventou o papel da dama da pantomima. Você consegue sentir o cheiro de lavanda? Aparentemente, ele surge nos bastidores quando o fantasma está por ali.
2 O "Man in Grey" (homem de cinza), que dizem ser o fantasma de um homem cujo esqueleto foi encontrado por trabalhadores com um punhal nas costelas.
3 Charles Macklin, um ator mal-humorado. Ouça-o xingando no corredor onde matou um ator chamado Thomas Hallam – depois de uma briga por causa de uma peruca!

FATO FASCINANTE
A Royal Ballet School testa 1.500 dançarinos de 11 anos todos os anos. Mas apenas 24 são aceitos!

Tutu difícil
Das cinco posições básicas do balé, a quinta é a mais difícil. Tente você mesmo: coloque um pé na frente do outro, torça seus pés para que os dedos do pé de trás toquem o calcanhar do pé da frente, ainda que ambos os pés estejam apontando para o lado. Você consegue levantar? (É mais fácil se você dobrar os joelhos.) Você também deve erguer as mãos acima da cabeça!

No banco
Os bancos no jardim da St Paul's Church têm muitas inscrições diferentes para explorar. Tente encontrar um truque de mágica, um dublê e um holandês voador.

Piquenique até £20; **Lanches** £20-40; **Refeição** £40-60; **Para a família** mais de £60 (base para 4 pessoas)

⑤ London Transport Museum
Viajando no tempo

Esse é um dos museus mais movimentados de Londres. Ele abarrota vinte ônibus, bondes e trens antigos em uma caverna de aço e vidro, no passado ocupada pelo mercado de flores de Covent Garden, e os visitantes podem subir a bordo de muitos deles para "dar um passeio".

Comece pelo 2º andar, subindo as escadas, com uma liteira de tamanho real e o mais antigo ônibus puxado a cavalo de Londres. Suba e sente-se ao lado de um cavalheiro de cartola que recita as regras da estrada, ao estilo de 1829. Há clipes de som da passagem dos garis (que limpavam a sujeira de cavalo) e dos condutores de ônibus, e testes em desenhos animados para responder.

O 1º andar tem o primeiro trem de metrô a vapor da década de 1860, ocupado por passageiros que parecem reais, enquanto pôsteres antigos lembram como a expansão do metrô fez Londres se esparramar para os subúrbios. Na varanda fica a Interchange, uma área para crianças (de 7 a 11 anos) onde elas podem se vestir como maquinistas e tentar dirigir com as próprias mãos o mais recente ônibus ecológico.

A garotada vai querer correr diretamente para o térreo, todo aberto e iluminado com néon, onde há mais de uma dúzia de veículos para explorar, além de simuladores onde elas podem manobrar a "alavanca do homem morto", que dirige os modernos trens de metrô (assim que os adultos sairem do caminho). Há um canto infantil temático para os menores de 7 anos, com mesas de piquenique ao lado. Por fim, saia pela loja e café, com pôsteres retrô bacanas para os pais, miniaturas de ferro para crianças e smoothies Circle Line para todos.

Acima Um dos muitos trens antigos no London Transport Museum
Abaixo, à dir. O museu oferece às crianças a chance de "dirigir" um ônibus

Para relaxar
O museu é confortável para os pequenos perambularem. Para brincadeiras ao ar livre, siga pela Russell Street até os **Drury Lane Gardens**, com tobogãs e gangorras para crianças de 3 a 7 anos; ou cruze a Strand para a Somerset House *(veja ao lado)*.

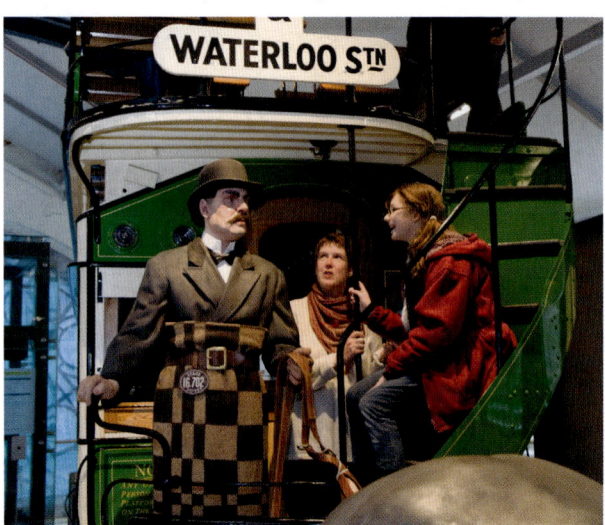

A bordo de um ônibus de dois andares puxado a cavalo que deixou de circular em 1911

Preços para família de 4 pessoas

Informações

- **Mapa** 10 H3
- **Endereço** Covent Garden Piazza, WC2E 7BB; 020 7565 7299; *www.ltmuseum.co.uk*
- **Metrô** Covent Garden **Ponto de ônibus** Aldwych
- **Aberto** Sáb-qui 10h-18h; sex 11h-18h
- **Preço** £30-40, até 16 anos grátis
- **Para evitar fila** Ingressos garantem acesso por um ano
- **Passeios guiados** Não
- **Idade** A partir de 3 anos
- **Atividades** Pegue cartões no balcão de ingressos p/ as crianças carimbarem conforme percorrem o museu. Faça o download de trilhas pelo site. Há atividades infantis nas férias escolares.
- **Duração** Até 3h
- **Cadeira de rodas** Sim, mas alguns veículos são inacessíveis
- **Comida e bebida** Lanches O café-bar Upper Deck, no saguão, serve lanches rápidos. *Para a família* Rules (35 Maiden Lane, WC2E 7LB; 020 7836 5314) tem pratos britânicos clássicos.
- **Loja** Presentes e lembranças
- **Banheiros** Na galeria do térreo

Espirrando água na Fountain Court, Somerset House

⑥ Somerset House
Um grande dia no escritório

A Somerset House parece um palácio, e originalmente havia um aqui, palco de espetáculos da realeza no século XVII (p. 71). Mas o quadrilátero palladiano que vemos hoje foi na verdade o primeiro prédio de escritórios construído para tal, que durante décadas funcionou como sede dos inspetores fiscais e registros de nascimentos, óbitos e casamentos.

Atualmente é aberto ao público, e as Embankment Galleries, à beira do rio, abrigam exposições temporárias de moda, design e fotografia do século XX, com recursos interativos e oficinas para famílias. A Courtauld Gallery, na Strand, é uma coleção modesta com vários quadros que até mesmo os pequeninos podem conhecer: Van Gogh com sua orelha enfaixada, a garçonete de Manet no Folies-Bergère e as graciosas bailarinas de Degas.

O grande atrativo para as famílias, porém, é o espetacular Fountain Court no centro, agora um prazeroso espaço onde 55 jatos d'água dançam entre a Páscoa e outubro. Há shows de grandes nomes do pop e matinês de cinema para famílias no verão; de novembro a janeiro, vira o rinque de patinação no gelo mais glamoroso de Londres, com coquetéis, DJs e árvore de Natal gigante.

Para relaxar
O Fountain Court assume uma atmosfera praiana no verão, com mesas de café nos cantos e famílias esparramadas em toalhas e usando roupa de banho.

Informações

🌐 **Mapa** 10 H4
Endereço Strand, WC2R 1LA; 020 7845 4600; www.somersethouse.org.uk; 020 7848 2526; www.courtauld.ac.uk

🚇 **Metrô** Temple **P. de ônibus** Strand **Ônibus fluvial** Embankment Pier

🕐 **Aberto** Embankment Galleries e Courtauld Gallery 10h-18h diariam; Fountain Court 7h30-23h

💷 **Preço** Embankment Galleries £22-32, até 12 anos grátis; Courtauld Gallery £12-18, até 18 anos grátis (grátis 10h-14h seg)

🎫 **Para evitar fila** Ingressos para workshops de sáb são liberados às 13h em ponto. Faça reserva para o popular rinque de gelo (www.somersethouse.org.uk/ice-rink)

🚩 **Passeios guiados** Qui e sáb, grátis

👫 **Idade** Livre

👪 **Atividades** Programas familiares na maioria das mostras temporárias. Workshops de arte e moda, grátis, nos fins de semana das férias escolares, sáb p/ crianças de 6-12 anos e 1º dom do mês p/ menores de 5. Ateliê p/ adolescentes nas férias.

⏱ **Duração** 1h

♿ **Cadeira de rodas** Sim

☕ **Comida e bebida** *Lanches* The Café, na Courtauld, é confortável, com jardim, bules exóticos e bons bolos. *Refeição* Tom's Kitchen, na ala Embankment, serve comida de brasserie em uma área estilo refeitório, sob o comando do chef Tom Aikens, estrelado pelo Michelin.

🛍 **Loja** Rizzoli Bookshop vende livros de arte. Courtauld Shop oferece artigos inspirados em obras de arte.

🚻 **Banheiros** No andar inferior

CRIANÇADA!

Pense em um número
Veja se você consegue adivinhar estes números. Passear pelo London Transport Museum vai ajudá-lo a encontrar as respostas.

1 Quantas toneladas de cocô de cavalo tinham de ser varridas das ruas todos os dias na Londres vitoriana?
2 Quanto custava viajar no primeiro ônibus puxado a cavalo de Londres em 1829?
3 Quantas janelas de bondes, ônibus e trens foram danificadas por bombas na Segunda Guerra?
4 Quantos graus um moderno ônibus de Londres pode se inclinar para os lados antes de virar?
5 Quantos itens são acidentalmente deixados por passageiros de ônibus de Londres todo ano?

Respostas no fim do quadro.

FATO DE PARA-CHOQUE
A1 A primeira placa de Londres, em 1903, era A1. Segundo dizem, hoje vale mais de £1 milhão!

Em uma pirueta
Você achou as bailarinas na Courtauld Gallery? Edgar Degas amava pintar e esculpir bailarinas – elas aparecem em mais da metade de suas obras. Se você fosse um artista, qual seria a sua especialidade? Para saber mais sobre Degas, e fazer a sua própria bailarina, confira os jogos em www.metmuseum.org/explore/dancers/index.html.

Tchibum! Faça um splash!
Se você estiver nas fontes do pátio na Somerset House quando o relógio marcar a hora exata, terá uma grande surpresa!

Respostas: 1 1.000 toneladas 2 6 pence 3 59.750. 4 28º. 5 156 mil.

Piquenique até £20; **Lanches** £20-40; **Refeição** £40-60; **Para a família** mais de £60 (base para 4 pessoas)

⑦ Sir John Soane's Museum

Três mil anos de história

Essa casa-museu é composta por um labirinto de passagens acanhadas repletas de maravilhas: uma mágica galeria de fotos, uma cela de monge e até o caixão verdadeiro de uma múmia real do Egito Antigo.

Sir John Soane era o filho de um pedreiro que se tornou um grande arquiteto: ele projetou o Bank of England em 1788. Soane levou sua jovem família para a casa em 1792, e passou os 45 anos seguintes preenchendo todos os cantos com sua coleção bizarra de gárgulas, estátuas, bustos e bricabraque do mundo antigo. Felizmente, antes de morrer, ordenou que tudo ficasse exatamente como estava, para os visitantes.

A casa é uma imensa cápsula do tempo. Audioguias sinalizam o caminho, mas cuidado com truques de Soane: espelhos onde você não consegue ver os pés; painéis secretos que revelam pinturas ocultas; e uma escrivaninha escondida em uma estátua. O melhor de tudo é o sarcófago da múmia do faraó Seti I na "Cripta", com 3.300 anos e coberto de hieróglifos. Soane pagou £2 mil por ele, e deu uma festa de três noites à luz de velas para celebrar.

Interior do Sir John Soane's Museum

Para relaxar

Lincoln's Inn Fields, em frente, foi planejado no século XVII por Inigo Jones. Os gramados, no passado populares para duelos, são verdes e amplos. Há quadras de tênis (£7 por hora por quadra, menores de 16 anos £2,60; 07525 278647).

Informações

- **Mapa** 10 H2
- **Endereço** 13 Lincoln's Inn Fields, WC2A 3BP; 020 7405 2107; www.soane.org
- **Metrô** Holborn **P. de ônibus** High Holborn, Aldwych ou Kingsway
- **Aberto** 10h-17h ter-sáb (última entrada 16h30); Candlelit abre 18h-21h na 1ª ter de cada mês
- **Preço** Grátis
- **Para evitar fila** Não aceita reservas, então sempre há longas filas; chegue por volta das 10h
- **Passeios guiados** Sáb 11h (£10); ingressos c/ desconto desde 10h30 (site p/ visitas na semana)
- **Idade** A partir de 7 anos
- **Atividades** Faça o download da visita infantil com áudio antes de ir; workshops criativos nas férias p/ crianças maiores de 7 anos (£20 dia todo, £12 meio dia)
- **Duração** 1-2h
- **Cadeira de rodas** Limitado, pois há escadas. Ligue 020 7405 2107
- **Comida e bebida** *Lanches* Paul (296-298 High Holborn, WC1V 7JH) tem baguete recheada e pâtisserie. *Refeição* Strada (6 Great Queen Street, WC2B 5DH) serve pizzas e cozinha italiana clássica.
- **Banheiros** No subsolo

⑧ Hunterian Museum

Ossos e partes do corpo

O Hunterian provavelmente é o museu que mais revira o estômago em Londres – seu site tem até uma advertência aos pais –, mas a maioria das crianças fica fascinada pelos recipientes de vidro recheados de pedaços de corpos, animais estranhos e engenhocas horripilantes, reunidos no século XVIII por John Hunter, o pioneiro da cirurgia moderna.

Hunter não é muito famoso atualmente, mas foi ele quem insistiu que a cirurgia deve ser baseada em evidências – o que significa cortar as coisas para mostrar como são por dentro. Ele realizou dissecações públicas para seus alunos numa época em que apenas os corpos de criminosos enforcados podiam ser usados pela ciência médica. Não perca a exposição sobre os notórios ladrões de

Informações

- **Mapa** 10 H2
- **Endereço** 35-43 Lincoln's Inn Fields, WC2A 3PE; 020 7869 6560; www.hunterianmuseum.org
- **Metrô** Holborn ou Temple **Parada de ônibus** High Holborn, Aldwych ou Kingsway
- **Aberto** 10h-17h ter-sáb
- **Preço** Grátis
- **Para evitar fila** Faça o download grátis do audioguia no site, antes da visita; no museu, ele custa £3,50
- **Passeios guiados** Qua 13h, grátis
- **Idade** A partir de 6 anos, mas aconselha-se supervisão dos pais
- **Atividades** Sessões alternadas para famílias nas férias
- **Duração** 1-2h
- **Cadeira de rodas** Sim, pela entrada da Nuffield College
- **Comida e bebida** *Piquenique* Caffè Nero (77d Kingsway, WC2B 6ST) serve sanduíches e lanches. *Lanches* Fleet River Bakery (71 Lincoln's Inn Fields, WC2A 3JF) tem sanduíches, saladas e sopas.
- **Banheiros** No subsolo

Lincoln's Inn Fields, a maior praça pública de Londres, é um ótimo lugar para caminhar

Preços para família de 4 pessoas

Covent Garden e arredores | 95

Itens dos primórdios das descobertas anatômicas no Hunterian Museum

corpos que invadiam os cemitérios locais para fornecer cadáveres a Hunter. Os corpos eram levados para o 2º andar de sua grande casa em Leicester Square – grande o suficiente para guardar uma girafa empalhada, a primeira vista na Inglaterra.

O museu tem um audioguia adequado para crianças e adultos, além de questionários para as idades de 5 a 7 e 8 a 11. A galeria no 2º andar passa vídeos de sangrentas operações modernas e tem materiais de arte, esqueletos móveis e túnicas com órgãos de velcro em uma sala ao lado, normalmente aberta a crianças (telefone antes para verificar).

Para relaxar
Os gramados bem cuidados de **Lincoln's Inn Fields** ficam em frente (veja à esq.). Perfeitos para correr.

⑨ St Clement Danes
Lar de uma canção de ninar?

Dizem que o estranho nome dessa igreja vem dos vikings, que no século IX cometiam assassinatos e saques em suas viagens ao longo do que é hoje o rio Tâmisa. Finalmente derrotados pelo rei Alfredo, o Grande, aqueles com esposas inglesas foram autorizados a se instalar nessa parte de Londres.

St Clement foi reconstruída duas vezes: por Christopher Wren após o Grande Incêndio de Londres (1666) e depois de ser atingida por bombardeiros alemães na Blitz (1941) – motivo pelo qual se tornou a igreja central da Royal Air Force. Tente visitá-la às 9h, 12h, 15h ou 18h, quando os sinos tocam a melodia da canção de ninar *Oranges and Lemons*. Composta em 1744, alguns dizem que se refere às crianças locais, que ajudavam contrabandistas a descarregar do Tâmisa e ganhavam frutas como recompensa. Laranjas e limões são dados às crianças até hoje, parte de uma cerimônia em março.

O tesouro mais horripilante está na cripta: uma corrente usada para lacrar os caixões e proteger o recém-falecido dos ladrões de corpos que invadiam cemitérios para roubar cadáveres para pesquisa médica.

Para relaxar
Os **Temple Gardens**, no fim da Arundel Street, têm áreas gramadas, mas quem busca mais espaço deve seguir pela Strand até a Somerset House (p. 93).

Informações
🌐 **Mapa** 11 A3
Endereço Strand, WC2 1DH; 020 7242 8282; www.raf.mod.uk/stclementdanes
🚇 **Metrô** Temple **P. de ônib.** Strand
🕐 **Aberto** 9h-16h; cultos qua, sex e dom
💰 **Preço** Doações
⏱ **Duração** 30min
🍴 **Comida e bebida** Lanches Caffè Nero (181 Strand, WC2R 1EA), no lado oposto, serve sanduíches e lanches. Refeição The Courtauld Gallery Cafè (150 Somerset House, WC2R 0NR; diariam 10h-17h40) é descolado, com louças excêntricas e grandes bolos.
🚻 **Banheiros** Não

CRIANÇADA!

Tesouros de Hunter
O cirurgião escocês John Hunter (1728-93) coletou incríveis 13 mil espécimes de 400 tipos de plantas e animais, bem como alguns famosos itens humanos. No Hunterian Museum, veja se você consegue localizar...
1 O esqueleto de um gigante irlandês
2 O cérebro de um gênio do computador
3 Um pássaro extinto
4 Os ossos de um mestre do crime
Se precisar de ajuda, os números dos recipientes estão abaixo.

Imagine...
O excêntrico Sir John Soane inventou um "amigo imaginário", um monge chamado "Irmão John", e até criou um quarto para ele, junto com uma caveira! Você tem um personagem favorito dos livros, TV, filmes ou jogos? Imagine se ele vivesse com você. Pegue papel e desenhe um quarto para ele. O que haveria lá dentro?

Encontre a deusa
Você consegue encontrar uma deusa egípcia escondida no caixão da múmia de Sir John Soane? Ela é Nut, a deusa do céu, que protegia o morto e lhe dava comida e vinho no céu.

Respostas: 1 Charles Byrne. Recipiente 8. **2** Charles Babbage, Recipiente 5. **3** Dodo, Recipiente 2. **4** Jonathan Wild, Recipiente 2.

Piquenique até £20; **Lanches** £20-40; **Refeição** £40-60; **Para a família** mais de £60 (base para 4 pessoas)

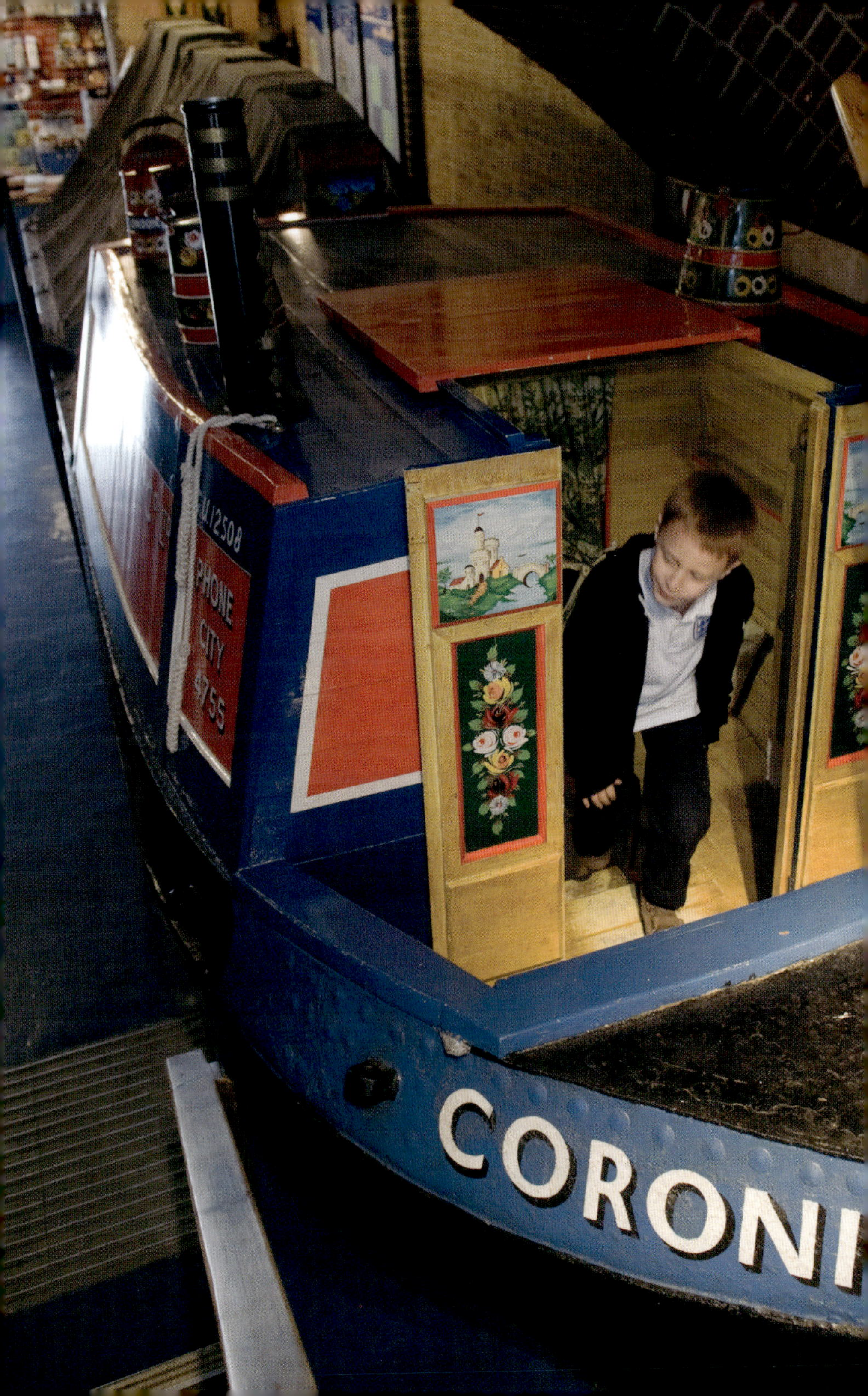
PHONE
CITY
4755
CORONI

Bloomsbury
e Regent's Park

É difícil superar essa região de Londres em termos de espetáculo: há múmias e estrelas de cinema, leões e labirintos. É possível passar um fim de semana todo sem sair do Regent's Park, graças ao zoo, ao teatro ao ar livre, aos canais e lagos. Além disso, o movimentado Madame Tussauds fica por perto. Se os vastos tesouros do British Museum não atraírem, procure os menores mas fascinantes museus de barcos, brinquedos, remédios...

Principais atrações

British Museum
Entre as muitas maravilhas desse museu, a galeria das múmias será sempre a atração principal. Planeje a visita, e as crianças podem até ter uma festa do pijama (p. 102).

Coram's Fields
O melhor playground de Londres? Esse é um concorrente, com tirolesas, escorregadores, tanques de areia e uma fazendinha (p. 106).

Wellcome Collection
As crianças recebem um bigode de papelão para usar durante a visita. Por quê? Quem sabe?! É parte do mais louco – e melhor – pacote para crianças dos museus de Londres (p. 104).

ZSL London Zoo
Há leões e tigres, gorilas e girafas, mas George, a arara escarlate, supera todos eles no show diário ao vivo Animals in Action (p. 110).

Puppet Theatre Barge
Essas barcas estreitas vermelhas e amarelas em Little Venice abrigam a mais agradável experiência teatral familiar de Londres. Passeie ali ao longo do canal a partir de Camden Lock (p. 111).

Camden Market
É o que há de mais parecido com um mercado oriental em Londres. Crianças mais velhas adoram explorar o labirinto do mercado com barracas e lojas exóticas (p. 112).

À esq. *A bordo de um dos barcos em exibição no London Canal Museum*
Acima *Bem pertinho de uma tarântula no zoológico de Londres*

O Melhor de
Bloomsbury e do Regent's Park

Essa região próspera de Londres se divide nitidamente em duas partes: metade cerebral, metade sensorial. É possível percorrer ambas a pé, mesmo com crianças pequenas, e seguir as conexões literárias e artísticas. Para o leste, o majestoso Bloomsbury oferece um ou dois dias de estímulo para o cérebro: seus variados e incomuns museus realizam todo tipo de atividades infantis. Para relaxar ou se exercitar, siga para oeste até o Regent's Park.

Um ano no Regent's Park
Com ou sem uma visita ao London Zoo, os pequenos vão adorar o **Regent's Park** (p. 112). Na primavera, explore as flores do jardim selvagem perto da York Bridge em um passeio guiado; ou se aventure na lagoa dos barcos. Junho é o auge das rosas nos Queen Mary's Gardens, onde o jardim de rochas é perfeito para esconde-esconde. As férias escolares de verão trazem sessões no playground e prática de esportes no The Hub, e há matinês no Open Air Theatre.

Com a chegada do outono, a calçada arborizada ao longo do Regent's Canal fica muito colorida, e a Frieze Art Fair, em outubro, pontilha os arredores do parque com arte. Em novembro, aves selvagens de invernada arremetem contra o lago vindas de climas mais frios: a Long Bridge é o melhor ponto de visualização. Se ficar muito frio, aqueça-se no pavilhão fechado de floresta tropical no **ZSL London Zoo** (pp. 110-1), ou veja o show de Natal na **Puppet Theatre Barge** (p. 111). Independentemente da época, o amigável Garden Café tem um menu para combinar (p. 111).

Londres dos livros de histórias
Pooh, Potter, Peter Pan e Paddington: muitos clássicos da literatura infantil têm ligações com essa região de Londres. O Winnie the Pooh (Ursinho Pooh) original viveu no zoológico de Londres (pp. 110-1) nos anos 1920: o autor A. A. Milne e seu filho Christopher Robin adoravam visitar o urso, e hoje uma estátua lembra Winnie na zona Animal Adventure do zoo. Do outro lado da cerca, no Regent's Park, ficava a casa de Pongo e Pepita, heróis de 101 dálmatas, enquanto em Bloomsbury há uma estátua de Peter Pan e Sininho em frente ao hospital infantil Great Ormond Street. O criador de Peter Pan, J. M. Barrie, doou os royalties de sua peça para o hospital.

É uma curta caminhada de lá para o **Charles**

Acima Brincadeira em frente ao British Museum
Abaixo Gorilas descansam no ZSL London Zoo

Admirando as flores da primavera no Regent's Park, um dos mais belos espaços verdes de Londres

Dickens Museum (p. 106), onde o grande romancista vitoriano escreveu *Oliver Twist* – veja a janela pela qual Oliver passou com dificuldade em sua missão de roubo ordenada pelo ladrão Bill Sikes. Passeie até a **British Library** (p. 105) e folheie uma versão digital do manuscrito de Lewis Carroll para *Alice no País das Maravilhas*, antes de voltar para casa – passando pela plataforma 9 ¾ na estação de Kings Cross, ponto de partida de Harry Potter para a Escola de Magia e Bruxaria de Hogwarts.

Um esboço de Bloomsbury

Não há melhor lugar em Londres para famílias equipadas com lápis e cadernos. Comece pelo inspirador **Cartoon Museum** (p. 103), que tem sala de artes e oficinas mensais para famílias. Bem perto dele, o **Pollock's Toy Museum** (p. 104) dedica uma galeria para os requintados teatros de papel desenhados e coloridos por Benjamin Pollock e sua família na era vitoriana, e vende kits para construir um igual em casa. A **Wellcome Collection** (p. 104) também incentiva jovens artistas – seu pacote para crianças inclui massa de modelar e um kit para fazer máscaras –, enquanto o **Foundling Museum** (p. 106) convida os jovens visitantes a desenhar um cartão-postal inspirado pela exposição em cartaz e realiza uma sessão de artesanato para a família todos os meses.

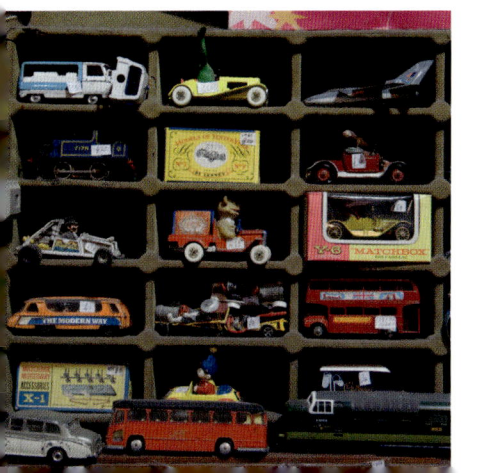

Acabou o papel? Não se preocupe: o **British Museum** (pp. 102-3) tem o melhor de todos os programas de atividades infantis – e distribui material de arte gratuito para os visitantes juniores.

Fim de semana divertido

Há sempre algo para as famílias no British Museum (pp. 102-3), mas os sábados são especiais. Chegue às 10h, confira o programa do dia e vá para a Paul Hamlyn Library, que distribui os pacotes e percursos para crianças. Atividades organizadas para crianças começam em torno das 11h, geralmente no magnífico Great Court. Para o almoço, escape até a Russell Square, nas proximidades, para um banho na fonte e para pizza e sorvete no café do terraço. Virando a esquina ficam os **Coram's Fields** (p. 106), um dos melhores playgrounds de Londres.

Domingo é dia de **Camden Market** (p. 114), um labirinto de barracas que vendem de tudo, desde óleo de patchuli almiscarado a roupas vintage. Os menores vão gostar principalmente de Camden Lock e dos passeios de barco, enquanto a loja de chá Yumchaa é uma boa opção para um petisco. Escape antes das 13h, quando a movimentada estação de metrô Camden Town funciona só para desembarque, e desça duas paradas ao sul em Euston, onde a estranha e maravilhosa Wellcome Collection (p. 104) vai surpreender crianças e adultos com suas curiosidades. Não perca a visita guiada gratuita às 14h30.

À esq. Brinquedos à venda no Stables Market, em Camden Lock, ótimo lugar para vascular, com 700 barracas e lojas

British Museum e arredores

Com o esplêndido Great Court, de Sir Norman Foster, um cavernoso espaço em branco em forma de iglu, o British Museum tem um dos lobbies de entrada mais grandiosos do mundo. Oficinas de arte cheias de atividades acontecem aqui todo fim de semana. Há uma loja dedicada às crianças, além de dois cafés. A entrada é gratuita e pode-se fazer piquenique. Brinque no maravilhoso playground dos Coram's Fields, nas proximidades, e esse será o melhor dia em Londres gastando pouco. Em Bloomsbury também há alguns outros museus menores, dedicados a brinquedos, cartoons, barcos do canal e muito mais.

O British Museum, repleto de artefatos interessantes e exóticos do mundo todo

Repleto de brinquedos do passado e do presente, o Pollock's Toy Museum é um excelente programa para as crianças menores

Locais de interesse

ATRAÇÕES
1. British Museum
2. Pollock's Toy Museum
3. Wellcome Collection
4. British Library
5. Foundling Museum
6. Charles Dickens Museum
7. London Canal Museum

COMIDA E BEBIDA
1. Little Waitrose
2. My Old Dutch
3. Meals
4. Hakkasan
5. Planet Organic
6. Patisserie Valerie
7. Giraffe
8. Kipferl
9. Simmons
10. Oz Café

Veja também British Museum (pp. 102-3), Wellcome Collection (p. 104), British Library (p. 105), Foundling Museum (p. 106) e Charles Dickens Museum (p. 106)

HOSPEDAGEM
1. Bedford
2. Alhambra
3. Arosfa
4. Arran House
5. Euro
6. Jesmond Dene
7. SACO-Holborn

British Museum e arredores | 101

Estátua de bronze de Sir Isaac Newton diante da British Library

Informações

🚗 **Metrô** Tottenham Court Road ou Holborn **Ônibus** New Oxford Street: 8, 25, 55, 98; Great Russell Street: 8, 10, 14, 24, 25, 29, 55, 73, 98, 134, 390

ℹ **Informação turística** Holborn Information Kiosk, Kingsway, WC2B 6BG; Euston Travel Information Centre, Euston Rail Centre, NW1 2HS

🛒 **Supermercados** Hannells Food & Wine, 52-56 New Oxford Street, WC1A 1ES; Sainsbury's Central, 129 Kingsway, WC2B 6NH; Waitrose, 23-39 The Brunswick Centre, WC1N 1AF
Mercados Chapel Market (alimentos e itens domésticos) Penton Street, N1 9PX, 8h-18h ter-sáb; 8h30-16h dom (incluindo mercado de agricultores); Camden Passage, antiguidades, N1 8EA, 7h-14h qua, 8h-16h sáb. Ambos são perto do metrô Angel. Mercados de Covent Garden também estão ao alcance de uma caminhada de 30min (pp. 86-7).

🎉 **Festivais** Bloomsbury Festival, música e artes (out)

➕ **Farmácias** Clockwork Pharmacy, 150 Southampton Row, WC1B 5AN (9h-19h seg-sex; 9h-18h sáb). Procure farmácias 24h em www.nhs.uk/servicedirectories

🛝 **Playgrounds** Alf Barrett Playground (p. 102), Coram's Fields (p. 106) e Crabtree Fields (p. 104)

Criança explora a fascinante Wellcome Collection

Uma das muitas atrações no popular playground e parque Coram's Fields

Bloomsbury e Regent's Park

Informações

Mapa 10 G1
Endereço British Museum, Great Russell Street, WC1B 3DG; 020 7323 8000; www.britishmuseum.org

Metrô Tottenham Court Road ou Holborn **Ponto de ônibus** New Oxford Street, Great Russell Street

Aberto Galerias 10h-17h30 diariam; salas selecionadas até 20h30 sex. Great Court 9h-18h dom-qui; até 20h30 sex.

Preço Grátis. Exposições especiais cobram entrada.

Passeios guiados 30min grátis, diariam, nas galerias selecionadas; guia multimídia £17

Idade A partir de 3 anos

Atividades Visita infantil com áudio tem vários temas p/ escolha. Trilhas familiares (entre 3-5 e 6-11 anos) mais pacotes de atividades disponíveis até 15h nos fins de semana e diariam durante as férias escolares no Great Court. Manipulação de objetos nas galerias 1, 2, 24, 33, 49 e 68 (11h-16h). Atividades e workshops grátis p/ famílias nos fins de semana e nas férias escolares. Workshops digitais grátis qua (maiores de 7 anos). Clube Young Friends (anuidade £20) organiza seis pernoites por ano; www.britishmuseum.org/membership/young_friends.aspx

Duração Pelo menos 3h

Cadeira de rodas Sim

Comida e bebida Court Cafés (Great Court, no térreo) oferece lanches e sanduíches. Gallery Café (no térreo) serve pratos quentes bons para famílias. Court Restaurant (Great Court, andar superior) tem menu à la carte. Ford Centre for Young Visitors (andar inferior) tem uma sala de refeição para bebês e permite piqueniques.

Lojas Várias – no foyer e no Great Court

Banheiros Em todos os andares

Bom para a família
Insuperável, com várias atrações grátis para entreter as crianças, desde pacotes de atividades até mesas para o manuseio de objetos e workshops. Você pode até levar seus próprios sanduíches.

① British Museum
Milênios de história humana

O British Museum é repleto de maravilhas: ouro pirata, uma caveira de cristal, demônios com presas afiadas. Três andares de galerias abrangem 2 milhões de anos de civilização em todo o mundo, portanto seja seletivo. A Egyptian Collection (salas 61-66) e a Living and Dying (Sala 24) impressionam, com suas múmias e crânios. Comece pelo Families Centre, no Great Court, com pacotes e percursos gratuitos para crianças.

Destaques

■ **4º e 5º andares** Exposições especiais e Ásia: China e Coreia

■ **3º andar** Egito Antigo, Grécia e Roma; Oriente Médio e Europa

■ **1º e 2º andares** Ásia: China, Índia, Japão, Sudeste Asiático

■ **Térreo** América: América do Norte e México; Grécia e Roma antigas, Oriente Médio e Egito

■ **Subsolo** África, arquiteturas grega e romana

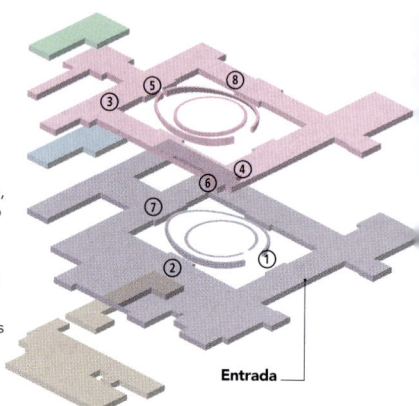

Entrada

Para relaxar

O **Alf Barrett Playground** (Old Gloucester Street, WC1B 4DA), 10 minutos a leste do museu, na esquina de Old Gloucester Street e Gage Street, serve para crianças até 13 anos de idade. Atrás do museu, a **Russell Square**, restaurada ao projeto original de 200 anos de Humphry Repton, tem uma fonte perfeita para quem quer se refrescar, além de sorvetes à venda no café do terraço.

Comida e bebida

Piquenique: até £20; Lanches: £20-40; Refeição: £40-60; Para a família: £60 ou mais (base para 4 pessoas)

PIQUENIQUE Little Waitrose (227-233 Tottenham Court Road W1T 7QF; 0800 184 884) é uma versão menor da rede de supermercados britânica, e vende tudo para um piquenique. Você pode comer no jardim do vizinho Bloomsbury.
LANCHES My Old Dutch (131 High Holborn, WC1V 6PS; 020 7242 5200; www.myolddutch.com) permite que as crianças façam seus próprios cre-

Pausa no confortável café-restaurante Meals, na loja de móveis Heal's

pes. Também serve bons smoothies e shakes.
REFEIÇÃO Meals (196 Tottenham Court Road, W1T 7LQ; 020 7636 1666; www.heals.co.uk), no 1º andar da loja de móveis Heals, tem bons preços para crianças.
PARA A FAMÍLIA Hakkasan (8 Hanway Place, W1T 1HD; 020 7927 7000; www.hakkasan.com) está na vanguarda da culinária chinesa contemporânea e tem uma estrela no Michelin. Há pratos infantis.

Preços para família de 4 pessoas

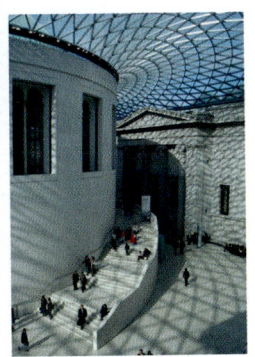

British Museum e arredores | 103

① **Great Court** No passado uma área externa, esse é hoje o maior espaço público coberto na Europa.

② **Pedra de Rosetta** Esculpida com o decreto de um faraó de 196 a.C., é o tesouro mais visitado do museu. Está escrita em três línguas, o que permitiu aos especialistas decifrarem os hieróglifos egípcios pela primeira vez. (Sala 4)

③ **Gato múmia Abydos** Os antigos egípcios adoravam gatos e mumificaram milhares como oferendas à deusa-gato Bastet. (Sala 62)

④ **Tesouro pirata** O papagaio de Long John Silver (pirata de A ilha do tesouro) gritou "moedas de oito", e aqui estão elas. Na era Tudor (c. 1500-1600), essas moedas valiam cerca de £50. (Sala 68)

⑤ **O Jogo Real de Ur** Esse jogo de dados em estilo ludo era jogado há 4.500 anos na Mesopotâmia. Os contendores percorriam todo o tabuleiro, tentando chegar às rosetas da sorte. (Sala 56)

⑥ **Cinto do Jogo de Bola** Esse cinto em forma de sapo era usado no esporte de equipe mais antigo do mundo, um tipo de voleibol jogado no México antigo. Perder era perigoso: os derrotados eram sacrificados! (Sala 27)

⑦ **Caixão-câmera** O povo ga de Gana molda esses caixões fantásticos desde a década de 1950 para representar os interesses do morto, tais como fotografia, águias ou aviões. (Sala 24)

⑧ **Capa Mold** Descoberta em um túmulo em Gales, essa capa da Idade do Bronze era uma pilha de fragmentos de ouro, deixando aos curadores um quebra-cabeça. (Sala 51)

Saiba mais
INTERNET O site tem uma ótima área só para crianças: viaje através dos séculos no jogo de aventura Time Explorer: www.britishmuseum.org/explore/young_explorers1.aspx.

Retire os órgãos internos e puxe o cérebro para fora pelas narinas... Faça sua própria múmia em www.bbc.co.uk/history/ancient/egyptians/launch_gms_mummy_maker.shtml.

Na série *A history of the world in 100 objects* (história do mundo em 100 objetos), da Rádio BBC 4, o diretor do British Museum Neil MacGregor escolheu os artefatos que mudaram o mundo na opinião dele. Baixe a série em www.bbc.co.uk/ahistoryoftheworld.

Próxima parada ...
THE PETRIE MUSEUM Parte da University College of London, esse museu (*Malet Place, WC1E 6BT;* ter-sáb 13h-17h; www.ucl.ac.uk/museums/petrie*) tem artefatos egípcios e uma mesa de arte e togas romanas para as crianças modelarem.

THE CARTOON MUSEUM Esse lugar divertido (*35 Little Russell St, WC1A 2HH; 020 7580 8155; 10h30-17h30 ter-sáb, 12h-17h30 dom; www.cartoonmuseum.org*) tem uma sala de arte onde as crianças podem rabiscar sua própria obra-prima. Cartoons britânicos e quadrinhos do século XVIII aos dias atuais estão em exibição. Também oferece sessões informais de desenho em família no segundo sábado do mês e oficinas incríveis nas férias escolares para crianças de mais de 8 anos.

Jovem aspirante a desenhista recebendo instrução no Cartoon Museum

CRIANÇADA!

Herói conquistador
O herói grego antigo Hércules teve de completar doze perigosos "trabalhos", matando monstros e animais selvagens. Ele aparece em todo o museu. Veja se você consegue encontrá-lo... 
• Matando os pássaros Stymphalian comedores de homens (Sala 69)
• Encontrando as maçãs mágicas das Hespérides (Sala 19)
• Combatendo Hipólita, rainha das amazonas (Sala 16)

XADREZ ENTERRADO?
Com suas caras cômicas, as peças de xadrez Lewis (Sala 40) são bem misteriosas. Provavelmente são originárias da Noruega, foram esculpidas em presas de morsa e ficaram enterradas na areia, na Escócia, por mais de 800 anos.

Jogo dos nomes
O British Museum às vezes usa palavras difíceis para coisas simples. Você consegue descobrir o que os seguintes objetos são? Os números das salas devem ajudar... 
1 An amphora (Sala 69)
2 A ewer (Sala 40)
3 A relief (Sala 10)

Respostas no fim do quadro.

Ave, Faraó!
A cartela é uma espécie de emblema egípcio antigo, que usa símbolos (hieróglifos) para escrever o nome de um governante. Ache as três cartelas sobre a Pedra de Rosetta (Sala 4) e escreva o nome em hieróglifos. Há um alfabeto em www.childrensuniversity.manchester.ac.uk/interactives/history/egypt.

Respostas: 1 Uma ânfora, vaso com duas alças. **2** Um jarro. **3** Um relevo, pedaço de pedra esculpido.

② Pollock's Toy Museum

Brincadeiras do passado

Contornar os corredores em torno das escadarias serpenteantes e salas do sótão dessa frágil casa antiga é como voltar no tempo – bem apropriado, já que eles estão repletos de tesouros de brinquedo de dois séculos. Também é uma viagem irresistível e nostálgica para os pais.

Na coleção, encantadora e idiossincrática, há o Humpty Dumpty Circus de Schoenhut, de 1903, e um quarto de menino do início do século XX reconstruído, cheio de instrumentos de química que parecem perigosos. Uma sala é dedicada aos delicados e mágicos teatros de papel da família Pollock, famoso brinquedo vitoriano que originou o museu em 1956. Há salas dedicadas aos primeiros ursos de pelúcia, soldados de brinquedo e bonecas de cera um pouco assustadoras.

As etiquetas estão amarelando, e não é permitido tocar ou brincar com muita coisa, então dê graças pela loja de brinquedos no final da visita, repleta de modelos antigos, como piões, caleidoscópios e jogos de cartas clássicos. A Pollock's Toy Shop em Covent Garden (p. 89) também vende ótimos brinquedos.

Para relaxar

A um minuto de caminhada em direção ao sul, **Crabtree Fields** (*Whitfield Street, W1T 2BJ*) tem um playground cheio de diversão e uma pérgola agradável para caminhar.

Há brinquedos emocionantes na loja de brinquedos do Pollock's Toy Museum

Preços para família de 4 pessoas

Informações

- **Mapa** 10 E1
- **Endereço** 1 Scala Street, W1T 2HL; 020 7636 3452; www.pollockstoytheatres.com
- **Metrô** Goodge Street **Ponto de ônibus** Tottenham Court Road
- **Aberto** 10h-17h seg-sáb (última entrada às 16h30)
- **Preço** £14-20
- **Passeios guiados** Não
- **Atividades** Teatros de bonecos ou shows de fantoches durante as férias escolares (ligue antes)
- **Idade** A partir de 5 anos
- **Duração** 1h
- **Cadeira de rodas** Limita-se à loja do térreo, devido às escadas
- **Comida e bebida** Piquenique Planet Organic (22 Torrington Place, WC1E 7HJ) é um café-mercado saudável, para um piquenique na Bedford Square. Lanches Patisserie Valerie (24 Torrington Place, WC1E 7HJ) tem bolos.
- **Loja** Brinquedos e presentes
- **Banheiros** No térreo

③ Wellcome Collection

Cabeças encolhidas e bigodão

A irmã de Ripley Believe It Or Not (p. 84) é a Wellcome Collection. Essa megaloja de curiosidades é o resultado das coleções de um aventureiro excêntrico chamado Henry Wellcome, que fez fortuna como vendedor de remédios, cultivou o maior bigode da Inglaterra vitoriana e depois percorreu o mundo em busca de maravilhas médicas. Ele voltou com uma bagagem muito bizarra, com certeza: prepare-se para se surpreender com a máscara de um torturador, uma múmia peruana (sem as bandagens) e um peculiar dispositivo para soprar fumaça de tabaco nos fundilhos de uma pessoa se afogando.

A galeria histórica é muito bem organizada: abra as gavetas para ouvir clipes de áudio sobre os objetos importantes ou para ver artefatos em que é permitido tocar. Os curadores são estranhamente ambivalentes sobre as visitantes pequenos: eles enfatizam que parte do material tem tema adulto, mas o museu produziu um dos melhores kits de exploração de Londres, com massa de modelar, um bigode falso e um guia para fazer uma cabeça encolhida. Mas os pais precisam tomar cuidado – evite levar pequenos sensíveis aos gabinetes do nascimento e da morte e se concentre nas máscaras exóticas, nos amuletos votivos e em objetos de celebridades (a escova de dentes de Napoleão, o cabelo de Jorge III).

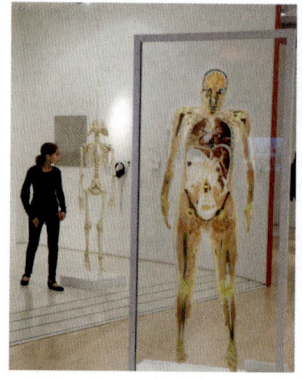

Curiosos artefatos médicos em exposição na Wellcome Collection

Informações

- **Mapa** 4 E6
- **Endereço** 183 Euston Road, NW1 2BE; 020 7611 2222; www.wellcomecollection.org
- **Trem** Euston, King's Cross ou St. Pancras **Metrô** Euston Square; Warren Street **Ponto de ônibus** Euston Road, Euston Bus Station, Upper Woburn Place
- **Aberto** 10h-18h ter-sáb, 11h-18h dom; 10h-22h qui
- **Preço** Grátis
- **Passeios guiados** Visita grátis de 30min às galerias Medicine Now e Medicine Man às 14h30 sáb e dom, respectivamente
- **Idade** A partir de 6 anos, mas recomenda-se supervisão dos pais
- **Atividades** Young Explorers Pack para menores de 14 anos. Eventos tendem a ser mais adultos.
- **Duração** 2h
- **Cadeira de rodas** Sim
- **Comida e bebida** Lanches O café do museu oferece almoços leves, muffins e tortas. Refeição O restaurante da British Library tem comida mais substanciosa (à dir.).
- **Loja** Livros, presentes e suvenires inspirados na coleção
- **Banheiros** Em todos os andares

British Museum e arredores | 105

O espaçoso pátio da British Library

A segunda galeria, Medicine Now, é bem diferente: superiluminada e elegante, é dedicada a maravilhas modernas como Dolly, a ovelha clonada, e o genoma humano. Embaixo, no átrio, há exposições temporárias sobre saúde e bem-estar, além de um café com acesso Wi-Fi.

Para relaxar
O **Gordon Square Garden** *(Gordon Square, WC1H 0AR)*, por perto, tem um gramado de 100m. Há um parquinho para os bem pequenos na vizinha **Woburn Square** *(WC1H0AB)*.

④ British Library
Um templo para os livros

Catorze milhões de livros, 3 milhões de gravações, quase 1 milhão de revistas e jornais... e apenas uma galeria pública permanente. Para uma instituição tão vasta, a British Library oferece pouca coisa ao visitante em geral, especialmente às famílias – visitas guiadas são direcionadas para adultos, e menores de 18 anos não podem acessar os arquivos sonoros.

No entanto, uma Treasures Gallery exibe uma coleção rotativa de volumes importantes, desde o primeiro livro impresso da Inglaterra, a *Bíblia de Gutenberg* (c. 1455) até cadernos de Leonardo Da Vinci, um esboço da partitura do *Messiah* de Handel e os diários do polo Sul do capitão Scott. Para as crianças, as peças em exibição ganham vida graças às estações sonoras onde é possível ouvir trechos de Brahms ou Beatles, e especialmente graças aos displays interativos Turning the Pages, com navegação via touch-screen. Explore os originais de *Alice's Adventures Under Ground*, de Lewis Carroll, ilustrados pelo autor; ou a *History of En-* *gland* da romancista Jane Austen, escrita quando ela tinha 15 anos, com uma caligrafia muito elegante.

Para relaxar
Existe um pequeno parque com balanços na Judd Street, do outro lado da Euston Road; ou vá em direção ao sul por cerca de 15 minutos até **Coram's Fields** (p. 106).

Informações

🗺️ **Mapa** 4 F4
Endereço 96 Euston Road, NW1 2DB; 0843 208 1144; www.bl.uk
🚆 **Trem** King's Cross ou St Pancras
Metrô King's Cross St Pancras
Ponto de ônibus Euston Road
🕐 **Aberto** 9h30-18h seg, qua-sex; 9h30-20h ter; 9h30-17h sáb; 11h-17h dom
🏷️ **Preço** Grátis
🚩 **Passeios guiados** Visitas grátis às galerias 11h seg, qua, sex; visita à biblioteca (£5; 01937 546546 para agendar) 15h seg-sáb, além de 10h30 sáb. Passeio de conservação grátis 14h 1ª qui do mês (inadequado para menores de 12 anos); faça o download do audioguia pelo site, com antecedência.
🚸 **Idade** A partir de 7 anos
🎨 **Atividades** Workshops p/ famílias, grátis nas férias escolares, relacionados a exibições temporárias
⏱️ **Duração** 1h
♿ **Cadeira de rodas** Sim, por elevadores e rampas
☕ **Comida e bebida** *Lanches* Peyton & Byrne Café (aberto diariam), no térreo superior, tem bons lanches e Wi-Fi grátis. *Refeição* O restaurante no 1º andar (9h30-17h seg-sex; 9h30-16h sáb) oferece pratos feitos no vapor e saladas.
🛍️ **Loja** No térreo, perto da entrada
🚻 **Banheiros** Em todos os andares

CRIANÇADA!

Cobras e escadas
Com suas escadas sinuosas, o Pollock's Toy Museum parece, ele mesmo, um jogo. Então, vamos jogar! Tente identificar os brinquedos listados abaixo – quando conseguir, passe para a próxima sala. O primeiro a chegar à loja ganha!
Sala 1 Um lobo vestido de vovó
Sala 2 Um crocodilo comendo salsichas
Sala 3 Um rato de argila
Sala 4 Um urso de pelúcia com uma orelha
Sala 5 Uma boneca com uma corda de pular

Queda de cabelo
No Wellcome Collection, ache mechas de cabelo que pertenceram a dois governantes famosos. Os cientistas descobriram a mesma coisa desagradável em ambos os tufos, e isso pode ter levado à queda de ambos. Quem eram os homens? Qual o veneno?

Respostas no fim do quadro.

CHOO CHOO!
Os primeiros trens infantis usavam uma verdadeira caldeira de água quente para acionar o motor. Eram muito perigosos: vazavam combustível no tapete, causavam incêndios e às vezes até explodiam!

Imagem e ação
Você consegue achar os zootrópios na Sala 1 no Toy Museum? Faça suas próprias imagens mágicas em movimento com o kit zootrópio em: www.the-making-place.co.uk/pages/beanpg.html.

Respostas: Arsênico; ele pode ter envenenado Napoleão Bonaparte e enlouquecido o rei Jorge III.

Piquenique até £20; **Lanches** £20-40; **Refeição** £40-60; **Para a família** mais de £60 (base para 4 pessoas)

⑤ Foundling Museum

Comovente conto de crianças perdidas e encontradas

Nenhuma sala de qualquer museu de Londres conta uma história mais pungente do que essa galeria principal. No início do século XVIII, antes da criação dos orfanatos, milhares de bebês eram abandonados nas ruas de Londres todos os anos – a maioria deles com relutância – pelas mães carentes. O pioneiro construtor de navios Thomas Coram (1668-1751) liderou uma campanha heroica de vinte anos para criar o Foundling Hospital e receber as crianças.

A história tem todos os ingredientes de um sucesso do cinema – dos patronos célebres do hospital (Handel apresentou seu *Messiah* para arrecadar fundos; William Hogarth doou pinturas, que ainda estão no andar de cima) às mães angustiadas tirando a sorte para descobrir se seus pequenos seriam salvos pelo orfanato. Hoje, os visitantes também podem experimentar a loteria: se tirarem uma bola preta, seu "bebê" é rejeitado. Há gravações de entrevistas com ex-enjeitados (o hospital fechou em 1953) e, o mais tocante de tudo, uma coleção de objetos deixados por mães que esperavam recuperar seus filhos um dia.

Pacotes de atividades temáticas aproximam os jovens da história, enquanto na imaculada galeria de pinturas georgianas as crianças podem se fantasiar ou explorar o canto de leitura – que inclui *Hetty Feather*, um conto sobre um interno vitoriano escrito por Jacqueline Wilson. Melhor ainda, o livro é perfeito para abrir o apetite antes de uma visita.

Para relaxar

Do outro lado da praça, **Coram's Fields** (*93 Guildford St, WC1N 1CN; www.coramsfields.org*) é mais um reino infantil do que um playground, com a sua piscina olímpica para remo, minifazenda, sessões de jogos para os menores, tirolesa e quadras esportivas.

Fantasia de criança rica no Foundling Museum

Informações
- 🌐 **Mapa** 4 G6
- 📍 **Endereço** 40 Brunswick Square, WC1N 1AZ; 020 7841 3600; www.foundlingmuseum.org.uk
- 🚆 **Trem** King's Cross, St Pancras **Metrô** Russell Square **P. de ônib.** Russell Square, Gray's Inn Road
- 🕐 **Aberto** 10h-17h ter-sáb, 11h-17h dom
- 💰 **Preço** £15-20, até 16 anos grátis
- 🚩 **Passeios guiados** Sim; baixe formulário para agendar grupos
- 👥 **Idade** A partir de 3 anos
- 👣 **Atividades** Trilhas grátis de caça ao tesouro (3-12 anos) e pacotes de atividades (3-5 e 5-8 anos). Workshops para a família no 1º sáb de cada mês, e qui-sex durante as férias escolares
- ⏱ **Duração** Até 2h
- ♿ **Cadeira de rodas** Sim
- ☕ **Comida e bebida** *Lanches* The Foundling Museum Café prepara almoços leves e cream teas e tem menu infantil. *Refeição* Giraffe (*19-21 Brunswick Centre, WC1N 1AF; 020 7812 1336*) serve hambúrgueres, salsichas e pizzas; oferece menu infantil.
- 🛍 **Loja** Na recepção; brinquedos e presentes inspirados na coleção
- 🚻 **Banheiros** No térreo inferior, no térreo e no 1º andar

Preços para família de 4 pessoas

⑥ Charles Dickens Museum

Onde nasceu Oliver Twist

O criador de Oliver, Tiny Tim e Little Nell adorava crianças – afinal, ele tinha dez filhos. Um dos principais defensores do bem-estar infantil na pobre Londres vitoriana, Dickens viveu nessa bela casa em Holborn entre 1837-39, e escreveu *Oliver Twist* e *Nicholas Nickleby* aqui.

A casa foi preservada como Dickens a deixou, e estão em exibição mobiliário original, manuscritos e objetos interessantes, como as penas que ele usava para escrever.

Informações
- 🌐 **Mapa** 4 H6
- 📍 **Endereço** 48 Doughty Street, WC1N 2LX; 020 7405 2127; www.dickensmuseum.com
- 🚇 **Metrô** Russell Square, Chancery Lane ou Holborn **Pt. de ônibus** Gray's Inn Place; Theobald's Road
- 🕐 **Aberto** Diariam 10h-17h (última entrada às 16h30)
- 💰 **Preço** £24-34, até 6 anos grátis
- 🚩 **Pass. guiados** Em grupo; reserve
- 👥 **Idade** A partir de 8 anos
- 👣 **Atividades** Trilha grátis p/ crianças; eventuais atividades familiares
- ⏱ **Duração** 1h
- ♿ **Cadeira de rodas** Sim, rampa, mas com algumas limitações por ser um prédio antigo
- ☕ **Comida e bebida** *Piquenique* Compre sanduíches no pequeno café local e coma no jardim. *Lanches* Kipferl (*www.kipferl.co.uk*), nos Coram's Fields, é um quiosque com sabores austríacos.
- 🛍 **Loja** Vende lembranças
- 🚻 **Banheiros** No subsolo

Diversão no emocionante parque e playground dos Coram's Fields

Há demonstrações de culinária vitoriana, e clipes de áudio com as palavras de Dickens animam o ambiente. Após uma grande reforma, o museu ficou melhor para crianças, com atividades regulares para famílias e percurso infantil.

Para relaxar
E só virar a esquina para chegar a **Coram's Fields** (à esq.), com playground, piscina e outras atrações.

⑦ London Canal Museum

Esterco de cavalo e sorvete
O canal da Grã-Bretanha foi usado por mais tempo do que se poderia imaginar: barcas de carga atravessavam Battlebridge Basin no Regent's Canal até os anos 1960. Isso é ótimo para o museu que agora existe aqui, porque uma fascinante história oral sobrevive. Pegue os telefones de estilo antigo e ouça William Tarbit descrever como era viver e trabalhar nos canais: como ele rastejava e se esgueirava para limpar a caixa de carvão de sua barca (aos 3 anos de idade!) e como caçava coelhos e faisões para sua mãe fazer torta.

O museu tem atmosfera tradicional, em um autêntico armazém dos anos 1850. Metade é ocupada pela antiga barca *Coronis*, na qual as crianças menores podem brincar. A cabine apertada acomodava uma família de seis pessoas no passado. Vá até o cais para ver algumas das barcas modernas e visite a oficina de ferreiro e o estábulo reconstruídos.

Informações
- **Mapa** 4 H3
- **Endereço** 12-13 New Wharf Road, N1 9RT; 020 7713 0836; www.canalmuseum.org.uk
- **Trem** King's Cross, St Pancras
- **Metrô** King's Cross **P. de ônibus** Caledonian Road, Pentonville
- **Aberto** 10h-16h30 ter-dom (última entrada 16h); até 19h30 na 1ª qui do mês
- **Preço** £12, até 4 anos grátis
- **Passeios guiados** Há visita com áudio disponível no site; faça o download com antecedência para um tocador de MP3
- **Idade** A partir de 6 anos
- **Atividades** Pequeno canto p/ brincar com livros e blocos de montar; trilhas familiares, passeios de barco

O outro tema do museu certamente vai fazer as crianças salivarem: a venda de sorvete na época vitoriana. No passado, nos dias anteriores à descoberta da refrigeração, o fosso subterrâneo na galeria inferior armazenava enormes blocos de gelo, importados da Noruega em barcas pelo pioneiro fabricante de pudins Carlo Gatti. E não tenha medo: há sorvete à venda na loja do museu.

Para relaxar
Uma caminhada de dez minutos via York Way e Goods Way leva ao **Camley Street Natural Park** (12 Camley Street, NW1 0PW; www.wildlondon.org.uk), um oásis de vida selvagem ao longo do canal, onde antes funcionava uma carvoaria no meio da confusão de Kings Cross. O centro de visitantes promove atividades diariamente, de 10h-17h, e nos fins de semana há mergulho na lagoa e caça a insetos.

Display interativo mostra como funciona o fechamento do portão da eclusa

- guiados em alguns dom do verão e atividades p/ crianças toda ter em ago. O site tem páginas infantis e um roteiro que sai de Camden.
- **Duração** 1-2h
- **Cadeira de rodas** Sim
- **Comida e bebida** *Lanches* Simmons (32 Caledonian Road, N1 9DJ) é uma pequena e estilosa casa de chá. Venha à tarde para uma xícara de chá e um cupcake, ou peça uma fruit beer à noite. *Refeição* Oz Café (53 Caledonian Road, N1 9BU) serve massas e paninis no almoço.
- **Loja** Vende livros, cerâmica e modelos de barco
- **Banheiros** No térreo

CRIANÇADA!

Pequenos sinais
No Foundling Museum, encontre os sinais deixados pelas mães para identificar seus filhos caso elas voltassem para buscá-los. Qual desses objetos NÃO se enquadra: dedal, grampo, peixe, nozes, apontador de lápis, moedas. O que você deixaria para trás? Por que não desenha?

Respostas no fim do quadro.

Bom apetite!
Você gostaria de comer esses pratos do menu vitoriano do Foundling Hospital?
• Gruel: mingau ralo feito com cevada e água
• Guisado pease: purê de ervilhas com especiarias
• Flummery: manjar branco feito com fruta em compota

O ENJEITADO FAMOSO
Imagine viver no Foundling Hospital por toda sua vida. John Brownlow foi abandonado ali quando bebê e mais tarde assumiu o comando do hospital, dirigindo-o até os 72 anos. John era tão gentil com as crianças que Charles Dickens usou seu nome para o Sr. Brownlow, o cavalheiro que acolhe Oliver no livro *Oliver Twist*.

Hora da sobremesa
No Canal Museum, veja se consegue encontrar os nomes destes dois sorvetes que as crianças vitorianas comiam.
1. Uma pequena concha servida em um copo pequeno
2. Uma fatia de sorvete embrulhada em papel
Acerte-os e você pode ganhar um sorvete!

Respostas Apontador de lápis – eles foram inventados quase cem anos depois! **Sorvetes 1** Penny lick **2** Hokey-Pokey.

Piquenique até £20; Lanches £20-40; Refeição £40-60; Para a família mais de £60 (base para 4 pessoas)

ZSL London Zoo e arredores

Há gorilas e tigres, é claro, mas atualmente o London Zoo privilegia criaturas menores, dedicando áreas cercadas para macacos e suricatos, pinguins e preguiças. Espere o sol aparecer e passe um dia inteiro aqui, para aproveitar o máximo do valor do ingresso. A estação de metrô mais próxima é Camden Town, que fica congestionada aos domingos, quando os mercados malucos da área estão a pleno vapor. Considere ir até as estações Baker Street ou Regent's Park e atravessar o Regent's Park brincando de esconde-esconde. Outra ótima opção é fazer um passeio pelo canal saindo de Camden Lock.

Uma apresentação de Animals in Action no ZSL London Zoo

Extrema esq. Jovens fantasiados conversam na Wallace Collection
À esq. Coreto elegante no Regent's Park

Abaixo Crianças no mercado de artesanato Camden Lock

Locais de interesse

ATRAÇÕES
1. ZSL London Zoo
2. Regent's Park
3. Camden Market
4. Jewish Museum
5. Madame Tussauds
6. Sherlock Holmes Museum
7. The Wallace Collection

COMIDA E BEBIDA
1. Whole Foods Market
2. Gelato Mio
3. Strada
4. The Garden Café
5. The Cow and Coffee Bean
6. The Honest Sausage
7. Yumchaa
8. The Ice Wharf
9. Banners
10. Caffè Nero
11. The Boathouse
12. Caffè Saporito
13. Nando's
14. Fratelli Deli Café

Veja também Jewish Museum (p. 113) e Wallace Collection (p. 115)

HOSPEDAGEM
1. The Landmark
2. Blandford
3. Hart House
4. Lincoln House
5. New Inn
6. 23 Greengarden House

ZSL London Zoo e arredores | 109

Informações

🚗 **Trem** Camden Road ou Marylebone **Metrô** Camden Town, St John's Wood **Ônibus** Prince Albert Road: rota 274; Parkway: C2 **Canal** Saídas de Camden Lock p/ Little Venice, diariam no verão, fins de semana no inverno (www.londonwaterbus.com; www.jasons.co.uk)

ℹ️ **Informação turística** Veja pp. 100-1

🛒 **Supermercados** Somerfield, 131-133 Camden High Street, NW1 7JR; Morrisons, Chalk Farm Road, NW1 8AA; Waitrose, 98-101 Marylebone High Street, W1U 4SD **Mercados** Camden Markets (moda, artesanatos, antiguidades e presentes) 10h-18h diariam. Marylebone Farmers' Market (produtos agrícolas, Cramer Street Car Park, W1U 4EW) 10h-14h dom. Cabbages & Frocks Market (comida, moda e artesanatos), St Marylebone Parish Church, NW1 5LT, 11h-17h sáb. Church Street Market (comida, roupas, quinquilharias), Church Street, NW8 8DT, 8h-18h seg-sex. Alfies Antique Market, 13-25 Church St NW8 8DT, 10h-18h ter-sáb.

🎉 **Festivais** Taste of London (festival de gastronomia), Regent's Park (jun); London Green Fair, Regent's Park (jun); Pride London (festival da diversidade e da igualdade) – desfile começa na Baker Street (jun-jul); Frieze Art Fair, Regent's Park (out)

➕ **Farmácias** JP Pharmacy, 139 Camden High Street, NW1 7JR (9h-18h30 seg-sex; 9h-18h sáb; 10h-16h dom). Boots, 173-175 Camden High Street, NW1 7JY (8h30-20h seg-sex; 9h-19h sáb; 12h-18h dom). Procure por farmácias 24h no site www.nhs.uk/servicedirectories

🤸 **Playgrounds** Regent's Park, NW1 4NR: Marylebone Green, Gloucester Gate, Hanover Gate; Primrose Hill, Prince Albert Road, NW1 4NR; Paddington Street Gardens W1U

Informações

Mapa 3 B3
Endereço Regent's Park, NW1 4RY; 020 7722 3333 e 0844 225 1826; www.zsl.org

Trem Camden Road Station
Metrô Camden Town, St John's Wood **Ponto de ônibus** Prince Albert Road; Parkway **Canal** Barcos pelo Regent's Canal entre Camden Lock e Little Venice, diariam abr-set, além de fins de semana no inverno (www.londonwaterbus.com).

Aberto 10h-16h diariam (cheque o site para horários de verão estendidos); recintos de animais fecham 30min antes

Preço £70-80, até 3 anos grátis (taxa extra opcional de 10% em apoio à conservação); cupons on-line dão desconto de 10% para famílias (2+2 ou 1+3)

Para evitar fila Ingressos on-line permitem entrada em fila rápida; vá direto para o Gorilla Kingdom, antes que a fila se forme

Passeios guiados Não

Idade Livre

Atividades O programa Activities Daily permite observar as lontras sendo alimentadas, as lhamas em seu passeio diário ou os pinguins bamboleando na Penguin Beach. Há também narração de histórias na tenda Animal Adventure e polimento de insígnias na Activity Den.

Duração Pelo menos meio dia

Cadeira de rodas Sim, mas há duas rampas inclinadas que exigem cuidado

Comida e bebida The Terrace oferece almoços quentes, porções infantis, comida p/ bebês e um balcão de piquenique "pegue e misture". Animal Adventure Café tem panquecas, barracas de hot dog e gramados p/ piquenique.

Lojas Perto da entrada e na Barclay Court

Banheiros Perto da entrada; Oasis Restaurant; pelo zoo

Bom para a família
Apesar de extremamente caro, é possível às vezes encontrar ingressos com desconto on-line. Para valer a pena, chegue cedo, pegue os folhetos de eventos "Dayplanner" e planeje a visita.

Preços para família de 4 pessoas

① ZSL London Zoo
Face a focinho com a vida selvagem

Singularidade arquitetônica, o ZSL London Zoo é cheio de edifícios estranhos dos anos 1930, mas também tem uma área para os gorilas, um zoológico infantil interativo, um território para os tigres e uma praia de pinguins. As crianças vão ficar entretidas andando na ponta dos pés nas barras de equilíbrio na área dos macacos, rastejando na toca do aardvark ou sorrindo para as preguiças. O lema do zoo é "imersão": ele aproxima visitantes e animais como nenhum outro.

Destaques

① **Butterfly Paradise** Dê um passeio pela casa das borboletas, instalada numa lagarta inflável gigante. Os insetos vibrantes às vezes confundem os visitantes em roupas de cores fortes com flores, por isso esteja atento a caronas!

② **Blackburn Pavilion** Casa dos beija-flores cintilantes e de colibris esplêndidos, essa úmida morada de pássaros tropicais tem como tema os exploradores vitorianos. Você vai alçar voo!

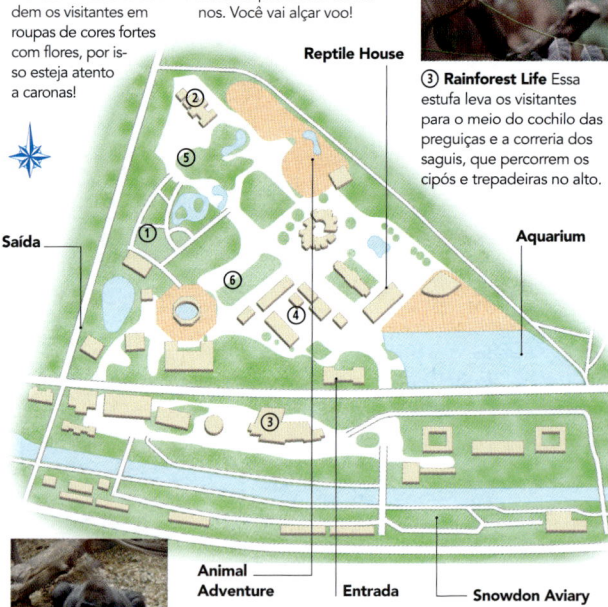

③ **Rainforest Life** Essa estufa leva os visitantes para o meio do cochilo das preguiças e a correria dos saguis, que percorrem os cipós e trepadeiras no alto.

④ **Gorilla Kingdom** Uma ilha com densa vegetação é o lar de um bando de gorilas-do-ocidente. Observe a destreza desses imensos macacos para subir em muros e se balançar em cordas.

⑤ **B.U.G.S.!** Há sessões para mexer com os insetos e ver aranhas comedoras de pássaros, ratos-toupeira-pelados e os especialistas do zoo no laboratório.

⑥ *Animals in Action* O cativante show ao vivo do zoo ocorre todo dia no anfiteatro. As crianças arregalam os olhos quando George, a arara, e Archie, a coruja, sobem no palco.

Para relaxar

Se seus filhos não ficaram cansados depois de rastejar entre porcos-espinhos e imitar o andar dos gorilas, há brinquedos convencionais no jardim zoológico, ao lado do Butterfly Paradise e na área do Animal Adventure. Fora do zoológico, vá até a entrada Gloucester Gate do **Regent's Park**, que tem um playground espaçoso (ao sul do zoo) e um divertido emaranhado de troncos de árvores perfeitos para escalar, onde as crianças realmente podem imitar macacos.

Escalada no playground da Animal Adventure

Comida e bebida

Piquenique: até £20; Lanches: £20-40; Refeição: £40-60; Para a família: £60 ou mais (base para 4 pessoas)

PIQUENIQUE Whole Foods Market *(49 Parkway, NW1 7PN; 020 7428 7575; www.wholefoodsmarket.com; 8h-21h seg-sáb, 9h-21h dom)* fica no caminho entre a estação de metrô de Camden Town e o jardim zoológico, com comida de piquenique saudável e de primeira. Estenda uma toalha no Regent's Park e saboreie.

LANCHES Gelato Mio *(138 St John's Wood High Street, NW8 7SE; 020 0011 3889; www.gelatomio.co.uk; 9h-22h seg-sex, 10h-22h sáb-dom)* serve os mais saborosos e autênticos sorvetes e sorbets italianos em Londres. Há grande variedade de sabores clássicos.

REFEIÇÃO Parte de uma rede, o restaurante italiano **Strada** *(40-42 Parkway, NW1 7AH; 020 7428 9763;* www.strada.co.uk*)* é um local acolhedor para o almoço, com cardápio infantil e pacote de atividades.

PARA A FAMÍLIA The Garden Café *(Inner Circle, Regent's Park, NW1 4NU; 020 7935 5729; verão: 10h-21h; inverno: 10h-16h)* está situado num ponto idílico no Regent's Park e é especializado em cozinha inglesa sazonal. Oferece também um menu de dois pratos para crianças.

Saiba mais

INTERNET O site interativo do ZSL London Zoo tem páginas para crianças que misturam jogos e curiosidades sobre animais. Aprenda a pesar um suricato, faça sua própria máscara de animal colorida ou saiba quais são os bebês nascidos recentemente no zoológico: *www.zsl.org*.

Espetáculo dramático para crianças no Puppet Theatre Barge

Próxima parada...

TOWPATH TRAIL O Regent's Canal corta o jardim zoológico. Fuja da agitação com um passeio tranquilo ao longo da trilha para Camden, com seus caóticos e exóticos mercados (pp. 112-3). Siga para oeste, talvez de ônibus aquático, e você chegará a Little Venice, um suave canal com barcas enfeitadas de flores e o delicioso **Puppet Theatre Barge**, que apresenta um espetáculo sazonal para crianças *(metrô mais próximo Warwick Avenue; 020 7249 6876; www.puppetbarge.com)*.

Crianças escolhem entre os sabores tentadores de sorvete no Gelato Mio

---

CRIANÇADA!

Superferas!
Quais destes fatos incríveis sobre animais são verdadeiros? As respostas podem ser encontradas em algum lugar no zoo.

1 As borboletas sentem gosto com os pés. Além de néctar, adoram comer fruta podre, esterco e sangue.
2 Quatis de cauda listrada conseguem girar os tornozelos para os dois lados, o que é muito útil quando estão correndo para cima e para baixo nas árvores!
3 Um leão pode comer 18kg de carne de uma vez.

Qual desses superpoderes você gostaria de ter?

Respostas no fim do quadro.

Identidade de grupo
Todo mundo já ouviu falar de uma matilha de lobos e de um rebanho de cervos. Que grupos de animais as palavras abaixo descrevem?
1 O espetar de...?
2 A extravagância de...?
3 A altivez de...?
4 O silêncio de...?
5 A travessura de...?
Todos são encontrados no zoo de Londres.

Respostas no fim do quadro.

MACACADAS

Todos os gorilas do zoo de Londres gostam de fazer coisas diferentes.
* Effie é muito barulhenta e adora quitutes de coco
* Zaire, o gorila mais velho do zoo, gosta de arrancar e replantar flores em dias de sol
* Mjukuu, o gorila mais jovem, adora picolés feitos de chá congelado de frutas

Respostas: Super-feras: Todos são verdadeiros. **Identidade de grupo** 1 Porcos-espinhos 2 Flamingos 3 Girafas 4 Tigres 5 Leontas

---

Piquenique até £20; Lanches £20-40; Refeição £40-60; Para a família mais de £60 (base para 4 pessoas)

❷ Regent's Park
Playgrounds e teatros

Em um dia ensolarado, poucos lugares em Londres animam tanto o espírito como o Regent's Park. Há muita coisa para fazer aqui: brincar de esconde-esconde e alimentar os patos, para os menores; jogar futebol e brinquedos de aventura, para os maiores; teatro ao ar livre e jantar sofisticado, para pai e mãe; e até jardins de rosas e concertos de bandas para vovô e vovó.

O parque também é belíssimo: criado em 1811 por John Nash, o arquiteto do Palácio de Buckingham, para seu grande patrono, o príncipe regente, ele foi aberto ao público 30 anos depois. Há quatro playgrounds excelentes (todos com monitores e banheiros), que muitas vezes promovem atividades nas férias escolares. O elegante Inner Circle tem um emaranhado labiríntico de trilhas que serpenteiam, pontes chinesas e cascatas, além do célebre teatro ao ar livre, que costuma ser palco de peças de Shakespeare adequadas para toda a família na temporada de verão.

No oeste, o belo lago atrai garças-reais e há barcos a remo e pedalinhos para alugar. Perto dali, no coreto Holme Green, há shows de jazz suave nas noites de domingo entre junho e agosto, e é possível alugar espreguiçadeiras. Há várias trilhas no bosque e oficinas para plantar hortas na estação, entre elas as sessões para família Get Growing. No norte do parque, uma estrutura que lembra um disco voador acidentado entre os campos de futebol é na verdade The Hub *(0207 935 2458; aberto diariam)*, onde são praticados vários esportes para todas as idades e há acampamentos de férias esportivos para crianças.

Se chover...
Faça uma curta caminhada até o **Odeon Camden** *(14 Parkway, NW1 7AA; 0871 224 4007; www.odeon.co.uk)*, onde há exibição de vários filmes todas as tardes.

Bagunçar na água, sempre uma opção divertida para crianças no Regent's Park

❸ Camden Market
O bazar mais bizarro da cidade

Para um visitante de primeira viagem, mergulhar no turbilhão de mercados de Camden pode lembrar a queda de Alice (do País das Maravilhas) na toca do coelho. É um passaporte para um universo alternativo com cheiro de incenso onde pessoas tatuadas e de piercings compram e vendem joias, roupas, música, objetos, móveis e comida, atravessando todo o vívido espectro cultural de Londres. Respire fundo, segure firme as mãos das crianças e deixe-se levar.

Para um início mais suave escolha Camden Lock, um bonito pátio ao lado do Regent's Canal, onde barcas lindamente pintadas se dirigem para Little Venice passando pelo ZSL London Zoo. O mercado ao lado é dedicado a artesanato e acessórios brilhantes, de brincos e lenços a velas e esculturas, e há uma gostosa fila de estandes de comida de várias origens. Atrás dali, as coisas ficam mais caóticas: o labiríntico Stables Market ocupa a área dos estábulos, do hospital de cavalos, dos armazéns e galerias conectadas ao comércio no canal nos tempos vitorianos – daí os cavalos de carga de bronze que surgem de diversos cantos. Os adolescentes adoram o descolado clima punk-gótico, enquanto a pitoresca área do Horse Tunnel tem bricabraques mais adultos.

Cruzando a Chalk Farm Road fica Camden Lock Village, outra zona de vendedores de moda de rua em estandes de madeira – procure pelas barracas de comida com scooters como bancos.

Informações

🌐 **Mapa** 3 B4
Endereço Londres NW1 4NR; 030 0061 2300; www.royalparks.org.uk/regents
🚆 **Trem** Marylebone, Euston
Ⓜ **Metrô** Regent's Park, Baker Street, Great Portland Street, Camden Town, St John's Wood **Ponto de ônibus** Prince Albert Road, Parkway, Marylebone Road, Baker Street
🕐 **Aberto** 5h-pôr do sol, diariam (escritório 8h30-16h)
💲 **Preço** Grátis
🚶 **Passeios guiados** Caminhadas grátis pela vida selvagem, da primavera ao outono (veja no site)
👫 **Idade** Livre
Atividades Quatro playgrounds, com programa de atividades nas férias escolares (veja no site); coreto e teatro ao ar livre (mai-set, 0844 826 4242; www.openairtheatre.org; visita aos bastidores £3);

passeio de barco (aluguel £20, abr-set, diariam desde 10h30; 020 7724 4069); acampamentos de férias esportivos (020 7935 2458); tênis, pague e jogue (020 7486 4216)
⏱ **Duração** Até um dia inteiro
♿ **Cadeira de rodas** Sim, o parque oferece acesso de nível e banheiros especialmente adaptados
🍴 **Comida e bebida** *Piquenique* The Cow and Coffee Bean *(St Mary's Gate, Chester Road; 0207 224 3872; 9h-20h no verão, 10h-15h no inverno)* serve uma seleção de sanduíches, assim como milkshakes, sorvete e bolos deliciosos.
Lanches The Honest Sausage *(The Broadwalk; 020 7224 3872; 8h-19h no verão, 9h-16h no inverno)* oferece café da manhã e almoços leves, que podem ser apreciados em seu espaçoso terraço.
🚻 **Banheiros** Pelo parque inteiro, incluindo todos os playgrounds

Preços para família de 4 pessoas

ZSL London Zoo e arredores | 113

Informações

- **Mapa** 3 C1
- **Endereço** Camden High Street, NW1; 020 7284 2084; www.camdenlock.net
- **Metrô** Camden Town, Chalk Farm **P. de ônibus** Chalk Farm Road, Camden Town Station **Canal** London Waterbus (www.londonwaterbus.com) e Jason's Trip (www.jasons.co.uk) diariam na primavera e no verão; London Waterbus sáb-dom no inverno
- **Aberto** 9h30-18h diariam
- **Preço** Grátis
- **Para evitar fila** O mercado se agita nos fins de semana: 13h-17h30 dom, metrô Camden Town só p/ saída. Dias úteis são calmos.
- **Idade** A partir de 7 anos
- **Ativ.** Passeio pelo canal (acima)
- **Duração** Até 2h
- **Cadeira de rodas** Sim, por elevadores (banheiro adaptado na Unit 23 no nível da Stables Street)
- **Comida e bebida** Lanches Yumchaa (91-92 Camden Lock Place, NW1 8AF; www.yumchaa.com) oferece grande variedade de chás e bolos. *Refeição* The Ice Wharf (28 Jamestown Road, NW1 7BY; www.jdwetherspoon.co.uk/home/pubs/the-ice-wharf) tem vista para a eclusa e bom menu infantil.
- **Banheiros** Vários; subsolo do Stables Market, ponte do Middle Yard

Para relaxar

Primrose Hill, a 10 minutos de caminhada via trilha do canal, é um anexo elevado do Regent's Park, ao norte, para empinar pipas. No caminho, fica o Pirate Castle (0207267 6605; www.thepiratecastle.org), clube junto ao canal que tem passeios de caiaque para jovens entre 8 e 17 anos às ter, qui e sáb e na maioria dos dias de semana nas férias de verão.

Barraca no agitado mercado de artesanato de Camden Lock

④ Jewish Museum
Uma pungente odisseia imigrante de mil anos

Da vida do primeiro-ministro vitoriano Benjamin Disraeli à de sobreviventes de Auschwitz, o Jewish Museum joga luz sobre histórias pessoais. Dá para ter uma amostra grátis do museu na galeria do térreo, mas o destaque é o salão histórico, que traça os mil anos de história da comunidade judaica da Grã-Bretanha, desde sua chegada com Guilherme, o Conquistador, em 1066. Sinta o cheiro da sopa de galinha numa rua do East End reconstruída, jogue um jogo de tabuleiro baseado na diáspora judaica ou experimente o karaokê iídiche. Especialmente pungente para os pequenos são as lembranças trazidas pelas 10 mil crianças judias que fugiram da Alemanha nazista em 1939.

Para relaxar
São 5 minutos a pé ao longo de Parkway até o playground de Gloucester Gate, no **Regent's Park**.

Informações

- **Mapa** 3 D2
- **Endereço** 129-131 Albert Street, NW1 7NB; 020 7284 7384; www.jewishmuseum.org.uk
- **Metrô** Camden Town, Mornington Crescent **Ponto de ônibus** Delancey Street, Camden High Street **Canal** Camden Lock (www.londonwaterbus.com; www.jasons.co.uk)
- **Aberto** 10h-17h dom-qui; 10h-14h sex (última entrada 30min antes)
- **Preço** £18
- **Passeios guiados** Não
- **Idade** A partir de 7 anos
- **Atividades** Workshops familiares em alguns dom e nas férias escolares, incluem pintura em vidro, feitura de velas e batuques
- **Duração** 1-2h
- **Cadeira de rodas** Sim
- **Comida e bebida** Lanche Banners' (21 Park Road, N8 8TE; 020 8348 2930) serve café da manhã e outras refeições. Os menus infantis têm alimentos não processados. *Refeição* Kosher Café (10h-16h30 dom-qui; até 13h30 sex), no musei, serve salt beef, bagels e cardápio infantil.
- **Loja** No térreo
- **Banheiros** Em todos os andares

CRIANÇADA!

Caça animal
O Regent's Park é o lar de vários animais selvagens, entre eles garças, corujas, falcões e ouriços. Eles em geral são tímidos e se mantêm afastados de seres humanos, embora algumas criaturas possam ser vistas em todas as visitas. Procure uma salamandra gigante, um abutre de bronze e uma onça de madeira. O parque também tem um "banco falante". Encontre-o.

PINTAS!
Você já leu *101 dálmatas*? O livro de Dodie Smith se passa no Regent's Park, onde Pongo e Pepita vivem com seus donos, os Dearly, em 1 St Andrew's Place, perto de Chester Walk Gate. Você pode percorrer sua caminhada noturna até o topo de Primrose Hill, onde eles uivaram por ajuda a todos os cachorros durante o "Latido do Anoitecer".

Louca Camden
A rua entre o metrô Camden e o Camden Market tem as melhores fachadas de lojas de Londres. Veja se encontra esquisitices:
- Dragão feroz
- Bota estampada com a bandeira da Grã-Bretanha
- Escorpião gigante
- Gato escalando
- Avião mergulhando

Eia!
Na época vitoriana, centenas de cavalos ficavam nos estábulos da região de Camden Market. Eles transportavam carga entre o canal, a ferrovia e as estradas, e o entreposto de Camden era o maior do mundo. Quantos cavalos você consegue achar? Marque um ponto para cada um e cinco pontos se encontrar um ferrador - ele é o homem que coloca ferraduras.

Piquenique até £20; Lanches £20-40; Refeição £40-60; Para a família mais de £60 (base para 4 pessoas)

114 | Bloomsbury e Regent's Park

As icônicas cabines telefônicas diante do mundialmente famoso Madame Tussauds

⑤ Madame Tussauds
Papo com as estrelas

Nenhuma atração em Londres divide tanto as opiniões quanto o museu de cera de 175 anos de Marie Tussaud. Apesar do ingresso caro, os visitantes fazem fila no quarteirão – e isso é um grande problema. As galerias costumam ficar lotadas, acabando com a finalidade principal da visita, que é tirar uma foto com Lady Gaga, Rihanna ou Johnny Depp. Crianças pequenas podem até ter dificuldade para ver seus heróis frente a frente. Vá quando é mais tranquilo, de preferência numa manhã de semana, e não há como negar o encanto da primeira galeria, uma festa de celebridades, com Kate Winslet, Robert Pattinson e Emma Watson, entre outros. A maioria dos modelos é assustadoramente realista, e não há cordas separando visitantes de "VIPs", portanto você realmente fica lado a lado com as estrelas. As crianças menores podem preferir a sala de Hollywood, com um dinossauro furioso e um Shrek gigante, enquanto no andar de baixo podem jogar em simuladores de tênis e futebol (se as filas permitirem), sob o "olhar" de Nadal e Beckham.

No subsolo, a atração de terror Scream, só para maiores de 13, tem serial killers surgindo de cantos sombrios. Os menores podem ir direto para as duas atrações no final: um passeio pela história de Londres em um táxi preto e um filme 4D em que Homem-Aranha, Hulk e Wolverine enfrentam bandidos na Londres atual.

Para relaxar
O **Regent's Park** fica bem perto do York Gate; vire à direita para chegar ao playground Marylebone Green.

Boneco de Tom Daley, medalhista olímpico britânico no salto ornamental

Informações
- 🌐 **Mapa** 3 B6
- 📍 **Endereço** Marylebone Road, NW1 5LR; 0871 894 3000; www.madametussauds.com/london
- 🚆 **Trem** Marylebone **Metrô** Baker Street **Ponto de ônibus** Marylebone Road, Baker Street
- 🕐 **Aberto** 9h30-17h30 seg-sex; 9h-18h sáb-dom
- 💷 **Preço** £99-109; ingressos por metade do preço após 17h, on-line
- ⏳ **Para evitar fila** Reserve on-line p/ não pegar fila; ingressos on-line são cerca de 10% mais baratos
- 👶 **Idade** A partir de 5 anos
- 🎨 **Atividades** Pacote de atividades familiares grátis, disponíveis on-line: www.madametussauds.com/London/BuyTickets/Families.aspx
- ⏱ **Duração** 2h
- ♿ **Cadeira de rodas** Sim, exceto p/ passeio Spirit of London; carrinho de bebê proibido nas atrações
- ☕ **Comida e bebida** Lanches Caffè Nero (Marylebone Road, NW1 5LR; 8h-18h30 seg-sex; 9h-19h30 sáb-dom) serve lanchinhos. Refeição The Boathouse (Boating Lake, Hanover Gate, Regent's Park, NW1 4NR; 0207 724 4069) oferece pizzas, massas e saladas.
- 🛍 **Loja** No saguão de saída
- 🚻 **Banheiros** A-list Party e Sports

Preços para família de 4 pessoas

⑥ Sherlock Holmes Museum
A casa do detetive mais famoso do mundo

É difícil pensar em outros museus dedicados a personagens de ficção. De fato, alguns fãs se recusam a acreditar que o grande detetive criado por Sir Arthur Conan Doyle não existiu – o que explica um dos tesouros do museu, o arquivo de cartas genuínas, escritas por pessoas de todo o mundo, pedindo ajuda a Sherlock Holmes para resolver mistérios.

Detetive repetidamente revivido por Hollywood, Holmes habita essa casa vitoriana cheia de clima. Crianças não familiarizadas com as histórias podem ficar um pouco perdidas. O primeiro mistério é o endereço: porque é 221b Baker Street, entre os números 237 e 241? No interior, escadas rangem, lâmpadas a gás pipocam e o Dr. Watson se esconde no patamar, levando visitantes até o estúdio de Holmes para se sentar em

Informações
- 🌐 **Mapa** 3 A6
- 📍 **Endereço** 221b Baker Street, NW1 6XE; 020 7224 3688; www.sherlock-holmes.co.uk
- 🚆 **Trem** Marylebone **Metrô** Baker Street **Ponto de ônibus** Baker Street, Marylebone Road
- 🕐 **Aberto** 9h30-18h diariam
- 💷 **Preço** £20-30
- 🚶 **Passeios guiados** Não
- 👶 **Idade** A partir de 8 anos
- ⏱ **Duração** Até 1h
- ♿ **Cadeira de rodas** Não, devido às escadas
- ☕ **Comida e bebida** Lanches Caffè Saporito (14 Melcombe Street, NW1 6AH) tem adoráveis cupcakes. Refeição Nando's (113 Baker Street, W1U 6RS) serve saborosa comida portuguesa.
- 🛍 **Loja** Ao lado
- 🚻 **Banheiros** No subsolo

Jovens com chapéus de época na porta da frente do 221b Baker Street

sua cadeira, ou até mesmo fumar seu cachimbo. As outras cinco salas estão cheias de pistas e armas do crime de seus casos famosos. O museu é pitoresco, e até um pouco de mau gosto, e não tem muito sobre as mais recentes versões do cinema.

Para relaxar
O Regent's Park fica a 2 minutos, com pedalinhos e um playground perto do Hanover Gate.

⑦ The Wallace Collection

Armaduras reluzentes e obras de grandes pintores

A primeira impressão pode enganar. The Wallace Collection parece um típico museu silencioso e erudito numa antiga mansão de mármore repleta de candelabros e obras dos grandes mestres em molduras douradas. Até seu restaurante esplêndido tem garçons engomados e comida cara.

No entanto, The Wallace está muito interessado em atrair famílias: fez uma parceria com alunos de uma escola próxima para criar "guias acústicos" infantis e percursos investigativos, além de ter publicado um livro de arte infantil com base no acervo principal, à venda na loja.

A coleção foi curada primordialmente pelo francófilo 4º marquês de Hertford em 1800 e é especialmente forte em móveis franceses e porcelanas Sèvres – procure pelo jogo de chá de Catarina, a Grande. As crianças vão se animar mais com as salas cheias de armaduras reluzentes, entre elas de guerreiros Rajput e cavaleiros medievais. No andar superior, uma série de salões revestidos de estuque exibe artes plásticas, com Ticianos, Rembrandts e 22 Canalettos.

Para relaxar
Há um playground excelente em **Paddington Street Gardens** *(Paddington Street, W1U 4EF; idades 3-11)*, ao norte do museu.

Informações

🌐 **Mapa** 9 B2
📍 **Endereço** Hertford House, Manchester Square, W1U 3BN; 020 7563 9500; *www.wallacecollection.org*
🚗 **Trem** Marylebone **Metrô** Bond Street, Baker Street **Ponto de ônibus** Baker Street, Oxford Street
🕐 **Aberto** 10h-17h diariam
💰 **Preço** Grátis
🚩 **Passeios guiados** Passeios gerais qua, sáb, dom 11h30 e 15h; visita temática diariam 13h
👪 **Idade** A partir de 5 anos
🎨 **Atividades** Duas trilhas infantis grátis e guia multimídia com jogos touch-screen (£5). Pode-se vestir uma armadura na Conservation Gallery. Little Draw: workshops de arte, no 1º dom do mês (13h30-16h30), mais eventos familiares nas férias escolares.
🕐 **Duração** 2h
♿ **Cadeira de rodas** Sim
🍴 **Comida e bebida** Lanches Fratelli Deli Café *(108 Wigmore Street, W1U 3RW; 020 7487 3100)* tem a boa e básica comida italiana e petiscos leves. Refeição Wallace Restaurant exibe estilo francês e oferece ótimos almoços de brasserie, chás da tarde e jantar sex e sáb.
🛍 **Loja** No térreo
🚻 **Banheiros** No térreo inferior

CRIANÇADA!

Boneco de cera
Quanto tempo leva para fazer um boneco de Madame Tussauds? Comece somando os números abaixo para encontrar a resposta.

Esculpir o corpo:	350 horas
Fazer o molde:	175 horas
Inserir o cabelo:	140 horas
Fazer os olhos:	14 horas
Fazer os dentes:	28 horas
Colorir a cabeça:	49 horas
Adicionar roupas:	35 horas
Tempo total =	

Resposta no fim do quadro.

Engane um adulto
Peça que ele responda: qual o tipo de chapéu que Sherlock Holmes usava? Ele disse um chapéu de feltro? Errado! Nas histórias, Holmes usava uma cartola de seda.

FATOS SOBRE MADAME TUSSAUD

• Presa durante a Revolução Francesa, ela teve o cabelo cortado antes de ir para a guilhotina!
• Ela foi libertada, mas forçada a fazer modelos de cera das cabeças decepadas de seus amigos
• A guilhotina usada pelos revolucionários franceses está exposta na Chamber of Horrors

Aii!
Tobias Capwell, detentor da armadura na Wallace Collection, é um campeão de torneios. Quantas vezes ele foi derrubado de seu cavalo em dezesseis anos de torneios? O audioguia vai ajudar.

Resposta abaixo.

Você pode vestir uma armadura de cavaleiro medieval em *www.ictgames.com/knightinarmour.html*

Respostas: Boneco de cera 791 horas. **Aii!** Uma vez.

Uma conversa fantasiada "Meet Marie Antoinette" na Wallace Collection

Piquenique até £20; **Lanches** £20-40; **Refeição** £40-60; **Para a família** mais de £60 (base para 4 pessoas)

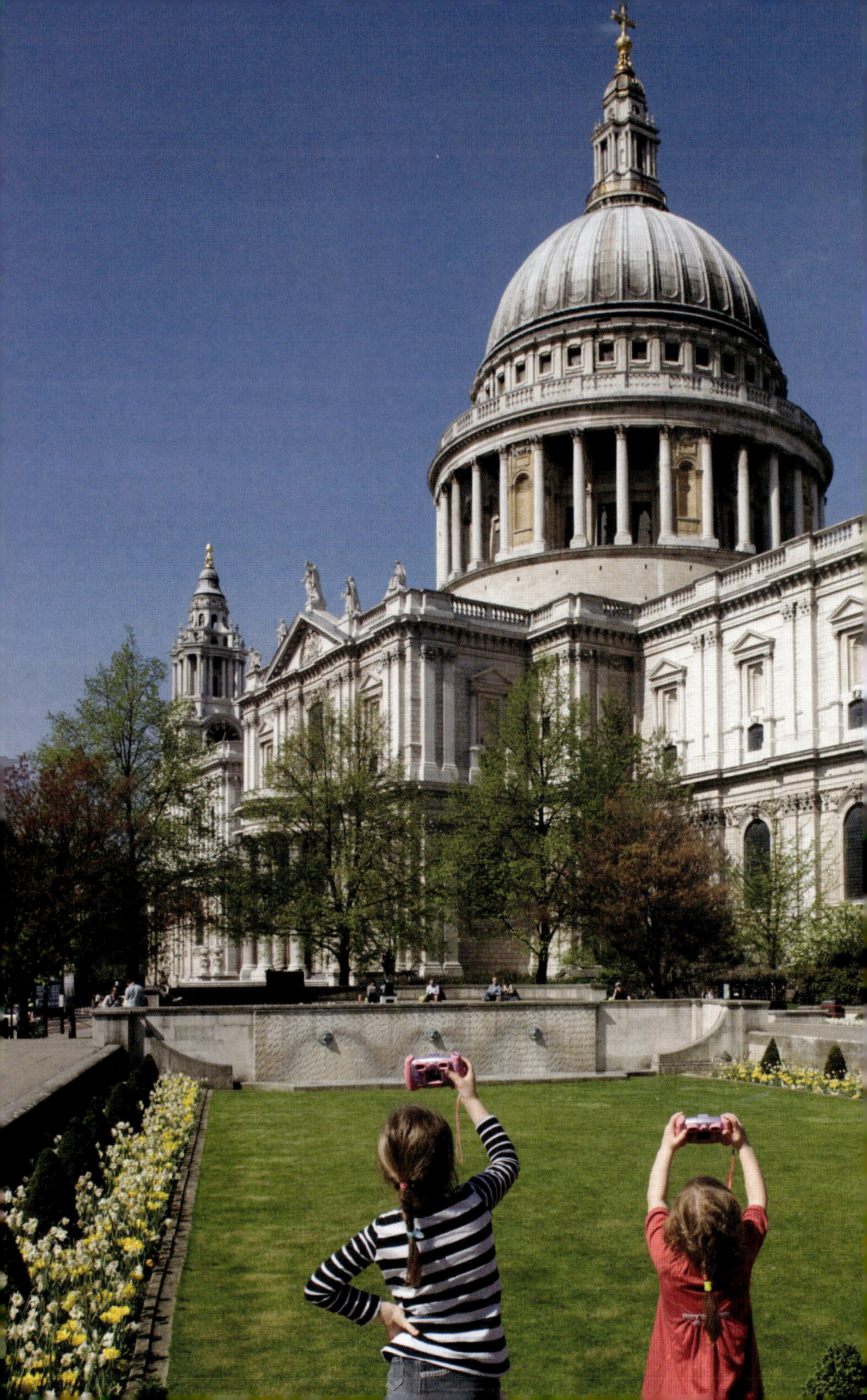

City
e East End

Hoje sinônimo de mercado financeiro global e do Bank of England, a City (ou Square Mile) é onde a cidade começou – os romanos construíram um muro em torno da região em 200 d.C., parte do qual ainda sobrevive. A área transborda história e edifícios reluzentes. O vibrante East End sofreu transformação radical desde a época de Jack, o Estripador, e agora está repleto de elegantes galerias e divertidos mercados aos domingos.

Bloomsbury e Regent's Park
City e East End
Westminster e West End
Southwark e South Bank
Kensington, Chelsea e Battersea

Principais atrações

The Monument
Subir até o topo desse memorial é muito recompensador: os 311 degraus vão dar num mirante aberto, onde venta muito, 50m acima da City (p. 124).

Torre de Londres
Os famosos Beefeaters da Torre conduzem o passeio mais divertido de Londres. Pergunte a eles o que aconteceu com o azarado duque de Monmouth (pp. 122-3).

Catedral de St Paul
É de bom-tom apenas sussurrar na igreja, mas lá no alto, dentro da cúpula, um sussurro pode chegar bem longe. A curiosa acústica conquista as crianças (pp. 130-1).

Postman's Park
Nesse local para piqueniques há um emocionante memorial: azulejos pintados à mão lembram pessoas que deram a vida para salvar seus semelhantes (p. 136).

Bank of England Museum
Esse museu é surpreendentemente receptivo às famílias. E onde mais você pode levantar um lingote de ouro mais valioso do que uma casa (p. 132)?

Os dragões da City
Dragões são os guardiões lendários da City, e é muito divertido procurá-los nas estátuas e nas placas de rua. Comece a caça em Guildhall (p. 133).

À esq. Imponente e magnífica, a Catedral de St Paul é um dos edifícios mais famosos de Londres **Acima** A fascinante casa das máquinas em Tower Bridge

O Melhor da
City e do East End

Com 300 mil trabalhadores e apenas 10 mil habitantes, a City deve ser visitada nos fins de semana. O destaque da região é o trio de grandes atrações: a Torre de Londres, a Catedral de St Paul e o Museum of London, um dos mais interessantes para famílias. Além disso, afastada dos arranha-céus reluzentes do distrito financeiro, uma jovem e animada comunidade artística floresceu em torno do Old Spitalfields Market e da Whitechapel Gallery.

Um fim de semana na City
Para as famílias, o fim de semana ideal na City começa sábado de manhã com o Family Film Club no **Barbican** (p. 138), onde há carrinhos de atividades antes dos filmes. Há um grande refeitório para o almoço e uma lanchonete. Se o clima estiver agradável, caminhe até o **Postman's Park** (p. 136) para um piquenique. Em seguida, vá até a **Catedral de St Paul** (pp. 128-9) (fechada para visitantes dom). Lá há um guia multimídia para famílias com curiosidades secretas, especialmente para os pequenos.

No domingo, comece tomando um brunch e passeando no **Old Spitalfields Market** (p. 138). Não demore muito, porque a **Torre de Londres** (pp. 122-3) está esperando. A visita guiada por um Beefeater é uma ótima pedida, enquanto as crianças têm a oportunidade de conhecer donzelas medievais e disparar bestas na sala de armamentos. Termine o fim de semana com um lanche ali perto, em **St Katharine's Dock** (p. 126).

Na companhia dos romanos
A City de Londres foi fundada pelos romanos no século I e ainda há muitos vestígios deles por aqui. Comece pelo **Museum of London** (pp. 136-7), visitando a réplica de uma rua de 2 mil anos. O museu oferece pacote de atividades com diversões e jogos romanos para os pequenos.

Virando a esquina na Noble Street você verá a mais bem conservada ruína da muralha romana de Londres, que se estendia desde a moderna

Abaixo *O intricado chão da Catedral de St Paul, observado da Whispering Gallery*

Acima Vista da Torre de Londres a partir do rio Tâmisa
Abaixo A Guildhall Art Gallery revive o combate de gladiadores no anfiteatro romano de Londres

Tower Bridge até Blackfriars. Em seguida, caminhe para leste ao longo da Gresham Street até a **Guildhall Art Gallery** *(p. 133)* para ver os restos de um anfiteatro romano. Um show de luz e som revive os combates dos gladiadores.

Vá em direção ao sul até a Queen Victoria Street para ver as ruínas do Temple of Mithras, do século III. Em seguida, coma no **Leadenhall Market** *(p. 124)*, local do fórum romano original de Londres.

Londres das cantigas infantis

É incrível como muitas cantigas infantis inglesas têm raízes na história de Londres. Siga seu rastro, começando na **St Olave Church** *(p. 125)*, onde uma placa recorda o enterro de Old Mother Goose (Mamãe Ganso) em 1586. St Olave foi um rei norueguês do século XI que salvou Londres da invasão viking ao rebocar a London Bridge com seus navios – o que provavelmente inspirou *London Bridge Is Falling Down* (a ponte de Londres está caindo). As caveiras assustadoras na porta da igreja lembram as vítimas da Peste enterradas aqui. Acredita-se que "we all fall down" (todos nós caímos) se refere às pessoas que morreram de peste.

Em seguida, vá até **The Monument** *(p. 124)*, construído após o Grande Incêndio de 1666, para um emocionante coro. Termine na **St Mary-le-Bow Church** *(p. 131)*, cujo grande sino é mencionado na conhecida canção infantil *Oranges and Lemons* (laranjas e limões).

Dinheiro, dinheiro, dinheiro!

De tesouros piratas a barras de ouro, nenhum dinheiro escapa do segundo maior centro financeiro do mundo. Ourives se reuniram aqui pela primeira vez no século XV, e uma caminhada na Lombard Street revela as primeiras casas financeiras de Londres, com suas curiosas placas bancárias. Depois de admirar edifícios modernos, como o do Lloyd's Bank, apelidado de "Gherkin" (pepino), visite o **Bank of England Museum** *(p. 132)*, onde as crianças poderão ver uma nota de £1 milhão.

Nessa região, há cem anos, trabalhadores encontraram as joias Tudor mais bem escondidas da história: o tesouro Cheapside. Ele teria sido saqueado originalmente por piratas e atualmente está, em parte, no **Museum of London** *(pp. 136-7)*. Até essas gemas são ofuscadas, é claro, pelas joias da Coroa na **Torre de Londres** *(pp. 122-3)*.

120 | City e East End

Torre de Londres e arredores

Criada em 1078 por Guilherme, o Conquistador, para subjugar seus novos súditos anglo-saxões, a Torre de Londres estendeu sua peculiar hospitalidade a nomes como Ana Bolena, Guy Fawkes e Capitão Blood. É possível passar o dia todo se divertindo com a família aqui, por isso reserve on-line para escapar das filas e tente evitar os fins de semana. A Torre, The Monument e St Katharine's Dock têm atrações ao ar livre, portanto é bom visitar a região em um dia ensolarado.

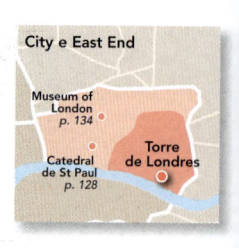

City e East End
Museum of London p. 134
Torre de Londres
Catedral de St Paul p. 128

Locais de interesse

ATRAÇÕES
1. Torre de Londres
2. The Monument
3. Leadenhall Market
4. All Hallows by the Tower
5. Tower Bridge
6. St Katharine's Dock
7. Whitechapel Gallery

● **COMIDA E BEBIDA**
1. Apostrophe
2. Ebb
3. Bodean's
4. The Perkin Reveller
5. Jonathan's Sandwiches
6. Pod
7. Pret A Manger
8. Pizza Express
9. Eat
10. Café Rouge
11. Kilikya's
12. Ping Pong

Veja também Torre de Londres (p. 122), Leadenhall Market (p. 124) e Whitechapel Gallery (p. 127)

● **HOSPEDAGEM**
1. Apex City of London
2. Grange City
3. Hamlet (UK)

A icônica Tower Bridge, com suas torres com pináculos

O enorme The Monument, que relembra o Grande Incêndio de Londres

Extrema esq. A imponente Torre de Londres, vista do outro lado do Tâmisa
À esq. A marina atraente e vibrante em St Katharine's Dock

Torre de Londres e arredores | 121

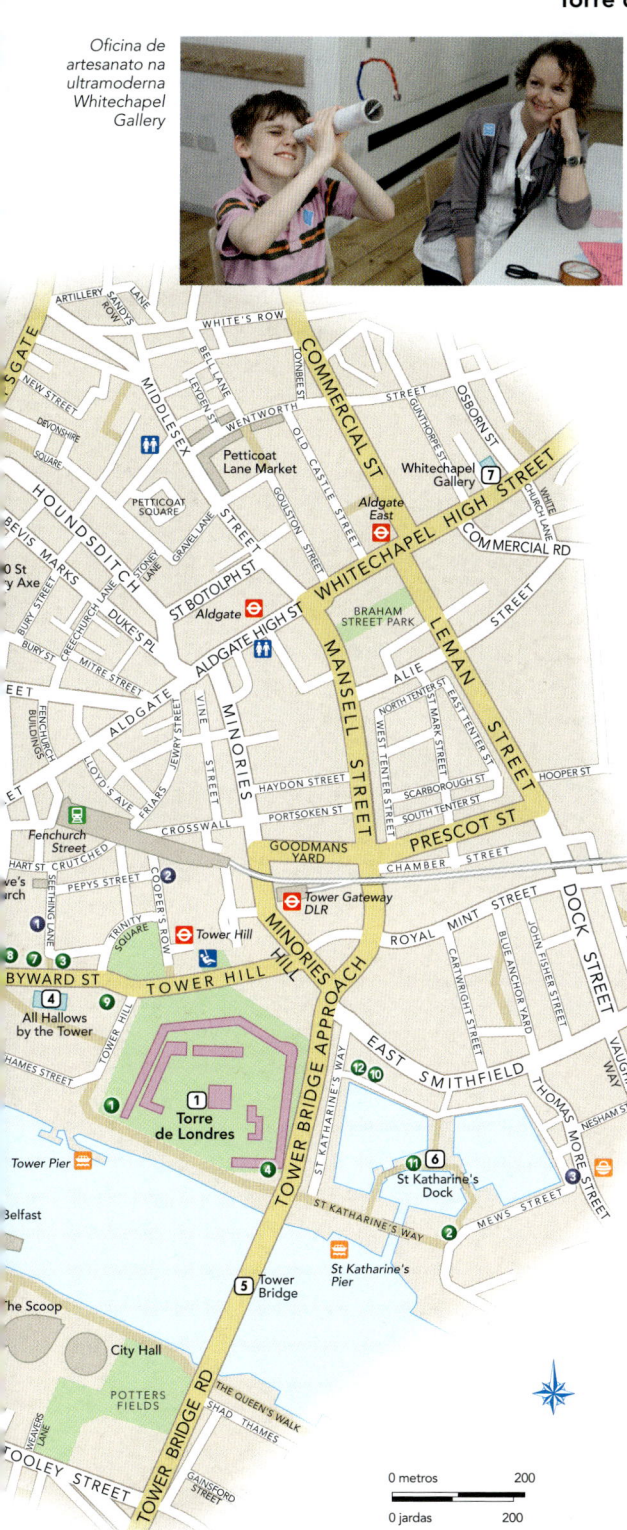

Oficina de artesanato na ultramoderna Whitechapel Gallery

Informações

🚗 **Trem** Fenchurch Street, Cannon Street ou Tower Gateway (Docklands Light Railway) **Metrô** Tower Hill, Monument, Aldgate ou Aldgate East **Ônibus** Tower Bridge Approach: rotas 42, 78, RV1; Tower Hill: 15, 25, 100; Gracechurch Street (p/ o Monument): 35, 40, 47, 48, 149, 344 **Ônibus fluvial** Tower Pier, p/ Embankment e Woolwich Arsenal via London Eye, Greenwich (0870 781 5049; www.thamesclippers.com); p/ Greenwich e Westminster via London Eye (020 7740 0400; www.citycruises.com). St Katharine's Pier, circular p/ Westminster via Embankment, Festival Pier, Bankside Pier (020 7936 2033; www.crownriver.com); p/ Westminster e Thames Barrier via Greenwich (020 7930 4097; www.thamesriverservices.co.uk)

ℹ️ **Informação turística** Veja pp. 128-9

🛒 **Supermercados** Tesco Metro, 6 Eastcheap, EC3M 1AE; ou (muito maior) Waitrose com 41 Thomas More Street, St Katharine's Dock, E1W 1YY **Mercados** St Katharine's Dock (comida), 10h-16h sex. Leadenhall Market (geral), 11h-16h seg-sex. Petticoat Lane Market (vestuário), Middlesex Street, E1 10h-14h30 seg-sex; 9h-14h dom

🎪 **Festivais** City of London Festival, música e artes (jun-jul); The Mayor's Thames Festival, Tower Bridge (set); City Life Family Festival, Leadenhall Market (set); Leadenhall Market Winter Festival e Luzes de Natal (a partir de meados nov)

➕ **Farmácias** Boots, 54 King William St, EC4R 9AA (7h30-19h seg-sex). Procure farmácias 24h em www.nhs.uk/servicedirectories

🛝 **Playground** Tower Hill Gardens, esquina de Tower Hill com Minories Hill

① Torre de Londres
Um castelo de livro pop-up na Londres moderna

Com sua história de decapitações, assassinatos de crianças e torturas, a torre exerce fascínio sanguinolento sobre as crianças. Há patrulhas nas muralhas, escadas em caracol, locais de execução e câmaras cheias de tesouros. Os interiores são interativos: conheça um menestrel no palácio medieval de Henrique III, experimente um capacete e dispare uma besta na White Tower. Tocar as joias da Coroa ainda é proibido: na última vez em que os guardas permitiram, em 1671, o coronel Blood tentou enfiá-las dentro das calças.

Guarda Beefeater da Torre

Destaques

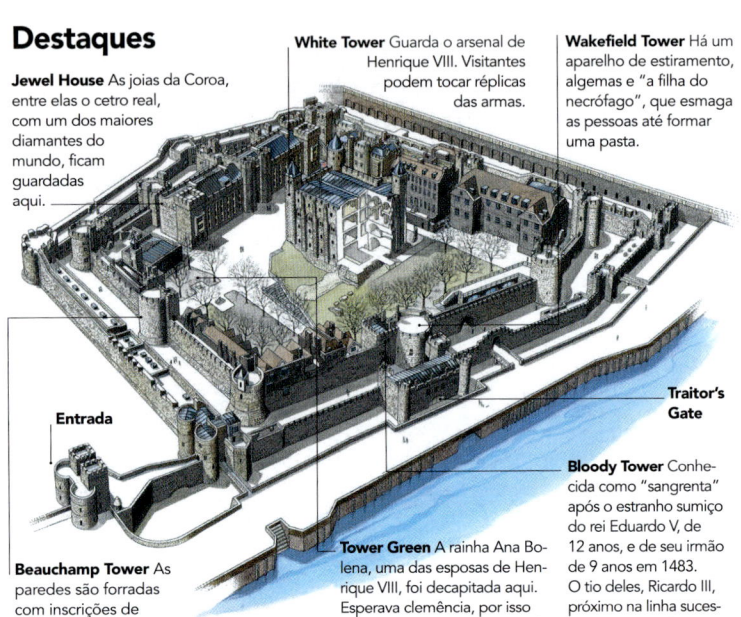

Jewel House As joias da Coroa, entre elas o cetro real, com um dos maiores diamantes do mundo, ficam guardadas aqui.

White Tower Guarda o arsenal de Henrique VIII. Visitantes podem tocar réplicas das armas.

Wakefield Tower Há um aparelho de estiramento, algemas e "a filha do necrófago", que esmaga as pessoas até formar uma pasta.

Entrada

Beauchamp Tower As paredes são forradas com inscrições de prisioneiros. A inscrição "Jane" lembra Lady Jane Grey, executada aos 17 anos.

Tower Green A rainha Ana Bolena, uma das esposas de Henrique VIII, foi decapitada aqui. Esperava clemência, por isso não havia caixão. Foi enterrada em uma caixa de flechas.

Traitor's Gate

Bloody Tower Conhecida como "sangrenta" após o estranho sumiço do rei Eduardo V, de 12 anos, e de seu irmão de 9 anos em 1483. O tio deles, Ricardo III, próximo na linha sucessória ao trono, é o principal suspeito.

Traitors' Gate Prisioneiros, muitos deles a caminho da morte, chegavam de barco pelos portões.

Os corvos Abrigados à noite, seis corvos são os únicos prisioneiros atualmente. Diz a lenda que, se um dia eles escaparem, o reino irá ruir.

Informações

🌐 **Mapa** 12 G4
Endereço Torre de Londres, EC3N 4AB; 0844 482 7777; www.hrp.org.uk/toweroflondon

🚆 **Trem** London Bridge, Fenchurch Street, Tower Gateway (Docklands Light Railway – DLR) **Metrô** Tower Hill **P. de ônibus** Tower Bridge Approach, Tower Hill **Ônib. fluvial** Tower Pier e St Katharine's Pier

🕐 **Aberto** Mar-out, ter-sáb 9h-17h30; dom-seg 10h-17h30; nov-fev até 16h30 (última entrada 30min antes)

💷 **Preço** £5
Para evitar fila Reserve ingressos on-line (preços mais baratos também); ou vá um dia antes da visita à bilheteria de Tower Hill

🚩 **Passeios guiados** Visitas de 45min grátis, a cada meia hora; temáticas, com áudio (taxa extra)

👫 **Idade** A partir de 5 anos, mas a exposição sobre tortura e o Yeoman Warder podem assustar

🏃 **Atividades** Livros de atividades grátis disponíveis no Welcome Centre. Trilhas familiares p/ download e um kit Explore que também inclui o HMS *Belfast* e a Tower Bridge. Intérpretes fantasiados diariam na St Thomas's Tower, além de dias de diversão p/ família no 1º sáb do mês e eventos infantis regulares nas férias escolares. Rinque de gelo na Tower Moat, nov-jan (taxa extra); www.toweroflondonicerink.com

⏱ **Duração** Pelo menos meio dia

♿ **Cadeira de rodas** Limitado – há um mapa p/ download no site que mostra as áreas acessíveis

☕ **Café** O Armouries Café oferece refeições p/ crianças, cadeirões e micro-ondas p/ comida de bebê

🛍 **Lojas** Cinco lojas vendem armaduras de brinquedo, livros e doces

🚻 **Banheiros** Atrás do Waterloo Block

Bom para a família
É a atração mais popular de Londres – merecidamente.

Preços para família de 4 pessoas

Torre de Londres e arredores | 123

Piquenique ao sol no gramado da Torre de Londres

Para relaxar
Há muito espaço para correr no interior da torre, junto das muralhas e nos gramados. Na **Tower Wharf**, junto ao rio, em vez de carros há bancos para piquenique, além dos canhões para escalar. Outra opção é cruzar Tower Hill até **Minories Hill**, onde você encontrará um playground novo com balanços e escorregadores.

Comida e bebida
Piquenique: até £20; Lanches: £20-40; Refeição: £40-60; Para a família: £60 ou mais (base para 4 pessoas)

PIQUENIQUE Piqueniques são incentivados na torre. Experimente o fosso (durante o verão), os bancos em torno da White Tower ou a Tower Wharf, na beira do rio, onde o premiado ca- fé **Apostrophe** (8h-18h diariam) vende ótimos sanduíches.
LANCHES Vá para ao **Ebb** em St Katharine's Dock (Ivory House, E1W 1AT; 020 7702 9792), um gracioso café à beira do rio que vende bons milkshakes e tem assentos confortáveis e ambiente animado.
REFEIÇÃO Bodean's (16 Byward Street, EC3R 5BA; 020 7488 3883; www.bodeansbbq.com; 12h-23h, até 22h30 dom) serve pratos quentes de churrasco, saladas deliciosas e opções vegetarianas. Criança acompanhada de adulto não paga entre 12h e 17h, diariamente.
PARA A FAMÍLIA The Perkin Reveller (The Wharf, EC3N 4AB; 020 3166 6949; www.perkinreveller.co.uk; 9h-23h diariam, até 17h domseg), um salão de refeições moderno com vista para o Tâmisa, serve comida deliciosa, feita com ingredientes britânicos da estação.

Saiba mais
INTERNET Veja se você é capaz de vestir uma armadura, pegar uma arma e desafiar o rei Henrique VIII em henryviiidressedtokill.viral-game.co.uk/. Para mais informações divertidas, jogos e fotos, acesse www.hrp.org.uk/palacekids.

Próxima parada...
TRINITY SQUARE GARDENS Do outro lado de Tower Hill, nesse parque (Tower Hill, EC3N) uma placa marca o local do cadafalso onde 125 clérigos e nobres foram decapitados publicamente enquanto malabaristas e acrobatas entretinham o público. Suas cabeças foram expostas ao longo da London Bridge.

C RIANÇADA!

Engane um adulto!
Conte esta charada a um adulto desavisado. Treze torres no muro interno, seis torres no muro externo... Quantas torres a Torre de Londres tem no total? Resposta correta: vinte. Com certeza ele vai esquecer de contar a White Tower no meio!

Triste fim
Pesquise na torre e tente ligar esses prisioneiros a seus destinos: decapitado; torturado; perdoado; escapou...
1 Guy Fawkes Conspirador que tentou explodir o Parlamento
2 Coronel Blood Aventureiro ousado que tentou roubar as joias da Coroa
3 Sir Walter Raleigh Explorador que escreveu uma história do mundo enquanto estava preso
4 Conde de Nithsdale Rebelde que queria derrubar o rei Jorge I

Respostas no fim do quadro.

Enigma da escada
As escadas em caracol da torre sobem no sentido horário. Você consegue descobrir por quê?

Resposta no fim do quadro.

O ZOO REAL
Os reis costumavam manter animais exóticos na torre. Entre eles havia um urso cinzento chamado Martin, um elefante que bebia vinho e um urso polar que gostava de pescar salmão no rio Tâmisa.

Respostas: Triste fim 1 Estudado até a noite. **2** Libertado após convencer o rei. **3** Enviado para encontrar ouro na América do Sul, mas decapitado na volta. **4** Fugiu vestindo as roupas da mulher, apesar de ter barba! **Enigma da escada** Assim é mais fácil se defender. Os agressores subindo as escadas não podem usar livremente o braço da espada (mão direita).

Crianças lutam de espada com a impressionante vista da Torre ao fundo

② The Monument
Suba até o terraço para ver Londres

Três séculos antes da London Eye, era possível admirar a vista da cidade de 50m de altura. Mas é preciso se esforçar: são 311 degraus em espiral até o mirante no topo de The Monument, erguido por Sir Christopher Wren na década de 1670 para lembrar o Grande Incêndio de Londres.

O incêndio de setembro de 1666 começou em uma padaria perto de Pudding Lane e três dias depois havia reduzido a cinzas 13 mil casas, 87 igrejas e a Catedral de St Paul. A boa notícia: o fogo também venceu a Grande Peste, que havia dizimado 100 mil pessoas no ano anterior.

The Monument ainda é a coluna individual mais alta do mundo e deve ter sido uma maravilha em sua época. Wren construiu um laboratório no porão para realizar seus experimentos, mas logo a coluna foi aberta para visitantes. A subida é um desafio para pernas pequenas, mas vale a pena emergir entre as torres e arranha-céus da Londres moderna. Os telescópios não valem a pena; portanto, desfrute a vista fabulosa. Há um certificado para todos que descem intactos.

Para relaxar
Ainda tem algum fôlego depois de tantos degraus? Poucos minutos a leste, via Lower Thames Street, estão as ruínas da bombardeada igreja **St Dunstan in the East** *(Hill Dunstan, EC3R)*, agora um jardim perfeito para um piquenique.

O mirante panorâmico no topo do grandioso Monument de Wren

Preços para família de 4 pessoas

Informações
- **Mapa** 12 F4
- **Endereço** Monument Street, EC3R 8AH; 020 7626 2717; www.themonument.info
- **Trem** London Bridge ou Fenchurch Street **Metrô** Monument **Pt. de ônibus** Gracechurch Street
- **Aberto** 9h30-17h30 diariam (última entrada 17h)
- **Preço** £9; ingresso combinado c/ Tower Bridge Exhibition £36
- **Para evitar fila** Nos fins de semana, chegue antes das 11h se não quiser esperar
- **Idade** A partir de 5 anos
- **Duração** 30min
- **Cadeira de rodas** Não
- **Comida e bebida** *Piquenique* Jonathan's Sandwiches *(17 Cullum St, EC3M 7JJ)* vende excelentes sanduíches de salt beef. *Lanches* Pod *(75 King William St, EC4N 7BE; 020 7283 7460)* tem boas saladas, noodles e wraps.
- **Banheiros** Perto da Monument Street

③ Leadenhall Market
De Dick Whittington a Harry Potter

Esse local tem fascinantes 600 anos de história, que saltam aos olhos. O labirinto de arcadas revestidas de paralelepípedos é envolto em belos adornos de ferro e iluminado por lanternas da época; os pilares reluzem em cores fortes de carrossel: vinho, creme e verde. Dragões rosnando protegem todos os cantos, há tabernas caóticas e bancas de engraxates. É como olhar em um caleidoscópio vitoriano.

O centro da Londres romana ficava aqui: as ruínas da basílica do século I, grande como a Catedral de St Paul, estão no subsolo da Lamb Tavern. Em 1411, o comerciante Richard (Dick) Whittington, famoso pela pantomima, doou Leadenhall para a City de Londres. Por volta dos anos 1800, esse já era o mercado mais bem abastecido da Europa, especializado em carne e caça.

As arcadas foram projetadas em 1881 e hoje abrigam açougues e lojas de queijo gourmet, brasseries e bares, além das docerias Pandora's Box e Ben's Cookies. Leadenhall vai agradar ainda mais no almoço em família quando você revelar a ligação do local com Harry Potter. A Bull's Head Passage foi transformada em Beco Diagonal, onde o herói compra sua varinha em *Harry Potter e a pedra filosofal*.

Para relaxar
Vá em direção à Torre de Londres até o excelente playground na esquina da Minories (p. 123).

O interior do histórico Leadenhall Market, com seus cafés movimentados

Informações
- **Mapa** 12 F3
- **Endereço** Gracechurch Street, EC3V 1LR; www.leadenhallmarket.co.uk
- **Trem** Fenchurch Street, Bank (DLR) **Metrô** Bank ou Monument **P. de ônibus** Gracechurch Street
- **Aberto** Seg-sex 7h-18h30; barracas 11h-16h
- **Preço** Grátis
- **Para evitar fila** Chegue antes das 13h, quando as lanchonetes ficam cheias de trabalhadores da City
- **Atividades** Winter Festival com shows na hora do almoço (meados nov); City Lights Family Festival, set
- **Cadeira de rodas** Sim
- **Comida e bebida** *Lanches* Chop'd *(1 Leadenhall Mkt, EC3V 1LR)* serve substanciosos porém saudáveis cozidos, sopas e sanduíches. *Refeição* Ortega *(26-27 Leadenhall Mkt, EC3R 5AS)* lota no almoço, mas tem boas tapas.
- **Banheiros** Na Monument Street

Torre de Londres e arredores | 125

Relevo de crânios e ossos acima da entrada da St Olave Church

④ All Hallows by the Tower

Boadiceia, decapitados... e decalque

A igreja mais antiga de Londres está lotada, até o topo da torre, de histórias peculiares, das batalhas de Boadiceia e corpos decapitados até as brasas ardentes do Grande Incêndio de 1666.

Comece pela cripta, onde um pedaço de pavimento do século II foi descoberto intacto em 1926, juntamente com uma camada de cinzas da época em que a rainha Boadiceia queimou a cidade em 60 d.C. Há também uma maquete complexa da Londres romana e restos de cerâmica da era do império.

Salte para a época dos saxões: um arco original da igreja do século VII foi revelado repentinamente quando uma bomba explodiu no local durante a Segunda Guerra Mundial. No século XVI, All Hallows recebia os cadáveres sem cabeça do cadafalso de Henrique VIII *(p. 123),* entre eles o de Sir Thomas More. A igreja sobreviveu ao Grande Incêndio de Londres graças ao raciocínio rápido do almirante William Penn (pai do Penn da Pennsylvania), que explodiu os prédios vizinhos para criar um corta-fogo. Enquanto isso, o vizinho de Penn, Samuel Pepys, escalou a torre para assistir ao incêndio – após enterrar seu valioso queijo parmesão no jardim.

Se isso não impressionar as crianças, elas podem levar para casa um cavaleiro medieval: o centro de visitantes da igreja oferece sessões de decalque dos relevos da igreja nas tardes da semana.

Para relaxar
Cruze a Byward Street até os Seething Lane Gardens e a St Olave's Church, interessante pelas caveiras assustadoras e sepulturas da época da Peste. A mulher que teria trazido a peste para Londres está enterrada aqui, com a personagem da cantiga *Mother Goose* (Mamãe Ganso).

Acima Arco saxão original do século VII em All Hallows
Abaixo Pavimento romano exposto dentro de All Hallows

Informações

🗺️ **Mapa** 12 G4
Endereço Byward Street, EC3R 5BJ; 020 7481 2928; www.ahbtt.org.uk

🚆 **Trem** Fenchurch Street, Tower Gateway (DLR) **Metrô** Tower Hill, Monument **P. de ônibus** Tower Hill

🕐 **Aberto** 8h-17h seg-sex (até 18h qua); 10h-16h sáb (até 13h dom); culto eucarístico cantado, 11h dom

💰 **Preço** Grátis

Atividades Polimento de insígnias quase todo fim de semana 14h-16h, £5 (ligue antes). Eventuais caminhadas temáticas na City, £6 (www.londoncitywalks.co.uk). Visitas grátis à igreja quase todas as tardes (abr-set)

♿ **Cadeira de rodas** Sim

Comida e bebida Piquenique Pret A Manger *(12 Byward Street, EC3R 5AS; 7h-18h seg-sex, 9h-17h sáb-dom; www.pret.com)* oferece bons sanduíches e saladas. **Refeição** Pizza Express *(1 Byward Street, EC3R 7QN; 11h30-23h seg-sáb, 11h30-17h dom; 020 7626 5025; www.pizzaexpress.com)* é um eterno favorito entre as famílias.

🚻 **Banheiros** No Tower Place, ao lado

CRIANÇADA!

Qual é mais alto?
Suba até o topo de The Monument e procure por estas famosas atrações de Londres. Você consegue ordená-las da mais baixa para a mais alta? Não se esqueça de que as construções parecem menores quando estão longe!
1 "The Gherkin"
2 Catedral de St Paul
3 Canary Wharf Tower
4 London Eye
5 Crystal Palace TV Tower

Respostas no fim do quadro.

Incendiário
Como achar o lugar onde começou o Grande Incêndio de Londres? Fácil: The Monument tem 61m de altura, exatamente a distância de onde o fogo surgiu, a oeste. Então, dê 61 passos de elefante em direção ao leste e você vai chegar lá. Em casa, você pode ajudar Tom Porter, de 8 anos, a combater o Grande Incêndio, se registrando em www.fireoflondon.org.uk/game.

Ganso, ganso, ganso...
Você consegue identificar os antigos ganchos de carne vitorianos no Leadenhall Market? Animais vivos eram trazidos para cá para serem abatidos e vendidos. Uma ave de sorte foi o ganso Old Tom, que escapou da faca do açougueiro e virou mascote do mercado. Ele morreu em 1835, aos 38 anos, e repousa aqui, para que todos possam prestar homenagens.

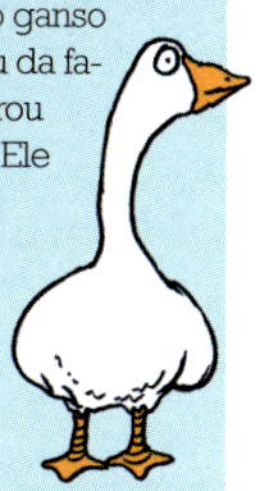

Respostas: 1 180m, 2 111m, 3 235m, 4 135m, 5 219m. Muito mais alto do que todos é o novo edifício "Shard", do outro lado do rio, com 310m.

Piquenique até £20; **Lanches** £20-40; **Refeição** £40-60; **Para a família** mais de £60 (base para 4 pessoas)

City e East End

A Tower Bridge aberta para permitir a passagem de barco com mastro alto

⑤ Tower Bridge
A lenda do motorista do ônibus voador

"Vergonhosa... pretensiosa... absurda." Quando a Tower Bridge foi inaugurada em 1894, os críticos de arquitetura não tinham em grande conta o extravagante projeto gótico de Horace Jones. Hoje, ela é o maior ícone de Londres, e sua ponte basculante elevadiça (a parte da "gangorra") ainda é aberta mil vezes por ano para permitir a passagem dos navios. A pintura nas cores patrióticas, feita pela primeira vez em 1977 para comemorar o 25º aniversário da subida de Elizabeth II ao trono, usou 22 mil litros de tinta vermelha, branca e azul.

As passarelas no alto da ponte foram projetadas para pedestres, mas ninguém queria subir os 300 degraus para chegar até lá. Hoje, um elevador transporta os visitantes nos 42m até os pórticos duplos, com vistas de tirar o fôlego ao longo do rio. Os pequenos podem precisar de colo para sentir todo o impacto da vista, embora devam ficar ocupados com o kit de exploração e os adesivos a recolher durante o percurso.

Objetos em exposição revelam curiosidades, entre elas as histórias de baleias extraviadas, pilotos de caça insolentes e Albert Gunter, o "motorista de ônibus voador", lançado ao ar em 1952 quando os basculantes abriram enquanto seu ônibus nº 78 atravessava a ponte.

Na sala das máquinas vitoriana estão as turbinas a vapor que moveram a ponte até 1976, quando foram substituídas por eletricidade, petróleo e energia hidráulica. Ali, as crianças podem se familiarizar com maquetes interativas: por exemplo, sentar o irmão na cadeira, virar uma alavanca e ver ele ser ejetado.

Para relaxar
No extremo sul da ponte, à direita de quem cruza de norte para sul, fica **Potters Fields** (www.pottersfields.co.uk). É talvez o local de piquenique com a melhor vista em Londres.

⑥ St Katharine's Dock
O tesouro flutuante de Londres

Escondida atrás de uma falange de edifícios altos, St Katharine's Dock é uma das mais belas enseadas de Londres. Força motriz da Revolução Industrial no passado, foi transformada em uma bela marina pontuada por cafés e iates. É um ótimo lugar para relaxar depois de passear na Torre de Londres.

As raízes da Dock como centro de transportes remontam ao século X, quando o rei Edgar concedeu a treze cavaleiros 5ha de terra e permissão para o comércio. Ela se tornou uma área mercantil próspera e importante ao longo dos séculos. Na década de 1820, o grande engenheiro civil Thomas Telford construiu as docas que vemos hoje, e seus armazéns passaram a receber tesouros de todo o Império Britânico – mármore, marfim, vinho, especiarias e perfumes. Até os anos 1930, considerava-se que St Katharine abrigava a maior concentração mundial de riqueza em trânsito.

Atualmente, os armazéns foram transformados em escritórios e o dinheiro passou das cargas para os barcos. Para as crianças, um passeio entre os iates é uma experiência gloriosa da vida flutuante.

Para relaxar
Para chegar ao playground de

Barcos na bela marina em St Katharine's Dock

Informações

🌐 **Mapa** 12 H5
Endereço Tower Bridge Road, SE1; 020 7403 3761; www.towerbridge.org.uk
🚗 **Trem** Fenchurch Street, London Bridge, Tower Gateway (DLR)
Metrô Tower Hill **P. de ônibus** Tower Bridge Approach **Ônib. fluvial** Tower Pier, St Katharine's Pier
🕐 **Aberto** Abr-set 10h-18h30; out-mar 9h30-17h30 (última entrada 1h antes)
💷 **Preço** £18-24, até 5 anos grátis; ingressos combinados com The Monument £26-36
🎫 **Para evitar fila** Compre ingressos on-line para fugir das filas
👥 **Pass. guiados** Disponíveis p/ grupos de dez ou mais pessoas (taxa extra)
👫 **Idade** A partir de 5 anos
🎨 **Atividades** Um passaporte para crianças na bilheteria tem adesivos colecionáveis. Faça o download do Kit Explore com antecedência (cobre também Torre de Londres, HMS *Belfast* e All Hallows by the Tower). Atividades nas férias escolares podem incluir jogos vitorianos e contação de histórias.
⏱ **Duração** 1h
♿ **Cadeira de rodas** Sim, elevadores e uma rota alternativa por rampas
☕ **Comida e bebida** *Piquenique* Eat (2 Tower Hill Terrace, EC3N 4EE; 0871 971 4803) é uma rede de bares que servem wraps, salgados, sanduíches e sucos com produtos frescos. *Refeição* Café Rouge (50 St Katharine's Way, St Katharine's Dock, E1W 1AA; 020 7702 0195; www.caferouge.co.uk) é um bistrô francês em um lindo local ao lado de St Katharine's Dock.
🛍 **Loja** No final da visita
🚻 **Banheiros** Na South Tower e nas Engine Rooms

Preços para família de 4 pessoas

Informações

🌐 **Mapa** 12 H5
Endereço St Katharine's Way, E1W 1LA; 020 7488 0555; www.skdocks.co.uk

🚇 **Trem** Fenchurch Street, Tower Gateway (DLR) **Metrô** Tower Hill **P. de ônibus** Tower Hill Approach, East Smithfield **Ônibus fluvial** St Katharine's Pier, Tower Pier

🎭 **Atividades** Empório de alimentos sex, junto à Dickens Inn (10h-16h). Veja no site os horários de abertura da eclusa – boa hora p/ ver barcos entrando e saindo da doca.

👶 **Idade** Livre

⏱ **Duração** Até 1h

♿ **Cadeira de rodas** Sim

☕ **Comida e bebida** *Piquenique* Kilikya's (St Katharine's Dock, E1W 12 AT) serve doces, entradas, smoothies e sucos naturais. *Refeição* Ping Pong (Tower Bridge House, E1W 1BA) tem boa comida chinesa.

🚻 **Banheiros** Perto do café Starbucks (Cloister Walk, E1W 1LA)

Tower Hill/Minories (p. 123), basta atravessar a passagem subterrânea da estação de metrô Tower Hill.

⑦ Whitechapel Gallery

Arte de ponta

Uma menininha sendo ameaçada por uma tarântula malévola. Um urso de pelúcia fofinho sendo eviscerado de modo terrível. Quando está escolhendo artistas para realizar uma nova exposição para crianças, a Whitechapel Gallery gosta de ousar.

A galeria está na vanguarda da

A Whitechapel Gallery tem oficinas de arte para as crianças

arte contemporânea desde 1901, apresentando ao público britânico nomes como Frida Kahlo, Jackson Pollock e Gilbert & George. Em 2009, uma reforma de £13 milhões dobrou o espaço de exposição e criou um estúdio dedicado às crianças no piso superior. A mostra dos Chapman Brothers no verão de 2010 é emblemática da abordagem provocadora da Whitechapel em arte para crianças.

A galeria oferece oficinas gratuitas e dias da família na maioria dos fins de semana, além de cursos de um ou dois dias (o custo varia) inspirados em – e muitas vezes ministrados por – artistas. Sempre é possível pegar o kit detetive de arte Make It Yours, com adesivos e materiais para desenhar.

Para relaxar

Passe a estação de metrô Aldgate para chegar a um playground que dá vista para a Torre de Londres (p. 123).

Informações

🌐 **Mapa** 12 H2
Endereço 77-82 Whitechapel High Street, E1 7QX; 020 7522 7888; www.whitechapelgallery.org

🚇 **Trem** Liverpool Street, Tower Gateway (DLR) **Metrô** Aldgate East **Ponto de ônibus** Whitechapel High Street, rotas 15, 25, 115, 135

🕐 **Aberto** Ter-dom 11h-18h; qui até 21h

💰 **Preço** Grátis; exposições temporárias têm entrada paga

👶 **Idade** A partir de 4 anos

🎭 **Atividades** Trilhas grátis para crianças de 4-12 anos; workshops nos fins de semana normais e nas férias escolares (acesse o site)

⏱ **Duração** 1h

♿ **Cadeira de rodas** Sim

☕ **Comida e bebida** *Lanches* O café-bar da galeria afirma ter os melhores brownies de Londres. *Para a família* Se preferir algo mais sofisticado, tente a Gallery Dining Room

🛍 **Loja** Vende livros e cartões

🚻 **Banheiros** No térreo, no subsolo e no 2º andar

CRIANÇADA!

Qual ponte?

1 Qual das pontes de Londres, inaugurada em 2000, foi apelidada de "Wobbly Bridge" porque balançava quando as pessoas a atravessavam? (*Wobbly* é "oscilante", em inglês.)

2 Qual famosa ponte foi vendida para um empresário norte-americano e reconstruída pedra por pedra no Arizona?

3 Qual ponte é conhecida como "Ladies Bridge" por ter sido construída por mulheres enquanto os homens lutavam na Segunda Guerra Mundial?

Respostas no fim do quadro.

Voando alto

A travessia mais espetacular da Tower Bridge foi feita por Robbie Maddison, que deu um salto mortal de costas enquanto cruzava a ponte aberta em sua moto, 30m acima do rio, em 2009. Assista a um filme da façanha na torre. Mas isso não é nada. Robbie detém o recorde mundial de salto mais longo em moto, com 106,9m (mais de dez ônibus!).

Trilha das esculturas

As esculturas espalhadas por St Katharine's Dock trazem de volta algumas das riquezas antes negociadas no local. Veja se consegue achar um par de elefantes, um pavão e uma tartaruga. Quais bens preciosos você acha que esses animais forneciam?

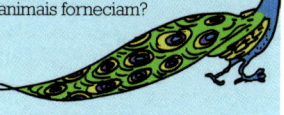

Respostas: Pontes 1 Millennium Bridge 2 London Bridge 3 Waterloo Bridge. Trilha das esculturas Elefantes, marfim; pavões, penas para chapéus e leques; tartarugas, cascos para joias.

Piquenique até £20; Lanches £20-40; Refeição £40-60; Para a família mais de £60 (base para 4 pessoas)

City e East End

Catedral de St Paul e arredores

Reduzida a brasas pelo Grande Incêndio de Londres em 1666, a mais grandiosa igreja de Londres deve sua magnificência moderna ao famoso arquiteto renascentista Christopher Wren, que dedicou quase 40 anos a essa obra-prima. É melhor visitá-la aos fins de semana, e chegar a pé cruzando a passarela para pedestres que sai da Millennium Bridge garante o máximo impacto para as crianças. Participe de um passeio guiado (grátis para menores de 12 anos) que parte do City of London Information Centre, em seguida suba até a famosa cúpula da catedral e aprecie a vista fantástica da cidade.

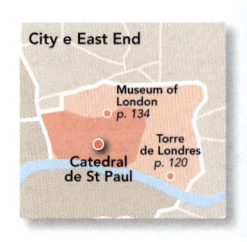

City e East End
- Museum of London p. 134
- Catedral de St Paul
- Torre de Londres p. 120

A Millennium Bridge, que liga a Tate Modern, em Bankside, à Catedral de St Paul e à City

Locais de interesse

ATRAÇÕES
1. Catedral de St Paul
2. Bank of England Museum
3. Dr Johnson's House
4. Guildhall Art Gallery

● **COMIDA E BEBIDA**
1. Tea
2. The Café at St Paul's
3. Byron
4. Barbecoa
5. Chop'd
6. Tortilla
7. The Natural Kitchen
8. Ye Olde Cheshire Cheese
9. Hummus Bros
10. The Café Below

● **HOSPEDAGEM**
1. Cheval Calico House

Mosaico de crocodilo no túmulo de Nelson na Catedral de St Paul, feito por mulheres presas em Woking Gaol no século XIX

A Whispering Gallery na Catedral de St Paul – um sussurro contra as paredes pode ser ouvido no lado oposto

Catedral de St Paul e arredores | 129

Informações

🚗 **Trem** Blackfriars, Cannon Street, City Thameslink
Metrô St Paul's, Mansion House
Ônibus Fleet Street/Cannon Street: rotas 4, 11, 15, 23, 26, 76, 172; Threadneedle Street (p/ Bank of England): 8, 11, 23, 26, 242, 388; Cheapside (p/ Guildhall): 8 e 25 **Ônibus fluvial** Blackfriars Pier, somente nos fins de semana, entre London Eye e Woolwich (0870 781 5049; www.thamesclippers.com); e Blackfriars Pier p/ Putney via Chelsea (01342 820600; www.thamesrivertaxi.com)

ℹ️ **Informação turística** City of London Information Centre, St Paul's Churchyard, EC4M 8BX

🍴 **Supermercados** M&S Simply Food, 3a One New Change, EC4M 9AF; Sainsbury's Local, 10 Paternoster Square, EC4M 7DX; Tesco Metro, 80b Cheapside, EC2V 6EE **Mercados** Leadenhall Market (alimentos finos), 11h-16h seg-sex; Leather Lane Market (norte do Holborn Circus; bancas), 9h-14h30 seg-sex

🎭 **Festivais** London Maze, festival de História, Guildhall (abr); City of London Festival, música e artes (jun-jul); Pearly Kings and Queens Harvest Festival, St Mary-le-Bow (set); The Lord Mayor's Show, procissão a partir da House e fogos de artifício (2º sáb nov); Natal na St Paul's, corais e cultos (dez)

➕ **Farmácias** Boots, 107 Cheapside, EC2V 6DN (7h-19h dias úteis; 9h-18h sáb; 10h-16h dom); procure por farmácias 24h em www.nhs.uk/servicedirectories

🛝 **Playground** Fortune Street Park, Fortune Street, EC1 0RY (norte do Barbican)

Uma experiência tátil com um lingote de ouro no Bank of England Museum

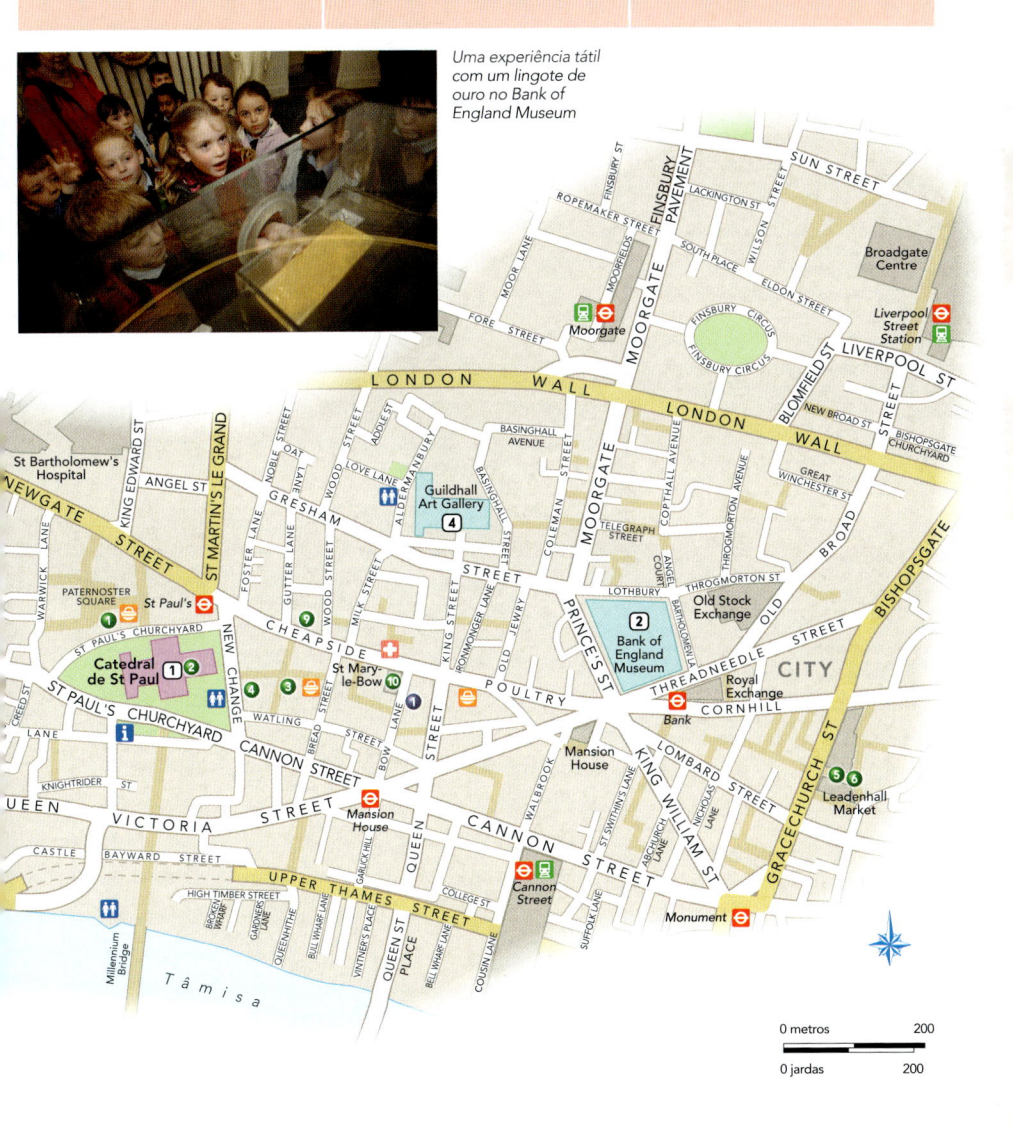

0 metros 200
0 jardas 200

① Catedral de St Paul
Possivelmente, a igreja mais espetacular da cristandade

Com o maior sino da Grã-Bretanha, a maior cripta da Europa e uma cúpula de 64 mil toneladas, St Paul é um edifício superlativo. Sua cripta sombria está cheia de memoriais famosos, entre eles os do duque de Wellington, de Florence Nightingale e do Almirante Nelson, mas as crianças vão adorar mesmo é contar os degraus até a Whispering Gallery, onde poderão criar efeitos sonoros mágicos. O audioguia para famílias garante a diversão, com desenhos, testes de conhecimentos e curiosidades que deslumbram até adultos.

Monumento a Wellington

Informações

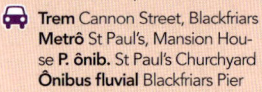

- **Mapa** 11 D3
  Endereço Sala Capitular, no St Paul's Churchyard, EC4M 8AD; 020 7246 8350 ou 020 7246 8357; www.stpauls.co.uk
- **Trem** Cannon Street, Blackfriars **Metrô** St Paul's, Mansion House **P. ônib.** St Paul's Churchyard **Ônibus fluvial** Blackfriars Pier
- **Aberto** 8h30-16h30 seg-sáb (última entrada 16h); galerias da catedral 9h30-16h15; assistir aos cultos é grátis, incluindo as Vésperas, 17h ter-sáb e 15h15 dom
- **Preço** £38-48, até 6 anos grátis
- **Para evitar fila** Compre ingressos on-line com antecedência – são mais baratos e você não pega fila
- **Passeios guiados** Visitas grátis de 90min quatro vezes diariam, mais guia multimídia
- **Idade** A partir de 6 anos
- **Atividades** Guia multimídia para famílias (apenas inglês); ou faça o download do autoguia para crianças antes da visita
- **Duração** Até 2h
- **Cadeira de rodas** Sim, exceto para as galerias Whispering, Stone e Golden e para The Tritorium, que têm vários degraus
- **Comida e bebida** O café na cripta *(na outra página)* e o restaurante mais formal ao lado
- **Loja** Na cripta, vende livros e suvenires
- **Banheiros** Ao lado do café

Bom para a família
Mais barata que a Abadia de Westminster – e inclui ginástica grátis para alcançar uma das mais espetaculares vistas de Londres.

Preços para família de 4 pessoas

Destaques

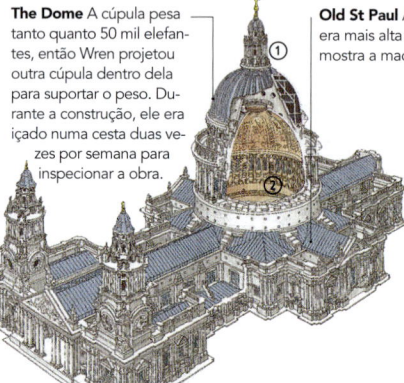

The Dome A cúpula pesa tanto quanto 50 mil elefantes, então Wren projetou outra cúpula dentro dela para suportar o peso. Durante a construção, ele era içado numa cesta duas vezes por semana para inspecionar a obra.

Oculus Essa emocionante exposição multimídia no antigo Treasury na cripta revive os 1.400 anos de história da catedral.

Wellington Monument Esse tributo a um dos soldados mais famosos da Grã-Bretanha fica no corredor norte. Ele morreu em 1852 e seu túmulo está na cripta.

Old St Paul A catedral antiga, com 149m, era mais alta que a nova (111m), como mostra a maquete na cripta.

① **Golden Gallery** Situada no ponto mais alto da cúpula, exige uma subida e tanto de escada. O esforço vale a pena: no topo, os visitantes têm uma vista fascinante de Londres.

② **Whispering Gallery** A acústica peculiar nessa cúpula espetacular propaga um sussurro por todo o corredor, transformando o local numa câmara de eco que as crianças adoram.

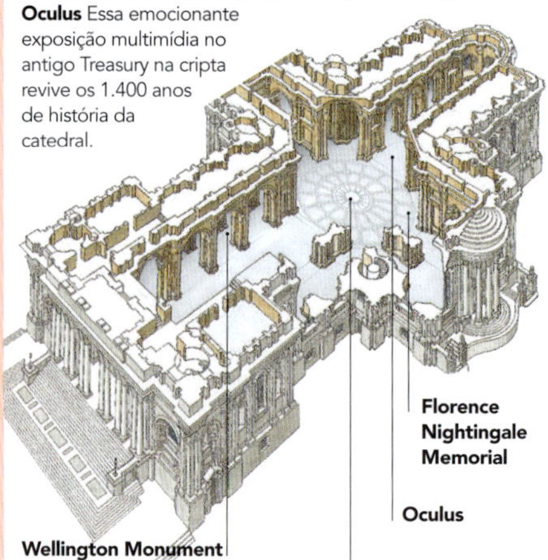

Florence Nightingale Memorial

Florence Nightingale's Memorial Ela revolucionou os hospitais, mas antes ganhou destaque como enfermeira na Guerra da Crimeia (1853-56). Foi a primeira mulher a receber a Ordem de Mérito.

Túmulo de Nelson Enterrado no caixão feito do mastro de um navio francês derrotado, Horatio Nelson tem posição de honra no centro da cripta. Procure símbolos marítimos no mosaico do chão.

Catedral de St Paul e arredores | 131

Um lugar tranquilo sob a sombra das árvores nos jardins da Catedral de St Paul

Para relaxar
O adro da catedral tem pequenos gramados para repousar, e há também os **Festival Gardens**, logo ao lado, com gramado, chafariz para se refrescar e uma excelente vista dos fundos da cúpula. Outra opção são as brincadeiras no terraço panorâmico do **One New Change** (www.onenewchange.com), o elegante shopping center a leste da catedral. Com seis andares de altura, o local afirma ser o terraço público mais alto de Londres. Também há um café.

Comida e bebida
Piquenique: até £20; Lanches: £20-40; Refeição: £40-60; Para a família: £60 ou mais (base para 4 pessoas)

PIQUENIQUE O **Tea** *(1 Paternoster Square, EC4M 7DX; 020 7248 6606)* tem decoração de design e cervejas de grife, juntamente com petiscos orgânicos para viagem – talvez até a vizinha Paternoster Square, cujos bancos de pedra são largos o suficiente para um piquenique em família.
LANCHES Localizado na cripta da catedral, **The Café at St Paul's** *(9h-17h, dom 12h-16h)* é aberto a todos e especializado em comida britânica clássica. Escolha um almoço de camponês do "Barrow in the Crypt", com ingredientes provenientes do Borough Market *(p. 150)*.
REFEIÇÃO Há muitas opções em One New Change, entre elas **Byron** *(17 Upper Passage Cheapside, EC2V 6AG; 020 7246 2580; www.byronhamburgers.com)*. Servindo ótimos hambúrgueres (e sundaes deliciosos!), o Byron tem menu para crianças, com os clássicos de sempre.
PARA A FAMÍLIA **Barbecoa** *(20 New Change Passage, EC4M 9AG; 020 3005 8555; www.barbecoa.com; 12h-23h diariam)* é a pedida aqui. Especializado em grelhados

e tendo o famoso chef Jamie Oliver entre os sócios, oferece entradas de frutos do mar e peixe do dia. Não há menu infantil, mas o chef terá todo o prazer em adaptar os pratos ao gosto das crianças.

Saiba mais
INTERNET Lute ao lado de Lord Nelson no jogo Trafalgar Origins: www.channel4.com/play-win/trafalgar-origins. Baixe percursos para famílias no site da St Paul's: www.stpauls.co.uk.
FILME O clássico infantil *Mary Poppins* tem belas sequências filmadas em St Paul's, entre elas a cena "Feed the Birds" (alimente os pássaros), nos degraus da catedral.

Próxima parada...
ST MARY-LE-BOW CHURCH
Passe pela igreja St Mary-le-Bow *(Cheapside, EC2V 6AU)*, outra joia de Christopher Wren, com uma torre extravagante e um dragão dourado no topo. Dizem que a pessoa deve nascer enquanto batem os sinos Bow Bell para ser um verdadeiro *cockney*. Há um café muito acolhedor na cripta *(p. 133)*.
CAMINHADAS E PASSEIOS GUIADOS Em frente à St Paul's, o City Information Centre *(Cannon St, EC4M 8BX)* é o ponto de partida para caminhadas diárias explorando a parte mais antiga de Londres: descubra outras igrejas de Wren (adultos, £6; menores de 12 anos, grátis).

CRIANÇADA!

Você consegue achar...?
Procure monumentos a esses heróis improváveis...
- O talento de infância do duque de Wellington era o violino. A mãe achava que ele seria um péssimo soldado, mas ele se tornou o maior general da Grã-Bretanha.
- A família de Florence Nightingale era tão rica que ela não se vestia ou escovava o cabelo sozinha até os 30 anos. Mais tarde ficou famosa cuidando dos outros.
- Winston Churchill era muito desobediente na escola. Ele se tornou um corajoso líder de guerra.

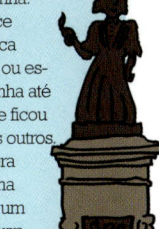

Com um estrondo
Durante o Grande Incêndio de Londres, as estátuas da catedral ficaram tão quentes que algumas explodiram. Você consegue encontrar uma que sobreviveu intacta ao incêndio? Procure marcas de fogo.

Resposta no fim do quadro.

Um, dois, três...
Veja aqui quantos degraus você deve subir até cada galeria da cúpula da St Paul´s. Some-os para descobrir o total até o topo. É melhor você checar sua resposta. Vamos lá, comece a contar!

Whispering Gallery	259 degraus
Stone Gallery	119 degraus
Golden Gallery	150 degraus

Total até o topo =

Resposta no fim do quadro.

Você sabia que...
Copenhagen, o cavalo do duque de Wellington, também era famoso? Damas usavam broches feitos de sua crina. Quando ele morreu, recebeu funeral militar completo.

Respostas: Com um estrondo A estátua de John Donne, no corredor sul. **Um, dois, três...** 528 degraus.

Cena do filme Mary Poppins, *de 1964, em frente à St Paul's*

② Bank of England Museum
Levante um lingote de ouro

Entrar no grandioso hall desse museu é uma das experiências mais surpreendentes de Londres. Há crianças por toda parte: pilotando balões de ar quente, desenhando notas de dinheiro, abrindo cofres. Essa abordagem brincalhona é uma tentativa de tornar a economia mais palatável para as mentes dos jovens – uma tarefa sempre difícil.

Os balões de ar quente são uma metáfora eficaz para as finanças dos países, e os pequenos podem assumir o controle. Perto dali, um cofre para abrir respondendo as perguntas espalhadas por todo o salão.

O resto do museu é mais sóbrio. Há uma nota de £1 milhão e um lingote de ouro que vale mais de £300 mil, que as crianças podem tentar levantar com as próprias mãos. Procure pela vitrine com

Informações
- 🌐 **Mapa** 12 E3
- 📍 **Endereço** Threadneedle Street, EC2R 8AH; 020 7601 5545; *www.bankofengland.co.uk/museum*
- 🚇 **Trem** Cannon Street ou Bank (DLR) **Metrô** Bank **Ponto de ônibus** Threadneedle Street
- 🕐 **Aberto** Apenas nos fins de semana 10h-17h (última entrada às 16h45)
- 💷 **Preço** Grátis
- 🚸 **Para evitar fila** Raramente há fila
- 🚩 **Passeios guiados** Nenhum, mas há visita com áudio grátis
- 👫 **Idade** A partir de 5 anos
- 🎨 **Atividades** Cinco trilhas infantis diferentes, divididas para desde pré-escolares até 15-17 anos; eventos nas férias escolares
- ⏱ **Duração** 1h
- ♿ **Cadeira de rodas** Sim, via rampas, mas ligue antes
- 🍴 **Comida e bebida** Lanches Chop'd (1-3 Leadenhall Market, EC3V 1LR; 0207 626 3706; *www.chopd.co.uk*; 7h-15h seg-sex) oferece comida natural e saudável. *Refeição* Tortilla (28 Leadenhall Market, EC3V 1LR; 0207 929 7837; *www.tortilla.co.uk*; 11h45-19h seg-sex) tem fast-food mexicana de dar água na boca.
- 🛍 **Loja** Suvenires e presentes
- 🚻 **Banheiros** No fim do museu

O edifício projetado por Sir John Soane que abriga o Bank of England Museum

Ratty e Mole, criações de Kenneth Grahame (1859-1932), autor de *O vento nos salgueiros*, que foi secretário do banco entre 1879 e 1908.

Para relaxar
Os arranha-céus do **Broadgate Centre** *(Eldon Street, EC2M 2QT)* circundam praças livres de trânsito, entre elas a gramada **Exchange Square**, com vista para a Liverpool Street Station, e a **Broadgate Circle**, cuja pista de patinação no gelo abre diariamente out-jan (*www.broadgateinfo.com*).

③ Dr Johnson's House
A casa de um inglês excêntrico

Ele guardava cascas de laranja, usava as mesmas roupas por semanas a fio e começava a caminhar sempre com o mesmo pé. Mas o excêntrico Samuel Johnson era uma lenda em Londres, e os grandes e bons se reuniam em sua casa na Fleet Street para apreciar sua conversa inteligente. Hoje, dr. Johnson é lembrado principalmente pelo dicionário de inglês que compilou aqui na década de 1750, com uma equipe de escrivães que copiavam trechos literários para ilustrar 42 mil verbetes. Foram nove anos de redação, durante os quais Johnson, endividado, chegou a bloquear a porta com a cama para afastar oficiais de justiça.

Piadas sobre Johnson vão passar batido para a maioria das crianças, mas há um filme contando sua história e uma arara com casacas georgianas para vestir. Note a janela com grades acima da porta, para impedir a entrada de meninos cúmplices de assaltantes; e desafie as crianças a encontrar Hodge, o gato mimado de Johnson. Dica: ele está nos ladrilhos.

Para relaxar
Siga para oeste pela Fetter Lane até os **Lincoln's Inn Fields** *(WC2A)*, com seu gramado perfeito para piqueniques e quadras de tênis (p. 94).

Informações
- 🌐 **Mapa** 11 B3
- 📍 **Endereço** 17 Gough Square, EC4A 3DE; 020 7353 3745; *www.drjohnsonshouse.org*
- 🚇 **Metrô** Chancery Lane **Parada de ônibus** Fleet Street
- 🕐 **Aberto** Seg-sáb 11h-17h30; out-abr até 17h
- 💷 **Preço** £10 (até 5 anos grátis)
- 🚸 **Para evitar fila** Raramente há filas
- 🚩 **Passeios guiados** Nenhum; passeios Johnson's London, a pé, 1ª qua do mês (*veja no site*)
- 👫 **Idade** A partir de 9 anos
- 🎨 **Atividades** Guia grátis para crianças; shows e noites de jazz ocasionais; atividades e trilhas organizadas nas férias escolares
- ⏱ **Duração** Até 1h
- ♿ **Cadeira de rodas** Não, há degraus incontornáveis
- 🍴 **Comida e bebida** *Piquenique* The Natural Kitchen (15-17 New Street Square, EC4A 3AP; 0207 3353 5787; *www.thenaturalkitchen.com*; 7h-21h seg-sex) dá um toque de frescor a sua comida para viagem. *Refeição* Ye Olde Cheshire Cheese (145 Fleet Street, EC4A 2BU; 020 7353 6170), pub do século XVII, tem personalidade.
- 🛍 **Loja** Vende livros, pôsteres e suvenires
- 🚻 **Banheiros** No subsolo

Criança vestida com trajes de época na Dr Johnson's House

Preços para família de 4 pessoas

Catedral de St Paul e arredores | 133

④ Guildhall Art Gallery
O anfiteatro romano onde os gladiadores lutavam

Dragões, a maior pintura da Grã-Bretanha e um anfiteatro romano em ruínas: estas são apenas algumas das atrações improváveis da Guildhall Gallery. A galeria fica ao lado do Guildhall, construído no século XV, sede do governo da City desde os tempos medievais e em cujo pátio há uma estátua de Dick Whittington, o Lord Mayor favorito das crianças. O pátio é rodeado por dragões ameaçadores, o emblema heráldico da City.

A principal atração da galeria é a pintura *O cerco de Gibraltar* (1791), de John Singleton Copley, tão grande que ocupa dois andares. Os menores podem preferir as Undercroft Galleries, no andar de baixo, forradas com pinturas sentimentais de crianças vitorianas.

No entanto, a principal razão para a visita se esconde em uma caverna escura no porão: as ruínas de 2 mil anos do anfiteatro romano de Londres, encontradas por acaso por arqueólogos em 1988. Na era romana, até 6 mil pessoas se reuniam aqui para assistir às lutas sangrentas entre animais, execuções públicas e combates de gladiadores – até a morte. Poucas fundações sobreviveram, mas as crianças nem vão notar, pois as luzes e efeitos sonoros fazem um trabalho excelente ao reconstruir a arena. Entre pela porta leste, como os gladiadores faziam muito tempo atrás, passe pelas jaulas usadas para prender animais selvagens e ouça o barulho ensurdecedor da multidão.

O cerco de Gibraltar, uma das maiores pinturas do Reino Unido, na Guildhall Gallery

Informações
🌐 **Mapa** 12 E2
Endereço Guildhall Yard, Gresham Street, EC2V 5AE; 020 7332 3700; www.cityoflondon.gov.uk/things-to-do/visiting-the-city/attractions-museums-and-galleries/
🚇 **Metrô** St Paul's, Bank, Moorgate
Ponto de ônibus Cheapside
🕐 **Aberto** 10h-17h seg-sáb; 12h-16h dom (última entrada 30min antes)
💷 **Preço** grátis; £5-10 (algumas mostras); até 16 anos grátis
👥 **Para evitar fila** Raramente há filas; vá após as 15h30 (ou sex qualquer hora) p/ entrada grátis
🚩 **Pass. guiados** Sex à tarde (grátis)
👫 **Idade** A partir de 5 anos
🎨 **Atividades** Mesas para desenho nas Undercroft Galleries
⏱ **Duração** Até 1h
♿ **Cadeira de rodas** Sim
☕ **Comida e bebida** *Lanches* Hummus Bros (128 Cheapside, EC2V 6BT; 020 7726 8011; 11h-21h seg-qui, 11h-16h sex) oferece hommus e pão pita deliciosos. *Refeição* The Café Below (Cheapside, EC2V 6AU; 020 7329 0789; 7h30-15h seg-sex) serve pratos europeus imaginativos e rústicos na apertada cripta da St Mary-le-Bow Church, de mil anos.
🏷 **Loja** Perto da recepção
🚻 **Banheiros** No nível C, perto do vestiário

Para relaxar
O **St Mary Aldermanbury Garden** *(EC2 2EJ)*, atrás do Guildhall, tem bancos de piquenique e um busto majestoso de Shakespeare. Contemporâneos do dramaturgo, John Hemynge e Henry Condell são homenageados nos jardins. É a eles que devemos a impressão do *First folio*, primeira edição das obras do bardo.

CRIANÇADA!

Verdadeiro ou falso?
No conto de fadas, Dick Whittington era um pobre órfão que encontrou a fortuna graças a seu gato caçador de ratos e se tornou Lord Mayor de Londres. Mas nem tudo nesta história realmente aconteceu. Qual dessas afirmações é verdadeira?
1 Ele era um órfão pobre
2 Ele se tornou "três vezes Lord Mayor de Londres"
3 Ele tinha um gato

Respostas no fim do quadro.

Estranho Sam
Dr. Samuel Johnson era muito excêntrico. Pedia livros emprestados aos amigos para achar palavras para seu dicionário e depois rabiscava tudo! As borrachas não tinham sido inventadas! Então o que você acha que ele usava para tentar apagar as marcas de lápis?
a Um pedaço de carvão
b Migalhas de pão
c Cascas de laranja

Respostas no fim do quadro.

Caça ao dragão!
Os dragões são os mascotes da City de Londres – estão em toda parte por aqui! Marque um ponto para cada um que encontrar no Guildhall e acumule mais pontos se você achar estas incomuns placas bancárias enquanto caminha pela Lombard Street.
Gafanhoto gigante (3 pontos)
Gato tocando violino (5 pontos)
Uma âncora de ouro (10 pontos)

Respostas: Verdadeiro ou falso? 1 Falso, sua família era rica! **2** Não é bem assim. Dick real foi Lord Mayor quatro vezes. **3** Talvez. Em seu testamento, 600 anos atrás, Dick deixou paga a escultura de um gato na altura do portão da prisão de Newgate. **Estranho Sam: b** Migalhas de pão. Por que você também não experimenta?

Piquenique até £20; **Lanches** £20-40; **Refeição** £40-60; **Para a família** mais de £60 (base para 4 pessoas)

134 | City e East End

Museum of London e arredores

Uma reforma de £20 milhões transformou o Museum of London num lugar extremamente acolhedor para famílias, desde os recepcionistas de camisa rosa até os objetos interativos que dão vida à história de Londres. Vá a pé pela Aldersgate Street saindo da estação de metrô St Paul's e suba a escada rolante na calçada direita. Fins de semana são os melhores dias para a visita – há menos excursões escolares, eventos familiares gratuitos aos domingos e filmes infantis todos os sábados no Barbican, perto dali. Para visitar o museu e o Old Spitalfields Market, pegue a linha Hammersmith & City de Barbican até Aldgate East.

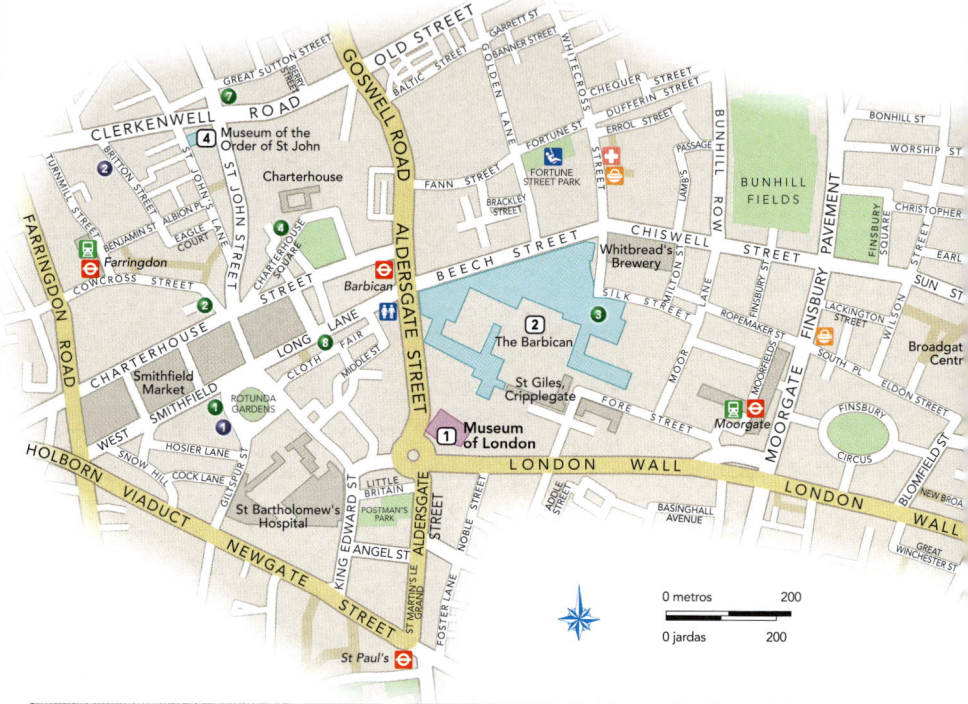

City e East End
- Museum of London
- Catedral de St Paul p. 128
- Torre de Londres p. 120

As elegantes inscrições de prisioneiros em uma cela do século XVIII, no Museum of London

Feita em 1757, a carruagem oficial do Lord Mayor no Museum of London é belamente trabalhada e ainda é usada na Lord Mayor's Parade

Catedral de St Paul e arredores

Locais de interesse

ATRAÇÕES
1. Museum of London
2. The Barbican
3. Old Spitalfields Market
4. Museum of the Order of St John

● **COMIDA E BEBIDA**
1. Carluccio's
2. Farm
3. Barbican Foodhall

4. Malmaison Brasserie
5. Patisserie Valerie
6. The Luxe
7. Benugo
8. Dose

Veja também The Museum of London (p. 137) e The Barbican (p. 138)

● **HOSPEDAGEM**
1. Market View by Bridge Street
2. Eagle Court

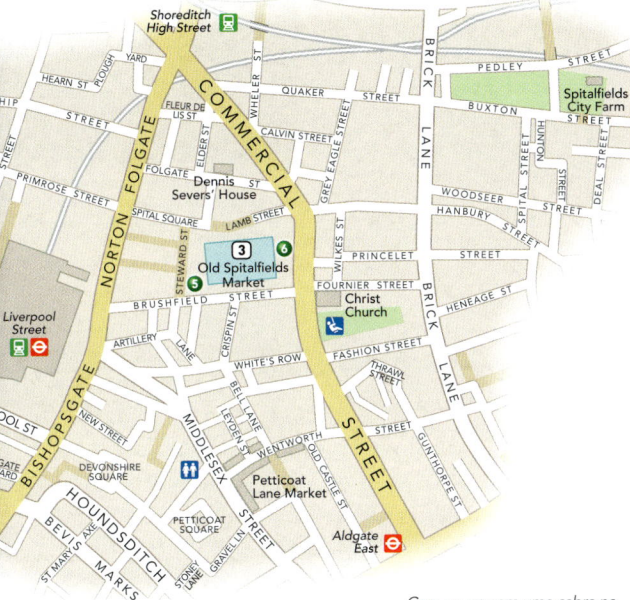

Informações

🚆 **Trem** Moorgate (5min a pé, Liverpool Street, Farringdon (10min a pé); Shoreditch High Street (p/ Spitalfields Market) **Metrô** Barbican, Moorgate, St Paul's **Ônibus** Moorgate; rotas 4, 56; London Wall: 100; estação de metrô Barbican: 153; King Edward Street: 8, 25, 242, 521

ℹ **Informação turística** Veja pp. 128-9

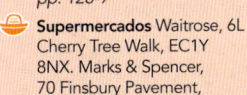

🛒 **Supermercados** Waitrose, 6L Cherry Tree Walk, EC1Y 8NX. Marks & Spencer, 70 Finsbury Pavement, EC2A 1SA
Mercados Leather Lane Market (bancas diversas), 9h-14h30 seg-sex. Broadgate Farmers' Market, 2ª e 4ª qui do mês, 8h-14h. Petticoat Lane Market (roupas), Middlesex Street, E1, 10h-14h30 seg-sex; 9h-14h dom. Spitalfields Market (antiguidades, moda e arte), 10h-16h ter-sex; 9h-17h dom

🎉 **Festivais** East Festival, artes (mar); Blaze Festival, música e dança, Barbican Centre (jun-jul); City of London Festival, música e artes (jun-jul); Story of London Festival, História (ago); London Children's Film Festival, Barbican Centre (nov); Spitalfields Music Festivais (jun-jul; dez-jan)

➕ **Farmácias** Portman's Pharmacy, Cherry Tree Walk, EC1Y 8NX (9h-18h30 seg-sex; 9h-17h sáb); procure por farmácias 24h em www.nhs.uk/servicedirectories

🛝 **Playgrounds** Christ Church, área de recreação (Commercial Street, E1 6LY); Fortune Street Park (Fortune Street, EC1Y 8)

Cara a cara com uma cabra na popular Spitalfields City Farm

① Museum of London
Não toque? Não seja tão antiquado!

Não é fácil transmitir 450 mil anos de história para as crianças, mas o Museum of London faz exatamente isso, com um misto de engenhocas interativas e apresentação atraente. As salas do 2º andar são organizadas cronologicamente e estão repletas de crânios pré-históricos e tesouros romanos, enquanto as Galleries of Modern London se assemelham a uma série de cenários espetaculares, entre eles uma sombria cela de prisão georgiana e uma rua comercial vitoriana. Há excelentes percursos e mochilas para as crianças.

Escudo e capacete da Idade do Bronze, c. 350-50 a.C.

Destaques

Entrada

① **Victorian Walk** Veja vitrines numa movimentada rua comercial vitoriana, com loja de brinquedos, pub, banco e barbearia. Os objetos e acessórios são originais.

② **Wellclose Prison Cell** Entre na escura e claustrofóbica cela da prisão de devedores de 1750. As paredes rabiscadas com os nomes dos presos desesperados ecoam seus pedidos de misericórdia.

③ **Archaeology in Action** Toque cerâmicas antigas e outros objetos preciosos achados em Londres nas sessões de manuseio de artefatos.

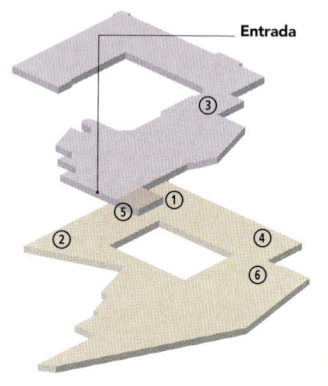

■ **Térreo** Londres a partir de 450000 a.C. até a década de 1660: Londres romana; Londres medieval; Guerra, Peste e Incêndio

■ **Galerias inferiores** História de Londres desde 1670 até hoje: Expanding City; Victorian Walk; People's City; Modern London

④ **Evacuees' Trunks** Abra as malas para ler cartas reais de estudantes às vésperas da Segunda Guerra e descubra o que eles puseram na bagagem para deixar Londres.

⑤ **Georgian Pleasure Gardens** Explore essa recriação de um parque do século XVIII, com arlequins, acrobatas e senhoras elegantes de chapéu. As crianças se comportavam como adultos em miniatura.

⑥ **Bill and Ben** Descubra como eram os programas de TV infantis nos anos 1950, explorando a parede de brinquedos e telas de TV na Playtime Zone do museu.

Informações

🌐 **Mapa** 11 D2
Endereço 150 London Wall, EC2Y 5HN; 020 7001 9844; www.museumoflondon.org.uk

🚗 **Metrô** Barbican, Moorgate, St Paul's. **P. ônibus** Moorgate Street, metrô Barbican, London Wall

🕐 **Aberto** 10h-18h diariam

💰 **Preço** Grátis

👥 **Para evitar fila** Pegue um bilhete na chegada para os passeios guiados, que são grátis, mas em número limitado

📍 **Passeios guiados** Grátis para galerias específicas, quatro vezes diariam, e caminhadas pela City todo mês

👪 **Idade** A partir de 4 anos

👥 **Atividades** O Activities Free tem listas e pacotes de atividades no balcão de informações, para 4-7 e 7-11 anos. Há jogos de perguntas interativos e trajes para experimentar em todas as galerias. Também oferece regularmente eventos familiares grátis nos fins de semana e feriados escolares. Para menores de 5 anos, há uma programação que muda sempre (www.museumoflondon.org.uk/London-Wall/Visiting-us/Families).

⏱ **Duração** Pelo menos 2h

♿ **Cadeira de rodas** Sim

☕ **Cafés** O café Benugo, no museu, vende bons sanduíches e saladas; tem também almoço infantil e cadeirões. O café no Sackler Hall serve petiscos leves. Além disso, há uma área de piquenique interna no Clore Learning Centre, cruzando o átrio.

🛍 **Loja** No saguão de entrada, vende livros, cartões e pôsteres relacionados a exposições

🚻 **Banheiros** Atrás do saguão

Bom para a família
As muitas atividades práticas, as trilhas e o público infantil que lota o museu agradam a todos.

Preços para família de 4 pessoas

Museum of London e arredores | 137

Nursery Garden, um dos dois pequenos jardins no Museum of London

Para relaxar

Os playgrounds mais próximos ficam nos Rotunda Gardens (5 minutos de caminhada) e na Fortune Street (10-15 minutos). O **Postman's Park** está bem mais perto, cruzando a Aldersgate Street, ao lado da St Botolph Church. Mas não tem brinquedos para escalar, apenas um modesto gramado e bancos, além do comovente George Frederic Watts Memorial, que homenageia gente comum que sacrificou a vida para salvar os outros. Para cada pessoa há um azulejo pintado, em que se retratam várias histórias pungentes de bravura infantil.

Comida e bebida

Piquenique: até £20; Lanches: £20-40; Refeição: £40-60; Para a família: £60 ou mais (base para 4 pessoas)

PIQUENIQUE Carluccio's *(12 West Smithfield, EC1A 9JR; 020 7329 5904; www.carluccios.com/caffes/smithfield)*, subindo a rua, ao lado dos magníficos salões vitorianos do mercado de carnes de Smithfield, oferece generosa variedade de delícias ao estilo delicatéssen. Em frente, os bancos à sombra das árvores no West Smithfield Park são território ideal para piqueniques. O Postman's Park (à esquerda) também é um bom local para uma animada refeição em família.

LANCHES Siga em direção ao Smithfield Market, onde **Farm** *(91 Cowcross Street, EC1M 6BH; 0207 253 2142; www.farmcollective.com; somente dias úteis 7h-15h30)* serve deliciosas e selecionadas tortas e bolos de peixe a preços razoáveis, com pessoal simpático e eficiente.

REFEIÇÃO O **Barbican Foodhall** *(Barbican Centre, Silk Street, EC2Y 8DS; www.barbican.org.uk/restaurants-bars; 9h-20h; 11h-20h dom)* serve diversos pratos principais clássicos e saladas em seu bufê com vista para o pátio do centro de artes. Há até alguns jogos de tabuleiro disponíveis para manter as crianças entretidas.

PARA A FAMÍLIA A cara **Malmaison Brasserie** *(18-21 Charterhouse Square, EC1M 6AH; 020 7012 3700; www.malmaison.com; 12h-14h30, 18h-22h15)*, cor de vinho e preto, tem um compromisso sério com os ingredientes sazonais e locais. É também um ambiente familiar, oferecendo porções menores para as crianças, quando solicitado.

Saiba mais

INTERNET O site do museu tem jogos e desafios com temática histórica para crianças: sobreviva como um aprendiz medieval ou ajude alienígenas a desenterrarem objetos domésticos do passado. Há muito mais em www.museumoflondon.org.uk/Explore-online/Games/. Jogue "Roman snakes and ladders" e saiba mais sobre artefatos históricos reais em http://romans.tulliehouse.co.ukflash/snakes/index.htm.

Próxima parada...

DENNIS SEVERS' HOUSE Depois de repassar toda a história de Londres em meio dia, experimente um tipo diferente de museu. A Dennis Severs' House *(18h-21h seg; veja o site para horários adicionais ao longo do ano; é preciso reservar para a sessão noturna; 18 Folgate St, E1 6BX; www.dennissevershouse.co.uk)* é uma cápsula do tempo criada por um designer canadense. Ele mobiliou sua casa com naturezas-mortas abrangendo dois séculos, como se os moradores tivessem acabado de sair. Não é para crianças pequenas.

CRIANÇADA!

Matar ou curar

Médicos medievais tinham ideias estranhas para curar os doentes, até experimentavam o xixi dos pacientes para descobrir o que estava errado com eles! Ligue os males aos remédios medievais:
1 Visão ruim
2 Dor de cabeça
3 Praga
4 Possessão por demônios 
a Papoula selvagem
b Sanguessugas
c Suco de alface
d Sapo seco

Respostas no fim do quadro.

No armário

O acervo do museu tem coisas incríveis: de 17 mil esqueletos a mil brinquedos que pertenceram a um homem chamado Ernest King quando ele era criança. Alguns estão na loja de brinquedos no Victorian Walk. Você tem algum brinquedo que poderia estar no museu um dia?

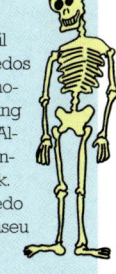

Trilha de brinquedos

Encontre mais brinquedos históricos nas galerias do subsolo e responda às perguntas abaixo:
1 O que há para jantar na casa de bonecas Blackett?
2 Qual a cor das botas da boneca Daisy the Fashion Doll?
3 Qual é o nome do amigo de Bill e Ben no programa infantil de TV?

Respostas no fim do quadro.

Nos azulejos

Faça um mosaico como o da sala de jantar romana. Pegue cinco folhas de papel colorido e corte-as em pequenos triângulos e quadrados. Crie seu próprio desenho com as peças e cole. Você consegue fazer uma ave ou uma flor?

Respostas: Matar ou curar: 1-c; 2-a; 3-d; 4-b. Trilha de brinquedos 1 Peixe 2 Vermelho 3 Little Weed.

O café Sackler Hall, no Museum of London

City e East End

② Barbican
Desenhos e arte maluca

O Barbican tem tantas atrações que é muito fácil perder as crianças de vista. Com inúmeras entradas e um emaranhado de escadas e pátios, o maior complexo multiartes da Europa é um pouco difícil de percorrer. Não tenha medo: siga para a entrada principal na Silk Street, que faz uma curva em direção ao coração do centro.

O interior é um vasto contêiner preto e laranja abrigando dois teatros, duas galerias de arte, um espaço de música e dança, uma biblioteca, três restaurantes e três cinemas. Há sempre algo acontecendo – muitas vezes, para crianças –, do Family Film Club, nos sábados de manhã, a uma série de festivais anuais, entre eles o London Children's Film Festival em novembro e o Animate the World em maio. A Curve Gallery, no térreo, exibe arte conceitual que certamente vai despertar a imaginação das crianças. A biblioteca no 2º andar também tem uma ótima seção para crianças.

Visite o site para checar a programação ou apenas vá e curta a praça de alimentação, que dá para um lago urbano com ninfeias e uma queda-d'água.

Para relaxar
Caminhe para norte ao longo da Whitecross Street até o **Fortune Park** *(p. 136)*, onde os balanços e as redes vão manter as crianças bem felizes.

O movimentado Old Spitalfields Market, com diversas tendas

Crianças no Film Club, aos sábados, no Barbican

③ Old Spitalfields Market
O mercado mais animado e cool de Londres

O primeiro mercado em "Spittle Fields" foi aberto pelo rei Carlos I em 1638, inicialmente para vender carnes, aves e raízes, mas os atacadistas da região expandiram a área em 1991, abrindo caminho para a chegada de uma comunidade criativa de artesãos e designers.

Hoje, o Spitalfields Market é a epítome do cool e, num domingo movimentado, até mil vendedores especializados em moda vintage, joias sob medida e presentes montam seus estandes. O ambiente é jovem e alegre – um sucesso entre crianças ligadas em moda. As tendas abrem todos os dias, exceto segunda e sábado, mas domingo é o dia mais movimentado.

Entre nas lojas alternativas que surgiram nas ruas adjacentes – como a **Wood'n'Things** *(57 Brushfield Street, E1 6AA)*, especializada em brinquedos como bonecas tradicionais de madeira, casas de boneca muito bem construídas, trenzinhos e velocípedes. A "vila" de alimentação do mercado serve pratos aromáticos de todo o mundo. Também há um mercado com produtos gourmet (qui, sex e dom) na vizinha Crispin Place.

Ao sul do Old Spitalfields, na Middlesex Street, fica o histórico Petticoat Lane Market, experiência mais pé no chão, onde os comerciantes anunciam seus produtos aos gritos desde a década de 1750 – a maioria roupas casuais, artigos de couro e calçados.

Informações

- 🌐 **Mapa** 11 D1
  Endereço Silk Street, EC2Y 8DS; 020 7638 4141, Box Office 020 7638 8891; www.barbican.org.uk
- 🚗 **Trem** Liverpool Street, Farringdon, Blackfriars **Metrô** Barbican **Ponto de ônibus** metrô Barbican, London Wall
- 🕐 **Aberto** 9h-23h seg-sáb; 12h-23h dom
- 💲 **Preço** Mostras e exposições pagas individualmente. Acesso à Curve Gallery, à livraria, aos restaurantes e ao pátio, grátis
- ♿ **Para evitar fila** Reserva on-line disponível para a maioria dos eventos
- 👥 **Passeios guiados** Passeios de arquitetura qua, sáb e dom; £28
- 👶 **Idade** Livre
- 🎨 **Atividades** Family Film Club (sáb 10h30) investe em atividades artísticas antes do filme: £5 (£3 membros, cadastre-se de graça on-line). Adolescentes têm ingressos especiais p/ shows da London Symphony Orchestra e palestras. Do Something Different (mar e jul), nos fins de semana, oferece atividades p/ todos. Veja o programa completo no site.
- ♿ **Cadeira de rodas** Sim, pela entrada da Silk Street
- 🍴 **Comida e bebida** *Lanches* Barbican Foodhall *(p. 137)* oferece itens de delicatéssen, a serem apreciados nas mesas do pátio. *Para a família* Barbican Lounge (Nível 1) e Searcy's (Nível 2) são mais formais.
- 🛍️ **Lojas** Foyer Shop (Nível G) vende CDs e livros; Art Gallery Shop (Nível 3) vende livros de suvenir e pôsteres
- 🚻 **Banheiros** Em quase todos os andares

Preços para família de 4 pessoas

Museum of London e arredores | 139

Informações

- **Mapa** 12 G1
- **Endereço** 105a Commercial Street, E1 6BG; 020 7375 2963; www.visitspitalfields.com
- **Trem** Liverpool Street **Metrô** Liverpool Street, Aldgate East **Ponto de ônibus** Commercial Street, Bishopsgate
- **Aberto** Spitalfields: 10h-17h seg-sex; 9h-17h dom; lojas: 10h-19h diariam; Petticoat Lane: 10h-14h30 seg-sex; 9h-14h dom
- **Preço** Grátis
- **Idade** Livre
- **Atividades** Spitalfields Music Festival, duas vezes por ano, em jun-jul e dez-jan (www.spitalfieldsmusic.org.uk)
- **Cadeira de rodas** Sim, o mercado é acessível, mas pode dificultar a locomoção quando lotado
- **Comida e bebida** Lanches Patisserie Valerie (37 Brushfield Street, E1 6AA) oferece saladas, wraps e maravilhoso sorvete italiano caseiro. Refeição The Luxe (109 Commercial Street, E1 6BG) serve brunches brilhantes.
- **Banheiros** No mercado e nos restaurantes e cafés próximos

Para relaxar

Há uma pequena área para brincar ao lado da Christ Church, em frente ao mercado na Commercial Street. Uma alternativa é seguir para leste até a Buxton Street, onde as crianças podem conhecer Bayleaf, o burro, Bentley, o bode, e seus amigos na **Spitalfields City Farm** (fechado seg; entrada gratuita; Buxton Street, E1 5AR; www.spitalfieldscityfarm.org).

Guias fantasiados no Museum of the Order of St John

④ Museum of the Order of St John

De enfermeiros a cavaleiros

Há algo de mágico na visita à histórica casa dos cavaleiros reais, no coração de Londres. O prédio certamente não deixa a desejar: construído em 1504, é um remanescente do priorado dos Cavaleiros Hospitalários, os cruzados medievais que foram ajudar peregrinos doentes em Jerusalém e lutaram contra Saladino.

O museu usa telas de TV, armaduras e artefatos para contar a emocionante história de sacrifício da cavalaria. Uma galeria separada é dedicada ao movimento St John's Ambulance, a reencarnação da ordem no século XX, com sede aqui. O museu pode ser considerado convencional, mas dá vida à história.

Para relaxar

Os tranquilos gramados nos **Rotunda Gardens** (West Smithfield, EC1A 9BD) escondem o terrível passado do local de execuções. Entre os mortos aqui, está o cavaleiro escocês William Wallace (1305); hoje há um playground novo em folha.

Informações

- **Mapa** 11 C1
- **Endereço** St John's Gate, St John's Lane, EC1M 4DA; 0207 324 4005; www.museumstjohn.org.uk
- **Trem** Farringdon **Metrô** Farringdon **P. de ônibus** Farringdon Road, Clerkenwell Road
- **Aberto** 10h-17h seg-sáb; fechado 22 dez-1º jan
- **Preço** Grátis (doação opcional £5)
- **Passeios guiados** 11h e 14h30 (grátis) ter, sex e sáb
- **Idade** A partir de 8 anos
- **Atividades** Challenge Trail (6-11 anos) e trilha de adesivos p/ crianças mais novas (grátis); sessões de interpretação com atores; artesanato p/ crianças, 3º sáb do mês, e workshops nas férias escolares
- **Cadeira de rodas** As principais galerias são acessíveis, mas a cripta e o piso superior têm escadas
- **Comida e bebida** Piquenique Benugo (116 St John Street, EC1V 4JS; 020 7253 3499; www.benugo.com) faz sanduíches personalizados e saladas, para comer na hora ou levar. Lanches Dose (70 Long Acre, EC1A 9EJ; 020 7600 0382; www.dose-espresso.com) serve ótimas saladas e pães e bolos caseiros.
- **Loja** Pequena loja de presentes
- **Banheiros** No térreo

CRIANÇADA!

Heróis da guitarra

O Barbican é famoso por exposições de arte inovadora, entre elas uma montanha-russa em tamanho real, um bunker da Segunda Guerra e um táxi de Londres todo furado. A exposição mais estranha de todas foi a do artista francês Celeste Boursier-Mougenot. Ele encheu uma galeria com guitarras, címbalos e 50 mandarins. Os pássaros pousavam nos instrumentos e os "tocavam" com as garras e bicos.

Filme mania

O site do Family Film Club do Barbican tem ótimos jogos on-line. Ajude Dick Whittington a livrar Londres de ratos ou faça seu dinossauro "Moviesaurus" escapar de predadores traquinas enquanto atravessa uma planície: www.barbican.org.uk/ffc07/games-and-activities.

Jogo dos insultos

Comerciantes no Petticoat Lane Market usam gíria cockney, das regiões pobres de Londres. Eles fazem rimas: "apples and pears" (maçãs e peras) significa "stairs" (escadas); "places of meat" (pratos de carne) significa "feet" (pés) etc. Veja se consegue descobrir as gírias para...
1 "Eyes" (olhos)
2 "Head" (cabeça)
3 "Face" (rosto)

Respostas no fim do quadro.

RUA DAS ANÁGUAS!

Por que o Petticoat Lane Market não é em Petticoat Lane? Nos anos 1830, a rua passou a se chamar Middlesex St porque as pessoas achavam de mau gosto uma rua com o nome de roupa íntima (petticoat é "anágua")!

Respostas: 1 "Mince pies" (tortas de carne), 2 "Loaf of bread" (pedaço de pão), 3 "Boat race" (corrida de barcos).

Piquenique até £20; Lanches £20-40; Refeição £40-60; Para a família mais de £60 (base para 4 pessoas)

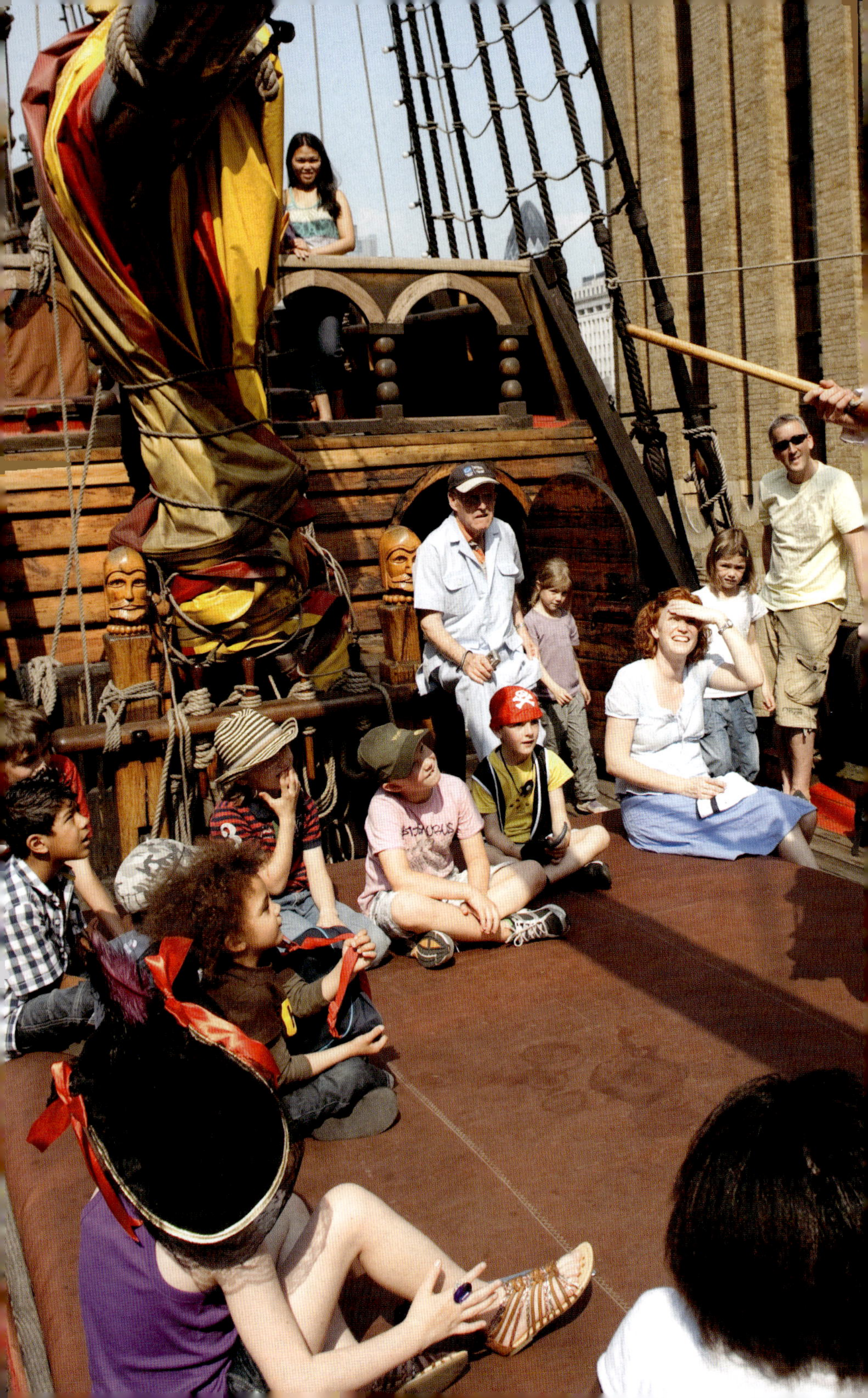

Southwark
e South Bank

South Bank floresceu como bairro das artes em 1951, quando foi escolhido como ponto focal do Festival of Britain. No entanto, foram necessários mais 50 anos e a inauguração da London Eye para que a área finalmente se tornasse um importante destino turístico. Hoje, oferece uma gama irresistível de atrações para toda a família, desde o Shakespeare's Globe e a Tate Modern até o National Theatre e o IMAX Cinema.

Principais atrações

Golden Hinde
Toda criança adora festa a fantasia de piratas, e não há lugar mais autêntico para isso do que a bordo do belíssimo galeão do tesouro de Sir Francis Drake (p. 150).

Borough Market
Gourmets corajosos podem explorar várias cozinhas do mundo nas tendas desse mercado movimentado. Escolha um piquenique e vá até as mesas em frente à Southwark Cathedral (p. 150).

Imperial War Museum
Apesar dos aviões, tanques e canhões, o que vai sensibilizar as crianças após a visita a esse museu são as histórias pessoais, a lama e a loucura das trincheiras da Primeira Guerra Mundial (p. 166).

Passeio de RIB boat no Tâmisa
Quando visitar pontos turísticos começar a ficar monótono, suba a bordo dessa lancha inflável para uma excursão molhada perto da London Eye e de outros pontos às margens do rio (p. 161).

The Old Operating Theatre
Nas tardes de sábado, membros são rapidamente decepados em um espetáculo de gelar o sangue nesse museu da cirurgia vitoriana. Nem é preciso dizer que a maioria das crianças adora (p. 151).

À esq. Diversão e brincadeiras no Golden Hinde: crianças cara a cara com um bucaneiro na sessão de atividades "Pirate Days"
Acima Vida marinha no Sea Life London Aquarium

O Melhor de
Southwark e da South Bank

Apesar de todos os parques e praças imponentes, Londres nunca teve um longo calçadão sem trânsito até a reurbanização da South Bank no século XXI. Esse trecho hoje se estende praticamente ininterrupto ao longo do Tâmisa, desde a Tower Bridge até a London Eye, oferecendo um percurso incrível e prazeroso para as famílias. Corredores passam, gaivotas voam, lanchas deslizam... e quando a maré está baixa, há até uma praia.

Um passeio na South Bank

Comece pela estação de metrô Tower Hill e cruze a Tower Bridge para chegar ao Queen's Walk depois do imponente **HMS Belfast** *(pp. 154-5)*. A partir daqui, dá para ver a City do outro lado do rio. Na London Bridge, vire à esquerda e desça as escadas ao lado da **Southwark Cathedral** *(p. 150)*, onde o Borough Market *(p. 150)* pode estar a todo vapor (qui-sáb) – ótimo lugar para comprar um piquenique para mais tarde.

Volte para o rio, onde logo você alcançará duas ótimas atrações, o **Shakespeare's Globe** *(pp. 146-7)* e a **Tate Modern** *(p. 148)*, ambas muito adequadas a famílias. Passando a Blackfriars Bridge, almoce entre os estúdios de artesanato e cafés de **Gabriel's Wharf** *(p. 163)*. Em seguida, cruze o **Southbank Centre** *(p. 164)* até a **London Eye** *(pp. 160-1)* e suas cápsulas de vidro que vão fazer todos suspirarem. Cruze a Westminster Bridge até a estação de metrô e o Big Ben, um final apropriado para uma caminhada ao longo do Tâmisa.

Hora da fantasia

Quem você quer ser hoje? Um capitão do mar ou um pirata? Talvez um piloto de caça ou uma estrela do teatro elisabetano? Alguns museus junto à South Bank dão às crianças a chance de representar. O **Shakespeare's Globe** *(pp. 146-7)* tem cabines de som onde as crianças podem interpretar Julieta ou o Rei Lear, e há oficinas de teatro nas matinês. Os menores podem preferir

Abaixo O navio de guerra HMS Belfast no Tâmisa

À esq. Vista espetacular do alto da London Eye
Centro Crianças fazem fila para as delícias do Borough Market
Abaixo Artistas de rua atraem uma multidão na South Bank

o **Golden Hinde** *(p. 150)*, uma réplica do galeão Tudor de Sir Francis Drake, que oferece pernoites piratas para as famílias.

Nos arredores, a **Britain at War Experience** *(p. 156)* relembra a vida no front durante a Segunda Guerra Mundial, com um canto de vestir bem abastecido e um colchão debaixo da mesa para o caso de um ataque aéreo. O **HMS** *Belfast (pp. 154-5)* é a atração mais sensacional, evocando a vida em um navio de guerra com a ajuda de um animado audioguia infantil e a chance de ser um almirante em miniatura.

O mundo é um palco

No extremo sul da Waterloo Bridge fica uma verdadeira vila das artes, com música clássica, comédia, cinema e circo. Há sempre muita coisa acontecendo, e as famílias estarão bem servidas, especialmente na temporada de festivais de verão. O destaque é o Watch This Space Festival, de três meses, no **National Theatre** *(p. 162)*, que transforma as margens do rio em um espaço de música e dança, com programação infantil.

Praticamente ao lado, a celebração de verão do **Southbank Centre** *(p. 164)* se concentra no teatro Udderbelly, no formato de uma vaca roxa de barriga para cima. O British Film Festival acontece em outubro, no **BFI** *(pp. 162-3)*, que exibe filmes e programas de TV gratuitos em qualquer época do ano na Mediatheque, além de oficinas mensais de cinema para crianças no BFI IMAX, a maior tela de cinema da Grã-Bretanha.

Em um fim de semana

O fim de semana essencial em Southwark começa na manhã de sábado, no **Borough Market** *(p. 150)*, onde há alimentos do mundo todo. As crianças adoram absorver os sons, os cheiros e as amostras grátis, e o café Monmouth *(2 Park Street, SE1 9AB)* oferece pão e geleia à vontade por £3. Depois, se inscreva no passeio ao **Shakespeare's Globe** *(pp. 146-7)*, cheio de histórias, com dias de diversão familiar programados para o segundo fim de semana do mês. Faça um piquenique à beira do rio e siga para a **Tate Modern** *(p. 148)* a fim de apreciar arte.

No domingo, explore o lado escuro, levantando cedo para evitar a fila na **London Dungeon** *(p. 156)*. Depois, se tiver estômago, coma um assado dominical no George Inn *(p. 147)*, uma antiga e pitoresca taberna de estalagem. Então é hora de ver poções assustadoras e órgãos em conserva no **Old Operating Theatre** *(p. 151)*, que tem uma oficina com ervas às 14h.

Shakespeare's Globe e arredores

O Globe é uma verdadeira viagem no tempo para as crianças, em um teatro de palha saído de um livro de histórias. O ônibus fluvial atraca no Bankside Pier, em frente aos portões. O teatro é apenas uma das várias atrações da South Bank, portanto reserve a visita ao auditório com antecedência e programe o resto do dia. Famílias podem perfeitamente passar um dia inteiro visitando museus, comendo e observando as pessoas, sem ver um carro sequer.

Southwark e South Bank
Shakespeare's Globe
London Eye p. 158
HMS Belfast p. 152

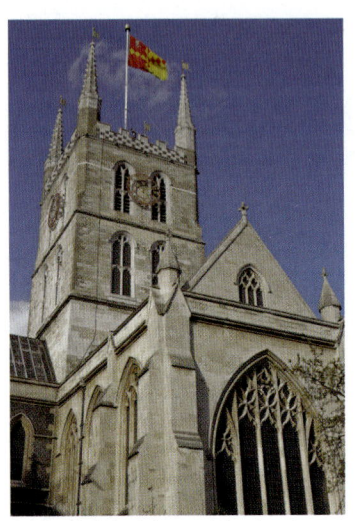

O teatro Shakespeare's Globe, a céu aberto: uma experiência para todos

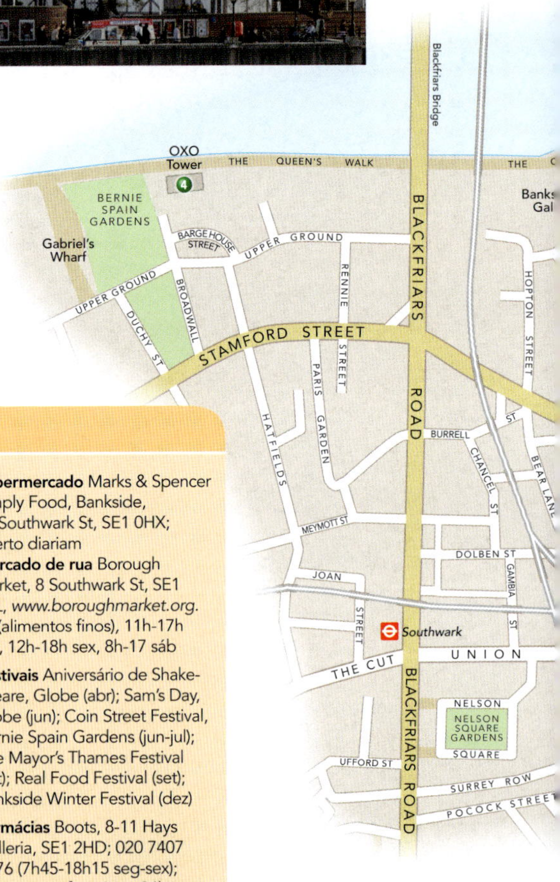

Southwark Cathedral, a catedral mais antiga de Londres, do século VII

Informações

Trem As estações Blackfriars e London Bridge estão a cerca de 10min de caminhada; a Cannon Street, a cerca de 15min
Metrô London Bridge, Mansion House, Cannon Street
Ônibus Southwark Bridge Road: rota 344; Southwark Street: RV1, 381; London Bridge: 17, 21, 35, 40, 43, 47, 133, 141, 149, 343, 521
Ônibus fluvial Bankside Pier, em rota desde Westminster p/ St Katharine's Dock (020 7936 2033; www.crownrivercruise.co.uk); e da London Eye p/ Greenwich (0870 781 5049; www.thamesclippers.com); The Tate to Tate Boat (020 7887 8888; www.tate.org.uk/tateto tate) opera entre a Tate Britain e a Tate Modern durante o horário de funcionamento das galerias

Informação turística City of London Information Centre (pp. 128-9)

Supermercado Marks & Spencer Simply Food, Bankside, 90 Southwark St, SE1 0HX; aberto diariam
Mercado de rua Borough Market, 8 Southwark St, SE1 1TL, www.boroughmarket.org.uk (alimentos finos), 11h-17h qui, 12h-18h sex, 8h-17 sáb

Festivais Aniversário de Shakespeare, Globe (abr); Sam's Day, Globe (jun); Coin Street Festival, Bernie Spain Gardens (jun-jul); The Mayor's Thames Festival (set); Real Food Festival (set); Bankside Winter Festival (dez)

Farmácias Boots, 8-11 Hays Galleria, SE1 2HD; 020 7407 4276 (7h45-18h15 seg-sex); procure por farmácias 24h em www.nhs.uk/servicedirectories

Playgrounds Little Dorrit Park (SE1); Mint Street Adventure Playground (p. 146; www.mintstreet.org.uk)

Shakespeare's Globe e arredores | 145

Teste de equipamento de tortura no Clink Prison Museum

O Brindisa, no Borough Market, serve deliciosa comida espanhola

Locais de interesse

ATRAÇÕES
1. Shakespeare's Globe
2. Tate Modern
3. Clink Prison Museum
4. The *Golden Hinde*
5. Southwark Cathedral
6. The Old Operating Theatre

COMIDA E BEBIDA
1. Borough Market
2. Café 2
3. Swan at the Globe
4. OXO Tower Brasserie
5. Amano
6. Gourmet Burger Kitchen
7. Caffè Nero
8. Fish!
9. De Gustibus
10. The George Inn

Veja também Shakespeare's Globe (p. 147), Tate Modern (p. 148) e Southwark Cathedral (p. 151)

HOSPEDAGEM
1. Ibis Styles London Southwark Rose
2. London Bridge

O Old Operating Theatre apresenta equipamentos cirúrgicos primitivos

① Shakespeare's Globe
Um teatro em que o público se manifesta

Na época de Shakespeare, ir ao teatro não era algo tranquilo como hoje. Trupes rivais competiam para atrair o público – que iria beber e xingar os atores durante peças cheias de magia, crimes e comédia. O Globe original foi construído perto daqui em 1599, depois que Shakespeare e sua companhia, os Lord Chamberlain's Men, transportaram o teatro, madeira a madeira, pelo Tâmisa desde Shoreditch. O atual teatro ao ar livre, réplica quase perfeita, foi aberto em 1997.

Detalhe dos portões do Globe

Destaques

O GLOBE ATÉ 1600

Os atores Até 1661, meninos a partir de 13 anos faziam os papéis femininos. Acredita-se que muitos morreram envenenados com o chumbo da maquiagem.

As peças *Hamlet*, *Macbeth* e *Júlio César* tiveram suas estreias no Globe Theatre original. Shakespeare frequentemente fazia papéis menores em suas peças.

O público Três mil pessoas se amontoavam no teatro para uma peça. Custava um centavo assistir do pátio – no verão, uma experiência terrível, por causa do mau cheiro.

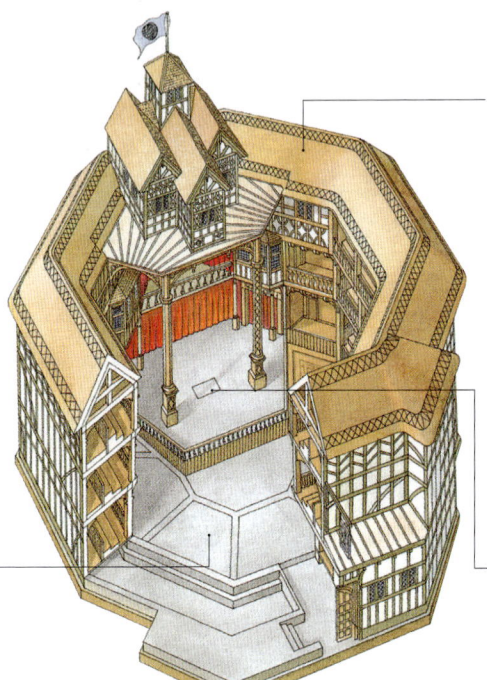

O GLOBE HOJE

O edifício Usa materiais do século XVI, como tijolos feitos à mão e pregadores de madeira, não pregos. O telhado de palha foi o primeiro na cidade desde o Grande Incêndio de Londres.

A temporada teatral vai de abril a outubro. Depois das oficinas mensais Child's Play, as crianças podem entrar e assistir ao final da matinê de sábado.

O palco Procure os alçapões (em cima e embaixo), que permitem a entrada surpresa de demônios ou fantasmas envoltos em fumaça, ou anjos e fadas que voam presos em cordas.

Para relaxar

Quando a maré estiver baixa, desça até o rio em frente ao **Gabriel's Wharf** para aproveitar a praia (cheque as marés em www.pla.co.uk). Há um trecho de grama em frente à Tate Modern, mas balanços e escorregadores, só mais ao sul, no **Mint Street Adventure Playground** (Lant St, SE1 1QP) ou no **Nelson Square Garden** (Nelson Square, SE1), perto da estação de metrô de Southwark.

Em Gabriel's Wharf, crianças brincam na praia, no centro da cidade

Comida e bebida

Piquenique: até £20; Lanches: £20-40; Refeição: £40-60; Para a família: £60 ou mais (base para 4 pessoas)

PIQUENIQUE Borough Market (8 Southwark St, Borough, SE1 1TL; www.boroughmarket.org.uk; 11h-17h qui, 12h-18h sex, 8h-17h sáb) é o território de uma aventura gastronômica ao redor do mundo, apesar de não ser barato: entre as opções para um piquenique de primeira estão presuntos e queijos espanhóis no **Brindisa** (www.brindisa.com) e pão alemão da **The Backhaus Bakery** (www.backhaus.co.uk).
LANCHES Café 2 (Tate Modern, Bankside, SE1 9TG; 0207 887 8888; www.tate.org.uk/modern, aberto diariam) não cobra o almoço de uma criança quando um adulto pede prato principal. O café serve sopas, muitos outros pratos salgados, bolos e smoothies caseiros.
REFEIÇÃO Swan at the Globe (21 New Globe Walk, SE1 9DT; 020 7928 9444; www.swanattheglobe.co.uk; aberto diariam) fica ao lado do teatro e tem uma vista excelente para o rio Tâmisa. É especializado em comida de pub sofisticada e tem menu para crianças.

Preços para família de 4 pessoas

Shakespeare's Globe e arredores | 147

Informações

🌐 **Mapa** 11 D4
Endereço 21 New Globe Walk, Bankside, SE1 9DT; 020 7902 1400; www.shakespearesglobe.com

🚗 **Trem** Blackfriars, Cannon Street, London Bridge **Metrô** London Bridge, Cannon Street **Ponto de ônibus** Southwark Bridge Road, Southwark Street **Ônibus fluvial** Bankside Pier

🕐 **Aberto** Abr-out: 9h-17h diariam; nov-mar: 10h-17h; outras apresentações (veja no site)

💷 **Preço** Museu: visita £36-46, até 5 anos grátis; ingressos para o teatro a partir de £5

👥 **Para evitar fila** Durante a temporada de teatro (fim abr-out), passeios pelo auditório só ocorrem de manhã; passeios à tarde vão às ruínas do Rose Theatre, contemporâneo do Globe

🚩 **Passeios guiados** De 40min, incluído na visita ao museu

👨‍👩‍👧 **Idade** A partir de 6 anos

🎭 **Atividades** Demonstrações ao vivo de combates no palco, figurino elisabetano e uso da prensa, quase diariam no museu (ligue antes). Atividades familiares no 2º fim de semana do mês e workshops nas férias escolares, grátis com o ingresso p/ o museu. Durante a temporada de teatro, workshops dramáticos (Child's Play, 8-11 anos, £15), coincidem com matinês de sáb.

⏱ **Duração** Até 2h

♿ **Cadeira de rodas** Sim, por elevadores e rampas

☕ **Cafés** No saguão do teatro; além do Swan at the Globe (veja abaixo, à esquerda)

🛍 **Loja** Vende itens relacionados a peças e suvenires

🚻 **Banheiros** Na área de exposições

Bom para a família
A exposição é cara, mas há muitas atrações infantis, e os ingressos para shows custam apenas £5.

Próxima parada...

THE GEORGE INN Atravesse Southwark e vá ao George Inn (77 Borough High St, SE1 1NH), última estalagem e taberna remanescente do século XVII em Londres. Quando ainda não havia casas de encenação, os atores se apresentavam em pátios calçados de pedra de estalagens como essa (atenção: crianças só entram na companhia de um adulto). **UNICORN THEATRE** (147 Tooley St, SE1 2HZ; 020 7645 0560; www.unicorntheatre.com) é o teatro londrino dedicado às crianças, com programas familiares e oficinas infantis antes dos espetáculos de domingo.

Pães artesanais frescos vendidos em The Flour Station, Borough Market

PARA A FAMÍLIA OXO Tower Brasserie (Bargehouse St, SE1 9PH; 020 3888 7803; www.harveynichols.com/oxo-tower-london; aberto diariam), com oito andares acima do rio, é muito agradável. Cozinha europeia para adultos, espaguete à bolonhesa ou salsichas para crianças.

Saiba mais

INTERNET Assista a *Shakespeare: the Animated Tales* da BBC, em www.squidoo.com/shakespeareforchildren. Para mais atividades sobre o dramaturgo, entre elas caça-palavras, quebra-cabeças e labirintos, visite www.folger.edu/shakespeare.

O Unicorn Theatre, perto da Tower Bridge

CRIANÇADA!

No palco
Há muito para explorar no Globe...
• **Trajes elisabetanos**
Encontre uma crinolina, um gibão e um rufo. Em que partes do corpo eles são usados?
• **Instrumentos musicais**
Encontre um cistre, uma sacabuxa e um tabor. Qual deles você dedilha, sopra e bate?

Respostas no fim do quadro.

SANGUE!
O público de Shakespeare gostava de cenas violentas porque sangue e batalhas faziam parte da vida cotidiana na era Tudor. A caminho do teatro, as pessoas viam cabeças de criminosos, traidores e piratas fincadas em estacas na London Bridge!

Abre-te sésamo
Os incríveis portões de ferro do Globe são decorados com todas as plantas e animais citados nas peças de Shakespeare. Do lado do rio, procure um caranguejo, um golfinho e uma cobra. Que criatura completa esta sequência: abutre, corvo, pomba e... ?

Resposta no fim do quadro.

Fogo! Fogo!
Entre os efeitos especiais elisabetanos estavam canhões e fogos de artifício para recriar cenas de batalha. O Globe foi reduzido a cinzas em 1613 quando um canhão pôs fogo no telhado. Todos escaparam com vida, embora a calça de um homem tenha ficado em chamas!

*Respostas: **Trajes elisabetanos**: pernas, torso e pescoço. **Instrumentos musicais**: dedilhar um cistre, soprar um sacabuxa e bater um tabor (pequeno tambor). **Abre-te sésamo**: Urso.*

② Tate Modern
Quebrar, respingar, explodir... arte

Não é preciso se preocupar se as crianças vão gostar da Tate Modern. Sejam pinturas de Jackson Pollock, colagens coloridas de Henri Matisse ou hambúrgueres de mentira de Claes Oldenburg, há chances de que elas já tenham criado algo na mesma linha na escola ou no quarto de brincar. Caso contrário, logo elas o farão, depois de uma visita à galeria de arte mais instigante de Londres. No entanto, não é uma boa ideia copiar Niki de Saint Phalle, que atirava em seus quadros.

Instalada na antiga usina elétrica Bankside Power Station, com suas altas chaminés, a Tate Modern é um sucesso desde sua inauguração em 2000, e uma reforma de £215 milhões dobrou o espaço das exposições para ajudar a receber os 5 milhões de visitantes anuais. A galeria tem muita coisa para crianças. Nas tardes dos fins de semana, uma equipe dedicada está à disposição no saguão da família, no 3º andar, para sugerir percursos e desafios para crianças a partir de 5 anos. A "Interactive Zone", no 5º andar, fica aberta em tempo integral, com consoles touch-screen e videoclipes que explicam a coleção. O audioguia para crianças está repleto de testes e charadas, e há até um app para iPhone do jogo "Tate Trumps" – escolha sete obras favoritas e depois dispute com as escolhidas pelos seus amigos. Explorar a galeria é menos assustador do que parece à primeira vista: embora sejam sete andares no total, a coleção permanente está apenas no 3º, no 4º e no 5º andares, agrupada por temas em quatro alas. Um ótimo expediente é deixar as crianças liderarem o percurso pelas cerca de vinte salas de cada andar em busca de obras atraentes. Vale a pena parar na Sala 2 da ala "Poetry and Dream" para ver Dalí; na Sala 1 da ala "Structure and Clarity", para Matisse; e na Sala 1 de "Energy and Process", para Malevich. Procure também Richier e Rothko na ala "Transformed Visions". Com frequência há obras em restauração ou cedidas a outras instituições; nem sempre você verá todas expostas. Não perca o Turbine Hall, com uma instalação imensa.

Para relaxar
O novo anexo da Tate Modern (a ser inaugurado em 2016) vai se abrir para uma praça e gramados ao sul e a oeste da galeria, com espaço para as crianças brincarem. A **Millennium Bridge** é um ótimo local para observar o tráfego nas águas do Tâmisa.

Informações

🌐 **Mapa** 11 C5
Endereço Bankside, SE1 9TG; 020 7887 8888; www.tate.org.uk

🚇 **Trem** Blackfriars, Cannon Street, London Bridge **Metrô** Southwark, London Bridge, Cannon Street **Parada de ônibus** Southwark Bridge Road, Southwark Street **Ônibus fluvial** Bankside Pier

🕐 **Aberto** 10h-18h dom-qui; 10h-22h sex-sáb (última entrada para exposições: 45min antes de fechar)

💷 **Preço** Turbine Hall e coleção permanente, grátis; mostras temporárias têm entrada paga

🚩 **Para evitar fila** O anexo deve facilitar a vida no fim de semana

🚩 **Passeios guiados** Visitas de 45min diariam às 11h, 12h, 14h e 15h, cada uma cobrindo uma das quatro seções da coleção permanente. Há passeios de 1h pelas mostras temporárias – horário e preço variam.

👥 **Idade** Livre

👨‍👩‍👧 **Atividades** Com guias, grátis (a partir de 5) todo sáb e dom 12h-16h; qui e sex nas férias escolares. Área p/ família com livros de arte e materiais no 3º andar; área p/ até 5 anos no 5º andar e trilhas de arte grátis (a partir de 5) nos balcões de informação do 1º e do 2º andar. Guia multimídia infantil no 2º e no 3º (£3,90).

⏱ **Duração** Pelo menos 2h

♿ **Cadeira de rodas** Sim

☕ **Comida e bebida** *Lanches* Café 2 (2º andar) serve almoços baratos p/ crianças até 12 anos, sanduíches e pastelaria. *Refeição* Tate Modern Restaurant (7º andar) tem vista p/ o rio e um menu mais ambicioso; abre também p/ jantar sex-sáb.

🛍 **Lojas** 1º, 2º e 4º andares, vendem livros de arte, joias, pôsteres e suvenires relativos às exposições

🚻 **Banheiros** Em todos os andares; trocador de bebê no 1º andar

Acima A Millennium Bridge, sobre o Tâmisa, liga St Paul's e Tate Modern
À esq. O coração da Tate Modern é o imponente Turbine Hall

Preços para família de 4 pessoas

Shakespeare's Globe e arredores | 149

Preso de cera é punido na terrível prisão subterrânea do Clink Prison Museum

③ Clink Prison Museum
Masmorra original de Londres

A medieval Southwark estava fora da jurisdição das autoridades civis de Londres, e era um lugar sem lei, famoso por brigas de urso, espeluncas e bordéis – todos permitidos pelos bispos de Winchester, cujo palácio ficava na margem sul do Tâmisa. Era necessária uma prisão para controlar a área e, em 1144, Clink foi criada: um lugar tão mal-afamado que virou sinônimo de prisões em todo o país.

Dentro das pequenas e sombrias celas dessa atração subterrânea, presos de cera, gritos gravados e réplicas de equipamentos de tortura são usados para contar a história sangrenta de crime e castigo até 1780, quando Clink fechou. Painéis informativos descrevem um julgamento do século XII por provação (atravésse ferros em brasa sem se ferir, e você é inocente) e as perseguições religiosas de Maria Sangrenta (Bloody Mary). É mais histriônico do que histórico, e talvez um pouco assustador para menores de 8 anos. Crianças com atração pelo macabro podem gostar de experimentar uma mordaça de couro ou colocar a cabeça no bloco do carrasco. Os visitantes podem baixar uma foto da visita.

Para relaxar
Siga para o sul por Bank End Park e Redcross Way até o **Little Dorrit Park** *(Little Dorrit Court, SE1)*, onde há brinquedos.

Informações
- 🌐 **Mapa** 12 E5
  End. 1 Clink Street, SE1 9DG; 020 7403 0900; www.clink.co.uk
- 🚇 **Trem** London Bridge **Metrô** London Bridge **Ponto de ônibus** Southwark Bridge, Southwark Street, Borough High Street **Ônib. fluvial** Bankside Pier
- 🕐 **Aberto** Jul-set: 10h-21h diariam; out-jun: 10h-18h seg-sex, 10h-19h30 sáb e dom
- 💷 **Preço** £4
- 🚶 **Passeios guiados** Apenas grupos
- 👫 **Idade** A partir de 8 anos
- ⏱ **Duração** Até 1h
- ♿ **Cadeira de rodas** Há nove degraus para descer ao museu
- 🍴 **Comida e bebida** *Lanches* Amano *(Clink Street, SE1 9DG; 7h-23h seg-sex, 9h-22h sáb e dom)* serve pão sírio e wraps. *Refeição* Gourmet Burger Kitchen *(Soho Wharf, Clink Street, SE1 9DG; www.gbk.co.uk; 11h30-22h diariam)* faz miniversões infantis de seus hambúrgueres.
- 🛍 **Loja** De presentes e suvenires
- 🚻 **Banheiros** Não

Subindo numa armação em forma de trem a vapor em Little Dorrit Park, SE1

CRIANÇADA!

Faça um monstro
Os artistas surrealistas inventaram um jogo de desenho para criar criaturas estranhas. Aprenda a jogar...
1 Dobre uma folha de papel em quatro partes horizontais iguais.
2 Reveze com um amigo para desenhar cada parte do corpo na folha: na primeira parte, faça a cabeça, e depois dobre o papel para escondê-la; em seguida, na segunda parte, seu amigo faz o tronco; na terceira, sem ver cabeça ou tronco, você faz as pernas; na quarta, seu amigo faz os pés.
3 Desdobre o papel para revelar seu monstro!

Jogo da memória
Na ala "Energy and Process" da Tate Modern, encontre a oficina dos construtores criada pelos artistas Fischli e Weiss. Passe um minuto memorizando os objetos sobre a mesa grande. Vire-se e veja quanto você consegue lembrar.
1 Qual é o objeto mais alto?
2 Qual é a cor do capacete de bicicleta?
3 Quantos biscoitos há ali?

Respostas no fim do quadro.

Andy à mão
Por que não fazer o seu próprio retrato ao estilo Andy Warhol, como na Tate Modern? Tire uma foto de você, de um amigo ou de seu ídolo da música ou do esporte. Faça quatro fotocópias em preto e branco, do maior tamanho que puder. Agora pinte cada uma com lápis coloridos. Pronto!

Respostas: 1 Uma bota. 2 Amarelo. 3 Cinco.

Piquenique até £20; **Lanches** £20-40; **Refeição** £40-60; **Para a família** mais de £60 (base para 4 pessoas)

④ Golden Hinde
Piratas a bordo!

Essa bela réplica de um galeão Tudor está majestosamente ancorada no rio ao lado dos cafés e prédios de escritórios de Bankside, como se tivesse acabado de chegar trazendo piratas. Com efeito, bucaneiros-mirins surgem regularmente nos Pirate Days e nos pernoites para famílias.

O *Hinde* é uma reprodução em tamanho natural do navio de Sir Francis Drake que circum-navegou o mundo na década de 1570, descobrindo a Califórnia e saqueando tesouros espanhóis ao longo do caminho. As recompensas eram grandes: após uma viagem proveitosa, até um humilde garoto de cabine se tornava o equivalente a um milionário.

Uma apostila rudimentar descreve os conveses, velas e armamentos, mas tente visitar no fim de semana, quando os guias turísticos estão a bordo. Sente-se na cadeira de Drake na cabine do capitão e vá aos aposentos apertados, que chegavam a acomodar até 80 tripulantes – até os pequenos terão de se abaixar para explorar o sombrio convés das armas. Na maioria dos sábados há eventos a fantasia para famílias: pegue facão e tapa-olho e aprenda a levantar a âncora e disparar o canhão.

Para relaxar
Siga para o sul ao longo da Borough High Street até o **Little Dorrit Park** (*Little Dorrit Court, SE1*).

Criança fantasiada finge disparar um canhão no Golden Hinde

Informações
- **Mapa** 12 E5
- **Endereço** Pickfords Wharf, Clink Street, SE1 9DG; 020 7403 0123; www.goldenhinde.com
- **Trem** London Bridge **Metrô** London Bridge, Monument **P. de ônibus** Borough High Street **Ônibus fluvial** Bankside Pier
- **Aberto** 10h-17h30 diariam
- **Preço** £18 (até 4 anos grátis)
- **Para evitar fila** Melhor agendar os workshops para famílias
- **Pass. guiados** Visitas com fantasias ou p/ se vestir de pirata, todo sáb (família £20, inclui a entrada)
- **Idade** A partir de 5 anos
- **Atividades** Workshops de piratas p/ famílias, de 2h, na maioria dos sáb (e alguns dias de semana nas férias escolares) – venha fantasiado. Também festas do pijama regulares p/ crianças de 5-10 anos, acompanhadas por um adulto (£40pp). Ligue ou acesse o site.
- **Duração** 1h p/ visita autoguiada
- **Cadeira de rodas** Não, devido a escadas inclinadas e tetos baixos
- **Comida e bebida** Piquenique Caffè Nero (*3 Cathedral Street, SE1 9DE; 7h-21h30 seg-sex, 8h-21h30 sáb e dom*) têm vista para o navio, ou tente as bancas do Borough Market (*p. 146*)
- **Loja** Na bilheteria, vende suvenires
- **Banheiros** Na bilheteria

Preços para família de 4 pessoas

⑤ Southwark Cathedral
Peregrinos, poetas e comidas finas

A "câmara de arqueologia" na ala do milênio da Southwark Cathedral é uma janela para 2 mil anos de fé, ao lado da London Bridge. Um ícone religioso romano do século IV foi descoberto aqui, e há um ataúde de pedra do convento medieval de St Mary Overie.

A igreja que vemos hoje é em grande parte do século XIV. Os peregrinos dos *Contos de Canterbury*, de Geoffrey Chaucer, partem para sua viagem de uma taberna nos arredores, e o fabuloso túmulo de John Gower, contemporâneo de Chaucer, ilumina a nave da catedral com suas cores de carrossel (vermelho, verde e dourado). Procure pelo "corpo" de pedra de 500 anos, emaciado em seu sudário – perfeito para assustar as crianças. O memorial mais famoso lembra Shakespeare, que passou doze anos trabalhando no vizinho Globe Theatre. Personagens de algumas de suas peças estão em um vitral colorido.

De quinta a sábado, as tendas do Borough Market (*p. 146*) circundam as grades da catedral, enriquecendo em muito o clima do bairro. O mais antigo mercado de alimentos de Londres foi concessão de Eduardo III em 1406, embora seja improvável que na época fossem vendidos ali hambúrgueres de avestruz ou curry birmanês. O mercado é especializado em ingredientes deliciosos, de todas as partes. Pode-se provar a comida, mas evite as manhãs de sábado após as 10h, quando a área fica muito movimentada.

Para relaxar
A catedral tem uma área ao ar livre com mesas. Além disso, há uma pequena praça ao lado do rio.

Maria e Jesus, um detalhe da Great Screen, na Southwark Cathedral

Shakespeare's Globe e arredores | 151

Informações

- **Mapa** 12 E5
- **Endereço** London Bridge, SE1 9DA; 020 7367 6700; www.southwarkcathedral.org.uk
- **Trem** London Bridge **Metrô** London Bridge, Monument **Ponto de ônibus** Borough High Street **Ônibus fluvial** Bankside Pier
- **Aberto** 8h-18h seg-sex, 8h30-18h sáb e dom; cultos incluem coral nas Vésperas, diariam. Borough Market: 11h-17h qui, 12h-18h sex, 8h-17h sáb
- **Preço** Doações
- **Passeios guiados** Apenas grupos (adultos £5; até 12 anos £2,50); caminhadas também disponíveis
- **Atividades** Concertos regulares
- **Duração** Até 1h
- **Cadeira de rodas** Sim, por elevadores e rampas fixas ou portáteis
- **Comida e bebida** Lanches O café Refectory serve almoço e bolos. *Refeição* Fish! *(Cathedral Street, SE1 9AL; 020 7407 3803; 11h30-23h seg-qui, 12h-23h sex-dom)* oferece frutos do mar.
- **Loja** Vende suvenires, cartões, livros e presentes da catedral
- **Banheiros** Na ponta oeste do Lancelot's Link, perto da entrada

⑥ The Old Operating Theatre

A igreja que pingava sangue

Esse museu macabro é um contraponto interessante à London Dungeon (p. 156), perto. Se a Dungeon é um chocante show de horror, essa é uma amostra autêntica da sanguinolência vitoriana, no sótão de 300

A pequena mesa de cirurgia no centro do Old Operating Theatre

anos da St Thomas's Church. Aqui está a sala de cirurgias mais antiga da Europa, criada em 1822 para servir ao St Thomas' Hospital, onde estudantes se reuniam para ver membros de pacientes pobres serem amputados – sem anestésicos.

Uivos de tormento reais ecoavam por essas vigas no passado, e a entrada não poderia ser mais assustadora, acessível por uma escada em espiral na torre da igreja. A primeira câmara é a Herb Garret, farmácia hospitalar em séculos passados, cheia de peles de animais mofadas e poções bizarras, como se fosse a despensa de uma bruxa. Fãs de Harry Potter irão adorar o ambiente. A sala de operações é muito assustadora: literalmente um teatro, a mesa de cirurgia é o palco, e há cadeiras acentuadamente inclinadas para os espectadores, uma caixa de serragem para absorver o sangue dos amputados e um corredor de instrumentos cirúrgicos dignos de um assassino.

Para relaxar

O **Little Dorrit Park** *(veja à esq.)* tem um pequeno playground.

Informações

- **Mapa** 12 E5
- **Endereço** 9a Saint Thomas Street, SE1 9RY; 020 7188 2679; www.thegarret.org.uk
- **Trem** London Bridge **Metrô** London Bridge **P. de ônibus** London Bridge
- **Aberto** 10h30-17h diariam
- **Preço** £13,90
- **Para evitar fila** A capacidade é pequena, então agende p/ eventos
- **Idade** A partir de 7 anos
- **Atividades** Demonstrações grátis, às 14h sáb e dom (a partir de 7 anos), podem apresentar fitoterapia ou cirurgias rápidas do século XIX. Há um criativo programa de atividades familiares nas férias escolares: ligue antes ou acesse o site.
- **Duração** 1h
- **Cadeira de rodas** Limitado
- **Comida e bebida** Lanches De Gustibus *(4 Southwark Street, SE1 1TQ)* é uma padaria artesanal na ponta do Borough Market *(veja acima)*. *Refeição* The George Inn *(77 Borough High Street, SE1 1NH; 020 7407 2056; 12h-21h diariam)* serve comida típica de pub.
- **Loja** Vende suvenires excêntricos e originais e presentes com tema médico
- **Banheiros** Antes da entrada (precisa de chave)

CRIANÇADA!

Herói ou vilão?

Sir Francis Drake conduziu a frota inglesa na vitória contra a Armada Espanhola em 1588, mas ele também era uma espécie de pirata. Em 1579, capturou mais de 26 toneladas de tesouros do galeão espanhol *Cacafuego*. Trouxe tudo para a rainha Elizabeth I, que o tornou cavaleiro no convés do navio e pegou £160 mil, o suficiente para acabar com a dívida nacional.

Meus ossos tremem!

Faça este teste do *Golden Hinde*
1 Em média, qual era a altura dos marinheiros de Drake? (Dica: o teto era muito baixo)
2 Você consegue achar uma cabeça de leão no navio? Para que servia? (Dica: os marinheiros eram supersticiosos)
3 Por que os conveses são vermelhos? (Dica: útil durante a batalha)

Matemática do mercado

No Borough Market, descubra a lista de taxas que os comerciantes tinham de pagar há cem anos. Se você quisesse vender estes bens, qual seria a taxa total?
Cinco sacas de ervilhas ....
Dois quilos de uvas ....
Uma cesta de ovos ....
                    TOTAL ....

Respostas no fim do quadro.

MAL-ESTAR

Só os pobres eram operados no Old Operating Theatre. Na década de 1820, os hospitais eram cheios de infecções, portanto os ricos preferiam ser operados em casa, em geral na mesa da cozinha!

Respostas: Meus ossos tremem! 1 1,60m. **2** Para assustar monstros marinhos. **3** Para disfarçar sangue derramado **Matemática do mercado** 10d (10 pence)

Piquenique até £20; **Lanches** £20-40; **Refeição** £40-60; **Para a família** mais de £60 (base para 4 pessoas)

Southwark e South Bank

HMS *Belfast* e arredores

O mais poderoso cruzador de batalha britânico na Segunda Guerra Mundial é hoje um museu flutuante. Visitá-lo com crianças é uma experiência intensa, mas evite dias de mau tempo e cheque as atividades infantis no site. O calçadão à beira do rio é perfeito para famílias. Jovens aficionados por história vão adorar experimentar uniformes na Winston Churchill's Britain at War Experience.

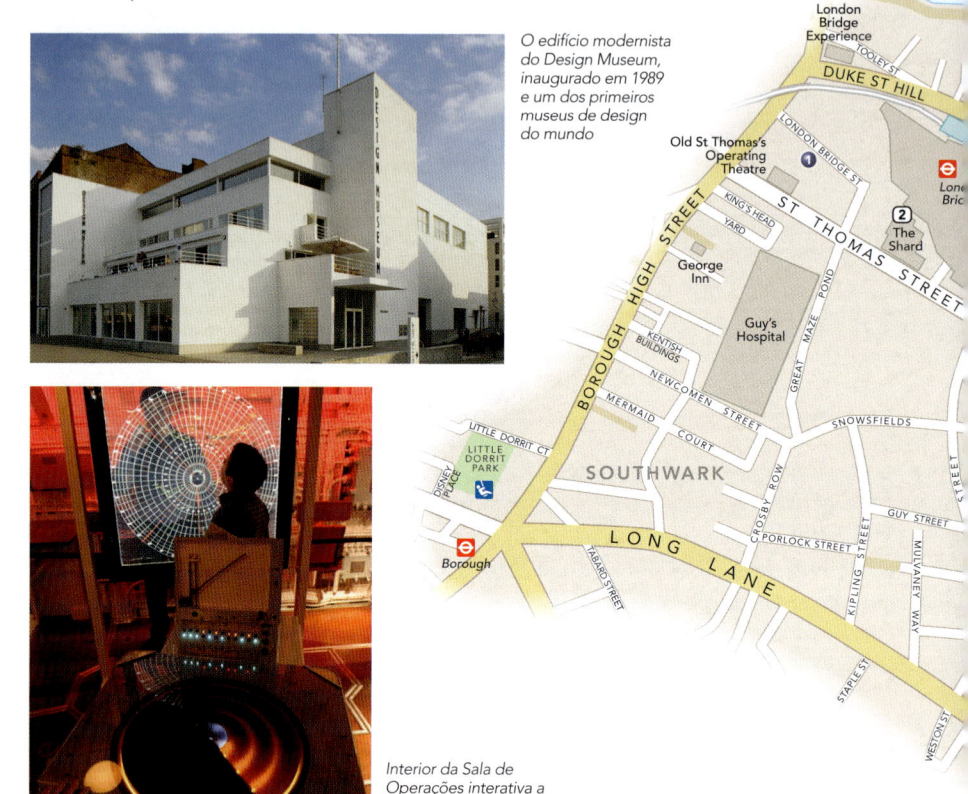

Southwark e South Bank
Shakespeare's Globe p. 144
HMS *Belfast*
London Eye p. 158

O edifício modernista do Design Museum, inaugurado em 1989 e um dos primeiros museus de design do mundo

Interior da Sala de Operações interativa a bordo do HMS Belfast

Informações

Trem London Bridge, 5min a pé; Tower Gateway (DLR) **Metrô** London Bridge, Monument, Tower Hill **Ônibus** Tooley Street: rotas 47, 343, 381, RV1; London Bridge: 17, 21, 35, 40, 43, 47, 133, 141, 149, 521 **Ônibus fluvial** London Bridge City Pier, na rota entre Woolwich Arsenal e London Eye (0870 781 5049; www.thamesclippers.com)

Informação turística City of London Information Centre (pp. 128-5)

Supermercados Marks & Spencer Simply Food, 6 More London Place, SE1 2DA; Costcutter, 134 Tooley Street, SE1 2TU
Mercados de rua Borough Market, pp. 144-5; Bermondsey Market, Bermondsey Square, SE1 3UN (principalmente comida, flores e plantas de jardim), 10h-14h sáb

Festivais City of London Festival, música e artes (jun-jul); Mayor's Thames Festival, música, artes e mercados de rua (set)

Farmácias Boots, 8-11 Hays Galleria, SE1 2HD; 020 7407 4276; 7h30-18h30 seg-sex, 10h-18h sáb. Procure por farmácias 24h em www.nhs.uk/servicedirectories

Playgrounds Tanner Street Park (SE1); Little Dorrit Park (SE1); St John's Churchyard (SE1); Leathermarket Street Gardens (SE1)

HMS *Belfast* e arredores | 153

Proporcionando vistas 360° da cidade, The Shard é o edifício mais alto da Europa Ocidental

Fontes do jardim das esculturas próximo ao City Hall

Locais de interesse

ATRAÇÕES
1. HMS *Belfast*
2. The View from The Shard
3. Winston Churchill's Britain at War Experience
4. Design Museum

● **COMIDA E BEBIDA**
1. Le Pont de la Tour
2. Caffè Paradiso
3. Dim T
4. Browns Bar & Brasserie
5. Absolutely Starving
6. Café Rouge
7. Pod
8. Ask

Veja também HMS *Belfast* (pp. 154-5) e Design Museum (p. 157)

● **HOSPEDAGEM**
1. London Bridge
2. London Tower Bridge

154 | Southwark e South Bank

① HMS *Belfast*
Um dos maiores navios de guerra da Grã-Bretanha

Construído em 1938, no mesmo estaleiro norte-irlandês do *Titanic*, o HMS *Belfast* foi o mais poderoso cruzador britânico na Segunda Guerra Mundial. É emocionante explorar esse grande navio de guerra, pronto para a batalha, povoado apenas pelos visitantes e pelos fantasmas dos 800 marinheiros que o tripularam no passado. Geradores zunem, ordens são ouvidas pelos alto-falantes e a maioria das áreas é acessível às crianças, que podem descer escadas, cruzar passarelas até as torres de artilharia e bagunçar no convés.

Sinais com bandeiras

Informações

🌐 **Mapa** 12 G5
Endereço HMS Belfast, The Queen's Walk, SE1 2JH; 020 7940 6300; *www.iwm.org.uk*

🚗 **Trem** London Bridge (5min a pé); Tower Gateway (DLR)
Metrô London Bridge, Monument, Tower Hill
Ponto de ônibus Tooley Street, London Bridge
Ônibus fluvial London Bridge City Pier, em rota entre Woolwich Arsenal e London Eye (020 7001 2222; *www.thamesclippers.com*)

🕐 **Aberto** Mar-out: 10h-18h diariam; nov-fev: até 17h (última entrada 1h antes)

💷 **Preço** £29, até 16 anos grátis; aceita doação voluntária

Passeios guiados Áudio grátis (também em francês, alemão e espanhol); áudio infantil

👪 **Idade** A partir de 7 anos

Atividades As atividades informais do Activities Family acontecem em fins de semana escolhidos e nas férias escolares. Visite o site para obter mais informações.

⏱ **Duração** 2h

♿ **Cadeira de rodas** Limitado devido à estrutura do navio; mais informações no site

☕ **Café** Walrus Café, Zona 3 (abre só em horários de pico)

🛍 **Loja** No saguão da bilheteria

👥 **Banheiros** Conveses superior e principal; peça a chave dos banheiros para deficientes

Bom para a família
Aproveite ao máximo visitando também a exposição Life at Sea, no Deque 3, com nós para apertar e mochilas para levantar.

Preços para família de 4 pessoas

Destaques

① **Cabine do almirante** O HMS *Belfast* se tornou carro-chefe da Frota Britânica do Extremo Oriente. Na sala de comando do almirante, as crianças podem colocar uniformes e procurar navios inimigos.

② **Convés superior** O local dos passeios e dos exercícios no navio, reservado principalmente para os oficiais. É por onde os visitantes sobem a bordo – não esqueça a continência!

③ **Âncora** Se o guincho elétrico falhar, são necessários 144 homens para mover o cabrestante e levantar a âncora principal do navio. É pesada como um elefante (5,5 toneladas).

④ **Sala dos mísseis** Eles ficam alinhados como pinos de boliche. São carregados em um carrossel e içados até as quatro torres de artilharia principais.

⬜ **Ponte** A plataforma da bússola na dianteira é de onde o capitão controla o navio.

🟩 **Superestrutura** Essa parte do navio abriga torres de artilharia, chaminés, botes salva-vidas e mastro principal.

🟩 **2º convés** Aqui fica um convés-refeitório, onde a tripulação dormia e comia, além do refeitório dos oficiais.

🟪 **3º convés** Além das cabines do comando, abriga capela, celas, sala de correio e lavanderia.

🟦 **4º convés** Aqui fica a sala dos mísseis e o sistema de controle de armas, bem como o leme do navio.

🟫 **5º convés** Casa das máquinas dianteira e traseira; local de armamentos menores e do detector de submarinos.

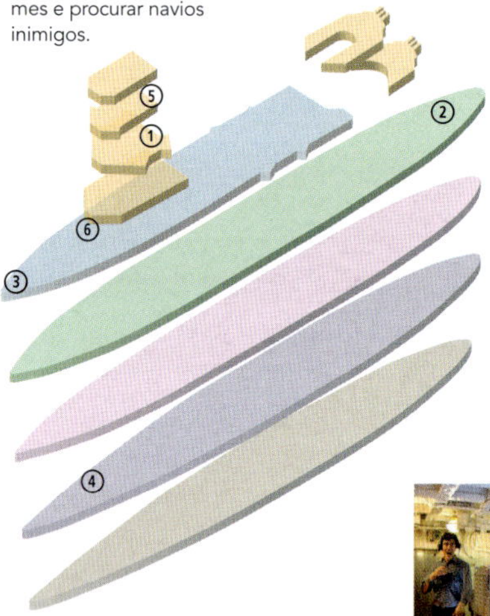

⑤ **Sala de operações** No centro nervoso do navio, o melhor momento do *Belfast* é revivido: quando ajudou a afundar o navio de guerra alemão *Scharnhorst* em 1943.

⑥ **Torre de artilharia** Gire na cadeira do capitão na torre e imagine disparar os mísseis do *Belfast* contra um alvo a 23km de distância.

HMS *Belfast* e arredores | 155

Pausa no Potters Field Park, junto à Tower Bridge

Para relaxar
O **Potters Fields Park** é uma área gramada ao lado da Tower Bridge. Atrás dele, cruzando a Tooley Street, há um pequeno playground no **St John's Churchyard**, na Fair Street; há ainda um playground maior no **Tanner Street Park**, mais adiante na Tower Road Bridge. Os mais velhos (11-16 anos) podem ter aulas no **White's Grounds Skate Park** (Crucifix Lane, SE1 3JW): ligue 020 7525 1102 para mais detalhes.

Comida e bebida
Piquenique: até £20; Lanches: £20-40; Refeição: £40-60; Para a família: £60 ou mais (base para 4 pessoas)

PIQUENIQUE Le Pont de la Tour (36b Shad Thames, SE1 2YE; 020 7403 8403; www.lepontdelatour.co.uk; 7h30-20h dias úteis, 9h-18h fins de semana) tem ótima delicatéssen com pães gostosos, um impressionante balcão de queijos e dezenas de guloseimas gourmet. Abasteça-se para um piquenique e siga para o Potters Fields Park, onde há muito espaço.

LANCHES Nas descoladas docas de Shad Thames há bons cafés, entre eles **Caffè Paradiso** (45 Shad Thames, SE1 2NJ; 020 7378 6606; www.pizzaparadiso.co.uk; 7h-19h seg-sex, 8h-19h sáb e dom), ponto de encontro em estilo siciliano com pães doces e sorvete.

REFEIÇÃO Dim T (2 More London Place, SE1 2DP; 020 7403 7000; dimt.co.uk; 12h-23h diariam.), muito perto do HMS *Belfast*, oferece uma ampla gama de pratos asiáticos, entre eles curries tailandeses e pato crocante. As crianças podem escolher entre um bentô e uma cesta de bolinhos dim sum.

PARA A FAMÍLIA Há lugares mais chiques ao longo do Butler's Wharf, mas **Browns Bar & Brasserie** (Shad Thames, SE1 2YG; 020 7378 1700; www.browns-restaurants.co.uk; 10h-23h seg-sáb, até 22h30 dom) serve confiáveis clássicos britânicos, como paleta de cordeiro ou fígado de vitela e bacon. Também agrada as crianças com um menu infantil de dois pratos.

Saiba mais
INTERNET Conheça mais fotos e objetos do HMS *Belfast*, incluindo cenas do navio durante as missões do Comboio no Ártico, na Segunda Guerra Mundial, consultando as coleções IWM on-line, no site www.iwm.org.uk/collections/search.

Próxima parada...
LONDON FIRE BRIGADE MUSEUM Para mais equipamento pesado, vá até o vizinho London Fire Brigade Museum (94a Southwark Bridge Rd, SE1 0EG; 020 8555 1200; www.london-fire.gov.uk/ourmuseum.asp), onde é possível admirar reluzentes carros de bombeiro e experimentar uniformes. Visitas às 10h30 e 14h seg-sex; é preciso reservar (£5 adultos, £3 crianças).

Carros de bombeiro do passado no Fire Brigade Museum

CRIANÇADA!

Conversa de navio
Os marinheiros do HMS *Belfast* usavam muita gíria naval. Tente descobrir o significado da frase abaixo – todas as palavras misteriosas podem ser encontradas a bordo... "I had too much grog and dropped my nutty in the dhobi. Now I've got to go to the Naafi!"

Respostas no fim do quadro.

No radar
O HMS *Belfast* foi um dos primeiros navios equipados com radar. Um radar envia ondas de rádio, que rebatem em navios e aviões inimigos, revelando sua posição, direção e velocidade. Você consegue achar o Admiralty Fire Control Table, no fundo do navio? Esse grande computador usava sinais de radar para encontrar o ângulo e a altura corretos para que as armas do navio atingissem seu alvo.

Leia as bandeiras
No passado, os navios se comunicavam no mar por bandeiras. Cada letra do alfabeto é representada por uma bandeira diferente, portanto é possível exibir mensagens no mastro do navio. O que essas bandeiras dizem?

Se quiser ajuda, você encontra o "alfabeto de sinais" completo em www.navycs.com/military-alphabet.html. Consegue escrever seu nome em bandeiras náuticas?

Resposta abaixo.

Respostas: Conversa de navio = Grog = rum, nutty = chocolate, dhobi = lavanderia, Naafi = cantina. **Leia as bandeiras** BELFAST.

② The View from The Shard

Vistas impressionantes de 360° do horizonte de Londres

Edifício mais alto da Europa Ocidental, The Shard foi projetado por Renzo Piano. Um dos últimos arranha-céus a surgir no panorama londrino, esse edifício de 95 andares e 310m abriga escritórios, restaurantes, o hotel cinco-estrelas Shangri-La, apartamentos residenciais de alto nível e o maior mirante de observação do país, The View, acessado por elevadores de alta velocidade. A entrada para The View é pela Joiner Street. Situados no alto do The Shard, nos 68º, 69º e 72º andares, os mirantes públicos têm exposições multimídia, que contextualizam as vistas. Adultos, e especialmente as crianças, vão adorar ascender aos céus em elevadores "caleidoscópicos", que usam telas de vídeo e espelhos para criar o efeito de subir pelos icônicos tetos e telhados de Londres. Ao chegar à "paisagem de nuvens" do 68º andar, suba até os três níveis do mirante principal no 69º andar, com vistas desobstruídas de 360° da capital.

Informações

- **Mapa** 12 F6
- **Endereço** Joiner Street, SE1 9QU; 0844 499 7111; www.theviewfromtheshard.com
- **Trem** London Bridge. **Metrô** London Bridge. **P. de ônibus** London Bridge: 43, 48, 141, 149, 521
- **Aberto** 9h-22h diariam
- **Preço** £108-118; faça reserva on-line para obter descontos. Portadores de deficiência podem obter ingressos gratuitos para seus cuidadores (apenas por telefone).
- **Para evitar fila** Compre ingressos on-line – eles são mais baratos. Também há reserva por telefone, mas paga-se uma taxa extra.
- **Idade** A partir de 7 anos
- **Cadeira de rodas** Sim
- **Comida e bebida** *Lanches* Absolutely Starving (51 Tooley St, SE1 2QN; 020 7407 7417; 7h-21h seg-sex, 9h-20h sáb-dom) tem bufê de pratos quentes. *Refeição* Café Rouge (Hay's Galleria, Tooley St, SE1 2HD; 020 7378 0097; 8h30-23h diariam) serve menu infantil.
- **Loja** The Sky Boutique
- **Banheiros** Térreo e 68º andar do The View

Preços para família de 4 pessoas

Visitantes apreciam vistas panorâmicas da cidade, do alto do The Shard

Londres ganha vida por meio de doze telescópios, permitindo às pessoas explorarem a cidade em volta delas em tempo real. Esses instrumentos, de uso gratuito, também ajudam os visitantes a identificar 250 marcos famosos e locais de interesse, e fornecem informações em dez línguas. Para uma experiência mais profunda, vá até o mirante do 72º andar – o nível habitável mais alto do edifício. Esse andar está parcialmente ao ar livre, exposto à intempérie, e é considerado o ponto de observação mais alto da Europa Ocidental. Os visitantes ficam rodeados por fragmentos de vidro que formam o topo do The Shard e podem ter uma experiência única dos sons e da atmosfera da cidade lá embaixo.

Para relaxar

Ande para leste pela Tooley Street até o **St John's Churchyard** (Fair St, SE1), que tem pequeno playground e áreas gramadas para piqueniques.

③ Winston Churchill's Britain at War Experience

Recriação da vida e da morte nas Blitze de Londres

Dos muitos museus da guerra e dos exércitos em Londres, esse é o mais tocante, explorando a vida no front durante a Segunda Guerra. O início é impactante: ao som das sirenes de ataque aéreo, um elevador leva os visitantes para a réplica de um abrigo subterrâneo no metrô; os londrinos corriam para estações para se abrigar de bombas nazistas. Manequins se aninham em beliches improvisadas, cartazes alertam que "uma conversa custa vidas" e um ótimo cinejornal usa depoimentos reais para contar essa história terrível.

As galerias principais exibem roupas, recortes e lembranças: as crianças podem ouvir gravações de operárias e jovens exilados falando sobre a vida em tempos de guerra, além de experimentar capacetes de estanho, máscaras de gás e uniformes. Muitos itens em exposição foram doados por visitantes, o que ajuda a transmitir o clima da época. O grande final é uma evocação barulhenta e enfumaçada de casas sendo bombardeadas durante as Blitze – um pouco assustador para crianças muito pequenas e um pouco de mau gosto para todos, diante da visão de membros amputados.

Para relaxar

Caminhe para leste ao longo do rio até o gramado do **Potters Fields Park** (The Queens Walk, SE1 2AA).

Crianças com máscaras de gás na Winston Churchill's Britain at War Experience

HMS *Belfast* e arredores | 157

Informações

- **Mapa** 12 F5
- **Endereço** 64-6 Tooley Street, SE1 2TF; 020 7403 3171; www.britainatwar.co.uk
- **Trem** London Bridge **Metrô** London Bridge **P. de ônibus** Tooley Street, London Bridge **Ônibus fluvial** London Bridge City Pier
- **Aberto** Abr-out: 10h-17h diariam; nov-mar até 16h30
- **Preço** £35 (até 5 anos grátis); agende on-line para descontos
- **Idade** A partir de 7 anos
- **Duração** 90min
- **Cadeira de rodas** Sim
- **Comida e bebida** *Piquenique* No Borough Market você encontra deliciosos alimentos. *Lanches* Pod (7 More London Place, SE1 2RT; 020 3174 0374; www.pod food.com; 7h30-17h seg-sex) serve saladas enormes.
- **Loja** No final do passeio
- **Banheiros** Na galeria principal

④ Design Museum
Um templo moderno

Grande parte do apelo desse museu é a localização no Butler's Wharf, parte das reurbanizadas Docklands. A chegada é por Shad Thames, cujas calçadas eram usadas em tempos vitorianos para transportar chá e especiarias dos cais, mas que agora levam a apartamentos luxuosos, com carros conversíveis na garagem em vez de cavalos de carga. Uma caminhada por aqui certamente vai instigar a imaginação das

Uma das exposições temporárias do Design Museum

crianças. O Design Museum está instalado nos três andares de um prédio adequadamente branco e modernista. Não há coleção permanente, e as mostras temporárias têm como foco arquitetura, mobiliário e moda de vanguarda. Pode ser um pouco esotérico para crianças, mas há uma oficina e um passeio para famílias todos os meses, relacionados à mostra em cartaz. A programação de atividades gratuitas para menores de 12 anos incentiva as crianças a fazerem seus próprios rabiscos.

Se os pequenos gostam desse tipo de coisa, considere visitar também o **Fashion & Textile Museum** (83 Bermondsey Street, SE1 3XF; 020 7407 8664; www.ftmlondon.org; 11h-18h ter-sáb), que oferece oficinas nas férias escolares.

Para relaxar

O **Butler's Wharf**, à beira-rio, é um bom lugar para brincar, cheio de velhas âncoras para escalar. Para um ambiente mais suave, siga em direção à Tower Bridge até o **Potters Fields Park**.

Informações

- **Mapa** 12 H6
- **Endereço** 28 Shad Thames, SE1 2YD; 020 7403 6933; www.designmuseum.org
- **Trem** London Bridge, Tower Gateway (estação DLR) **Metrô** London Bridge, Tower Hill **P. de ônibus** Tooley Street, Tower Gateway, Jamaica Road, Tower Bridge **Ônibus fluvial** Tower Pier, St Katharine's Pier
- **Aberto** 10h-17h45 diariam (última entrada 17h15)
- **Preço** £22-32, incluindo £1 de doação voluntária (até 12 anos grátis)
- **Passeios guiados** Visitas ocasionais em exposições específicas, algumas voltadas para famílias
- **Idade** A partir de 5 anos
- **Atividades** Programas para crianças de até 12 anos; workshops para crianças de 5-11 anos dom à tarde, quase todo mês (reserve, £4); cursos sobre design nas férias escolares para maiores de 12 anos
- **Duração** 1h
- **Cadeira de rodas** Sim
- **Comida e bebida** *Lanches* Blueprint Café, no museu, serve tortas gourmet e pastelaria. *Refeição* Ask (34 Shad Thames, SE1 2YG; 020 7403 4545; www.askrestaurants.com; 12h-23h seg-sex, 12h-23h30 sáb, 12h-22h30 dom) oferece massas e pizzas e tem menu para crianças.
- **Loja** No térreo, vende excelentes artigos de desing
- **Banheiros** No térreo

CRIANÇADA!

Por um fio
Em 1750, os londrinos podiam ser enforcados por mais de 150 crimes. Você consegue adivinhar por qual dos crimes abaixo você não seria executado?
- Furtar o bolso de alguém
- Furtar coelhos
- Cortar árvores frutíferas
- Ouvir música alta no domingo
- Aparecer na estrada com o rosto coberto de fuligem

Resposta no fim do quadro.

Comida de guerra
Durante a Segunda Guerra Mundial, faltavam muitos alimentos, e várias receitas estranhas foram inventadas. Que tal um pouco de:
- Marmelada de cenoura
- Sanduíche de pastinaca com aroma de banana
- Ganso falso (lentilhas e migalhas de pão)

Na Britain at War Experience, há até um bolo de papelão. Para que ele era usado?

Resposta no fim do quadro.

Você sabia...
Winston Churchill costumava aparecer em público com um charuto na boca, e esse hábito começou bem cedo. Quando ele tinha 15 anos de idade, sua mãe implorou para que largasse o hábito escrevendo numa carta: "Se soubesse o quanto parece estúpido e tolo fazendo isso, você desistiria, ao menos por alguns anos". Mas ela não recorreu só à retórica; também lançou mão do suborno. Se Churchill desistisse de fumar por seis meses, ela lhe arranjaria uma arma e um pônei. Ele aceitou esse acordo.

Respostas: Por um fio Todos puníveis com morte, exceto tocar música alta no domingo. **Comida de guerra** Era alguma fatia de bolo de verdade dentro, gado para casamentos, com uma pequena fatia de bolo de verdade dentro.

Piquenique até £20; Lanches £20-40; Refeição £40-60; Para a família mais de £60 (base para 4 pessoas)

Southwark e South Bank

London Eye e arredores

Construída em 2000, a London Eye vai fascinar as crianças, especialmente se elas chegarem a pé, vindas da estação Waterloo. Reserve o passeio com antecedência, mas não antes de checar a previsão do tempo, pois a chuva estraga a vista. Esse é um bom conselho para a South Bank, que fica um pouco sombria nos dias chuvosos, apesar de aqui estarem o National Theatre, o London Aquarium e a maior tela de cinema da Grã-Bretanha, sem contar os artistas de rua.

Southwark e South Bank
Shakespeare's Globe p. 144
London Eye
HMS Belfast p. 152

A London Eye, em frente ao Sea Life London Aquarium, na South Bank

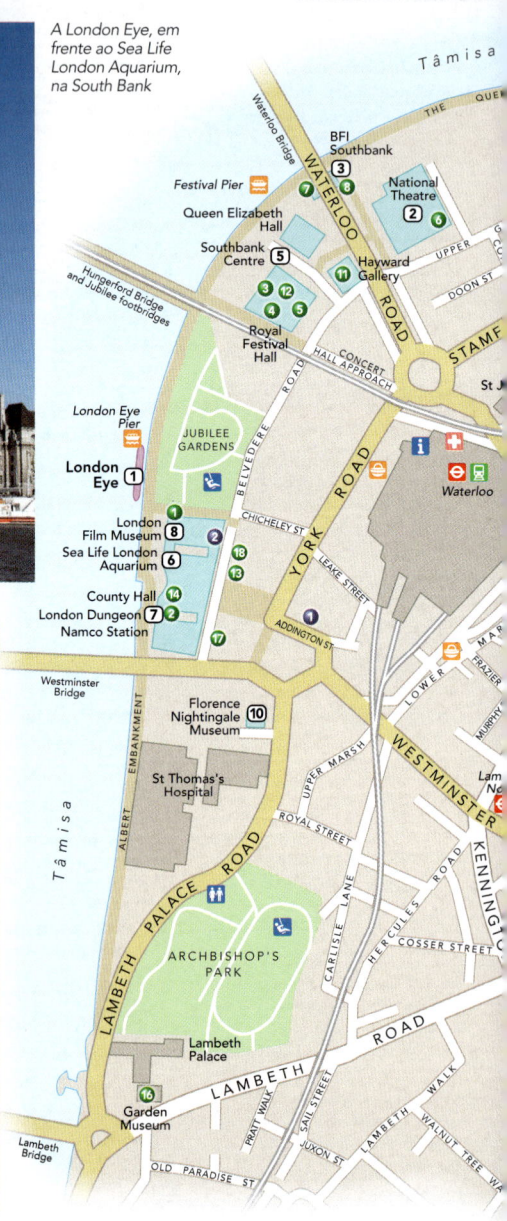

Locais de interesse

ATRAÇÕES
1. London Eye
2. National Theatre
3. BFI Southbank
4. Gabriel's Wharf
5. Southbank Centre
6. Sea Life London Aquarium
7. London Dungeon
8. London Film Museum
9. Imperial War Museum
10. Florence Nightingale Museum

COMIDA E BEBIDA
1. Zen Café
2. Zen China
3. Riverside Terrace Café
4. Le Pain Quotidien
5. Canteen
6. Mezzanine
7. The Riverfront
8. Benugo Bar & Kitchen
9. House of Crepes
10. Gourmet Pizza Company
11. Concrete at the Hayward
12. Skylon Restaurant
13. Ned's Noodle Bar
14. Aji Zen Canteen
15. Café Roma
16. The Garden Café
17. Yo! Sushi
18. Troia

Veja também National Theatre (p. 162), BFI Southbank (pp. 162-3) e London Film Museum (p. 165)

HOSPEDAGEM
1. Park Plaza
2. Premier Inn

London Eye e arredores | 159

Esqueleto de dinossauro de Uma noite no museu 2, no London Film Museum

0 metros 200
0 jardas 200

Foguetes, aviões e carros blindados no Imperial War Museum

A observação de uma arraia curiosa no Sea Life London Aquarium

Informações

🚗 **Trem** Waterloo, 5min a pé
Metrô Waterloo, Westminster, Lambeth North **Ônibus** Belvedere Road: rotas RV1; York Road: 76, 77, 211, 341, 381, 507; Westminster Bridge: 12, 53, 148, 159, 211, 453 **Ônibus fluvial** London Eye Millennium Pier: serviços p/ Woolwich Arsenal (0870 781 5049; www.thamesclippers.com); e p/ Greenwich pela Tower (020 7740 0400; www.citycruises.com); também serviços desde o Westminster Pier (p. 64)

ℹ️ **Informação turística** Britain and London Visitor Centre, estação Waterloo, SE1 7LY

🛒 **Supermercados** Costcutter, 17-19 York Road, SE1 7NJ; Sainsbury's, 101 Waterloo Road, SE1 8UL; Iceland, 112-113 Lower Marsh, SE1 7AE
Mercados South Bank Book Market, BFI Southbank, diariam; Real Food Market, Royal Festival Hall, Southbank Centre, 12h-20h sex, 11h-20h sáb, 12h-18h dom; Lower Marsh, mercado de rua, SE1 (bancas diversas), 8h-18h seg-sáb (qua 10h-15h)

🎉 **Festivais** Coin Street Festival, artes diversas, Bernie Spain Gardens (jun-ago); Meltdown Festival, música, Southbank Centre (verão); Watch This Space, artes familiares, National Theatre (jun-set); The Mayor's Thames Festival (set); BFI London Film Festival (out)

✚ **Farmácias** Boots, Waterloo Station, SE1 7LY (7h-22h seg-sex; 8h-22h sáb; 9h-21h dom; fechado 14h-15h diariam); procure por farmácias 24h em www.nhs.uk/servicedirectories

🛝 **Playgrounds** Archbishop's Park (Lambeth Palace Road, SE1 7LQ); Jubilee Gardens (Belvedere Road, SE1 7XZ); Geraldine Mary Harmsworth Park (Kennington Road, SE11) Bernie Spain Gardens (Duchy Street, SE1 9NL)

Southwark e South Bank

Informações

Mapa 10 H6
Endereço County Hall, Westminster Bridge Road, SE1 7PB; 0871 781 3000; www.londoneye.com

Trem Waterloo, 5min a pé
Metrô Waterloo, Westminster
Ponto de ônibus Belvedere Road, York Road, Westminster Bridge **Ônibus fluvial** London Eye Millennium Pier, Westminster Pier

Aberto Set-mar: 10h-20h30 diariam; abr-jun: até 21h; jul e ago: até 21h30; fechado por 2 semanas em meados jan para manutenção

Preço £56-66 (reserve on-line p/ ter 10% de desconto); horário flexível e ingressos p/ fila rápida são mais caros

Para evitar fila Jul e ago são mais movimentados; evite o pico entre 11h-15h e chegue 30min antes do passeio. Ingressos para fila rápida custam o mesmo para crianças e adultos.

Passeios guiados Não. Visita com áudio custa £5 a mais (£4,50 se reservado on-line)

Idade A partir de 5 anos

Atividades Experiência em cinema 4D incluída no ingresso; download de quebra-cabeça para crianças apenas no site; no inverno, rinque de patinação no gelo nos Jubilee Gardens, pago à parte.

Duração 1h

Cadeira de rodas Sim (acompanhante não paga)

Comida e bebida Lanches Zen Café, com estabelecimentos ao lado dos Jubilee Gardens e no County Hall, vende lanches e bebidas. Refeição Zen China, no County Hall, é uma alternativa mais adulta, especializada em cozinha tradicional chinesa.

Loja No pé da rampa de saída, vende suvenires e fotos dos visitantes.

Banheiros No piso inferior, no County Hall

Bom para a família
É caro por apenas 30min, mas há desconto no ingresso combinado para as atrações irmãs Madame Tussauds e London Dungeon. Quer economizar? Considere a OXO Tower (p. 147).

Preços para família de 4 pessoas

① London Eye
Dê um giro sobre Londres

Como se sente uma gaivota sobrevoando Londres? Descubra durante um passeio na "maior roda-gigante de observação inclinada do mundo". Erguendo-se 135m acima do Tâmisa, a London Eye foi inaugurada durante as comemorações do milênio. Um sereno passeio de 30 minutos em uma de suas cápsulas de vidro proporciona a vista de 40km – em um dia claro dá até para ver o Castelo de Windsor!

Destaques

As cabines Cada uma das 32 cabines pesa 10 toneladas, transporta 25 passageiros e roda a 26cm por segundo. Entre as celebridades que já passearam estão o príncipe Harry, Kate Moss, os Jonas Brothers...

Os cabos A roda custou £70 milhões, pesa 2.100 toneladas e é ancorada por dois cabos de 60m. Foi transportada pelo Tâmisa em partes, posteriormente montadas e lentamente erguidas usando os cabos.

A estrutura Embora não seja mais a maior roda de observação do mundo (a Singapore Flyer, de 165m, ganhou o título), é a maior roda inclinada, já que está apoiada apenas de um lado por uma estrutura em "A".

O passeio O lento movimento das cabines permite que se suba na roda-gigante sem que ela pare completamente, e a suave subida é totalmente tranquila.

Extras Um filme de 4 minutos em 4D na bilheteria é gratuito para quem passear na London Eye. São usados gelo seco, bolhas e "chuva real" para simular uma viagem aérea sobre Londres.

A vista Em um dia claro, dá para ver o Castelo de Windsor, 40km a oeste de Londres, embora o arco do Wembley Stadium, 12km a noroeste, seja mais garantido.

London Eye e arredores | 161

O criativo playground no Archbishop's Park, ao lado do Lambeth Palace

Para relaxar

Os **Jubilee Gardens** *(Belvedere Road, Southbank SE17XZ)*, ao lado da London Eye, têm gramados e são melhores para crianças menores. O colorido **Archbishop's Park** *(Carlisle Lane, SE1 7LE)* fica a 10 minutos a pé. Foi projetado por crianças e é provavelmente a melhor pedida. Se chover, passe horas de prazer descompromissado na **Namco Station**, no County Hall *(10h-24h diariam; www.namcofunscape.com)*, com três andares piscantes e barulhentos de jogos eletrônicos, carrinhos de bate-bate e boliches.

Comida e bebida

Piquenique: até £20; Lanches: £20-40; Refeição: £40-60; Para a família: £60 ou mais (base para 4 pessoas)

PIQUENIQUE Para comprar comida, vá ao **Real Food Market**, nos fins de semana, atrás do Royal Festival Hall. **Riverside Terrace Café** *(Royal Festival Hall, SE1 8XX; 020 7921 0758; www.southbankcentre.co.uk; 10h-22h30)* vira um espaço de refeições ao ar livre no verão.
LANCHES Le Pain Quotidien *(Festival Terrace, Belvedere Rd, SE1 8XX; www.lepainquotidien.com; 7h30-23h seg-sex, 8h-23h sáb, 9h-22h dom)* vende ótimas tortinhas, saladas e lanches.

O elegante restaurante Canteen, atrás do Royal Festival Hall na South Bank

REFEIÇÃO Canteen *(Royal Festival Hall, Belvedere Road, SE1 8XX; 0845 686 1122; www.canteen.co.uk; 8h--23h seg-sex, 9h-23h sáb, 9h-22h dom)* serve versões elegantes de clássicos ingleses (assados, bife e fritas) e tem menu infantil com meias-porções da maioria dos pratos. O restaurante também distribui livros de atividades e bottons para colecionar.
PARA A FAMÍLIA Mezzanine *(National Theatre, South Bank, SE1 9PX; 020 7452 3600; www.nationaltheatre.org.uk; 17h15-23h seg- sáb, além de almoço nos fins de semana)* é um restaurante europeu moderno e adulto com um menu sazonal, que faz meias-porções para crianças e comida temática inspirada em espetáculos para a família.

Saiba mais

FILMES A London Eye aparece em mais de um sucesso de Hollywood. Ela quase desaba na adaptação dos quadrinhos *Quarteto fantástico e o surfista prateado*, de 2007. No filme *Thunderbirds*, de 2004, o Thunderbird 2 aterrissa ao lado dela, nos Jubilee Gardens.

Um veículo anfíbio da London Duck Tour corta o Tâmisa

Próxima parada...

EXCURSÕES A London Eye é alta, mas há outros jeitos de ver a cidade em ritmo mais rápido. Gire suas próprias rodas alugando bicicletas na **London Bicycle Tour Company**, *(a partir de £3,50 por hora; 020 3318 3088; www.londonbicycle.com)*, no Gabriel's Wharf; molhe-se num passeio de lancha a 65km por hora saindo do London Eye Pier *(020 7928 8933; www.londonribvoyages.com)*; ou veja a paisagem da terra e da água num engenhoso veículo anfíbio da **London Duck Tour** *(020 7928 3132; www.londonducktours.co.uk)*, partindo de Chicheley Street, SE1.

CRIANÇADA!

É muito grande!

Consegue responder a estas perguntas malucas? Desafie um amigo e veja quem chega mais perto:

1 A London Eye tem 135m de altura. Isso corresponde a quantas cabines telefônicas de Londres?
2 Ela pesa 2.100 toneladas. Isso equivale a quantos táxis londrinos?
3 Ela transporta 800 pessoas em cada volta. São quantos ônibus cheios em Londres?

Respostas no fim do quadro.

Nas alturas

Qual destes monumentos históricos tem quase a mesma altura da London Eye: a Torre Eiffel, a Estátua da Liberdade ou a Grande Pirâmide de Gizé?

Resposta no fim do quadro.

ESPIÕES NO CÉU

De cima da London Eye dá para ver os espiões londrinos lá embaixo! Olhe para o sul da cabine, junto ao rio, depois das Houses of Parliament. O prédio à direita da segunda ponte, com telhado dourado, é o MI5, onde trabalham os agentes secretos domésticos da Grã-Bretanha. Mais abaixo, à esquerda da terceira ponte, fica o MI6, quartel-general dos agentes secretos que atuam no exterior. Algum sinal de James Bond?

Respostas: É muito grande! 1 64. 2 1.272. 3 11. Nas alturas A Grande Pirâmide, que tem 137m de altura.

② National Theatre
Principal endereço das artes para famílias em Londres

O maior complexo de teatros da Grã-Bretanha foi construído na South Bank em 1976. Projetado por Sir Denys Lasdun no estilo arquitetônico brutalista, tem muito concreto e acabamentos rústicos, que as pessoas tanto amam ou odeiam. Felizmente é o interior que conta. São três auditórios com um mix fantástico de drama clássico e novos autores, atrações para todos. Também vale a pena só visitar, já que a área do lobby abrange quatro restaurantes, dois espaços de exposições (ênfase em fotografia) e um pequeno palco para música ao vivo gratuita antes da abertura das cortinas na maioria das noites.

As visitas guiadas incluem o Olivier Theatre, em forma de leque, inspirado nos antigos teatros gregos; e uma amostra dos ateliês de cenografia nos bastidores, onde as crianças chegam perto dos adereços das peças, como Alice, a égua, boneco do espetáculo de sucesso *War Horse*, baseado no romance infantil de Michael Morpurgo. A melhor época para visitar é de junho a setembro, quando há um maluco festival de espetáculos para família,

Passeio pelo auditório no Olivier Theatre, parte do National Theatre

a maioria ao ar livre e gratuita. Pode haver palhaços belgas no trampolim na Theatre Square ou fantoches interativos no Playspace, um auditório inflável apenas para crianças.

Para relaxar
Os **Bernie Spain Gardens** (*Upper Ground, SE1 9PP*), a leste, junto ao rio, são um espaço verdejante. Os **Jubilee Gardens** (*Belvedere Road, SE1 7XZ*), na direção oposta, têm um bom playground.

③ BFI Southbank
Maior experiência de cinema na Grã-Bretanha

Sob a Waterloo Bridge, o centro de cinemas de arte de Londres foi inaugurado como National Film Theatre em 1953 e hoje tem quatro salas de projeção, uma galeria de arte e um salão de coquetéis muito elegante. O programa geralmente tem algo para as famílias.

Para crianças que precisam das telas mesmo quando estão fazendo turismo, há também a Mediatheque, gratuita: basta escolher uma cabine e acessar um menu com 2 mil filmes e programas de TV do maior arquivo audiovisual do mundo, com títulos como *Robin Hood*.

Perto da estação Waterloo, o mais comercial BFI IMAX está instalado em um cilindro de vidro gigan-

Informações

- 🌐 **Mapa** 11 A5
  Endereço South Bank, SE1 9PX; 020 7452 3000; www.nationaltheatre.org.uk
- 🚆 **Trem** Waterloo ou Waterloo East (ambos 5min a pé), Charing Cross (10min) **Metrô** Waterloo, Embankment **P. ônibus** Waterloo Bridge, Upper Ground, Waterloo Road, Stamford Street **Ônib. fluv.** Festival Pier (rota de Westminster p/ St Katharine's; 020 7936 2033; www.crownriver.com); London Eye Millennium Pier; Embankment Pier (cruzando Golden Jubilee Bridges)
- 🕐 **Aberto** 9h30-23h seg-sáb, 12h-18h dom
- 💷 **Preço** Varia de £10-40+; ingressos p/ assistir ao espetáculo em pé vendidos somente no dia, £5
- 🟢 **Passeios guiados** Geralmente 10h15, 10h30, 12h15, 12h30, 17h15, 17h30 seg-sex; 10h30, 12h15 sáb; 12h30 dom; adultos £8,50, até 18 anos £7,50; ligue 020 7452 3000

- 👪 **Idade** Livre
- 🎭 **Atividades** Concertos no Foyer 17h45 seg-sáb e na hora do almoço sáb e dom (grátis). A Big Wall no foyer principal tem clipes touch-screen e informação sobre exibições atuais. Palestras e workshops para adultos. Festival Watch This Space (jun-set) tem eventos ter-dom; programa Playspace ocorre nas férias de verão.
- ⏱ **Duração** Até 1h
- ♿ **Cadeira de rodas** Sim
- 🍴 **Comida e bebida** *Lanches* Lyttelton Café (no térreo) e Olivier Café (níveis 2-3) servem pratos quentes e frios antes do espetáculo. *Refeição* Terrace Bar & Food (nível 2) tem petiscos estilo mezze, com ingredientes da época.
- 🛍 **Loja** No térreo, vende livros, textos, programas, pôsteres, gravações e presentes
- 🚻 **Banheiros** Nos teatros e nos foyers

Preços para família de 4 pessoas

BFI Southbank, uma grande atração para cinéfilos de todas as idades

London Eye e arredores | 163

te, onde personagens como Harry Potter e Shrek ganham 20m de altura na maior tela da Grã-Bretanha. Procure as oficinas mensais Film Funday, em que as crianças podem criar a própria animação antes do início do filme e se fantasiar como seus heróis. O restaurante também oferece um cardápio especial para crianças.

Para relaxar
Jubilee Gardens (veja à esq.).

Informações

- **Mapa** 11 A5
  Endereço Belvedere Road, SE1 8XT; 020 7928 3232 (para IMAX, 033 0333 7878); www.bfi.org.uk
- **Transporte** Veja National Theatre (à esq.)
- **Aberto** 11h-23h diariam (até 23h30 sex e sáb); Mediatheque 12h-20h ter-dom
- **Preço** Varia conforme o assento – todos os ingressos custam £5 na ter; Mediatheque grátis
- **Para evitar fila** Agende com antecedência para Film Fundays (020 7928 3232)
- **Atividades** Film Fundays, geralmente no último dom do mês, grátis com ingresso do cinema
- **Cadeira de rodas** Sim
- **Comida e bebida** Refeição The Riverfront (020 7928 0808; www.riverfrontbarandkitchen.com) faz hambúrgueres, saladas e grelhados. Para a família Benugo Bar & Kitchen (020 7401 9000; www.benugobarandkitchen.com) é mais formal, mas oferece pratos infantis nos Film Fundays.
- **Loja** Vende cartões-postais, DVDs, produtos e livros do BFI, incluindo alguns mais sérios para verdadeiros cinéfilos
- **Banheiros** No foyer

④ Gabriel's Wharf
Butiques e bicicletas

É encorajador ver que um pequeno oásis de "cultura alternativa" pode prosperar numa região tão pragmática do centro de Londres, e isso acontece graças ao Coin Street Community Builders, um grupo de moradores que se reuniu em 1984 para salvar a região da especulação imobiliária. Eles criaram uma alegre área de estúdios e cafés em cores

pastel junto ao Tâmisa, com muito apelo para as famílias: há um mural gigante, bicicletas para alugar (p. 161) e animais esculpidos em madeira, alguns deles criados para as crianças montarem. Pouco adiante fica a **OXO Tower**, edifício art déco com pequena galeria de arte no térreo, lojas de bijuterias nos balcões e plataforma de observação no topo.

Para relaxar
Os **Bernie Spain Gardens** (Upper Ground, SE1 9PP), a leste, junto ao rio, têm espaço para correr.

Alguns dos belos edifícios em cores pastel no Gabriel's Wharf

Informações

- **Mapa** 11 A5
  Endereço 56 Upper Ground, SE1 9PP; 020 7021 1686; www.coinstreet.org
- **Trem** Blackfriars, Waterloo
  Metrô Southwark, Waterloo
  P. de ônibus Stamford Street, Blackfriars Bridge, Waterloo Bridge, Upper Ground, Waterloo Road **Ônib. fluv.** Blackfriars Millennium Pier, Bankside Pier
- **Aberto** Lojas, estúdios e OXO Gallery 11h-18h ter-dom; restaurantes e cafés até tarde
- **Preço** Grátis, incluindo OXO Gallery e OXO Tower Walkway
- **Idade** Livre
- **Atividades** Aulas de esporte e dança disponíveis no Colombo Centre, próximo daqui (34-68 Colombo St, SE1 8DP; 020 7261 1658; www.jubileehalltrust.org/colombo/)
- **Comida e bebida** Lanches House of Crepes (56 Upper Ground, SE1 9PP; 020 7401 9816; 8h-16h) é uma das várias opções no Gabriel's Wharf. Refeição Gourmet Pizza Company (59-65 Upper Ground, SE1 9PP; 020 7928 3188; 11h30-23h diariam) serve pratos italianos tradicionais e pizzas saborosas com coberturas criativas.
- **Banheiros** Perto do bar-restaurante Studio 6

CRIANÇADA!

Você já viu?
Em 2005, o BFI (British Film Institute) fez uma lista dos "50 filmes que você deve assistir até os 14 anos". Aqui estão dez dos mais famosos. Quantos você já viu?
1. *A bela e a fera*
2. *Billy Elliot*
3. *ET, o extraterrestre*
4. *Procurando Nemo*
5. *A princesa prometida*
6. *Jasão e os argonautas*
7. *Guerra nas estrelas*
8. *Os caçadores da arca perdida*
9. *O mágico de Oz*
10. *Toy story*

Baixe a lista completa em www.bfi.org.uk/education/conferences/watchthis.

EIA!
War Horse é o espetáculo de maior sucesso do National Theatre. Ele usa bonecos em tamanho real para contar a história do menino Albert e de seu cavalo Joey, que é vendido para a cavalaria na Primeira Guerra Mundial. Joey é manipulado por três marionetistas – dois dentro do corpo e um movendo sua cabeça – e tem oito pernas de "reserva" nos bastidores!

Em cima do telhado
Quando a OXO Tower foi construída, os donos queriam anunciar seu caldo de carne da marca OXO na fachada do edifício. Mas o conselho da cidade de Londres proibiu. Tome o elevador até a incrível plataforma de observação no 8º andar e identifique a solução inteligente que eles encontraram para contornar esse problema. (Resposta abaixo.)

Resposta: Quando as luzes estão acesas, as janelas formam à noite do próprio – duto – OXO.

Piquenique até £20; Lanches £20-40; Refeição £40-60; Para a família mais de £60 (base para 4 pessoas)

⑤ Southbank Centre

Música, dança, arte, poesia, comédia... e vacas roxas

Compreende três espaços principais, a Hayward Gallery, a Queen Elizabeth Hall e o Royal Festival Hall. Juntos, eles recebem todos os tipos de música, arte, dança e espetáculos.

A Hayward Gallery é um espaço cavernoso de arte contemporânea, que promove espetáculos inovadores e interativos. Por exemplo, a exposição "Move", em 2011-12, permitia aos visitantes se pendurar em argolas, usar fantasia de gorila e bater em sacos de pancada. O Royal Festival Hall, construído para o Festival of Britain em 1951, tem áreas de exposições, espetáculos e alimentação. A programação eclética inclui almoços às sextas, show gratuito no Foyer Bar (2º andar) e oficinas.

Em abril, o Centre promove um festival de verão no Udderbelly, um teatro montado nos Jubilee Gardens em forma de uma gigante vaca roxa de barriga para cima. Inclui espetáculos para a família, música e teatro.

Para relaxar

Os **Jubilee Gardens** (Belvedere Road, SE1 7XZ) tem um playground. De maio a outubro, as crianças vão adorar brincar na fonte de Jeppe no terraço do Festival Hall.

⑥ Sea Life London Aquarium

Encontre Nemo e tubarões

Dizem que sabemos mais sobre o espaço do que sobre o fundo dos oceanos. Após visitar esse aquário, a afirmação parece inteiramente plausível. Os três andares de tanques contêm mais de 500 espécies marinhas, entre elas peixes incríveis que mudam de cor e sexo, que brilham no escuro e que parecem flocos de neve, borboletas ou pedregulhos.

O London Aquarium se espalha sob o County Hall, e suas galerias serpenteiam por túneis que ecoam música ambiente e podem ficar um pouco claustrofóbicas nos horários de pico. Um passeio pelos túneis de vidro deixa as crianças cara a cara com tartarugas, arraias e tubarões-tigre de aparência assassina. Em outras áreas, podem acariciar uma estrela-do-mar ou ajudar a alimentar os peixes, embora a interatividade seja limitada. O grande clímax é o Shark Walk, onde os visitantes caminham na ponta dos pés sobre uma plataforma de vidro acima dos tubarões.

Fascinantes criaturas das profundezas no Sea Life London Aquarium

Informações (Southbank Centre)

- 🌐 **Mapa** 10 H5
  Endereço Belvedere Road, SE1 8XX; 020 7960 4200; www.southbankcentre.co.uk; Hayward Gallery: 0844 875 0073
- 🚆 **Trem** Waterloo, Waterloo East, Charing Cross **Metrô** Waterloo, Embankment **P. ônibus** Waterloo Bridge, Upper Ground, Waterloo Road, Stamford Street **Ônib. fluv.** Festival Pier; London Eye Millennium Pier; Embankment Pier
- 🕐 **Aberto** Royal Festival Hall 10h-23h diariam; Hayward Gallery 10h-18h diariam (a partir de 12h seg; até 20h qui-sex). Queen Elizabeth Hall 17h-23h30 diariam
- 💷 **Preço** Apresentações pagas à parte, assim como exposições na Hayward Gallery (descontos p/ 12-16 anos; até 12 anos grátis)
- **Atividades** Programação completa em www.southbankcentre.co.uk/find/family. O Waterloo Sunset Pavilion (Hayward Gallery 10h-18h diariam) tem seis monitores com desenhos animados p/ todos.
- ♿ **Cadeira de rodas** Sim
- ☕ **Comida e bebida** Lanches Concrete at the Hayward (Hayward Gallery; 020 7921 0758; 10h-23h ter-qui, 10h-23h sex e sáb, 10h-18h dom e seg) serve tostex. *Para a família* Skylon Restaurant (Royal Festival Hall; 020 7654 7800; 12h-14h30, 17h30-22h30 seg-sáb, 12h-16h dom) oferece comida sofisticada.
- 🛍 **Lojas** Festival Terrace vende presentes de design. Royal Festival Hall Shop celebra o programa artístico. Hayward Gallery oferece presentes, livros e cartões.
- 🚻 **Banheiros** Em todos os locais

Informações (Sea Life)

- 🌐 **Mapa** 10 H6
  End. County Hall, Westminster Bridge Road, SE1 7PB; 0871 663 1678; www.visitsealife.com/London
- 🚆 **Trem** Waterloo **Metrô** Waterloo, Westminster **P. de ônibus** Belvedere Road, York Road **Ônib. fluvial** London Eye Millennium Pier
- 🕐 **Aberto** 10h-18h seg-qui, 10h-19h sex-dom (última entrada: 1h antes)
- 💷 **Preço** £60-70 (10% de desconto reservando on-line); 25% de desconto depois das 15h
- **Para evitar fila** O ingresso Priority Entrance (mais caro) permite ao visitante pular grande parte da fila
- **Idade** A partir de 3 anos
- **Atividades** Sessões de alimentação às 11h30, 12h30, 15h30 e 16h30 diariam; alimentação dos tubarões sujeita a disponibilidade
- ⏱ **Duração** Até 1h30
- ☕ **Comida e bebida** *Piquenique* Ned's Noodle Bar (3E Belvedere Road, SE1 7GQ; 020 7593 0077; 12h-23h15 seg-sáb, até 22h15 dom) serve noodles. *Lanches* Aji Zen Canteen (County Hall; 020 7620 6117; 12h-22h30 seg-sáb, até 22h dom) é outra boa opção.
- 🛍 **Loja** Vende presentes e suvenires
- 🚻 **Banheiros** Em todos os andares

Para relaxar

Experimente os **Jubilee Gardens** (à esq.) ou o espaçoso **Archbishop's Park** (Carlisle Lane, SE1 7LE), ao sul pela Lambeth Palace Road.

⑦ London Dungeon

Histórias horripilantes

Depois de 40 anos debaixo da Ponte de Londres, a "Masmorra" foi transferida para um espaço maior nos arcos sob o County Hall. Essa nova atração dá vida a mil anos de história britânica autêntica, com talentosos atores ao vivo e efeitos especiais. Os visitantes entram na Masmorra por meio de um soturno labirinto de espaços iluminados por tochas, que mostram capítulos tenebrosos do passado da cidade – desde a Peste Negra e a conspiração de Guy Fawkes para explodir o Parlamento até Sweeney Todd e Jack, o Estripador –, por meio de cadáveres desmembrados e cabeças sobre estacas. Há uma ajuda generosa da

Preços para família de 4 pessoas

plateia: as crianças correm o risco de serem trancadas numa câmara de tortura, queimadas na fogueira ou operadas por um açougueiro-cirurgião. Tudo é feito para dar risadas (cuidado com os penicos que são esvaziados das janelas medievais!). As salas do Estripador têm um ambiente especialmente sinistro. As crianças menores podem gritar mais de terror do que de diversão.

Para relaxar
Os **Jubilee Gardens** (à esq.) e o **Archbishop's Park** (à esq.) têm bom espaço para correr e áreas gramadas para piqueniques.

Informações
- **Mapa** 10 H6
- **Endereço** Riverside Building, County Hall, Westminster Bridge Road, SE1 7PB; 0871423 2240; www.thedungeons.com/london
- **Trem** Waterloo. **Metrô** Waterloo, Westminster. **P. ônibus** Belvedere Road, York Road, Westminster Bridge. **Ônib. fluvial** London Eye Millennium Pier, Westminster Pier
- **Aberto** 10h-17h seg-qua e sex (a partir de 11h qui e até 18h sáb e dom). Os horários variam nos feriados (confirme no site).
- **Preço** £62-72
- **Para evitar fila** Compre on-line ingresso com prioridade de entrada.
- **Idade** Todas (menores de 13 anos precisam estar acompanhados de um maior de 18).
- **Duração** 90min
- **Cadeira de rodas** Sim
- **Comida e bebida** Lanches EAT (Unit 3, Royal Festival Hall) serve sanduíches e doces. Refeição Giraffe (Belvedere Road, SE1 8XX; 020 7928 2004) tem saladas incomuns e vistas do Tâmisa.
- **Loja** No fim da visita
- **Banheiros** Depois das bilheterias

Super-Homem voando sobre a Estátua da Liberdade no British Film Museum

⑧ London Film Museum
De Super-homem e Batman a Harry Potter

Esse museu é uma eclética coleção de objetos de filmes dispostos ao longo dos corredores do antigo edifício do conselho de Londres. Não é uma produção das mais profissionais, mas há o suficiente para atrair a atenção da maioria das crianças, especialmente se elas gostam de super-heróis e de ficção científica.

Para os visitantes mais jovens, a melhor parte está logo no início, onde o T-rex animatrônico de *Uma noite no museu 2* ganha vida, a centímetros do público. Para garantir a surpresa, não conte nada antes. Do outro lado do salão, está o Cavaleiro Sem Cabeça de *Harry Potter*.

Há exposições detalhadas sobre Charlie Chaplin e o pioneiro da criação de monstros em *Jasão e os argonautas*, Ray Harryhausen; a peça central do museu é uma câmara circular de adereços e trajes variados.

Para relaxar
Jubilee Gardens e Archbishop's Park.

Informações
- **Mapa** 10 H6
- **Endereço** County Hall, Westminster Bridge Road, SE1 7PB; 020 7202 7040; www.londonfilmmuseum.com
- **Transporte** Veja Sea Life London Aquarium (p. ao lado)
- **Aberto** 10h-17h seg-sex (11h qui); 10h-18h sáb; 11h-18h dom (última entrada: 1h antes; ligue para confirmar antes da visita)
- **Preço** £46-56; até 5 anos grátis
- **Passeios guiados** £25; grupos de 15 ou mais ganham passeio grátis
- **Idade** A partir de 6 anos
- **Duração** Até 2h
- **Cadeira de rodas** O museu fica no 1º andar, mas há um elevador – ligue com antecedência
- **Comida e bebida** Salão de café com máquina automática; County Hall e o Southbank Centre têm vários locais onde comer
- **Loja** Vende suvenires de filmes
- **Banheiros** No 1º andar

CRIANÇADA!

Peixe fora d'água
Quais são as criaturas do mar com estas características bizarras? Todas elas estão no London Aquarium.
1 Qual delas tira o estômago para fora da boca para comer?
2 Qual delas recolhe conchas para fazer jardins e fortes em volta de casa?
3 Qual delas não tem coração, sangue ou guelras?

Respostas no fim do quadro.

Onde está Nemo?
Peixes-palhaços e anêmonas-do-mar vivem felizes lado a lado. A anêmona protege o peixe-palhaço ao espetar os predadores que se aproximam. Em troca, o peixe engole os parasitas que vivem na anêmona. Essa relação útil é chamada de "simbiose". Há outros exemplos de simbiose no London Aquarium?

ENCHARCADO!
A fonte do Royal Festival Hall foi projetada para que você possa caminhar entre em "quartos" criados pelos jatos d'água. Veja se você consegue entrar em todos os quartos sem se molhar. Ah, para garantir, leve algumas roupas secas!

O homem-monstro
Ray Harryhausen fez o seu primeiro boneco depois de ver o filme *King Kong*, aos 13 anos. Era um urso, feito do casaco de peles velho da mãe dele. No Film Museum, procure o esqueleto criado por Ray para *Jasão e os argonautas*, cena em que Jason luta com os esqueletos dura menos de três minutos, mas os modelos tiveram de ser movimentados 184 mil vezes!

Respostas: 1 Estrela-do-mar. 2 Polvo. 3 Água-viva.

Piquenique até £20; **Lanches** £20-40; **Refeição** £40-60; **Para a família** mais de £60 (base para 4 pessoas)

Southwark e South Bank

Focke Wulf 190 alemão, Mustang P-51 norte-americano e Spitfire britânico no IWM

Crianças experimentam periscópio no Imperial War Museum

⑧ Imperial War Museum (IWM)

Histórias de guerra e armas

Instalado no antigo Bethlem Royal Hospital, este museu enorme conta a história das pessoas na guerra desde a Primeira Guerra Mundial até os dias atuais, sem exagerar no entusiasmo pelo seu tema. Mas algumas crianças (e adultos) vão se admirar ao entrar no vasto salão principal, literalmente cheio até o teto com aviões de guerra, tanques, mísseis e outras armas letais. Entre os destaques, o tanque do marechal britânico Bernard Montgomery, um foguete nazista V2 e um submarino para um só homem.

O IWM procura realmente atrair famílias com uma série de galerias e exposições temporárias muito bem elaboradas. "A Family in Wartime" ilustra as dificuldades diárias da família Allpress, que viveu em Stockwell, Londres, na Primeira Guerra Mundial. A história dela é mostrada em uma série de fotos e entrevistas. As mostras são também acessíveis por meio de histórias e jogos, como o de encontrar o bombardeiro inimigo.

Várias galerias mostram como era a vida, dentro e fora de casa, durante as duas grandes guerras. Há uma exposição sobre o Holocausto, com algumas partes talvez explícitas demais para pré-adolescentes (menores de 11 anos não são admitidos), e sobre vestígios da perseguição nazista e do assassinato de judeus, e você pode descobrir as extraordinárias histórias de bravura por trás da Victoria Cross e da George Cross na Lord Ashcroft Gallery. O museu possui, ainda, uma biblioteca que reúne arquivo fascinante.

Para relaxar

O IWM fica no **Geraldine Mary Harmsworth Park** (*Kennington Road, SE11*), onde há café, bom playground e centro de lazer coberto para menores de 5 anos – ou menores de 12 anos nas férias escolares (13h-16h durante a semana).

Informações

🌐 **Mapa** 17 B2
Endereço Lambeth Rd, SE1 6HZ; 020 7416 5000; www.iwm.org.uk

🚆 **Trem** Waterloo, Elephant e Castle
Metrô Lambeth North, Elephant e Castle, Waterloo **Ponto de ônibus** Lambeth Road, Kennington Road, St George's Road

🕐 **Aberto** 10h-18h diariam (última entrada: 17h45)

💷 **Preço** Grátis; exposições temporárias pagas à parte

🚩 **Passeios guiados** Audioguias para adultos e crianças

👫 **Idade** A partir de 6 anos, mas algumas exposições podem ser inapropriadas para crianças

👨‍👩‍👧 **Atividades** Atividades familiares são oferecidas em certos fins de semana e nas férias escolares. Consulte o site para informação atualizada.

🕐 **Duração** Até 3h

♿ **Cadeira de rodas** Sim, pela entrada da Park – às vezes partes de exposições são inacessíveis

☕ **Comida e bebida** *Piquenique* Café Roma (*Geraldine Mary Harmsworth Park, SE11*) oferece sorvetes, milkshakes e sacolinhas de almoço p/ crianças. *Lanches* The Garden Café (*Lambeth Palace Rd, SE1 7LB; 020 7401 8865; www.gardenmuseum.org.uk; 10h30-17h diariam*) é parte do Garden Museum, estabelecido na antiga igreja de St Mary-at-Lambeth. O museu tem mostras sobre a história da jardinagem e um carrinho de arte p/ crianças; o menu do confortável café vegetariano muda diariam conforme a estação. O Kitchen Front Café (*10h-17h diariam*), dentro do museu, serve pratos caseiros britânicos, como cozidos, tortas, saladas e sanduíches. Também tem uma variedade de pratos para crianças.

🛍️ **Loja** No térreo inferior, vende livros, CDs, pôsteres e presentes

🚻 **Banheiros** Em todos os andares, exceto no 3º e no 4º

Memorial aos soviéticos mortos na guerra, Geraldine Mary Harmsworth Park

Preços para família de 4 pessoas

London Eye e arredores | 167

⑨ Florence Nightingale Museum

A pioneira da enfermagem

Este museu de um cômodo, ao lado do estacionamento de ambulâncias no St Thomas's Hospital, merece nota máxima por transformar em algo tão envolvente a história de vida dessa mulher extraordinária. Florence Nightingale trabalhou como enfermeira durante a Guerra da Crimeia (1853-56) e fundou a primeira escola de enfermagem da Grã-Bretanha em 1860. O museu é dividido em três atraentes "pavilhões": o primeiro envolto em cercas vivas para representar a juventude protegida de Nightingale, o seguinte revestido de azulejos turcos para evocar a Guerra da Crimeia, e o terceiro, uma reprodução do quarto onde ela passou a maior parte do resto de sua vida. Nightingale esteve constantemente doente, mas se tornou a mulher mais popular na Inglaterra vitoriana, graças à incansável campanha para a reforma da saúde. As crianças podem ver as figuras que eram vendidas aos milhares aos fãs de Florence, junto com sua coruja de estimação (empalhada, é claro) e sua famosa lâmpada.

A enfermeira é uma personagem bem interessante, mas há também vários instrumentos para ajudar a prender a atenção dos pequenos, por exemplo, o audioguia "estetoscópio". Desafios touch-screen convidam as crianças a montar um kit de remédios para uso em campo de batalha, ou lavar as mãos e em seguida escaneá-las para detectar germes.

Informações

🌐 **Mapa** 16 H1
Endereço 2 Lambeth Palace Road, SE1 7EW; 020 7620 0374; www.florence-nightingale.co.uk
🚇 **Trem** Waterloo **Metrô** Waterloo, Westminster **Ponto de ônibus** Westminster Bridge, York Road, Lambeth Palace Road **Ônibus fluvial** London Eye Millennium Pier, Westminster Pier
🕐 **Aberto** 10h-17h diariam
💷 **Preço** £16 (até 5 anos grátis)
🚩 **Passeios guiados** 2 passeios: para crianças de 7-11 anos e para adultos. Audioguias grátis para adultos e crianças de 7-11
👶 **Idade** A partir de 5 anos
🎨 **Atividades** Atividades temáticas de arte e artesanato nas férias escolares: mais informações no site. Menores de 7 podem seguir a história de Florence na I-Spy trail.
⏱ **Duração** Até 2h
♿ **Cadeira de rodas** Sim
🍴 **Comida e bebida** Lanches Yo! Sushi (County Hall, Belvedere Rd; 020 7928 8871; 12h-23h seg-sáb, até 19h dom). **Refeição** Troia (3F Belvedere Road, SE1 7GQ; 020 7633 9309; 12h-24h diariam) é um diner turco.
🛍 **Loja** Vende grande variedade de suvenires excêntricos
🚻 **Banheiros** No térreo

Em outra sala, curtas-metragens contam a história da enfermagem.

Para relaxar

A 3 minutos a pé pela Lambeth Palace Road fica o **Archbishop's Park** (Carlisle Lane, SE1 7LE), com playground, um jardim e quadras de tênis (0845 130 8998) para alugar.

Criança usa estetoscópio para ouvir o audioguia no Florence Nightingale Museum

CRIANÇADA!

Missão impossível?
Imagine que você é um soldado nas trincheiras. Responda estas perguntas sobre sua missão na Trench Experience do IWM:
1 A que horas vai começar o ataque nas linhas inimigas?
2 Qual é o sinal para escalar as trincheiras (ir "over the top")?
3 O que você deve tentar trazer de volta com você?

Evacuar!
Mais de 1 milhão de crianças britânicas foram evacuadas na Segunda Guerra. Deve ter sido assustador, mas excitante, se mudar para o campo. Imagine que você é um evacuado e escreva uma carta para casa sobre o que acontece com você.

Ervas mágicas de Mary
Mary Seacole, outra enfermeira famosa durante a Guerra da Crimeia, cuidava dos soldados com remédios fitoterápicos. Ligue a planta à doença que ela tratava (você encontra as respostas no museu).
1 Alcaçuz   **a** Infecção
2 Capim-limão   **b** Diarreia
3 Canela   **c** Dor de estômago
4 Gengibre   **d** Febre

Respostas no fim do quadro.

ZOO DE FLORENCE
Florence Nightingale adorava animais. Sua tartaruga Jimmy perambulava pelo hospital na Crimeia e os soldados lhe deram um filhote de cachorro. Ela também tinha uma cigarra de estimação, que foi comida por sua coruja Athena! Você pode ver Athena (empalhada) no museu.

Respostas: **Missão impossível** 1 19h15. 2 Um apito. 3 Prisioneiros inimigos. **Ervas mágicas de Mary** 1c; 2d; 3a; 4b.

Piquenique até £20; **Lanches** £20-40; **Refeição** £40-60; **Para a família** mais de £60 (base para 4 pessoas)

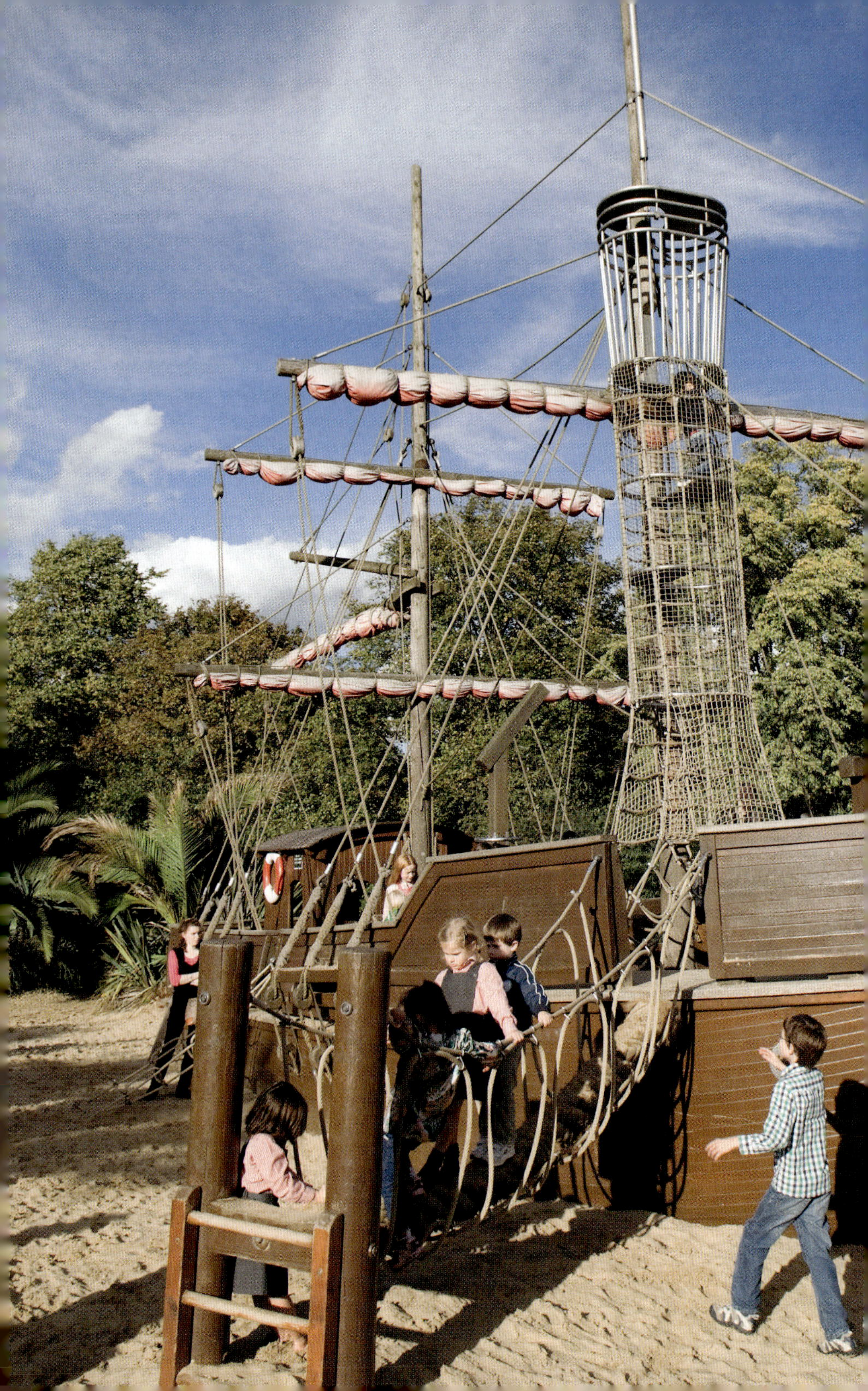

Kensington,
Chelsea e Battersea

Com museus e parques excelentes, essa área no oeste de Londres parece uma zona de entretenimento criada para famílias. E já era mais ou menos assim nos anos 1850. O novo bairro cultural de Kensington surgiu como resultado da Grande Exposição de 1851, e do outro lado do rio, o colecionador de plantas John Gibson criou o Battersea Park, para as massas. Unindo os dois está King's Road, cheia de lojas de grife e restaurantes.

Principais atrações

Science Museum
Se você acha ciência chata, reveja seus conceitos. O museu está repleto de alta tecnologia interativa, e as demonstrações de ciência ao vivo são um estouro (pp. 180-1).

Natural History Museum
A coleção desse grande museu soma 70 milhões de espécimes: animais, insetos, fósseis, plantas e esqueletos. Mas cuidado: o T. Rex está vivo (pp. 182-3)!

Victoria and Albert Museum
É um labirinto de galerias, por isso os pés podem sofrer. Se for esse o caso, faça uma pausa na piscina infantil palaciana (p. 184).

Battersea Park
Conheça os macacos no Battersea Park Children's Zoo e imite-os no playground de aventura mais selvagem de Londres (pp. 188-9).

Kensington Palace
Não há lugar mais aristocrático para tomar chá do que a Queen Anne's Orangery. Tem até uma versão especial para crianças (p. 176).

Harrods
Tem tudo que seus filhos nunca souberam que precisavam. Que tal um Banco Imobiliário incrustado com diamantes, um cavalo de balanço sob medida ou uma boneca à sua própria imagem (p. 181)?

À esq. *Galeão pirata de madeira, a impressionante peça central do Diana Princess of Wales Memorial Playground, Kensington Gardens*
Acima *Suricato no Battersea Park Children's Zoo*

O Melhor de
Kensington, Chelsea e Battersea

Os três museus famosos de South Kensington – Science Museum, Natural History Museum e Victoria and Albert Museum (V&A) – são gratuitos e compõem, juntos, uma das maiores coleções de maravilhas do mundo. Se as crianças se cansarem de tanto aprendizado, os espaços abertos de Kensington Gardens e Battersea Park são locais perfeitos para relaxar.

Gratuito para todos

Essa rica área londrina é um dos melhores lugares para um fim de semana de atividades gratuitas. Comece o sábado no **Science Museum** *(pp. 180-1)*: chegue às 10h para ser um dos primeiros nos experimentos da galeria Launchpad; em seguida, assista aos animados espetáculos no auditório; depois, vá para a área de piquenique no subsolo (mais barata que os cafés). Termine com a visita guiada das 15h30 na galeria Exploring Space.

Domingo é dia de pompa, com o trote da cavalaria de Sua Majestade sob o Wellington Arch *(p. 177)*, às 10h30. Depois, alimente os patos no lago Serpentine *(p. 174)* no **Hyde Park**; em se-

*À esq. O Diana Princess of Wales Memorial Playground, com tema de Peter Pan **Abaixo** Divertidos pedalinhos no Serpentine*

Modelo em tamanho natural de baleia-azul, a maior criatura do planeta, no Natural History Museum

guida, saia do parque pelo playground no Edimburgh Gate e siga para o **V&A** (p. 184), que realiza oficinas gratuitas para famílias até as 17h.

Água, água, água...
Quem não gosta de água? Molhe as mãos no lago durante um passeio de pedalinho no **Battersea Park** (p. 188) ou dê um mergulho no Serpentine Lido (p. 174), aberto entre junho e setembro, que tem uma piscina infantil para os menores. Outra opção é a piscina infantil Peter Pan no Diana Princess of Wales Memorial Playground (p. 172), nos Kensington Gardens.

Os museus também entram na brincadeira: o V&A (p. 184) permite mexer com água no pátio, enquanto no **Science Museum** (pp. 180-1) as crianças podem se refrescar na sala de brincadeiras no subsolo. No inverno, quando o tempo está úmido, vá até a piscina do Chelsea Sports Centre (p. 190) e dê um mergulho.

Encontros com a natureza
Com três grandes parques e a maior coleção do mundo de aves, mamíferos e plantas, essa região é ótima para apresentar as crianças à natureza. A atração principal é o **Natural History Museum** (pp. 182-3), tão grande que merece um dia todo de visita. Primeiro, reserve lugares na visita aos bastidores Spirit Collection Tour e consulte a programação de filmes no Attenborough Studio. Pegue uma mochila infantil gratuita na recepção e vá ver monstros pré-históricos ou macacos atrevidos. A partir das 14h30, o Investigate Centre convida famílias para estudar espécimes reais.

Há uma área de suricatos no **Battersea Park Children's Zoo** (p. 190), e, cruzando o Tâmisa, fica o **Chelsea Physic Garden** (p. 191), outro centro de atividade animal – entre as oficinas de férias, há "pesca" na lagoa, manipulação de insetos rastejantes e herborismo para iniciantes.

As estações
No Hyde Park (p. 174), a primavera chega com o estrondo da salva de 41 tiros em 21 de abril, aniversário da rainha. A partir da Páscoa, pedalinhos e barcos a remo deslizam sobre o Serpentine, enquanto o **Natural History Museum** (p. 182-3) abre o jardim da vida selvagem e a casa de borboletas. O Chelsea Flower Show (p. 187) floresce em maio.

Em julho, começa a temporada de verão nas **Serpentine Galleries** (p. 176) e artistas se apresentam no Diana Princess of Wales Memorial Playground (p. 174). Os Proms, temporada de oito semanas de concertos de orquestra, têm início no **Royal Albert Hall** (p. 185).

O inverno é a época de festas. Em novembro, há fogos de artifício no **Battersea Park** (p. 188) e começa a festa de Natal da cidade, Winter Wonderland, no **Hyde Park** (p. 174), com Papai Noel, patinação no gelo e vinho quente.

Lêmure de cauda anelada, um dos populares primatas de pequeno porte no Battersea Park Children's Zoo

Kensington Gardens, Hyde Park e arredores

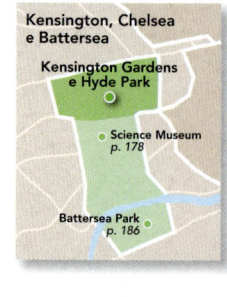

Inspirado na história de Peter Pan, com navio pirata e árvore cheia de duendes, o Diana Princess of Wales Memorial Playground, nos Kensington Gardens, é o lugar perfeito para soltar a imaginação. O playground fica ao lado da antiga casa da princesa no Kensington Palace e próximo ao Hyde Park, onde há mais diversão ao ar livre. A maioria das atrações para crianças está ao sul da área de natação do Serpentine – Knightsbridge, na linha de metrô Piccadilly, é a melhor saída.

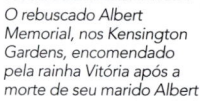

Kensington, Chelsea e Battersea
- Kensington Gardens e Hyde Park
- Science Museum p. 178
- Battersea Park p. 186

Cemitério de animais Victoria Gate

O rebuscado Albert Memorial, nos Kensington Gardens, encomendado pela rainha Vitória após a morte de seu marido Albert

Locais de interesse

ATRAÇÕES
1. Hyde Park e Kensington Gardens
2. Kensington Palace
3. Serpentine Galleries
4. Apsley House

● **COMIDA E BEBIDA**
1. Mount Street Deli
2. Broadwalk Café
3. Serpentine Bar & Kitchen
4. The Cookbook Café
5. Hyde Park Tennis Centre Café
6. Lido Café Bar
7. Hard Rock Café

Veja Kensington Palace (p. 176)

● **COMPRAS**
1. Selfridges

● **HOSPEDAGEM**
1. Mandarin Oriental
2. Royal Garden
3. The Parkwood at Marble Arch

Crianças refrescam-se em um dia quente na Diana Princess of Wales Memorial Fountain

Kensington Gardens, Hyde Park e arredores | 173

À dir. As Serpentine Galleries, construídas em 1934 como um pavilhão de chá, e agora o lar de arte moderna
Extrema dir. O Speakers' Corner no Hyde Park, local para falar em público há 150 anos

Informações

Trem Paddington (5-10min a pé) **Metrô** Marble Arch, Lancaster Gate, Queensway (todos Central Line); Knightsbridge, Hyde Park Corner (ambos Piccadilly Line) **Ônibus** Park Lane: rotas 2, 10, 16, 36, 73, 74, 82, 137, 148, 414, 436; Marble Arch: 6, 7, 23, 98, 113, 159; Bayswater Road: 94, 274, 390; Knightsbridge: 9, 10, 52, 452

Informação turística Old Police House, Hyde Park, W2 2UH (www.royalparks.org.uk); Victoria Railway Station (pp. 64-5)

Supermercados Sainsburys Local, Marble Arch Tower, 55 Bryanston Street, W1H 7AA; West One Food Fayre, 85 Duke Street, W1K 5PG
Mercados Bayswater Road Market (arte, joias), 10h-18h dom; Notting Hill Farmers' Market (alimentos), Kensington Church Street, 9h-13h sáb; Portobello Market 8h-19h seg-sáb, 8h-13h qui; Sexta-Feira Santa-out, sáb o ano todo (moda, antiguidades)

Festivais Salva de Tiros Real, perto do Speakers' Corner (6 fev, 21 abr, 2 jun, 10 jun e 14 nov); Barclaycard British Summer Time, festival de música com dia para a família (jun-jul); Notting Hill Carnival (ago, fim de semana do Bank Holiday); Winter Wonderland, Festival de Natal (nov-jan)

Farmácias Bliss Chemists, 5-6 Marble Arch, W1H 7EL (9h-23h30 diariam); procure por farmácias 24h em www.nhs.uk/ServiceDirectories

Playgrounds Há três nos parques: no Edinburgh Gate (Hyde Park), no Diana Princess of Wales Memorial Playground e no Westbourne Gate (ambos nos Kensington Gardens)

Round Pond, lago nos Kensington Gardens, popular entre aves e crianças

1 Kensington Gardens e Hyde Park
Visite um parque e leve outro grátis!

O sempre jovem Peter Pan nasceu nos Kensington Gardens: seu criador, J. M. Barrie, morava perto do parque, que até hoje é um ótimo lugar para quem nunca cresceu de verdade. Junto com o vizinho Hyde Park, oferece muitas opções para fazer piquenique e brincar, na terra e na água. O Look-Out tem programas de arte e artesanato inspirados na natureza, e o Diana Princess of Wales Memorial Walk une inteligentemente as principais atrações.

Estátua de Peter Pan no Long Water

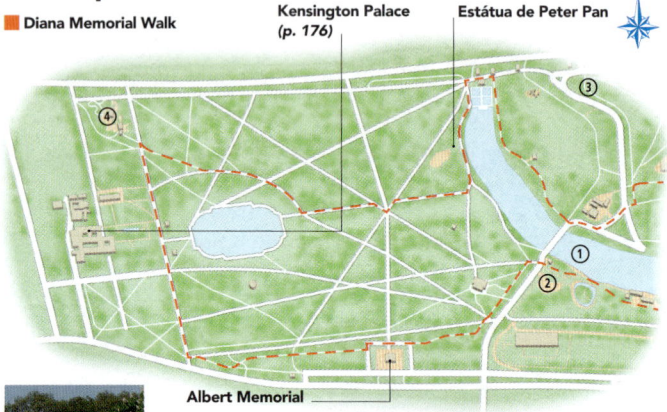

Destaques

- Diana Memorial Walk
- Kensington Palace (p. 176)
- Estátua de Peter Pan
- Albert Memorial

② **Diana Princess of Wales Memorial Fountain** Criada em 2004, essa é uma fonte "experiencial", onde as crianças podem molhar os pés.

③ **Speakers' Corner** O lugar para oradores e excêntricos que gostam de falar em público sobre qualquer assunto. Domingo é o dia mais agitado.

① **Serpentine** Nade, reme, faça um piquenique ou procure garças e biguás nas áreas mais selvagens ou cisnes e gansos em suas margens.

④ **Diana Princess of Wales Memorial Playground** Além do galeão, há uma trilha musical e um acampamento de tendas indígenas. Perto, o antigo Elfin Oak tem entalhes de fadas feitos por Ivor Innes na década de 1920.

Informações

Mapa 8 G4
Endereço Park Office, Rangers Lodge, W2 2UH; 020 7298 2000; www.royalparks.org.uk.
Metrô Marble Arch, Queensway, Lancaster Gate **P. de ônibus** Black Lion Gate; Marlborough Gate; Marble Arch; Hyde Park Corner; Edinburgh Gate; Royal Albert Hall; Palace Gate
Aberto Hyde Park: 5h-24h diariam; Kensington Gardens: 6h-pôr do sol diariam
Preço Grátis
Passeios guiados The Royal Parks Foundation promove caminhadas (www.supportthe royalparks.org/shop/experiences/filter/walks); 45min pelo Albert Memorial no 1º dom do mês (14h e 15h), mar-dez (020 7936 2568)

Idade Livre
Atividades The Isis Education Centre, no LookOut, promove dias de descoberta nos feriados escolares (www.supporttheroyal parks.org/explore/isis_education_centre). Serpentine Lido (020 7706 3422) e piscina infantil abrem mai: 10h-18h sáb e dom; jun-meados set: 10h-18h diariam (adultos £4, entre 3-15 anos 80p). Hyde Park Tennis & Sports Centre tem tênis pague e jogue o ano todo (020 7262 3474). Boathouse aluga barco e pedalinho, Páscoa-out: 10h-pôr do sol (£25/h; 020 7262 1330). Passeios barco Solarshuttle, mar-set: fins de semana e feriados; jun-ago: diariam (020 7262 1330; www.solarshuttle.co.uk)
Duração Até um dia inteiro

Cadeira de rodas Há buggies elétricos grátis que dão passeios de meia hora pelo parque
Cafés Serpentine Bar & Kitchen (à dir.) ou Lido Café Bar (020 7706 7098; www.companyof cooks.com). Lanches no Hyde Park Tennis Centre Café (verão 9h-21h, inverno 10h-16h; 020 7262 3474) e Broadwalk Café (à dir.), assim como quiosques.
Banheiros Serpentine Road, no LookOut, Marble Arch (Hyde Park); Palace Gate, Lancaster Gate, Black Lion Gate, Marlborough Gate (Kensington Gardens)

Bom para a família
O parque e seus três playgrounds são grátis; é viável nadar ou jogar tênis; apenas alugar barco sai caro.

Preços para família de 4 pessoas

Se chover...

Queens Ice and Bowl *(17 Queensway, W2 4QP; 020 7229 0172; www.queensiceandbowl. co.uk; seg-dom 10h-23h)* fica a dois minutos de caminhada do Black Lion Gate, com patinação no gelo (£41-51; aluguel de patins a partir de £2) e boliche (£7 por pessoa). Outra opção é o poderoso trio de museus de Kensington *(pp. 180-4)*, acessíveis via Exhibition Road e totalmente gratuitos.

Crianças patinam no gelo no Queens Ice and Bowl

Comida e bebida
Piquenique: até £20; Lanches: £20-40; Refeição: £40-60; Para a família: £60 ou mais (base para 4 pessoas)

PIQUENIQUE As delicatessens daqui são mais irresistíveis do que o normal. Experimente **Mount Street Deli** em Mayfair *(100 Mount Street, W1K 2TG; 020 7499 6843; www.themountstreetdeli.co.uk; 8h-18h seg-sex, 9h-17h sáb)*.
LANCHES Broadwalk Café *(020 7034 0722; www.companyofcooks. com; 9h-anoitecer diariam)*, junto ao Diana Memorial Playground, tem menu para crianças.

O Lido Café Bar, nas margens do Serpentine

REFEIÇÃO Serpentine Bar & Kitchen *(020 7706 8114; www. serpentinebarandkitchen.com; 8h-pôr do sol diariam)* tem menu pré-adolescente com palitos de peixe e sanduíches quentes a menos de £5.

PARA A FAMÍLIA The Cookbook Café *(1 Hamilton Place, Park Lane, W1J 3QY; 020 7318 8563; www. cookbookcafe.co.uk; 6h30-10h30, 12h-15h30, 18h30-22h30 diariam; brunch fins de semana 12h30-15h30)* é legal, casual e caro, com substanciosos almoços Market Table e aulas mensais de culinária para crianças.

Compras
A gigantesca loja de departamentos **Selfridges** fica perto *(400 Oxford Street, W1A 1AB; 0800 123400; www.selfridges.com)*.

Saiba mais
INTERNET Um audioguia para caminhada no Hyde Park pode ser baixado em *www.royalparks.gov.uk/Hyde-Park.aspx*: clique em "main attractions" no mapa interativo e depois em um ponto de interesse.
FILME A cinebiografia *Em busca da terra do nunca* (2004), estrelada por Johnny Depp, usa os Kensington Gardens para as cenas onde o autor J.M. Barrie encanta as crianças com as histórias de Peter Pan.

Próxima parada...
PORTOBELLO ROAD MARKET Se for sábado, siga para oeste a partir do Black Lion Gate para visitar o Portobello Road Market *(9h-19h; www. portobelloroad.co.uk)*, maior mercado de antiguidades do mundo. As crianças devem ir à Mr Punch's Old Toys *(Unit 18, Admiral Vernon Arcade, W11 2DY)* e à Victoriana Dolls *(101 Portobello Rd, W11 2QB)*.
HYDE PARK STABLES Para andar a cavalo junto ao Serpentine, entre em contato com o Hyde Park Stables *(020 7723 2813; www.hydepark stables.com)*, que tem aulas de equitação na Rotten Row, uma estrada real de 300 anos; £64 libras por hora.

Um pônei e um jovem cavaleiro no Hyde Park Stables

CRIANÇADA!

Passeio-charada
Percorra o Diana Princess of Wales Memorial Walk através de ambos os parques descobrindo duendes, uma deusa e um príncipe dourado no caminho. Quantas charadas você consegue solucionar? Veja as respostas no fim do quadro.

Comece no Hyde Park Corner, onde você tem de encontrar um grande guerreiro erguendo seu escudo.
1 Do que você acha que ele é feito?

Agora vá para noroeste cruzando o Hyde Park em direção ao LookOut Education Centre e procure uma árvore de pedra no caminho.
2 De que cor ela é?

Siga o Serpentine até os Italian Gardens e encontre um médico que salva vidas.
3 O que ele cura?

Do outro lado do lago, ache um menino que nunca cresceu e faça algumas contas...
4 Some os ratos aos coelhos e aos caracóis. Quantos são?

Ao lado, fica o Diana Princess of Wales Memorial Playground, onde você deve procurar um toco cheio de elfos.
5 Que horas são no reino dos elfos?

Agora vá para o Albert Memorial e responda esta:
6 Quem não faz parte do grupo: touro, búfalo, camelo, elefante ou leão?

A última charada fica junto ao Serpentine, perto da Diana Princess of Wales Memorial Fountain.
7 A deusa egípcia Ísis aparece aqui. Que tipo de criatura é ela?

Respostas 1 Canhões. **2** Preta **3** Varíola. **4** 14. **5** 3h05. **6** Leão (todos os outros animais representavam um continente: touro para a Europa, búfalo para as Américas, elefante para a Ásia e camelo para a África). **7** Um pássaro.

② Kensington Palace

Um palácio cheio de princesas

O Palácio de Kensington se tornou residência real em 1689, quando Guilherme de Orange pediu ao arquiteto Christopher Wren para transformar a mansão jacobina num lugar digno de reis. Em 20 de junho de 1837, aos 18 anos, a princesa Vitória acordou aqui para descobrir que era rainha. Por volta dos anos 1930, tantos membros menores da aristocracia estavam alojados na "Corte das Princesas" que Eduardo VIII os chamou de "um monte de tias". Mas o palácio é mais famoso como a casa onde morou Diana, Princesa de Gales – e como a vitrine de seus belíssimos vestidos. William e Kate, duque e duquesa de Cambridge, também têm um apartamento aqui.

Uma grande reforma nos últimos anos abriu boa parte do palácio, facilitando o acesso dos turistas aos pátios elegantes, a serem desfrutados antes da visita aos destaques da Ceremonial Dress Collection, com 12 mil trajes históricos. Outra mostra revela a vida pública e privada das rainhas – Maria II, Ana e, especialmente, Vitória – e detalha as provações e instabilidades da vida de princesa, explorando intimidades de Margareth e, claro, Diana.

Para relaxar

Vá até o vizinho **Diana Princess of Wales Memorial Playground**, onde há espaço para correr (p. 174).

Informações

- **Mapa** 7 D5
- **Endereço** Kensington Gardens, W8 4PX; 0844 482 7777; www.hrp.org.uk/KensingtonPalace
- **Metrô** High Street Kensington, Queensway **Ponto de ônibus** Bayswater Road, Knightsbridge
- **Aberto** Mar-set: 10h-18h diariam; out-fev: 10h-17h diariam (última entrada 1h antes)
- **Preço** £30-40 (até 16 anos grátis)
- **Para evitar fila** Reserve on-line para fugir da fila de ingressos.
- **Idade** A partir de 5 anos
- **Atividades** Artesanato grátis p/ família nas férias escolares; a área "fun and games" do site traz trilhas infantis e padrões Tudor de costura. Workshops de um dia agendáveis para famílias (cheque o site).
- **Duração** Até 2h
- **Cadeira de rodas** Sim
- **Comida e bebida** *Lanches* The Broadwalk Café (p. 175) é adorável quando o sol brilha. *Refeição* A Orangery do palácio, de 300 anos, é um elegante local para o café da manhã, um almoço leve ou o chá da tarde (inverno: 12h-17h; verão até 18h). O restaurante tem menu de jantar especial para crianças e até faz uma versão infantil do chá da tarde.
- **Loja** Vende presentes e suvenires
- **Banheiros** No térreo

③ Serpentine Galleries

Arte nos jardins

Essas duas galerias fora de série – e muitas vezes subestimadas – exibem arte moderna e contemporânea. De fora, a galeria original parece um pavilhão de chá dos anos 1930. Mas entre e se surpreenda. Os quatro espaços totalmente brancos já abrigaram exposições de Andy Warhol, Damien Hirst e Jeff Koons. Em geral, há cinco exposições por ano e, de julho a outubro, a galeria avança para os gramados ao redor, quando convida grandes nomes como Frank Gehry para projetar o pavilhão onde acontecem as Park Nights (noites do parque), com programação de teatro, música e cinema. A oficina com artistas Family Sunday acontece na maioria dos meses e inclui atividades práticas.

A segunda galeria fica no edifício histórico de estilo palladiano Magazine, do outro lado do lago. Essa galeria satélite, inaugurada em 2012, tem foco em artistas jovens. Há ainda o Playscape ao ar livre para incentivar gente de todas as idades a brincar com arte.

Informações

- **Mapa** 8 F6
- **Endereço** Kensington Gardens, W2 3XA; 020 7402 6075; www.serpentinegallery.org
- **Metrô** Knightsbridge, South Kensington, Lancaster Gate **Ponto de ônibus** Knightsbridge
- **Aberto** 10h-18h
- **Preço** Grátis
- **Idade** Ligue antes e cheque a idade adequada p/ a mostra atual
- **Atividades** Workshop grátis Family Sunday, 12h-17h; acesse o site para ver o programa completo
- **Duração** 1h
- **Cadeira de rodas** Sim
- **Comida e bebida** *Lanches* Hyde Park Tennis Centre Café (020 7262 3474) oferece lanches simples. *Refeição* Lido Café Bar serve almoço e sorvete caseiro (020 7706 7098; www.lidohydepark.co.uk).
- **Loja** Na recepção, vende livros de arte e cartões
- **Banheiros** No térreo

O grande portão de entrada do Kensington Palace

Preços para família de 4 pessoas

Kensington Gardens, Hyde Park e arredores | 177

Para relaxar
As galerias são cercadas por áreas abertas e gramadas, e há um playground no **Serpentine Lido** (p. 174).

Oficina de arte nas Serpentine Galleries, importante local de arte moderna

④ Apsley House
A casa do Velho Narigudo

Uma placa na porta da Apsley House, conhecida como "Número Um, Londres", diz: "Apartamentos privados do duque de Wellington". Parte dessa mansão no Hyde Park Corner ainda é ocupada pelos descendentes de Arthur Wellesley, primeiro duque de Wellington, maior general da Grã-Bretanha e herói da Batalha de Waterloo (1815). O duque comprou a casa em 1817, dois anos após triunfar sobre Napoleão, e restaurou seu deslumbrante apogeu da Regência, preenchendo-a com pinturas, porcelanas e prata presenteadas por reis e imperadores.

Cavalgada nas agradáveis trilhas do Hyde Park

Em sua época, Wellington era considerado "o homem mais famoso da Europa", embora seus soldados o chamassem de "Velho Narigudo" – e o divertido percurso para crianças incentiva os pequenos a caçarem seu perfil aquilino por toda a casa. Há uma estátua gigante de Napoleão na escada, mas o maior destaque é a Waterloo Gallery, com obras de Goya, Rubens e Velázquez.

A janela da frente da casa dá para o Wellington Arch, encomendado por George IV para ser uma grandiosa passagem para o Palácio de Buckingham. Por uma taxa de admissão, você tem acesso ao terraço, com exposições e vista da Household Cavalry, a caminho da cerimônia da Troca da Guarda (p. 70).

Para relaxar
O **Hyde Park** é o jardim dos fundos da Apsley House, e o playground mais próximo fica no parque do Edinburgh Gate.

Informações

- **Mapa** 9 B6
- **Endereço** 149 Piccadilly, Hyde Park Corner, W1J 7NT; 020 7499 5676; www.english-heritage.org.uk/apsleyhouse
- **Trem** Victoria **Metrô** Hyde Park Corner **P. ônib.** Hyde Park Corner
- **Aberto** Abr-out: 11h-17h qua-sex; nov-mar 10h-16h sáb e dom (última entrada: 30min antes de fechar); Wellington Arch abre às 10h
- **Preço** £21,30; Wellington Arch: £12,40; bilhete combinado £26-36
- **Para evitar fila** A cavalaria real passa pelo Wellington Arch frequentemente às 10h30 e 11h30 – venha cedo p/ uma boa visão
- **Pass. guiados** Palestras de 15min na galeria diariam (horário varia)
- **Idade** A partir de 7 anos
- **Atividades** Audioguia grátis. Trilha p/ crianças grátis na recepção ou p/ download no site
- **Duração** 1-2h
- **Cadeira de rodas** Não, devido a degraus incontornáveis
- **Comida e bebida** *Lanches* Serpentine Bar & Kitchen (p. 175) é ótimo p/ almoço. *Refeição* Hard Rock Café (150 Old Park Lane, W1K 1QR; 020 7514 1700; www.hardrock.com) é uma hamburgueria temática com menu infantil.
- **Loja** No térreo, vende livros especializados e lembranças
- **Banheiros** No subsolo

CRIANÇADA!

Onde está Peter?
Na King's Staircase (escadaria do rei) no Kensington Palace, há um mural em tamanho natural da corte de Jorge I. Tente achar "Peter, o selvagem", um rapaz encontrado na floresta perto de Hamelin (do famoso flautista), na Alemanha, no século XVIII. Nu e peludo, ele andava de quatro e comia plantas da floresta. Peter foi adotado pelo rei Jorge, vestido com elegância e levado ao palácio para divertir o rei e sua corte.

AS PRINCESAS DO POVO
Princesa Vitória Tinha um cachorrinho chamado Dash no Kensington Palace, que ela vestia com jaqueta vermelha e calça azul.
Princesa Margareth Promovia festas no palácio com estrelas de cinema e cantores famosos, e adorava tocar músicas populares em seu piano de cauda.
Princesa Diana Ficou presa fora do palácio uma vez e foi até a entrada dos turistas. Ela chegou a vender ingressos para os visitantes enquanto esperava uma chave!

Engane um adulto!
Pergunte a um adulto como o duque de Wellington ganhou o apelido "duque de ferro". Ele acha que foi porque ele era um soldado durão? Errado! Quando se tornou primeiro-ministro, Wellington colocou persianas de ferro nas janelas da Apsley House para impedir a entrada de manifestantes.

Piquenique até £20; **Lanches** £20-40; **Refeição** £40-60; **Para a família** mais de £60 (base para 4 pessoas)

Science Museum e arredores

O sonho do príncipe Albert de um novo bairro cultural financiado pelos lucros da Grande Exposição de 1851 resultou num trio de museus colossais e gratuitos ao sul do Hyde Park. Túneis para pedestres ligam diretamente a estação de metrô South Kensington ao Science Museum e ao Natural History Museum, enquanto o Victoria & Albert fica do outro lado da Exhibition Road. O Science Museum é um ímã especialmente poderoso para crianças, usando todos os truques da tecnologia do século XXI. Essa área é um grande destino no inverno, com quase todas as atrações cobertas (entre elas salas de jogos e um cinema IMAX).

Fascinação por uma estátua no Victoria & Albert Museum

Participação em demonstração no Science Museum

Science Museum e arredores | 179

Esqueleto de diplodoco no Natural History Museum

Informações

🚗 **Metrô** South Kensington
Ônibus Exhibition Road, estação South Kensington do metrô: rotas 14, 49, 70, 74, 345, 414, 430, C1; Kensington Road: 9, 10, 52, 452

ℹ️ **Informação turística** Victoria Railway Station *(pp. 64-5)*

🛒 **Supermercados** Waitrose, Gloucester Arcade, 128 Gloucester Rd, SW7 4SF
Mercados de rua South Kensington Farmers' Market, Bute Street, SW7, 9h-14h sáb

🚩 **Festivais** Kensington Dollshouse Festival, Kensington Town Hall (mai); BBC Proms, Royal Albert Hall (jul-set); London Design Festival, Victoria & Albert Museum (set); Harvest Festival, Kensington Gardens (set); Festival of Remembrance, Royal Albert Hall (nov); Winter Wonderland, Hyde Park (nov-dez)

➕ **Farmácias** Boots, 203-205 Brompton Road, SW3 1LA (9h-19h seg-sáb; 11h-18h dom). Harrods Pharmacy, 87-135 Brompton Road, SW1X 7XL (10h-20h seg-sáb; 12h-18h dom); procure por farmácias 24h em www.nhs.uk/ServiceDirectories

🛝 **Playgrounds** Trepa-trepa no Hyde Park Tennis Centre, perto do Alexandra Gate; playground maior perto do Edinburgh Gate

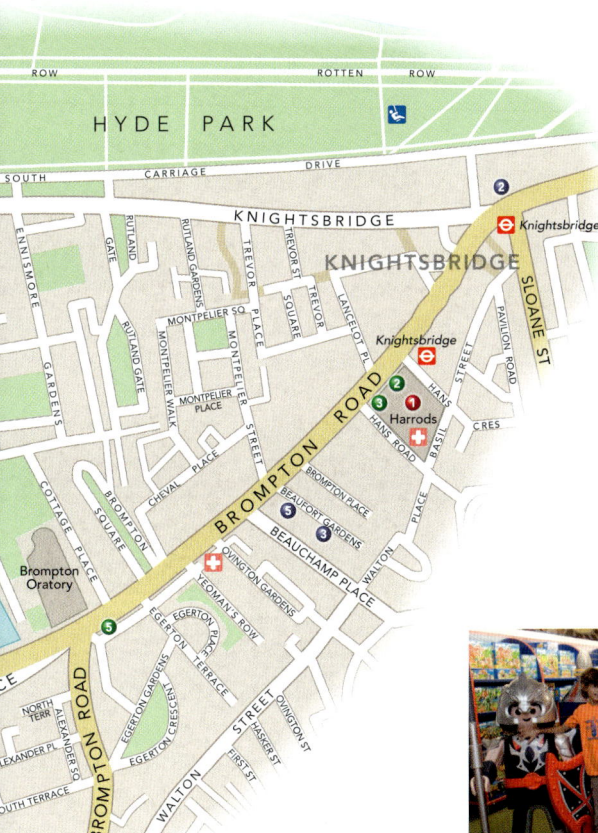

O Toy Kingdom (reino dos brinquedos) da Harrods é estímulo garantido para crianças e adultos

Locais de interesse

ATRAÇÕES
① Science Museum
② Natural History Museum
③ Victoria & Albert Museum
④ Royal Albert Hall

🟢 **COMIDA E BEBIDA**
1 Partridges
2 Morelli's Gelato
3 The Treehouse
4 Café Consort
5 L'Opera

Veja também Science Museum *(p. 181)*, Natural History Museum *(p. 183)*, Victoria & Albert Museum *(p. 184)* e Royal Albert Hall *(p. 185)*.

🔴 **COMPRAS**
1 Harrods

🟢 **HOSPEDAGEM**
1 Crowne Plaza
2 Mandarin Oriental
3 The Beaufort
4 Number Sixteen
5 Beaufort House
6 Fraser Place Queens Gate

① Science Museum
Física efervescente

Voe com os Red Arrows (grupo acrobático da força aérea britânica), ligue uma TV movida a pedal ou lance uma sonda espacial: o Science Museum oferece diversão para um dia inteiro. São sete andares de maravilhas, e há muita coisa para jovens e adultos. Cada momento é uma brincadeira, seja na zona Launchpad, com experimentos para crianças, ou na Antenna, onde elas podem estudar os avanços científicos. O melhor de tudo é o visual: um universo de ficção científica, com galerias iluminadas por néon.

Réplica do telescópio de Isaac Newton

Destaques

① **Who Am I?** Galeria interativa que usa recursos de alteração de rostos, mudança de sexo e testes de personalidade para explorar a identidade humana.

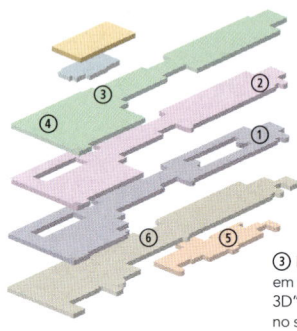

② **Atmosfera** Jogue em mesas interativas, atravesse oceanos e veja como o ambiente se adapta nessa sala de mudanças climáticas controladas pelos visitantes.

③ **Fly Zone** Voe com os Red Arrows em uma "experiência acrobática em 3D" (a partir de 4 anos), ou brinque no simulador "Fly 360°" (a partir de 9).

④ **Launchpad** Essa galeria infantil tem muitas experiências práticas e demonstrações de ciência.

⑤ **The Garden** Essa sala de jogos no subsolo convida pré-escolares a se familiarizarem com o mundo material, com bebedouros, instrumentos de sucata e uma estrutura para trepar. É o caos!

⑥ **Eagle capsule** Essa réplica em tamanho real da cápsula da *Apollo* 11 que levou Armstrong e Aldrin à Lua em 1969 fica na galeria Exploring Space.

- **5º andar** História da Veterinária e da Medicina.
- **4º andar** Amostras da História da Medicina.
- **3º andar** Zonas Launchpad, Flight e Fly, mais Saúde e Medicina do Século XVIII.
- **2º andar** Energia, Computadores, Matemática, Navios, Docas e Mergulho, e Atmosfera.
- **1º andar** Materiais, Comunicações, O Cosmo, Tempo, Agricultura e Who Am I?
- **Térreo** Energia e o Poder do Vapor, Exploring Space, Making the Modern World e Pattern Pod para famílias.
- **Subsolo** Galeria The Garden e uma exibição sobre aparelhos que reduzem o trabalho doméstico.

Para relaxar

A sala de jogos Garden (3-6 anos, subsolo) e o Pattern Pod (5-8 anos, térreo) são espaços livres para brincar no museu. Para uma opção ao ar livre, ande cinco minutos pela Exhibition Road até o **Hyde Park** e suas quadras de tênis, playgrounds e pedalinhos. A área entre Rotten Row e South Carriage Drive é reservada para jogos de bola e frisbee.

Os espaços abertos do Hyde Park são perfeitos para as crianças

Preços para família de 4 pessoas

Comida e bebida
Piquenique: até £20; Lanches: £20-40; Refeição: £40-60; Para a família: £60 ou mais (base para 4 pessoas)

PIQUENIQUE Partridges *(21 Gloucester Rd, SW7 4PL; 020 7581 0535; www.partridges.co.uk; 8h-23h diariam)* oferece frios e petiscos de primeira.

LANCHES Morelli's Gelato *(87-135 Brompton Road, SW1X 7XL; 020 7893 8959; www.harrods.com; 9h-21h seg-sáb, 11h30-18h dom)*, na praça de alimentação no térreo da Harrods, é uma bela sorveteria.

REFEIÇÃO The Treehouse *(87-135 Brompton Road, SW1X 7XL; 020 7730 1234; www.harrods.com; 11h-19h seg-sáb, 11h30-18h dom)*, no 4º andar da Harrods, ao lado da seção de brinquedos, é o restaurante estilo americano da loja, com hambúrgueres e milkshakes e quebra-cabeças gigantes para brincar.

PARA A FAMÍLIA The Royal Albert Hall's Café Consort *(0845 401 5045; www.royalalberthall.com; 8h30- 22h diariam)* é um lugar elegante e adulto para jantar antes de (ou durante) um espetáculo. Há free jazz ou world music no almoço às sextas (12h-13h30) e no brunch de domingo, além de um menu atraente para menores de 12 anos.

Informações

Mapa 14 F2
Endereço Exhibition Road, SW7 2DD; 0870 870 4868; www.sciencemuseum.org.uk

Metrô South Kensington **Ponto de ônibus** Exhibition Road, estação South Kensington do metrô: rotas 14, 49, 70, 74, 345, 414, 430, C1; Kensington Road: 9, 10, 52, 452

Aberto 10h-18h diariam (até 19h nas férias escolares); última entrada às 17h15; também 18h45-22h na última qua do mês (apenas adultos)

Preço Grátis; são pagos: cinema IMAX 3D (£27-80), simuladores de voo e exposições temporárias

Para evitar fila A plataforma de lançamento é a grande atração infantil – chegue às 10h e vá direto lá; a galeria fica mais calma durante shows de ciência ao vivo

Passeios guiados Grátis por 30min (a partir de 13 anos) 13h, 14h e 15h quase todo dia, com foco em galerias específicas; passeios Cockroach (com fantasia) começam às 14h e 16h sábdom e nas Lates de cada mês

Idade Livre

Atividades Shows de ciência grátis, 20min, sete vezes diariam (a partir de 7 anos); narração de história (até 7 anos) nos fins de semana às 13h30 – ambos na

Launchpad; shows nas férias escolares apresentam Albert Einstein, o aviador Amy Johnson e outros; experimentos científicos ao vivo às vezes convidam os visitantes p/ participar; download no site das trilhas World Wonders e Contemporary Art, p/ crianças mais velhas; festas do pijama mensais na Science Night, em geral sex, p/ 8-11 anos (grupo de no mínimo seis, incluindo o responsável, £45pp)

Duração Até um dia inteiro

Cadeira de rodas Sim

Cafés Revolution Café serve bufê de almoço; Deep Blue Café é um diner familiar; ambos no térreo. Eat Drink Shop (subsolo) e Fly Café (3º andar) têm lanches e bebidas. Área para piquenique no subsolo.

Loja No térreo, com muitos jogos de inteligência, brinquedos e suvenires interessantes

Banheiros Exceto no 5º andar

Bom para a família
O cinema IMAX e os simuladores de voo são pagos, mas com shows de ciência, passeios familiares e várias galerias interativas, há atrações grátis mais que suficientes para preencher o dia. Fique longe do café perto da Fly Zone e evite os insistentes pedidos das crianças por pennies para os passeios.

CRIANÇADA!

O que veio primeiro?
Na galeria Making the Modern World, descubra estes pioneiros famosos e os coloque em ordem de data. Por que não acrescentar algumas de suas invenções preferidas e fazer uma linha do tempo?
1 1º modelo de DNA
2 1º avião
3 1º computador Apple
4 1º Lego
5 1º Game Boy Nintendo
6 1º míssil de longo alcance

Respostas no fim do quadro.

Laboratório caseiro
Aqui estão duas experiências que você pode fazer em casa:
Leite mágico
Adicione quatro gotas de corante alimentício a um pires de leite. Mergulhe um cotonete em detergente líquido e, em seguida, coloque a ponta no leite (sem movê-lo). Assista ao redemoinho de cores!
Maravilha da água
Encha um copo com água e tampe com uma folha de cartolina grossa, esfregando-a contra a borda. Vire o copo, primeiro segurando a cartolina e depois solte. Ela vai continuar no lugar, como mágica!
Para dezenas de experiências divertidas, visite www.sciencekids.co.nz/experiments.html.

Veja o futuro
A galeria Antenna investiga ideias em que os cientistas estão trabalhando atualmente. Procure por...
• Câmeras contra o crime que voam pelas ruas.
• Carros "imbatíveis" que se dirigem sozinhos.
• Peixes-robô que detectam a poluição do mar.
O que você acha dessas ideias? Há algum problema com elas?

Respostas: O que veio primeiro? Avião (1935); Míssil (1945); Modelo de DNA (1953); Lego (1955); Computador Apple (1977); Gameboy (1990).

Saiba mais...
Há minissites divertidos e cheios de informações sobre as galerias do museu em www.sciencemuseum.org.uk/onlinestuff, além de uma dúzia de jogos de computador para expandir a mente: descubra como ajudar os Energy Ninjas a derrotar as mudanças climáticas ou construir "Coisas" fofinhas usando cromossomos e genes.

Próxima parada...
ALBERTOPOLIS Explore os museus da Exhibition Road a pé fazendo a caça aos tesouros da arquitetura do Royal Institute of British Architects, que você baixa em http://www.architecture.com/LibraryDrawingsAndPhotographs/Albertopolis/ExploringSouthKensington/ScavengerHunt.aspx.
HARRODS Quando pequenos (e grandes) cérebros começam a cansar, há sempre a Harrods (87-135 Brompton Road, SW1X 7XL) e suas luzes mágicas. A loja de departamentos mais extravagante de Londres atende as crianças no 4º andar com o Toy Kingdom e as "salas de moda infantil". A seção de animais de estimação também é divertida, com camas de dossel para cães e livros de culinária para gatos.

Toy Kingdom na Harrods, onde surgem os futuros astros da Fórmula 1

② Natural History Museum

A vida na Terra em 70 milhões de espécimes

Imagine um dinossauro no meio de uma catedral. Essa é a cena que as crianças veem ao entrar no santificado Central Hall do Natural History Museum – e que, com certeza, vai acompanhá-las por toda a visita. Um diplodoco em tamanho natural ocupa o lobby, e virando à esquerda está a galeria dos dinossauros, com dezenas de esqueletos de monstros pré-históricos.

Esse é só o começo da expedição extraordinária pela vida na Terra. Em outras salas, uma baleia-azul está pendurada no teto, formigas correm e um simulador de terremoto faz tudo balançar. No térreo, o Centre tem dezenas de prateleiras com artefatos para as crianças examinarem com as mãos. E não perca o Darwin Centre, em um grande casulo branco, que emprega magia digital em todas as paredes para revelar como o museu recolhe e conserva seus 70 milhões de espécimes.

As famílias devem começar a visita pela recepção no Centre Hall. A mochila gratuita Explorer guia os menores de 8 anos numa animada exploração do mundo natural, equipando-os com binóculos, lupa e livro de pistas. Há também vários livretos Discovery sobre mamíferos, dinossauros ou rochas, para crianças de 5 a 7 anos

Destaques

① **Investigate Centre** Convida crianças de 7-14 anos a encher bandejas com peles, crânios, ossos e pedras, e examiná-los ao microscópio. Aberto 14h30-17h diariam, 11h-17h fins de semana e feriados.

③ **Treasures** Impressionante mostra de espécimes e objetos, como o dente de dinossauro que desencadeou a descoberta desses gigantes. Cada uma das 22 peças expostas aqui tem uma história fascinante.

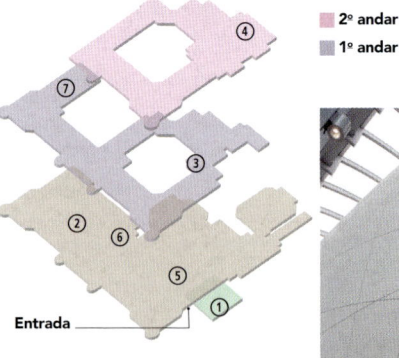

② **Dinosaur Exhibition** Veja um tiranossauro rex animatrônico gigante ganhar vida. O animal era oito vezes mais forte que um leão e podia engolir um homem inteiro de uma vez.

- ■ 2º andar
- ■ 1º andar
- ■ Térreo
- ■ Subsolo

Entrada

④ **Quake Simulator** Entre em um modelo de supermercado japonês e se segure enquanto uma reconstituição do terremoto de Kobe, em 1995, balança o chão. Simultaneamente, imagens de TV mostram cenas reais.

⑤ **Central Hall** Sob estas abóbadas estão os artefatos mais impressionantes do museu, entre eles a famosa réplica do esqueleto de um dinossauro diplodoco e um modelo da extinta e gigantesca moa, uma ave incapaz de voar.

⑥ **The Human Biology Zone** Nessa sala há um divertido panorama do corpo e do cérebro. Escaneie células hepáticas microscópicas, passeie dentro de um útero, faça um teste de memória e veja ilusões de ótica.

⑦ **Darwin Centre** Passeie pelos impressionantes oito andares do casulo branco do centro, descubra espécimes incríveis, exposições e shows, e veja também importantes cientistas trabalhando.

Preços para família de 4 pessoas

Science Museum e arredores | 183

e 8 a 11 anos (£1 cada). Para pré-escolares, há o percurso dos dinossauros Bookasaurus (gratuito). No Darwin Centre, pegue um cartão NaturePlus, que permite o escaneamento de espécimes digitais durante a visita, para serem investigadas on-line em casa.

As sessões de manipulação de espécimes Science Focus acontecem no Darwin Centre e em outras galerias selecionadas (10h45-14h dias úteis, 11h15-15h fins de semana). Também há workshops práticos sobre a natureza durante os fins de semana e todo dia durante os feriados escolares, entre 14h e 17h.

Apresentações e palestras Nature Live, gratuitas, de 30 minutos (maiores de 8 anos) acontecem no Attenborough Studio às 14h30 nos dias úteis e às 12h30 e 14h30 nos fins de semana e férias escolares. O estúdio também exibe documentários sobre a natureza diariamente. Os pernoites mensais Dino Snores estão abertos para crianças de 7 a 11 anos – mínimo de cinco crianças e um adulto por grupo; £52 por pessoa.

Confira no site do museu a programação para as férias escolares, que em geral traz atores interpretando personalidades famosas das ciências. Nos últimos verões, foi construída uma casa de borboletas temporária (abr-set) no gramado leste. Por fim, há muito para explorar e investigar nas páginas web Kids Only, como câmeras ao vivo na natureza, jogos e galerias de imagens.

Para relaxar

Os gramados leste e oeste do museu, na Cromwell Road, são bons para piqueniques, e o vizinho Wildlife Garden, com colmeias, lago e grande variedade de habitats naturais, é um ótimo lugar para explorar (aberto abr-out, 10h-17h).

Colmeia no Wildlife Garden do Natural History Museum

CRIANÇADA!

Fale como uma baleia
Você consegue se comunicar como uma baleia? Aperte o nariz e feche a boca, depois diga "oh" três vezes, fazendo o som ecoar em seu crânio. É mais ou menos assim que as baleias "falam", mas debaixo d'água, e suas mensagens podem viajar até 100km!

Comedores de carne!
Os curadores adicionam 150 mil novos espécimes à coleção todos os anos. Uma das equipes de trabalhadores do museu passa os dias só mastigando carcaças de carne e reduzindo-as a ossos. Você consegue adivinhar quem são eles? Para obter a resposta e vê-los em ação visite www.nhm.ac.uk/kids-only/naturecams.

CAÇADORA DE DINOSSAUROS
Nunca se é jovem demais para ser um paleontólogo. Uma menina ficou famosa por suas descobertas: a caçadora de fósseis Mary Anning. Ela encontrou seu primeiro esqueleto de um ictiossauro, réptil marinho gigante que viveu na era dos dinossauros, aos 12 anos. Conheça a história de Mary na Green Zone.

Problema do macaco
Você consegue resolver este dilema? Você é um macaco e encontra alguns grãos saborosos na praia, mas eles estão misturados com a areia. Qual é o modo mais fácil de separar os grãos para que você possa comê-los? (Dica: procure uma piscina natural.)

Informações

- 🌐 **Mapa** 14 F2
  Endereço Cromwell Road, SW7 5BD; 020 7942 5000; www.nhm.ac.uk
- 🚇 **Metrô** South Kensington (nas linhas Circle, District e Piccadilly)
  Ponto de ônibus South Kensington; Exhibition Road
- 🕐 **Aberto** 10h-17h50 diariam; última entrada às 17h30; quando aberto até mais tarde (até 22h30, última sex do mês), oferece música ao vivo, debates, filmes e comida
- 💷 **Preço** Grátis; algumas mostras temporárias podem ser pagas
- **Para evitar fila** O passeio Spirit Collection tem lugares limitados: agende na chegada ao museu ou por telefone no dia, após as 10h15
- **Pass. guiados** Spirit Collection, grátis, 30min (a partir de 8 anos) leva aos bastidores do Darwin Centre até quatro vezes diariam. Passeio de 50min às 15h15 em dias úteis
- **Idade** Livre
- **Atividades** As Nature Live Nights, todo mês, abrem o museu além do horário de funcionamento; principalmente p/ adultos (veja no site)
- ⏱ **Duração** Até um dia inteiro
- ♿ **Cadeira de rodas** Sim
- ☕ **Cafés** O incrível restaurante do museu na Green Zone (11h-17h) serve almoços de fazenda e pratos quentes; oferece ainda menu infantil substancioso e um almoço com assados p/ famílias nos fins de semana (4 pessoas por £30). O Central Hall Café tem petiscos leves e sacolinha de almoço infantil; no subsolo há um café-bar e área de piquenique.
- 🛍 **Lojas** Há três. A principal, perto da entrada, tem presentes criativos com temas naturais; a Dino Store e a Earth Shop vendem artigos com temas de dinossauros e planetas.
- 🚻 **Banheiros** Em todos os andares

Resposta: Problema do macaco Coloque a mistura em uma piscina natural. Somente os grãos flutuarão, e você poderá recolhê-los para almoçar.

Piquenique até £20; **Lanches** £20-40; **Refeição** £40-60; **Para a família** mais de £60 (base para 4 pessoas

③ Victoria & Albert Museum

Labirinto de prazeres artísticos

Um visitante de primeira viagem vagando pelas 145 galerias deste museu pode se sentir dentro de um sonho: virando uma esquina, há um salão decorado com os enormes Cartões de Rafael; subindo uma escada, vê-se uma câmara incrustada com pedras preciosas Fabergé. Sala após sala, o V&A é repleto das peças mais deslumbrantes do mundo das artes decorativas: vidros, cerâmicas, esculturas, mobiliário, têxteis, prata e muito mais, dos cinco continentes, nos últimos 5 mil anos. Talvez seja melhor esquecer o mapa do museu e apenas passear, para que as galerias impressionantes surjam como surpresas de tirar o fôlego. Os Cast Courts, por exemplo, exibem uma réplica gigantesca de 30m da Coluna de Trajano, de Roma, cortada ao meio para caber sob o teto.

Para as crianças, o V&A pode ser um pouco demais, especialmente porque a maioria das peças é exibida de forma muito convencional – não espere as emoções interativas do Science Museum e do Natural History Museum. Porém, nas galerias britânicas no 2º e no 4º andares, há antessalas com atividades práticas, uma para cada período histórico. O formato se repete: um canto para se vestir (crinolinas vitorianas, manoplas Tudor); mesa de artesanato (faça uma tapeçaria ou um ex-libris); peças para montar (construa uma cadeira, monte uma maquete do Crystal Palace). O museu tem atividades gratuitas diárias, como narração de histórias, artesanato e artes, passeios e caças ao tesouro. Os workshops familiares precisam ser reservados; neles, a família pode aprender com um artista ou com um designer experiente, usando materiais de qualidade (recomendado para crianças de 5-12 anos).

A coleção de brinquedos do V&A agora está no museu irmão em Bethnal Green (pp. 206-7), mas, como compensação, os objetos do extinto Theatre Museum de Covent Garden ocupam um conjunto de salas no 3º andar. São imperdíveis para as crianças, pois há trechos de filmes dos bastidores de espetáculos no West End, uma maquete do camarim da diva pop Kylie Minogue, maquetes de cenários de teatro, figurinos de O rei leão e roupas para provar.

Para relaxar

O majestoso jardim do pátio do V&A tem gramados e um café no verão, além de uma piscina rasa onde se pode andar, que recebe aves quando o tempo está quente.

A entrada do Victoria & Albert Museum, projetado por Aston Webb

Informações

- **Mapa** 14 G2
- **Endereço** Cromwell Rd, SW7 2RL; 020 7942 2000, www.vam.ac.uk
- **Metrô** South Kensington **Ponto de ônibus** Exhibition Road, estação South Kensington do metrô
- **Aberto** 10h-17h45 sáb-qui; 10h-22h sex (galerias selecionadas abrem até mais tarde)
- **Preço** Grátis; algumas exposições temporárias são pagas (todas grátis para menores de 12 anos)
- **Para evitar fila** Recomenda-se fazer reserva para mostras ou eventos temporários, disponível até 48h antes (www.vam.ac.uk)
- **Passeios guiados** De 1h, grátis, às 10h30, 12h30, 13h30 e 15h30 diariam, até 19h sex; visitas às galerias Medieval & Renaissance (11h30) e British (14h30) diariam; Theatre & Performance, 14h seg-sex
- **Idade** A partir de 5 anos
- **Atividades** Oito pacotes diferentes para idades de 5-12 anos, disponíveis até 16h no balcão de informações, além de sacolas Agent Animal para menores de 5 anos; também trilhas pelas galerias Tudor e Silver; Picnic Parties (7-12 anos); sessões familiares grátis de design todo dom (10h30-17h); Gallery Plays de 25min, grátis, todo sáb (11h, 13h, 15h); workshops regulares de fotografia, moda e teatro, sáb, para jovens de 11-19 anos (www.vam.ac.uk/create) e eventos nas férias escolares (www.vam.ac.uk/families)
- **Duração** No mínimo 2h
- **Cadeira de rodas** Sim; o prédio é de importância nacional – elevador para todas as áreas e andares
- **Comida e bebida** Lanches L'Opera (241 Brompton Rd, SW3 2EP; 020 7052 9000; www.lopera.co.uk; 8h30-23h), do outro lado da rua, é uma suntuosa delicatéssen-pâtisserie. Refeição The V&A's Café (10h-17h15, sex até 21h30), o restaurante mais velho do mundo em um museu, oferece pratos pela metade do preço para menores de 10 anos.
- **Loja** De presentes e livros
- **Banheiros** Em todos os níveis

Preços para família de 4 pessoas

Os Cast Courts do V&A, em duas galerias enormes, são muito impressionantes

Science Museum e arredores | 185

O pórtico norte do Royal Albert Hall, visto do Albert Memorial

④ Royal Albert Hall
A grande sala de concertos

Wagner e Verdi; Einstein e Shackleton; Frank Sinatra e Jay Z; Nelson Mandela e o dalai-lama; os Beatles e os Rolling Stones: todos se apresentaram aqui. Será que alguma sala de concertos do mundo tem uma lista de atrações que rivaliza com esta? Num edifício que lembra um grande pudim rosado à beira dos Kensington Gardens, o Royal Albert Hall é a casa de espetáculos mais instantaneamente reconhecível de Londres, e o interior é igualmente icônico, como revelam as visitas guiadas diárias.

O Hall foi inaugurado em 1871, realizando o projeto do príncipe Albert de um local "para o avanço das artes e das ciências". Por mais que pareça improvável, ainda é sustentado em parte pelos lucros da Grande Exposição de 1851, realizada no Crystal Palace, do outro lado da rua. Famoso hoje pela pompa e circunstância da temporada anual de música clássica, os BBC Proms, ele também recebe rock, jazz, comédia e circo, além de estreias de cinema e torneios de tênis.

As crianças vão sentir o glamour do auditório elíptico vermelho, com a cúpula cheia de discos voadores (parte da acústica do complexo), especialmente quando o animado passeio guiado chega às salas de descanso da rainha, atrás do camarote real. A visita também passa pela "smoking gallery", quase no beiral, para a qual há ingressos de £5 para muitos dos espetáculos.

Para relaxar
Os gramados verdes dos **Kensington Gardens** estão do outro lado da rua. Siga para o norte, passando o Round Pond, para chegar ao Diana Memorial Playground (p. 174).

Informações

🌐 **Mapa** 14 F1
Endereço Kensington Gore, SW7 2AP; Bilheteria: 0845 401 5045; www.royalalberthall.com

🚇 **Metrô** South Kensington, High Street Kensington **Ponto de ônibus** Kensington Rd, Queen's Gate, Exhibition Rd

🕐 **Aberto** Bilheteria 9h-21h diariam; horário dos eventos varia

💷 **Preço** Varia; a partir de £20

🚩 **Para evitar fila** Recomenda-se agendar os passeios

🚩 **Passeios guiados** De 1h cerca de 6 vezes diariam (10h30-16h30), exceto matinês; £17 por adulto, grátis men. de 16; eventuais passeios pelos bastidores (veja site)

👥 **Idade** A partir de 7 anos para os passeios

🎭 **Atividades** Eventuais shows p/ famílias durante as férias escolares; shows de jazz e de comédia no Elgar Room, mais Classical Coffee Mornings quase todo dom às 11h (entrada paga)

♿ **Cadeira de rodas** Sim, por rampas e elevadores

🍴 **Comida e bebida** Refeição Elgar Room é um restaurante informal. *Para a família* Coda oferece cozinha moderna britânica, mais formal, e bar de coquetéis. (Ambos no nível 3, abrem duas horas antes dos shows.)

🛍 **Loja** Perto da bilheteria

🚻 **Banheiros** No saguão

CRIANÇADA!

Escolha da escritora
Você consegue identificar os objetos favoritos da escritora de livros infantis Jacqueline Wilson no V&A apenas pela descrição?
1 Sala 54: "Este maravilhoso casal de madeira se casou há mais de 300 anos. Amo suas roupas elegantes."
2 Sala 94: "Os animais perseguidos têm chance de se defender nesta tapeçaria: uma senhora está sendo devorada por um urso!"
3 Sala 41: "Adoraria puxar a alavanca deste brinquedo gigante e ver o braço do homem se mover e ouvir os urros e gemidos."

Respostas no fim do quadro.

Nos azulejos
Na Sala 125 do V&A, encontre a história da Bela Adormecida pintada em azulejos como uma história em quadrinhos desenhada pelo artista vitoriano Edward Burne-Jones. Você consegue pensar em alguns diálogos para essas imagens? Por que não escolhe outro conto de fadas e faz uma versão em HQ?

De camarote
A rainha permite que seus empregados, entre eles soldados e criadas, usem seu camarote no Royal Albert Hall. Mas os homens têm de usar gravata, mesmo em shows de música pop! Se você fizer a visita guiada, procure uma chave secreta fora do camarote real, que envia um sinal para o fosso da orquestra. Você adivinha para que serve? A resposta é revelada abaixo.

Respostas: Escolha da escritora 1 Lord & Lady Clapham, **2** Swan e Otter Hunt, **3** Tippoo's Tiger. **De camarote** Para que eles saibam que a rainha chegou e é hora de tocar o hino nacional.

Piquenique até £20; Lanches £20-40; Refeição £40-60; Para a família mais de £60 (base para 4 pessoas)

Battersea Park e arredores

O Battersea Park tem um calçadão junto ao Tâmisa, um bucólico lago de barcos, um zoológico em miniatura e o playground de aventuras mais cheio de ação da cidade (no canto sudoeste). Chegue a pé vindo da estação de metrô Sloane Square (10 minutos de caminhada), talvez desviando ao longo da Royal Hospital Road até o National Army Museum, que oferece uma área de lazer coberta para crianças mais novas – útil se chover.

Kensington, Chelsea e Battersea
- Kensington Gardens e Hyde Park p. 172
- Science Museum p. 178
- Battersea Park

O Chelsea Physic Garden, criado em 1673 para ajudar na identificação de plantas medicinais

Os belos cenários no Battersea Park Lake

Menino com um golfinho, Cheyne Walk, criado por David Wynne em 1975

Locais de interesse

ATRAÇÕES
1. Battersea Park
2. Battersea Park Children's Zoo
3. National Army Museum
4. Chelsea Physic Garden

COMIDA E BEBIDA
1. Le Pain Quotidien
2. The Stockpot
3. San Gennaro
4. The Gallery Mess
5. Made in Italy
6. My Old Dutch

Veja também Battersea Park (p. 188), Battersea Park Children's Zoo (p. 190), National Army Museum (p. 190) e Chelsea Physic Garden (p. 191)

HOSPEDAGEM
1. Sydney House

Battersea Park e arredores | 187

Acima uma amostra da vida nas trincheiras no National Army Museum
Acima, à dir. Macaco-prego marrom no Children's Zoo do Battersea Park

Informações

🚗 **Trem** Battersea Park ou Queenstown Road (5min a pé), **Metrô** Sloane Square (10min), Pimlico (15min) **Ônibus** Chelsea Bridge: rotas 44, 137, 452; Battersea Park Station: 156, 344; Chelsea Embankment: 170, 360; Battersea Bridge: 19, 49, 319, 345; King's Road: 11, 22, 211 **Ônibus fluvial** Cadogan Pier, na rota do River Taxi entre Blackfriars e Putney, horas de pico só seg-sex (01342 820600; www.thamesexecutivecharters.com)

ℹ️ **Informação turística** Victoria Railway station (*pp. 64-5*)

🛒 **Supermercados** Waitrose, 196-198 King's Road, SW3 5XP; Tesco Metro, 275-277 Battersea Park Road, SW11 4LU; Here, 125 Sydney Street, SW3 6NR
Mercados Battersea High Street Market (variado), 9h-16h sáb; Chelsea Antiques Market, King's Road, 10h-18h seg-sáb; Pimlico Road Farmers' Market, Orange Square, 9h-13h sáb

🎌 **Festivais** BADA Antiques & Fine Art Fair, Duke of York Square (mar); RHS Chelsea Flower Show, Royal Hospital Chelsea (mai); Masterpiece Art Fair, Royal Hospital Chelsea (jun-jul); Bastille Day, Battersea Park (jul); fogos de artifício, Battersea Park (nov)

➕ **Farmácias** Healthchem, 166-168 Battersea Bridge Rd, SW11 3AW; 9h30-19h30 seg-sex, 9h-18h sáb; procure por farmácias 24h em www.nhs.uk/ServiceDirectories

🛝 **Playgrounds** Playground de aventuras e área para bebês no Sun Gate (canto sudoeste) no parque; St Luke's Park (*p. 191*)

① Battersea Park
O melhor playground de aventuras de Londres

O Battersea Park pode não ter a ascendência aristocrática do Regent's Park ou dos Kensington Gardens, mas oferece seu quinhão de exotismo. Conheça macacos e suricatos no Children's Zoo, tome um chá ao lado de fontes fantásticas, esconda-se atrás de palmeiras nos originais jardins subtropicais da Grã--Bretanha e medite ao lado de um pacífico pagode japonês. Além disso, esse é o único parque no centro da cidade com um passeio junto ao Tâmisa, lotando nos fins de semana com carrinhos de bebê, patinadores e corredores.

Estátua, pagode

Destaques

② **Pleasure Gardens** No Festival of Britain de 1951, os londrinos corriam para o Pleasure Gardens em busca de flores e diversões. Hoje, há um terraço de conto de fadas para tomar chá.

③ **Millennium Arena** A principal área de esportes do parque tem pista de atletismo de oito raias, dezenove quadras de tênis iluminadas, campos de jogo e um ginásio.

① **Peace Pagoda** Criado por monges japoneses em 1984 como santuário da paz universal, tem quatro esculturas que recontam o caminho de Buda para a iluminação.

④ **Pump House Gallery** A casa das máquinas vitoriana agora abriga exposições temporárias de arte contemporânea.

Children's Zoo (p. 190)

Bicicletas reclinadas Metade bicicleta, metade kart, essas curiosas engenhocas podem ser alugadas por todas as idades. Há trens para crianças pequenas.

⑤ **Jardins subtropicais** Criados por John Gibson, com achados de suas expedições de coleta de orquídeas na Índia, foram sensação na década de 1860 em Londres.

⑥ **Lago de barcos** Um idílio arborizado pontuado por pontes de troncos, o lago tem esculturas de Henry Moore e Barbara Hepworth, um café à beira do rio e barcos para alugar.

Informações

Mapa 15 A6
Endereço Park Offices, Battersea Park, SW11 4NJ; 020 8871 7530; www.wandsworth.gov.uk/parks
Trem Battersea Park ou Queenstown Road **Metrô** Sloane Square (linhas Circle e District) ou Pimlico (linha Victoria). **Ponto de ônibus** Chelsea Bridge, Battersea Park Station, Chelsea Embankment, Battersea Bridge **Rio** Cadogan Pier
Aberto Diariam 8h30-pôr do sol
Preço Parque, grátis; entrada paga p/ zoo, aluguel de barco, bicicleta ou campos desportivos
Passeios guiados Não; folhetos p/ caminhadas autoguiadas no Park Office (dias úteis, 9h-17h)
Idade Livre

Atividades Playground de aventuras, 8h30-pôr do sol diariam; o trem opera jul-ago; aluguel de bicicleta nos fins de semana e feriados desde 10h (a partir de £7 por 1h; 020 7498 6543; www.londonrecumbents.co.uk); aluguel de barco entre a Páscoa-set, fins de semana e feriados apenas (£11 por meia hora; 020 7262 1330; www.solar shuttle.co.uk); workshops frequentes nas férias escolares, na Pump House Gallery (020 8871 7572; www.pumphousegallery.org.uk); Millennium Arena abre dias úteis 7h-22h, fins de semana 7h30-19h30 (020 8871 7537); reserva de quadra de tênis (020 8871 7542); eventuais parques de diversão nas férias escolares e nos feriados

Duração Meio dia
Cafés La Gondola al Parco (perto do Rosery Gate, 8h30-20h verão, inverno até 16h; 020 7978 1655), ao lado do lago, é um negócio de família com cozinha italiana e menu infantil. Tea Terrace Kiosk (9h-pôr do sol) serve lanches; há uma van de sanduíches sáb-dom com mesas de piquenique, diante do playground de aventuras.
Banheiros Perto das fontes, na entrada do zoo e no playground de aventuras

Bom para a família
O maravilhoso playground é grátis; o zoo, as bicicletas e os barcos são viáveis. Como não gostar?

Preços para família de 4 pessoas

Battersea Park e arredores | 189

Se chover...
O Adventure Playground, reformado, ganhou equipamento novo que instiga as crianças, e é indicado para as idades de 5 a 16 anos (para os horários de funcionamento, veja *Informações*). Do outro lado do rio, fica o **Chelsea Sports Centre** *(Chelsea Manor Street, SW3 5PL; 020 7352 6985; www.gll.org)*, que oferece natação e aulas para os pequenos (piscina aberta 6h30-22h dias úteis, 8h-20h sáb, 8h-22h dom).

Comida e bebida
Piquenique: até £20; Lanches: £20-40; Refeição: £40-60; Para a família: mais de £60 (base para 4 pessoas)

PIQUENIQUE Le Pain Quotidien *(201 King's Road, SW3 5ED; 020 7486 6154; www.lepainquotidien.co.uk; 7h-22h seg-sex, 8h-22h sáb, 8h-19h dom)* serve grande variedade de pães, bolos, doces e tortas. Entre os pratos leves no almoço, há deliciosas saladas e sopas.

LANCHES The Stockpot *(273 King's Road, SW3 5EN; 020 7823 3175; 8h-23h20 seg-sáb, 11h30-23h dom)* tem cardápio extenso, que deve agradar até o mais difícil paladar jovem. Há pratos tradicionais ingleses e muitas opções clássicas continentais. Também oferece pratos para viagem, sempre com preço muito barato para Chelsea.

REFEIÇÃO San Gennaro *(22 Battersea Park Road, SW11 4HY, 020 7622 0475; www.sangennaro.uk; 17h-22h30 diariam)*, ao sul do parque, é uma pizzaria bem autêntica e amigável. Funciona só à noite, mas cobra metade do preço até as 18h30.

Almoço no Lemon Tree Café, Children's Zoo do Battersea Park

PARA A FAMÍLIA The Gallery Mess *(Saatchi Gallery, Duke of York's HQ, King's Road, SW3 4RY; 020 7730 8135; www.saatchi-gallery.co.uk; 10h-23h30 seg-sáb, até 19h dom)* faz comida caseira enganosamente sofisticada e tem um menu de £10 com dois pratos para menores de 12 anos. Há especiais todos os dias com ingredientes sazonais frescos e um menu em constante mudança com opções para todos. Favorita de Damien Hirst e Tracy Emin, a Saatchi é um baluarte da nova arte provocativa: enquanto as crianças estão comendo, fuja até a galeria para ver se a exposição em cartaz é chocante demais para os pequenos.

Saiba mais
INTERNET Imprima uma cópia de uma orquídea ou desenhe você mesmo e depois pinte para recriar as belas flores exóticas dos jardins subtropicais no Battersea Park: *www.coloring-pictures.net/drawings/flowers/orchid-flower.php*.

Famílias curtem uma visita ao estádio de futebol Stamford Bridge

Próxima parada...
CHELSEA FOOTBALL GROUND
Uma caminhada de 20 minutos pela Albert Bridge (ou com o ônibus nº 11 pela King's Road) recapitula a história do futebol: do Wanderers FC, sediado em Battersea, que venceu a primeira FA Cup em 1872, aos modernos maestros do Chelsea FC. Os amantes de futebol podem fazer uma visita de 1 hora ao estádio do clube, Stamford Bridge, que abre diariamente das 10h-15h, exceto em dias de jogos *(£54; 0871 984 1955; www.chelseafc.com/tours)*. Também vale visitar o vizinho Brompton Cemetery *(aberto 8h-20h no verão, 8h-16h no inverno)*, por sua ligação com a famosa escritora infantil Beatrix Potter.

CRIANÇADA!

Plantas úteis
Os jardins subtropicais têm plantas que crescem nas florestas úmidas da África e da Ásia. Se você visitar no inverno, verá as plantas encolhidas para evitar o frio! Encontre o quadro de informações do parque e ligue estas plantas tropicais às coisas que podem ser feitas com elas:

1 Eufórbia
2 Bambu
3 Linho
a Roupa e papel
b Batom e graxa de sapato
c Andaimes e instrumentos musicais

Respostas no fim do quadro.

Quem é Nutkin?
A escritora Beatrix Potter cresceu aqui perto. Uma menina solitária, ela passou a infância desenhando os animais que amava. De onde você acha que ela tirou os nomes de seus personagens Peter Rabbit, Squirrel Nutkin e Jeremy Fisher? De:
a Balconistas de lojas da King's Road
b Lápides do Brompton Cemetery
c Empregados da família

Resposta no fim do quadro.

Gol!
Se você chutar bola no Battersea Park, jogue limpo. O primeiro jogo de futebol com regras oficiais foi disputado aqui em 1864 e, em 1872, o time de Battersea, chamado The Wanderers, venceu a primeira FA Cup. Seu uniforme era muito feio: listras laranja, rosa e pretas! Recentemente, o clube começou a jogar de novo, após 120 anos. Você consegue desenhar uma camisa mais bonita para eles?

Respostas: Plantas úteis 1 b; 2 c; 3 a. Quem é Nutkin? b Lápides!

② Battersea Park Children's Zoo

Misture-se com os suricatos e paquere uma lontra

As chinchilas têm a pele mais macia dentre todas as criaturas da Terra; os macacos-prego esfregam alho no corpo para cheirar bem; e os suricatos podem surpreender escorpiões e arrancar seu ferrão. Esse zoológico modesto não compete com o London Zoo e seus gorilas e leões, mas compensa com fatos curiosos sobre o comportamento dos habitantes.

O zoo é todo direcionado a crianças: todos os moradores têm nomes, dos porquinhos Piggle e Wiggle aos pássaros mainá Morris e Murray; nos fins de semana, as crianças podem ajudar a alimentar alguns animais. Além de vários pequenos primatas, o zoológico abriga animais agrícolas, aves interessantes como emas e mandarins e uma casa de roedores com tamanho de animais de estimação. Há também um jardim de bor-

O popular complexo dos suricatos do Children's Zoo no Battersea Park

boletas. Os astros do show são os suricatos, e os pequenos podem se esgueirar por um túnel até seu complexo e colocar a cabeça para fora para vê-los mais de perto.

Duas horas é tempo suficiente aqui, mesmo contando a brincadeira no excelente playground, onde há um caminhão de bombeiros "para dirigir", fardos de feno para escalar e um enorme tanque de areia.

Se chover...
O zoológico é quase todo ao ar livre; portanto, num dia muito chuvoso, cruze o rio até o **Chelsea Sports Centre** (Chelsea Manor Street, SW3 5PL), onde é possível nadar, saltar de trampolim e fazer ginástica.

Informações

- 🌐 **Mapa** 15 B6
- 📍 **Endereço** North Carriage Drive, Battersea Park, SW11 4NJ; 020 7924 5826; www.batterseaparkzoo.co.uk
- 🚆 **Trem** Battersea Park, Queenstown Road **Metrô** Sloane Square, Pimlico **P. de ônibus** Chelsea Bridge, Battersea Park Station, Chelsea Embankment, Battersea Bridge **Ônib. fluv.** Cadogan Pier
- 🕐 **Aberto** Abr-set:10h-17h30 diariam; nov-mar até 16h30 (última entrada 30min antes)
- 💰 **Preço** £26-36
- 👥 **Idade** A partir de 2 anos
- ♿ **Atividades** Horários de alimentação nos fins de semana e férias escolares: lontras e suricatos 11h, 14h30; macacos 11h30, 15h; animais de fazenda 12h e 15h30; Storytime Wednesdays (Quartas de Histórias) em fev e mar; atividades nas férias (veja no site)
- ⏱ **Duração** Até 2h
- ♿ **Cadeira de rodas** Sim, pela entrada com rampa
- ☕ **Comida e bebida** Lanches Lemon Tree Café, no zoo, serve sanduíches, sopa e bolos. Refeição La Gondola al Parco (p. 188), ao lado do lago com barcos, oferece pratos quentes.
- 🛍 **Loja** Perto da bilheteria
- 🚻 **Banheiros** Perto da loja

Preços para família de 4 pessoas

③ National Army Museum

Pequenos soldados, alistem-se

Esse museu preenche cada centímetro de seus cinco andares com objetos que contam a história do exército britânico, de 1066 até o presente. Veja o esqueleto do cavalo de Napoleão, escale uma trincheira da Primeira Guerra Mundial e acione uma zona de guerra com soldados de brinquedo para ver como Wellington venceu a Batalha de Waterloo. As áreas mais animadas para crianças são as duas Action Zones. Em Victorian Soldier, um jogo de azar determina as patentes dos soldados no exército e se eles vão sobreviver ao serviço. Em The World's Army, um mapa interativo exibe várias batalhas e movimentos de tropas nas duas guerras mundiais. As crianças podem pegar emprestadas duas mochilas temáticas sobre os espiões da Segunda Guerra Mundial e a arte militar.

Diante disso, é difícil imaginar uma área de jogos temáticos sobre guerra e conflitos adequada para os menores. Felizmente, a Kid's Zone do museu (0-8 anos) trocou armas, granadas e lanças por redes para trepar, cavalos de balanço e fantasias cáqui. Pode ficar um pouco lotada nos fins de semana, mas é uma válvula de escape útil após o passeio nas galerias.

Ao lado do museu fica o Royal Hospital Chelsea, casa dos aposentados de Chelsea desde 1682. A capela e o Great Hall, de Wren, abrem para visitas (11h-12h e 14h-16h seg-sáb; 020 7881 5200; www.chelseapensioners.co.uk).

Jovens recrutas aprendem a disparar um rifle no National Army Museum

Informações

🌐 **Mapa** 15 A5
Endereço Royal Hospital Road, Chelsea, SW3 4HT; 020 7730 0717; www.nam.ac.uk

🚇 **Metrô** Sloane Square **Ponto de ônibus** Royal Hospital Road, Chelsea Bridge Road, King's Road **Ônib. fluvial** Cadogan Pier

🕐 **Aberto** 10h-17h30 diariam

💷 **Preço** Grátis; algumas mostras temporárias têm entrada paga. Kids' Zone £2,50 (0-8 anos).

Para evitar fila Kids' Zone, grátis, requer ingresso com horário; às vezes é reservada para festas privadas – cheque on-line

Idade Kids' Zone, 3-10 anos; galerias e Action Zone, acima de 6

Atividades Kids' Zone; pacotes p/ crianças de 6-10 anos; atividades familiares durante férias escolares e alguns feriados, guiados por oficiais da cavalaria ou por sargentos-majores (veja site)

🕐 **Duração** Até 2h

♿ **Cadeira de rodas** Sim

☕ **Comida e bebida** *Lanches* Base Café, no museu, oferece um enxuto menu de pratos quentes e lanches. *Refeição* Made in Italy *(249 King's Road, SW3 5EL; 020 7352 1880; www.madeinitalygroup.co.uk; 12h-23h30 seg-sáb, 12h-20h30 dom)* serve pizza por metro.

🛍 **Loja** Vende presentes, brinquedos e livros com temas militares

🚻 **Banheiros** No térreo e no térreo inferior

Para relaxar

O gramado do hospital abre de 10h-pôr do sol (a partir das 14h dom), ou cruze a King's Road até o playground de **St Luke's** *(Cale Street, SW3 3QU)*, onde as crianças podem "guerrear".

Romãs crescem no Chelsea Physic Garden

④ Chelsea Physic Garden

Para os detetives de plantas

"Cuidado!", diz a placa no Chelsea Physic Garden. "Muitas plantas aqui são venenosas e podem matar!" O mais antigo jardim botânico de Londres foi inaugurado em 1673 pela Worshipful Society of Apothecaries para estudar plantas medicinais. Há uma Cama Venenosa, um Corredor Tropical e uma Perfumaria, bem como um jardim ornamental do século XVIII de lava islandesa no terreno irregular murado ao lado do Tâmisa.

O engenhoso Shelf Life cultiva cerca de cem plantas em embalagens de alimentos e medicamentos produzidos com elas. O foco para as crianças são as inventivas sessões familiares nas férias: há fotografia no jardim, oficinas com fitoterápicos, fabricação de papel, manipulação de insetos rastejadores e (a melhor de todas) CSI Chelsea, um dia de solucionar crimes com patologia forense.

Para relaxar

Atravesse o rio até o **Battersea Park** e encontre muito espaço para a brincadeira das crianças.

Informações

🌐 **Mapa** 15 A5
Endereço 66 Royal Hospital Road, SW3 4HS; 020 7352 5646; www.chelseaphysicgarden.co.uk

🚇 **Metrô** Sloane Square **P. ônib.** Royal Hospital Road, Chelsea Bridge Road, King's Road **Ônib. fluv.** Cadogan Pier

🕐 **Aberto** Abr-out: 12h-18h ter-sex, 12h-18h dom e feriados (última entrada 30min antes)

💷 **Preço** £30-40 (até 5 anos grátis)

Passeios guiados Grátis, quase todos os dias, horários variam

Idade A maior parte das atividades familiares é voltada para crianças maiores de 7 anos

Atividades Programa p/ famílias nas férias escolares, vários temas, essencial agendar (£5,50/pessoa, incluindo adulto acompanhante)

🕐 **Duração** 1h

☕ **Comida e bebida** *Lanches* Tangerine Dream Café *(a partir das 12h30)*, no jardim, serve almoços caseiros quentes e chás da tarde. *Refeição* My Old Dutch *(221 King's Road, SW3 5EJ; 020 7376 5650; www.myolddutch.com; 10h-22h45 seg-sáb, 10h-22h dom)* é uma creperia aconchegante.

🛍 **Loja** Produtos relacionados a jardim

🚻 **Banheiros** Ao lado da loja

CRIANÇADA!

Identifique o bicho!

Aposto que você nunca viu esses bichos! Encontre-os no zoológico do Battersea Park, descubra o nome deles e os desenhe em seu caderno.

Respostas no fim do quadro.

ÓINC!

Você já ouviu falar da porca que se apaixonou por um burro? A pobre Wiggle, a porca, ficou caidinha por Smokey e corria atrás dele, cheirando suas pernas. Os funcionários do zoológico em Battersea tiveram que separar os dois em diferentes piquetes para impedir que Wiggle incomodasse Smokey!

Palavras de guerra

De suas viagens por todo o Império Britânico, os soldados trouxeram muitas palavras novas que se tornaram parte do idioma inglês. Você consegue adivinhar de quais países vieram estas palavras: tobogã, safári, pijamas, ketchup, cáqui? Encontre as respostas na zona Victorian Soldier do Army Museum.

Paraíso dos insetos

Você consegue identificar como o Chelsea Physic Garden faz os espécimes se sentirem em casa? Aqui estão três dicas para criar uma reserva natural no seu jardim:

1 Deixe um canto selvagem, com galhos e folhas, para os animais hibernarem embaixo.

2 Plante lavanda e manjerona. As borboletas amam!

3 Enterre uma tigela de plástico no chão formando uma lagoa pequena; acrescente cascalho e plantas aquáticas. Para mais ideias, visite www.bbc.co.uk/nature/animals/wildbritain/gardenwildlife

Respostas: 1 Porquinho-da-índia 2 Degu, 3 Quati.

Piquenique até £20; **Lanches** £20-40; **Refeição** £40-60; **Para a família** mais de £60 (base para 4 pessoas)

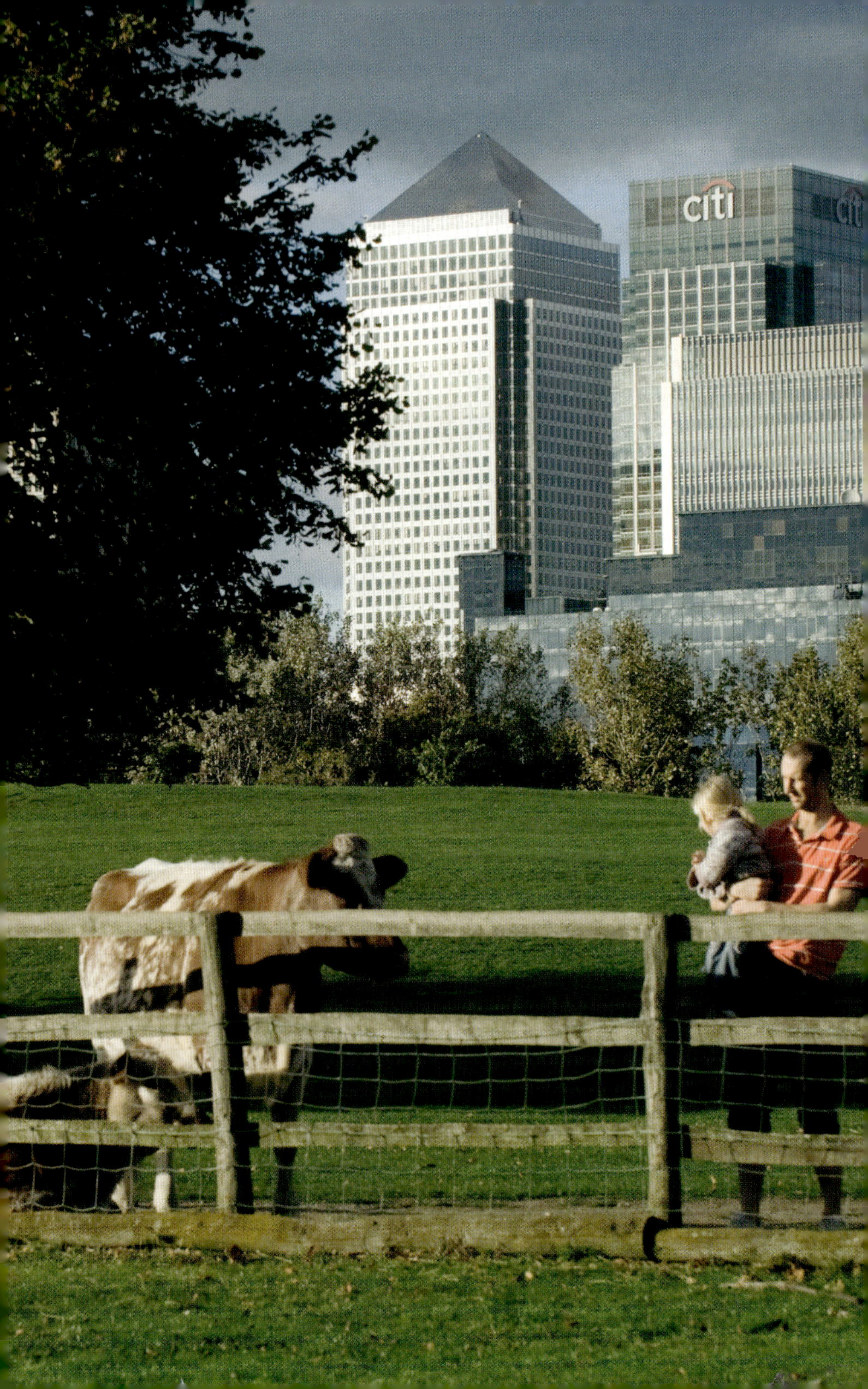
citi

Arredores
do Centro

Para além do centro da cidade há muitas atrações incrivelmente tentadoras, entre elas alguns dos museus mais divertidos de Londres e os mais amplos e selvagens espaços ao ar livre. Vários passeios são excelentes para famílias, como o Museum of Childhood, em Bethnal Green, o Royal Observatory, em Greenwich, e os Royal Botanic Gardens, em Kew. A rede de trens, metrô e ônibus torna tudo acessível em cerca de uma hora.

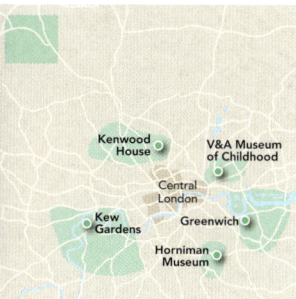

Principais atrações

Kew Gardens
As crianças são convidadas a explorar a toca de um texugo, entrar em uma flor gigante ou empoleirar-se como um pássaro na copa das árvores (p. 228).

Warner Bros. Studio Tour London – The Making of Harry Potter
Penetre no mundo de Harry Potter e se espante com os cenários, figurinos e exposições tocáveis (p. 218).

Horniman Museum
Entre santuários de vodu e morsas empalhadas neste museu peculiar, destaca-se a Music Gallery – toque as superfícies das mesas e ouça os instrumentos (p. 222).

Wembley Stadium
A visita ao estádio é a realização de um sonho para os pequenos (e os adultos) fanáticos por futebol, culminando na subida dos famosos degraus para ver a FA Cup (p. 219).

V&A Museum of Childhood
Qual o museu mais barulhento de Londres? O Museum of Childhood, com suas corridas de cavalos de balanço, shows de marionetes e brinquedos antigos (p. 208-9).

Royal Observatory
No Observatório Real, em Greenwich, as crianças podem planejar uma missão a Vênus, escapar de uma chuva de meteoritos e assistir ao Big Bang num telão (p. 201).

À esq. Mudchute Park and Farm, um canto pastoral de Londres à sombra dos arranha-céus reluzentes do Canary Wharf *Acima* Uma das inúmeras peças interessantes em exposição na British Music Experience na O2

O Melhor nos
Arredores do Centro

Quando se trata de atrações turísticas, as riquezas de Londres vão muito além da Torre, do Palácio de Buckingham e do Regent's Park. As famílias que se aventurarem fora do centro serão bem recompensadas, seja na moderna Hoxton, a leste, na próspera área de Richmond e Kew, a oeste, na prazerosa região de Hampstead Heath, ao norte, ou na esplendorosa Greenwich, ao sul. Aqui estão alguns itinerários para ajudar você a decidir.

Um fim de semana em Greenwich

Se Greenwich ficasse fora de Londres, competiria com Windsor, Oxford e Bath. Há muito para ver nesse lugar junto ao Tâmisa. Um jeito emocionante de chegar é via Docklands Light Railway (DLR), passando pelos arranha-céus do Canary Wharf. Desça para ver o **Museum of London Docklands** (p. 202), onde há eventos todos os sábados. Siga para o almoço em Greenwich no Discover Greenwich (p. 200), depois passeie pelo **Old Royal Naval College** (p. 200) e visite o veleiro **Cutty Sark** (p.198).

No domingo, abasteça-se para um piquenique no Greenwich Market (p. 199) e vá para o Greenwich Park. Quando o playground e os pedalinhos cansarem, mergulhe na programação gratuita do Discover Sundays no **National Maritime Museum** (p. 200). Se quiser um final estrelado, reserve ingressos para a família no espetáculo Sky Tonight no planetário do **Royal Observatory** (p. 201).

Vida a leste

Diferentemente do clichê "torta e purê", East London tem uma rica mistura de influências multiculturais e lugares maravilhosos para ver. O ponto de partida para as famílias é o **V&A Museum of Childhood** (pp. 208-9) em Bethnal Green – os pais podem ver alguns brinquedos antigos enquanto os filhos enlouquecem nas áreas de recreação.

Uma parada de metrô adiante, em Mile End, fica o **Ragged School Museum** (p. 213), com uma reveladora experiência na sala de aula vitoriana; a oeste, o **Geffrye Museum** (p. 210) é dedicado a interiores históricos e atividades em família. Vá ao Geffrye de ônibus (26, 48, 55) ou a pé, via **Weavers Fields Adventure Playground** (p. 209) e **Hackney City Farm** (p. 210). Num dia ensolarado, a maioria das crianças optaria por tomar um ônibus para o norte até London Fields (p. 211), com sua bela piscina pública ao ar livre. Também é fácil o acesso à fantasmagórica **Sutton House** (p. 212).

Abaixo Barcas ancoradas no Hertford Union Canal, no Victoria Park, em Hackney

Acima The Old Royal Naval College de Greenwich, projetado por Sir Christopher Wren **Centro** O playground coberto Climbers and Creepers, nos Kew Gardens **Abaixo** Passeios a cavalo e pônei para os pequenos no Richmond Park

Deuses e monstros

O **Horniman Museum** (pp. 222-3), uma miscelânea de máscaras macabras e instrumentos musicais malucos, é o tipo de lugar que faz as crianças gostarem de museus. É fácil passar um dia inteiro aqui: entre as atividades, há observação de abelhas e roedores na Nature Base e animadas sessões de manipulação de objetos nas tardes dos fins de semana. O museu é gratuito e fica perto do **Dulwich Park** (p. 224), com seus barcos, bicicletas e café – excelente para a hora do almoço.

O Horniman também combina com o **Crystal Palace Park** (pp. 224-5), 30 minutos de ônibus ao sul (linhas 176 ou 197). Com ambiente vitoriano, tem shows de marionetes no verão, assustadoras estátuas remanescentes do Crystal Palace de Joseph Paxton e o imperdível Dinosaur Court, com 30 monstros em tamanho natural junto ao lago.

Diário da natureza

Sim, a Londres metropolitana tem áreas preservadas, embora em pequenas extensões. Para encontrá-las, vá para sudoeste, onde um trio de oásis naturais oferece atrações o ano todo para os observadores da vida selvagem.

A primavera é ótima época para visitar o **London Wetland Centre** em Barnes (p. 230). Andorinhas chegam da África subsaariana e na Páscoa há patinhos e passeios para ouvir a sinfonia do amanhecer. No verão, no **Richmond Park** (p. 232), podem-se alugar bicicletas para ver as azaleias em flor. Em outubro, o veado-vermelho do parque inicia sua rotina de acasalamento outonal. Nunca é inverno nas estufas úmidas dos **Kew Gardens** (p. 228-9), e a Tropical Extravaganza enche fevereiro com orquídeas espetaculares.

| 196 | Arredores do Centro

Greenwich e arredores

Os reluzentes arranha-céus do Canary Wharf não são páreo para os de Manhattan, mas desenham um cenário impressionante no horizonte leste de Londres. Maior porto do mundo no passado, este bairro renasceu como polo de entretenimento, negócios e luxo. Pegue a Docklands Light Railway (DLR) em Bank ou Tower Gateway para fazer uma viagem futurista em meio aos prédios. Desça no West India Quay para ver o Museum of London Docklands ou em Mudchute para visitar uma fazenda urbana. Vá a Greenwich, onde nasceu Henrique VIII, de DLR ou ônibus fluvial. Com muitos museus e mercados – todos acessíveis a pé –, é um belo passeio no verão.

V&A Museum of Childhood p. 206
Centro de Londres
Greenwich
Horniman Museum p. 220

Locais de interesse

ATRAÇÕES
1. Greenwich
2. Old Royal Naval College
3. National Maritime Museum
4. Royal Observatory Greenwich
5. Museum of London Docklands
6. Mudchute Park and Farm
7. British Music Experience
8. Eltham Palace
9. Firepower Museum
10. Thames Barrier

COMIDA E BEBIDA
1. Royal Teas
2. Bakery Rhodes
3. Trafalgar Tavern
4. Rivington Grill Greenwich
5. Wasabi
6. Las Iguanas

Veja também Greenwich Park (p. 198), Old Royal Naval College (p. 200), Royal Observatory (p. 201), Museum of London Docklands (p. 202), Mudchute Park and Farm (p. 202), Eltham Palace (p. 204), Firepower Museum (p. 204) e Thames Barrier (p. 205)

HOSPEDAGEM
1. Hilton London Docklands
2. Novotel London Greenwich
3. Ramada London Docklands
4. Fox Apartments

Marionetes coloridas à venda no Greenwich Market

Greenwich e arredores | 197

Acima Castelo Vanbrugh, residência privada nas fronteiras do Greenwich Park
À esq. Cercado com cabritos no Mudchute Park and Farm, Isle of Dogs

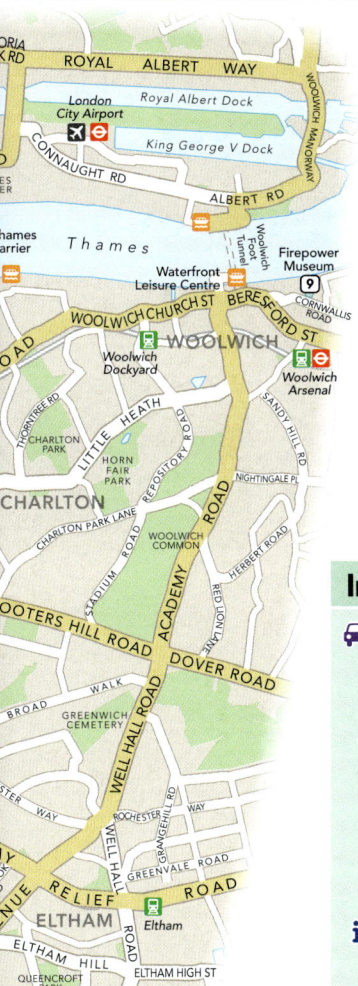

Ônibus fluvial em frente ao Old Royal Naval College, em Greenwich

Informações

🚗 **Trem** Docklands Light Railway (DLR) opera das estações Bank e Tower Gateway p/ Cutty Sark e Greenwich, via Canary Wharf/ Docklands; as linhas principais vão p/ Greenwich e Maze Hill a partir de Charing Cross **Metrô** Canary Wharf e North Greenwich (p/ a O2) estão ambos na Jubilee Line **Ônibus fluvial** Serviços p/ Greenwich Pier a partir de Westminster e Embankment, com paradas durante a rota

ℹ **Informação turística** Pepys House, 2 Cutty Sark Gardens, SE10 9LW; 0870 608 2000; www.visitgreenwich.org.uk

🛒 **Supermercado** Marks & Spencer Simply Food, 1-2 Cutty Sark Station, SE10 9EJ **Mercados** Greenwich Market (comida, artesanato, artes) 10h-17h30 ter-dom; Clocktower Market,

Greenwich High Road (antiguidades, joias, livros) 10h-17h sáb-dom; Blackheath Farmers' Market 10h-14h dom

🏃 **Festivais** A Maratona de Londres começa no Greenwich Park (abr); Greenwich and Docklands International Festival, artes performáticas (jun); Great River Race, ponto de partida (set)

➕ **Farmácias** Pharmacy Meridian, 16 Greenwich Church Street, SE10 9BJ (9h-17h30 seg-sex; até 13h qui); Duncans, 193-195 Greenwich High Road, SE10 8JA (9h-19h seg-sex; 9h30-16h sáb); procure por farmácias 24h em www.nhs.uk/ servicedirectories

🛝 **Playgrounds** Greenwich Park; Millwall Park

① Greenwich
Onde o Oriente encontra o Ocidente

Além de abrigar periscópios e telescópios, pedalinhos e playgrounds, veados e lagartos, estrelas explodindo, o mais veloz dos veleiros vitorianos em sua época e as calças manchadas de sangue do Almirante Nelson, Greenwich também é o ponto oficial do Greenwich Mean Time desde 1847. Então, não há um segundo a perder: suba até o topo da colina para ver os gramados verdejantes do Greenwich Park, com espaço para perseguir esquilos, andar de pedalinho e muita história ao alcance das mãos.

Figura de proa de um navio

Destaques

Pavilion Tea House
Playground

① **Wildlife Centre** Esconderijos e mirantes vigiam o rebanho de cervos do parque, enquanto o Secret Garden Wildlife Centre realiza dias abertos para a família todos os meses.

② **Lago de barcos** Barcos e pedalinhos estão disponíveis da Páscoa até outubro.

Coreto

③ **Greenwich Market** De terça a domingo funciona o mercado com barracas de comida, roupas antigas e arte e artesanato variados.

④ **Royal Observatory** Local do Greenwich Mean Time e o primeiro meridiano do mundo, o Observatório Real é o ponto oficial de início de todos os dias e todos os anos.

⑤ **Wernher Collection** Crânios esmaltados e pingentes de lagarto incrustados com opalas reluzem entre as pinturas e porcelanas colecionadas pelo magnata dos diamantes Julius Wernher *(dom-qua, www.english-heritage.org.uk).*

⑥ **Cutty Sark** Construído em 1869, esse veleiro vitoriano era o mais rápido de sua época. Após uma reforma de seis anos, foi elevado 3m para que os visitantes pudessem andar sob seu casco de cobre e explorar os conveses.

⑦ **Trafalgar Tavern** Esse pitoresco pub antigo debruçado sobre o Tâmisa é o emblema não oficial de Greenwich.

Informações

🌐 **Mapa** 18 H3
Endereço Greenwich Tourist Information, Pepys House, 2 Cutty Sark Gardens, SE10 9LW; 0870 608 2000; www.visitgreenwich.org.uk

🚆 **Trem** Greenwich Maze Hill, ou Blackheath (linha principal); Cutty Sark ou Greenwich (DLR)
Metrô North Greenwich, depois ônibus nº 188
Ponto de ônibus Cutty Sark
Ônibus fluvial Greenwich Pier: rota de Embankment p/ Woolwich Arsenal (0870 781 5149; www.thamesclippers.com); e também de Westminster (www.thamesriverservices.co.uk; www.citycruises.com)

🕐 **Aberto** Parque 6h diariam (conforme a estação, fecha entre 18h-21h30); fechado p/ carros entre 10h-16h e o dia todo sáb-dom; Information Centre das 10h-17h

💷 **Preço** Grátis

🚶 **Passeios guiados** Do Greenwich Tourist Information Centre, 12h15, 14h15 diariam (£7 por adulto; até 16 anos grátis)

👶 **Idade** Livre

🎯 **Atividades** Aluguel de barco (Páscoa-out); playground; pague e jogue tênis e golfe (020 8293 0276); shows no coreto nos fins de semana de verão (www.royalparks.gov.uk/greenwich-park); dia p/ família no Secret Garden Wildlife Centre, último sáb do mês (www.friendsofgreenwichpark.org.uk); calendário completo em www.visitgreenwich.org.uk

⏱ **Duração** No mínimo um dia

☕ **Cafés** Pavilion Tea House (p. 201) e Cow and Coffee Bean (020 8293 07035; www.companyofcooks.com), ambos no Greenwich Park

🚻 **Banheiros** No Discover Greenwich, no Royal Observatory, no playground infantil e no Blackheath Gate

Bom para a família
Excelente. Muitas coisas para fazer, a maior parte, felizmente, grátis.

Preços para família de 4 pessoas

Greenwich e arredores | 199

Para relaxar

O **Greenwich Park Playground** tem uma casa de Wendy, um labirinto de tubos e um tanque de areia, além do lago de barcos logo ao lado. Se chover, o Arches Leisure Centre *(Trafalgar Road, SE10 9UK; 020 8317 5020)* fica perto, com natação para a família – telefone antes para checar os horários das sessões. O Greenwich Theatre *(Crooms Hill, SE10 8ES; 020 8858 7755; www.greenwichtheatre.org.uk)* e o agradável e retrô Greenwich Picture House *(180 Greenwich High Road, SE10 8NN; 0871 902 5732; www.picturehouses.co.uk)* oferecem espetáculos e filmes para famílias.

Greenwich Park Playground, diversão tradicional para crianças menores

Comida e bebida

Piquenique: até £20; Lanches: £20-40; Refeição: £40-60; Para a família: mais de £60 (base para 4 pessoas)

PIQUENIQUE Bakery Rhodes *(76 Royal Hill, Greenwich, SE10 8RT; 020 8691 7240; www.royalteascafe.co.uk)* é um café vegetariano que serve deliciosos baguetes, bolos e scones.
LANCHES Bakery Rhodes *(37 King William Walk, SE10 9HU; 020 8858 8995; www.rhodesbakery.co.uk)*, um padeiro artesão, faz sanduíches, bolos e cupcakes imbatíveis.
REFEIÇÃO Trafalgar Tavern *(Park Row, SE10 9NW; 020 8858 2909; www.trafalgartavern.co.uk; 12h-22h seg-sáb, até 16h dom)* serve iscas de peixe desde a década de

Uma das muitas tentadoras barracas de comida caseira em Greenwich Market

O iluminado, arejado e octogonal Pavilion Tea House, no Greenwich Park

1830. Elas ainda estão no menu, ao lado de muitos outros pratos de peixe fresco, não mais pescados no Tâmisa.
PARA A FAMÍLIA Rivington Grill Greenwich *(178 Greenwich High Road, SE10 8NN; 020 8293 9270; www.rivingtongreenwich.co.uk; 10h-23h ter-dom)* serve frutos do mar e clássicos caseiros britânicos (sheperd's pie, salsicha e purê, palitos de peixe); entre 11h-14h sáb, uma criança (2 a 12 anos) come de graça acompanhada de um adulto. É preciso reservar.

Compras

Greenwich Market *(Durnford St, SE 10 9HZ; www.shopgreenwich.co.uk)* tem uma variedade enorme de pratos quentes e frios, especialmente nos fins de semana. Junto das barracas de comida há joalherias, lojas de roupas antigas e dezenas de lojas de presentes e artesanato, além de encantadoras lojas de brinquedos.

Saiba mais

INTERNET Em 1515, o rei Henrique VIII mandou construir uma arena no Greenwich Palace para torneios de lança. Saiba mais sobre a justa Tudor e experimente um duelo on-line: www.tudorbritain.org/joust.

Próxima parada...

THE FAN MUSEUM *(020 8305 1441; www.thefanmuseum.org.uk; 11h-17h ter-sáb, 12h-17h dom)* Localizado na Croom's Hill, quase em frente ao Greenwich Theatre, esse é o único museu do mundo dedicado a todos os aspectos dos leques e de sua confecção. Tem um acervo de mais de 3.500 leques, em sua maioria antigos, de todas as partes do mundo, desde o século XI até nossos dias.

CRIANÇADA!

Que vista!
One Tree Hill, no Greenwich Park, tem uma das melhores vistas em Londres. Vá até o topo e tente identificar estas atrações famosas...
☐ Catedral de St Paul
☐ Canary Wharf
☐ Gherkin
☐ London Eye
☐ Tower Bridge
☐ O2

Prepare-se para rolar
Dizem que Henrique VIII gostava de brincar de roda com Ana Bolena em One Tree Hill, e há 200 anos o local era muito procurado para rolar – senhoras e senhores rolavam morro abaixo para se divertir! Experimente, mas não conte aos adultos que nós sugerimos!

Caça às bruxas
Há uma bruxa famosa em Greenwich chamada Nannie. Ela está no *Cutty Sark*, o magnífico veleiro vitoriano atracado aqui. Nannie apareceu pela primeira vez em um poema de Robert Burns, que conta como um homem chamado Tam o'Shanter encontra bruxas dançando em uma igreja. Nannie o persegue, mas Tam escapa atravessando o rio a cavalo – e, como você deve saber, bruxas não podem atravessar água corrente. Se você visitar o *Cutty Sark*, procure por Nannie. Ela ainda está segurando o prêmio que capturou durante a perseguição. Qual foi?

Resposta abaixo.

Resposta: A cauda do cavalo.

A fachada simétrica do Old Royal Naval College, à beira do Tâmisa

② Old Royal Naval College
Lar dos velhos lobos do mar

Situado no gramado junto ao rio, com os edifícios prateados do Canary Wharf erguendo-se do outro lado da água, o palácio de duas cúpulas de Christopher Wren é o melhor conjunto de edifícios barrocos na Grã-Bretanha. Não chegou a ser um palácio, mas sim um lar para soldados feridos. A rainha Maria II encomendou o complexo nos anos 1690, e até 1869 marinheiros passavam os dias aqui bebendo, jogando e arrastando as pernas de pau até o rio.

Hoje, o elegante centro de visitantes Discover Greenwich conta a história marítima do lugar – que foi o Royal Naval College entre 1873 e 1998 – usando muita interatividade. Há uma caixa de fantasias, percursos autoguiados para famílias e oficinas de atividades infantis nas férias escolares. As visitas guiadas diárias contam o tipo de história que as crianças adoram, entre elas uma macabra, de como Horatio Nelson retornou da Batalha de Trafalgar em 1805 – preservado num barril de conhaque. O corpo do almirante está exposto no Painted Hall, a resposta de Londres à Capela Sistina de Roma e que deve ser a sala de jantar mais refinada da Europa – onde velhos marinheiros comiam carne de carneiro e feijão. As visitas também incluem o corredor no subsolo do College, com balas de mosquete – e não deixe de ver o quadrilátero hoje ocupado pelo Trinity Laban of Music, onde tubas e pianos ecoam de todas as janelas.

Para relaxar
O playground bem equipado do **Greenwich Park** fica bem próximo.

Informações
- **Mapa** 18 G2
- **Endereço** 2 Cutty Sark Gardens, SE10 9LJ; 020 8269 4747; www.ornc.org
- **Trem** Cutty Sark (DLR) ou Maze Hill (5min a pé) **Ônibus** Cutty Sark **Ônibus fluvial** Greenwich Pier
- **Aberto** Subsolo 8h-18h; Discover Greenwich Visitor Centre, Painted Hall e capela, 10h-17h
- **Preço** Grátis
- **Passeios guiados** De 90min com guardas reais, diariam, 14h (£5 por adulto, até 16 anos grátis)
- **Idade** Livre
- **Atividades** Trilhas familiares (£1 cada, ou faça o download do site); workshops de arte toda sex as férias escolares (preço baixo); também eventuais workshops arqueológicos e mostras (veja no site)
- **Duração** 2h
- **Cadeira de rodas** Sim
- **Comida e bebida** *Piquenique* Coma um lanche trazido de casa ou comprado no Greenwich Market (10h-17h30 qua-dom), acomodado nos gramados do colégio e apreciando os magníficos arredores. *Refeição* The Old Brewery (020 3327 1280; www.oldbrewerygreenwich.com; café 10h-17h; restaurante 18h-23h) tem um pátio à beira-rio e sanduíches para crianças.
- **Loja** Discover Greenwich Centre vende suvenires inovadores
- **Banheiros** No Discover Greenwich Center.

③ National Maritime Museum
Nas profundezas do passado náutico da Grã-Bretanha

Maior que um navio de cruzeiro médio, o hall central do National Maritime Museum – um cubo de vidro cheio de hélices zumbindo e faróis piscando – causa impacto imediato nas crianças. Objetos valiosos de cinco séculos de história náutica estão expostos ali, entre eles a barca dourada do príncipe Frederico, que transportava monarcas georgianos pelo Tâmisa. Nos andares superiores estão as galerias dedicadas a exploradores, cruzeiros e ao tráfico de escravos. No 2º andar, crianças de 5 a 85 anos podem içar bandeiras, encher um navio de carga e até disparar um canhão. Crianças mais velhas vão adorar a simulação da ponte do capitão, que as desafia a conduzir os barcos até o porto. Os eventos familiares com temática marítima se dividem em sessões para menores

Informações
- **Mapa** 18 G3
- **Endereço** Romney Road, Greenwich, SE10 9 NF; 020 8858 4422; www.rmg.co.uk
- **Trem** Cutty Sark (DLR) ou Maze Hill (5min a pé) **Ônibus** Cutty Sark **Ônib. fluvial** Greenwich Pier
- **Aberto** 10h-17h diariam (última entrada às 16h30)
- **Preço** Grátis
- **Passeios guiados** Palestras temáticas grátis nas Maritime Galleries diariam (horários variam); Queen's House oferece passeios sáb-dom (11h30, 14h) e audioguia grátis
- **Idade** Livre
- **Atividades** Trilhas Young Explorers' apenas p/ download. Play Tuesdays (ter) p/ menores de 5 às 10h30-12h30 e 13h-15h semanalmente (ingressos grátis na recepção); Explore Saturdays (sáb) p/ maiores de 5 e Discover Sundays (dom) livre, 11h-16h; nas férias escolares, o programa é diário
- **Duração** 2h
- **Cadeira de rodas** Sim
- **Comida e bebida** *Lanches* Galley Café (nível G) e 16" West Brasserie servem sopa e sanduíches; Paul (nível 2), bolos e sanduíches
- **Loja** Nível G, à direita da entrada
- **Banheiros** Nos níveis G e 1

Brincando numa âncora enorme diante do National Maritime Museum

Preços para família de 4 pessoas

de 5 anos (ter) e maiores de 5 anos (sáb) – há para ambos aos domingos. A ala Sammy Ofer abriga exposições temporárias, café e loja, além de um restaurante sofisticado de cozinha britânica contemporânea.

O que mais chama atenção são os artefatos do museu: as calças manchadas de sangue do Almirante Nelson, cortadas de seu corpo após a morte na Batalha de Trafalgar, e as botas de neve mastigadas para matar a fome quando Sir John Franklin ficou perdido no gelo durante a expedição pela Passagem Noroeste em 1847. A adjacente Queen's House, uma villa palladiana de 1614, exibe a coleção de arte náutica do museu, com destaque para a célebre vista de Greenwich a partir do Tâmisa, de Canaletto.

Para relaxar
Há muito espaço para correr no **Greenwich Park** (p. 198).

④ Royal Observatory Greenwich
Guardião das horas no mundo

Imponente na paisagem do Greenwich Park, o Royal Observatory é digno de Willy Wonka, com seu telhado de cúpulas de "cebolas" verdes e um "quebra-queixo" vermelho. Este, na verdade, é a "bola do tempo", que cai diariamente às 13h para sinalizar o horário aos navios em trânsito. O mundo acerta seus relógios pela hora de Greenwich desde que uma conferência internacional fixou aqui a linha de longitude zero em 1884, tornando este o ponto de início oficial dos dias e anos. Hoje, os visitantes fazem fila para tirar uma foto no meridiano.

O observatório tem uma galáxia de exposições, do complexo ao interplanetário. A saga do relojoeiro John Harrison com o enigma da longitude vai confundir a maioria dos adultos, mas as galerias de astronomia são muito mais amigáveis para as crianças, com filmes sobre o Big Bang e um meteorito de 4,5 bilhões de anos. Na Astronomy Explorers, as crianças podem enviar uma sonda espacial virtual a Vênus. A parte mais memorável da visita, porém, é o Peter Harrison Planetarium: recoste-se na poltrona e assista ao surgimento de mundos, a explosão das estrelas e ao colapso de universos.

Para relaxar
Vá ao **Greenwich Park** (p. 198).

Informações
- 🌐 **Mapa** 18 H4
  Endereço Blackheath Avenue, Greenwich, SE10 8XJ; 020 8858 4422; www.rmg.co.uk
- 🚗 **Trem** Greenwich ou Maze Hill, ambos a 15min a pé **Ponto de ônib.** Romney Road **Ônibus fluvial** Greenwich Pier
- 🕐 **Aberto** 10h-17h diariam
- 💷 **Preço** £15, até 6 anos grátis (galerias de astronomia grátis); Planetarium £17,50
- 🎟 **Para evitar fila** Agende os shows no Planetarium (020 8312 6608); www.nmm.ac.uk/tickets
- 🚶 **Pass. guiados** Dias úteis (grátis, horários variam); audioguia (£3,50)
- 👨‍👩 **Idade** A partir de 6 anos
- 🎨 **Atividades** Download de trilhas infantis no site; workshops Space Explorers grátis, todo mês (sáb, a partir de 6); shows do Planetarium incluem Space Safari (até 7) e Sky Tonight Live (a partir de 5), ambos diariam (veja o programa no site)
- ⏱ **Duração** 2-3h
- ♿ **Cadeira de rodas** Sim, mas um pouco restrito em alguns prédios
- 🍴 **Comida e bebida** Lanches Astronomy Café, com vista p/ Greenwich Park. *Refeição* The Pavilion Tea House serve pratos quentes e frios.
- 🛍 **Lojas** No Astronomy Centre e perto da Meridian Line
- 🚻 **Banheiros** No Astronomy Centre e na Flamsteed House

CRIANÇADA!

Um dos mais estranhos objetos em Discover Greenwich é a "garrafa de bruxa", enterrada perto daqui há 400 anos. Na era Tudor, as pessoas achavam que esconder um frasco cheio de coisas desagradáveis afastaria a maldição de uma bruxa. Quais desses itens você acha que não estão na garrafa: pinos tortos, cacos de unha, um coração de couro, o olho de uma salamandra, urina humana, um dedo de sapo ou um umbigo?

Resposta no fim do quadro.

Torneio!
Na maré baixa, vá até a "praia" e procure cacos de tijolos vermelhos do Greenwich Palace do rei Henrique VIII, que existia aqui. Em 1536, Henrique se acidentou num torneio em Greenwich. Para especialistas, foram os ferimentos decorrentes que o deixaram tão mal-humorado. Quatro meses depois, ele cortou a cabeça da rainha Ana Bolena.

Engane um adulto
O Almirante Nelson machucou um olho ao lutar na Córsega. Pergunte a um adulto em qual olho ele usava seu tapa-olho. Ele disse o esquerdo? Olho errado! Ele disse o direito? Olho certo, mas resposta errada! Nelson nunca usou tapa-olho.

Você poderia ser o próximo Nelson? Teste suas habilidades de navegação no jogo Ocean Challenge no site do museu: www.rmg.co.uk/explore/games-and-activities.

Resposta: Olho de salamandra: dedo de sapo – que fazem parte de feitiços de bruxa na peça *Macbeth*, de William Shakespeare.

Piquenique até £20; **Lanches** £20-40; **Refeição** £40-60; **Para a família** mais de £60 (base para 4 pessoas)

⑤ Museum of London Docklands

Marinheiros, escravos e espadachins

Melhor museu de Londres para crianças? Para muitos, o Museum of London Docklands, que, além de oferecer uma excelente área de recreação para os pequeninos, tem sessões semanais de caçada na lama (Mini Mudlarks) para os menores de 2 anos. Veja como os museus dão duro a fim de atrair as famílias.

O museu está instalado num antigo armazém georgiano de açúcar, construído com os lucros do tráfico de escravos, e conta 2 mil anos de história da Londres portuária. Graças a uma série de galerias repletas de reproduções, filmes e divertidas telas touch-screen, o lugar é surpreendentemente gratificante para as crianças. Elas ficarão fascinadas com a gaiola usada no passado para suspender piratas mortos sobre o Tâmisa e poderão explorar as pitorescas ruelas de Sailortown, reconstrução realista da Wapping vitoriana, com direito a cervejaria barulhenta e um malcheiroso empório de animais silvestres. É melhor deixar por último a galeria Mudlarks, caso contrário será impossível afastar os pequenos dos jogos e engenhocas. No museu, eles podem içar cargas, caçar achados arqueológicos e até construir uma maquete em escala do Canary Wharf.

Visite no sábado ou durante as férias escolares, quando a programação de eventos para a família ganha força máxima, com dança caribenha, demonstrações de culinária e oficinas de animação computadorizada.

Objetos náuticos em exposição no Museum of London Docklands

Preços para família de 4 pessoas

Informações

🌐 **Endereço** West India Quay, Canary Wharf, E14 4AL; 020 7001 9844; www.museumoflondon.org.uk/docklands

🚇 **Trem** West India Quay (DLR) **Metrô** Canary Wharf **Ônibus** Westferry Circus **Ônibus fluvial** Canary Wharf Pier, na rota London Eye-Woolwich Arsenal (www.thamesclippers.com)

🕐 **Aberto** 10h-18h diariam

💲 **Preço** Grátis

🚩 **Passeios guiados** Grátis, com os destaques: informe-se ao chegar

👫 **Idade** Livre

👨‍👩‍👧 **Atividades** Galeria Mudlarks abre às 14h30-17h30 dias úteis; 10h-17h30 sáb-dom e férias escolares; pacotes de Exploração grátis p/ 2-5 anos; programas de atividades p/ download no site; sessões Mini Mudlarks (6 meses-bebês que já andam) 12h45-13h45 seg; Little Mudlarks (bebês que já andam-5 anos) 10h15-12h seg; sessão de história p/ menores de 5, 15h-15h30 qui; eventos familiares sáb e férias (programa completo no site); reserve

⏱️ **Duração** Meio dia

♿ **Cadeira de rodas** Sim

☕ **Comida e bebida** *Piquenique* O café-bar do museu *(10h-17h diariam)* serve sanduíches e caixinhas de almoço p/ crianças. Lanches Rum & Sugar, no museu, oferece comida substanciosa e geralmente tem ofertas especiais para crianças.

🛍️ **Loja** À esquerda da entrada

🚻 **Banheiros** No térreo e no 3º andar

Para relaxar

O **Millwall Park** *(Manchester Road, E14)* tem um adorável playground, adequado a todas as idades.

⑥ Mudchute Park and Farm

Brinque com Dalai, a lhama

É um dos pontos turísticos mais surreais de Londres, com uma lhama chamada Dalai trotando em seu padoque, tendo ao fundo os arranha-céus do Canary Wharf. Mudchute é uma das maiores fazendas urbanas da Europa, lar de todos os animais de livro infantil para colorir – além de três lhamas e algumas raridades.

Pegue a Docklands Light Railway (DLR) para uma verdadeira viagem da era espacial em trens sem condutor por trilhos elevados – é ainda melhor no vagão da frente. Os barulhentos burros da fazenda, Dizzy e Snowflake, convocam aos zurros os visitantes que chegam a pé das estações Mudchute ou Crossharbour. Lá dentro, há pastagens e um parque para explorar, além de estábulos e um pátio com aves exóticas, coelhos e porquinhos-da-índia fofinhos. O contato com os animais é incentivado, basta pedir ajuda a um dos cordiais fazendeiros.

Informações

🌐 **Endereço** Pier Street, Isle of Dogs, E14 3HP; 020 7515 901; www.mudchute.org

🚇 **Trem** Crossharbour ou Mudchute (ambos DLR) **Ponto de ônibus** Crossharbour, Pier Street

🕐 **Aberto** Fazenda: 8h-16h diariam; parque: aberto diariam

💲 **Preço** Grátis

👫 **Idade** Livre

👨‍👩‍👧 **Atividades** Duck Walk (9h, vai até o recinto do pato) e volta contrária (16h); sessões seg-qua nas férias; eventuais "dias de diversão"; aulas de montaria disponíveis (pago)

⏱️ **Duração** 2h

♿ **Cadeira de rodas** Sim, mas pode ser difícil se chover

☕ **Comida e bebida** *Lanches* Mudchute Kitchen, ao lado do curral, serve pratos quentes e lanches; ou faça um piquenique

🛍️ **Loja** Vende ração animal e às vezes ovos das galinhas

🚻 **Banheiros** No pátio

Greenwich e arredores | 203

Cabras amigas fazem fila por um carinho no Mudchute Park and Farm

Se chover...
O multiplex **Cineworld Cinema** (0871 200 2000; www.cineworld.co.uk/cinemas/66), no West India Quay, tem sessões à tarde diariamente e é o lugar perfeito para fugir da chuva. Ou vá ao animado e envolvente **Museum of London Docklands** (veja à esq.), que oferece muita diversão em área fechada.

⑦ British Music Experience

Pop star por um dia

Este tributo ao pop britânico está em um ambiente adequadamente rock'n'roll, sob a enorme cúpula branca do O2. Para as crianças, parece um disco voador estacionado ao lado do Tâmisa, e chegar de ônibus fluvial saindo do centro da cidade é emocionante por si só.

Instalado na "entertainment avenue" da O2, junto às salas de espetáculo, ao cinema multiplex e aos restaurantes, o Music Experience percorre 60 anos de história do pop com a ajuda de telões, estações de som e objetos. As crianças mais novas vão se impressionar com a magia digital – com "Smartickets" que permitem aos visitantes marcar trechos de filmes e áudio para reproduzir on-line em casa. As risadas são garantidas no estande Dance the Decades, com clássicos das pistas de dança para crianças e adultos. O Gibson Interactive Studio tem videoaulas de guitarra com lendas do rock e a chance de cantar com um playback das estrelas.

A curta caminhada fica a Emirates Air Line, um teleférico do Tâmisa inaugurado em 2012 que liga o cais à península de Greenwich. É um modo divertido de as crianças atravessarem o rio, apreciando lindas vistas.

Para relaxar
É uma curta viagem de ônibus (129, 188) até o **Greenwich Park** (pp. 198), com gramado para piquenique.

A icônica cúpula branca da O2 de Londres, vista do rio

Informações

🌐 **Endereço** O2: Peninsula Square, SE10 0DX; 020 8463 2000, www.britishmusicexperience.com; Emirates Air Line: Royal Docks (terminal norte), 27 Western Gateway, E16 4FA; Greenwich Peninsula (terminal sul): Edmund Halley Way, SE10 0FR, www.emiratesairline.co.uk

🚇 **Metrô** North Greenwich (Jubilee line) Emirates Air Line: Royal Victoria (terminal norte); North Greenwich (terminal sul) **Ponto de ônibus** North Greenwich Station **Ônibus fluvial** North Greenwich Pier, na rota London Eye-Woolwich Arsenal (www.thamesclippers.com)

🕐 **Aberto** 11h-19h30 diariam (última entrada 18h30). Emirates Air Line: 7h-20h seg-sex, 8h-20h sáb, 9h-20h dom

💷 **Preço** £39-49 (até 5 anos grátis). Emirates Air Line: £13-23 só um trecho (até 5 anos grátis)

👶 **Idade** A partir de 7 anos. Emirates Air Line: a partir de 3.

🏃 **Atividades** Para a família (grátis com o ingresso) nas férias escolares: veja no site

⏱ **Duração** Até 2h

♿ **Cadeira de rodas** Sim. Emirates Air Line: permitida a bordo

🍴 **Comida e bebida** Lanches Wasabi, na O2, oferece comida japonesa (www.wasabi.uk.com; 12h-23h). Refeição Las Iguanas, tembém na O2 (020 8312 8680; www.iguanas.co.uk; 12h-23h), serve porções infantis de suas especialidades latino-americanas.

🎁 **Loja** Vende artigos musicais

🚻 **Banheiros** Na entrada. Emirates Air Line: não

CRIANÇADA!

Cais-tionário
Faça este questionário do Museum of London Docklands...
1 Quantos arcos a London Bridge tinha em 1440?
2 O que os capitães de baleeiros desenhavam em seu diário quando matavam uma baleia?
3 De qual continente os navios comerciais importavam café?
4 Em que ano foi proibido o comércio de escravos na Grã-Bretanha?
5 Onde você iria para comprar corda em London Docklands?

Respostas no fim do quadro.

LAMA GLORIOSA
Na Londres vitoriana, "mudlarks" era o nome dado às crianças pobres que vasculhavam as margens lodosas do Tâmisa em busca de coisas para vender. Era um trabalho desagradável – naquela época, o rio estava repleto de cacos de vidro, esgoto e até cadáveres!

Um conto de porcos
Na Inglaterra é famosa a história dos Dois de Tamworth. Eles eram um par de porcos Tamworth, como os da fazenda Mudchute, que fugiram do caminhão que ia para o mercado. Corajosos, os porcos saíram em disparada, atravessaram o rio e se esconderam num bosque. Os jornais os chamaram de Butch e Sundance, nome de dois bandidos americanos famosos. Eles acabaram sendo capturados – mas, como eram celebridades, em vez de virar bacon, viveram felizes para sempre em uma reserva animal. Óinc!

Respostas: 1 19. **2** Uma cauda de baleia. **3** América do Sul. **4** 1807. **5** A uma drogaria.

Piquenique até £20; **Lanches** £20-40; **Refeição** £40-60; **Para a família** mais de £60 (base para 4 pessoas)

⑧ Eltham Palace
Casa dos sonhos art déco

Com um banheiro revestido de ouro, pisos com autoaspiração e aposentos para um lêmure, Eltham Palace é um passeio nada monótono. Situado em um subúrbio do sul de Londres, o palácio real foi construído em 1305 pelo rei Eduardo II como grande casa senhorial, circundada por um fosso. Seu Great Hall e a ponte Tudor do século XV ainda estão iguais a quando o pequeno Henrique VIII brincava nos jardins. Entre na casa vizinha e a surpresa será maior ainda: o opulento interior art déco dos anos 1930 foi decorado com muito estilo pelos membros da alta sociedade Stephen e Virginia Courtauld.

Os Courtauld esbanjaram sua fortuna da indústria têxtil na casa, e o lugar exala glamour: a sala de jantar tem teto de alumínio reluzente e cadeiras de couro rosa; o banheiro abobadado de Virginia tem banheira de ônix e torneiras de ouro. Um "hi-fi" embutido garantia a trilha sonora de jazz nas festas ao estilo de Hollywood. As crianças vão gostar principalmente dos aposentos de luxo de Mah-Jongg, o lêmure de estimação do casal, que tem mimos como aquecimento central e papel de parede pintado à mão. Mah-Jongg é parte importante das atividades para crianças, e a programação de eventos no palácio geralmente oferece torneios Tudor e feiras art déco.

Para relaxar
O terreno do palácio é uma delícia, com vista de Londres e muito espaço para fazer um piquenique.

⑨ Firepower Museum
A seus postos!

Ah, se todas as guerras fossem com bolas de borracha... Felizmente, essa é a mensagem que as crianças vão levar do Firepower, também conhecido como Royal Artillery Museum. Instalado em armazéns do Woolwich Arsenal (no passado, a maior fábrica de munições da Inglaterra), o museu celebra o armamento militar. A interativa Camo Zone tem como alvo as crianças pequenas: prepare-se para a batalha com bolas de borracha no campo de tiro, corra na pista inflável bungee run e lute com tanques de controle remoto – é uma grande diversão para todos. Soldados em uniformes de combate estão a postos para supervisionar.

Além disso, o Gunnery Hall exibe artilharia antiaérea e lançadores de mísseis antigos, e os visitantes podem realizar missões virtuais, como abater um bombardeiro ou destruir um tanque. A History Gallery conta a história dos armamentos, da catapulta ao foguete, enquanto Fields of Fire é o mais perto que seus filhos vão chegar (assim esperamos) do campo de batalha: telões exibem imagens de arquivo da artilharia em ação, a sala se enche de fumaça e luzes de faróis, há som de artilharia antiaérea e bombas fazem o chão tremer. É uma experiência pesada.

Todo mês há fins de semana de jogos de guerra com soldados de

---

Informações (Eltham Palace)

- **Endereço** Royal Artillery Museum, Royal Arsenal, Woolwich, SE18 6ST; 020 8855 7755; www.firepower.org.uk
- **Trem** Woolwich Arsenal (linha principal e DLR), 5min a pé
- **Ponto de ônibus** Plumstead Road; centro de Woolwich
- **Ônibus fluvial** Woolwich Arsenal Pier, saídas de Embankment (www.thamesclippers.com)
- **Carro** Estacionamento com parquímetro na entrada da Plumstead Road
- **Aberto** 10h-17h ter-sáb
- **Preço** £12,50
- **Passeios guiados** Diariam, a partir do balcão de informações
- **Idade** A partir de 7 anos
- **Atividades** Na Camo Zone são pagas (£1,50 cada); há um programa recheado de eventos nas férias escolares – a maioria grátis (veja no site)
- **Duração** 2h
- **Cadeira de rodas** Sim
- **Comida e bebida** Lanches The Museum Café (020 8312 7138; 9h30-17h) atrai com sua atmosfera e seu menu de bistrô
- **Loja** Vende presentes, suvenires, livros, itens militares, réplicas e música
- **Banheiros** No térreo e no 1º andar

O impressionante interior art déco de Eltham Palace

Informações

- **Endereço** Court Yard, Eltham, SE9 5QE; 020 8294 2548; www.english-heritage.org.uk/elthampalace
- **Trem** Eltham ou Mottingham, depois 15min a pé **P. de ônibus** Court Road; Eltham High Street **Carro** Estacione grátis junto à Court Road
- **Aberto** 10h-17h dom-qua, abr-out; 10h-16h dom, nov-mar; fechado jan
- **Preço** £25 (até 5 anos grátis)
- **Passeios guiados** Audioguia grátis com o ingresso
- **Idade** A partir de 5 anos
- **Atividades** Programação infantil, dias familiares Time Traveller com temas históricos nas férias escolares, mais Easter Egg Hunt na Páscoa e fim de semana Tudor Jousting (jun)
- **Duração** 2-3h
- **Cadeira de rodas** Sim, mas alguns trechos do jardim são irregulares
- **Comida e bebida** Lanches O salão de chá do palácio (10h-16h30) serve almoços leves e lanches
- **Loja** Vende presentes e suvenires
- **Banheiros** No térreo

O Firepower Museum conta a história dos armamentos militares

Preços para família de 4 pessoas

Greenwich e arredores | 205

brinquedo, e a programação de férias escolares costuma ter a simulação de uma marcha militar, pacotes de ração e uniformes para vestir.

Para relaxar
Há espaço para correr na beira do rio. Outra opção é caminhar 10 minutos para oeste até o **Waterfront Leisure Centre** no Woolwich High Street (020 8317 5010; www.gll.org/centre/waterfront-leisure-centre.asp), que oferece natação para a família todas as tardes.

⑩ Thames Barrier
Os "tubarões" que salvaram Londres

Há muito, Londres é vulnerável a inundações: em 1236, o Tâmisa subiu tanto que as pessoas iam de barco a Westminster Hall, hoje parte das Houses of Parliament. Mas com o nível do mar se elevando e os movimentos tectônicos inclinando o sul da Inglaterra lentamente para o mar, algo tinha que ser feito. O ano decisivo foi 1953, quando mais de 300 pessoas morreram afogadas em enchentes no estuário do Tâmisa.

A Thames Barrier, com 520m de extensão, entrou em ação em 1982, adicionando um novo marco futurista à paisagem do rio, na forma de sete pilares curvos que se alinham como as barbatanas brilhantes de tubarões de aço avançando para Londres. A barragem é inclinada, com a abertura de dez comportas circulares no leito do rio sempre que a maré alta se torna uma ameaça.

A experiência dos visitantes é dividida pelo rio. Um centro de informações na margem sul tem maquetes da barragem em ação. Ao norte, o Thames Barrier Park oferece uma paisagem curiosa de sebes, madressilvas e passarelas, perfeita para esconde-esconde. Em ambos os lados do rio há cafés, playgrounds e belas vistas, mas no verão a praça das fontes ao norte atrai a maioria das famílias com seus 32 jatos divertidos.

Acima A reluzente Thames Barrier protege Londres de inundações
Abaixo Entre as sebes cuidadosamente onduladas no Thames Barrier Park

Para relaxar
Há playgrounds infantis em ambos os lados do rio.

Informações

🌐 **Endereço** Information Centre, 1 Unity Way, Woolwich SE18 5NJ; 020 8305 4188; www.environment-agency.gov.uk/thamesbarrier. Thames Barrier Park, North Woolwich Road, E16 2HP

🚆 **Trem** Charlton, depois 15min a pé (lado sul) **DLR** Pontoon Dock (lado norte) **Ponto de ônibus** Holborn College Park; North Woolwich Road; Connaught Bridge

🕐 **Aberto** Information Centre: 10h30-17h qui-dom; Park: 7h-pôr do sol diariam

💷 **Preço** £11-15; até 5 anos grátis

🧍 **Atividades** Para ver a barragem fechada, visite em um dia de manutenção (veja datas no site); ligue para reservar

⏱ **Duração** 1h

♿ **Cadeira de rodas** Information Centre: adaptado, mas o acesso ao rio é restrito, por conta das escadas íngremes que saem da margem. Parque: sim.

☕ **Comida e bebida** Cafés e áreas p/ piquenique nos dois locais

🚻 **Banheiros** Nos dois lados do rio

CRIANÇADA!

Selva VIP
Stephen e Virginia Courtauld tinham muitos bichos de estimação no Eltham Palace, entre eles Caesar, o dogue alemão que gostava de roubar salsichas do açougueiro local. Mas seu favorito era Mah-Jongg, o lêmure que eles compraram na Harrods em 1923. Mah-Jongg às vezes mordia os empregados dos Courtauld, mas eles o tratavam como a um filho. Procure por ele no filme caseiro exibido todos os dias no palácio.

NÚMEROS
A Thames Barrier em números:
- £520 milhões – custo original da construção
- 3.300 – toneladas de aço em cada comporta
- 10 – minutos, o tempo que leva para abrir cada comporta
- 119 – as vezes em que a barragem foi aberta para evitar inundações desde 1982
- 350 mil – casas de Londres a salvo das enchentes

Alerta de enchente!
Por quanto tempo ainda a Thames Barrier continuará a proteger Londres? Os cientistas calculam pelo menos mais 50 anos, mas ninguém sabe ao certo. Se a barragem falhar durante uma maré alta, a cidade poderá ficar submersa em 2m de água em uma hora. Você pode ver como Londres ficaria após uma inundação em www.postcardsfromthefuture.co.uk. Por que você mesmo não imagina e desenha sua atração histórica favorita de Londres submersa na água?

Piquenique até £20; **Lanches** £20-40; **Refeição** £40-60; **Para a família** mais de £60 (base para 4 pessoas)

Arredores do Centro

V&A Museum of Childhood e arredores

O bairro de Hackney está finalmente em festa, com a chegada de jovens profissionais e a abertura de lojas modernas e restaurantes. Especialmente vibrantes são os London Fields, onde há piscina pública, e o moderníssimo Broadway Market. As famílias vão adorar o V&A Museum of Childhood em Bethnal Green, com um dia inteiro de diversão gratuita – e a linha Central traz os visitantes praticamente até a porta. Vá no primeiro domingo do mês, quando há aulas vitorianas no Ragged School Museum, uma estação adiante.

Locais de interesse

ATRAÇÕES
1. V&A Museum of Childhood
2. Geffrye Museum
3. Hackney City Farm
4. Hackney Museum
5. Sutton House
6. Discover
7. Ragged School Museum

COMIDA E BEBIDA
1. Broadway Market
2. L'Eau à la Bouche
3. The Gallery Café
4. E Pellici
5. Frizzante
6. The Grocery
7. Treacle
8. Caffè Theatro
9. Tre Viet
10. Railroad
11. Café Mondo
12. The Palm Tree

Veja também V&A Museum of Childhood (p. 208), Geffrye Museum (p. 210), Sutton House (p. 212), Discover (p. 212) e Ragged School Museum (p. 213).

HOSPEDAGEM
1. Boundary Rooms
2. Crowne Plaza Shoreditch
3. Town Hall Apartments

Um canto tranquilo do Victoria Park

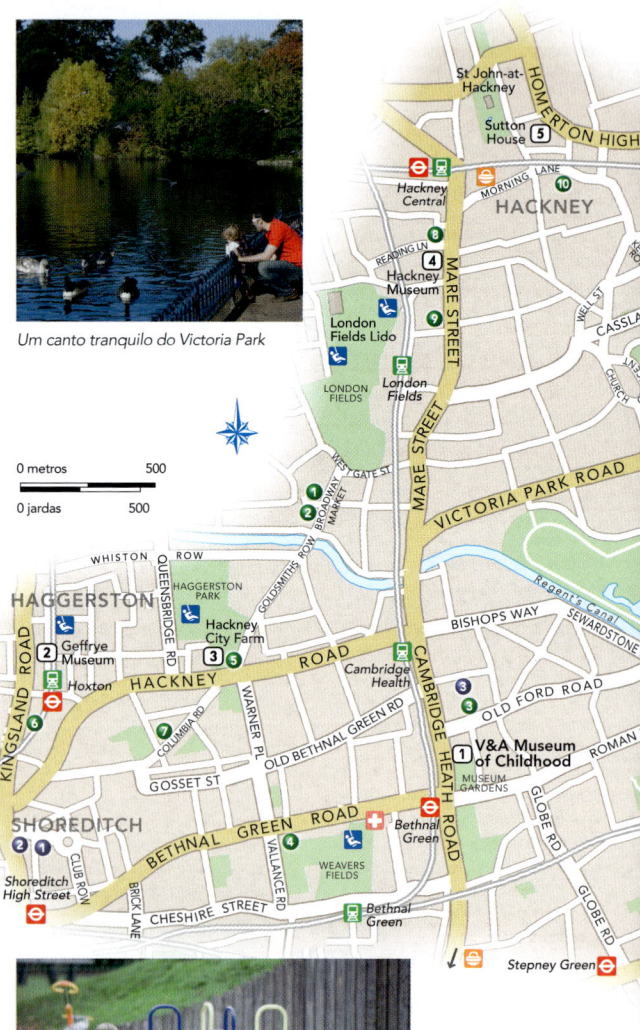

Bonecas de moda em exposição no V&A Museum of Childhood

O Playground do Haggerston Park tem equipamentos coloridos

V&A Museum of Childhood e arredores | 207

Um dos muitos objetos em exposição no Hackney Museum

Informações

🚗 **Trem** Bethnal Green, Cambridge Heath, London Fields ou Hackney Downs (todos a partir da Liverpool Street); Stratford
Metrô Bethnal Green, Mile End, Stratford (todos Central line)
Ônibus Nº 388 parte p/ Bethnal Green a partir de Embankment via Liverpool Street; nº 254 p/ Bethnal Green e Hackney a partir de Aldgate

ℹ️ **Informação turística** 0208 356 3500; www.hackney.gov.uk/leisure-culture; www.destinationhackney.co.uk

🧺 **Supermercados** Tesco, 55 Morning Lane, Hackney, E9 6ND
Mercados Broadway Market (comida, moda e artesanato), 9h-17h sáb; Columbia Road Flower Market, 8h-15h dom;

Backyard Market (moda vintage, bricabraques), 11h-18h sáb, 10h-17h dom

🎏 **Festivais** Great Spitalfields Pancake Race, Brick Lane (Terça-Feira Gorda); Big Write, Stratford, livros infantis (mar); Bonfire Night, Victoria Park (nov)

➕ **Farmácias** Boots, 426 Bethnal Green Road, E2 0DJ (9h-18h, fechado dom); procure por farmácias 24h em www.nhs.uk/servicedirectories

🤸 **Playgrounds** Weavers Fields Adventure Playground (Mape St, E2); London Fields (West Side, E8 3EU); Mile End Park (Grove Rd, E3 5BH); Victoria Park (Grove Rd, E3 5SN)

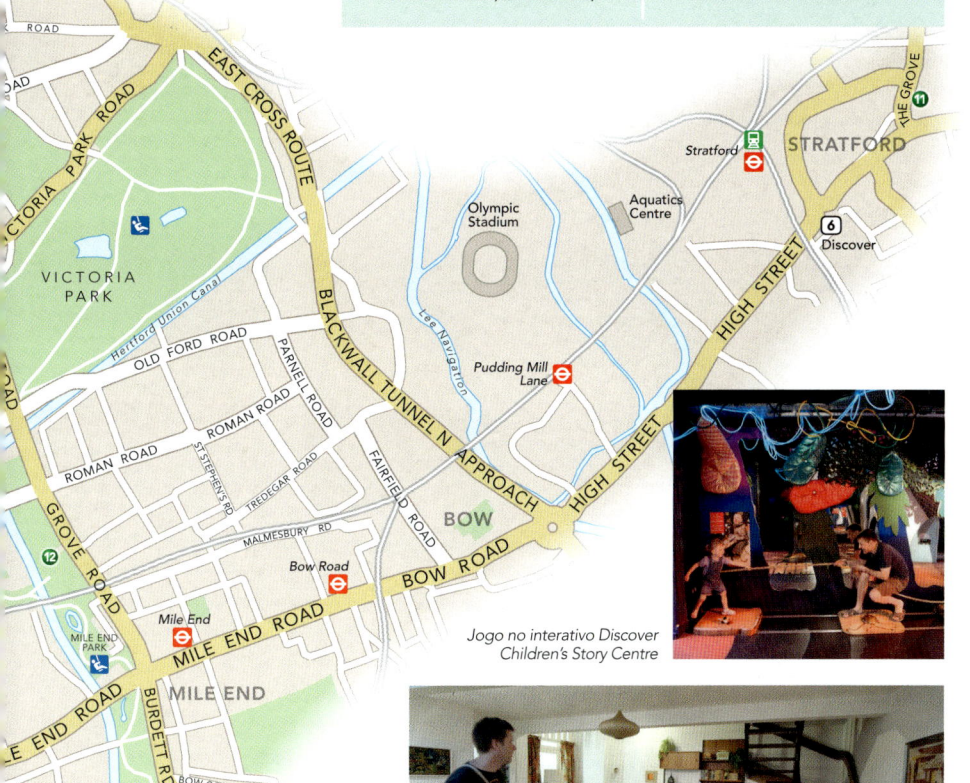

Jogo no interativo Discover Children's Story Centre

A sala de meados do século XX, no Geffrye Museum

① V&A Museum of Childhood
A mais grandiosa sala de jogos de Londres

As crianças querem brincar com os brinquedos, não só olhar para eles, e isso é complicado quando se trata da casa de bonecas da rainha, de um teatro de marionetes do século XVIII e do primeiro boneco do Mickey Mouse. O Museum of Childhood resolve o problema com "estações de atividade" entre os objetos em exibição, onde as crianças podem brincar com cavalos de balanço, entrar num tanque de areia ou montar um robô. O enorme e espaçoso pavilhão vitoriano, com varandas de ferro rosa, dá o tom.

Barbie clássica com malas combinando

Destaques

■ **1º andar** O destaque desse andar são as galerias Childhood, que exploram a história social da infância.

■ **Térreo** Está dividido em duas galerias, Moving Toys (brinquedos em movimento) e Creativity (criatividade).

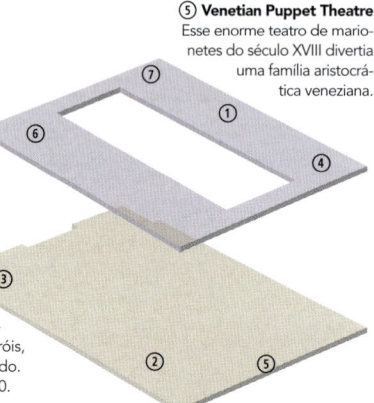

① **Casa de bonecas da rainha Maria** Parte de uma grande coleção, foi doada pessoalmente pela rainha Maria. Procure o minúsculo telefone, ultramoderno em 1910!

② **Carrinho de pedal vintage** Uma réplica perfeita de um conversível, tem faróis, buzina e manivela de ignição funcionando. Custava uma fortuna na década de 1920.

③ **Game Boy** Jogos portáteis viraram febre em 1989 com o Game Boy da Nintendo, que vendeu 118 milhões de unidades. A galeria Moving Toys aborda a tecnologia nos brinquedos desde os zootrópios.

④ **Dolls** Esta coleção de mais de 4 mil bonecas tem exemplares datados de 1.300 a.C. e inclui bonecas queridas e famosas como Repolhinho, Barbie e Tiny Tears.

⑤ **Venetian Puppet Theatre** Esse enorme teatro de marionetes do século XVIII divertia uma família aristocrática veneziana.

⑥ **Litoral vitoriano** Essa galeria tem um tanque de areia para crianças, além de um teatro de cem anos de Punch & Judy e um palco para as crianças fazerem seus espetáculos.

⑦ **Construction Toys** Meccano, Lego e Mr Potato Head integram esta coleção impressionante de kits de construção do século XX.

Informações

Endereço Cambridge Heath Road, E2 9PA; 020 8983 5200; www.museumofchildhood.org.uk

Trem Cambridge Heath (5min a pé) ou Bethnal Green (10min a pé) **Metrô** Bethnal Green (Central line) **Ponto de ônibus** Cambridge Heath Road

Aberto 10h-17h45 diariam (última admissão 17h30)

Preço Grátis

Para evitar fila Reserva para grandes eventos com até duas semanas de antecedência (veja o site)

Passeios guiados Visitas familiares grátis sáb e dom durante o período letivo. Atividade diárias variam.

Idade A partir de 3 anos

Atividades Trilhas infantis com diversos temas; narração de histórias e sessões de arte. Montessori Family Packs para menores de 5 anos e sessões p/ bebês engatinhando. Passeios e atividades disponíveis todos os fins de semana e em férias escolares. Mais informações no site.

Duração Meio dia

Cadeira de rodas Sim

Café Benugo Café, no saguão principal, serve almoços quentes e saladas simples; há também mesas p/ piqueniques dentro e fora

Loja No térreo, vende livros, artigos de escritório, presentes e brinquedinhos

Banheiros No subsolo

Bom para a família
Excelente – até as mostras temporárias são grátis. Mas traga uns trocados, pois alguns brinquedos só funcionam com moedas de 20p.

Preços para família de 4 pessoas

V&A Museum of Childhood e arredores

Área de piquenique nos gramados do V&A Museum of Childhood

Para relaxar

Os **Museum Gardens**, logo ao lado, têm gramado, mas não playground. Para um playground, vá aos **Weavers Fields** (Mape St, E2 6HW), a 10 minutos de caminhada pela Bethnal Green Road, onde o playground de aventuras, com equipe excelente, tem estrutura para escalada, balanços de corda, brinquedos cobertos e loja de doces (15h30-18h30 ter-sex dias letivos, 11h-18h seg-sex férias; 12h-17h sáb, 12h-15h dom). A leste, o **Victoria Park** (Grove Rd, E3) é de fácil acesso, com o delicioso café à beira do lago (www.towerhamlets.gov.uk/victoriapark).

Comida e bebida

Piquenique: até £20; Lanches: £20-40; Refeição: £40-60; Para a família: até de £60 (base para 4 pessoas)

PIQUENIQUE Broadway Market (sul de London Fields, E8 4QL; www.broadwaymarket.co.uk; 9h-17h sáb), a 15 minutos de caminhada ou a uma curta viagem de ônibus, ao norte do museu, é excelente para fazer compras, com mais de 80 barracas, restaurantes cosmopolitas e a delicatéssen francesa **L'Eau à la Bouche** (www.labouche.co.uk; aberta diariam), que vende deliciosos clássicos europeus.
LANCHES The Gallery Café (21 Old Ford Road, E2 9PL; 020 8980 2092; http://thegallerycafe.wordpress.com; aberto diariam) é

um comentado e superbarato café vegetariano e vegano que serve bons chips e bolos ainda melhores.
REFEIÇÃO O maior de todos os cafés rústicos do East End, **E Pellici** (332 Bethnal Green Road, E2 0AG; 020 7739 4873; 6h15-17h seg-sáb) é administrado pela mesma família italiana há um século e ainda serve bons pratos ingleses e italianos. O café da manhã merece sua fama.
PARA A FAMÍLIA Frizzante (1a Goldsmiths Row, E2 8QA; 020 7739 2266; www.frizzanteltd.co.uk; 10h-16h30 ter-dom, mais algumas qui à noite) é um restaurante da moda em Hackney City Farm (p. 210), com excelente cozinha rústica italiana e crianças correndo entre as mesas. Os jantares de quinta-feira são especiais.

Doces à venda em uma barraca no Borough Market

Saiba mais

INTERNET As páginas para crianças do museu são cheias de atividades para baixar, recortar e fazer. Há caleidoscópios, taumatrópios, bonecos saltadores e bonecas de papel, entre outros (www.museumofchildhood.org.uk/learning/things-to-do).

Próxima parada ...

POLLOCK'S TOY MUSEUM Abra outra caixa de brinquedos de antigamente no Pollock's Toy Museum em Bloomsbury (p. 104).

CRIANÇADA!

Verdadeiro ou falso?
• O ioiô foi usado inicialmente como arma. Nas Filipinas, membros das tribos amarravam pedras em carretéis de corda e as atiravam das árvores para matar a presa.
• O ludo foi jogado pela primeira vez na Índia há 1.500 anos. Imperadores usavam um tabuleiro – e servas jovens como peças.
• O frisbee foi inventado por estudantes norte-americanos que atiravam fôrmas de torta vazias com o nome da Frisbie Baking Co.

Resposta no fim do quadro.

Hora da mímica
Encontre esses brinquedos e veja se consegue imitá-los:
• Um robô. Você consegue andar igual?
• Uma caixa de surpresas. Você pode aparecer de repente?
• Uma marionete. Você dança como se estivesse pendurado em cordas? Peça para um adulto dar notas de 1 a 10.

Preferidos da família
Veja se você consegue encontrar brinquedos antigos como Mr Men, Noddy, Postman Pat, Mickey Mouse e Batman. Quais desses você acha que sua mãe ou seu pai conheciam quando eram crianças? E seus avós?

Engane um adulto!
Pegue um adulto com esta pergunta. Em qual país surgiram bonecas iguais a essas?

Ele disse Rússia? Errado! Os fabricantes de brinquedos russos copiaram a ideia dos japoneses.

Resposta: Verdadeiro ou falso? Tudo é verdade!

Excelente cozinha rústica italiana é servida no Frizzante, Hackney City Farm

Arredores do Centro

Uma elegante sala de estar no Geffrye Museum

Bella, porca da raça British Saddleback, na Hackney City Farm

② Geffrye Museum
Os fantasmas do passado de Londres

No papel, parece uma escolha bizarra para a família: uma procissão de salas de estar protegidas por cordas mostrando como tapetes, aparadores e papéis de parede evoluíram desde 1600 até os dias atuais. Mas o Geffrye Museum tem uma das mais esforçadas programações infantis da cidade, dos especiais de sábados, com atividades como pintura de retratos, manuseio de aranhas e oficinas de animação, à temporada de cinco semanas do Christmas Past, quando os salões são belamente decorados com a história do Natal. Há audioguias, percursos com charadas e pacotes de atividades para a família todas as semanas, para todas as faixas etárias, dos bebês aos adolescentes. Escolha um dia em que há bastante programação, diga às crianças que elas vão viajar no tempo para a Inglaterra Tudor, e elas irão curtir.

O museu fica em um gracioso quadrilátero de asilos do século XVIII, e a entrada é iluminada por móveis fantasmagóricos da instalação do artista Kei Ito. No interior, há onze salas exibindo a face mutante da decoração da classe média, do salão de um comerciante na década de 1630 até um loft de 1998. De abril a outubro, os imaculados jardins de época recebem piqueniques, bandas de metais e outras festas.

Para relaxar
The **Apples & Pears Adventure Playground** (28 Pearson Street, London E2 8EL; dias letivos: 15h-18h ter-sex; feriados: 9h30-16h seg-sex; 10h-16h sáb; 020 7729 6062) é uma área de recreação supervisionada a 5 minutos de caminhada.

Informações
- 🌐 **Mapa** 6 G4
  Endereço 136 Kingsland Road, E2 8EA; 020 7739 9893; www.geffrye-museum.org.uk
- 🚗 **Trem** Hoxton, 5min a pé
  Metrô Old Street (Northern line), depois ônibus nº 243 ou 15min a pé; Hackney Central e Hackney Downs **Ponto de ônibus** Kingsland Road; Hackney Road
- 🕒 **Aberto** 10h-17h ter-sáb; 12h-17h dom; feriados bancários (seg)
- 💷 **Preço** Grátis; £5-10 para mostras especiais, até 16 anos grátis
- 🚩 **Para evitar fila** Garanta seu lugar chegando 30min antes p/ as atividades familiares do Saturday Special (10h30 e 14h)
- 📍 **Passeios guiados** Audioguia (£3), crianças grátis
- 👪 **Idade** A partir de 3 anos

- 🏃 **Atividades** Áudio grátis p/ família (5-11 anos) e pacotes de atividades (3-5 anos), apenas sáb-dom e férias; dias familiares grátis no 1º sáb do mês (5-16 anos) e programa completo nas férias escolares; o site tem receitas e jogos de design de jardim
- ⏱ **Duração** 1-2h
- ♿ **Cadeira de rodas** Sim, exceto p/ Restored Almshouses Exhibition
- 🍴 **Comida e bebida** *Piquenique* The Grocery (54 Kingsland Road, E2 8DP) oferece ótimos artigos p/ piquenique. *Lanches* O restaurante do museu serve pratos caseiros p/ criança pela metade do preço.
- 🛍 **Loja** Tem presentes de alta qualidade e livros sobre design de interiores
- 🚻 **Banheiros** Em todos os andares

③ Hackney City Farm
Conheça Larry, o burro astro

Um pasto não faz uma fazenda, mas é de tirar o chapéu o esforço empreendedor dos moradores que transformaram este pequeno trecho de terra num dos bairros mais congestionados de Londres. Criada em 1984 no local de um estacionamento de caminhões, a fazenda tem bezerros, cabras, ovelhas, porcos, coelhos, gansos e galinhas (além do burro Larry, estrela da TV britânica), um próspero estúdio de artesanato e uma horta de vegetais da estação.

Os animais são alimentados às 16h e há muitas aulas para todas as idades, de artesanato com feltro a ioga, passando por apicultura e sustentabilidade, além de cerâmica para crianças todas as tardes. Vale a pena visitar só para almoçar no café Frizzante, cuja saborosa comida italiana atrai muita gente.

Para relaxar
O **Haggerston Park** (Audrey Street, London, E2 8QH) fica ao lado, com lago, pingue-pongue, pista de BMX, quadras de esportes e playground.

Brincadeira no playground infantil do Haggerston Park, Hackney

Preços para família de 4 pessoas

V&A Museum of Childhood e arredores | 211

Informações

🌐 **Endereço** 1a Goldsmiths Row, E2 8QA; 020 7729 6381; www.hackneycityfarm.co.uk

🚗 **Trem** Cambridge Heath, 10min a pé **Metrô** Bethnal Green (Central line), 15min a pé **Ponto de ônibus** Hackney Road

⏱ **Aberto** 10h-16h30 ter-dom, também feriados

💲 **Preço** Grátis

👫 **Idade** Livre

🎭 **Atividades** Folheto p/ passeio autoguiado informa sobre animais e atividades (£1); alimentação às 16h; sessão de cerâmica duas vezes por semana (£5, 14h-16h ou 14h-18h); workshops nas férias ensinam a fazer fantoches

⏲ **Duração** 1h

♿ **Cadeira de rodas** Sim; contate o gerente da fazenda antes

☕ **Comida e bebida** Lanches Treacle (110-112 Columbia Rd, E2 7RG; 020 7729 0538; www.treacleworld.com; 12h-17h sáb, 9h-16h dom), parte do mercado de flores Columbia Road, recria a antiga panificação britânica. **Refeição** Frizzante (p. 209) serve saborosos pratos infantis.

🚻 **Banheiros** No térreo

④ Hackney Museum
O mundo à sua porta

Hackney promete ser o lugar mais descolado de Londres, graças ao rico caldeirão de influências culturais. Colorido e arejado, o bairro tem a gostosa tarefa de adicionar temperos à mistura, especialmente para famílias (embora possa ser um tanto

Informações

🌐 **Endereço** 1 Reading Lane, E8 1GQ; 020 8356 3500; www.hackney.gov.uk/cm-museum

🚗 **Trem** Hackney Central, 5min a pé; Hackney Downs (10min) **Ponto de ônibus** Mare Street

⏱ **Aberto** 9h30-17h30 ter-sex (qui até 20h); 10h-17h sáb

💲 **Preço** Grátis

👥 **Passeios guiados** Tea and Tour, grátis, 15h qua; ocasionais caminhadas históricas (ligue antes)

👫 **Idade** A partir de 3 anos

🎭 **Atividades** Exposições interativas, fantasias e canto de leitura p/ bebês; artesanato e narração de

As exposições interativas agradam as crianças no Hackney Museum

inseguro à noite). O tema principal do museu são os mil anos de história dos povos que se instalaram aqui, e a exposição começa com uma réplica de um barco saxão que as crianças podem carregar com mercadorias. Elas também podem entrar numa loja de tortas e purê (pie-and-mash) do East End, brincar de condutor em um antigo ônibus de Londres e correr contra o relógio para fazer caixas de fósforos – assim como centenas de crianças atingidas pela pobreza em Hackney no século XIX. Há dança, narração de histórias e oficinas de arte nas férias escolares, muitas vezes coincidindo com uma exposição temporária – a de verão é sempre cheia de atividades interativas.

Se fizer sol, combine a visita ao museu com um mergulho na piscina pública dos London Fields, a uma curta caminhada pela Richmond Road. Aberta todo dia, é a única piscina olímpica aquecida da cidade.

Para relaxar
Além da piscina (020 7254 9038; www.gll.org), os **London Fields** têm quadras de tênis, pingue-pongue, piscina infantil e dois playgrounds. Perto, o St John at Hackney Churchyard (Lower Clapton Road, E5 0PD) tem uma bem cuidada área de lazer.

história nas férias escolares, 14h-16h qua-qui

⏲ **Duração** 1h

♿ **Cadeira de rodas** Sim

☕ **Comida e bebida** Lanches Caffè Theatro (316 Mare Street, E8 1HY) tem decoração bacana e ótimos bolos. **Refeição** Tre Viet (251a Mare Street, E8 3NS; 020 8533 7390; www.treviet.co.uk; 12h-23h) é um vietnamita bom e barato.

🛍 **Loja** Vende livros, suvenires e brinquedinhos

🚻 **Banheiros** No térreo

CRIANÇADA!

Desafio da viagem no tempo
Explorar o Geffrye Museum é quase como viajar no tempo. Você consegue encontrar estes três objetos?
• Um urso polar
• Alguns pássaros debaixo de um vidro
• Uma garrafa de barro com um rosto

Veja se consegue incluir os três em uma história de aventura sobre uma criança que viaja de volta ao passado. Ou procure Sam, o Cachorro, no jogo vitoriano de viagem no tempo no site do museu: www.geffrye-museum.org.uk/kidszone.

Salas do futuro
Em qual das salas do Geffrye Museum você gostaria de morar? Ou você prefere viver no futuro? Como seria uma sala do ano 2050? Faça um desenho quando você chegar em casa.

Você tem coragem de comer?
Depois de conhecer a loja de pie-and-mash do Hackney Museum, vá até o vizinho Broadway Market. Lá você encontrará a F. Cooke's, onde os moradores do East End apreciam esse tradicional prato londrino desde 1900. A receita consiste em uma torta de carne moída, uma porção de purê de batatas e um "licor" verde-vivo que é despejado em cima, feito com salsinha e água de fervura de enguias!

Iiii-óóó!
Como os burros zurram? O som "iiii" vem de uma profunda ingestão de ar e o "óóó" sai quando eles respiram de novo pelo nariz. Tente você também!

Piquenique até £20; Lanches £20-40; Refeição £40-60; Para a família mais de £60 (base para 4 pessoas)

⑤ Sutton House
Uma mansão Tudor na Londres do século XXI

Painéis de carvalho, chão de pedras, incêndios crepitantes... Sutton House não podia ser mais Tudor mesmo se Henrique VIII estivesse à mesa do banquete, jogando coxas de frango por cima dos ombros. Construída em 1535 por Sir Ralph Sadler, secretário de Estado do rei, é a última relíquia da rural aldeia de Hackney.

Muita coisa vai interessar às crianças, como a cozinha do século XVI, com cheiros e alimentos típicos, e três "baús do tesouro" cheios de objetos históricos: há códigos elisabetanos para decifrar, quebra-cabeças jacobinos e até um "tapete de dança" para praticar os passos do século XVII. Os mordomos da Sutton House estão sempre prontos a contar uma arrepiante história de fantasmas. O pátio dos carros está sendo transformado em um imaginativo espaço de brincadeiras, com um velho táxi de Hackney e um caminhão de sorvete. A entrada é barata pelos padrões do National Trust e gratuita no último domingo do mês, quando há dias temáticos sobre música, comida, fantasmas ou invasores (uma sala de "arte dos invasores" é preservada desde a década de 1980). Nas férias de verão, pode até haver um torneio no pátio.

Um pitoresco quarto do século XVI na Sutton House

Para relaxar
A área de recreação da casa (com mesas de piquenique) é aberta para todos; ou vá para o St John's Churchyard, que tem playground.

Informações
- 🌐 **Endereço** 2-4 Homerton High Street, Hackney, E9 6JQ; 020 8986 2264; www.nationaltrust.org.uk/suttonhouse
- 🚆 **Trem** Hackney Central, 10min a pé; Hackney Downs, 15min a pé **Ponto de ônibus** Homerton High Street; Lower Clapton Road; Morning Lane
- 🕐 **Aberto** 10h-16h30 qui-sex; 12h-16h30 sáb-dom início fev-meados dez. Férias de verão escolares: 10h-16h30 seg-qua; horários variam; ligue antes.
- 💷 **Preço** £6,90
- 🚩 **Passeios guiados** 1º dom do mês, 15h (grátis)
- 👪 **Idade** A partir de 5 anos
- 👦 **Atividades** Dias familiares no último dom do mês; atividades infantis qui e sex nas férias escolares, vários dias no verão
- ⏱ **Duração** 2h
- ♿ **Cadeira de rodas** Não; acesso ao térreo; escada p/ demais andares
- ☕ **Comida e bebida** Lanches O salão de chá tem lanches quentes e bolos. *Refeição* Railroad (120-122 Morning Lane, E9 6LH; 020 8985 2858; www.railroadhackney.co.uk; 10h-17h dom-ter, 10h-23h qua-sáb) é um café-bar próximo.
- 🏷 **Loja** Vende presentes, artigos do National Trust e livros usados
- 🚻 **Banheiros** Perto da entrada

Preços para família de 4 pessoas

⑥ Discover
Passeio pela terra das histórias

Choque! Crise! Emergência! O planeta Squiggly Diggly está ficando sem histórias, e um alienígena amigo chamado Hootah veio buscar algumas na Terra. Esse é o pano de fundo do Discover Children's Story Centre, um mundo maravilhoso de torres encantadas, cavernas secretas e árvores dos desejos, com muitas fantasias para vestir e teatrinhos.

Informações
- 🌐 **Endereço** 383-387 High Street, Stratford, E15 4QZ; 020 8536 5555; www.discover.org.uk
- 🚆 **Trem** Stratford (DLR e linhas principais), 5min a pé **Metrô** Stratford (linhas Central e Jubilee), 5min a pé **Ponto de ônibus** Stratford Bus Station; High Street; Stratford Centre
- 🕐 **Aberto** 10h-17h dias úteis (fechado seg durante período escolar); 11h-17h fins de semana
- 💷 **Preço** £16 (até 2 anos grátis)
- 🚩 **Para evitar fila** Faça reserva para os frequentes eventos de literatura e arte
- 👪 **Idade** 3-11 anos
- 👦 **Atividades** Narração de histórias grátis todo fim de semana (11h30, 14h30), e nas férias escolares (11h30, 13h, 14h30), mais programa de workshops (veja no site)
- ⏱ **Duração** 2h
- ♿ **Cadeira de rodas** Sim
- ☕ **Comida e bebida** Lanches O café do centro tem lanches orgânicos e cupcakes caseiros. *Refeição* Café Mondo (3 West Ham Lane, Stratford, E15 4PH; 020 8519 4013; http://cafemondo.co.uk; 8h30-17h seg-sáb) oferece boas focaccias assadas.
- 🏷 **Loja** Tem brinquedinhos, presentes e livros clássicos de ilustrações
- 🚻 **Banheiros** No térreo

Na Story Trail, as crianças percorrem de olhos arregalados o espaço avaliado em £6 milhões com equipamentos multissensoriais concebidos para estimular a imaginação: elas podem dar de cara com um gigante, se vestir de princesa, participar de um chá ou fazer um boneco de co-

Com a mão na massa, despertando a imaginação no Discover Centre

V&A Museum of Childhood e arredores | 213

Aprendizado em estilo vitoriano no Ragged School Museum

lher e colocá-lo num espetáculo. "Construtores de histórias" atenciosos estão à disposição para ajudá-las a criar as próprias narrativas; caso elas não acreditem no que seus olhos veem, um painel de telas de TV mostra o progresso na terra das histórias.

Há mais faz de conta no Story Garden, do lado de fora, com navio pirata, naves espaciais, espelhos e instrumentos musicais gigantes; os espetáculos interativos no Story Sudio trazem personagens infantis populares. A narração de histórias dos fins de semana culmina no festival Big Write, em março, com dezenas de escritores e ilustradores.

Para relaxar
O jardim é uma grande e energética aventura, com escorregador e atividades.

⑦ Ragged School Museum
A escola ao estilo vitoriano

Na Londres vitoriana, muitas crianças não tinham brinquedos e livros, nem sapatos e camisas. Mais da metade era analfabeta e um em cada três enterros era de uma criança menor de 5 anos. Um jovem de Dublin, Thomas Barnardo, ficou tão chocado com a pobreza do East End que começou a resgatar os órfãos e criou "escolas de esfarrapados" para educá-los, como essa, localizada em um armazém de Mile End.

Hoje, as aulas vitorianas são ministradas pela rigorosa, porém justa senhorita Perkins, em traje completo dos anos 1870, que escreve o alfabeto no quadro negro para alunos de 5 a 85 anos. As aulas mensais são uma verdadeira revelação para crianças – especialmente as com caligra-

fia ruim, que podem acabar em pé no canto vestindo chapéu de burro.

A escola também recriou uma cozinha dos anos 1900 no East End, com lavadora, tina de estanho e outros objetos. Nota 10 na interatividade, mas o museu pode melhorar o horário de funcionamento.

Para relaxar
Em Rhodeswell Road fica o playground do **Mile End Park** *(Locksley St, Limehouse E14 7EJ)*, com um castelo para conquistar e tanque de areia "à beira-rio". Crianças mais velhas podem preferir a piscina no Mile End Leisure Centre *(190 Burdett Rd, E3 4HL; 020 8709 4420)*, em frente.

Informações
- **Endereço** 46-50 Copperfield Rd, E3 4RR; 020 8980 6405; www.raggedschoolmuseum.org.uk
- **Trem** Limehouse (DLR), 10min a pé **Metrô** Mile End (linhas Central, Hammersmith e City, District), 10min a pé **Ponto de ônibus** Ben Jonson Road; Burdett Road; Mile End Road
- **Aberto** 10h-17h qua-qui, também 14h-17h 1º dom do mês
- **Preço** Grátis
- **Idade** A partir de 5 anos
- **Atividades** Aulas grátis de História, 45min (livre), 14h15 e 15h30 1º dom do mês; atividades temáticas grátis p/ menores de 13, em geral guiadas por vitorianos eminentes, qua-qui nas férias
- **Duração** 1h
- **Cadeira de rodas** Sim
- **Comida e bebida** Lanches O café do museu tem lanches honestos. *Refeição* The Palm Tree (Haverfield Road, Bow, E3 5BH; 0871 223 9800) é um bom pub p/ almoçar à beira do canal.
- **Loja** Vende brinquedos antigos
- **Banheiros** Não

CRIANÇADA!

Nomes aos livros
Aqui estão alguns dos escritores e ilustradores que visitaram o Discover. Você sabe os nomes dos personagens que eles criaram?
1 Nick Butterworth criou este guarda-florestal e seus amigos, o texugo e a raposa.
2 Lauren Child escreveu sobre esta menininha insolente e seu paciente irmão mais velho.
3 Axel Scheffler desenhou este monstro da floresta que fica amigo de um valente ratinho.

Respostas no fim do quadro.

AAAUUUU!
Dizem que a Sutton House é assombrada. Três cães fantasmagóricos são ouvidos uivando na calada da noite. Fique atento para vê-los no quarto dos bebês (pista: procure num lugar quente).

CACA!
A Sutton House tem um dos vasos sanitários mais antigos de Londres, um "garderobe" do século XVI. Garderobe literalmente significa "guarda-roupas". Os Tudor achavam que o fedor iria manter as traças bem longe!

Tempos difíceis
Na era vitoriana, muitas crianças começavam a trabalhar aos 5 anos. Muitos pais não mandavam seus filhos para a escola – precisavam deles para ganhar dinheiro. Um professor da escola dos esfarrapados até distribuía batatas assadas para as crianças aparecerem! Saiba mais sobre a infância na era vitoriana em: www.bbc.co.uk/schools/primaryhistory/victorian_britain.

Respostas: 1 Percy the Park Keeper **2** Charlie e Lola **3** Grúfalo.

Piquenique até £20; **Lanches** £20-40; **Refeição** £40-60; **Para a família** mais de £60 (base para 4 pessoas)

Arredores do Centro

Kenwood House e arredores

Além da mansão georgiana Kenwood House, esse local tem poucas atrações. Mas há um motivo convincente para tomar o trem rumo ao norte: Hampstead Heath, um mundo de playgrounds, piscinas e bosques. Kenwood combina bem com Golders Hill Park e almoço no The Spaniards Inn (Northern line até Golders Green, depois ônibus 210). Ou desça em Hampstead, faça compras para um piquenique e caminhe até o Heath. Considere visitar o Wembley Stadium (Jubilee line) ou o RAF Museum (Northern line), um pouco mais longe da cidade.

Locais de interesse

ATRAÇÕES
1. Kenwood House
2. Warner Bros. Studio Tour London – The Making of Harry Potter
3. RAF Museum
4. Wembley Stadium

● **COMIDA E BEBIDA**
1. The Hampstead Butcher
2. Golders Hill Park Refreshment House
3. The Spaniards Inn
4. Gaucho

Veja também Kenwood House (p. 216), The Making of Harry Potter (p. 218), RAF Museum (p. 218) e Wembley Stadium (p. 219)

● **HOSPEDAGEM**
1. Premier Inn, Hampstead
2. Quality Hotel Hampstead
3. La Gaffe

Torcida no estádio de Wembley

Brincadeira nos gramados em torno da mansão georgiana Kenwood House

Kenwood House e arredores | 215

O RAF Museum tem dezenas de aeronaves históricas, entre elas os lendários Spitfire e Hawker Hurricane da Batalha da Grã-Bretanha

Um contato com os moradores da Butterfly House, Golders Hill Park

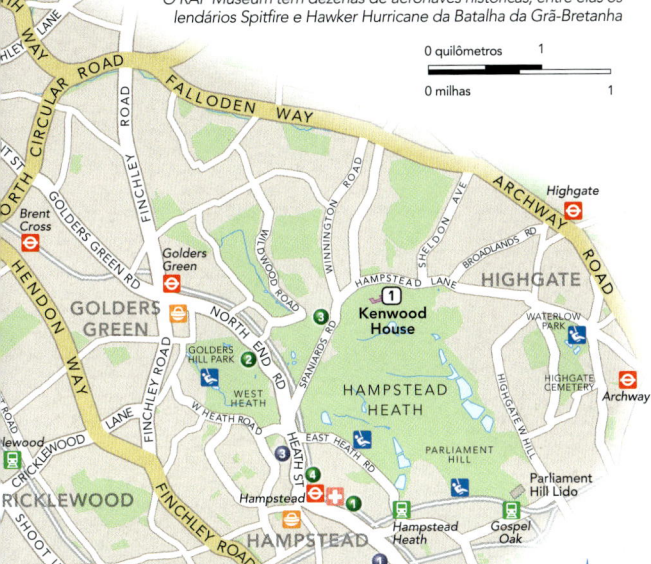

Garoto solta pipa na Parliament Hill, Hampstead Heath

Informações

Trem Para Hampstead Village e Parliament Hill (lado sul do Heath), pegue as linhas principais para Gospel Oak e Hampstead Heath na estação Camden Road **Metrô** Para Kenwood House e Highgate, pegue a Northern Line (trecho High Barnet) para as estações Archway, Highgate ou Golders Green

Informação turística www.lovecamden.org

Supermercados Tesco Express, 27 Heath Street, Hampstead, NW3 6TR; Sainsbury's, 614 Finchley Road, Golders Green, NW11 7RX **Mercados** Hampstead Community Market, Hampstead High Street, 10h-18h ter-sáb; Parliament Hill Farmers' Market, Highgate Road, 10h-14h sáb; Archway Market, Holloway Road (artesanatos), 10h-17h sáb

Festivais Hampstead Heath Easter Fair (também no feriado de Pentecostes); Proms at St Jude's (jun); Kenwood Picnic Concerts (jun-ago); Hampstead & Highgate Literary Festival (set); Hampstead Heath Conker Championships (out)

Farmácias Boots, 40 Hampstead High Street, NW3 1QE (9h-18h30 seg-sáb, 11h-18h dom), ou veja www.nhs.uk/servicedirectories.

Playgrounds Parliament Hill (Hampstead Heath); Golders Hill Park (West Heath Avenue, NW11 7QP ou North End Road, NW3 7HA); King Edward VII Park; Waterlow Park

① Kenwood House
A casa-grande em Hampstead Heath

Com gramados bem cuidados, lagos ornamentais, estábulos e hortas, Kenwood é a propriedade de campo de um cavalheiro, a 6km do West End. É uma autêntica fatia da Inglaterra georgiana, onde os interiores neoclássicos de Robert Adam e o parque pitoresco de Humphrey Repton sobrevivem mais ou menos intactos desde o fim do século XVIII. Logo ao sul está Hampstead Heath, área frequentada por quem gosta de nadar em lagos, empinar pipas, jogar frisbee e subir em árvores. É uma explosão de liberdade para as famílias.

Piquenique no gramado da Kenwood House

Destaques

Orangery — Vestiário — Biblioteca

A **Biblioteca**, com seu pomposo teto pintado, frisos coloridos e colunatas, é uma obra-prima de Robert Adam.

Shows ao ar livre acontecem em Kenwood nas noites de sábado durante o verão. Nos últimos anos, o projeto já contou com Blondie e música de Vivaldi, em geral terminando com fogos de artifício.

Autorretrato de Rembrandt (1661) Esse quadro é o ponto alto da coleção de velhos mestres de Kenwood, que conta ainda com *Mulher tocando guitarra*, de Vermeer, e obras de Hals, Turner e Gainsborough.

O **parque** foi reformado nos anos 1790 sob orientação de Humphrey Repton. Seus sinuosos passeios junto ao lago foram projetados para revelar pitorescas "surpresas".

Informações

🌐 **Endereço** Hampstead Lane, NW3 7JR; 020 8348 1286; www.english-heritage.org.uk/kenwoodhouse

🚆 **Trem** Gospel Oak ou Hampstead Heath **Metrô** Golders Green (Northern line), depois ônibus 210 ou H3; ou Archway (Northern line), depois ônibus 210 **P. de ônibus** Hampstead Lane **Carro** Estacionamento West Lodge (parquímetro); estacione grátis na Hampstead Lane

🕐 **Aberto** Casa: 11h30-16h diariam; propriedade: desde 8h (hora de fechar varia com a estação)

💷 **Preço** Grátis; algumas mostras temporárias têm entrada paga

🚶 **Passeios guiados** Sim, horários variam (cobra-se pequena taxa)

👪 **Idade** A partir de 6 anos

🏃 **Atividades** Artesanato nas férias; trilhas com ovos de Páscoa; observação de morcegos nas noites de verão; programa de piqueniques com shows jun-ago (www.picnicconcerts.com)

⏱ **Duração** Até 2h

♿ **Cadeira de rodas** Apenas no térreo e nos banheiros

☕ **Cafés** Estabelecido na ala dos serviçais de Kenwood, o Brew House Cafe (020 8341 5384; 9h-16h) serve café da manhã e almoço no terraço; a Steward's Room oferece petiscos caseiros.

🛍 **Loja** No térreo

🚻 **Banheiros** No térreo

Bom para a família
É gratuito, como o Heath.

Hampstead Heath
Mencionado pela primeira vez na época saxã e, no passado, terra de salteadores, o "Heath" ainda exibe um toque selvagem. Essa faixa de colinas de arenito, clareiras e bosques vai da Kenwood House, no norte, até a Parliament Hill, e a vista de Londres é protegida por lei. Repleto de pipas no verão e de trenós no inverno, em terreno plano (perto da estação Gospel Oak), tem playgrounds, piscina infantil e piscina pública.

Preços para família de 4 pessoas

Kenwood House e arredores | 217

Barraca no mercado de agricultores da Parliament Hill

Para relaxar

Kenwood tem gramados para se espalhar e árvores para trepar. O melhor playground de Hampstead Heath (*9h-anoitecer; 020 7433 1917*) fica no extremo sul, perto da entrada da Nassington Road, com tanque de areia e piscina infantil. Há um playground de aventuras para crianças mais velhas nas proximidades, além da piscina pública – sem aquecimento (*aberta 7h-18h mai-set, 7h-12h set-abr*). Crianças a partir de 8 anos acompanhadas por adulto também podem nadar no lago no extremo leste de Hampstead Heath. Da Kenwood House, uma opção útil é o **Golders Hill Park** (*West Heath Avenue, NW11 7QP; 020 7332 3511; 7h30-anoitecer*), com seu minizoo, cervos, casa de borboletas e playground. Chegue de ônibus partindo de Kenwood para a estação Golders Green.

Comida e bebida

Piquenique: até £20; Lanches: £20-40; Refeição: £40-60; Para a família: mais de £60 (base para 4 pessoas)

PIQUENIQUE The Hampstead Butcher (*56 Rosslyn Hill, NW3 1ND; 020 7794 9210; www.hampsteadbutcher.com*) tem bons frios, queijos e cestas de piquenique prontas.

LANCHES Golders Hill House Refreshment House (*020 8455 8010, aberto às 9h, fechamento varia*) tem um terraço, bolos gostosos e sorvete caseiro. Para um café em Hampstead Heath, experimente o de Parliament Hill Fields (*junto a Highgate Road; 020 7485 6606; 9h-anoitecer*).

REFEIÇÃO The Spaniards Inn (*Spaniards Road, NW3 7JJ; 020 8731 8406; www.thespaniardshampstead.co.uk; diariam a partir de 12h*) possui um grande e esplêndido jardim e menu tradicional britânico, em que se destacam churrascos e porco assado nos fins de semana de verão.

PARA A FAMÍLIA Gaucho (*64 Heath Street, NW3 1DN; 020 7431 8222; www.gauchorestaurants.co.uk; 12h-23h*), entre a estação de metrô Hampstead e o Heath, ostenta uma decoração de vaqueiro e é especializado em suculentas carnes argentinas.

Saiba mais

INTERNET Baixe um folheto com três percursos a pé no Heath em www.cityoflondon.gov.uk: clique em "Forests, Parks & Gardens", "Hampstead Heath", "Visitor information and map" e "Download the trail leaflet".

FILME A Kenwood House aparece na comédia romântica de 1999 *Um lugar chamado Notting Hill*, com Julia Roberts e Hugh Grant.

Próxima parada...

POETS' CORNER Dois pequenos museus ao sul do Heath contribuem para a reputação de Hampstead como celeiro da literatura e das artes. A **Burgh House** (*New End Square, NW3 1LT, 020 7431 0144; www.burghhouse.org.uk*) é uma mansão da rainha Ana frequentada no passado por Rudyard Kipling; a **John Keats House** (*Keats Grove, NW3 2RR; 020 7332 3868; www.keatshouse.cityoflondon.gov.uk*) é onde o poeta homônimo escreveu *Ode a um rouxinol*. Em ambos, há eventos ocasionais para famílias.

CRIANÇADA!

Lendas do Heath

Aqui estão três lendas famosas sobre Hampstead Heath. Diga se são verdadeiras ou falsas. 
- **Boadiceia**, a rainha guerreira que lutou contra os romanos, está enterrada na colina perto das lagoas.
- A Parliament Hill ganhou esse nome porque os conspiradores da pólvora se reuniram ali esperando ver as Houses of Parliament em chamas.
- O assaltante Dick Turpin se escondia no Spaniards Inn, vigiando a estrada para Londres em busca de carruagens para pilhar.

Resposta no fim do quadro.

Em guarda!

Na era georgiana, os cavalheiros frequentemente travavam duelos para decidir disputas – muitas vezes com resultados letais. Durante o reinado de Jorge III, mais de 170 combates aconteceram em campos de duelo como o da Kenwood House. Os combatentes se encontravam na hora marcada, escolhiam suas pistolas, ficavam de costas, caminhavam vinte passos, se viravam e atiravam. Você pode fazer isso hoje, usando bolas de borracha. Fique imóvel enquanto a outra pessoa atira a bola em você. Mas não esqueça de gritar alguns insultos de 200 anos atrás, como "Tome essa!" e "Em guarda, seu cachorro!".

Resposta: Ninguém sabe ao certo se essas lendas são verdadeiras. E certeza, porém, que o corpo do assaltante Francis Jackson foi suspenso em um mastro de ferro no Heath – na Gibbett Hill – depois de ser enforcado em 1680.

The Spaniards Inn, a taberna de 400 anos com painéis de carvalho em Hampstead

② Warner Bros. Studio Tour London – The Making of Harry Potter
Um passeio fora de série!

O estúdio da Warner tem apenas algumas exposições interativas e nenhum brinquedo emocionante, mas as crianças vão adorar os cenários, figurinos e acessórios originais dos oito filmes da série *Harry Potter*. O ingresso para The Making of Harry Potter Studio garante um tempo limitado de visita, e o passeio é quase todo sem guia, mas funcionários ficam à disposição para dar informações. Entre os sets incluídos estão o Grande Salão da Escola Hogwarts de Bruxaria e Magia, a sala de trabalho do professor Dumbledore, a casinha de Hagrid, a sala dos alunos de Grifinória e a viela Diágono, com a loja de varinhas Ollivanders e o empório de piadas dos irmãos Weasley. Também se veem a motocicleta de Hagrid e a Nimbus 2000 de Harry.

Set do Grande Salão, parte do Warner Bros. Studio Tour, Leavesden Studios

As crianças vão gostar porque aqui poderão andar de vassoura. O passeio mostra algumas coisas do mundo dos cineastas atrás das câmeras, revelando como a animatrônica e os efeitos com tela verde infundiram vida aos monstros e maravilhas do mundo de Harry.

Para relaxar
O estúdio tem uma área para a filmagem de cenas externas, com muito espaço para a criançada brincar e conhecer o Noitebus Andante, a 4 Privet Drive e a Ponte de Hogwarts.

Informações
- **Endereço** Warner Bros. Studio Tour, Leavesden Studios, WD25 7LR; 08450 840 900; www.wbstudiotour.co.uk
- **Trem** Estação Watford Junction, depois ônibus especiais a cada 30min (£2 ida e volta). **Carro** Estacionamento grátis no local
- **Aberto** Diariam; 1ª visita 10h, última entre 16h e 18h30 (varia conforme a temporada); fechado 25-26 dez
- **Preço** £83 (até 4 anos grátis); deve-se comprar com antecedência.
- **Para evitar fila** Agende a primeira visita disponível
- **Idade** Todas
- **Atividades** Guias audiovisuais portáteis disponíveis em oito idiomas; informações, entrevistas e imagens inéditas (£4,95)
- **Duração** 3,5 horas; chegue 20min antes do início da visita.
- **Cadeira de rodas** Sim
- **Comida e bebida** *Lanches* O Studio Café (a partir das 9h30) serve sopas, saladas e sanduíches; há praça de alimentação no meio do caminho da visita.
- **Loja** Vende uma ampla gama de artigos relacionados à série.
- **Banheiros** Em vários locais

③ RAF Museum
Para brincar de piloto de caça

Muitas crianças querem ser piloto de caça quando crescerem, mas poucas conseguem. Então esta é a experiência mais próxima que talvez tenham: um hangar cheio de jogos de voo interativos e desafios no Royal Air Force Museum em Hendon. O Aeronauts Centre tem 40 experiências práticas que astutamente disfarçam princípios da ciência em brincadeiras: suba no cockpit de um helicóptero e assuma os controles; pegue uma barra de asa-delta e faça manobras no ar; ou faça os testes de aptidão dos pilotos. O museu está espalhado no antigo Hendon Aerodrome, secular local de nascimento da aviação britânica. Hangares gigantes abrigam mais de cem máquinas voadoras, de Sopwith Camels a mísseis

Informações
- **Endereço** Grahame Park Way, NW9 5LL; 020 8205 2266; www.rafmuseum.org.uk/london
- **Trem** Mill Hill Broadway, 15min a pé **Metrô** Colindale (Northern line), 10min a pé **Ponto de ônibus** Grahame Park Way; Lanacre Avenue **Carro** Estacione no local (a partir de £2,50)
- **Aberto** 10h-18h; show Our Finest Hour, a cada hora, 13h-17h
- **Preço** Grátis, exceto simulador de voo (£2,75) e cinema 4D (£4)
- **Passeios guiados** Grátis, com guias voluntários, horários variam; audioguia p/ algumas galerias disponível apenas p/ download
- **Idade** A partir de 6 anos; o simulador de Eurofighter exige altura mínima de 1,07m
- **Atividades** Programa de atividades e audioguia disponíveis no site; atividades familiares baseadas no Commonwealth Day (mar), no Armed Forces Day (jun) e na Batalha da Grã-Bretanha (set); há também workshops de meio período nas férias
- **Duração** Meio dia
- **Cadeira de rodas** Sim, apesar de acesso difícil às aeronaves
- **Comida e bebida** *Lanches* Wessex Café tem helicópteros e lanches caseiros. *Refeição* Wings Restaurant serve um menu infantil saudável e cuidadoso.
- **Loja** Vende uma variedade de presentes com tema de aviação
- **Banheiros** Perto da entrada

Um dos muitos aviões em exposição no RAF Museum

Preços para família de 4 pessoas

de cruzeiro, muitas delas suspensas. A partir de sua "torre de controle", a galeria Milestones of Flight dá um panorama da história das aeronaves, e outros destaques são o show de luz e som Our Finest Hour – revivendo a Batalha da Grã-Bretanha –, uma experiência 4D a bordo de um bombardeiro norte-americano B-17 e um simulador de voo Eurofighter Typhoon, que atinge o dobro da velocidade do som.

Para relaxar
Há muitos gramados para piquenique no museu.

④ Wembley Stadium
Noventa minutos de glória

Depois de uma polêmica reconstrução de £750 milhões, o "novo" estádio de Wembley retomou seu lugar como templo do futebol, com 90 mil lugares e um arco de 133m que se curva como um arco-íris sobre o horizonte do norte de Londres. Além da final da FA Cup em maio, Wembley recebe jogos internacionais de rúgbi, futebol americano e shows de rock, e é o estádio da final do futebol nas Olimpíadas de 2012.

Para pequenos (e adultos) loucos por futebol, ir até o estádio é como uma peregrinação, e as visitas guiadas de 90 minutos não decepcionam. Elas seguem os passos dos heróis no dia do jogo – do vestiário da seleção da Inglaterra e da área de aquecimento, passando pelo túnel até a lateral do campo, onde se ouve a saudação da torcida. Depois de sentar no banco de reservas, é hora de subir os famosos degraus até o camarote real para ver a réplica da FA Cup. Para os adultos, também há um vídeo com grandes momentos

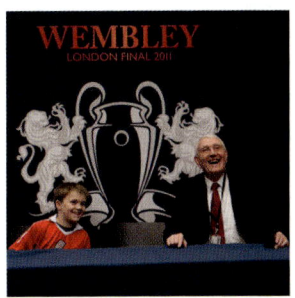

Nos bastidores do Wembley Stadium

da história e a exposição de relíquias famosas, como a trave que ajudou a Inglaterra a ganhar a Copa de 1966.

Para relaxar
Trouxe sua bola? Para o pontapé inicial, siga para oeste pela Dagmar Avenue até o **King Edward VII Park** (Park Lane, Wembley, HA9 7RX), que tem gramado, campos de futebol e playground.

Um passeio pelas trilhas do King Edward VII Park

Informações

- **Endereço** Wembley National Stadium, HA9 0WS; 0844 980 8001 (reservas: 0844 800 2755); *www.wembleystadium.com/Wembley-Tours.aspx*
- **Trem** Wembley Stadium station **Metrô** Wembley Park (linhas Metropolitan e Jubilee) **Ponto de ônibus** Olympic Way, Empire Way, Wembley Park Station **Carro** Green Car Park, Engineers Way
- **Aberto** Passeios quase todos os dias (veja no site), das 10h-16h; às vezes é oferecida apenas uma minivisita de 60min (não inclui os vestiários e o gramado)
- **Preço** £41 (até 5 anos grátis)
- **Para evitar fila** Agendamento altamente recomendado; chegue 30min antes do passeio
- **Idade** A partir de 6 anos
- **Atividades** Quizzes p/ download na página Groups and School Visits do site
- **Duração** 2h
- **Cadeira de rodas** Sim
- **Comida e bebida** Lanches Um café na entrada serve sanduíches e lanches
- **Loja** Vende suvenires de futebol e de Wembley
- **Banheiros** No início do passeio

CRIANÇADA!

Hogwarts artesanal
Veja a incrível maquete de Hogwarts feita por um exército de 86 artistas. Se tivesse sido construída por uma pessoa, teria levado 74 anos para ser concluída! É 24 vezes menor que a Hogwarts real e foi usada nas filmagens de cenas aéreas. Localize...
- 2.500 tochas e lanternas minúsculas no interior que se acendem e apagam
- Plantas de verdade
- Minúsculas figuras de aves no corujário
- Dobradiças de verdade em todas as portas

É um pássaro?
As aeronaves no RAF Museum têm todo tipo de nomes. Enquanto explora, você ganha pontos se achar...
- Nomes inspirados pelo vento ou o clima.
- Nomes emprestados de pássaros e animais.

Respostas no fim do quadro.

Wembley em números
1 Os times vencedores têm de subir 107 degraus para receber o troféu. No velho Wembley, eram apenas 39 degraus. De quantos degraus a mais estamos falando?
2 O estádio tem capacidade para 90 mil torcedores. Se existem 34 mil assentos no anel inferior e 39 mil no anel superior, quantas pessoas podem se sentar no anel intermediário? 
3 O campo tem 105m de comprimento e 68m de largura. Qual é sua área total?

Respostas no fim do quadro.

Respostas: É um pássaro? Algumas respostas possíveis: – marque dois pontos se achou algo a mais que nós! Clima Hurricane, Chinook, Tempest, Tornado Pássaros e animais Seagull, Harrier, Camel, Bulldog. **Wembley em números 1** 68. **2** 17 mil. **3** 7.140m².

Piquenique até £20; **Lanches** £20-40; **Refeição** £40-60; **Para a família** mais de £60 (base para 4 pessoas)

Horniman Museum e arredores

Se o Horniman Museum ficasse no centro de Londres, estaria entre as atrações imperdíveis para famílias. Baú de maravilhas estranhas, tem de tudo: de feitiços vodu a sarcófagos de múmias, passando por abelhas vivas e macacos empalhados. O museu fica perto de Forest Hill, a 15 minutos de trem da estação London Bridge. A rota de ônibus P4 vai do Horniman à outra atração do sul de Londres: a Dulwich Picture Gallery, onde os velhos mestres ganham vida nas oficinas familiares ArtPlay. Melhor ainda, vá andando pelo Dulwich Park, onde o Pavilion Café é uma ótima opção de almoço nos dias ensolarados.

Piquenique nos gramados ao redor da ornamentada estufa vitoriana no Horniman Museum

Passeio nas bicicletas reclinadas que podem ser alugadas no Dulwich Park

Locais de interesse

ATRAÇÕES
1. Horniman Museum and Gardens
2. Dulwich Picture Gallery
3. Crystal Palace Park

● **COMIDA E BEBIDA**
1. The Teapot
2. The Pavilion Café
3. The Dartmouth Arms
4. The Herne

Veja também Horniman Museum and Gardens (p. 222), Dulwich Picture Gallery (p. 224) e Crystal Palace Park (p. 225).

Um dos vários dinossauros em tamanho real que se escondem no Crystal Palace Park

Horniman Museum e arredores | 221

Informações

🚗 **Trem** P/ o Horniman Museum, vá p/ Forest Hill a partir da London Bridge; a Crystal Palace Station é acessada por Victoria e London Bridge; Penge West Station é próxima, a partir da London Bridge apenas; West Dulwich Station a partir de Victoria; North Dulwich Station a partir da London Bridge **Ônibus** Nº 185 opera p/ o Horniman Museum a partir da Victoria Station via Dulwich; nº 176 opera a partir da Tottenham Court Road via Trafalgar Square, Waterloo, Dulwich e o Horniman, p/ Crystal Palace Park

ℹ️ **Informação turística** 020 8297 8317; www.lewisham.gov.uk; www.southwark.gov.uk

🛒 **Supermercado** Sainsbury's, 34-48 London Road, Forest Hill, SE23 3HF
Mercados North Cross Road Market, East Dulwich (comida, artesanato, joias), 9h-17h seg-sáb; Dulwich College Farmers' Market, 9h-13h 4º dom do mês

🎉 **Festivais** Dulwich Festival, música, artes, passeios (mai); Bonfire Night, Crystal Palace Park (nov)

✚ **Farmácias** Boots, 21-23 Dartmouth Road, SE23 3HN (9h-17h30 seg-sáb); procure por farmácias 24h em www.nhs.uk/servicedirectories

🤸 **Playgrounds** Triangle Playground (London Road, Forest Hill, SE23 3PH); Dulwich Park (College Road, SE21 7BQ); Crystal Palace Park (Thicket Rd, SE20 8DT)

Criatividade a toda nas aulas de arte para crianças na Dulwich Picture Gallery

① Horniman Museum and Gardens
Múmias, amuletos mágicos e um tritão

Foi o comerciante de chá vitoriano Frederick Horniman que reuniu esta coleção de objetos de todo o Império Britânico. Os artefatos desafiam a mais louca imaginação infantil: um tótem, uma cadeira de tortura, amuletos mágicos, múmias e até um tritão. Além do apelo para as crianças, o local abriga o Aquarium, muito popular, e faz exposições que agradam o público adulto também. Aqui acontecem as mais exóticas sessões de "Busy Bee" de Londres, envolvendo dentes de tubarão, máscaras rituais ou pianos de polegar.

Besouro africano na Nature Base

Destaques

- **1º andar** Natural History Balcony
- **Térreo** Natural History Gallery, Hands On Base, Education Centre, café e loja
- **Térreo inferior** Exposições temporárias, Music Gallery, African Worlds Gallery e Centenary Gallery
- **Subsolo** Um aquário revela o que vive nas lagoas, nos recifes de corais e na floresta amazônica

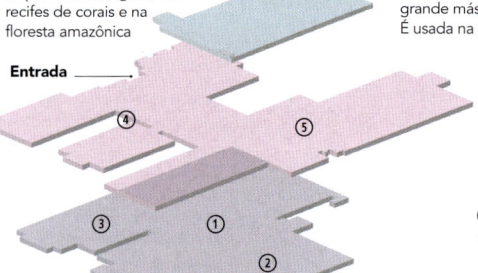

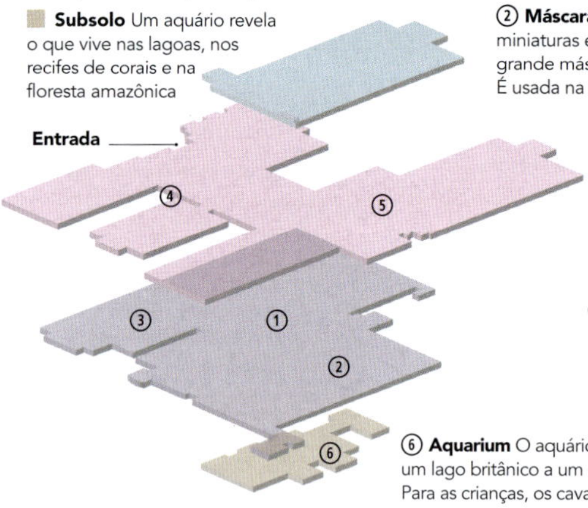

Entrada

① **Santuário de vodu haitiano** Esse altar berrante está cheio de oferendas estranhas: maquiagem, bonecos, perfumes, crânios. Os haitianos acreditam que os espíritos estão por toda parte, até em objetos descartados.

② **Máscara Igbo Ijele** Repleta de miniaturas e penas coloridas, essa grande máscara é a maior da África. É usada na cerimônia ijele na Nigéria.

③ **Music Gallery** Toque nas mesas para ouvir clipes de áudio da deslumbrante coleção de instrumentos.

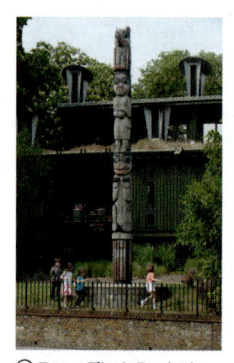

④ **Totem Tlingit** Esculpido em cedro, o tótem guarda a entrada do Horniman. Retrata a lenda do Alasca de uma menina que casou com um urso.

⑤ **Nature Base** Aqui você pode observar uma colônia de abelhas e roedores, além de examinar besouros no microscópio.

⑥ **Aquarium** O aquário apresenta 15 mostras – de um lago britânico a um recife de corais das Ilhas Fiji. Para as crianças, os cavalos-marinhos são os astros.

Para relaxar

No alto de Forest Hill, com vistas panorâmicas de Londres, a área gramada do museu tem jardins premiados, inaugurados em 2012. Outros destaques são o coreto histórico, uma área para piquenique, o passeio para ver animais como alpacas e coelhos e uma trilha natural de 1,5km no local de uma antiga linha de trem.

Para um playground tradicional, cruze a London Road até o **Triangle**, onde há tanque de areia, parede de escalada e um quiosque de chá.

O grande tanque de areia no Triangle, em frente ao Horniman Museum

Preços para família de 4 pessoas

Comida e bebida

Piquenique: até £20; Lanches: £20-40; Refeição: £40-60; Para a família: mais de £60 (base para 4 pessoas)

PIQUENIQUE The Teapot (56 London Road, SE23 3HF; 020 8699 2829) é um pequeno e bem cuidado salão de chá e delicatéssen, situado convenientemente entre a estação Forest Hill e o museu.

LANCHES Pavilion Café (College Road, SE21 7BQ; 020 8299 1383; 8h30-17h30, fins de semana a partir das 9h), no Dulwich Park, é um local encantador para bolos e café caseiro. Os especiais no almoço têm inspiração italiana.

REFEIÇÃO The Dartmouth Arms (7 Dartmouth Road, SE23 3HN; 020 8488 3117; www.thedartmoutharms.com; comida de 12h-15h30, 18h30-22h dom-sex; 12h-22h sáb) é um gastropub com vários pratos em pequenas porções, ideal para crianças. Perto da estação Forest Hill.

Horniman Museum e arredores | 223

Informações

- **Endereço** 100 London Road, Forest Hill, SE23 3PQ; 020 8299 1872; www.horniman.ac.uk
- **Trem** Forest Hill, 10min a pé
- **Ponto de ônibus** London Road; Sydenham Hill
- **Aberto** 10h30-17h30 diariam; jardins 7h15-pôr do sol seg-sáb, a partir das 8h dom
- **Preço** Grátis; aquário £6-10; algumas exposições temporárias têm entrada paga
- **Para evitar fila** Ingressos Busy Bee disponíveis às 10h45, 11h30 e 12h15 qua e sex; 12h30 nos fins de semana
- **Idade** A partir de 3 anos
- **Atividades** Atividades familiares grátis todo sáb-dom à tarde: várias sessões "discovery for all" (14h-15h30) e workshops de arte e manuseio de objetos, com ingresso (11h45-12h30, 13h-13h45, 13h30-14h15, 14h45-15h30); narração de história p/ família grátis todo 1º dom do mês (14h15 e 15h30); sessões frequentes em dias úteis nas férias (veja no site); Busy Bee, sessões de meia hora de artesanatos e histórias p/ menores de 5 anos toda qua e sex (10h45, 11h30 e 12h15); download de atividades divididas por faixa etária e pacotes educativos, antes da visita, www.horniman.co.uk.
- **Duração** Pelo menos meio dia
- **Cadeira de rodas** Sim, tanto no museu quanto nos jardins
- **Café** O café do museu tem excelente variedade p/ crianças; em dias com sol, toma o ornamentado conservatório vitoriano
- **Loja** Vende brinquedos, instrumentos musicais e livros inspirados na coleção do museu
- **Banheiros** Perto do café no térreo inferior

Bom para a família
Excelente opção. Ao contrário de muitos museus de Londres, até o café tem preços razoáveis.

CRIANÇADA!

Tóim!
Como prova o thongaphone do museu, dá para fazer instrumentos musicais de quase tudo. Veja como montar um alaúde com uma caixa de sapatos:
1 Pegue uma caixa de sapatos velha e abra um buraco redondo na tampa.
2 Estique cinco ou seis elásticos em volta da caixa, passando por cima do buraco. Use elásticos grossos e finos.
3 Coloque um lápis sob os elásticos nas duas extremidades da caixa, para fazer uma "ponte", e seu alaúde está pronto! Inclua mais instrumentos em sua orquestra em *www.ehow.com/videos-on_5019_make-musical-instruments-kids.html*.

Não toque!
Você consegue identificar os sapos venenosos no aquário? O sapo dourado venenoso é a espécie mais fatal de sapo, com toxinas suficientes para matar 20 mil ratos. Basta tocar nele e você pode morrer!

Atrás da sombra
Relógios de sol usam a sombra para marcar o tempo. Quantos deles você encontra no terreno do Horniman? Há dez – entre eles, um que precisa de você para funcionar!

Esta morsa empalhada é a principal atração da Natural History Gallery

PARA A FAMÍLIA The Herne
(2 Forest Hill Road, SE22 0RR; 020 8299 9521; www.theherne.net; 12h-14h30, 17h30-21h30) é mais restaurante que pub, com frango grelhado, linguine, salsichas e camarão. As crianças comem de graça de segunda a sexta quando um prato principal para adulto é pedido. Localiza-se em East Dulwich: pegue o ônibus 363 de Horniman.

Saiba mais
INTERNET O site oficial do museu (www.horniman.ac.uk) tem pacotes de atividades e trilhas, como Flights of Fancy (voos da fantasia), Marine mash-ups (misturas marinhas) e uma trilha de dinossauros.
Para um filme sobre os bastidores do Horniman, incluindo uma visão em raio X de seu famoso tritão, visite o canal do museu no YouTube (*www.youtube.com/user/horniman*). Siga o Horniman no Facebook e no Twitter (*@Horniman Museum*) e siga a própria morsa (*@HornimanWalrus*).

Próxima parada...
CRYSTAL PALACE PARK Venha até aqui para uma tarde de diversão entre dinossauros e playgrounds, ou visite o Sports Centre, se chover.

Real ou falso?
Por que a morsa não tem dobras? Porque quando foi empalhada, no final do século XIX, ninguém tinha visto uma morsa viva, então não se sabia direito como deveria ser. Apesar de estar recheada em excesso, ela agora é a coisa real! Perto, você verá um tritão – será? Na verdade, é a combinação de um corpo de peixe e de uma carranca feita de papel e argila. Isso é que é realmente assustador!

② Dulwich Picture Gallery
Velhos mestres e campos

Com jardins cercados, capela e mausoléu, este parece exatamente o tipo de lugar que não gosta de receber crianças, mas as aparências enganam. A mais antiga galeria pública de Londres está cheia de retratos de valor inestimável – de santos do século XVII a cortesãs do XVIII –, reunidos na década de 1790 para o rei da Polônia, que logo foi destronado, deixando a coleção sem lar. O arquiteto Sir John Soane (p. 94) entrou em cena e, nos salões interligados, sob claraboias, criou o que viria a ser o modelo das galerias de arte de todo o mundo. Há obras de Canaletto, Constable, Rafael e Rubens – e percursos gratuitos ajudam os visitantes a descobrir seus segredos.

A verdadeira alegria para as famílias, porém, são as várias aulas práticas de arte. No primeiro e último domingos do mês, as sessões ArtPlay incentivam pais e filhos a trabalhar juntos criativamente – desenhar quadrinhos, fazer bandeirinhas ou carimbos. Há mais do mesmo nas tardes de quarta-feira durante o verão, quando os jardins da galeria se transformam num piquenique gigante de artes. Também há oficinas para crianças de 6 a 11 anos e clubes de arte depois do horário escolar para jovens de 7 a 18 anos.

O percurso de 15 minutos da cidade até a arborizada Dulwich Village parece uma viagem mágica ao coração da zona rural, e, depois de se saciar com os grandes mestres, as crianças podem a atravessar a estrada até o atraente Dulwich Park, com lago de barcos, bicicletas para alugar e playground de aventuras.

Para relaxar

Os civilizados jardins da galeria estão abertos para piqueniques e brincadeiras – não há nenhum "não pise na grama". O **Dulwich Park** (020 8693 8635; www.southwark.gov.uk/info/461/a_to_z_of_parks/1296/dulwich_park/) tem playground, aluguel de bicicletas (020 8299 6636; www.londonrecumbents.com; 8h-anoitecer) e tênis.

Informações

🌐 **Endereço** Gallery Road, SE21 7AD; 020 8693 5254; www.dulwichpicturegallery.org.uk

🚗 **Trem** North Dulwich ou West Dulwich, ambos a 10min a pé
Ponto de ônibus College Road; Dulwich College

🕐 **Aberto** 10h-17h ter-sex, 11h-17h sáb-dom (última entrada às 16h30)

💲 **Preço** £12, até 18 anos grátis; mostras temporárias pagas

👥 **Para evitar fila** Agende cursos de meio período ou após o período escolar: 020 8299 8732

🚩 **Passeios guiados** 15h sáb e dom (grátis); iGuide multimídia (£3)

👫 **Idade** A partir de 8 anos

👨‍👩‍👧 **Atividades** Quizzes e trilhas de desenho grátis (4-12 anos); Family ArtPlay, 14h-15h30 1º e último dom do mês (grátis com ingresso, ou £2); também qua nas férias; workshops de meio período (6-8 e 9-11 anos, pagos); noites de jazz e filmes no verão

🕐 **Duração** 1-2h

♿ **Cadeira de rodas** Sim

☕ **Comida e bebida** *Refeição* O Café abre 1h antes da galeria e tem menu infantil por £5, além de famosos chás da tarde. *Lanches* The Pavilion Café no Dulwich Park (p. 222) é também uma boa aposta.

🛍️ **Loja** Vende presentes, livros e brinquedos relacionados à arte

🚻 **Banheiros** No térreo

À esq. Pinturas para secar na Dulwich Picture Gallery
Abaixo O agradável playground no Dulwich Park

③ Crystal Palace Park
A terra que o tempo esqueceu

Televisão, parques temáticos e meninas Bandeirantes – três grandes invenções, pelo menos para as crianças, que nasceram aqui, em um dos parques mais cheios de história em Londres. Por isso, é ótimo que o Crystal Palace finalmente esteja recebendo uma injeção de vida depois de anos no marasmo, com planos em andamento para uma reforma multimilionária que vai restaurar parte da pompa de seu apogeu vitoriano.

O parque foi criado pelo mestre jardineiro Joseph Paxton (1803-65) para abrigar seu gigantesco Crystal Palace, transferido painel por painel do Hyde Park depois de sediar a Grande Exposição de 1851. Debruçado sobre a colina, com vista para a cidade, ele era rodeado por extensos gramados, tinha fontes maiores que a Nelson's Column, e milhares de pessoas se reuniam aqui. Porém, o Crystal Palace pegou fogo em 1936: procure pelos terraços fantasmagóricos e pela estranha estátua de um sultão

Preços para família de 4 pessoas

Horniman Museum e arredores | 225

Grupo de dinossauros no Dinosaur Court do Crystal Palace Park

ou esfinge. Mas uma das maravilhas originais do parque ainda é um grande atrativo para as famílias: o Dinosaur Court, exército de 30 monstros pré-históricos em tamanho real que espreitam o lago de barcos. Criadas em 1853 pelo escultor Benjamin Waterhouse Hawkins e pelo paleontólogo pioneiro Richard Owen, essas estátuas eram uma sensação à época, prefigurando *A origem das espécies* de Darwin e dando ao Crystal Palace o direito de ser chamado de primeiro "parque temático" do mundo.

Pegue um guia no centro de informações do parque e vá à caça de iguanodontes e pterodáctilos – crianças loucas por dinos vão gostar de apontar os erros anatômicos denunciados por 150 anos de ciência. O playground vizinho tem uma estrutura em formato de dinossauro. Há ainda uma fazendinha com alpacas e uma sala de répteis, além de um dos maiores labirintos de arbustos do país. Acrescente as instalações cobertas do centro de esportes, lar espiritual do atletismo britânico, e já está justificada a viagem de trem para fora do centro. Logo, deve haver mais entretenimento – o projeto do Crystal Palace promete estufas tropicais, passarela entre as copas das árvores e até a recriação de uma das fontes de Paxton dos anos 1850.

Se chover...
A maior atração do parque é o **National Sports Centre** *(Ledrington Road, SE19 2BB; 020 8778 0131; www.gll.org/centre/crystal-palace-national-sports-centre.asp)*, com piscina olímpica coberta, quadras de tênis e parede de escalada. A piscina de treinamento do centro é reservada para famílias por duas horas na maioria dos dias. Outra opção é visitar o museu que conta a história do Crystal Palace original de Paxton *(020 8676 0700; www.crystalpalacemuseum.org.uk; aberto 11h-15h30, somente fins de semana e feriados).*

Informações

- **Endereço** Crystal Palace Park, Thicket Road, SE20 8DT; 020 8313 4471; www.bromley.gov.uk. Acesso via Thicket Rd, Crystal Palace Park Rd e Ledrington Rd
- **Trem** Crystal Palace, 2min a pé; Penge West, 5min a pé **Ponto de ônibus** Crystal Palace Station; Penge West Station
- **Aberto** 7h30-pôr do sol; centro de informação do parque (entrada Thicket Road) desde 9h
- **Preço** Grátis
- **Pass. guiados** Trilha do Dinossauro no centro de informação, que tem pequena mostra histórica
- **Idade** Livre
- **Atividades** Playground e área do dinossauro perto do portão da Thicket Road; também labirinto de cerca viva (grátis); em vários fins de semana, cuidadores da Crystal Palace Park Farm (12h-16h qui-ter; 0208 778 5572) dão palestras às 14h e 14h30; ocasionais pesca nos tanques e caçadas a ovos de Páscoa nas férias (ligue antes); National Sports Centre abriga atividades e escolas de esportes nas férias (6-15 anos; www.gll.org/holidayactivities)
- **Duração** Até meio dia
- **Cadeira de rodas** Sim
- **Comida e bebida** Lanches Park café *(entrada Thicket Road; 020 8776 5422; 9h-17h)* oferece fast food, lanches e bebidas
- **Banheiros** Perto da entrada pela Thicket Road

CRIANÇADA!

Pare, ladrão!
Na Dulwich Picture Gallery, encontre o retrato de Jacob de Gheyn III, de Rembrandt. Esta é a pintura mais roubada do mundo! Em 1983, um ladrão esgueirou-se pela claraboia e a furtou. Onde você acha que a polícia encontrou o quadro?
a Amarrado a uma bicicleta
b Em um banco de cemitério
c Em um armário numa estação de trem

Resposta no fim do quadro.

Eureca!
Três grandes ideias que começaram no Crystal Palace Park:

1) **Parques temáticos**
O Crystal Palace tem as primeiras esculturas de dinossauro do mundo – os vitorianos vinham caminhar entre elas e compravam miniaturas de lembrança. Procure o iguanodonte: em 1853, o Dinosaur Court foi inaugurado com um grande jantar servido na barriga dele!

2) **Televisão**
John Logie Baird, que inventou a televisão, transmitiu os primeiros programas de seu estúdio Crystal Palace em 1935. Não deixe de ver a antena gigante de TV que ainda existe aqui – com 219m, é a quarta edificação mais alta de Londres.

3) **Bandeirantes**
As Bandeirantes surgiram aqui em 1909, quando um grupo de garotas desfilou numa parada de escoteiros e pediu para participar do grupo. Veja se consegue encontrar os emblemas escondidos dentro do labirinto de arbustos do parque.

Resposta: c – mas as outras respostas também estão parcialmente corretas. A pintura foi roubada quatro vezes e apareceu em todos esses locais! Não é à toa que é apelidada de "Rembrandt para viagem".

Piquenique até £20; **Lanches** £20-40; **Refeição** £40-60; **Para a família** mais de £60 (base para 4 pessoas)

Arredores do Centro

Kew Gardens e arredores

Finos, bem cuidados e bem localizados no fim da linha District, Richmond e Kew são uma lufada de ar fresco para as famílias cansadas da cidade. As crianças vão se esbaldar nos jardins e adorar o Richmond Park – em especial seus veados-vermelhos. Para ir a Kew, desça no metrô, compre o piquenique e passeie pelos jardins no Explorer Bus. Para ir ao Richmond Park, pegue o ônibus 65 ou o 371 na estação de Richmond. Também há várias mansões na região: siga pelo passeio à beira-rio em Richmond até a assombrada Ham House.

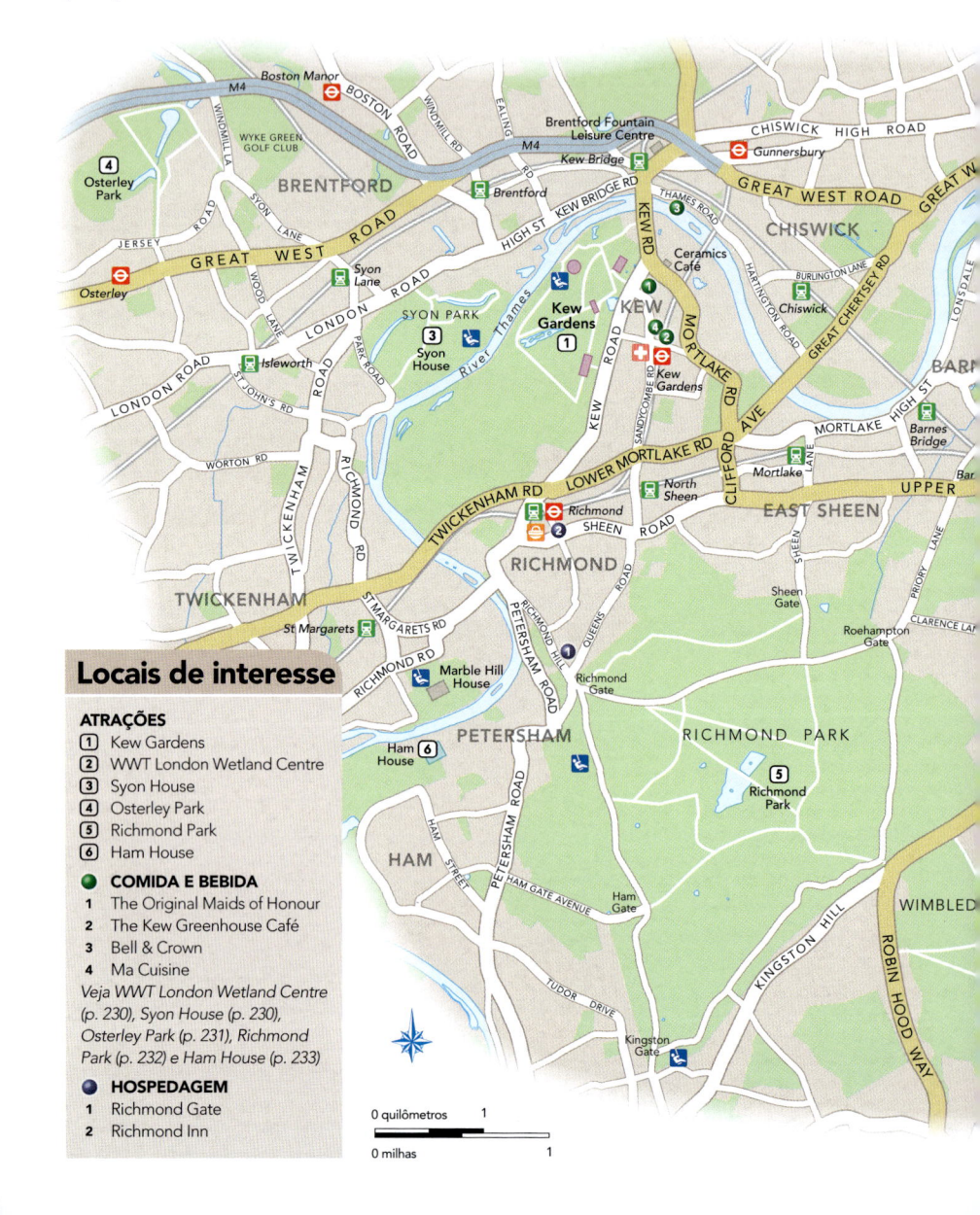

Locais de interesse

ATRAÇÕES
1. Kew Gardens
2. WWT London Wetland Centre
3. Syon House
4. Osterley Park
5. Richmond Park
6. Ham House

COMIDA E BEBIDA
1. The Original Maids of Honour
2. The Kew Greenhouse Café
3. Bell & Crown
4. Ma Cuisine

Veja WWT London Wetland Centre (p. 230), Syon House (p. 230), Osterley Park (p. 231), Richmond Park (p. 232) e Ham House (p. 233)

HOSPEDAGEM
1. Richmond Gate
2. Richmond Inn

Kew Gardens e arredores | 227

Acima O Great Conservatory na Syon House
À dir. Guloseimas deliciosas em The Original Maids of Honour

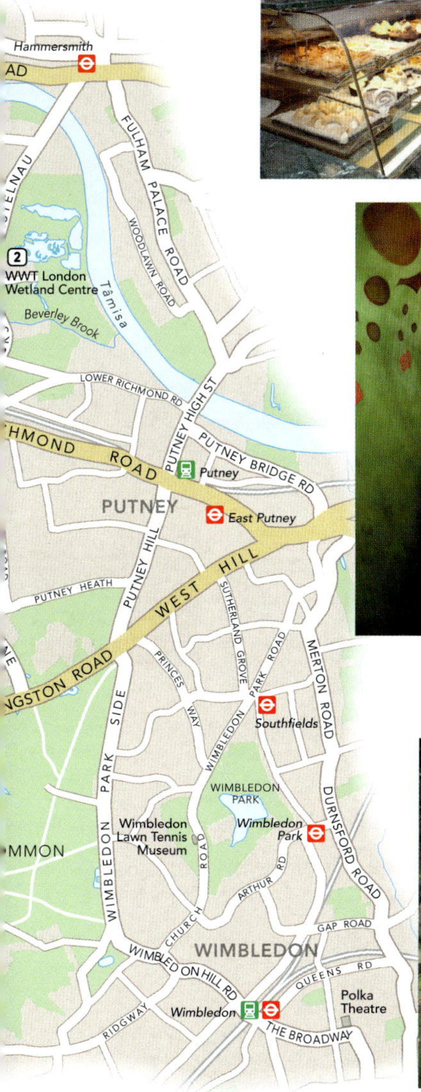

Acima Área de recreação interativa Climbers and Creepers, nos Kew Gardens

Jovens cavalgam em pôneis no Richmond Park

Informações

🚗 **Trem** Kew Bridge e Richmond, ambos servidos por trens a partir de Waterloo (via Barnes); Richmond e Kew Gardens (North London line) **Metrô** Kew Gardens, Richmond (ambos District line)

ℹ **Informação turística** 08456 122 660; *www.visitrichmond.co.uk*

🛒 **Supermercados** Waitrose, 4 Sheen Road, Richmond, TW9 1AE **Mercado** Richmond Farmers' Market, Heron Square, 11h-15h sáb

🎉 **Festivais** Tropical Extravaganza, Kew Gardens (fev); Holi Hindu Festival of Colour (mar); Kew Summer Swing (concertos e piqueniques) (ago); Richmond Riverside Festival, world music e dança (ago); Great River Race, ponto final (set); Richmond Literature Festival (nov)

✚ **Farmácias** Lloyds, 19-21 Station Parade, Kew, TW9 3PS (9h-19h seg-sáb, 10h-16h dom); procure por farmácias 24h em *www.nhs.uk/servicedirectories*

🛝 **Playgrounds** Climbers and Creepers, Kew Gardens (*perto do Brentford Gate*); Petersham Gate, Richmond Park (*Petersham Rd, TW10 5HS*); Marble Hill Adventure Playground, Marble Hill Park (*Richmond Rd, TW1 2NL*)

① Kew Gardens
Os jardins mais famosos do mundo

Fundados há mais de 250 anos, os Royal Botanic Gardens – conjunto de lagos, minitemplos, trilhas e playgrounds – são um lugar adorável. As estufas vitorianas de Kew proporcionam uma volta ao mundo da botânica, mas melhor ainda é perambular pelas clareiras coloridas em torno do Queen Charlotte's Cottage ou admirar os pavões na lagoa Waterlily. Os pequenos visitantes podem entrar na toca do texugo e subir nas copas das árvores – e, se isso não cansá-los, há um estimulante parquinho com temática vegetal.

Pagode oriental

Destaques

① **Treetop Walkway** Suba nos galhos das árvores de Kew para uma vista vertiginosa. A passarela foi projetada para balançar com o vento.

② **Palm House** As plantas tropicais gotejam na úmida atmosfera da estufa mais quente de Kew. No aquário no porão, coloque óculos 3D e vá "nadar com o plâncton".

③ **Temperate House** Maior estufa vitoriana do mundo, também é o lar da "planta doméstica" mais alta do mundo, acessível pelas varandas de ferro ornamentadas.

④ **Climbers and Creepers** Caia na armadilha da escorregadia planta carnívora ou se contorça no ninho de ratos campestres nesse engenhoso playground coberto. Fora, o Treehouse Towers tem tirolesa e pontes de corda.

⑤ **Evolution House** Cachoeiras despencam e insetos zunem nesta viagem pelos pântanos primordiais da era dos dinossauros. Cuidado com as centopeias monstruosas!

⑥ **Princess of Wales Conservatory** Procure a dioneia e a maior flor do mundo em uma das dez zonas climáticas. Escotilhas permitem olhar os tanques de peixes de perto.

⑦ **Badger Sett** Os joelhos ficam cheios de barro depois que se rasteja nesta toca de texugo. Ali perto, explore mais a vida selvagem em Nature Hide e Stag Beetle Loggery.

Portão Brentford · Portão Elizabeth · Portão Victoria · Portão Lion · Queen Charlotte's Cottage · Lagoa Waterlily

Se chover...

As estufas, aquários e áreas de jogos cobertas de Kew oferecem diversão para os dias chuvosos o ano todo. Há ainda um canto para bebês na White Peaks Shop. Em Kew Green, o Ceramics Café oferece oficinas de pintura em cerâmica (1a Mortlake Terrace, TW9 3DT; 020 8332 6661; 10h-18h), enquanto logo ao sul dos Kew Gardens a Pools on the Park (Twickenham Rd, Richmond, TW9 2SF; www.springhealth.net/richmond/index.html) tem piscinas fechadas e abertas (a partir de 6h30 seg-sex, 8h sáb e 7h dom; horário de fechamento varia, veja o site).

Preços para família de 4 pessoas

Comida e bebida

Piquenique: até £20; Lanches: £20-40; Refeição: £40-60; Para a família: mais de £60 (base para 4 pessoas)

PIQUENIQUE The Original Maids of Honour (288 Kew Road, Kew, TW9 3DU; 020 8940 2752; www.theoriginalmaidsofhonour.co.uk; 9h-18h) é uma instituição de Kew, que remonta à era Tudor. Vende as "damas de honra" para o chá, almoços gostosos e cestas de piqueniques para diferentes gostos.

LANCHES Kew Greenhouse Café (1 Station Parade, Richmond TW9 3PS; 020 8940 0183; 8h-anoitecer) é um café tradicional inglês, entre o metrô e Victoria Gate, que serve massas, quiches, ovos com torradas e bolos caseiros.

REFEIÇÃO Bell & Crown (11-13 Thames Road, W4 3PL; 020 8994 4164; www.fullers.co.uk; 12h-15h, 18h30-22h, tardes de fim de sema-

Os doces "Maids of Honour", origem do nome da popular confeitaria de Kew

Kew Gardens e arredores | 229

Informações

- **Endereço** Royal Botanic Gardens, Kew, Richmond, Surrey, TW9 3AB; 020 8332 5000; www.kew.org
- **Trem** Kew Gardens, 5min a pé; ou Kew Bridge, 10min **Metrô** Kew Gardens (District line) **P. de ônibus** Kew Gardens, Kew Bridge Station **Carro** Estacionamento no Brentford Gate (£6,50 por dia) **Ônibus fluvial** Kew Pier, abr-set, quatro viagens diárias de e p/ Westminster (020 7930 2062; www.wpsa.co.uk)
- **Aberto** 9h30-18h30 abr-ago; 9h30-18h set-out; 9h30-16h15 out-jan; 9h30-17h30 fev-mar; última entrada 30min antes, nos fins de semana fecha uma hora mais tarde; Evolution House fechada para reformas (veja o site para obter mais informações)
- **Preço** £29 (até 17 anos grátis)
- **Passeios guiados** Explorer Bus passeia pelos jardins a cada 1h, e a cada meia hora na alta temporada (£10-15); caminhadas grátis diariam da Victoria Plaza, 11h e 13h30; passeios temáticos
- **Idade** Livre
- **Atividades** Climbers and Creepers (3-9 anos); Treehouse Towers (acima de 11); guia impresso Kids' Kew (£5) tem adesivos e trilhas pelo jardim; Tropical Extravaganza fev (orquídeas etc.); Kew the Music (concertos e piqueniques) jul
- **Duração** Até um dia
- **Cadeira de rodas** Na maior parte. O aquário e as galerias superiores não são acessíveis, mas o jardim e os prédios, sim; Explorer Bus leva uma cadeira
- **Cafés** The Orangery é self-service, com porções infantis e chás da tarde; White Peaks Café, perto da área de recreio, serve comida familiar simples e sorvete; Victoria Plaza Café, sanduíches e lanches. No verão, Pavilion Restaurant faz churrasco ao ar livre e bufê de saladas. Todos têm caixas de lanches p/ crianças.
- **Lojas** Vende artigos relacionados a plantas e a cozinha; loja de brinquedos na área de recreio
- **Banheiros** Nas maiores atrações

Bom para a família
Entrada grátis para menores de 17 anos; e lá dentro não há praticamente nada com que gastar.

Saiba mais
INTERNET No site dos Kew Gardens, a zona Climbers and Creepers tem desenhos para colorir, histórias e cultivo virtual de plantas para crianças entre 3 e 6 anos: www.kew.org/climbersandcreepers. Os mais velhos podem aprender a cultivar mangueiras e fazer vitaminas em www.plantcultures.org/activities.

Próxima parada...
KEW PALACE Dentro dos Royal Botanic Gardens há uma casinha de princesas. O Kew Palace (0844 482 7777; www.hrp.org.uk/kewpalace; 10h-17h, a partir das 11h dom, abr-set) parece uma grande casa de bonecas – o que é possível, já que foi comprado pelo rei Jorge III para ser o berçário de seus filhos. É o menor palácio real remanescente, e entre seus destaques estão a "casa do bebê" de 200 anos construída pelas princesas georgianas. A entrada é paga em separado (£6), embora menores de 16 anos acompanhados não paguem.

na) é uma agradável faixa de pubs populares à beira do rio cruzando a Kew Bridge que se vangloriam da boa comida de pub para famílias. **PARA A FAMÍLIA Ma Cuisine** (The Old Post Office, 9 Station Approach, TW9 3QB; 020 8332 1923; www.macuisinebistrot.co.uk; 10h-23h30), um elegante bistrô francês com ambiente descontraído e acolhedor, possui a distinção Bib Gourmand do Michelin para a autêntica comida francesa. Uma criança menor de 12 come grátis entre 12h-18h seg-sáb e o dia todo dom.

A tirolesa "flying fox" em Treetop Towers, em frente a Climbers and Creepers

CRIANÇADA!

Recordistas!
Qual o nome destas plantas recordistas nas estufas de Kew?
1 A planta doméstica mais alta do mundo
2 A planta de vaso mais antiga do mundo
3 A semente mais pesada do mundo.

Respostas no fim do quadro.

O PODER DAS FLORES
A Palm House tem incríveis plantas medicinais. Procure a pervinca de Madagascar – sua seiva é empregada para tratar leucemia, que no passado matava 80% das crianças doentes. Hoje, mais de 90% têm boas chances de sobreviver.

Detetive da natureza
Quantos texugos você consegue encontrar na toca? Há cerca de vinte animais vivendo em Kew, mas eles são muito reclusos durante o dia. Tente identificar estes sinais indicadores de atividade do texugo:
• Árvores arranhadas para afiar as garras a fim de cavar em busca de vermes
• Trilhas batidas – eles sempre seguem as mesmas rotas
• Pelos pretos e brancos – tufos de pelo ficam presos em cercas

Que fedor!
Já ouviu falar da flor que tem cheiro de bicho morto? É o jarro-titã (titan arum, em inglês), apelidada de "flor-cadáver". Trata-se da maior flor do mundo, chegando a 3m de altura. Quando a flor-cadáver de Kew floresceu em 1926, tanta gente veio vê-la que a polícia teve que ser chamada para controlar a multidão!

Respostas: 1 palmeira-do-chile 2 Cicadofita 3 Coco-do-mar.

Arredores do Centro

② WWT London Wetland Centre
A melhor lagoa de patos de Londres

Inaugurado em 2000, o London Wetland Centre foi um triunfo da conservação – um feio reservatório transformado em uma linda área de lagoas e pastagens a apenas 6km de Westminster. Milhares de aves aquáticas vivem ali, entre elas espécies exóticas como a piadeira-americana cinza e dourada, que pasta nos campos como ovelhas, e marrecos que nadam em círculos até criar um vórtice para trazer sua comida à superfície.

O Discovery Centre, coberto, tem tudo para envolver as crianças, como câmera subaquática na lagoa e exposição para ouvir aos detritos, com plantas aquáticas filtrando a água suja. No playground de aventuras há salto de rãs e corrida de patos de borracha, e as crianças podem entrar e sair das zonas úmidas para procu-

Patos selvagens junto à água no London Wetland Centre

rar ratazanas-d'água e admirar os cortadores de grama ecológicos da reserva: um trio de belos búfalos escoceses. Há alimentação de pássaros todas as tardes, e a programação de eventos para a família preenche os fins de semana e as férias escolares com construção de ninhos, safári na lagoa e (na Páscoa) ovoscopia – a fascinante visão do desenvolvimento no interior de um ovo de pato. Mas os pequenos devem gostar mesmo é da sensação de espaço com o belo panorama de Londres ao fundo.

Se chover...
O Discovery Centre, a zona da lagoa e o observatório "aeroporto de pássaros" são interativos e garantem pelo menos uma hora de entretenimento à prova de intempéries.

③ Syon House
Paraíso das histórias de época

Brilhando como um lingote de ouro ao lado do Tâmisa, este é o último bastião da Inglaterra aristocrática nos arredores de Londres – e ainda a casa do duque de Northumberland, após mais de 400 anos. É fácil imaginar o lugar como um palco, e ela já foi cenário de dois filmes,

Pequeninos explorando a fauna aquática no London Wetland Centre

Informações
- **Endereço** Queen Elizabeth's Walk, Barnes, SW13 9WT; 020 8409 4400; www.wwt.org.uk/visit-us/london
- **Trem** Barnes ou Barnes Bridge, 15min a pé **Metrô** Hammersmith, depois ônibus nº 283 **P. de ônibus** Wetland Centre ou Red Lion **Carro** Estacionamento grátis no local
- **Aberto** 9h30-18h abr-out; 9h30-17h out-mar (última entrada 1h antes)
- **Preço** £28 (até 4 anos grátis)
- **Passeios guiados** 11h, 14h (grátis) e 12h nos fins de semana
- **Idade** Livre

Informações
- **Endereço** Brentford, Middlesex, TW8 8JF; 020 8560 0882; www.syonpark.co.uk
- **Trem** Kew Bridge, depois ônibus 237 ou 267; ou Brentford, depois 15min a pé **Metrô** Gunnersbury (District line) depois ônibus 237 ou 267 **Ponto de ônibus** Brent Lea **Carro** Estacionamento grátis
- **Aberto** Casa: 11h-17h qua, qui, dom meados mar-out (última entrada às 16h); Jardins: 10h30-17h diariam, no inverno só fim de semana
- **Preço** £25 (até 5 anos grátis)
- **Passeios guiados** Ocasionais caminhadas guiadas pelo jardim
- **Idade** A partir de 8 anos
- **Atividades** Cinema no jardim, ago; Enchanted Woodland à noite, nov; feiras de artesanato
- **Duração** Até 2h
- **Cadeira de rodas** Caminhos pelo jardim são acessíveis, assim como o térreo da casa (elevador)
- **Comida e bebida** Lanches Refectory Café vende vários lanches e almoços leves
- **Loja** Pequena loja de presentes e centro de jardinagem
- **Banheiros** No térreo

Atividades
- **Atividades** Alimentação de pássaros 15h diariam; atividades familiares grátis (30-60min) sáb-dom e feriados; fins de semana Animal Discovery; observação de morcegos à noite (a partir de 8 anos, £10)
- **Duração** Meio dia
- **Cadeira de rodas** Sim, exceto Wildside Hide (degraus)
- **Comida e bebida** Lanches Water's Edge Café vende bolos e almoços quentes 11h-15h
- **Loja** Vende livros, itens ecológicos, produtos p/ pássaros e suvenires
- **Banheiros** No térreo, perto do café, e no estacionamento

Assassinato em Gosford Park e A loucura do rei George. Na vida real, o elenco estelar que passou pela casa inclui Henrique VIII, Sir Walter Raleigh, chefes indígenas e os Conspiradores da Pólvora.

Explore os épicos aposentos concebidos para o primeiro duque por Robert Adam (1728-92), com deuses dourados, tapeçarias de seda e tetos que lembram bolos de casamento, como os que ele havia visto na Itália neoclássica. Há também a cúpula do Great Conservatory – tão grande que inspirou o Crystal Palace (pp. 224-5) de Paxton – e os extensos terrenos com paisagismo de "Capability" Brown (1716-

A sala de jantar neoclássica Northumberland na Syon House

Preços para família de 4 pessoas

Construído com bronze, pedra de Bath e vidro, o Great Conservatory na Syon House

83). Para as crianças, o arboreto ornamental é fascinante na temporada "Enchanted Woodland", quando é iluminado por mais de mil luzes. Os menores podem gostar da algazarra em Snakes and Ladders, área de recreação na propriedade.

Para relaxar
A Syon House tem amplos jardins e um lago que abriga plantas e animais diversos. Há também uma casa-geladeira usada em 1760-61. Nessa época, levava dois dias para ser enchida com gelo do lago. O gelo era usado para criar sobremesas, como sorvetes.

④ Osterley Park
O bônus de um grande banqueiro

Em 1761, quando o rico banqueiro Sir Francis Child queria um novo visual chamativo para a casa da família no Osterley Park, havia apenas um homem a chamar: o extraordinário guru de estilo Robert Adam. Ele não só adicionou o pórtico romano, as escadarias e a Long Gallery (40m) à mansão elisabetana, como também desenhou tapetes, móveis, lareiras e tetos novos. O resultado é um "palácio dos palácios", uma amostra de como viviam os banqueiros super-ricos da Grã-Bretanha há 250 anos.

O melhor para as crianças é que os aposentos "de baixo" em Osterley também permaneceram intactos: no salão abobadado dos criados, dá para conhecer utensílios antigos de cozinha, colocar aventais e chapéus dos serviçais e assistir a projeções de filmes de empregadas e lacaios georgianos em ação. O guia audiovisual móvel só para crianças é estrelado por Tweeny, a garota serviçal, que conduz o visitante entre as salas, enchendo lareiras e buscando água. O parque panorâmico de Osterley fica aberto diariamente ano todo, mas tente visitar no dia do mês em que há programação para famílias.

Para relaxar
O belo parque cheio de lagos é ótimo para piquenique: pegue um folheto com percursos na casa.

A magnífica mansão no Osterley Park, vista do Garden Lake

Informações
- **Endereço** Jersey Road, Isleworth, Middlesex TW7 4RD; 020 8232 5050; www.nationaltrust.org.uk/osterley
- **Trem** Isleworth, 30min a pé **Metrô** Osterley (Piccadilly line), 15min a pé **Ponto de ônibus** Jersey Road (nº H28); Hammersmith (H91, 15min a pé) **Carro** Estacionamento £3,50
- **Aberto** Casa: 12h-16h30, qua-dom (até 15h30 mar) mar-out; 12h-15h30, sáb e dom nov-meados dez; jardim: 11h-17h qua-dom/out; 12h-15h30, sáb e dom nov; parque: 8h-19h30 diariam
- **Preço** Casa e jardim: £24,75; apenas jardim, £14-20; parque grátis
- **Passeios guiados** Guia audiovisual inclui trilha familiar; ocasionais passeios temáticos e caminhadas pelo parque (pagos, veja no site)
- **Idade** A partir de 6 anos
- **Atividades** Family Discovery Days último dom do mês, 12h-16h; atividades infantis na qui à tarde nas férias escolares, 13h-16h; ambos grátis com o ingresso
- **Duração** 2h
- **Cadeira de rodas** Não
- **Comida e bebida** Lanches Stables Café (11h-17h qua-dom; 12h-16h nov) serve almoços caseiros e chás
- **Loja** Presentes; também uma venda de fazenda com flores e vegetais
- **Banheiros** Perto dos estábulos

CRIANÇADA!

Hmmm!
Ligue estes moradores de Wetland Centre a seus estranhos hábitos alimentares.
1 Se o alimento é escasso, os bebês desta criatura às vezes devoram seus irmãos mais novos.
2 Esta criatura pode capturar e comer 3 mil insetos numa única noite!
3 Principalmente vegetariana, esta criatura às vezes lancha pernas de rã quando o alimento é escasso.

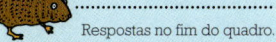

Respostas no fim do quadro.

TEMPO DE SERVIÇAIS
Uma "tweeny" era uma serviçal que trabalhava ajudando tanto a cozinheira quanto a copeira no salão. Elas labutavam de 7h-23h todos os dias, exceto domingos, e tinham uma semana de férias por ano. As tweenies vitorianas ganhavam cerca de 6 xelins por semana – o equivalente a 72 centavos de libra!

Soberanos de Syon
Todos estes monarcas Tudor passaram algum tempo na Syon House, e todos tiveram tristes fins. Você sabe quem são?
1 Este rei teve seis esposas. Em 1547, seu caixão foi levado para Syon e se abriu durante a noite. Cães foram encontrados lambendo o que vazou!
2 Esta rainha foi presa em Syon por Henrique VIII em 1542, depois levada para a Torre de Londres e decapitada.
3 O trono foi oferecido a esta rainha em Syon em 1553, quando ela tinha 16 anos. Reinou por apenas nove dias, e acabou perdendo a cabeça.

Respostas: Hmm! 1 Garça. 2 Morcego-anão. 3 Ratazana-d'água. Soberanos de Syon 1 Henrique VIII. 2 Catherine Howard. 3 Lady Jane Grey.

Piquenique até £20; **Lanches** £20-40; **Refeição** £40-60; **Para a família** mais de £60 (base para 4 pessoas)

⑤ Richmond Park
Colinas, veados e Henrique VIII

Bosque Gibbet, arboreto Bone, lagoa Leg of Mutton... os nomes dos recursos naturais deste parque são carregados de romance e descrevem bem o local: é o pedaço de terra mais selvagem de Londres. Richmond é o maior parque real e continua igual a quando Carlos I ergueu um muro de 13km à sua volta, em 1637, e soltou 2 mil veados no local para caçar. Alguns carvalhos da época do rei ainda existem, assim como 650 veados-vermelhos e gamos, uma grande atração para as crianças – mas é melhor não chegar muito perto, especialmente no outono, quando eles lutam entre si para liderar o bando.

A melhor entrada para as famílias é por Richmond, até o playground em Petersham Gate e o Pembroke Lodge Café, instalado numa mansão georgiana. Faça a digestão subindo o Mound de Henrique VIII para ver a Catedral de St Paul: alguns dizem que o rei ficou aqui esperando o sinal de que seu casamento com Ana Bolena se encerrara definitivamente.

Um espetáculo colorido no Polka Theatre em Wimbledon

Há aluguel de bicicletas o ano todo no Roehampton Gate, no lado leste, e as outras opções de esporte no parque são empinar pipas, andar a cavalo e pescar em Pen Ponds. Isabella Plantation, com suas azaleias e labirintos de riachos e pontes, é sensacional na primavera e no outono, com grande potencial para brincar de esconde-esconde.

Se chover...
Pegue o ônibus 493 em Richmond ou Roehampton até o **Wimbledon Lawn Tennis Museum** *(Church Rd, SW19 5AE; 020 8946 6131; www.wimbledon.com/visiting/museum, 10h-17h diariam; £38-48, até 5 anos grátis, não inclui estádio)*, que tem exposições interativas, entre elas o "fantasma" de John McEnroe. Ou fique no ônibus e visite o **Polka Theatre** *(240 The Broadway, Wimbledon SW19 1SB; 020 8543 4888; www.polkatheatre.com; 10h-16h30 diariam)*, para menores de 14 anos, com intensa programação (dois espetáculos ao dia ter-sáb), playground e um canto de fantasias com cavalos de balanço e livros de histórias.

Acima Playground infantil perto do Petersham Gate, Richmond Park
Abaixo Um magnífico veado-vermelho macho sob as árvores no Richmond Park

Informações

Endereço Holly Lodge, Richmond Park, Richmond, TW10 5HS; 0300 061 2200; www.royalparks.gov.uk/richmond-park

Trem Richmond, depois ônibus 65 ou 371; ou Norbiton, 15min a pé até Kingston Gate. **Metrô** Richmond (District line), d/ ônibus. **P. de ônibus** Norte: 33, 190, 337, 391, 419, 485, R68. Sul: 85, 263, K3. Leste: 72, 493. Oeste: 65, 371. **Carro** Seis estacionamentos grátis

Aberto Parque: a partir de 7h mar-set; 7h30 out-fev (fecha meia hora antes de escurecer). Escritório do parque: aberto dias de semana 8h30-16h. Visitor Centre: Pembroke Lodge (Richmond Gate) aberto 10h-16h sex-dom (até 15h nov-fev).

Preço Grátis

Passeios guiados Quase todo mês, caminhadas gratuitas pelo jardim (datas variam, veja no site)

Idade Todas

Atividades Playgrounds nos portões Petersham e Kingston. Aluguel de bicicletas no Roehampton Gate (10h-17h seg-sex, até 19h fins de semana e férias escolares; a partir de £4 por hora; 0705 020 9249; www.parkcycle.co.uk). Aulas para soltar pipa (020 7870 7700; www.kitevibe.com); licenças de pesca (jun-mar; 020 8940 3209); golfe pague e jogue (020 8876 1795); para estábulos, veja o site.

Duração Até um dia

Comida e bebida *Lanches* Roehampton Café *(9h-17h diariam)*, do parque, vende lanches e sorvetes. Quiosques em Broomfield Hill e Pen Ponds. *Refeição* Pembroke Lodge Café *(020 8940 8207; verão 10h-17h30; inverno até anoitecer)* oferece cardápio completo de restaurante, com pratos infantis e mesas ao ar livre.

Banheiros Em todos os portões principais

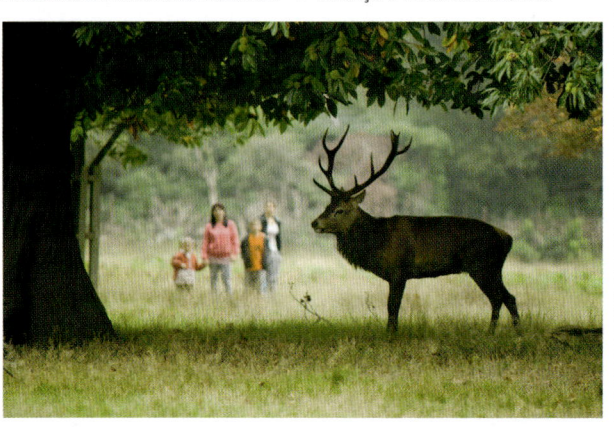

Preços para família de 4 pessoas

⑥ Ham House
A casa mais assombrada de Londres?

Com jardins à beira do rio, mapa do tesouro e um bando de fantasmas, é difícil imaginar uma casa senhorial mais atraente para famílias do que a Ham House. A atração principal é a localização dos sonhos, com gramados se estendendo até um trecho especialmente bucólico do Tâmisa. A casa é uma cápsula do tempo, pouco mudada desde a década de 1670, quando a bela e cruel duquesa Lauderdale planejou sua trajetória até o topo da sociedade Stuart. Força motriz da sociedade secreta Sealed Knot, que reconduziu Carlos II ao trono, a duquesa encheu os salões de Ham com mobiliário e arte exuberantes.

O que vai interessar às crianças, no entanto, não é o legado da duquesa, mas o fato de que ela ainda pode estar na casa. Funcionários e visitantes às vezes ouvem o barulho de sua bengala de prata e avistam seu cão King Charles nos corredores. A visita temática sobre os fantasmas complementa as imaginativas atrações para crianças: um Discovery Room infantil com mapa do tesouro para explorar a casa, trilhas pelo jardim, narração de histórias, cinema e teatro ao ar livre no verão.

Em dias ensolarados, vá a pé da estação Richmond até Ham pelo Thames Path (baixe o percurso em *www.nationaltrust.org.uk/hamhouse*) ou pegue a histórica balsa na margem norte, onde a Marble Hill House (*Richmond Rd, Twickenham, TW1 2NL; 020 8892 5115; www.english-heritage.org.uk*) reluz como miragem sobre a água. Obra-prima das mansões palladianas, ela tem programação para famílias nos fins de semana.

Para relaxar
As crianças podem correr soltas no labirinto de sebes e nas casas de veraneio dos jardins.

Informações

Endereço Ham Street, Richmond, TW10 7RS; 020 8940 1950; *www.nationaltrust.org.uk/hamhouse*

Trem St Margarets ou Twickenham, 10min a pé e ferryboat (10h-18h ou pôr do sol, fev-out, mais fins de semana inverno); Richmond e 30min a pé pela beira-rio, ou ônibus 65 ou 371. **Metrô** Richmond (linha District). **P. de ônibus** Ham Street, Sandpits Road. **Carro** Estacionamento gratuito perto.

Aberto 12h-16h sáb-ter, abr-out; fev, mar e nov: somente visitas guiadas, 11h30-15h30. Jardim, loja e café: 11h-17h diariam

Preço Casa e jardim: £27,90. Somente jardim, £9,75 fev-nov; £4,90 1º jan-19 fev e 3-25 nov

Passeios guiados Só fev, mar e nov: passeios de 30min a aposen- tos selecionados. Passeios pelo jardim o ano todo (ligue). "Servants' Tours", abr-out, ter (pago).

Idade Todas

Atividades Interactive Discovery Room, trilha quiz e trilha do jardim. Artesanato Art Cart abr-out, dom. Passeios "fantasma" ocasionais p/ famílias (maiores de 5 anos; reserve). Caça a ovos de Páscoa; cinema e teatro no verão nos jardins; eventos natalinos.

Duração 2h

Cadeira de rodas Limitado: degraus e portas estreitas – há elevador; caminhos de cascalho fora

Comida e bebida Lanches O atraente Orangery Café faz o próprio pão; tem espaço infantil.

Loja Vende artigos e suvenires locais e pouco usuais

Banheiros No pátio

CRIANÇADA!

Engane um adulto!
Tente esta pegadinha: "Eu sou uma das criaturas mais ameaçadas do Richmond Park. Bato os chifres em meus rivais para conquistar as melhores fêmeas. Sou tão especial que o parque virou área de preservação. Quem sou eu?"

Ele respondeu "veado"? Errado! A resposta é besouro lucano. O bicho, que parece uma fera em miniatura, é o maior inseto terrestre da Grã-Bretanha. Mas não se preocupe: pode ter mandíbulas grandes, mas não é perigoso!

Schi-pá!
Imagine ser chicoteado sempre que seu amigo fizer umas travessura! No século XVII, as pessoas acreditavam que os jovens príncipes haviam sido escolhidos por Deus e não podiam ser punidos por mau comportamento. Por isso, um amigo apanhava no lugar deles – o "bode expiatório" do príncipe. O do rei Carlos I foi William Murray. Mais tarde, Carlos o tornou conde de Dysart e senhor da Ham House. Você acha que valeu a pena?

Desafio de arte
O Green Closet na Ham House tem cerca de 90 pinturas em miniatura, assim como 240 anos atrás. Veja se você é o primeiro a achar...
1 Um homem pegando fogo
2 A imagem minúscula da Ham House
3 Uma cabeça num prato.

Locais abaixo.

Respostas: 1 Parede norte (janela). **2** Parede oeste (lareira) – ao lado da chaminé. **3** Parede leste, de frente para a lareira.

A horta bem conservada da Ham House

Piquenique até £20; **Lanches** £20-40; **Refeição** £40-60; **Para a família** mais de £60 (base para 4 pessoas)

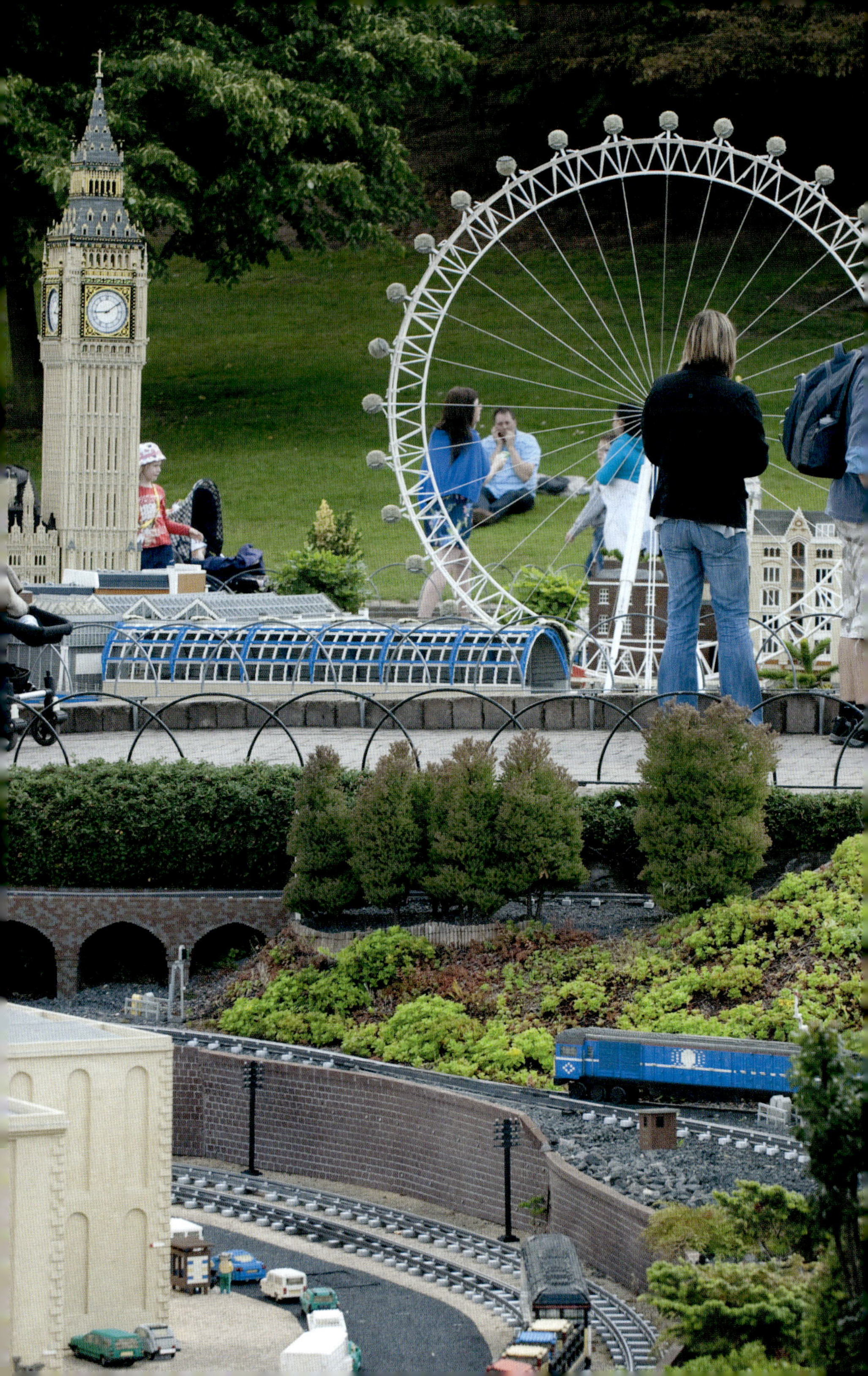

Passeios de um dia

Londres tem história suficiente para valer por várias cidades, mas nada supera o Hampton Court Palace quando se trata da Inglaterra de Henrique VIII. As famílias se fantasiam, atuam e até comem e bebem como na época. Windsor, em contraste, é a monarquia moderna, com castelo majestoso, parque, escola para príncipes e um dos melhores parques temáticos da Grã-Bretanha. Faça como a rainha e passe o fim de semana na cidade.

Principais atrações

Brinque de rei
Na experiência de vivenciar a história em Hampton Court, as crianças ganham capas para se fantasiar e explorar a magnífica casa de Henrique VIII (pp. 236-7).

Coma como um Tudor
As cozinhas do palácio recriam pratos de 500 anos – às vezes disponíveis para experimentar no Tiltyard Café (p. 237).

Perca-se!
As pessoas se perdem no labirinto de Hampton Court Maze há 300 anos, e três novas adições o deixaram mais difícil do que nunca (p. 236).

Monarquia em miniatura
Em exposição no castelo de Windsor, a requintada casa de bonecas da rainha Maria é a mais luxuosa do mundo – um retrato da vida real na década de 1920 (p. 238).

Cavalgue com a realeza
A família real adora andar a cavalo no Windsor Great Park. Na ausência de cavalos, monte numa bicicleta alugada em Windsor e explore o local (p. 239).

Visite a terra dos brinquedos
A Legoland de Windsor é totalmente voltada para pré-adolescentes, com montanhas-russas tradicionais e aquáticas (p. 241).

À esq. Além de brinquedos emocionantes, há atrações mais tranquilas na Legoland, como Miniland, uma reconstrução em Lego de monumentos de todo o mundo
Acima *Coleção de bonés esportivos do museu no Eton College*

① Hampton Court Palace
Onde Henrique VIII ainda reina

As crianças devem se comportar muito bem em Hampton Court, para o caso de encontrar o antigo dono em uma de suas crises de mau humor. Henrique VIII, o monarca malvado favorito de todos, se embriagava nesse local com a corte de mil pessoas e suas seis esposas. Ele vocifera até hoje no Great Hall, parte da experiência interativa com a história. Enquanto o aroma de carne assada sai das cozinhas, as famílias se vestem como cortesãos do século XVI em dramas de época – capas de veludo estão disponíveis no Information Centre.

Falcoaria nos gramados do palácio

Destaques

The Maze O labirinto mais famoso do mundo foi criado por Guilherme III em 1690. Mas não siga o mapa na entrada – ele está errado!

Young Henry VIII Exhibition Herói do esporte, músico, dançarino... antes de virar um tirano, Henrique era um "príncipe valente e robusto". Objetos recontam seus primeiros anos.

Wine Fountain Essa fonte foi recriada a partir dos vestígios arqueológicos encontrados em Base Court em 2008. Dela pode jorrar vinho.

Cozinhas Tudor As cozinhas tinham 55 salas e 200 mãos. Em certos finais de semana, "arqueólogos de alimentos" fantasiados recriam banquetes com receitas de 500 anos.

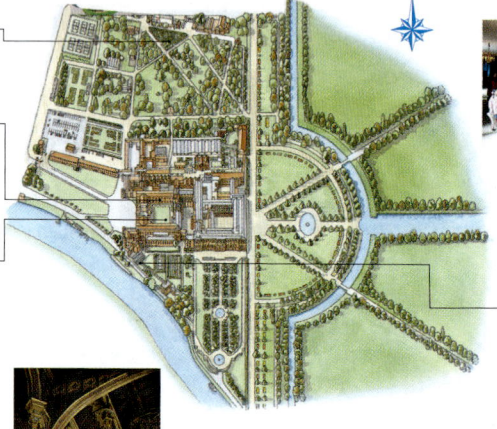

Fountain Court Em 1689, Guilherme e Maria contrataram Christopher Wren para fazer a reforma barroca, na tentativa de superar Versailles.

Great Hall A companhia de Shakespeare se apresentou aqui para Jaime I em 1603. Nas paredes há tapeçarias esplêndidas com *The Story of Abraham*.

Haunted Gallery Se-riam ouvidos os lamentos da rainha Catarina Howard nos corredores em que ela foi arrastada pelos guardas em 1541.

Great Vine Plantadas por "Capability" Brown em 1768, essas vinhas produziram incríveis 383kg de uvas pretas doces em 2001.

Para relaxar

A propriedade é imensa, com labirinto, jardins formais e o 20th Century Garden, ótimo para esconde-esconde. Para os menores de 5 anos, há uma sala de jogos junto à Base Court. Caminhando para o norte, o **Bushy Park** (*Hampton Court Road, Hampton, TW12 2EJ*) tem um playground; a oeste fica a piscina ao ar livre **Hampton Swimming Pool** (*High Street, Hampton, TW12 2ST; www.hamptonpool.co.uk; aberta diariam*).

Cervos no Bushy Park, a poucos passos de Hampton Court

Comida e bebida

Piquenique: até £20; Lanches: £20-40; Refeição: £40-60; Para a família: mais de £60 (base para 4 pessoas)

PIQUENIQUE Use as mesas de piquenique no 20th Century Garden ou estenda uma toalha nos jardins de Tiltyard ou Wilderness. **The Pheasantry Cafe** (*Woodland Gardens, no Bushy Park, TW11 OEQ; 020 8943 1347; a partir das 9h*), serve cafés da manhã substanciosos, bolos e doces.

LANCHES Tiltyard Café, em uma área usada originalmente para os torneios de Henrique VIII, tem boas opções de comida caseira para crianças e serve pratos Tudor no primeiro fim de semana do mês. Há sala de jogos para os pequenos.

REFEIÇÃO Jamie's Italian (*19-23 High Street, Kingston, KT1 1LL; 020 3326 4300; www.jamieoliver.com/italian/kingston; 12h-23h, até 22h30 dom*) se destaca entre os restaurantes de rede do outro lado do rio, em Kingston upon Thames, por seu ambiente. As crianças comem de graça o menu infantil durante a semana.

PARA A FAMÍLIA Cammasan (*8 Carta Quay, Kingston, KT1 1HR; 020 8549 3510; 12h-15h, 18h-23h seg-sex; 12h-23h fins de semana*) serve comida asiática saborosa. As opções de noodles no térreo são ótimas para famílias.

Preços para família de 4 pessoas

Hampton Court, Windsor e arredores | 237

Informações

🌐 **Endereço** East Molesey, Surrey, KT8 9AU; 0844 482 7777; www.hrp.org.uk/hamptoncourtpalace

🚗 **Trem** Hampton Court Station (trens a partir de London Waterloo) **P. de ônibus** Trophy Gate, Hampton Court Station **Ônibus fluvial** Serviços entre abr-out a partir de Westminster, Kew e Richmond (www.wpsa.co.uk ou www.turks.co.uk) **Carro** Estacione próximo a Hampton Court Palace, Hampton Court Green ou Hampton Court Station

🕐 **Aberto** Abr-out: 10h-18h; nov-mar: 10h-16h30 (última entrada 1h antes); jardins abrem 1h mais tarde

💲 **Preço** £45-55 (até 5 anos grátis); apenas labirinto: £13-20; apenas jardins: £11-16 (até 15 grátis)

👥 **Para evitar fila** Reserve on-line p/ pular a fila de ingressos – também é mais barato

🚩 **Passeios guiados** Fantasiados e ensaios dramáticos diariam (grátis, horários variam); quatro passeios com áudio p/ adultos, e mais quatro p/ crianças; passeios à noite com fantasmas sex e sáb (a partir de 12 anos)

👨‍👩‍👧 **Idade** A partir de 3 anos

🎯 **Atividades** Várias trilhas divididas por idade, com prêmios; passeios com áudio a partir de 6 anos (todos grátis); mantos Tudor em todos os tamanhos no Information Centre; fins de semana na cozinha de Henrique VIII (veja datas no site) e interpretações ao vivo nas férias escolares, que podem incluir aulas de etiqueta Tudor, exibições com falcões, shows do bobo da corte e justas; a Chapel Royal abre p/ cultos diariam; Hampton Court Music Festival (jun) e Flower Show (jul)

⏱ **Duração** Um dia inteiro

♿ **Cadeira de rodas** A maioria das rotas é acessível por elevador; há algumas pequenas escadas, mas as portas são largas; há carrinhos motorizados no jardim

☕ **Cafés** Tanto o Tiltyard Café (esq.), na propriedade, quanto a Privy Kitchen Coffee Shop, dentro do palácio, oferecem almoços leves e menu infantil

🏷 **Lojas** Quatro – Barracks, Tudor Kitchens, Garden e Henry – vendem diversos presentes, livros e brinquedos temáticos

🚻 **Banheiros** No estacionamento principal, no Tiltyard Café, no Base Court e no Fountain Court

Bom para a família
É bem caro, mas, com exceção da Torre de Londres, nenhuma atração histórica na Grã-Bretanha desempenha melhor a tarefa de entreter famílias por um dia inteiro.

CRIANÇADA!

Olhe para o céu
Você tem de olhar para cima para achar alguns dos tesouros de Hampton Court. Você consegue encontrar...
1 O rei Henrique VIII nos braços de todas as suas esposas?
Dica: Great Hall
2 Doze meses dentro de 24 horas?
Dica: Clock Court
3 Um querubim fazendo uma travessura?
Dica: Os aposentos do rei

Perca-se!
Quanto tempo você vai levar para completar o famoso labirinto de Hampton Court? Marque seu tempo para chegar ao centro e sair...
• Menos de 30 minutos: incrível!
• De 30 a 45 minutos: mediano.
• Mais de 45 minutos: peça uma escada!
Veja abaixo uma dica infalível para chegar mais rápido.

Mais pardal, senhor?
Os cortesãos de Henrique VIII gostavam de comer. Em um ano ingeriram 1.240 bois, 8.200 ovelhas, 2.330 veados, 760 bezerros, 1.870 porcos e 53 javalis – tudo bem regado com 5,7 milhões de litros de cerveja. Eles também comeram algumas aves estranhas, como pavão, cisne, garça, fênix, melro e pardal. Na verdade, uma delas está errada. Você adivinha qual? Veja abaixo.
Para fazer receitas Tudor em casa, acesse www.hrp.org.uk/Resources/tudorcookeryrecipes.pdf.

Respostas: Perca-se! Mantenha uma mão tocando os arbustos o tempo todo – direita ou esquerda, não importa qual. **Mais pardal, senhor?** A fênix é um pássaro lendário, não existe.

Saiba mais
INTERNET O site tem artesanato e receitas Tudor para experimentar, além de entrevistas com curadores. Saiba como as tapeçarias são conservadas, faça o seu gorro de Henrique VIII ou lute contra o rei numa batalha virtual: www.hrp.org.uk/HamptonCourtPalace/educationandcommunity/learning/funandgames.aspx.

Próxima parada...
PARQUES TEMÁTICOS E TEATRO
De carro, é fácil chegar a dois ótimos parques de diversões. **Thorpe Park** (Staines Rd, Chertsey, Surrey KT16 8PN; 0871 663 1673; www.thorpepark.com), 16 km a oeste, tem montanhas-russas emocionantes. **Chessington World of Adventures** (Leatherhead Road, Chessington, Surrey, KT9 2NE; 0871 663 4473; www.chessington.com), 10 km ao sul, é melhor para crianças menores. Os dois parques são grandes: não tente visitar no mesmo dia de Hampton Court. O **Rose Theatre** (24-26 High St, Kingston, KT1 1HL; 0871 230 1552;. www.rosetheatrekingston.org) tem ótimos espetáculos para crianças nas férias escolares e narração de histórias (menores de 5) na maioria das sex (11h15).

O Tiltyard Café às vezes serve pratos Tudor, e tem sala de jogos

② Windsor Castle
A fortaleza dos contos de fadas de Sua Majestade

Com suas torres e armaduras, o mais antigo castelo habitado do mundo fica majestosamente no topo de uma colina junto ao Tâmisa. A rainha se hospeda ali regularmente – embora, acredita-se, não use os mil cômodos. Visitantes que não são da realeza podem pegar o audioguia gratuito (há versão infantil) e conhecer os aposentos de Estado, a capela e a galeria de arte. As crianças gostam da marcha dos guardas, passeios de carruagem e clima de férias da pequena cidade ribeirinha de Windsor, abaixo do castelo.

Royal Standard

Destaques

Round Tower A parte mais antiga do castelo foi construída com madeira nos anos 1070 por Guilherme, o Conquistador. A visita guiada sobe os 200 degraus até o topo (para crianças acima de 10 anos).

Royal Standard Quando a bandeira da rainha está hasteada na Round Tower, Sua Majestade está em casa.

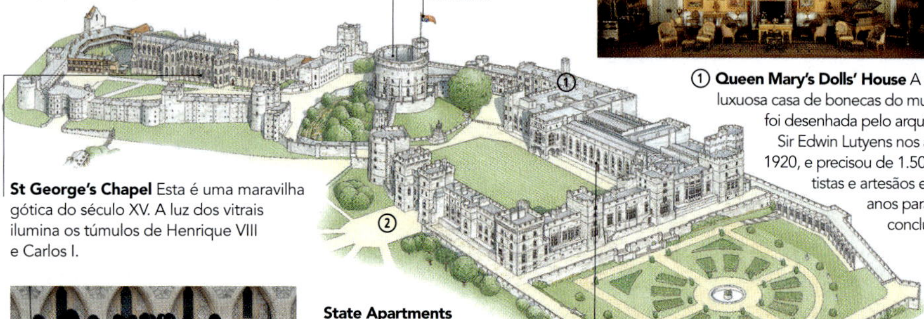

St George's Chapel Esta é uma maravilha gótica do século XV. A luz dos vitrais ilumina os túmulos de Henrique VIII e Carlos I.

① **Queen Mary's Dolls' House** A mais luxuosa casa de bonecas do mundo foi desenhada pelo arquiteto Sir Edwin Lutyens nos anos 1920, e precisou de 1.500 artistas e artesãos e três anos para ser concluída.

Troca da Guarda Tudo para na Windsor High Street quando a guarda do castelo marcha, às 10h45 da manhã. A cerimônia acontece na Lower Ward do castelo.

State Apartments Decorados com ouro, cristais, antiguidades e armaduras, os aposentos também exibem arte de valor inestimável: procure obras de Rembrandt, Rubens, Canaletto e Gainsborough.

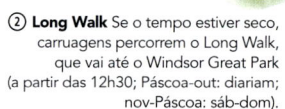

② **Long Walk** Se o tempo estiver seco, carruagens percorrem o Long Walk, que vai até o Windsor Great Park (a partir das 12h30; Páscoa-out: diariam; nov-Páscoa: sáb-dom).

Informações

Endereço Castle Hill, Windsor, SL4 1NJ; 020 7766 7304; www.royalcollection.org.uk/windsorcastle

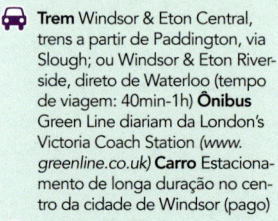

Trem Windsor & Eton Central, trens a partir de Paddington, via Slough; ou Windsor & Eton Riverside, direto de Waterloo (tempo de viagem: 40min-1h) **Ônibus** Green Line diariam da London's Victoria Coach Station (www.greenline.co.uk) **Carro** Estacionamento de longa duração no centro da cidade de Windsor (pago)

Aberto Mar-out: 9h45-17h15; nov-fev: 9h45-16h15 (última entrada 75min antes); State Apartments fechados com bastante frequência (cheque antes); St George's Chapel aberta seg-sáb, e p/ cultos apenas dom

Preço £47-57 (exceto quando os State Apartments estão fechados), até 5 anos grátis; taxa de reserva: £1,25 por ingresso

Para evitar fila Compre ingressos direto da Royal Collection (on-line ou na bilheteria do castelo) p/ entrada grátis por um ano

Passeios guiados Com áudio, grátis, 2h, também versão infantil (7-11 anos); passeios frequentes de 30min pelas vizinhanças do castelo, diariam (grátis com o ingresso); apenas ago-set: Conquer the Tower Tour, de 45min, a partir de 11 anos (£22-32); Great Kitchen Tour, 30min (£17-25), veja datas no site, reservar é essencial

Idade A partir de 5 anos

Atividades Audioguia grátis p/ crianças de 5-7 anos e 7-11 anos (também p/ download no site; atividades de arte na Moat Room, 1º sáb de todo mês; programa de férias pode incluir passeios especiais p/ crianças, narração de histórias, manuseio de objetos e criação de armaduras (veja no site); cerimônia da Troca da Guarda: abr-jul: 11h diariam; ago-mar: dias alternados; não há cerimônia no dom

Duração 2-3h

Cadeira de rodas Sim, mas há degraus na entrada principal e na St Georges Chapel; há elevador dentro do castelo; as áreas externas podem ser irregulares

Preços para família de 4 pessoas

Para relaxar

Brincadeiras e piqueniques não são muito bem vistos nos terrenos do castelo, embora existam extensos gramados e bosques por onde correr ao longo do Long Walk, no sul da propriedade. O playground mais próximo fica em **Bachelors Acre**, perto da Victoria Street.

Comida e bebida

Piquenique: até £20; Lanches: £20-40; Refeição: £40-60; Para a família: mais de £60 (base para 4 pessoas)

PIQUENIQUE Cinnamon Cafe *(The Old Booking Hall, Windsor Royal Station S24 1PJ; 01753 857879)*, convenientemente localizado no caminho da estação de trem até o castelo, tem deliciosos cafés da manhã e bolos.
LANCHES Extreme Motion and Windsor Skate Park Café *(Alexandra Gardens, Alma Road, Windsor, SL4 5HZ; 01753 830220)* serve sanduíches e pizzas. Aqui também há barras e rampas para todas as idades, minigolfe, cama elástica e aluguel de bicicletas — uma boa opção para explorar o Windsor Great Park (p. 240).

Jogando críquete em Long Walk, ao sul do castelo de Windsor

- **Café** Nenhum no local; sorvete e água disponíveis no North Terrace
- **Loja** Há três lojas, todas vendendo suvenires e presentes relacionados à realeza e ao castelo
- **Banheiros** No pátio e no North Terrace

Bom para a família

Longe de ser barato, mas vale a pena se combinado com a cidade e o Windsor Great Park (p. 240). Planeje a visita quando houver programa de atividades infantis e evite os domingos, quando não ocorre a Troca da Guarda e a St George's Chapel fica fechada. Depois, pode-se visitar o local durante um ano de graça.

Saltando na cama elástica em Alexandra Gardens, Windsor

REFEIÇÃO O gastropub **Riverhouse** *(10 Thames Street, Windsor, SL4 1QN; 01753 620010; www.windsorpubco.co.uk/riverhouse; refeições 12h-22h)* é uma opção amiga da criança, com um adorável terraço ao lado do Tâmisa e menu especial a £7 para menores de 10 anos.
PARA A FAMÍLIA Gilbey's *(82 High Street, Eton, Windsor SL4 6AF; 01753 854921; www.gilbeygroup.com; 12h-22h)* serve pratos britânicos modernos e elegantes com ênfase em ingredientes sazonais. Também oferece um delicioso chá da tarde.

Saiba mais

INTERNET Explore a Queen Mary's Dolls' House em detalhes neste minissite interativo: www.royalcollection.org.uk/queenmarysdollshouse.

Próxima parada...

PASSEIOS DE BARCO Entre os diversos passeios pelo rio Tâmisa que saem da Windsor Promenade, a 5 minutos do castelo, há as viagens de ida e volta de 40 minutos da **French Brothers** até Boveney Lock, com vista do Eton College *(diariam mar-out, além de alguns fins de semana no inverno; 01753 851900; www.boat-trips.co.uk)*. Ou experimente o **Salters Steamers** *(01753 865832, www.salterssteamers.co.uk)*.

Passeio agradável pelo Tâmisa, a bordo do barco French Brothers

---

CRIANÇADA!

Fortaleza normanda

Guilherme, o Conquistador construiu vários castelos do tipo "motte and bailey" como o de Windsor. *Motte* é o monte no meio, encimado por uma torre chamada torreão. *Bailey* é o pátio, cercado por muros para proteger os habitantes. Responda estas perguntas sobre o castelo: 
1 Como é chamado o torreão de Windsor?
2 Que armas os normandos usavam para defendê-lo?
3 Qual a espessura das paredes mais grossas?

Respostas no fim do quadro.

Pequenos luxos

Procure estes itens incríveis na Queen Mary's Dolls' House:
- Jogo de jantar de prata com 2.518 peças
- Água corrente quente e fria, vaso sanitário com descarga
- Garrafas de vinho de verdade
- Livros minúsculos de autores como J.M. Barrie, de *Peter Pan*.

As escovas de dentes são feitas com pelos muito finos de: **a** Cauda de rato? **b** Orelha de cabra? **c** Narinas da rainha Maria?

Resposta no fim do quadro.

CASA REAL

A rainha passa um mês em Windsor todas as primaveras, quando recebe líderes estrangeiros em grandes banquetes no St George's Hall (que pode acomodar até 160 convidados). É tradicional que os dignitários visitantes cheguem a cavalo ou de carruagem.

*Respostas: **Fortaleza normanda** 1 Round Tower (torre redonda). 2 Flechas, óleo fervente, areia quente, rochas e pedras. 3 4m. **Pequenos luxos** b.*

③ Windsor Great Park
Onde a realeza cavalga

Ele galopa pelo Great Park à meia-noite com um garanhão negro, usando um macabro cocar de chifres com uma matilha de cães infernais em seu rastro. Não, não é o duque de Edimburgo, mas Herne, o Caçador, fantasma lendário do folclore de Windsor – e não é a única aparição exótica nesse parque de caça do século XIII, que se estende ao sul do castelo. Há também um totem canadense erguendo-se de modo incongruente ao lado de Virginia Water, o grande lago ornamental do parque. O "templo romano" vizinho foi pitorescamente erigido em 1818 por Jorge IV, com colunas retiradas de Leptis Magna, importante cidade do Império Romano no que é hoje a Líbia.

O Windsor Great Park é uma vasta extensão de bosques, lagos e pastagens, com cervos, jardins formais, o clube de polo real e muito mais.

O Deer Park, uma das áreas do vasto Windsor Great Park

Informações

- **Endereço** Savill Garden, Wick Road, Englefield Green, Surrey TW20 0UU; 01784 435544; www.theroyallandscape.co.uk
- **Trem** Windsor & Eton Central; Egham ou Virginia Water p/ Savill Garden **Carro** Estacione grátis na A332, sul de Windsor; estacionamentos pagos no Savill Garden (grátis com ingresso p/ o parque), Valley Gardens, Wick Road, Virginia Water Gate e Blacknest Gate
- **Aberto** Parque: 7h-pôr do sol; Savill Garden: mar-out: 10h-18h; nov-fev: 10h-16h30 (última entrada 30min antes)
- **Preço** Windsor Great Park grátis; Savill Garden: verão £23-33; inverno £18-28 (até 6 anos grátis)
- **Passeios guiados** Apenas grupos
- **Idade** Livre
- **Atividades** Trilhas do tesouro sazonais e atividades p/ famílias em algumas férias escolares; teatro e ópera ao ar livre (jun-ago); passeios de carruagem do Savill Garden em fins de semana da primavera e do verão (mais informações no site)
- **Duração** Meio dia
- **Comida e bebida** *Lanches* Comes e bebes no correio do Windsor Great Park e quiosques (sazonais) no Obelisk Lawn, Blacknest Gate, Totem Pole e no estacionamento de Virginia Water. *Refeição* Savill Garden Restaurant (01784 485 402; mar-out: 10h-17h30; nov-fev até 16h) tem refeições caseiras p/ crianças e caixas de lanches.
- **Loja** No Visitor Centre do Savill Garden, com presentes, brinquedos, livros, produtos ecológicos, de jardim e itens da Duchy Originals
- **Banheiros** No Savill Garden, nos Valley Gardens e no estacionamento de Virginia Water

O Long Walk se estende em direção ao sul do parque a partir do Castelo de Windsor – mas é preciso uma ou duas horas de caminhada até Savill Garden, onde o centro de visitantes oferece um bom café, passeios de carruagem e atividades ocasionais em férias para crianças. A melhor opção é alugar bicicletas em Windsor e pedalar pela National Cycle Route 4, que evita estradas movimentadas. Ou ir de carro e estacionar em Savill Garden ou Virginia Water.

Para relaxar
O playground do parque fica no **Obelisk Lawn**, perto do estacionamento de Savill Garden.

④ Eton College
Educação para as classes altas

"Etonianos não devem ser abordados, chamados ou fotografados", diz o site do Eton College – embora crianças possam ser perdoadas se riem dos jovens cavalheiros de casaca que perambulam como pinguins pelo pátio da escola. Fundada em 1440 pelo rei Henrique VI, Eton é a escola para meninos mais prestigiada do mundo. Formou dezenove primeiros-ministros britânicos, entre eles David Cameron. Os príncipes William e Harry também estudaram em Eton, cuja anuidade alcança £30 mil.

O melhor jeito de chegar é a pé, cruzando o rio em Windsor e passando pela aldeia de Eton. Há passeios guiados duas vezes por dia na temporada, cobrindo o imponente quadrilátero principal da escola, o claustro e a capela do século XV. O destaque é a primeira sala de aula da escola, preservada desde os anos 1400, com inscrições nas paredes feitas por alunos. Os guias respondem atenciosamente perguntas sobre as peculiaridades da vida estudantil ontem e hoje – e as crianças que não prestarem atenção podem ser levadas para o pequeno museu no final do passeio. Lá está a bengala e o "bloco do açoite" usado pelo infame diretor Dr. Keate, que no passado castigou quase a escola inteira.

Alunos de Eton, de casaca, relaxando entre as aulas

Informações

- **Endereço** Windsor, SL4 6DW; 01753 671177; www.etoncollege.com
- **Trem** Windsor & Eton Riverside, depois 15min a pé **Carro** Venha do norte via Slough Road, ou (melhor) ande a partir de Windsor
- **Aberto** Abr-meados out, passeios guiados apenas; acesse o site
- **Preço** £24-34
- **Passeios guiados** De 1h, às 14h e às 15h15
- **Idade** A partir de 8 anos
- **Duração** 1-2h
- **Cadeira de rodas** Na maior parte – há um elevador p/ a capela e superfícies pavimentadas fora
- **Comida e bebida** *Piquenique* Tastes (92 High St, Eton, SL4 6AF; 01753 641 557; www.tastesdeli.co.uk; 10h30-18h ter-sáb) é uma grande delicatéssen; piquenique no Windsor Park. *Lanches* Zero 3 (21 High St, Eton, SL4 6BL; 01753 864725) serve comida barata.
- **Loja** Na Eton High Street, vende itens relacionados à escola
- **Banheiros** No Brewhouse Yard

Preços para família de 4 pessoas

Hampton Court, Windsor e arredores | 241

Brinquedo Viking River Splash, uma das muitas atrações da Legoland

Para relaxar
O playground do **Home Park** *(Romney Lock Road, saindo da King Edward VII Avenue)*, cruzando a passarela em Windsor, é obra da rainha Vitória.

⑤ Legoland
País das maravilhas de blocos de montar

Leve roupa de banho e óculos de sol ao superpopular e divertido parque temático dos blocos de montar em Windsor. A roupa de banho é para as várias brincadeiras na água, entre elas simulador de jet ski e tobogã super-rápido. Os óculos são para a intensidade multicolorida do local: Legoland tem dez zonas de shows de acrobacia, teatro infantil, montanhas-russas e construção de maquetes, tudo vagamente inspirado no brinquedo clássico.

O foco são as crianças, especialmente entre 5 e 10 anos, com muitos brinquedos emocionantes, além de corridas de carros e de balão e aventuras submarinas (entre tubarões de verdade). Os puristas vão gostar de Miniland, com seus intrincados monumentos de Lego. A coisa toda é diabolicamente cara: procure ofertas de ingressos na internet e evite visitar nas férias, quando as filas vão quase até a Dinamarca.

Playground de Pirates' Training Camp na Legoland

Para relaxar
Crianças que ainda tiverem energia devem ir até as estruturas para escalada Pirates' Training Camp ou DUPLO Playtown, ambas na Legoland.

Informações

🌐 **Endereço** Winkfield Road, Windsor, SL4 4AY; 0871 2222 001; www.legoland.co.uk

🚗 **Trem** Windsor e Eton Central ou Windsor e Eton Riverside, depois van (paga; das 10h até 30min depois do parque fechar). **Ônibus** Green Line diariam a partir de London Victoria (www.greenline.co.uk) **Carro** 3km de Windsor pela B3022; estacionamento grátis

🕐 **Aberto** Mar-nov: ligue antes (horário varia conforme a estação)

💰 **Preço** £164-174; reserve on-line para obter descontos

🚶 **Para evitar fila** Reserve on-line; pico das filas p/ atrações das 12h-15h; por uma alta taxa extra, dispositivos Q-Bot permitem ao visitante reservar horários p/ determinados brinquedos

👶 **Idade** 3-12 anos

🎭 **Atividades** Performances de dublês, shows de fantoches e cinema 4D no Imagination Theatre; programa pode incluir eventos com personagens infantis da TV, espetáculos com laser e fogos de artifício no Halloween

⏱ **Duração** Um dia inteiro

♿ **Cadeira de rodas** Sim

🍴 **Comida e bebida** Mais de doze locais no parque, como Mexican Cantina e Pirate's BBQ, vários com refeições infantis saudáveis

🏷 **Loja** Por todo o parque; a Big Shop fica na entrada e tem produtos Lego®

🚻 **Banheiros** No estacionamento e por todo o parque

CRIANÇADA!

Você consegue falar Eton?
O que o aventureiro Bear Grylls, o pirata Capitão Gancho e o espião James Bond têm em comum? Todos estudaram em Eton! Os alunos de lá usam sua própria língua especial para um monte de coisas cotidianas. O que você acha que essas palavras significam?
1 Beak **2** Sock **3** Rip

Respostas no fim do quadro.

Engane um adulto!
Experimente esta pegadinha cruel com um adulto: onde três metades formam um todo? Resposta: em Eton, porque cada período é chamado de "metade", e três períodos compõem um ano letivo!

O FANTASMA
Se você visitar o Windsor Great Park à noite, fique atento a Herne, o Caçador. Ele é um fantasma medonho que usa uma mantilha de veado, muitas vezes perseguido pelas almas penadas daqueles que capturou em sua jornada. Dizem que sempre que Herne aparece, é má sorte para a família real.

Um, dois, três...
Você sabia que existem 50 blocos de Lego para cada pessoa na Terra? Quantos blocos foram usados para construir Miniland? Veja se o seu palpite é melhor do que os de seus familiares e amigos.

Resposta abaixo

Respostas: Você consegue falar Eton? 1 Beak ("bico"), é professora **2** Sock ("soco"), comida **3** Rip ("rasgo"), lição de casa malfeita. **Um, dois, três** ... 35 milhões.

Piquenique até £20; Lanches £20-40; Refeição £40-60; Para a família mais de £60 (base para 4 pessoas)

Onde Ficar

Os hotéis londrinos estão muito mais receptivos a crianças. Hoje, mesmo os mais imponentes têm quartos para famílias e restaurantes com menu infantil. Os bed and breakfasts ou os pequenos hotéis oferecem acomodações mais informais, e apartamentos podem ser uma opção mais flexível e vantajosa.

AGÊNCIAS

At Home in London
020 8748 1943;
www.athomeinlondon.co.uk
Essa agência é especializada em acomodações B&B em casas particulares no centro e nos subúrbios de Londres. Tem mais de 80 casas em sua agenda, todas criteriosamente escolhidas e inspecionadas. O mecanismo de busca do site está organizado de acordo com as zonas 1 (bem central), 2 e 3 (mais distantes).

London Bed & Breakfast Agency
020 7586 2768;
www.londonbb.com
Uma agência que oferece B&B em casas particulares e alguns apartamentos, nas regiões central, norte (esta com uma seleção particularmente boa), sul e oeste de Londres. Orgulha-se de dar atenção às necessidades individuais dos visitantes. Famílias com crianças de 5 anos em diante são bem-vindas pelos hospedeiros.

London Home to Home
020 8769 3500;
www.londonhometohome.com
Essa amigável agência de B&Bs oferece acomodações de boa qualidade para famílias em casas particulares no centro, norte e oeste de Londres. Os quartos são confortáveis e bem conservados, e as diárias incluem um generoso café da manhã. A estadia mínima costumeira é de duas noites.

London House
0845 834 0244;
www.london-house.com
Serviço de alto padrão, ampla escolha e bom custo-benefício são a alma do sucesso desse empreendimento on-line. Uma de suas especialidades é encontrar acomodações familiares para toda cidade (apartamentos, B&Bs e hotéis).

Westminster e West End

HOTÉIS

Brown's   Mapa 9 D4
33 Albemarle Street, W1S 4BP; 020 7493 6020; www.brownshotel.com
Os amáveis funcionários do hotel mais antigo de Londres se desdobram para fazer as crianças se sentirem em casa. O chá da tarde é obrigatório na icônica English Tea Room, na qual Kipling escreveu *O livro da selva*. Há DVDs e um urso-pardo para as crianças se aconchegarem.
£££

Quarto cheio de estilo no Brown's, o mais antigo hotel de Londres

Duke's   Mapa 9 D5
35-36 St James's Place, SW1A 1NY; 020 7491 4840; www.dukeshotel.com
Esse tradicional hotel em Mayfair oferece muitas opções, de livros de histórias a canais de TV e jogos de PlayStation. Os menus especiais, muito procurados, costumam ser concluídos com o típico sorvete da casa, o Knickerbocker Glory. Deliciosas cestas de piquenique podem ser providenciadas para os passeios.
£££

The Goring   Mapa 15 C2
15 Beeston Place, SW1W 0JW; 020 7396 9000; www.thegoring.com
De propriedade da família Goring e administrada por ela há quatro gerações, essa instituição londrina orgulha-se de dar calorosas boas-vindas aos pequenos. Entre as diversões, biblioteca de histórias para dormir, saco de presentes e visita à cozinha, onde as crianças vestem aventais e chapéus de chef e decoram bolos.
£££

The Langham   Mapa 9 D2
1C Portland Place, W1B 1JA; 020 7636 1000; www.london.langhamhotels.co.uk
Esse hotel de luxo no West End tem pacotes para famílias, incluindo expedição de compras à loja de brinquedos Hamleys e um dia no London Zoo, além de um filme familiar de cortesia. O apartamento de um quarto conta com minicozinha.
£££

Renaissance London Chancery Court   Mapa 10 H2
252 High Holborn, WC1V 7EN; 020 7829 9888; www.marriott.com/hotels/travel/loncc-renaissance-london-chancery-court-hotel
Chega-se a esse hotel por um imponente arco que leva a um pátio neoclássico. É bem localizado para os teatros de Covent Garden e West End. No pacote para a família há um passeio pela cidade, por terra firme e água, a bordo de um veículo anfíbio.
££

A entrada do hotel The Goring, a curta distância do Palácio de Buckingham

BED & BREAKFASTS

B&B Belgravia and Studios@82 Mapa 15 C3
64-66 Ebury Street, SW1W 9QD; 020 7259 8570; www.bb-belgravia.com

Próximo à Victoria Station, esse B&B popular tem aparência moderna e atitude descontraída. Os quartos são decorados com toques práticos, com os banheiros pequenos, mas inteligentemente separados por vidros. O vizinho Studios@82 fornece boa acomodação para famílias. Bebidas quentes (entre elas cappuccinos), frutas e biscoitos estão disponíveis.

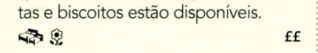

££

Fleet River Bakery Rooms Mapa 10 H2
71 Lincoln's Inn Fields, WC2A 3JF; 020 7691 1457; www.fleetriverbakery.com

No extremo leste do agitado Covent Garden e acima das elegantes janelas arqueadas de uma padaria bem popular ficam esses estúdios de charme discreto, bem equipados com cozinhas. Um bom e revigorante café da manhã é servido todo dia pelos amáveis funcionários da padaria – exceto aos domingos, quando há cestas.

£

Lime Tree Mapa 15 C3
135-7 Ebury Street, SW1W 9QU; 020 7730 8191; www.limetreehotel.co.uk

Tem o mesmo código postal da rainha (ou melhor, do Palácio de Buckingham) e é uma ilha de bom custo-benefício, confortável, com localização excelente e mobília simples. Os quartos são maiores do que os preços sugerem, e os acolhedores funcionários dão bons conselhos sobre passeios, refeições e passeios. Deve-se observar que não é adequado para crianças com menos de 5 anos.

££

Luna Simone Mapa 16 E3
47-49 Belgrave Road, SW1V 2BB; 020 7834 5897; www.lunasimonehotel.com

De aparência nova e contemporânea, esse hotel foi aberto em 1970 e hoje é administrado pelos filhos do proprietário original. Os quartos são confortáveis – há espaço bastante para a família se esparramar –, e há reluzentes banheiros com chuveiros potentes. É um lugar amigável, e um café da manhã quente está incluso no preço do quarto.

££

Uma cozinha contemporânea nos Athenaeum Apartments

Vandon House Mapa 16 E1
1 Vandon Street, SW1H 0AH; 020 7799 6780; www.vandonhouse.com

De uma universidade particular norte--americana, a Vandon House opera como pousada e residência para os alunos da faculdade que estão em Londres. No coração de Westminster, onde não há muitos hotéis, essa casa oferece acomodações baratas e seguras – a recepção tem alguém 24 horas por dia. Os quartos são básicos, com beliches para crianças.

££

APARTAMENTOS E FLATS

Athenaeum Apartments Mapa 9 C6
116 Piccadilly, W1J 7BJ; 020 7499 3464; www.athenaeumhotel.com/apartments.aspx

Esses amplos apartamentos custam um pouco caro, mas se beneficiam das instalações do vizinho e luxuoso Athenaeum Hotel, e ao mesmo tempo proporcionam às famílias mais espaço e total independência. O concierge infantil residente irá manter seu apartamento abastecido com o essencial para os pequenos, de refri-

Há quartos confortáveis e modernos no hotel Luna Simone

gerantes a DVDs. Confira as ofertas de recesso escolar e férias.

£££

Citadines Prestige Holborn--Covent Garden Mapa 10 H2
94-99 High Holborn, WC1V 6LF; 020 7395 8800; www.citadines.com/en/uk/london/holborn_covent_garden.html

O que falta em espaço nesses apartamentos é compensado com mobília de qualidade (tudo brilha desde a abrangente remodelação) e localização conveniente (nos limites de Holborn e Covent Garden). Entre os toques agradáveis estão a bandeja de boas-vindas, água mineral, lenços e chinelos. O ar-condicionado torna as estadias de verão mais confortáveis.

£££

Flemings Apartments Mapa 9 C5
7-12 Half Moon Street, W1J 7BH; 020 7499 0000; www.flemings-mayfair.co.uk

Anexos ao Flemings Hotel e com entrada própria pela Clarges Street, esses dez apartamentos com serviço no coração de Mayfair são finos, mas sem afetação. Os prestativos funcionários do hotel ficam contentes em organizar passeios, de piqueniques a voltas de bicicleta no Green Park e ingressos para jogos de futebol da Premier League.

£££

Categorias de preço
Faixas de preço para uma família de 4 pessoas por noite, incluindo serviços e taxas adicionais, na alta temporada.

£ menos de £90 ££ £90-140
£££ £140-200

Legenda dos símbolos *na orelha da contracapa*

Onde Ficar

A cozinha e a sala de estar de um dos apartamentos SACO – Holborn

SACO – Holborn Mapa 10 H1
Lamb's Conduit Street, WC1N 3LT; 117 970 6999; london.www.sacoapartments.co.uk

Excepcionalmente aconchegantes e com todos os confortos modernos, esses apartamentos premiados estão em uma região vibrante. A área se caracteriza pelas butiques ecléticas, restaurantes, delicatessens e cafés, e as crianças podem ir aos Coram's Fields, onde há playground, telefônico e minizoo. Não é indicado para quem tem sono leve.

£££

44 Curzon Street Apartments Mapa 9 C5
44 Curzon Street, W1J 7RF; 020 7373 6265; www.44curzonstreet.co.uk

Construído em 1908 para servir de residência temporária para cavalheiros, esse é um dos três prédios de apartamentos na vizinhança mantidos pelo mesmo proprietário. Seu estilo é inglês tradicional e acolhedor. As cozinhas são extremamente bem equipadas, mas há grande oferta de restaurantes na região.

£££

No coração de Mayfair, os Curzon Street Apartments têm decoração tradicional

Bloomsbury e Regent's Park

HOTÉIS

Bedford Mapa 10 G1
83-95 Southampton Row, WC1B 4HD; 020 7636 7822; www.imperialhotels.co.uk/bedford

Se uma visita ao British Museum não for o bastante, a fina flor dos seis hotéis do Imperial Group em Bloomsbury está logo à esquina. Interessantes passeios locais são encontrados em seu site, e visitas turísticas mais distantes partem do vizinho Royal National Hotel. O Café London, no local, tem menu para crianças.

££

The Landmark Mapa 8 H1
222 Marylebone Road, NW1 6JQ; 020 7631 8000; www.landmarklondon.co.uk

Bem localizado para uma ida cedinho ao Madame Tussauds, ao Planetarium ou ao Sherlock Holmes Museum, esse prédio vitoriano de tijolos vermelhos era originalmente um hotel de ferrovia. Hoje ostenta um esplêndido átrio com palmeiras altaneiras, onde é servido o chá da tarde. Famílias não se sentirão espremidas porque os quartos são enormes.

£££

Marriott Regent's Park Mapa 2 G1
128 King Henry's Road, NW3 3ST; 020 7722 7711; www.marriott.com/hotels/travel/lonrp-london-marriott-hotel-regents-park

No arborizado norte de Londres, muito perto de Regent's Park, London Zoo, Primrose Hill e Camden Lock Market, esse Marriott é permanentemente popular entre as famílias. Entre as razões estão os quartos grandes e ventilados, com portas de correr para pequenas varandas, uma bela piscina coberta, concierges prestativos e excelentes preços nos fins de semana.

££

BED & BREAKFASTS

Alhambra Mapa 4 G5
17-19 Argyle Street, WC1H 8EJ; 020 7837 9575; www.alhambrahotel.com

Uma base acessível e hospitaleira na região de King's Cross, particularmente vantajosa para viajantes de Eurostar. Num prédio dos anos 1840 com interior moderno, é um negócio de família há 50 anos. Os quartos são pequenos, mas completamente limpos. O proprietário faz irresistíveis cafés da manhã ingleses completos.

££

Arosfa Mapa 10 F1
83 Gower Street, WC1E 6HJ; 020 7636 2115 www.arosfalondon.com

Os hóspedes se sentem parte da família nesse B&B simples em Bloomsbury, onde a equipe mantém os quartos impecavelmente limpos e arrumados. Esteja ciente de que alguns quartos têm banheiros minúsculos. As quatro estações de metrô próximas deixam a cidade inteira convenientemente ao seu alcance.

£

O Arosfa tem quartos bem arrumados, mas apertados

Arran House Mapa 10 F1
77-9 Gower Street, WC1E 6HJ; 020 7636 2186; www.arranhotel-london.com

Esse B&B familiar, numa casa de 200 anos, manteve intactas as características originais e exala um charme antigo. Há uma sala de estar com TV e sofás de couro, bancos no jardim para piqueniques de verão e geladeira e lavanderia para uso dos hóspedes.

££

Categorias de preço na p. 243

A atraente fachada georgiana da Arran House

Blandford
Mapa 9 B1
80 Chiltern Street, W1U 5AF; 020 7486 3103; www.capricornhotels.co.uk/hotel_blandford/index.php
O mais charmoso B&B da pequena cadeia Capricorn, é perfeitamente localizado para uma ida às lojas ou uma visita ao Madame Tussauds. Os quartos para famílias são apertados para quatro pessoas, embora limpos e bem montados. Já valeria a pena ficar aqui apenas pelo café da manhã inglês, que garante energia para o dia todo.

££

Euro
Mapa 4 G5
53 Cartwright Gardens, WC1H 9EL; 020 7387 4321; www.eurohotel.co.uk
É uma boa escolha de hotel se você tem um tenista em formação na família – os hóspedes podem usar as quadras dos Cartwright Gardens (reservas na recepção). Do grupo de hotéis modestos que ocupam as belas e antigas casas de comerciantes nessa rua curva georgiana, o Euro se destaca pelo serviço e pelos bons preços.

££

Hart House
Mapa 9 A2
51 Gloucester Place, W1U 8JF; 020 7935 2288; www.harthouse.co.uk
Para famílias em busca de preços justos, mas mais personalidade que em hotéis de rede, esse B&B oferece acomodação simples e confiável numa casa georgiana que abrigou a nobreza francesa durante a Revolução. A equipe é atenciosa e os quartos, imaculados. Se você se cansar das lojas, a Wallace Collection fica perto.

££

Jesmond Dene
Mapa 4 G5
27 Argyle Street, WC1H 8EP; 020 7837 4654; www.jesmonddenehotel.co.uk
Tem quartos pequenos, banheiros ainda menores (alguns microscópicos, outros compartilhados) e algumas escadas íngremes para transpor, mas (e este é um grande mas) a equipe

é amável e séria, a limpeza, os cafés da manhã, o Wi-Fi gratuito e, acima de tudo, o preço nessa localização central em King's Cross fazem com que as famílias sempre retornem.

££

Lincoln House
Mapa 9 A2
33 Gloucester Place, W1U 8HY; 020 7486 7630; www.lincoln-house-hotel.co.uk
Uma alternativa confiável ao Hart House – na mesma via, mas mais perto da Oxford Street. Os quartos são modestos, com banheiros minúsculos, mas têm vários deleites, entre eles colchões Hypnos cinco-estrelas, TV via satélite, chá e café ilimitados e Wi-Fi gratuito. Foi instalado ar-condicionado em dois terços dos quartos.

££

PUB COM QUARTOS

New Inn
Mapa 2 G3
2 Allitsen Road, NW8 6LA; 020 7722 0726; www.newinnlondon.co.uk
Perto de Regent's Park e do canal, o preço, a acolhida agradável e os quartos amplos e imaculados sobre esse pub são difíceis de superar. No entanto, se dormir antes da meia-noite for vital, antes de fazer reserva verifique a programação de música ao vivo (geralmente nos fins de semana). O pub serve especialidades tailandesas e cozinha inglesa tradicional.

££

O pub New Inn, a poucos passos do Regent's Park

APARTAMENTOS E FLATS

Europa House
Mapa 2 E5
79A Randolph Avenue, W9 1DW; 020 7724 5924; www.europahouseapartments.co.uk
Com crianças a tiracolo, Little Venice é de grande apelo – longe do agito, tem um colorido canal e bonitas pontes. O Europa House oferece treze apartamentos confortáveis e ventilados, jardins grandes e arborizados e um playground. Pais exaustos podem pedir comida do supermercado ou de restaurantes, ou massagem no local.

£££

23 Greengarden House
Mapa 9 C3
St Christopher's Place, W1U 1NL; 020 7935 9191; www.greengardenhouse.com
Um dos becos secretos de Londres, St Christopher's Place é distinto e repleto de lojas da moda, restaurantes e cafés (muitos deles com mesas e cadeiras ao ar livre). Esses apartamentos têm ambientes agradáveis e modernos e oferecem serviço de empregada nos dias úteis, vidros duplos e um kit de sobrevivência no primeiro dia para as famílias.

£££

City e East End

HOTÉIS

Apex City of London
Mapa 12 G4
1 Seething Lane, EC3N 4AX; 020 7702 2020; www.apexhotels.co.uk/hotels/city-of-london
Quem cedo madruga pode ir à Torre de Londres assim que os portões se abrem com poucos minutos de caminhada partindo desse moderno hotel. Há menus de cortesia para crianças até 13 anos, e os menores de 18 podem ficar de graça no quarto dos pais. As habitações, imaculadas, têm camas confortáveis e espaço para guardar a parafernália da família.

££

Grange City
Mapa 12 G4
8-14 Cooper's Row, EC3N 2BQ; 020 7863 3700; www.grangehotels.com/hotels-london/grange-city-hotel/grange-city-hotel.aspx
O maior atrativo desse hotel é a fabulosa piscina de 25m, raridade em Londres, com um generoso horário para crianças, em especial no fim de semana (7h-21h). Fica perto da Torre, com belas vistas dela em alguns quartos.

££

The Hoxton
Mapa 6 F6
81 Great Eastern Street, EC2A 3HU; 020 7550 1000; www.hoxtonhotels.com
O enorme andar térreo reúne recepção, loja, sala de estar, bar, o restaurante Hoxton Grill, cibercafé e duas lareiras. O lugar tem o burburinho que caracteriza a região. Seguindo o conceito das linhas aéreas econômicas, quanto antes você fizer reserva, menos irá pagar. Há liquidações ocasionais, com quartos por apenas £1.

££

Legenda dos símbolos na orelha da contracapa

246 | Onde Ficar

APARTAMENTOS E FLATS
Cheval Calico House Mapa 12 E3
42 Bow Lane, EC4M 9DT; 020 7489 2500; www.chevalresidences.com/ CalicoHouse.asp

A Cheval Residences tem vários prédios de apartamentos em Londres; Calico House oferece o melhor custo-benefício. Os flats são atraentes e práticos, com alguns luxos como edredons de penas de ganso e lençóis Frette. Próximo à Catedral de St Paul, o local é agitado e barulhento durante a semana e bastante tranquilo nos fins de semana.

£££

Próximo à Torre de Londres, o Hamlet (UK) oferece acomodações básicas

Hamlet (UK) Mapa 12 H5
Nightingale House, 50 Thomas More Street, E1W 1UA & Burr Close, E1W 1ND; 01462 678037; www.hamletuk.com

Chegar cedo à Torre para evitar as multidões é algo tranquilo para hóspedes desses modestos apartamentos de um e dois quartos em St Katharine's Dock. A área foi reurbanizada nos anos 1970 e hoje é cercada de lojas e restaurantes. As crianças irão adorar a atividade na marina, com os barcos partindo e chegando.

££

Market View by BridgeStreet Mapa 11 C2
15 West Smithfield, EC1A 9HY; 020 7792 2222; www.bridgestreet.com/ Market_View_by_Bridgestreet_ Worldwide.htm

Entre os prédios de apartamentos de BridgeStreet, na City, esse bloco vitoriano de tijolos vermelhos, reformado, oferece a melhor acomodação familiar. Há de estúdios a apartamentos de três quartos, com pisos e móveis de madeira de lei e vistas soberbas do Smithfield Market, ainda na ativa. A região tem vários restaurantes.

££

MiNC Eagle Court Mapa 11 C1
10-11 Britton Street, EC1M 5QD; 020 7397 1325; www.minc apartments.com/london/eaglecourt_ apartments/details.php

Clerkenwell é um bairro revigorado e divertido para famílias, com restaurantes apropriados para crianças e o Little Angel Theatre, de marionetes, no vizinho Islington. O Eagle Court oferece acomodação limpa e moderna com ótimas diárias quando se faz reserva. Serviço de faxineira semanal e suporte telefônico 24 horas.

££

Southwark e South Bank

HOTÉIS
All Seasons Southwark Rose Mapa 11 D5
43-47 Southwark Bridge Road, SE1 9HH; 020 7015 1480; www.all-seasons-hotels.com/gb/ hotel-7465-all-seasons-london-southwark-rose/index.shtml

Esse novo e cintilante hotel econômico, o primeiro All Seasons do Reino Unido, oferece tecnologia avançada em seus quartos de preços baixos, como Wi-Fi e TVs de tela plana. Com o Globe, o National Theatre e a Tate Modern a poucos minutos, é uma escolha perfeita para famílias de viciados em cultura.

£

London Bridge Mapa 12 E6
8-18 London Bridge Street, SE1 9SG; 020 7855 2200; www.london bridgehotel.com

Se a London Dungeon está na sua lista de coisas a fazer, esse hotel acolhedor e íntimo numa interessante re-

O elegante exterior do hotel London Bridge

gião central não poderia ter melhor localização. O lobby sedutor define o cenário, enquanto os quartos são serenos, com banheiros asseados em preto e branco. O hotel é muito maior do que aparenta por fora, e conta com três restaurantes/bares.

£££

Park Plaza County Hall Mapa 10 H6
1 Addington Street, SE1 7RY; 020 7021 1810; www.parkplaza.com/ london-hotel-gb-se1-7ry/gbcounty

Esse vasto arranha-céu gigante com 398 quartos está bem localizado para passeios obrigatórios, como a London Eye e o Aquarium. Seu elegante restaurante, Spectrum, ostenta um cenário de tirar o fôlego, sob um átrio de vidro de catorze andares. Os estúdios, ideais para famílias, têm sala de estar com TV de plasma (filmes a pedido) e minicozinha. Entre os úteis extras, serviço gratuito de lavanderia.

££

A confortável sala de estar de um dos apartamentos do Market View by BridgeStreet

Categorias de preço na p. 243

Premier Inn London County Hall
Mapa 10 H6
Belvedere Road, SE1 7PB; 0871 527 8648; www.premierinn.com/en/hotel/LONCOU/london-county-hall
Dois menores de 16 anos se hospedam de graça se ficarem com os pais nesse hotel bem conservado. Para famílias, tem preço razoável e oferece cadeirões, refeições para crianças e pacotes de atividades. Invejável localização, em frente a Westminster.

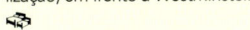

££

BED & BREAKFAST
Kennington B&B
Mapa 17 B4
103 Kennington Park Road, SE11 4JJ; 020 7735 7669; www.kenningtonbandb.com
Esse B&B num condomínio georgiano impecavelmente reformado estabelece um padrão: ganha altas notas em localização, preço, acolhida e conforto. Tem quartos contíguos, perfeitos para famílias com crianças pequenas, e está praticamente na porta da estação de metrô de Kennington, com fácil acesso ao resto de Londres. Oferece babás e curso de inglês.

££

APARTAMENTOS E FLATS
London Tower Bridge
Mapa 12 H6
Queen Elizabeth Circle, PO Box 36608, SE1 2WN; 020 8679 6485; www.londontowerbridgeapartments.co.uk
Pode ser difícil de encontrar, mas depois que você chega aqui, verá que se trata de agradável refúgio do alvoroço. Preços difíceis de igualar, mobília colorida e muito espaço para espreguiçar-se aumentam o apelo dos apartamentos. Faça compras na delicatéssen e na padaria locais e no Borough Market (qui-sáb) e prepare o banquete na cozinha bem equipada.

££

Kensington, Chelsea e Battersea

HOTÉIS
Crowne Plaza Kensington
Mapa 14 E2
100 Cromwell Road, SW7 4ER; 020 7373 2222; www.ichotelsgroup.com/h/d/cp/1/en/hotel/lonke
Provavelmente o melhor custo-benefício em Kensington, o hotel fica a uma curta caminhada do Science Museum e do Natural History Museum, e é um favorito entre famílias. Embora a Cromwell Road seja uma via pública movimentada, uma vez lá dentro ou no grande jardim tudo fica calmo. Hóspedes que decidem comer fora têm muitas opções.

££

O moderno lobby do Crowne Plaza Kensington

Mandarin Oriental Hyde Park
Mapa 9 A6
66 Knightsbridge, SW1X 7LA; 020 7235 2000; www.mandarinoriental.com/london
De minirroupões, livros e giz de cera até pipoca à vontade, nada falta às crianças nesse luxuoso edifício eduardiano num extremo do Hyde Park e defronte à loja Harvey Nichols. O interior elegante é parte contemporâneo, parte tradicional, com um colossal salão de bailes onde a rainha aprendeu a dançar nos anos 1930.

£££

Rafayel on the Left Bank
34 Lombard Road, SW11 3RF; 020 7801 3600; www.hotelrafayel.com
Você irá encontrar quartos grandes com camas extraordinariamente confortáveis nesse hotel chique e ecológico. Se as crianças acordarem famintas durante a noite, há serviço de quarto 24 horas. Também se oferecem mimos para os pais no spa e na academia, além de um ônibus gra-

tuito para Clapham Junction. A bondosa equipe organiza passeios de bicicleta e barco.

££

Royal Garden
Mapa 7 D6
2-24 Kensington High Street, W8 4PT; 020 7937 8000; www.royalgardenhotel.co.uk
Preferido de jogadores de futebol e bandas de rock, é um hotel para ver celebridades. No entanto, o atrativo para famílias é ter os Kensington Gardens, com o Diana Memorial Playground, a estátua de Peter Pan e o Round Pond, como seu quintal. O hotel fornece pão para alimentar os patos.

£££

BED & BREAKFASTS
Amsterdam
Mapa 13 C3
7 Trebovir Road, SW5 9LS; 020 7370 5084; www.amsterdam-hotel.com
Numa rua quieta a uma esquina da estação de metrô Earl's Court Road, esse premiado B&B num condomínio tem quartos familiares de bom tamanho a preços razoáveis – algo muito disputado nessa região; reserve com boa antecedência. O café da manhã é servido por funcionários sorridentes num belo e iluminado salão com viçosas toalhas de mesa. O jardim é particularmente bonito no verão.

££

Base2Stay
Mapa 13 D3
25 Courtfield Gardens, SW5 0PG; 020 7244 2255; www.base2stay.com
As aparências não enganam nesse elegante condomínio de estuque numa saudável área de Earl's Court: acomodação impecável e funcional sem extras na conta. Quartos familiares são apertados para quatro pessoas, mas também há opções com beliche. Prepare seu café da manhã na bem equipada minicozinha ou peça que ele seja entregue em seu quarto numa caixa.

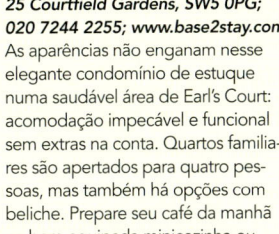

£££

O luxuoso Mandarin Oriental, próximo ao Hyde Park e à Sloane Street

Legenda dos símbolos *na orelha da contracapa*

Onde Ficar

O elegante interior do hotel The Beaufort

The Beaufort
Mapa 14 H1
33 Beaufort Gardens, SW3 1PP; 020 7584 5252; www.thebeaufort.co.uk
Esse hotel particular oferece 29 quartos confortáveis e decorados com bom gosto, ambiente relaxante e um endereço de muita classe em Knightsbridge. Retorne das compras ou dos passeios a tempo para o chá e os bolinhos caseiros que dão água na boca, servidos entre 15h-17h e incluídos na diária. Também há muitas opções de restaurantes excelentes nas proximidades.
£££

The Cranley
Mapa 14 E3
10 Bina Gardens, SW5 0LA; 020 7373 0123; www.thecranley.com
Uma noite nesse hotel mais parece com hospedar-se na casa de amigos, não num hotel: é um tradicional e luxuoso lar-longe-do-lar, com muitos toques pessoais, como bar self-service e arrumação da cama. Um ponto alto do dia é o chá da tarde, servido no terraço frontal no verão e ao lado da lareira no inverno. Há ofertas para famílias ocasionalmente.
£££

Darlington Hyde Park
Mapa 8 G2
111-117 Sussex Gardens, W2 2RU; 020 7460 8800; www.darlingtonhotel.com
A região em torno de Paddington é cheia de B&Bs, muitos deles sem muita qualidade. Esse é superior, bem localizado em relação à estação de trem e ao Heathrow Express, além das lojas da Oxford Street. Embora alguns quartos familiares sejam no térreo, eles são iluminados e ventilados. Como um bônus, há geladeiras nos quartos.
££

Hyde Park Rooms
Mapa 8 G2
137 Sussex Gardens, W2 2RX; 020 7723 0225; www.hydeparkrooms.com
Funcionando há mais de 30 anos, esse modesto B&B administrado por uma família oferece acomodação sem frescuras e um generoso café da manhã a preços imbatíveis no centro de Londres. Os hóspedes recebem calorosas boas-vindas do proprietário e da equipe. Embora os quartos sejam simples e não tenham os recursos de suíte, tudo é novo.
£

Lavender Guesthouse
18 Lavender Sweep, SW11 1HA; 020 7585 2767; www.thelavenderguesthouse.com
Decorada e equipada com simplicidade, mas limpíssima e muito conveniente, essa pousada fica numa região silenciosa do subúrbio, a uma curta caminhada de Clapham Junction (a 7 minutos de trem desde Victoria). Os quartos são pequenos (mas os preços, menores ainda), e os sem banheiro pelo menos têm seu próprio vaso sanitário. O ensolarado jardim é lotado de flores e arbustos.
££

New Linden
Mapa 7 C3
59 Leinster Square, W2 4PS; 020 7221 4321; www.newlinden.co.uk/IndexMain.htm
Próximo à Portobello Road, esse condomínio convertido tem 51 quartos limpíssimos e meticulosamente projetados. Os assoalhos são de madeira; as paredes, lisas com uma ocasional pintura moderna; e as camas têm cabeceiras diferentes e colchas coloridas. Os funcionários não poderiam ser mais amáveis, e os quartos têm bom custo-benefício.
££

principalmente porque o excelente bufê de café da manhã está incluso.
££

Number Sixteen
Mapa 14 F3
16 Sumner Place, SW7 3EG; 020 7589 5232; www.firmdale.com
Tim e Kit Kemp, donos dos Firmdale Hotels, têm o dom de criar hospedagens não apenas belíssimas, mas também tranquilas e com bom funcionamento. O Number Sixteen não é exceção. Entre os extras, estão serviço de quarto 24 horas, acervo de DVD, bar self-service e suco de laranja fresco no café da manhã.
£££

Park City
Mapa 13 D2
18-30 Lexham Gardens, W8 5JE; 020 7341 7090; www.theparkcity.com
Aninhado atrás da movimentada Cromwell Road, que é uma linha quase reta de Hammersmith à Harrods, o premiado Park City se espalha por sete grandes casas. Depois que os pequenos vão para a cama, os adultos podem desfrutar de um drinque no Ruby's Cocktail Bar (que também serve lanches no almoço).
£££

The Parkwood at Marble Arch
Mapa 8 H3
4 Stanhope Place, W2 2HB; 020 7402 2241; www.parkwoodhotel.com
É um oásis de tranquilidade próximo – mas a um mundo de distância – da loucura do Marble Arch. Gravuras de bom gosto enfeitam as paredes dos quartos espaçosos e alegremente decorados, alguns com camas de ferro. Não há custos ocultos e o preço, que inclui café da manhã inglês completo, representa um formidável custo-benefício.
££

Rhodes
Mapa 8 F3
195 Sussex Gardens, W2 2RJ; 020 7262 0537; www.rhodeshotel.com
Os atuais proprietários do Rhodes estão no comando desde 1978 e se orgulham muito de seu amável e eclético B&B numa elegante casa georgiana, aberto antes da Segunda Guerra Mundial. Vidraças duplas mantêm os quartos graciosamente silenciosos; os que estão no topo encaram uma escadaria bem íngreme, mas os funcionários se dispõem a ajudar com a bagagem.
££

Categorias de preço na p. 243

Kensington, Chelsea e Battersea | 249

Royal Park   Mapa 8 F3
3 Westbourne Terrace, W2 3UL;
020 7479 6600; www.theroyal
park.com
O nome é adequado: o Hyde Park está a poucos minutos a pé ao sul desse pequeno hotel elegante e tradicional. Famílias podem providenciar quartos contíguos, com café da manhã na cama. Pode ser um pouco caro, mas os extras, como Wi-Fi, uso do computador para hóspedes e champanhe às 19h, estão inclusos.
£££

Sydney House   Mapa 14 G3
9-11 Sydney Street, SW3 6PU;
020 7376 7111; www.sydneyhouse chelsea.com
Perpendicular às lojas da King's Road e aos museus de South Kensington, é um condomínio georgiano cool mas aconchegante que passou por uma reforma chique. Os quartos têm paredes brancas, assoalhos de madeira clara, TVs de tela plana e camas deliciosamente confortáveis. Tem equipe charmosa e preço justo (fique atento para ofertas especiais).
£££

Trebovir   Mapa 13 C3
18-20 Trebovir Road, SW5 9NH; 020 7373 6625; www.trebovirhotel.com
Na mesma rua do Amsterdam e ocupando duas casas brancas de estuque do século XIX, esse pequeno hotel reformado tem algumas janelas de altura dupla, que deixam o ambiente iluminado e ventilado. Alguns quartos contam com banheiros tradicionais, outros possuem pequenos casulos, portanto é bom checar. As melhores diárias o colocam no grupo dos hotéis baratos.
£

Apartamento no Allen House, perto da Kensington High Street

APARTAMENTOS E FLATS

Allen House   Mapa 13 C1
8 Allen Street, W8 6BH; 020 7938 1191; www.allenhouse.co.uk
Famílias que gostam de fazer compras não precisam procurar além desses apartamentos tradicionais e espaçosos num quarteirão de mansões eduardianas perto da Kensington High Street, uma das mais vibrantes ruas de comércio em Londres. Jardins públicos e o Holland Park (a uma caminhada de distância) irão fazer com que as crianças não se sintam confinadas. Também há um serviço de primeira.
£££

Beaufort House   Mapa 14 H1
45 Beaufort Gardens, SW3 1PN;
020 7584 2600; www.beaufort house.co.uk
A apenas 5 minutos a pé da seção de brinquedos da Harrods, esses apartamentos exclusivos, de um a quatro quartos, olham de cima para um silencioso beco de Knightsbridge. Todos são lindamente mobiliados, e ostentam cozinha e banheiro de primeira linha. Entre os recursos, docks para iPod e vasta coleção de DVDs.
£££

Castletown House   Mapa 13 A4
11 Castletown Road, W14 9HE;
020 7386 9423; www.castletown house.co.uk
Se ficasse um pouquinho para o leste, dentro do Royal Borough of Kensington and Chelsea, os preços seriam o dobro. Escolha entre os estúdios (bem compactos) e os apartamentos de um ou dois quartos com pátios encantadores. Os proprietários estão sempre perto para boas-vindas e ajuda.
£

Dolphin House   Mapa 16 E5
Dolphin Square, SW1V 3LX; 020 7798 8000; www.dolphinsquare. uk/house
Parte do desenvolvimento da Dolphin Square em Pimlico, junto ao rio, nos anos 1930, oferece boas opções de apartamentos. Entre os principais atrativos, a piscina coberta de 18m e extensas áreas abertas, que incluem uma quadra de tênis – ideal para que os pequenos queimem energia.
££

Fraser Place Queens Gate   Mapa 14 E2
39B Queens Gate Gardens, SW7 5RR; 020 7969 3555; london-queensgate.frasershospitality.com
Ideal para famílias que planejam uma visita aos dinossauros no Natural History Museum, esses apartamentos são bem planejados, com superfícies de fácil limpeza, e estão disponíveis por noite. Entretenimento caseiro inclui TV a cabo, DVD e CD. Serviço de faxina diária e recepção 24 horas.
££

Royal Court Apartments   Mapa 8 F3
51 Gloucester Terrace, W2 3DQ;
020 7402 5077; www.royalcourt apartments.co.uk
Administrados pelo Paddington Hotel, em frente, esses apartamentos vão do modesto e antigo ao polido e remodelado (e isso se reflete no preço). Famílias terão conforto com dois quartos, sala de estar e cozinha.
££

O Sydney House, localizado entre a King's Road e o Natural History Museum

Legenda dos símbolos *na orelha da contracapa*

Onde Ficar

SACO @ St George Wharf
Mapa 16 G5
St George Wharf, SW8 2LE; 0117 970 6999; london.sacoapartments.co.uk/destinations/uk/London-South_of_the_River/SACO-St-George-Wharf

A grande vantagem de ficar aqui é o espetacular cenário à beira do rio: os melhores apartamentos têm vistas ininterruptas. Situado nas altas torres de uma aldeia de vidro no céu, tem lojas e uma academia "pague quando usar", e o visual é despojado, com sólidos pisos de madeira e mobília indestrutível. Com uma curta caminhada pela Vauxhall Bridge, chega-se a Westminster em minutos.
££

Space Apart Hotel
Mapa 7 D3
36-37 Kensington Gardens Square, W2 4BQ; 020 7908 1340; www.aparthotel-london.co.uk

Uma excelente escolha para famílias, com tudo à disposição, de jogos de Wii a penicos. A excelente gerência é prestativa, e os amplos espaços abertos do Hyde Park estão à porta. Os apartamentos (alguns duplex) são alegrados por detalhes peculiares (como os tapetes com estampa de zebra) e têm os melhores utensílios Bosch, mobília prática e atraente e espaço inteligente para bagagens.
££

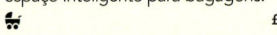

Arredores do centro

HOTÉIS

Boundary Rooms
Mapa 6 G5
2-4 Boundary Street, E2 7DD; 020 7729 1051; www.theboundary.co.uk

Há muito espaço para se esparramar nos quartos estilosos de Terence Conran, uma estamparia vitoriana convertida no burburinho de Shoreditch. Tome café da manhã e um lanche no agradável Albion, um café-padaria (aberto 8h-24h), e, durante o verão, coma no telhado (que ferve nos fins de semana) com vista para toda a City.
£££

Church Street
29-33 Camberwell Church Street, SE5 8TR; 020 7703 5984; www.churchstreethotel.com

Animado e original, esse santuário de inspiração latino-americana na multiétnica Camberwell pertence a dois irmãos artistas, que o projetaram. Tem um restaurante de tapas informal e grandes quartos coloridos, com camas de ferro forjado e arte mexicana. Os ônibus 176 e 185 vão do hotel até o excelente Horniman Museum.
£££

Crowne Plaza Shoreditch
Mapa 6 G6
100 Shoreditch High Street, E1 6JR; 020 7613 9800; www.ichotelsgroup.com/h/d/cp/925/en/hd/lonsd

Adequado para famílias que visitam a parte leste de Londres, que podem tomar café da manhã com vista no restaurante Globe na cobertura, ou beliscar virando a esquina na Leila's Shop (15 Calvert Avenue), uma instituição de Spitalfields. Com Brick Lane, Columbia Road e Spitalfields a uma caminhada de distância, é uma opção recomendada para quem gosta de mercados. Os quartos são insípidos, mas espaçosos.
£££

Hilton London Docklands
265 Rotherhithe Street, SE16 5HW; 020 7231 1001; www.hilton.co.uk/docklands

Com serviço de balsa de cortesia de e para a estação de metrô Canary Wharf, passear a partir desse hotel à beira do rio não poderia ser mais fácil. Os quartos familiares, bastante funcionais, têm tamanho decente, mas se você precisar de dois, por causa das crianças, o segundo sai pela metade do preço. Também conta com uma pequena piscina.
££

Novotel Greenwich
Mapa 18 E4
173-85 Greenwich High Road, SE10 8JA; 020 8312 6800; www.novotel.com/gb/hotel-3476-novotel-london-greenwich/index.shtml

Essa filial da onipresente rede de hotéis se destaca pela animação dos funcionários e o conforto e a limpeza dos quartos. A empresa almeja fazer das famílias sua prioridade, e esse hotel é equipado com PlayStation 3 e dois computadores Apple. O esplêndido café da manhã despertará você e a família para um animado dia de passeios em Greenwich.
£

O Premier Inn, Hampstead, tem estacionamento próprio

Premier Inn, Hampstead
215 Haverstock Hill, NW3 4RB; 0871 527 8662; www.premierinn.com/en/checkHotel/LONHMP/london-hampstead

Muito conveniente para as idas ao West End (via Northern Line a partir do metrô de Belsize Park) e próximo dos atraentes espaços abertos de Hampstead Heath e da Kenwood House, esse Premier Inn tem elegantes e contemporâneas áreas comuns e um restaurante Chez Gérard. Os quartos são silenciosos, embora menores do que a média dessa rede. A aparência exterior é um pouco enfadonha, mas o hotel torna-se mais aconchegante graças ao serviço atencioso na recepção.
£

Ramada London Docklands
ExCeL, 2 Festoon Way, Royal Victoria Dock, E16 1RH; 020 7540 4820; www.ramadadocklands.co.uk

Um nível acima dos hotéis de rede típicos e à mão para o City Airport e o DLR, que chega ao coração da City em minutos. As melhores suítes têm minicozinhas e dão vista para Victoria Dock. Para variar, não cozinhe e experimente os saborosos pratos italianos no restaurante Stresa, do hotel. Estacionamento grátis.
££

Novotel Greenwich, próximo ao Old Royal Naval College

Categorias de preço *na p. 243*

Arredores do Centro | 251

69 The Grove desfruta de localização calma numa arborizada praça vitoriana

Richmond Gate
152-58 Richmond Hill, TW10 6RP; 0844 855 9121; www.akkeronhotels.com/Hotels/Southern-England/The-Richmond-Gate-Hotel
Hotel com ambiente de casa de campo, bem perto do maior parque de Londres, do rio e do centro de Richmond, com lojas e teatros. Um chalé no jardim é boa acomodação para uma família, e pode-se usar a piscina na academia vizinha. Ótima comida. £££

69 The Grove   Mapa 16 H5
69 Vauxhall Grove, SW8 1TA; 07798 874 677; www.69thegrove.com
Esse condomínio fica num calmo quarteirão vitoriano, próximo à estação de metrô Vauxhall e de várias rotas de ônibus para o West End. O prédio foi elegantemente reformado pelos prestativos proprietários-administradores para oferecer opções de quartos modernos com diferentes preços. Wi-Fi gratuito, artigos de higiene pessoal e um dock/despertador de iPod somam-se ao conforto. Café da manhã (pode ser tomado ao ar livre no verão) substancioso e saudável. £££

BED & BREAKFASTS
Number 42
42 Daybrook Road, SW19 3DH; 020 8543 8709; www.bedandbreakfast-wimbledon.com
Uma acolhida verdadeiramente calorosa e impecáveis quartos iluminados e ventilados, com mobília adequada e camas confortáveis, se reúnem nesse B&B no arborizado Wimbledon. Os proprietários também têm filhos, por isso não faltam brinquedos, equipamentos e lugares seguros para brincar. Bom transporte para o centro. £

Quality Hotel
Hampstead   Mapa
5 Frognal, NW3 6AL; 020 7794 0101; www.qualityhampstead.com
Não é "Velho Mundo" – tem banheiros apropriados, quartos de tamanho decente e confortáveis, elevadores em todos os andares e estacionamento gratuito. Também fica próximo do metrô Finchley Road e dos ônibus para o centro. A equipe é bem informada e prestativa; o café da manhã, generoso. Há varios restaurantes tentadores nas redondezas. £££

Richmond Inn
50-56 Sheen Road, TW9 1UG; 020 8940 0171; www.richmondinnhotel.com
Aspirantes a botânico e seus pais irão gostar de estar tão perto dos Kew Gardens, enquanto fãs de teatro devem saber que muitas produções do West End estreiam antes em Richmond. Os quartos limpos e bem equipados podem parecer um pouco suburbanos para alguns, mas há elegantes banheiros com mármore. Equipe 24 horas, boas opções de restaurantes e estacionamento grátis. ££

APARTAMENTOS E FLATS
Fox Apartments
Warehouse K, Western Gateway, ExCeL Centre, E16 1DR; 020 7558 8859; www.foxapartments.com
Uma soberba conversão de um armazém de 170 anos próximo a um local oficial das Olimpíadas e à mão para o DLR. Tijolos aparentes, cores neutras quentes, dois banheiros, pequenos pátios e acessórios e utensílios simples e finos fazem desses duplex um grande achado em Docklands. Ouve-se algum barulho do aeroporto, mas não chega a ser um grande problema. ££

Glenthurston
30 Bromley Road, SE6 2TP & 27 Canadian Ave, SE6 3AU; 020 8690 3092; www.londonselfcatering.co.uk
Para pequenos cheios de energia, há balanços, um trampolim e gramados para correr nos jardins vizinhos a essas casas vitorianas, assim como mesa de bilhar e uma piscina coberta. Esses apartamentos simples e alegres são perfeitos para famílias. Há ônibus diretos para Greenwich e o Horniman Museum, e um bom serviço de trens para a cidade. Apenas estadias de uma semana estão disponíveis. £

Sanctum   Mapa 1 C3
1 Greville Road, NW6 5HA; 020 7644 2100; www.sanctum-international.com
Resta pouca dúvida de que você consegue mais espaço pelo seu dinheiro a pouca distância do centro. A uma caminhada de três minutos desde a estação do metrô Kilburn Park (com rota direta para Oxford Circus), esse prédio circular da era espacial abriga 43 apartamentos mobiliados de forma leve e bonita, com cozinhas bem equipadas e gerência de primeira classe. £££

Town Hall Apartments
8 Patriot Square, E2 9NF; 020 7871 0460; www.townhallhotel.com
A cinco minutos de caminhada do V&A Museum of Childhood, os Town Hall Apartments são uma feliz combinação de imponente arquitetura eduardiana e atraente mobília contemporânea. Os apartamentos, lindamente projetados, têm instalações de ponta, como os boxes de banho. Também é possível desfrutar a piscina e a academia do hotel. A equipe é prestativa. £££

RESTAURANTE COM QUARTOS
La Gaffe
107-111 Heath Street, NW3 6SS; 020 7435 8965; www.lagaffe.co.uk
Acima do restaurante italiano familiar no ambiente de aldeia em Hampstead, perto do Heath e da Kenwood House, o La Gaffe tem quartos aconchegantes e agradáveis com banheiros apropriados. A equipe é amável e hospitaleira e está preparada para se superar na ajuda e, é claro, na maravilhosa comida caseira italiana. ££

Restaurante e quartos La Gaffe no centro do vilarejo de Hampstead

Legenda dos símbolos *na orelha da contracapa*

O inconfundível edifício "Gherkin" (pepino) eleva-se sobre a cidade de Londres

LONDRES
Mapas

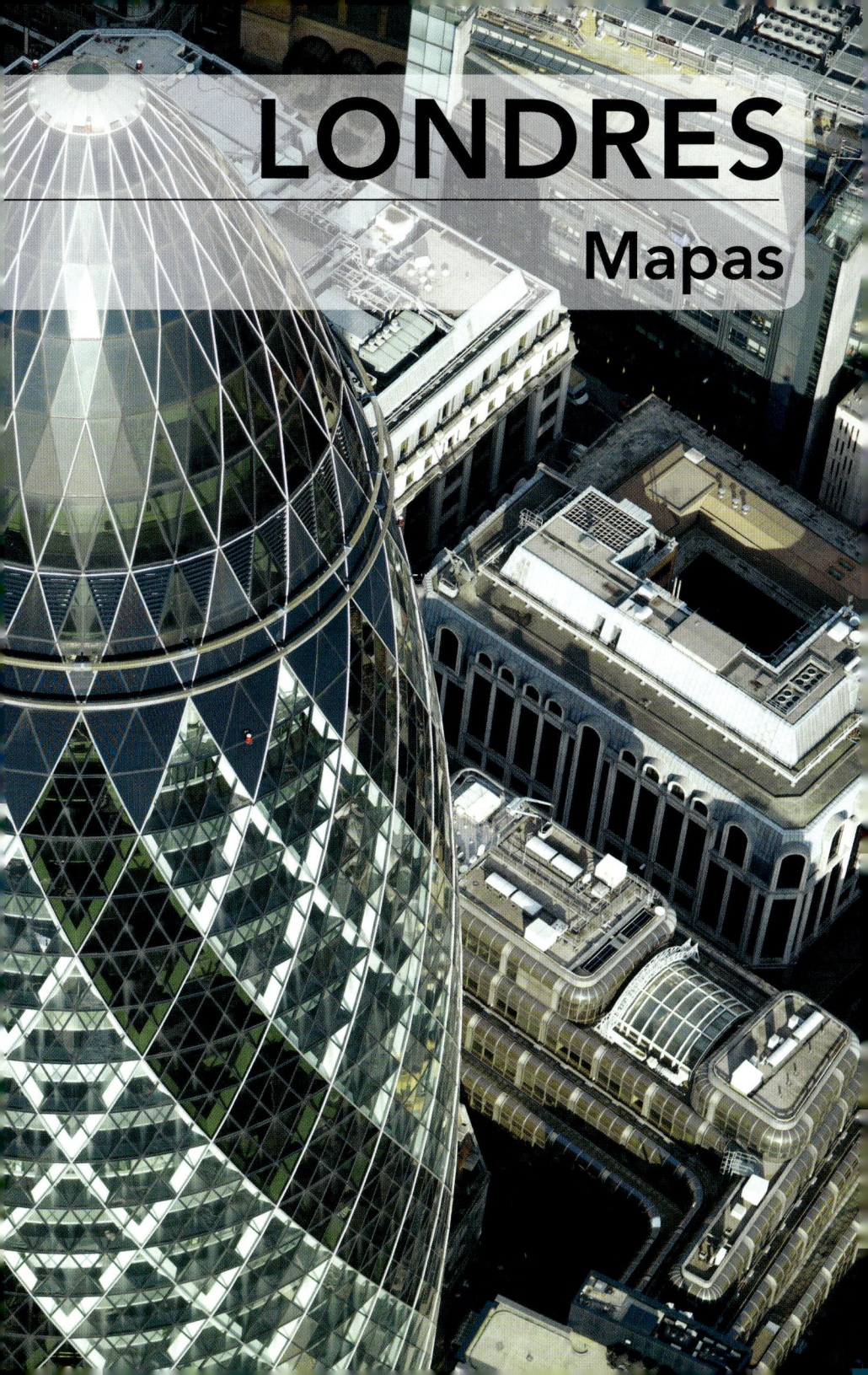

Mapas de Londres

O mapa abaixo mostra a divisão das dezoito páginas de mapas desta seção, assim como as áreas principais cobertas na parte de atrações turísticas do guia. O quadro com o mapa menor à direita exibe a região metropolitana e a área coberta no capítulo Arredores de Londres.

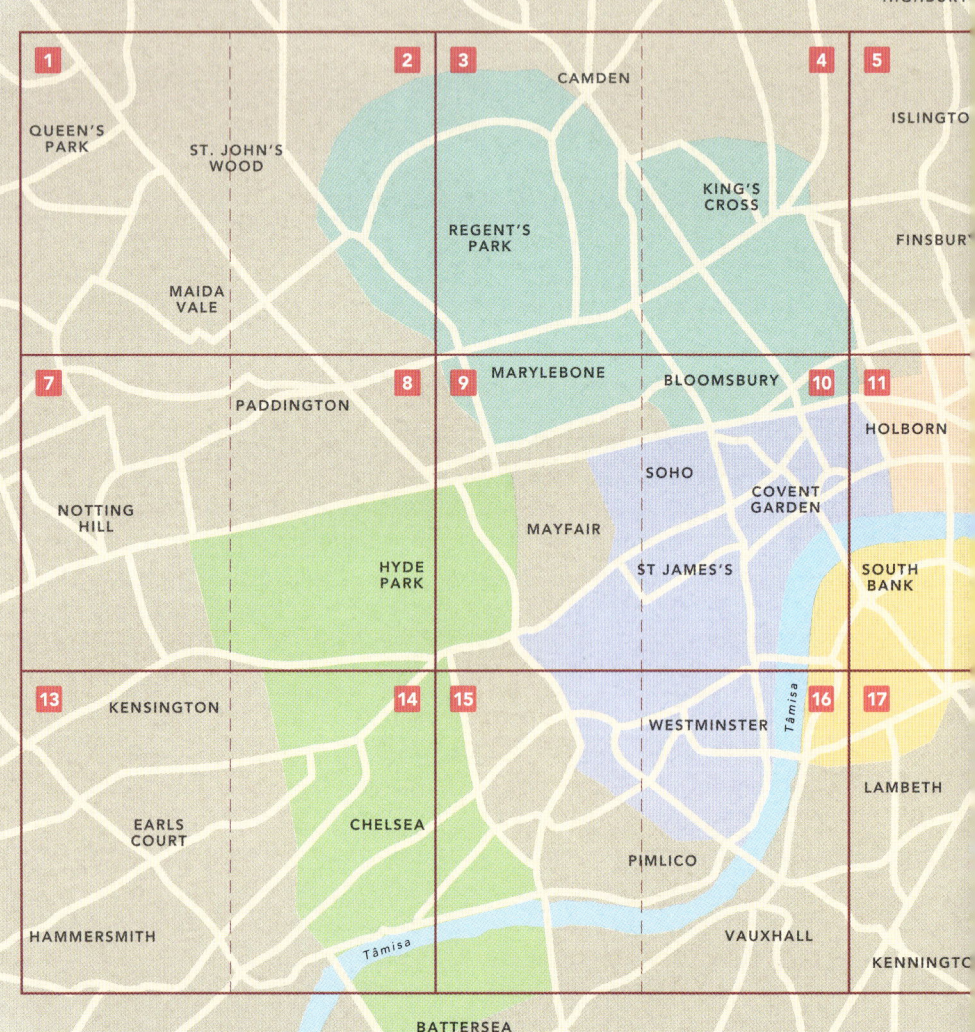

1 quilômetro = 0,621 milha
1 milha = 1,609 quilômetro

1 metro = 1,094 jarda
1 jarda = 0,914 metro

Arredores do Centro
pp. 192-233

Walthamstow · Highgate · Ilford · Hampstead · Wembley · Greenford · Bow · West Ham · Acton · Chiswick · Centro de Londres · Docklands · Tâmisa · Brentford · Thames · Charlton · Putney · Clapham · Peckham · Eltham · Richmond · Twickenham · Wimbledon · Dulwich · Catford · Streatham · Kingston · Mitcham · Beckenham

0 km 5
0 milhas 5

DALSTON · HACKNEY · SHOREDITCH · BETHNAL GREEN · CITY · WHITECHAPEL · Tâmisa · SOUTHWARK · BERMONDSEY · WALWORTH · SOUTH BERMONDSEY · CAMBERWELL · PECKHAM · NEW CROSS · DEPTFORD · Tâmisa · GREENWICH · LEWISHAM

6
12
18

LEGENDA DOS MAPAS 1-18

- Atração turística
- Local de interesse
- Outra atração
- Estação de trem
- Estação de ônibus
- Estação de metrô
- Parada de ônibus fluvial
- Informação turística
- Delegacia
- Playground
- Banheiros
- Rodovia
- Rua para pedestres
- Ferrovia

0 metros 200
0 jardas 200

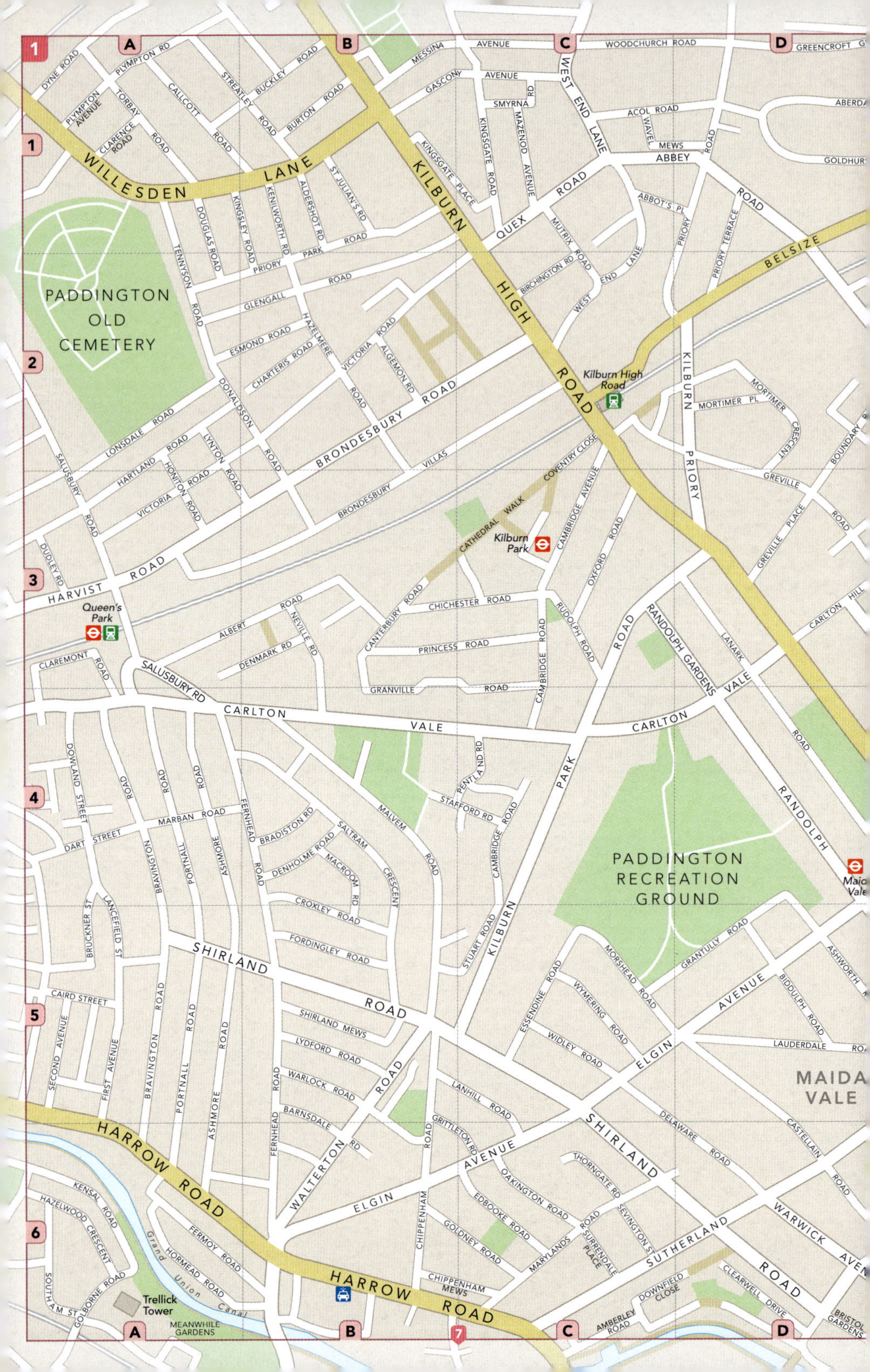

PADDINGTON OLD CEMETERY
PADDINGTON RECREATION GROUND
MAIDA VALE
WILLESDEN LANE
KILBURN HIGH ROAD
BELSIZE ROAD
ABBEY ROAD
QUEX ROAD
WEST END LANE
BRONDESBURY ROAD
BRONDESBURY VILLAS
HARVIST ROAD
CARLTON VALE
SHIRLAND ROAD
HARROW ROAD
ELGIN AVENUE
KILBURN PARK ROAD
RANDOLPH AVENUE
SUTHERLAND AVENUE
WARWICK AVENUE
Kilburn High Road
Kilburn Park
Queen's Park
Maida Vale
Trellick Tower
MEANWHILE GARDENS
Grand Union Canal
SALUSBURY ROAD
LONSDALE ROAD
TENNYSON ROAD
DOUGLAS ROAD
KINGSLEY ROAD
KENILWORTH ROAD
ALDERSHOT RD
ST JULIAN'S RD
PRIORY PARK ROAD
GLENGALL ROAD
ESMOND ROAD
CHARTERIS ROAD
DONALDSON ROAD
HAZELMERE ROAD
VICTORIA ROAD
ALGERNON RD
HARTLAND ROAD
HONITON ROAD
LYNTON ROAD
DUDLEY RD
CLAREMONT ROAD
ALBERT ROAD
NEVILLE RD
DENMARK RD
CANTERBURY ROAD
CHICHESTER ROAD
PRINCESS ROAD
GRANVILLE ROAD
CATHEDRAL WALK
COVENTRY CLOSE
CAMBRIDGE AVENUE
CAMBRIDGE ROAD
OXFORD ROAD
RUDOLPH ROAD
RANDOLPH GARDENS
LANARK ROAD
CARLTON HILL
GREVILLE ROAD
GREVILLE PLACE
MORTIMER PL
MORTIMER CRESCENT
BOUNDARY ROAD
KILBURN PRIORY
PRIORY TERRACE
ABBOT'S PL
MUTRIX ROAD
BIRCHINGTON RD
KINGSGATE PLACE
KINGSGATE ROAD
MAZENOD AVENUE
SMYRNA RD
GASCONY AVENUE
MESSINA AVENUE
WOODCHURCH ROAD
GREENCROFT
ABERDARE
GOLDHURST
ACOL ROAD
WAVEL MEWS
DYNE ROAD
PLYMPTON RD
PLYMPTON AVENUE
TORBAY ROAD
CLARENCE ROAD
CALLCOTT ROAD
STREATLEY ROAD
BUCKLEY ROAD
BURTON ROAD
DOWLAND STREET
DART STREET
MARBAN ROAD
BRAVINGTON ROAD
PORTNALL ROAD
ASHMORE ROAD
FERNHEAD ROAD
BRADISTON RD
DENHOLME ROAD
SALTRAM CRESCENT
MACROOM RD
CROXLEY ROAD
FORDINGLEY ROAD
MALVERN ROAD
PENTLAND RD
STAFFORD RD
STUART ROAD
BRUCKNER ST
LANCEFIELD ST
CAIRD STREET
SECOND AVENUE
FIRST AVENUE
SHIRLAND MEWS
LYDFORD ROAD
WARLOCK ROAD
BARNSDALE RD
WALTERTON ROAD
LANHILL ROAD
GRITTLETON RD
CHIPPENHAM ROAD
CHIPPENHAM MEWS
OAKINGTON ROAD
EDBROOKE ROAD
GOLDNEY ROAD
MARYLANDS ROAD
THORNGATE RD
SEVINGTON ST
SURRENDALE PLACE
ESSENDINE ROAD
WYMERING ROAD
WIDLEY ROAD
MORSHEAD ROAD
GRANTULLY ROAD
BIDDULPH ROAD
LAUDERDALE ROAD
ASHWORTH
DELAWARE ROAD
CASTELLAIN ROAD
DOWNFIELD CLOSE
CLEARWELL DRIVE
AMBERLEY ROAD
BRISTOL GARDENS
KENSAL ROAD
HAZELWOOD CRESCENT
SOUTHAM ST
GOLBORNE ROAD
HORMEAD ROAD
FERMOY ROAD
A
B
C
D
1
2
3
4
5
6
7

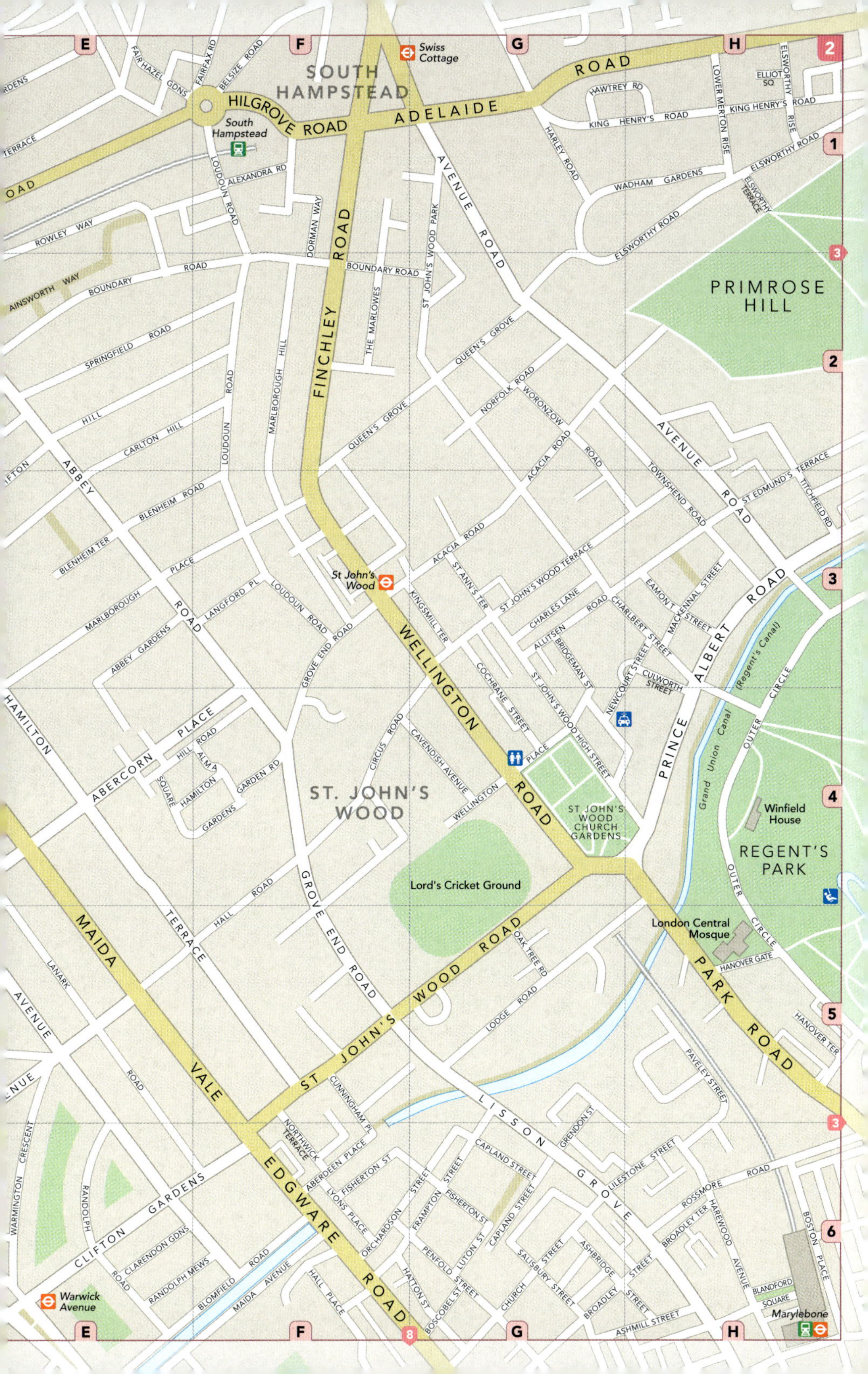
E
F
G
H
2
1
2
3
4
5
6
3
8
SOUTH HAMPSTEAD
Swiss Cottage
South Hampstead
HILGROVE ROAD
ADELAIDE ROAD
FAIRFAX RD
BELSIZE ROAD
FAIR HAZEL GDNS
ALEXANDRA RD
LOUDOUN ROAD
ROWLEY WAY
AINSWORTH WAY
BOUNDARY ROAD
DORMAN WAY
FINCHLEY ROAD
BOUNDARY ROAD
THE MARLOWES
ST JOHN'S WOOD PARK
AVENUE ROAD
HARLEY ROAD
HAWTREY RD
KING HENRY'S ROAD
LOWER MERTON RISE
ELLIOT SQ
ELSWORTHY RISE
ELSWORTHY ROAD
ELSWORTHY TERRACE
WADHAM GARDENS
ELSWORTHY ROAD
PRIMROSE HILL
SPRINGFIELD ROAD
MARLBOROUGH HILL
QUEEN'S GROVE
NORFOLK ROAD
WORONZOW ROAD
CARLTON HILL
ABBEY ROAD
BLENHEIM ROAD
BLENHEIM TER
ACACIA ROAD
TOWNSHEND ROAD
ST EDMUND'S TERRACE
TITCHFIELD RD
MARLBOROUGH PLACE
LANGFORD PL
LOUDOUN ROAD
St John's Wood
ST ANN'S TER
ST JOHN'S WOOD TERRACE
KINGSMILL TER
CHARLES LANE
EAMONT STREET
MACKENNAL STREET
ALBERT ROAD
ABBEY GARDENS
GROVE END ROAD
WELLINGTON ROAD
COCHRANE STREET
ALLITSEN ROAD
BRIDGEMAN ST
CHARLBERT STREET
NEWCOURT STREET
CULWORTH STREET
(Regent's Canal)
OUTER CIRCLE
ST JOHN'S WOOD HIGH STREET
HAMILTON TERRACE
ABERCORN PLACE
HILL ROAD
ALMA SQUARE
HAMILTON GARDENS
GARDEN RD
CIRCUS ROAD
CAVENDISH AVENUE
PLACE
PRINCE
Grand Union Canal
ST. JOHN'S WOOD
WELLINGTON
ST JOHN'S WOOD CHURCH GARDENS
Winfield House
REGENT'S PARK
Lord's Cricket Ground
HALL ROAD
MAIDA VALE
LANARK
AVENUE
ST JOHN'S WOOD ROAD
OAK TREE RD
LODGE ROAD
London Central Mosque
HANOVER GATE
PARK ROAD
HANOVER TER
PAVELEY STREET
CUNNINGHAM PL
LISSON GROVE
GRENDON ST
NORTHWICK TERRACE
ABERDEEN PLACE
CAPLAND STREET
LILESTONE STREET
ROSSMORE ROAD
FISHERTON ST
LYONS PLACE
FRAMPTON STREET
ORCHARDSON STREET
CAPLAND STREET
HAREWOOD AVENUE
BROADLEY TER
BOSTON PLACE
WARRINGTON CRESCENT
RANDOLPH ROAD
CLIFTON GARDENS
CLARENDON GDNS
RANDOLPH MEWS
BLOMFIELD ROAD
MAIDA AVENUE
EDGWARE ROAD
HALL PLACE
PENFOLD STREET
LUTON ST
HATTON ST
BOSCOBEL ST
SALISBURY STREET
CHURCH STREET
ASHBRIDGE STREET
BROADLEY STREET
ASHMILL STREET
BLANDFORD SQUARE
Marylebone
Warwick Avenue

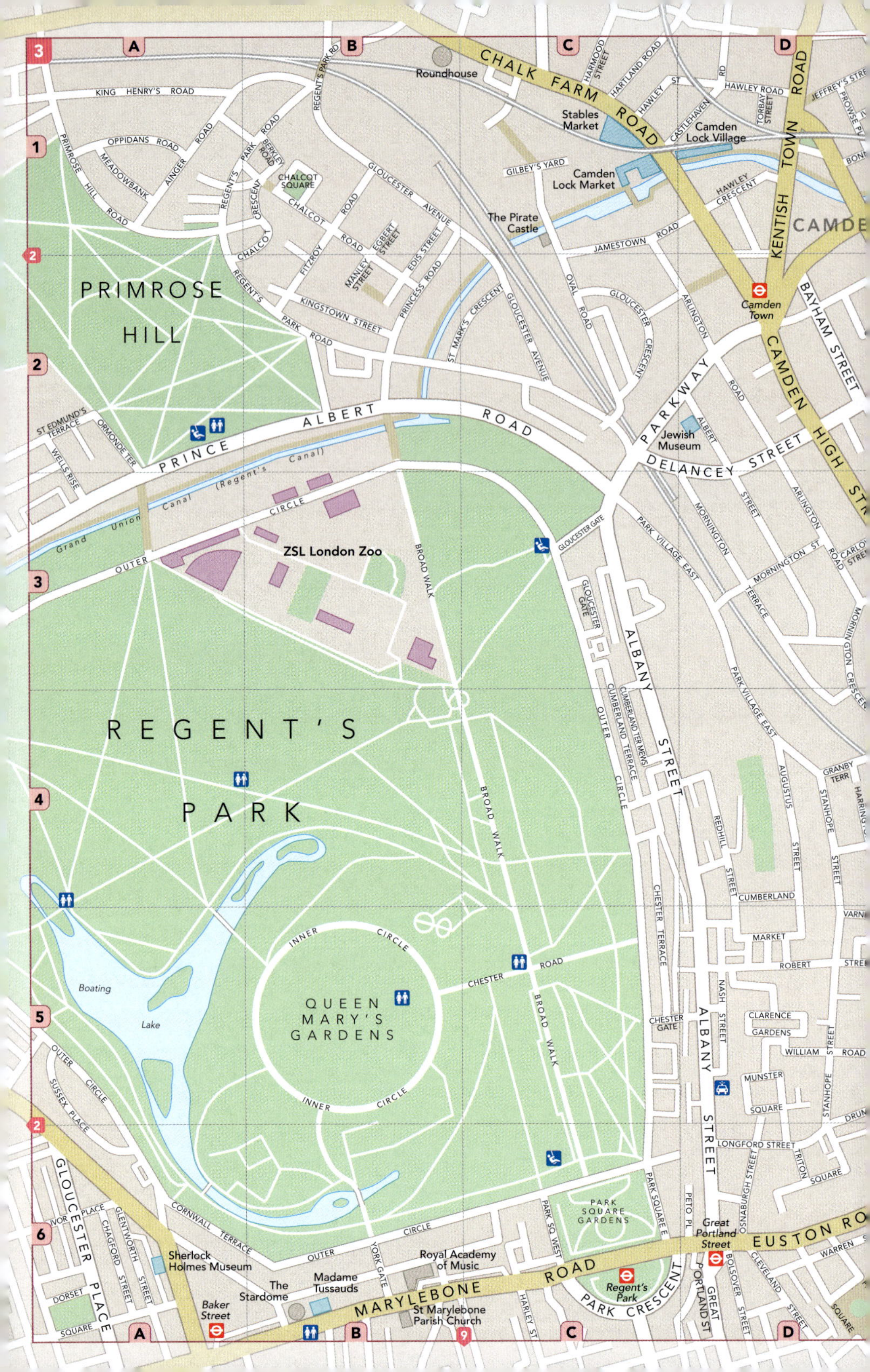

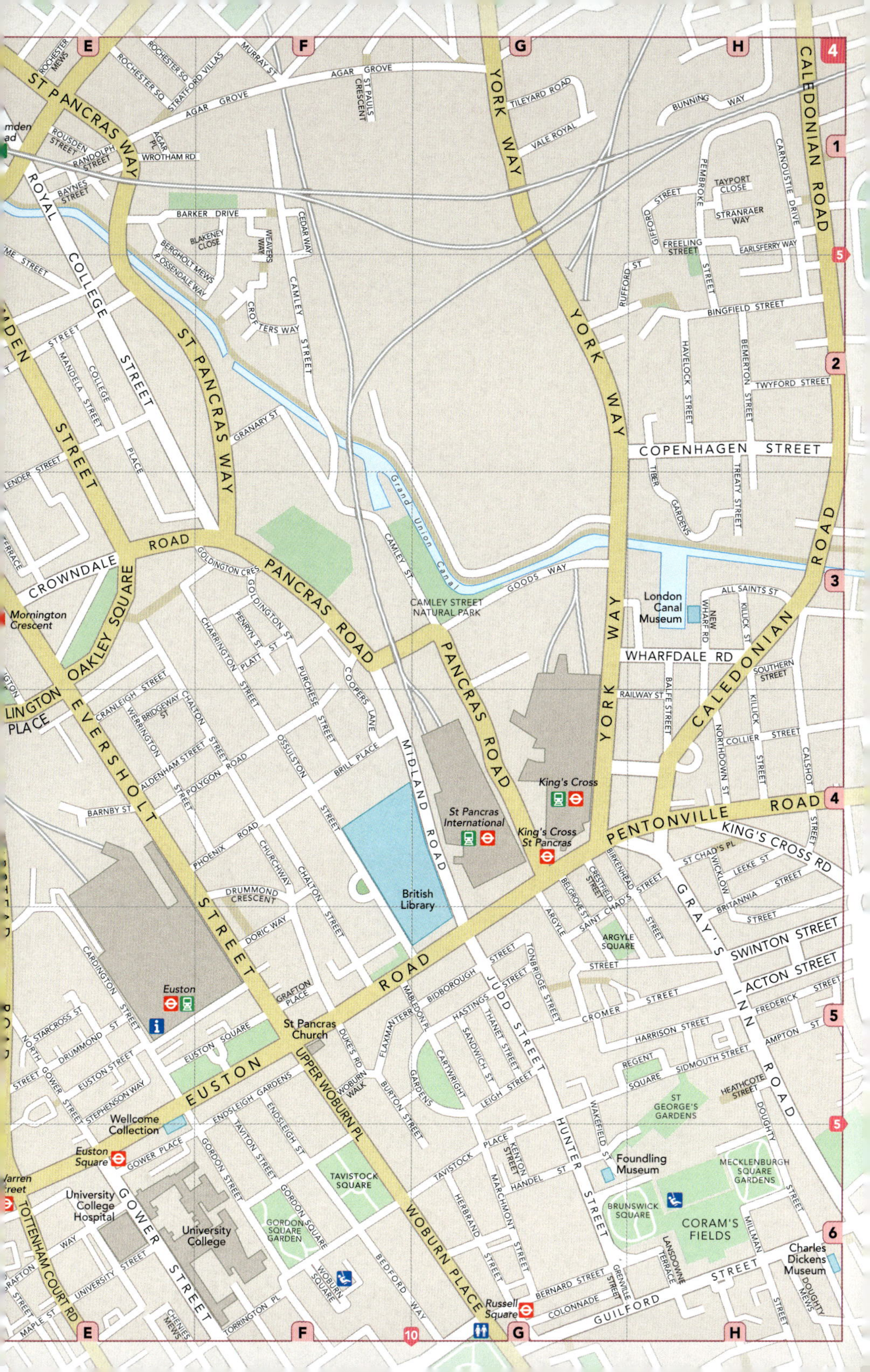

E
F
G
H
4
1
2
3
4
5
6
5
5
10
ROCHESTER MEWS
ROCHESTER SQ
ROCHESTER SQ
STRATFORD VILLAS
MURRAY ST
AGAR GROVE
ST PAULS CRESCENT
YORK WAY
TILEYARD ROAD
VALE ROYAL
BUNNING WAY
CALEDONIAN ROAD
ST PANCRAS WAY
ROUSDEN STREET
RANDOLPH STREET
AGAR PL
WROTHAM RD
BAYNES STREET
ROYAL COLLEGE STREET
BARKER DRIVE
BLAKENEY CLOSE
BERGHOLT MEWS
ROSSENDALE WAY
WEAVERS WAY
CEDAR WAY
CAMLEY STREET
CROFTERS WAY
GIFFORD STREET
PEMBROKE STREET
TAYPORT CLOSE
STRANRAER WAY
CARNOUSTIE DRIVE
FREELING STREET
EARLSFERRY WAY
RUFFORD ST
BINGFIELD STREET
HAVELOCK STREET
BEMERTON STREET
TWYFORD STREET
MANDELA STREET
COLLEGE PLACE
GRANARY ST
COPENHAGEN STREET
TIBER GARDENS
TREATY STREET
Grand Union Canal
CROWNDALE ROAD
CAMLEY ST
GOODS WAY
CAMLEY STREET NATURAL PARK
London Canal Museum
ALL SAINTS ST
NEW WHARF RD
KILLICK ST
Mornington Crescent
OAKLEY SQUARE
GOLDINGTON CRES
GOLDINGTON ST
PANCRAS ROAD
PENRYN ST
PLATT ST
CHARRINGTON STREET
WHARFDALE RD
SOUTHERN STREET
LINGTON PLACE
EVERSHOLT STREET
CRANLEIGH STREET
BRIDGEWAY ST
WERRINGTON STREET
CHALTON STREET
PURCHESE STREET
COOPERS LANE
RAILWAY ST
BALFE STREET
KILLICK STREET
NORTHDOWN ST
COLLIER STREET
CALSHOT STREET
ALDENHAM STREET
POLYGON ROAD
OSSULSTON STREET
BRILL PLACE
MIDLAND ROAD
King's Cross
BARNBY ST
St Pancras International
King's Cross St Pancras
PENTONVILLE ROAD
KING'S CROSS RD
PHOENIX ROAD
CHURCHWAY
CHALTON STREET
British Library
BIRKENHEAD STREET
CRESTFIELD STREET
BELGROVE ST
ARGYLE ST
SAINT CHAD'S ST
ST CHAD'S PL
WICKLOW ST
LEEKE ST
BRITANNIA STREET
GRAY'S INN ROAD
DRUMMOND CRESCENT
DORIC WAY
ARGYLE SQUARE
SWINTON STREET
ACTON STREET
Euston
CARDINGTON STREET
GRAFTON PLACE
ROAD
MABLEDON PL
BIDBOROUGH STREET
JUDD STREET
TONBRIDGE STREET
CROMER STREET
FREDERICK STREET
STARCROSS ST
DRUMMOND ST
St Pancras Church
FLAXMAN TERR
HASTINGS ST
SANDWICH ST
THANET STREET
HARRISON STREET
AMPTON ST
NORTH GOWER STREET
EUSTON SQUARE
DUKES RD
CARTWRIGHT GARDENS
REGENT SQUARE
SIDMOUTH STREET
EUSTON STREET
EUSTON
UPPER WOBURN PL
WOBURN WALK
BURTON STREET
LEIGH STREET
ST GEORGE'S GARDENS
HEATHCOTE STREET
DOUGHTY STREET
STEPHENSON WAY
Wellcome Collection
ENDSLEIGH GARDENS
ENDSLEIGH ST
TAVITON STREET
HUNTER STREET
WAKEFIELD ST
Euston Square
GOWER PLACE
TAVISTOCK PLACE
KENTON STREET
Foundling Museum
MECKLENBURGH SQUARE GARDENS
Warren Street
GORDON STREET
TAVISTOCK SQUARE
HANDEL ST
MARCHMONT STREET
University College Hospital
GOWER STREET
GORDON SQUARE
HERBRAND STREET
BRUNSWICK SQUARE
CORAM'S FIELDS
MILLMAN STREET
TOTTENHAM COURT RD
University College
GORDON SQUARE GARDEN
WOBURN PLACE
LANSDOWNE TERRACE
Charles Dickens Museum
WAY
UNIVERSITY STREET
WOBURN SQUARE
BEDFORD WAY
GRENVILLE STREET
BERNARD STREET
DOUGHTY MEWS
MAPLE ST
CHENIES MEWS
TORRINGTON PL
Russell Square
COLONNADE
GUILFORD STREET

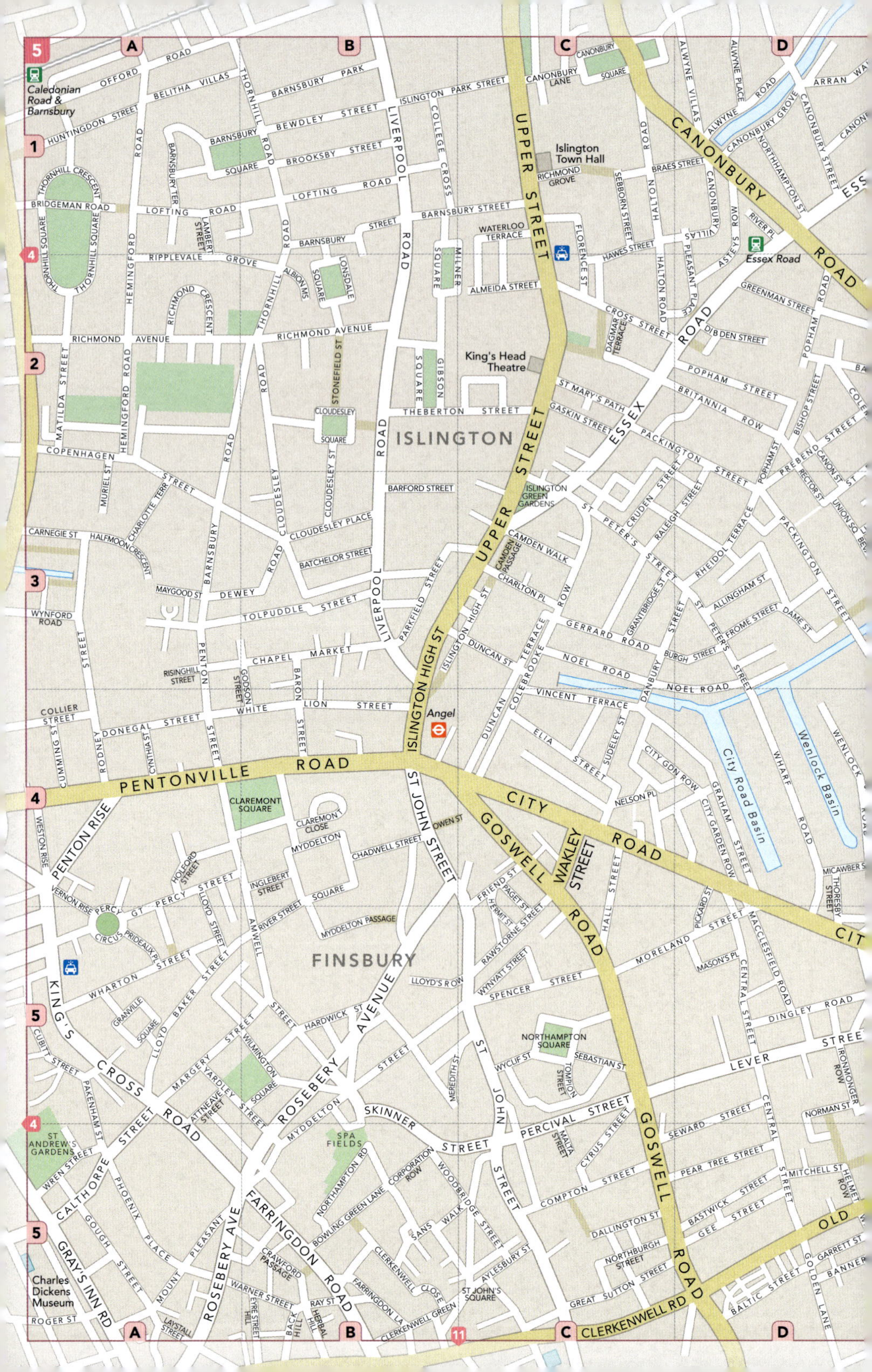

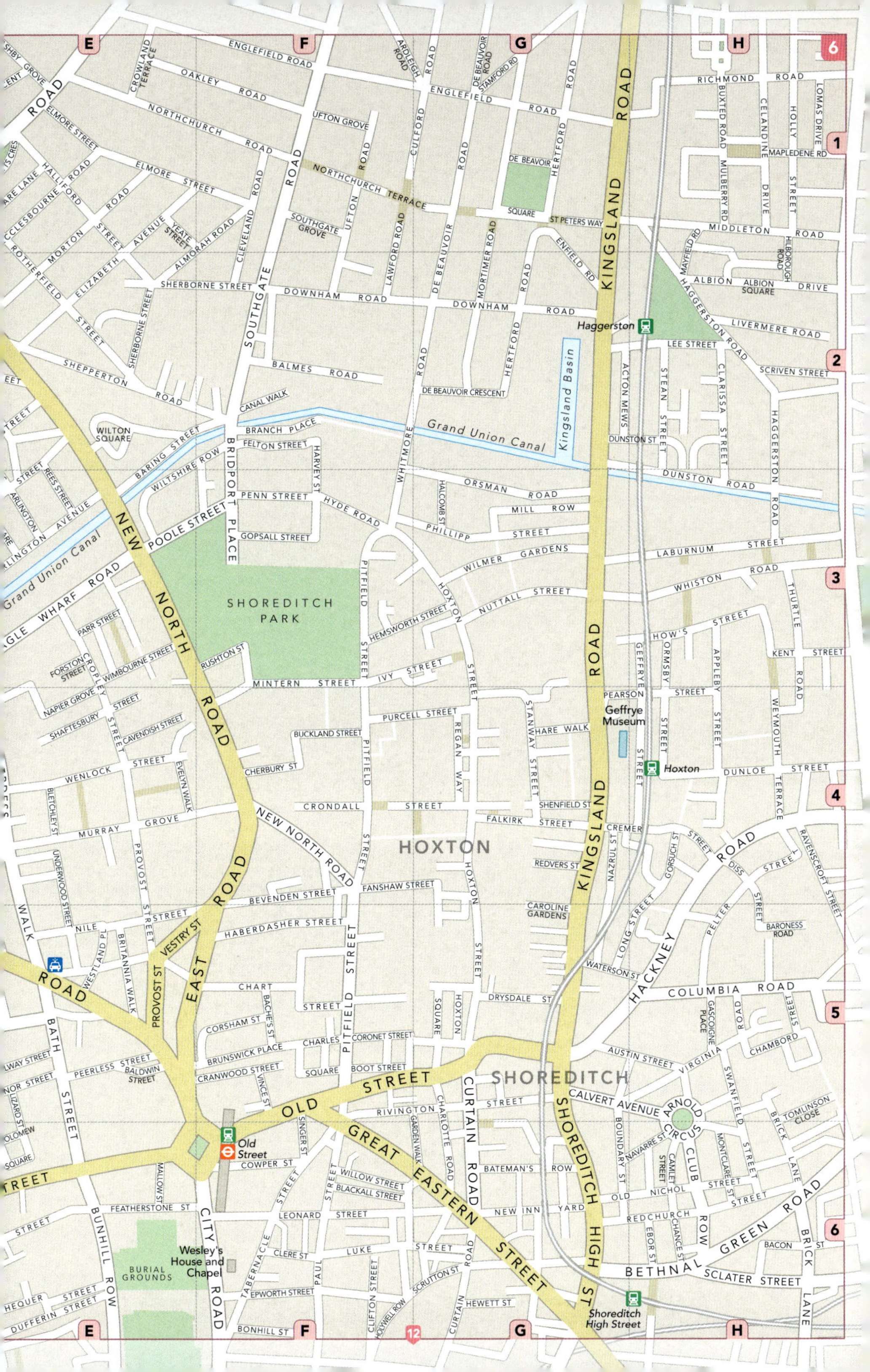
E
F
G
H
6
1
2
3
4
5
6
12
ENGLEFIELD ROAD
CROWLAND TERRACE
OAKLEY ROAD
ARDLEIGH ROAD
ROAD
DE BEAUVOIR ROAD
STAMFORD RD
ROAD
RICHMOND ROAD
BUXTED ROAD
CELANDINE
HOLLY
LOMAS DRIVE
NORTHCHURCH ROAD
UFTON GROVE
CULFORD
ENGLEFIELD ROAD
HERTFORD
KINGSLAND ROAD
MAPLEDENE RD
MULBERRY RD
DRIVE
STREET
ELMORE STREET
ELMORE STREET
HALLIFORD
NORTHCHURCH TERRACE
DE BEAUVOIR SQUARE
ST PETERS WAY
MIDDLETON ROAD
MAYFIELD RD
HILBOROUGH ROAD
ALBION ALBION SQUARE DRIVE
CLEVELAND ROAD
SOUTHGATE GROVE
UFTON ROAD
LAWFORD ROAD
DE BEAUVOIR ROAD
MORTIMER ROAD
ENFIELD RD
MORTON
ELIZABETH
AVENUE
YEATE STREET
ALMORAH ROAD
ROTHERFIELD STREET
SHERBORNE STREET
SOUTHGATE ROAD
DOWNHAM ROAD
DOWNHAM ROAD
Haggerston
HAGGERSTON ROAD
LIVERMERE ROAD
LEE STREET
SHERBORNE STREET
BALMES ROAD
HERTFORD ROAD
Kingsland Basin
ACTON MEWS
STEAN STREET
CLARISSA STREET
SCRIVEN STREET
SHEPPERTON ROAD
CANAL WALK
DE BEAUVOIR CRESCENT
HAGGERSTON ROAD
WILTON SQUARE
BRANCH PLACE
FELTON STREET
Grand Union Canal
DUNSTON ST
DUNSTON ROAD
BARING STREET
WILTSHIRE ROW
BRIDPORT PLACE
HARVEY ST
PENN STREET
HYDE ROAD
WHITMORE ROAD
HALCOMB ST
ORSMAN ROAD
MILL ROW
REES STREET
ARLINGTON AVENUE
POOLE STREET
GOPSALL STREET
PHILLIPP STREET
LABURNUM STREET
Grand Union Canal
NEW NORTH ROAD
WHARF ROAD
SHOREDITCH PARK
PITFIELD STREET
HOXTON STREET
WILMER GARDENS
WHISTON ROAD
NUTTALL STREET
THURTLE ROAD
HEMSWORTH STREET
HOW'S STREET
GEFFRYE STREET
ORMSBY STREET
APPLEBY STREET
KENT STREET
PARR STREET
FORSTON STREET
CROPLEY STREET
WIMBOURNE STREET
RUSHTON ST
MINTERN STREET
IVY STREET
PEARSON STREET
NAPIER GROVE
SHAFTESBURY STREET
CAVENDISH STREET
PURCELL STREET
Geffrye Museum
WEYMOUTH TERRACE
BUCKLAND STREET
REGAN WAY
STANWAY STREET
HARE WALK
Hoxton
DUNLOE STREET
WENLOCK STREET
EVELYN WALK
CHERBURY ST
BLETCHLEY ST
CRONDALL STREET
SHENFIELD ST
FALKIRK STREET
MURRAY GROVE
CREMER
NEW NORTH ROAD
HOXTON
NAZRUL ST
GORSUCH ST
STREET
ROAD
DISS STREET
RAVENSCROFT STREET
UNDERWOOD STREET
PROVOST STREET
REDVERS ST
WALK
EAST ROAD
BEVENDEN STREET
FANSHAW STREET
CAROLINE GARDENS
LONG STREET
PELTER STREET
BARONESS ROAD
NILE STREET
HABERDASHER STREET
VESTRY ST
WESTLAND PL
BRITANNIA WALK
HACKNEY ROAD
WATERSON ST
ROAD
CHART STREET
DRYSDALE ST
COLUMBIA ROAD
PROVOST ST
BACHES ST
CORSHAM ST
SQUARE
HOXTON STREET
GASCOIGNE PLACE
ROAD
STREET
BATH STREET
PEERLESS STREET
BALDWIN STREET
BRUNSWICK PLACE
CHARLES SQUARE
CORONET STREET
AUSTIN STREET
VIRGINIA
CHAMBORD
CRANWOOD STREET
VINCE ST
BOOT STREET
SHOREDITCH
OLD STREET
CURTAIN ROAD
CHARLOTTE ROAD
CALVERT AVENUE
ARNOLD CIRCUS
SWANFIELD STREET
TOMLINSON CLOSE
RIVINGTON STREET
GARDEN WALK
SHOREDITCH HIGH ST
BOUNDARY ST
NAVARRE ST
CLUB ROW
MONTCLARE ST
BRICK LANE
Old Street
SINGER ST
GREAT EASTERN STREET
COWPER ST
MALLOW ST
WILLOW STREET
BLACKALL STREET
BATEMAN'S ROW
CAMLET STREET
NICHOL STREET
OLD NICHOL STREET
FEATHERSTONE ST
CITY ROAD
TABERNACLE STREET
LEONARD STREET
NEW INN YARD
REDCHURCH STREET
BUNHILL ROW
BURIAL GROUNDS
Wesley's House and Chapel
CLERE ST
PAUL STREET
LUKE STREET
EBOR ST
CHANCE ST
BACON ST
BETHNAL GREEN ROAD
SCLATER STREET
EPWORTH STREET
CLIFTON STREET
SCRUTTON ST
HEWETT ST
Shoreditch High Street
DUFFERIN STREET
HOLYWELL ROW
BONHILL ST

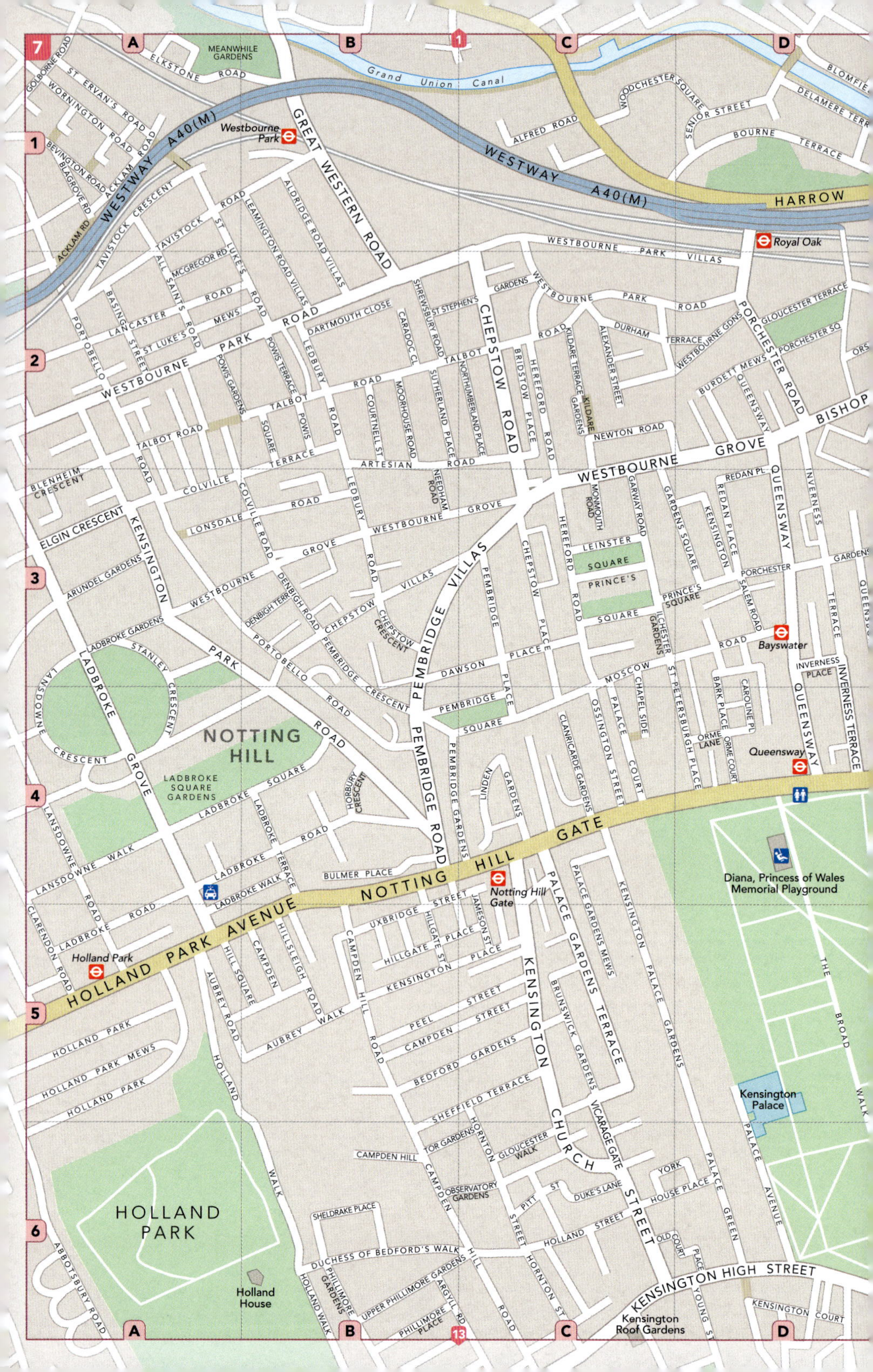
7
A
B
C
D
1
2
3
4
5
6
13
Meanwhile Gardens
Grand Union Canal
Elkstone Road
Golborne Road
St Ervan's Road
Wornington Road
Bevington Road
Blagrove Rd
Acklam Road
Acklam Rd
Westway A40(M)
Westbourne Park
Great Western Road
Woodchester Square
Senior Street
Alfred Road
Bourne Terrace
Harrow
Blomfield
Delamere Terr
Royal Oak
Westbourne Park Villas
Tavistock Crescent
Tavistock
McGregor Rd
St Luke's Road
All Saints Road
Leamington Road Villas
Aldridge Road Villas
Basing Street
Lancaster
Mews
St Luke's Rd
Portobello
Westbourne Park Road
Dartmouth Close
Shrewsbury Road
St Stephen's Gardens
Chepstow Road
Westbourne Park Road
Durham Terrace
Alexander Street
Kildare Terrace
Kildare Gardens
Porchester Road
Gloucester Terrace
Porchester Sq
Westbourne Gdns
Caradoc Cl
Talbot Road
Bridstow Place
Hereford Road
Northumberland Place
Sutherland Place
Moorhouse Road
Courtnell St
Ledbury Road
Powis Gardens
Powis Terrace
Powis Square
Talbot Road
Burdett Mews
Queensway
Newton Road
Westbourne Grove
Bishop
Artesian Road
Needham Road
Blenheim Crescent
Colville Road
Colville Terrace
Redan Pl
Redan Place
Monmouth Road
Garway Road
Gardens Square
Kensington
Inverness
Elgin Crescent
Kensington Park Road
Lonsdale Road
Westbourne Grove
Leinster Square
Prince's Square
Porchester Gardens
Arundel Gardens
Westbourne Grove
Denbigh Terr
Denbigh Road
Chepstow Villas
Pembridge Villas
Pembridge Place
Chepstow Place
Ilchester Gardens
Salem Road
Bayswater
Ladbroke Gardens
Stanley Crescent
Portobello Road
Chepstow Crescent
Pembridge Crescent
Dawson Place
Moscow Road
Chapel Side
St Petersburgh Place
Inverness Place
Inverness Terrace
Lansdowne Crescent
Ladbroke Grove
Notting Hill
Pembridge Square
Pembridge Road
Ossington Street
Palace Court
Clanricarde Gardens
Bark Place
Caroline Pl
Orme Lane
Orme Court
Queensway
Ladbroke Square Gardens
Ladbroke Square
Horbury Crescent
Pembridge Gardens
Linden Gardens
Notting Hill Gate
Diana, Princess of Wales Memorial Playground
Lansdowne Walk
Ladbroke Terrace
Ladbroke Road
Bulmer Place
Ladbroke Walk
Lansdowne Road
Notting Hill Gate
Palace Gardens Mews
Kensington Palace Gardens
Clarendon Road
Ladbroke Road
Holland Park Avenue
Campden Hill Square
Hillsleigh Road
Uxbridge Street
Hillgate Street
Hillgate Place
Jameson St
Kensington Place
Holland Park
Campden Hill Road
Kensington Church Street
Palace Gardens Terrace
Brunswick Gardens
Aubrey Road
Aubrey Walk
Peel Street
Campden Street
Bedford Gardens
Holland Park
Holland Park Mews
Holland Park
Holland Walk
Sheffield Terrace
Tor Gardens
Hornton Street
Gloucester Walk
Campden Hill
Vicarage Gate
Kensington Palace
Palace Avenue
The Broad Walk
York House Place
Observatory Gardens
Pitt St
Duke's Lane
Holland Street
Palace Green
Old Court Place
Sheldrake Place
Holland Park
Holland House
Abbotsbury Road
Duchess of Bedford's Walk
Holland Walk
Phillimore Gardens
Upper Phillimore Gardens
Argyll Rd
Phillimore Place
Hornton St
Kensington High Street
Kensington Roof Gardens
Young St
Kensington Court

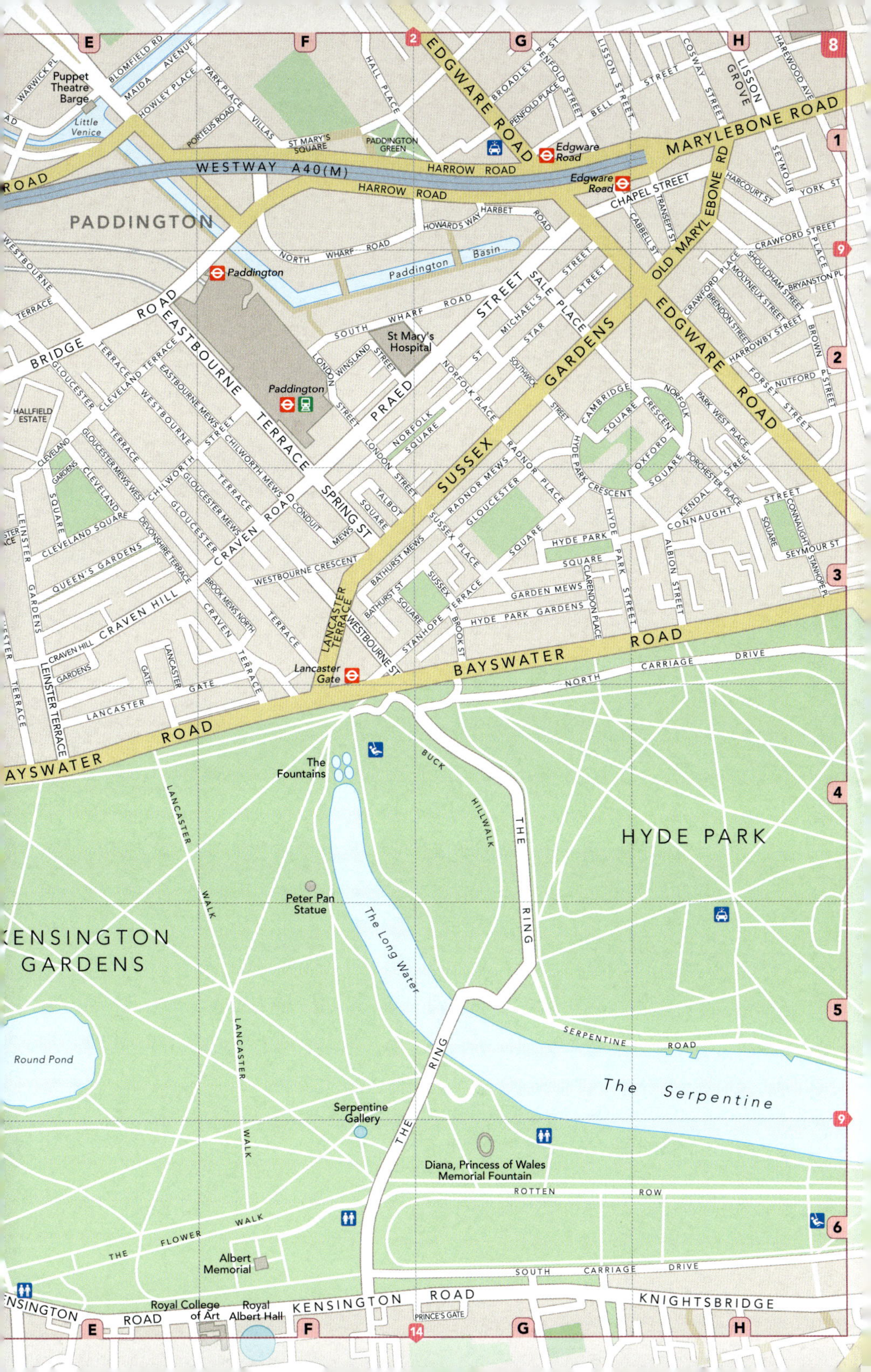

E
F
G
H
8
2
14
1
2
3
4
5
6
9
PADDINGTON
Puppet Theatre Barge
Little Venice
WARWICK PL
BLOMFIELD RD
MAIDA AVENUE
HOWLEY PLACE
PARK PLACE VILLAS
PORTEUS ROAD
ST MARY'S SQUARE
PADDINGTON GREEN
HALL PLACE
EDGWARE ROAD
BROADLEY ST
PENFOLD STREET
PENFOLD PLACE
LISSON STREET
BELL STREET
COSWAY STREET
LISSON GROVE
HAREWOOD AVE
MARYLEBONE ROAD
Edgware Road
WESTWAY A40(M)
HARROW ROAD
CHAPEL STREET
HARCOURT ST
SEYMOUR PLACE
YORK ST
HARBET ROAD
HOWARDS WAY
NORTH WHARF ROAD
Paddington Basin
Paddington
CABBELL ST
TRANSEPT ST
OLD MARYLEBONE RD
CRAWFORD STREET
CRAWFORD PLACE
SHOULDHAM STREET
MOLYNEUX STREET
BRYANSTON PL
BRENDON STREET
HARROWBY STREET
BROWN STREET
FORSET STREET
NUTFORD PL
WESTBOURNE TERRACE
BRIDGE ROAD
SOUTH WHARF ROAD
St Mary's Hospital
LONDON STREET
WINSLAND STREET
PRAED STREET
ST MICHAEL'S STREET
SALE PLACE
STAR STREET
NORFOLK PLACE
SOUTHWICK STREET
SUSSEX GARDENS
CAMBRIDGE SQUARE
NORFOLK CRESCENT
PARK WEST PLACE
HALLFIELD ESTATE
GLOUCESTER TERRACE
CLEVELAND TERRACE
EASTBOURNE TERRACE
EASTBOURNE MEWS
WESTBOURNE TERRACE
CHILWORTH STREET
CHILWORTH MEWS
NORFOLK SQUARE
LONDON STREET
RADNOR MEWS
RADNOR PLACE
HYDE PARK CRESCENT
OXFORD SQUARE
PORCHESTER PLACE
KENDAL STREET
CONNAUGHT STREET
CONNAUGHT SQUARE
SEYMOUR ST
STANHOPE PL
CLEVELAND GARDENS
CLEVELAND SQUARE
GLOUCESTER MEWS WEST
GLOUCESTER MEWS
CHILWORTH MEWS
CONDUIT MEWS
SPRING ST
TALBOT SQUARE
CRAVEN ROAD
LEINSTER GARDENS
DEVONSHIRE TERRACE
QUEEN'S GARDENS
GLOUCESTER GARDENS
SUSSEX PLACE
GLOUCESTER SQUARE
HYDE PARK SQUARE
HYDE PARK STREET
ALBION STREET
BATHURST MEWS
WESTBOURNE CRESCENT
BROOK MEWS NORTH
CRAVEN TERRACE
CRAVEN HILL
CRAVEN HILL GARDENS
LANCASTER TERRACE
BATHURST ST
SUSSEX SQUARE
STANHOPE TERRACE
HYDE PARK GARDENS MEWS
HYDE PARK GARDENS
CLARENDON PLACE
BROOK ST
LANCASTER GATE
WESTBOURNE ST
Lancaster Gate
BAYSWATER ROAD
NORTH CARRIAGE DRIVE
LEINSTER TERRACE
The Fountains
BUCK HILL WALK
THE RING
HYDE PARK
LANCASTER WALK
Peter Pan Statue
The Long Water
KENSINGTON GARDENS
Round Pond
SERPENTINE ROAD
The Serpentine
Serpentine Gallery
Diana, Princess of Wales Memorial Fountain
ROTTEN ROW
THE FLOWER WALK
Albert Memorial
SOUTH CARRIAGE DRIVE
KENSINGTON ROAD
KNIGHTSBRIDGE
Royal College of Art
Royal Albert Hall
PRINCE'S GATE

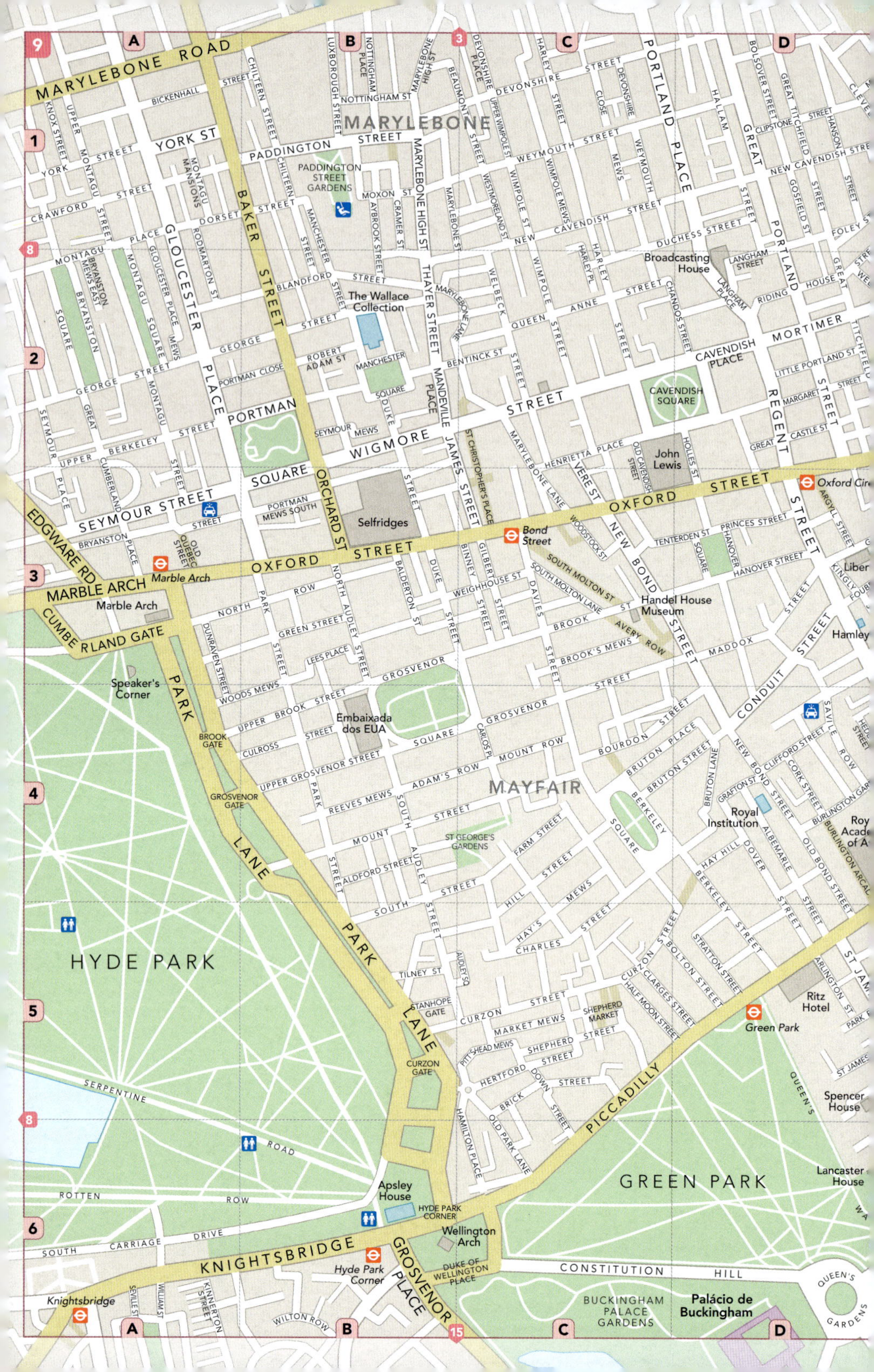
9
3
15
8
A
B
C
D
1
2
3
4
5
6
MARYLEBONE
MAYFAIR
HYDE PARK
GREEN PARK
MARYLEBONE ROAD
BAKER STREET
YORK ST
PADDINGTON STREET
PADDINGTON STREET GARDENS
GLOUCESTER PLACE
PORTMAN SQUARE
ORCHARD ST
SEYMOUR STREET
EDGWARE RD
MARBLE ARCH
Marble Arch
CUMBERLAND GATE
OXFORD STREET
WIGMORE STREET
The Wallace Collection
Selfridges
Bond Street
Oxford Circus
CAVENDISH SQUARE
John Lewis
Broadcasting House
PORTLAND PLACE
MORTIMER STREET
CAVENDISH PLACE
MARYLEBONE HIGH ST
THAYER STREET
NEW BOND STREET
Handel House Museum
CONDUIT STREET
Hamleys
REGENT STREET
GROSVENOR SQUARE
Embaixada dos EUA
Speaker's Corner
PARK LANE
BROOK GATE
GROSVENOR GATE
UPPER BROOK STREET
UPPER GROSVENOR STREET
MOUNT ROW
BERKELEY SQUARE
Royal Institution
ST GEORGE'S GARDENS
SOUTH AUDLEY STREET
CURZON STREET
STANHOPE GATE
CURZON GATE
SHEPHERD MARKET
PICCADILLY
Green Park
Ritz Hotel
Spencer House
Lancaster House
SERPENTINE
ROTTEN ROW
Apsley House
HYDE PARK CORNER
Wellington Arch
Hyde Park Corner
KNIGHTSBRIDGE
Knightsbridge
GROSVENOR PLACE
DUKE OF WELLINGTON PLACE
CONSTITUTION HILL
BUCKINGHAM PALACE GARDENS
Palácio de Buckingham
QUEEN'S GARDENS
SOUTH CARRIAGE DRIVE

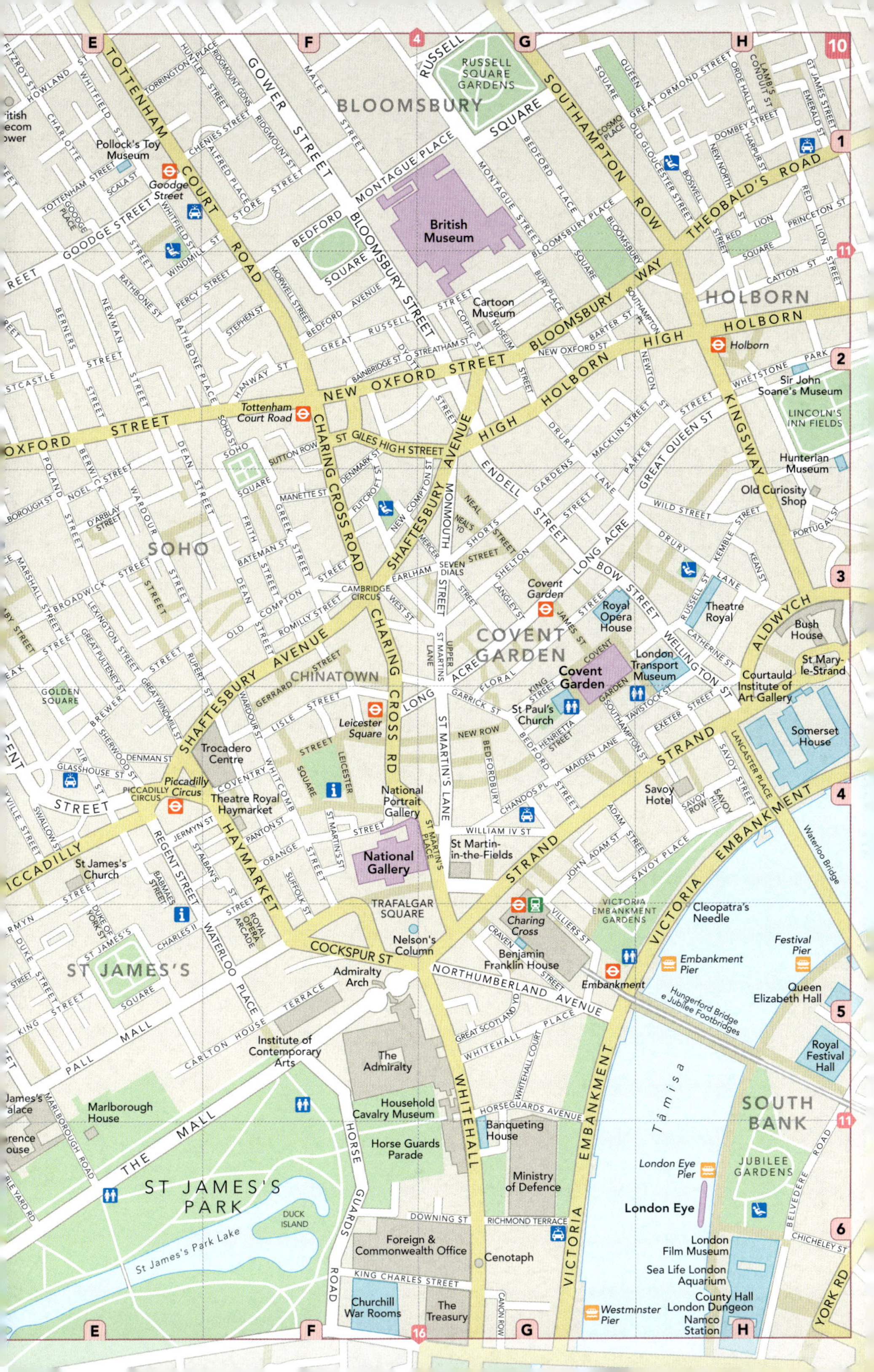
10
E
F
G
H
4
1
2
3
4
5
6
11
16
BLOOMSBURY
RUSSELL SQUARE GARDENS
RUSSELL SQUARE
SOUTHAMPTON ROW
THEOBALD'S ROAD
TOTTENHAM COURT ROAD
GOWER STREET
MONTAGUE PLACE
BEDFORD SQUARE
BLOOMSBURY STREET
British Museum
Pollock's Toy Museum
Goodge Street
GOODGE STREET
Cartoon Museum
BLOOMSBURY WAY
HOLBORN
HIGH HOLBORN
Holborn
NEW OXFORD STREET
Sir John Soane's Museum
LINCOLN'S INN FIELDS
KINGSWAY
Hunterian Museum
Old Curiosity Shop
Tottenham Court Road
OXFORD STREET
ST GILES HIGH STREET
SOHO SQUARE
CHARING CROSS ROAD
SHAFTESBURY AVENUE
SOHO
SEVEN DIALS
CAMBRIDGE CIRCUS
Covent Garden
Royal Opera House
Theatre Royal
ALDWYCH
Bush House
St Mary-le-Strand
COVENT GARDEN
CHINATOWN
London Transport Museum
Courtauld Institute of Art Gallery
Somerset House
GOLDEN SQUARE
Leicester Square
St Paul's Church
Trocadero Centre
Piccadilly Circus
PICCADILLY
Theatre Royal Haymarket
HAYMARKET
National Portrait Gallery
STRAND
Savoy Hotel
National Gallery
St Martin-in-the-Fields
St James's Church
TRAFALGAR SQUARE
Charing Cross
VICTORIA EMBANKMENT GARDENS
Cleopatra's Needle
Festival Pier
Embankment Pier
Nelson's Column
Benjamin Franklin House
Embankment
COCKSPUR ST
ST JAMES'S
Admiralty Arch
NORTHUMBERLAND AVENUE
Hungerford Bridge e Jubilee Footbridges
Queen Elizabeth Hall
Waterloo Bridge
Royal Festival Hall
PALL MALL
Institute of Contemporary Arts
The Admiralty
WHITEHALL
Household Cavalry Museum
SOUTH BANK
Marlborough House
THE MALL
Horse Guards Parade
Banqueting House
Tâmisa
JUBILEE GARDENS
Ministry of Defence
London Eye Pier
London Eye
ST JAMES'S PARK
St James's Park Lake
DUCK ISLAND
HORSE GUARDS ROAD
DOWNING ST
RICHMOND TERRACE
Foreign & Commonwealth Office
Cenotaph
London Film Museum
Sea Life London Aquarium
County Hall
London Dungeon
Namco Station
KING CHARLES STREET
Churchill War Rooms
The Treasury
Westminster Pier
VICTORIA EMBANKMENT
YORK RD

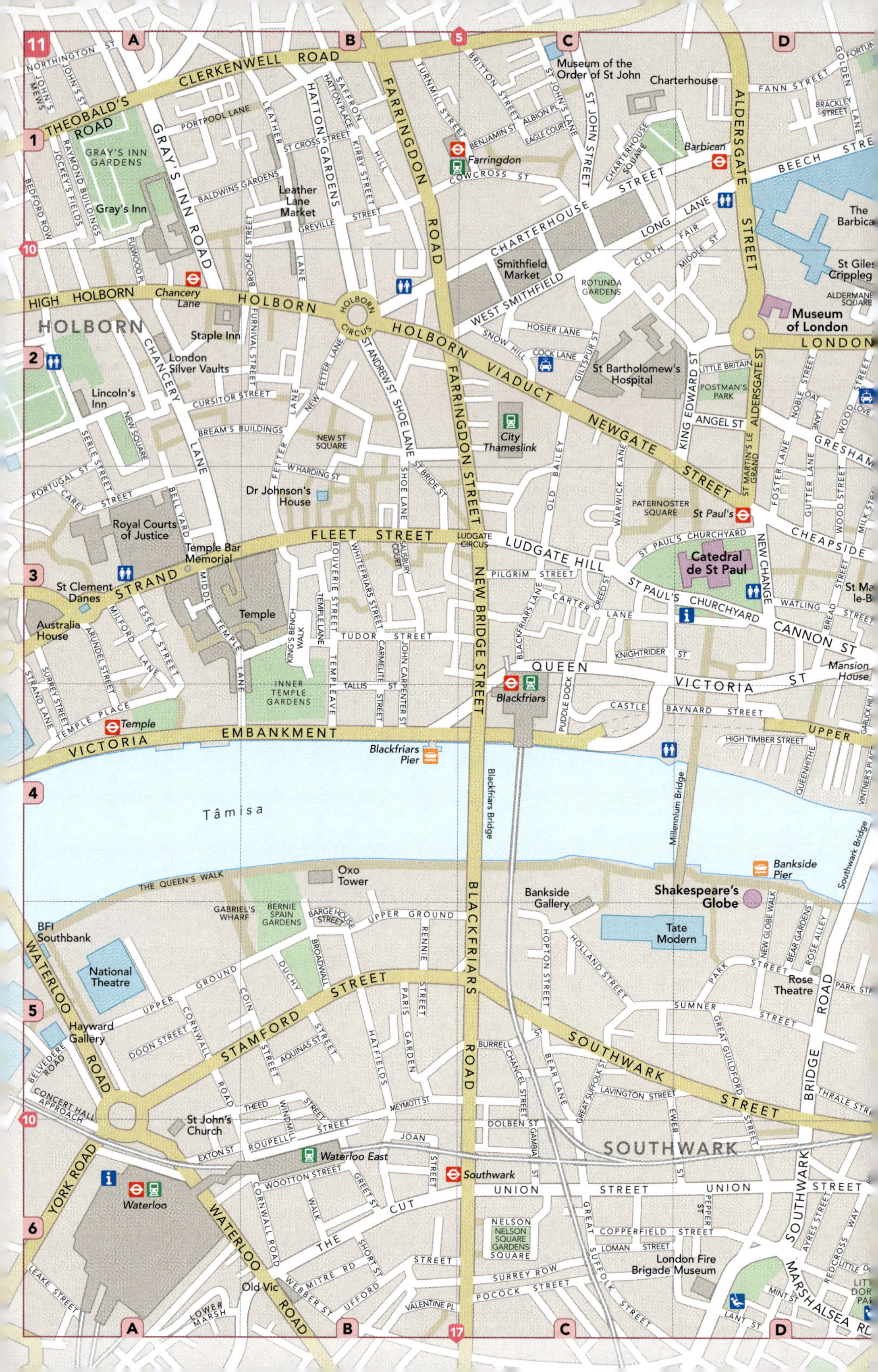

11
A
B
C
D
5
17
10
1
2
3
4
5
6
HOLBORN
SOUTHWARK
Tâmisa
Clerkenwell Road
Theobald's Road
Gray's Inn Road
Gray's Inn Gardens
Gray's Inn
Farringdon Road
Farringdon
Museum of the Order of St John
Charterhouse
Charterhouse Street
Barbican
Beech Street
The Barbican
Aldersgate Street
Smithfield Market
West Smithfield
Rotunda Gardens
St Giles Cripplegate
Museum of London
London Wall
High Holborn
Chancery Lane
Holborn
Holborn Circus
Holborn Viaduct
Staple Inn
London Silver Vaults
Lincoln's Inn
Leather Lane Market
St Bartholomew's Hospital
Postman's Park
City Thameslink
Newgate Street
St Paul's
Paternoster Square
Dr Johnson's House
Royal Courts of Justice
Temple Bar Memorial
Fleet Street
Ludgate Circus
Ludgate Hill
Catedral de St Paul
Cheapside
Cannon St
Mansion House
Strand
St Clement Danes
Australia House
Temple
Inner Temple Gardens
Queen Victoria St
Blackfriars
New Bridge Street
Victoria Embankment
Blackfriars Pier
Blackfriars Bridge
Millennium Bridge
Southwark Bridge
Upper Thames Street
Bankside Pier
Shakespeare's Globe
Tate Modern
Bankside Gallery
Oxo Tower
The Queen's Walk
Gabriel's Wharf
Bernie Spain Gardens
Upper Ground
BFI Southbank
National Theatre
Hayward Gallery
Waterloo Road
Stamford Street
Blackfriars Road
Southwark Street
Rose Theatre
Southwark Bridge Road
St John's Church
Waterloo East
Waterloo
Southwark
York Road
The Cut
Union Street
Nelson Square Gardens
London Fire Brigade Museum
Marshalsea Road
Old Vic
Lower Marsh
Leake Street

12
E
F
G
H
6
1
2
3
4
5
6
Bunhill Fields
Bunhill Row
City Rd
Worship Street
Hearn St
Quaker Street
Commercial Street
Fleur de Lis St
Elder St
Wheler St
Calvin Street
Grey Eagle Street
Folgate
Norton Folgate
Dennis Severs' House
Chiswell Street
Whitbread's Brewery
Lamb's Passage
Milton St
Christopher Street
Clifton
Pindar St
Appold
Primrose Street
Spital Square
Lamb Street
Hanbury Street
Brick Lane
Finsbury Square
Earl Street
Sun Street
Silk Street
Finsbury St
Finsbury Pavement
Lackington St
Wilson
Steward St
Old Spitalfields Market
Princelet Street
Wilkes Street
Ropemaker Street
Broadgate Centre
Fournier Street
Christ Church
South Place
Eldon Street
Brushfield Street
Moor
Moorfields
Moorgate
Liverpool Street
Artillery
Sandy's Row
Crispin Street
Fashion Street
Fore Street
Finsbury Circus
White's Row
Bell Lane
Toynbee St
Wall
London Wall
Blomfield St
Liverpool Street
New Street
Middlesex
Leyden St
Wentworth
Old Castle Street
Basinghall Avenue
New Broad St
Bishopsgate Churchyard
Bishopsgate
Devonshire Square
Petticoat Lane Market
Whitechapel Gallery
Guildhall Art Gallery
Basinghall Street
Coleman Street
Moorgate
Copthall Ave
Throgmorton Avenue
Great Winchester St
Wormwood Street
Bevis Marks
Houndsditch
Petticoat Square
Goulston Street
Aldgate East
Whitechapel High St
Telegraph Street
Angel Court
Broad
Old
Throgmorton St
St Mary Axe
Gravel Lane
Leman St
Street
Lothbury
Old Stock Exchange
St Helen's
Bury Street
Creechurch Lane
Duke's Pl
St Botolph St
Aldgate
Braham Street Park
King Street
Old Jewry
Prince's St
Bank of England Museum
Threadneedle Street
Shafts Court
30 St Mary Axe
Mitre Street
Aldgate High St
Mansell Street
Alie Street
City
Poultry
Royal Exchange
Cornhill
Bank
Leadenhall Street
Lloyd's of London
Fenchurch Buildings
Aldgate
Minories
North Tenter St
St Mark Street
Mansion House
King William St
Lombard Street
Gracechurch St
Leadenhall Market
Lime Street
Fenchurch Avenue
Lloyd's Ave
Jewry Street
Vine Street
West Tenter St
Walbrook
St Swithin's Lane
Abchurch Lane
Nicholas Lane
Clement's Lane
Haydon Street
Cannon Street
Fenchurch Street
Fenchurch Street
Friars
Portsoken St
South Tenter St
Crosswall
Goodmans Yard
Prescot St
College St
Cannon Street
Monument
Philpot La
Rood La
Mincing Lane
Hart St
Crutched
Chamber Street
Thames Street
Eastcheap
St Olave's Church
Pepys Street
Cooper's Row
Tower Gateway DLR
Royal Mint Street
Suffolk Lane
Laurence Pountney Lane
Arthur St
The Monument
Great Tower St
Seething Lane
Trinity Square
Tower Hill
Minories
Hill
Cartwright Street
Bell Wharf Lane
Cousin Lane
Allhallows Lane
Monument St
Lovat Lane
St Mary at Hill
St Dunstan's in the East
Byward St
Tower Hill
Angel Passage
Swan Lane
Lower Thames Street
All Hallows by the Tower
East Smithfield
Fishmongers' Hall
Billingsgate
Lower Thames Street
Tower Hill
Cannon St Rail Bridge
London Bridge
Tâmisa
Torre de Londres
Tower Bridge Approach
St Katharine's Way
St Katharine's Dock
Clink Prison Museum
Clink St
The Golden Hinde
Tower Pier
London Bridge City Pier
The Queen's Walk
HMS Belfast
St Katharine's Way
Stoney
Cathedral Street
Southwark Cathedral
Tooley St
Bedale St
Duke St Hill
Hay's Lane
Hay's Galleria
St Katharine's Pier
Tower Bridge
Borough Market
London Bridge St
London Bridge
Tooley
The Scoop
City Hall
Road
King's Head Yard
The Old Operating Theatre
The Shard
Winston Churchill's Britain at War Experience
Potters Fields
The Queen's Walk
George Inn
Borough High Street
St Thomas Street
Maze Pond
Guy's Hospital
Street
Holyrood St
Shad Thames
Great Maze Pond
Kentish Buildings
Newcomen Street
Barnham St
Druid St
Fair
Gainsford Street
Bridge
Queen Elizabeth Street
Design Museum
Mermaid Court
Snowsfields
Weston Street
Snowsfields
Crucifix La
St John's Churchyard
Lafone
Curlew Street
Shad Thames
Crosby Row
Kirby Grove
Fashion & Textile Museum
White's Grounds
Druid St
Tower
Tooley St
Street
Mill Street
Guy Street

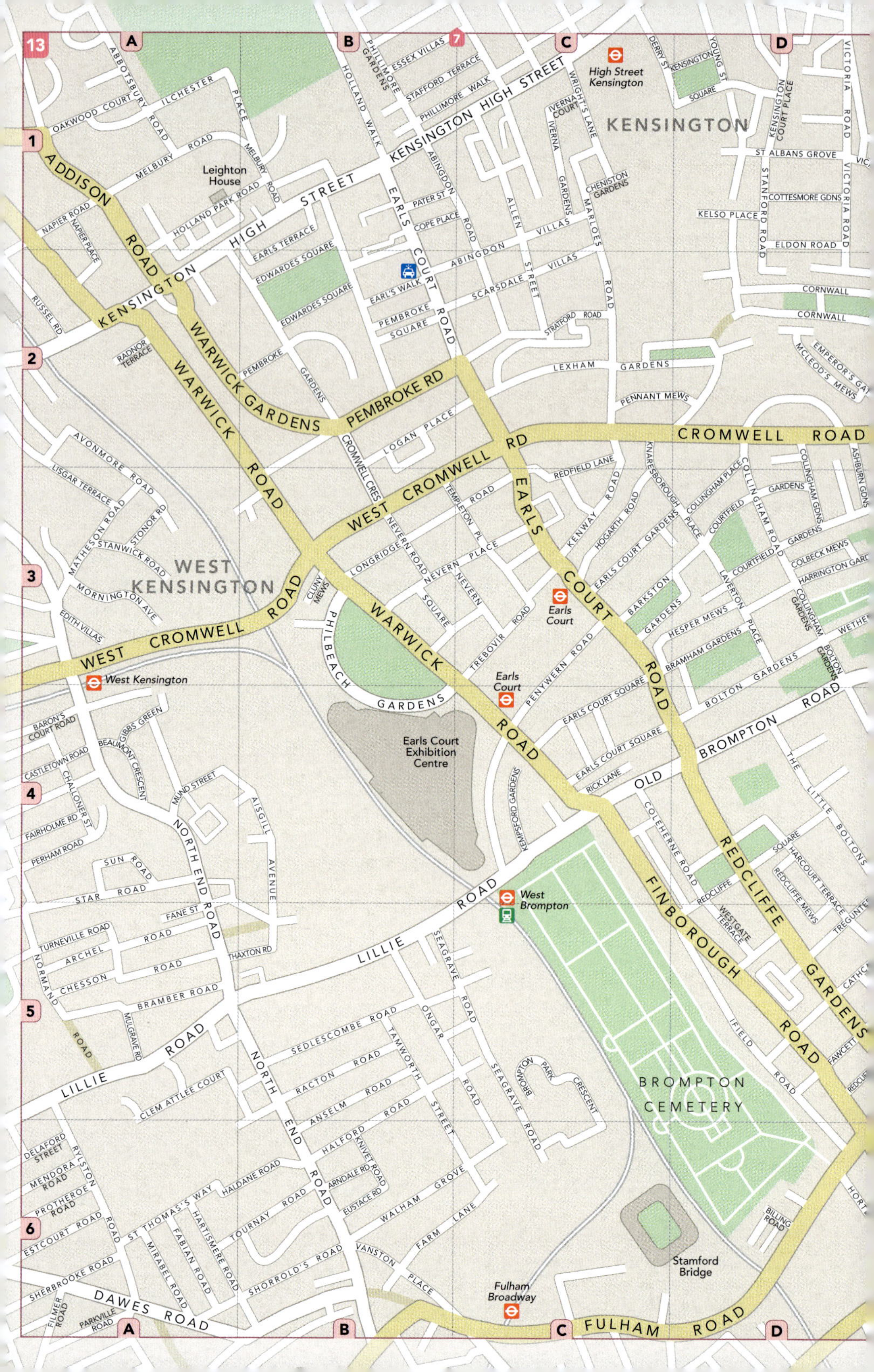
13
A
B
C
D
7
1
2
3
4
5
6
KENSINGTON
WEST KENSINGTON
High Street Kensington
Leighton House
Earls Court
West Kensington
West Brompton
Earls Court Exhibition Centre
BROMPTON CEMETERY
Stamford Bridge
Fulham Broadway
KENSINGTON HIGH STREET
ADDISON ROAD
HOLLAND PARK ROAD
MELBURY ROAD
ILCHESTER PLACE
ABBOTSBURY ROAD
OAKWOOD COURT
NAPIER ROAD
NAPIER PLACE
RUSSEL RD
RADNOR TERRACE
KENSINGTON HIGH STREET
EARLS TERRACE
EDWARDES SQUARE
WARWICK GARDENS
WARWICK ROAD
PEMBROKE RD
PEMBROKE GARDENS
PEMBROKE SQUARE
EARL'S WALK
EARLS COURT ROAD
ABINGDON ROAD
ABINGDON VILLAS
SCARSDALE VILLAS
PATER ST
COPE PLACE
ALLEN STREET
STRATFORD ROAD
MARLOES ROAD
IVERNA GARDENS
IVERNA COURT
WRIGHT'S LANE
CHENISTON GARDENS
HOLLAND WALK
PHILLIMORE GARDENS
ESSEX VILLAS
STAFFORD TERRACE
PHILLIMORE WALK
DERRY ST
YOUNG ST
KENSINGTON SQUARE
KENSINGTON COURT PLACE
VICTORIA ROAD
ST ALBANS GROVE
STANFORD ROAD
COTTESMORE GDNS
KELSO PLACE
ELDON ROAD
CORNWALL
EMPEROR'S GATE
MCLEOD'S MEWS
LEXHAM GARDENS
PENNANT MEWS
CROMWELL ROAD
WEST CROMWELL RD
ASHBURN GDNS
LOGAN PLACE
CROMWELL CRES
REDFIELD LANE
KNARESBOROUGH PLACE
COLLINGHAM PLACE
COLLINGHAM ROAD
COLLINGHAM GDNS
COURTFIELD GARDENS
COURTFIELD ROAD
COLBECK MEWS
HARRINGTON GARDENS
COLLINGHAM GARDENS
KENWAY ROAD
HOGARTH ROAD
EARLS COURT GARDENS
TEMPLETON PL
NEVERN PLACE
NEVERN ROAD
NEVERN SQUARE
LONGRIDGE ROAD
TREBOVIR ROAD
BARKSTON GARDENS
HESPER MEWS
BRAMHAM GARDENS
LAVERTON PLACE
BOLTON GARDENS
BOLTON GARDENS MEWS
WETHERBY
AVONMORE ROAD
LISGAR TERRACE
MATHESON ROAD
STONOR RD
STANWICK ROAD
MORNINGTON AVE
EDITH VILLAS
WEST CROMWELL ROAD
CLUNY MEWS
PHILBEACH GARDENS
PENYWERN ROAD
EARLS COURT SQUARE
BROMPTON ROAD
OLD BROMPTON ROAD
RICK LANE
THE LITTLE BOLTONS
BARON'S COURT ROAD
GIBBS GREEN
BEAUMONT CRESCENT
CASTLETOWN ROAD
CHALLONER ST
FAIRHOLME RD
PERHAM ROAD
MUND STREET
AISGILL AVENUE
NORTH END ROAD
SUN ROAD
STAR ROAD
FANE ST
TURNEVILLE ROAD
ARCHEL ROAD
CHESSON ROAD
NORMAND ROAD
THAXTON RD
BRAMBER ROAD
MULGRAVE RD
LILLIE ROAD
KEMPSFORD GARDENS
COLEHERNE ROAD
REDCLIFFE SQUARE
REDCLIFFE GARDENS
REDCLIFFE MEWS
HARCOURT TERRACE
TREGUNTER
WESTGATE TERRACE
FINBOROUGH ROAD
IFIELD ROAD
FAWCETT
CATHCART
SEAGRAVE ROAD
ONGAR ROAD
SEDLESCOMBE ROAD
TAMWORTH STREET
RACTON ROAD
ANSELM ROAD
CLEM ATTLEE COURT
BROMPTON PARK CRESCENT
HALFORD ROAD
KNIVET ROAD
ARNDALE RD
EUSTACE RD
WALHAM GROVE
FARM LANE
DELAFORD STREET
RYLSTON ROAD
MENDORA ROAD
PROTHEROE ROAD
ESTCOURT ROAD
ST THOMAS'S WAY
HALDANE ROAD
HARTISMERE ROAD
FABIAN ROAD
MIRABEL ROAD
TOURNAY ROAD
SHORROLD'S ROAD
VANSTON PLACE
SHERBROOKE ROAD
DAWES ROAD
FILMER ROAD
PARKVILLE ROAD
BILLING ROAD
FULHAM ROAD

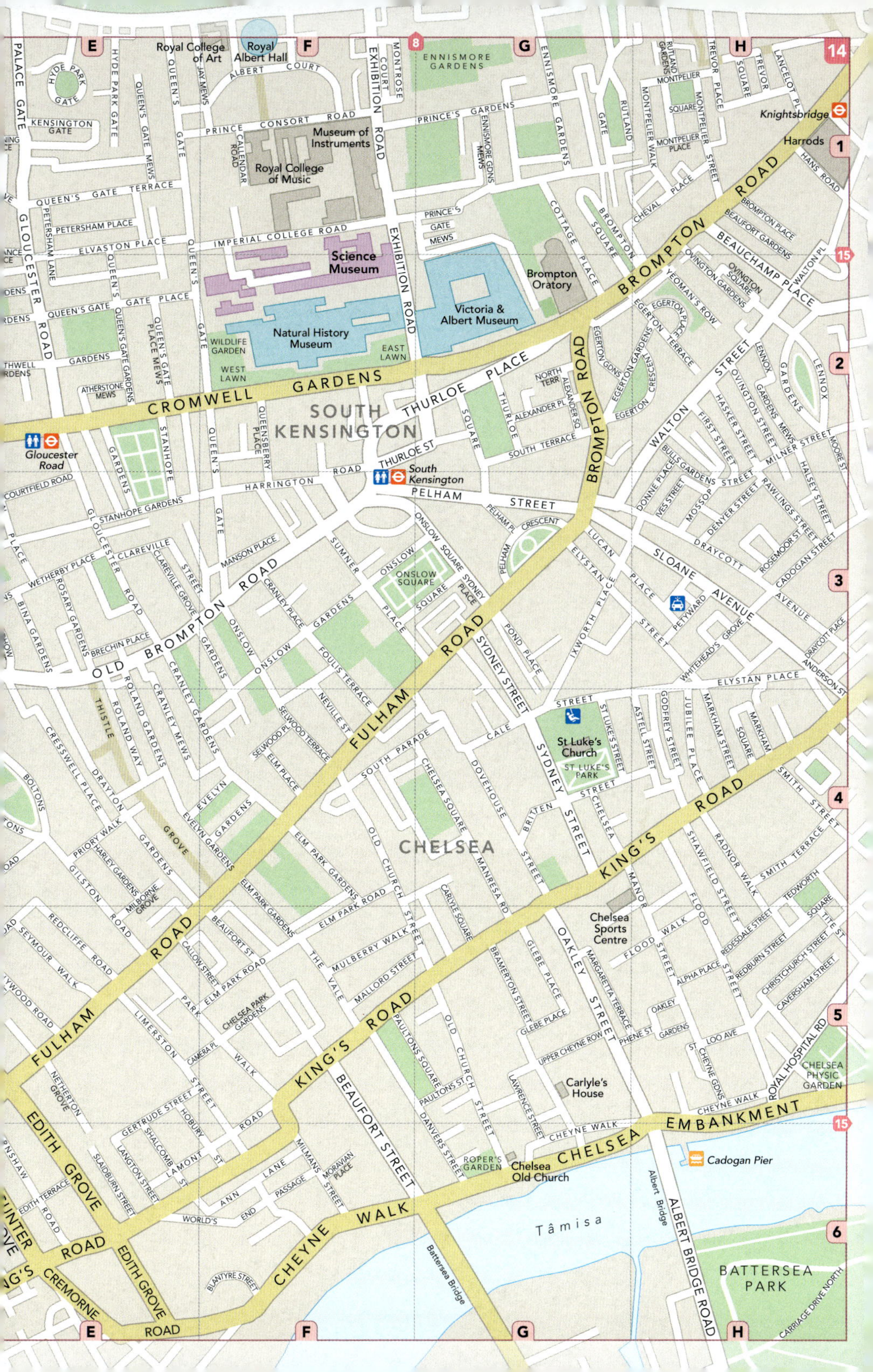

14
Royal College of Art
Royal Albert Hall
Museum of Instruments
Royal College of Music
Science Museum
Natural History Museum
Wildlife Garden
West Lawn
East Lawn
Victoria & Albert Museum
Brompton Oratory
Knightsbridge
Harrods
SOUTH KENSINGTON
Gloucester Road
South Kensington
CHELSEA
St Luke's Church
St Luke's Park
Chelsea Sports Centre
Carlyle's House
Chelsea Physic Garden
Roper's Garden
Chelsea Old Church
Cadogan Pier
Tâmisa
BATTERSEA PARK
Battersea Bridge
Albert Bridge
CROMWELL GARDENS
BROMPTON ROAD
FULHAM ROAD
KING'S ROAD
CHELSEA EMBANKMENT
CHEYNE WALK
OLD BROMPTON ROAD
EXHIBITION ROAD
PRINCE CONSORT ROAD
IMPERIAL COLLEGE ROAD
PRINCE'S GARDENS
THURLOE PLACE
PELHAM STREET
SLOANE AVENUE
SYDNEY STREET
BEAUFORT STREET
EDITH GROVE
CREMORNE ROAD
ALBERT BRIDGE ROAD
OAKLEY STREET
FLOOD STREET
E
F
G
H
1
2
3
4
5
6
8
15

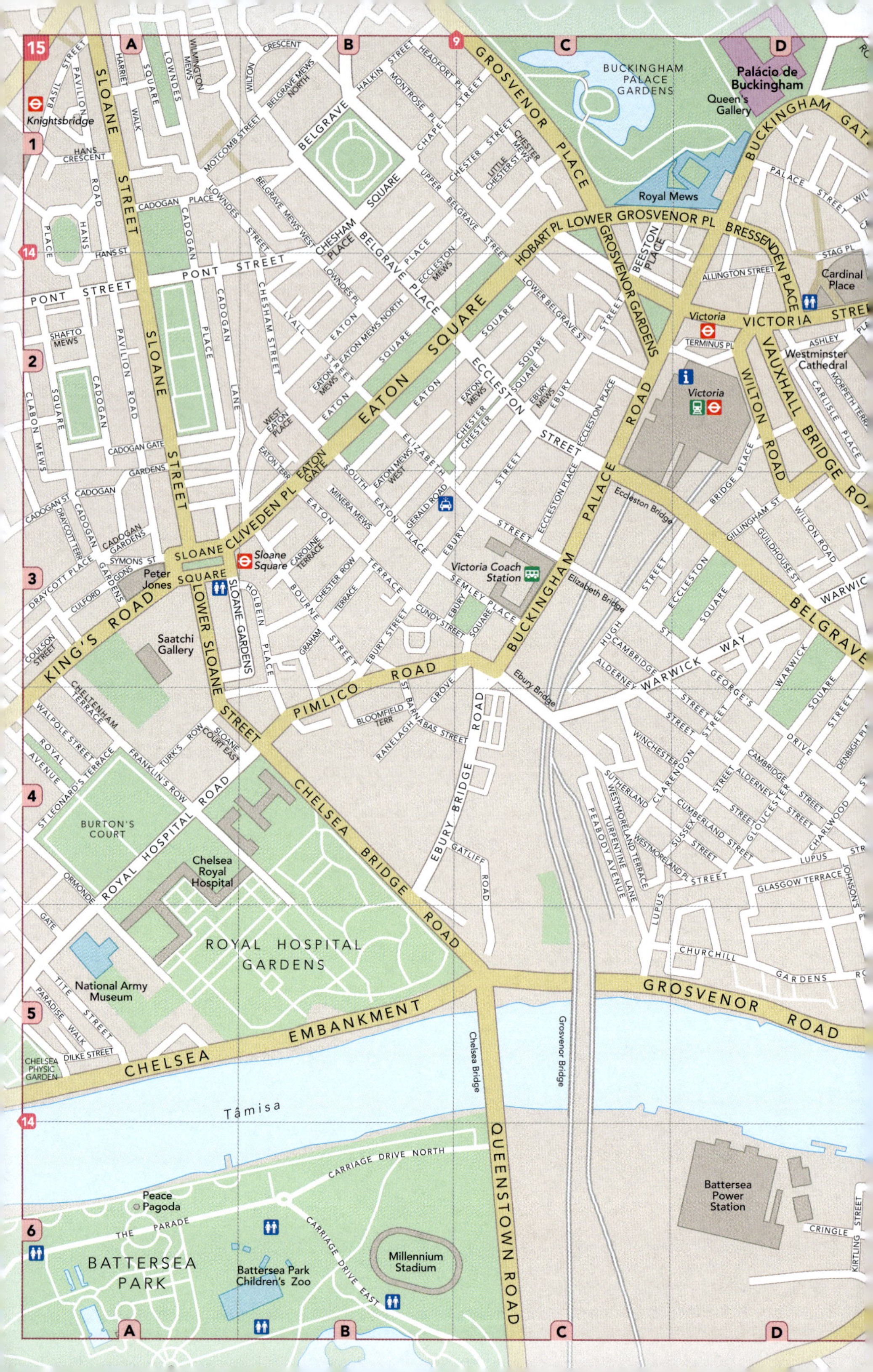
15
A
B
C
D
9
14
1
2
3
4
5
6
Knightsbridge
BUCKINGHAM PALACE GARDENS
Palácio de Buckingham
Queen's Gallery
Royal Mews
Victoria
Westminster Cathedral
Cardinal Place
Victoria Coach Station
Sloane Square
Peter Jones
Saatchi Gallery
BURTON'S COURT
Chelsea Royal Hospital
ROYAL HOSPITAL GARDENS
National Army Museum
CHELSEA PHYSIC GARDEN
Tâmisa
Chelsea Bridge
Grosvenor Bridge
Peace Pagoda
BATTERSEA PARK
Battersea Park Children's Zoo
Millennium Stadium
Battersea Power Station
SLOANE STREET
PONT STREET
EATON SQUARE
BELGRAVE SQUARE
GROSVENOR PLACE
LOWER GROSVENOR PL
GROSVENOR GARDENS
BUCKINGHAM PALACE ROAD
VICTORIA STREET
VAUXHALL BRIDGE ROAD
WILTON ROAD
BELGRAVE ROAD
WARWICK WAY
PIMLICO ROAD
KING'S ROAD
LOWER SLOANE STREET
CHELSEA BRIDGE ROAD
ROYAL HOSPITAL ROAD
CHELSEA EMBANKMENT
GROSVENOR ROAD
QUEENSTOWN ROAD
EBURY BRIDGE ROAD
ECCLESTON STREET
CLIVEDEN PL
HOBART PL
BRESSENDEN PLACE
CARRIAGE DRIVE NORTH
CARRIAGE DRIVE EAST
THE PARADE

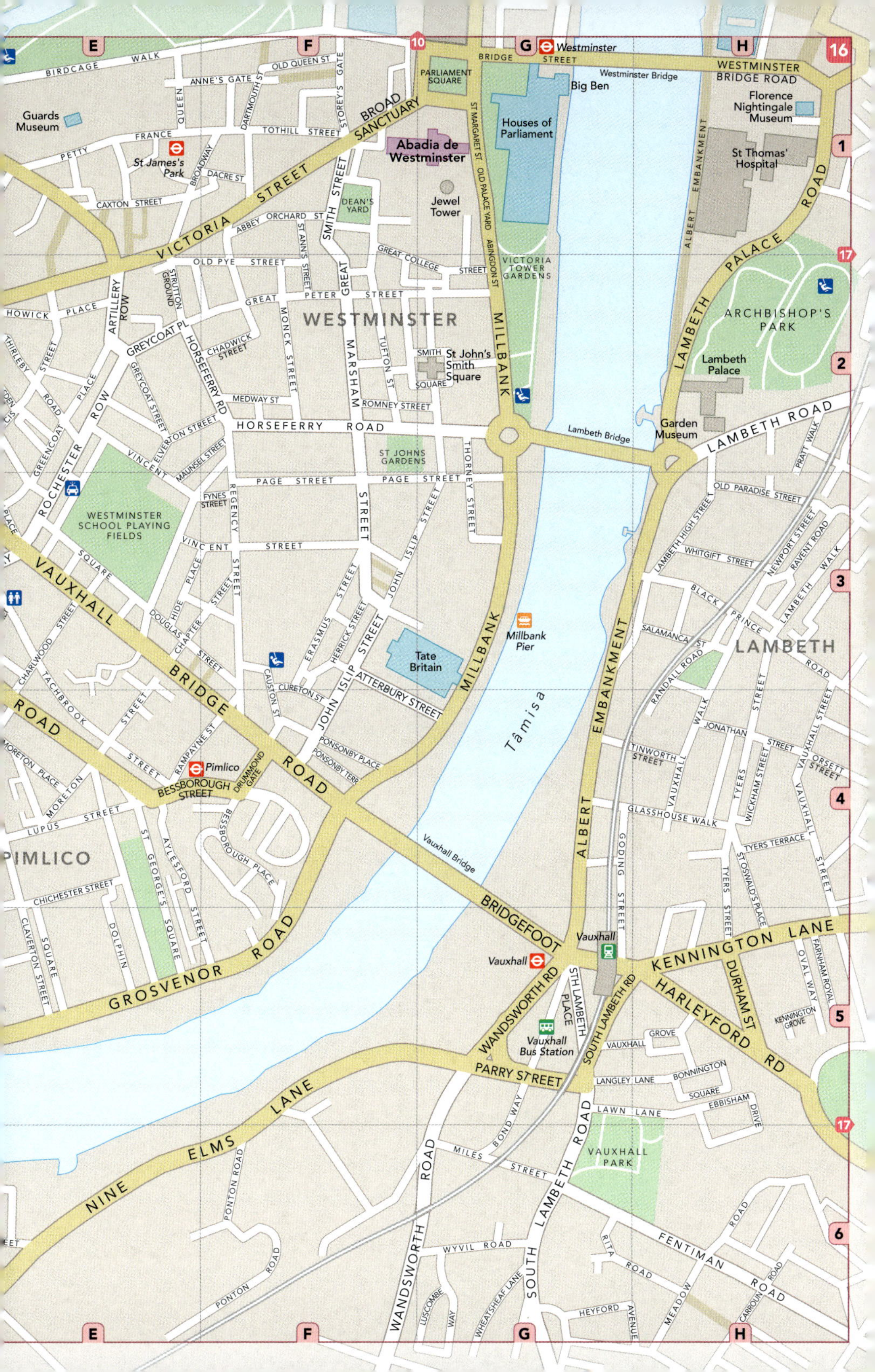

E
F
G
H
10
16
17
1
2
3
4
5
6
Westminster
Westminster Bridge
Big Ben
WESTMINSTER BRIDGE ROAD
BRIDGE STREET
PARLIAMENT SQUARE
Houses of Parliament
Florence Nightingale Museum
St Thomas' Hospital
Abadia de Westminster
Jewel Tower
DEAN'S YARD
VICTORIA TOWER GARDENS
Guards Museum
St James's Park
BIRDCAGE WALK
ANNE'S GATE
OLD QUEEN ST
QUEEN
DARTMOUTH ST
STOREY'S GATE
TOTHILL STREET
BROAD SANCTUARY
PETTY FRANCE
BROADWAY
DACRE ST
CAXTON STREET
VICTORIA STREET
ABBEY ORCHARD ST
ST ANN'S STREET
GREAT SMITH STREET
ST MARGARET ST
OLD PALACE YARD
ABINGDON ST
GREAT COLLEGE STREET
OLD PYE STREET
STRUTTON GROUND
ARTILLERY ROW
HOWICK PLACE
GREAT PETER STREET
WESTMINSTER
GREYCOAT PL
HORSEFERRY RD
CHADWICK STREET
MONCK STREET
MARSHAM STREET
TUFTON ST
SMITH SQUARE
St John's Smith Square
MILLBANK
MEDWAY ST
ROMNEY STREET
HORSEFERRY ROAD
Lambeth Bridge
ST JOHNS GARDENS
THORNEY STREET
PAGE STREET
GREYCOAT STREET
ELVERTON STREET
MAUNSEL STREET
VINCENT SQUARE
FYNES STREET
REGENCY STREET
ROCHESTER ROW
GREENCOAT PLACE
THIRLEBY ROAD
WESTMINSTER SCHOOL PLAYING FIELDS
VINCENT STREET
JOHN ISLIP STREET
VAUXHALL BRIDGE ROAD
HIDE PLACE
CHAPTER STREET
DOUGLAS STREET
ERASMUS STREET
HERRICK STREET
Tate Britain
Millbank Pier
CHARLWOOD STREET
TACHBROOK STREET
CURETON ST
CAUSTON ST
ATTERBURY STREET
Tâmisa
RAMPAYNE ST
Pimlico
DRUMMOND GATE
BESSBOROUGH STREET
PONSONBY PLACE
PONSONBY TERR
MORETON PLACE
MORETON
LUPUS STREET
PIMLICO
BESSBOROUGH PLACE
ST GEORGE'S SQUARE
AYLESFORD STREET
CHICHESTER STREET
CLAVERTON STREET
DOLPHIN SQUARE
GROSVENOR ROAD
Vauxhall Bridge
BRIDGEFOOT
Vauxhall
WANDSWORTH RD
STH LAMBETH PLACE
SOUTH LAMBETH RD
Vauxhall Bus Station
PARRY STREET
NINE ELMS LANE
PONTON ROAD
BOND WAY
MILES STREET
WANDSWORTH ROAD
WYVIL ROAD
LUSCOMBE WAY
WHEATSHEAF LANE
SOUTH LAMBETH ROAD
VAUXHALL PARK
LAWN LANE
LANGLEY LANE
VAUXHALL GROVE
BONNINGTON SQUARE
EBBISHAM DRIVE
FENTIMAN ROAD
RITA ROAD
HEYFORD AVENUE
MEADOW
CARROUN ROAD
KENNINGTON LANE
HARLEYFORD RD
DURHAM ST
KENNINGTON GROVE
OVAL WAY
FARNHAM ROYAL
ALBERT EMBANKMENT
GODING STREET
GLASSHOUSE WALK
TYERS TERRACE
TYERS STREET
ST OSWALD'S PLACE
TINWORTH STREET
VAUXHALL WALK
JONATHAN STREET
WICKHAM STREET
VAUXHALL STREET
ORSETT STREET
LAMBETH
BLACK PRINCE ROAD
SALAMANCA ST
RANDALL ROAD
WHITGIFT STREET
LAMBETH HIGH STREET
NEWPORT STREET
RAVENT ROAD
LAMBETH WALK
OLD PARADISE STREET
PRATT WALK
LAMBETH ROAD
Garden Museum
Lambeth Palace
ARCHBISHOP'S PARK
LAMBETH PALACE ROAD

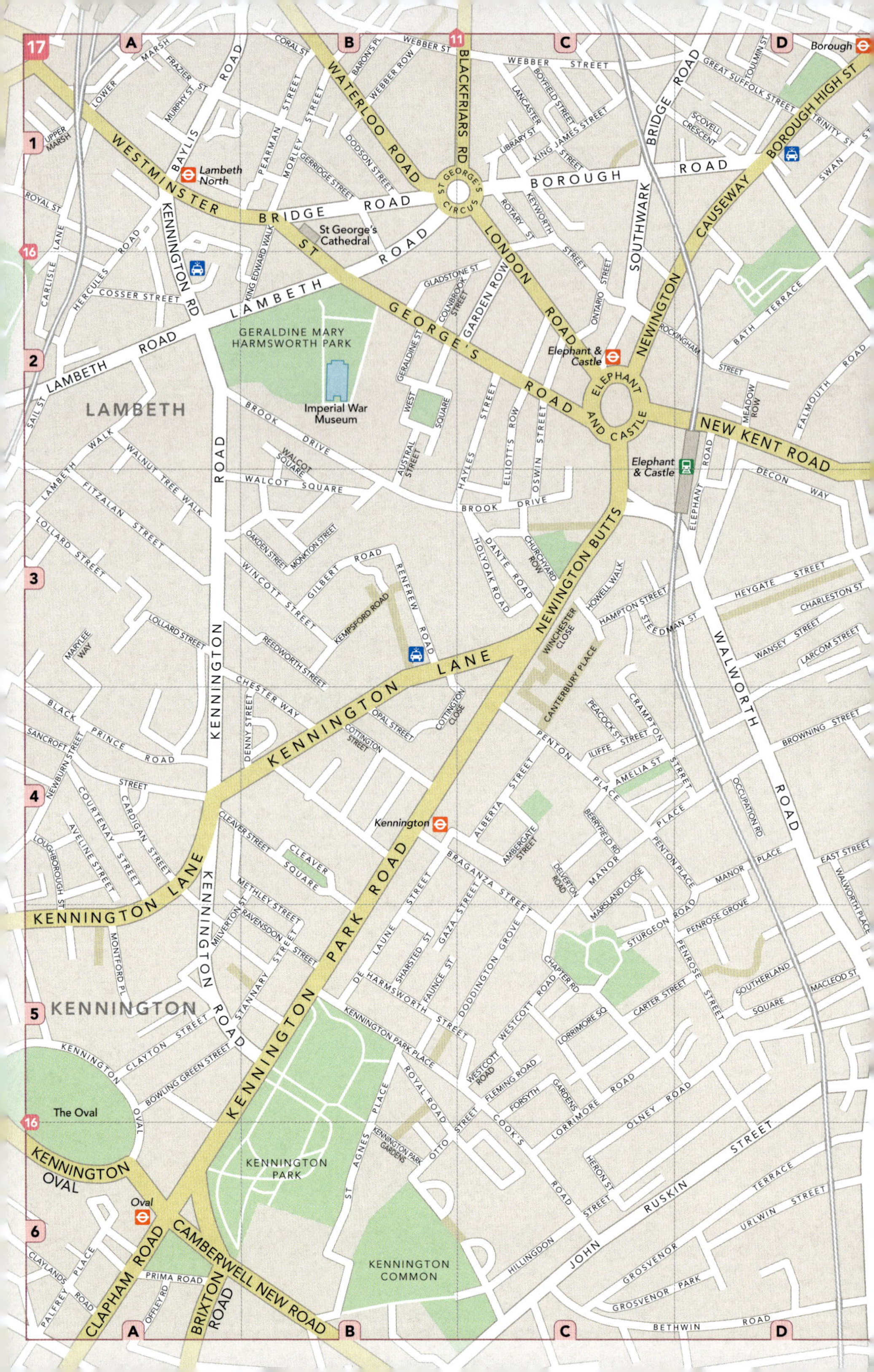

17
A
B
C
D
11
16
1
2
3
4
5
6
Borough
Lambeth North
St George's Cathedral
Imperial War Museum
Elephant & Castle
Kennington
Oval
LAMBETH
KENNINGTON
GERALDINE MARY HARMSWORTH PARK
KENNINGTON PARK
KENNINGTON COMMON
The Oval
WESTMINSTER BRIDGE ROAD
ST GEORGE'S ROAD
ST GEORGE'S CIRCUS
LAMBETH ROAD
WATERLOO ROAD
BLACKFRIARS RD
BOROUGH ROAD
LONDON ROAD
SOUTHWARK BRIDGE ROAD
NEWINGTON CAUSEWAY
BOROUGH HIGH ST
ELEPHANT AND CASTLE
NEW KENT ROAD
NEWINGTON BUTTS
KENNINGTON LANE
KENNINGTON ROAD
KENNINGTON PARK ROAD
WALWORTH ROAD
KENNINGTON OVAL
CLAPHAM ROAD
CAMBERWELL NEW ROAD
BRIXTON ROAD
JOHN RUSKIN STREET
WEBBER STREET
WEBBER ST
WEBBER ROW
CORAL ST
BARON'S PL
LOWER MARSH
UPPER MARSH
FRAZIER ST
MURPHY ST
BAYLIS ROAD
PEARMAN STREET
MORLEY STREET
GERRIDGE STREET
DODSON STREET
LANCASTER STREET
BOYFIELD STREET
LIBRARY ST
KING JAMES STREET
GREAT SUFFOLK STREET
TOULMIN ST
SCOVELL CRESCENT
TRINITY ST
SWAN ST
ROTARY ST
KEYWORTH STREET
ONTARIO STREET
ROYAL ST
CARLISLE LANE
HERCULES ROAD
COSSER STREET
KING EDWARD WALK
GLADSTONE ST
COLNBROOK STREET
GARDEN ROW
GERALDINE ST
WEST SQUARE
AUSTRAL STREET
HAYLES STREET
ELLIOTT'S ROW
OSWIN STREET
BROOK DRIVE
ROCKINGHAM STREET
BATH TERRACE
MEADOW ROW
FALMOUTH ROAD
DECON WAY
ELEPHANT ROAD
SAIL ST
WALCOT SQUARE
WALNUT TREE WALK
LAMBETH WALK
FITZALAN STREET
LOLLARD STREET
OAKDEN STREET
MONKTON STREET
WINCOTT STREET
GILBERT ROAD
RENFREW ROAD
KEMPSFORD ROAD
HOLYOAK ROAD
DANTE ROAD
CHURCHYARD ROW
HOWELL WALK
HAMPTON STREET
STEEDMAN ST
WINCHESTER CLOSE
HEYGATE STREET
CHARLESTON ST
WANSEY STREET
LARCOM STREET
MARYLEE WAY
REEDWORTH STREET
CHESTER WAY
CANTERBURY PLACE
CRAMPTON STREET
PEACOCK ST
ILIFFE STREET
AMELIA ST
PENTON PLACE
BROWNING STREET
BLACK PRINCE ROAD
SANCROFT STREET
NEWBURN STREET
DENNY STREET
OPAL STREET
COTTINGTON STREET
COTTINGTON CLOSE
ALBERTA STREET
AMBERGATE STREET
BERRYFIELD RD
OCCUPATION RD
MANOR PLACE
EAST STREET
WALWORTH PLACE
COURTENAY STREET
CARDIGAN STREET
AVELINE STREET
LOUGHBOROUGH ST
CLEAVER STREET
CLEAVER SQUARE
BRAGANZA STREET
DEVERTON ROAD
MARSLAND CLOSE
PENROSE GROVE
MONTFORD PL
METHLEY STREET
MILVERTON ST
RAVENSDON STREET
LAUNE STREET
GAZA STREET
SHARSTED ST
FAUNCE ST
DODDINGTON GROVE
STURGEON ROAD
CHAPTER RD
PENROSE STREET
SOUTHERLAND SQUARE
MACLEOD ST
STANNARY STREET
DE LAUNE STREET
HARMSWORTH STREET
WESTCOTT ROAD
LORRIMORE SQ
CARTER STREET
CLAYTON STREET
BOWLING GREEN STREET
KENNINGTON PARK PLACE
ROYAL ROAD
FLEMING ROAD
FORSYTH GARDENS
LORRIMORE ROAD
OLNEY ROAD
ST AGNES PLACE
KENNINGTON PARK GARDENS
OTTO STREET
COOK'S ROAD
HERON ST
HILLINGDON STREET
URLWIN STREET
GROSVENOR TERRACE
GROSVENOR PARK
BETHWIN ROAD
CLAYLANDS PLACE
PALFREY PLACE
PRIMA ROAD
OFFLEY RD

18
E
F
G
H
1
2
3
4
5
6
MILLWALL PARK
GLENGAMOCK AVENUE
GLENAFFRIC AVENUE
CHAPEL HOUSE STREET
EAST FERRY ROAD
MANCHESTER GROVE
MANCHESTER ROAD
WESTFERRY ROAD
Island Gardens DLR
SAUNDERS NESS ROAD
ISLAND GARDENS
ST DAVID'S SQUARE
FERRY STREET
FERRY ST
MIDLAND PLACE
Tâmisa
Greenwich Foot Tunnel
Greenwich Pier
Gipsy Moth IV
Cutty Sark
Old Royal Naval College
CRANE STREET
HIGH BRIDGE
PELTON ROAD
BALLAST QUAY
ENDERBY STREET
BANNING STREET
HADRIAN STREET
CARADOC ST
LASSELL STREET
GIBSON ST
HOSKINS STREET
OLD WOOLWICH ROAD
ORLOP STREET
EASTNEY STREET
PARK ROW
TRAFALGAR ROAD
TUSKAR STREET
Arches Leisure Centre
MAZE HILL
Maze Hill
TOM SMITH CLOSE
FEATHERS PLACE
PARK VISTA
THAMES STREET
NORWAY ST
Cutty Sark DLR
GREENWICH CHURCH ST
KING WILLIAM WALK
ROMNEY ROAD
Queen's House
National Maritime Museum
CREEK ROAD
BARDSLEY LANE
GREENWICH
NELSON ROAD
THORNHAM ST
HADDO STREET
CLAREMONT STREET
ROAN STREET
RANDALL PL
STRAIGHTSMOUTH STREET
STOCKWELL ST
NEVADA ST
Greenwich Theatre
GREENWICH PARK
Greenwich Picture House
Fan Museum
BURNEY STREET
NORMAN ROAD
TARVES WAY
Greenwich
GREENWICH HIGH ROAD
ROYAL HILL
GLOUCESTER CIRCUS
CROOM'S HILL GROVE
CROOM'S HILL
Royal Observatory Museum
THE AVENUE
LANGDALE ROAD
CIRCUS STREET
BRAND STREET
PRIOR STREET
GEORGE STREET
ASHBURNHAM PLACE
ASHBURNHAM GROVE
SOUTH STREET
KING GEORGE STREET
HYDE VALE
BLACKHEATH AVENUE
EGERTON DRIVE
DEVONSHIRE DRIVE
BLISSET STREET
WINFORTON STREET
DIAMOND TERRACE
GUILDFORD GROVE
MAIDENSTONE HILL
DUTTON STREET
POINT HILL
WESTGROVE LANE
WEST GROVE
CHESTERFIELD WALK
GENERAL WOLFE ROAD
CADE ROAD
Ranger's House
LACKHEATH RD
BLACKHEATH HILL
SHOOTERS HILL ROAD
CHARLTON WAY
LONG POND ROAD
DITCH ALLEY
LEWISHAM ROAD
JOHN PENN STREET
MORDEN STREET
SPARTA STREET
DARTMOUTH HILL
DARTMOUTH ROW
DARTMOUTH GROVE
WHITFIELD ROAD
GOFFERS ROAD
BLACKHEATH
HARE AND BILLET ROAD
COLDBATH STREET
NECTARINE WAY
BLISS CRESCENT
RAVENSBOURNE PLACE
MORDEN CLOSE
MORDEN HILL
LEWISHAM HILL
TYLER ROAD
WAT TYLER ROAD
MOUNTS POND ROAD

Índice dos Mapas de Londres

A

Abbey Road	2 E2
Abchurch Lane	12 E4
Abercorn Place	2 E4
Abingdon Street	16 G1
Acacia Road	2 G3
Acton Street	4 H5
Adam Street	10 G4
Addison Road	13 A1
Adelaide Road	2 G1
Agar Place	4 E1
Air Street	10 E4
Albany Street	3 C3
Albemarle Street	9 D4
Albert Bridge Road	14 H6
Albert Embankment	16 H1
Albert Street	3 D2
Albion Street	8 H3
Aldenham Street	4 E4
Aldermanbury	12 E2
Aldermanbury Square	11 D2
Alderney Street	15 D4
Aldersgate Street	11 D1
Aldgate	12 G3
Aldgate High Street	12 H3
Aldwych	10 H3
Alexander Square	14 G2
Alie Street	12 H3
All Saint's Street	4 H3
Allington Street	15 D2
Allitsen Road	2 G3
Amwell Street	5 B5
Angel Street	11 D2
Appold Street	12 F1
Argyle Street	4 G5
Argyll Street	9 D3
Arlington Road	3 D2
Arnold Circus	6 H5
Arthur Street	12 E4
Artillery Lane	12 G2
Artillery Row	16 E2
Arundel Street	11 A3
Ashburn Gardens	13 E2
Ashburn Place	14 E3
Atterbury Street	16 F3
Augustus Street	3 D4
Avenue Road	2 H2
Avery Row	9 C3
Aybrook Street	9 B1
Aylesbury Street	5 C6

B

Babmaes Street	10 E4
Bainbridge Street	10 F2
Baker Street	9 B1
Balfe Street	4 H4
Baltic Street	5 D6
Banner Street	5 D6
Banning Street	18 H1
Barker Drive	4 E1
Basil Street	15 A1
Basinghall Street	12 E2
Bateman Street	10 F3
Bath Street	6 E5
Bathurst Street	8 F3
Bayham Street	3 D2
Baylis Road	17 A1
Bayswater Road	8 E4
Beak Street	10 E3
Bear Lane	11 C5
Beauchamp Place	14 H1
Beaufort Gardens	14 H1
Beaufort Street	14 F5
Beaumont Street	9 B1
Bedale Street	12 E5
Bedford Avenue	10 F2
Bedford Place	10 G1
Bedford Row	11 A1
Bedford Square	10 F1
Bedford Street	10 G4
Bedford Way	4 F6
Bedfordbury	10 G4
Beech Street	11 D1
Beeston Place	15 C2
Belgrave Place	15 B1
Belgrave Road	15 D3
Belgrave Square	15 B1
Bell Lane	12 H2
Bell Street	8 G1
Belsize Road	1 D1
Belvedere Road	10 H6
Benjamin Street	11 C1
Bentinck Street	9 C2
Bergholt Mews	4 E1
Berkeley Square	9 C4
Berkeley Street	9 D4
Bernard Street	4 G6
Berners Street	10 E2
Berwick Street	10 E2
Bessborough Place	16 F4
Bessborough Street	16 E4
Bethnal Green Road	6 H6
Bevis Marks	12 G2
Bickenhall Street	9 A1
Bidborough Street	4 G5
Binney Street	9 C3
Birdcage Walk	16 E1
Birkenhead Street	4 G4
Bishop's Bridge Road	7 D2
Bishopsgate	12 G2
Bishopsgate Churchyard	12 F2
Black Prince Road	16 H3
Blackfriars Lane	11 C3
Blackfriars Road	11 C4
Blackheath Hill	18 F5
Blackheath Road	18 E5
Blandford Street	9 B2
Blomfield Street	12 F2
Bloomsbury Place	10 G1
Bloomsbury Square	10 G1
Bloomsbury Street	10 F1
Bloomsbury Way	10 G2
Bolsover Street	3 D6
Bolton Street	9 D5
Borough High Street	12 E6
Borough Road	17 C1
Boundary Street	6 G6
Bourdon Street	9 C4
Bourne Street	15 B3
Bouverie Street	11 B3
Bow Lane	11 D3
Bow Street	10 G3
Bowling Green Lane	5 B6
Bread Street	11 D3
Bressenden Place	15 D1
Brewer Street	10 E4
Brick Lane	12 H1
Brick Street	9 C5
Bridge Place	15 D3
Bridge Street	16 G1
Bridgefoot	16 G5
Bridport Place	6 F2
Brill Place	4 F4
Britannia Street	4 H4
Britten Street	14 G4
Britton Street	11 C1
Brixton Road	17 A6
Broad Sanctuary	16 F1
Broadwall	11 B5
Broadway	16 E1
Broadwick Street	10 E3
Brompton Road	14 G2
Brompton Square	14 G1
Brondesbury Road	1 B2
Brook Street	8 G3
Brooke Street	11 B2
Brown Street	8 H2
Brunswick Gardens	7 C5
Brunswick Square	4 G6
Brushfield Street	12 G1
Bruton Street	9 C4
Bryanston Place	8 H2
Bryanston Square	9 A2
Bryanston Street	9 A3
Buckingham Gate	15 D1
Buckingham Palace Road	15 C3
Bunhill Row	6 E6
Burlington Arcade	9 D4
Burlington Gardens	9 D4
Bury Street	12 G3
Byward Street	12 G4

C

Cadogan Gardens	15 A3
Cadogan Lane	15 A2
Cadogan Place	15 A1
Cadogan Square	15 A2
Cadogan Street	14 H3
Cale Street	14 G4
Caledonian Road	4 H4
Calshot Street	4 H4
Calthorpe Street	5 A6
Calvert Avenue	6 G5
Camberwell New Road	17 A6
Cambridge Circus	10 F3
Cambridge Square	8 G2
Cambridge Street	15 D4
Camden High Street	3 D2
Camden Street	4 E2
Camley Street	4 F3
Cannon Street	12 E4
Canonbury Road	5 D1
Cardington Street	4 E5
Carey Street	11 A3
Carlisle Lane	17 A2
Carlisle Place	15 D2
Carlton House Terrace	10 F5
Carlton Vale	1 B4
Carmelite Street	11 B3
Carnaby Street	10 E3
Carter Lane	11 C3
Cartwright Gardens	4 G5
Cartwright Street	12 H4
Castle Baynard Street	11 C4
Castle Lane	15 D1
Castlehaven Road	3 D1
Cathedral Street	12 E5
Catherine Street	10 H3
Causton Street	16 F3
Cavendish Place	9 D2
Cavendish Square	9 C2
Caxton Street	16 E1
Central Street	5 D5
Chadwick Street	16 F2
Chalcot Road	3 B1
Chalk Farm Road	3 C1
Chalton Street	4 E4
Chancery Lane	11 A2
Chandos Place	10 G4
Chandos Street	9 C2
Chapel Street (Belgravia)	15 B1
Chapel Street (Marylebone)	8 G1
Chapter Street	16 E3
Charing Cross Road	10 F2
Charles II Street	10 E5
Charles Street	9 C5
Charlotte Road	6 G5
Charlotte Street	10 E1
Charlton Way	18 H5
Charrington Street	4 F3
Charterhouse Square	11 C1
Charterhouse Street	11 C1
Cheapside	11 D3
Chelsea Bridge Road	15 B4
Chelsea Embankment	15 A5
Chelsea Manor Street	14 G4
Chelsea Park Gardens	14 F5
Chelsea Square	14 G4
Chenies Mews	4 E6
Chenies Street	10 F1
Chepstow Road	7 C2
Chesham Place	15 B1
Chesham Street	15 B2
Chester Gate	3 C5
Chester Row	15 B3
Chester Square	15 C2
Chester Street	15 C1
Chester Terrace	3 C4
Cheyne Walk	14 F6
Chichester Street	16 E4
Chiltern Street	9 B1
Chiswell Street	12 E1
Church Street	2 G6
Churchway	4 F4
Circus Road	2 F4
City Road	5 D5
Clapham Road	17 A6
Clarendon Street	15 C4
Clareville Street	14 E3
Clement's Lane	12 F4
Clerkenwell Close	5 B6
Clerkenwell Green	5 B6
Clerkenwell Road	5 C6
Cleveland Square	8 E3
Cleveland Street	3 D6
Clifford Street	9 D4
Clifton Gardens	2 E6
Clifton Street	12 F1
Clink Street	12 E5
Cliveden Place	15 B3
Cloth Fair	11 C2
Club Row	6 H6
Cock Lane	11 C2
Cockspur Street	10 F5
Coin Street	11 B5
Coleman Street	12 E3
College Street	12 E4
Columbia Road	6 H5
Commercial Street	12 H1
Compton Street	5 C6
Concert Hall Approach	11 A5
Conduit Street	9 D4
Connaught Square	8 H3
Connaught Street	8 H3
Constitution Hill	9 C6
Cooper's Row	12 G4
Coopers Lane	4 F3
Copenhagen Street	4 H2
Copperfield Street	11 C6
Copthall Avenue	12 E2
Coptic Street	10 G2
Cork Street	9 D4
Cornhill	12 F3
Cornwall Gardens	13 D2
Cornwall Road	11 A5
Cornwall Terrace	3 A6
Cosway Street	8 H1
Coulson Street	15 A3
Covent Garden	10 G3
Coventry Street	10 F4
Cowcross Street	11 C1
Cowper Street	6 F6
Cranleigh Street	4 E4
Cranley Gardens	14 E3
Craven Hill	8 E3
Craven Road	8 F3
Craven Street	10 G5
Craven Terrace	8 F3
Crawford Place	8 H2
Crawford Street	9 A1
Creechurch Lane	12 G3
Creek Road	18 E3
Crestfield Street	4 G4

A–K | 275

Crispin Street	12 G2	Elgin Avenue	1 C5	Gordon Square	4 F6	Harrison Street	4 H5
Cromer Street	4 G5	Elgin Crescent	7 A3	Gordon Street	4 F6	Harrow Road	7 D1
Cromwell Crescent	13 B2	Elizabeth Street	15 B2	Gosfield Street	9 D1	Harrowby Street	8 H2
Cromwell Gardens	14 E2	Elm Park Road	14 F5	Goswell Road	5 C6	Hart Street	12 G4
Cromwell Road	13 D2	Elystan Place	14 H3	Gough Street	5 A6	Hartland Road	3 C1
Crosswall	12 G4	Elystan Street	14 G3	Goulston Street	12 H2	Hasker Street	14 H2
Crowndale Road	4 E3	Endell Street	10 G4	Gower Place	4 E6	Hastings Street	4 G5
Crucifix Lane	12 F6	Endsleigh Street	4 F5	Gower Street	10 F1	Hatfields	11 B5
Crutched Friars	12 G4	Ennismore Gardens	14 G1	Gracechurch Street	12 F4	Hatton Gardens	11 B1
Culross Street	9 B4	Erasmus Street	16 F3	Grafton Street	9 D4	Hawley Crescent	3 D1
Cumberland Street	15 D4	Essex Road	5 C2	Grafton Way	4 E6	Hawley Road	3 D1
Cumberland Terrace	3 C4	Essex Street	11 A3	Granary Street	4 F2	Hawley Street	3 C1
Curlew Street	12 H6	Euston Road	4 E6	Granville Square	5 A5	Hay's Lane	12 F5
Cursitor Street	11 A2	Euston Square	4 F5	Gravel Lane	12 G3	Haydon Street	12 H3
Curtain Road	6 G5	Euston Street	4 E5	Gray's Inn Road	11 A1	Haymarket	10 F4
Curzon Street	9 C5	Evershot Street	4 E4	Great Castle Street	9 D2	Henrietta Place	9 C2
		Exeter Street	10 H4	Great College Street	16 F2	Henrietta Street	10 G4
D		Exhibition Road	14 F1	Great Cumberland Place	9 A2	Herbal Hill	5 B6
				Great Eastern Street	6 F6	Herbrand Street	4 G6
D'Arblay Street	10 E3			Great Guildford Street	11 D5	Hercules Road	17 A2
Dacre Street	16 F1	**F**		Great James Street	10 H1	Hertford Street	9 C5
Danvers Street	14 G6	Fann Street	11 D1	Great Marlborough Street	9 D3	High Holborn	10 H2
Dartmouth Street	16 F1	Farringdon Lane	5 B6	Great Maze Pond	12 E6	Hilgrove Road	2 F1
Davies Street	9 C3	Farringdon Road	5 B6	Great Ormond Street	10 H1	Hill Street	9 C4
Dawes Road	13 A6	Farringdon Street	11 B2	Great Peter Street	16 F2	Holborn	11 B2
Dean Street	10 F3	Fashion Street	12 H2	Great Portland Street	3 D6	Holborn Circus	11 B2
Delancey Street	3 C2	Featherstone Street	6 E6	Great Pulteney Street	10 E3	Holborn Viaduct	11 B2
Denbigh Street	15 D4	Fenchurch Avenue	12 F3	Great Queen Street	10 H2	Holland Park Avenue	7 A5
Denman Street	10 E4	Fenchurch Buildings	12 G3	Great Russell Street	10 F2	Holland Street	11 C5
Denmark Street	10 F3	Fenchurch Street	12 F4	Great Smith Street	16 F2	Holles Street	9 D2
Denyer Street	14 H2	Fentiman Road	16 H6	Great St Helen's	12 F3	Hopton Street	11 C5
Devonshire Place	9 C1	Fetter Lane	11 B2	Great Suffolk Street	11 C5	Horse Guards Road	10 F6
Devonshire Square	12 G2	Finborough Road	13 D5	Great Sutton Street	5 C6	Horseferry Road	16 F2
Devonshire Street	9 C1	Finchley Road	2 F2	Great Titchfield Street	9 D1	Horseguards Avenue	10 G5
Devonshire Terrace	8 E3	Finsbury Circus	12 F2	Great Tower Street	12 F4	Hosier Lane	11 C2
Dolben Street	11 C6	Finsbury Pavement	12 E1	Great Western Road	7 B1	Houndsditch	12 G2
Dorset Street	9 A1	Finsbury Square	12 F1	Great Winchester Street	12 F2	Hugh Street	15 C3
Doughty Street	4 H5	Fitzroy Square	3 D6	Great Windmill Street	10 E4	Hunter Street	4 G6
Dovehouse Street	14 G4	Fitzroy Street	10 E1	Greek Street	10 F3	Hyde Park Corner	9 B6
Dover Street	9 D4	Fleet Street	11 B3	Green Street	9 B3	Hyde Park Crescent	8 G2
Down Street	9 C5	Flitcroft Street	10 F3	Greenwich Church Street	18 F2	Hyde Park Square	8 G3
Downing Street	10 G6	Flood Street	14 H4	Greenwich High Road	18 E4	Hyde Park Street	8 G3
Draycott Avenue	14 H3	Floral Street	10 G3	Greenwich South Street	18 F5	Hyde Vale	18 G5
Draycott Place	14 H3	Foley Street	9 D1	Greet Street	11 B6		
Drayton Gardens	14 E4	Folgate Street	12 G1	Grenville Road	13 D2	**I**	
Druid Street	12 G6	Fore Street	12 E2	Grenville Street	4 G6		
Drummond Gate	16 F2	Fortune Street	11 D1	Gresham Street	11 D2	Ilchester Gardens	7 C3
Drummond Street	4 E5	Foubert's Place	9 D3	Greville Street	11 B1	Imperial College Road	14 F1
Drury Lane	10 H3	Fournier Street	12 H1	Grey Eagle Street	12 H1	Inverness Place	7 D3
Duchess Street	9 C1	Francis Street	16 E2	Greycoat Street	16 E2	Inverness Terrace	7 D3
Duchy Street	11 B5	Frederick Street	4 H5	Grosvenor Gardens	15 C1	Islington High Street	5 B4
Dufferin Street	6 E6	Frith Street	10 F3	Grosvenor Place	15 C1	Ivor Place	3 A6
Duke of York Street	10 E5	Fulham Road	14 F4	Grosvenor Road	16 E5	Ixworth Place	14 G3
Duke Street	9 B3	Fulwood Place	11 A1	Grosvenor Square	9 B3		
Duke Street Hill	12 F5	Furnival Street	11 B2	Grosvenor Street	9 C4	**J**	
Duke's Lane	7 C6			Grove End Road	2 F4		
Duke's Place	12 G3	**G**		Guildhouse Street	15 D3	James Street (Covent Garden)	
Duke's Road	4 F5			Guilford Street	4 H6		10 G3
		Gabriel's Wharf	11 A5			James Street (Marylebone)	9 B2
E		Gainsford Street	12 H6	**H**		Jamestown Road	3 C1
		Gambia Street	11 C6			Jeffrey's Street	3 D1
Eagle Court	11 C1	Garlick Hill	11 D4	Hackney Road	6 H5	Jermyn Street	10 E5
Eagle Wharf Road	6 E3	Garrick Street	10 G4	Half Moon Street	9 C5	Jewry Street	12 G3
Earlham Street	10 F3	George Street	9 A2	Halkin Street	15 B1	Joan Street	11 B6
Earls Court Road	13 C3	Gerald Road	15 B3	Hallam Street	9 D1	John Adam Street	10 G4
East Ferry Road	18 E1	Gerrard Street	10 F4	Hamilton Place	9 C6	John Carpenter Street	11 B3
East Road	6 E5	Gilbert Street	9 C3	Hamilton Terrace	2 F4	John Islip Street	16 F4
East Smithfield	12 H4	Gillingham Street	15 D3	Hampstead Road	4 E4	John Street	11 A1
Eastbourne Terrace	8 E2	Giltspur Street	11 C2	Hanbury Street	12 H1	Jubilee Place	14 H4
Eastcastle Street	10 E2	Glasshouse Street	10 E4	Hanover Square	9 D3	Judd Street	4 G5
Eastcheap	12 F4	Gloucester Avenue	3 B1	Hanover Street	9 D3		
Eaton Place	15 B2	Gloucester Gate	3 C3	Hans Crescent	15 A1	**K**	
Eaton Square	15 B2	Gloucester Place	3 A6	Hans Place	15 A1		
Eaton Terrace	15 B3	Gloucester Road	14 E1	Hans Road	14 H1	Kemble Street	10 H3
Ebury Bridge Road	15 B4	Gloucester Square	8 G3	Hanway Street	10 F2	Kendal Street	8 H3
Ebury Square	15 C3	Gloucester Street	15 D4	Harewood Avenue	2 H6	Kennington Lane	17 A5
Ebury Street	15 C2	Gloucester Terrace	8 E3	Harley Street	9 C1	Kennington Oval	17 A6
Eccleston Square	15 D3	Golden Lane	11 D1	Harleyford Road	16 H5	Kennington Park Road	17 B5
Eccleston Street	15 C2	Golden Square	10 E4	Harmood Street	3 C1	Kennington Road	17 A1
Edgware Road	8 H2	Goldington Street	4 F3	Harrington Gardens	13 D3	Kensington Church Street	7 C5
Egerton Gardens	14 G2	Goodge Street	10 E1	Harrington Road	14 F3	Kensington Court	7 D6
Eldon Street	12 F2	Goodmans Yard	12 H4	Harrington Square	4 E3	Kensington High Street	7 C6
Elephant and Castle	17 C2	Goods Way	4 G3	Harrington Street	3 D4	Kensington Palace Gardens	7 C4

Índice dos Mapas de Londres

Name	Ref	Name	Ref	Name	Ref	Name	Ref
Kensington Park Road	7 A3	Lower Sloane Street	15 A3	New Bridge Street	11 C3	Panton Street	10 F4
Kensington Road	8 F6	Lower Thames Street	12 F4	New Broad Street	12 F2	Park Crescent	3 C6
Kensington Square	13 D1	Lowndes Square	15 A1	New Cavendish Street	9 C1	Park Lane	9 B5
Kentish Buildings	12 E6	Ludgate Circus	11 C3	New Change	11 D3	Park Road	2 H5
Kentish Town Road	3 D1	Ludgate Hill	11 C3	New Compton Street	10 F3	Park Row	18 G2
Kilburn High Road	1 B1	Luke Street	6 F6	New Fetter Lane	11 B2	Park Street (Mayfair)	9 B4
Kilburn Park Road	1 C5	Lupus Street	16 E4	New Globe Walk	11 D5	Park Street (Southwark)	11 D5
King Charles Street	10 F6	Luxborough Street	9 B1	New Inn Yard	6 G6	Park Village East	3 C5
King Edward Street	11 D2	Lyall Street	15 B2	New Kent Road	17 D2	Parker Street	10 H2
King Henry's Road	2 G1	Lyme Street	4 E1	New North Road	6 E3	Parkway	3 C2
King Street	10 G4			New Oxford Street	10 F2	Parliament Square	16 G1
King William Street	12 E3	**M**		New Row	10 G4	Parry Street	16 G5
King William Walk	18 F3	Mabledon Place	4 F5	New Square	11 A2	Paternoster Square	11 C3
King's Bench Walk	11 B3	Maddox Street	9 D3	New Wharf Road	4 H3	Paul Street	6 F6
King's Cross Road	4 H4	Maida Vale	2 E5	Newcomen Street	12 E6	Pavilion Road	15 A1
King's Head Yard	12 E6	Maiden Lane	10 G4	Newgate Street	11 C2	Pelham Street	14 G3
King's Road	14 H4	Manchester Road	18 F1	Newington Butts	17 C3	Pembridge Road	7 B4
Kingly Street	9 D3	Manchester Square	9 B2	Newington Causeway	17 C2	Pembridge Villas	7 B3
Kingsland Road	6 G4	Manchester Street	9 B1	Newport Street	16 H3	Pembroke Road	13 B2
Kingsway	10 H2	Mandeville Place	9 B2	Nicholas Lane	12 F3	Penfold Street	8 G1
Kinnerton Street	9 A6	Manette Street	10 F3	Nine Elms Lane	16 E6	Penton Rise	5 A4
Kirby Street	11 B1	Mansell Street	12 H3	Noble Street	11 D2	Pentonville Road	4 G4
Knightsbridge	9 A6	Maple Street	4 E6	Noel Street	10 E3	Pepys Street	12 G4
		Marble Arch	9 A3	Norfolk Crescent	8 H2	Percival Street	5 C6
L		Marchmont Street	4 G6	Norman Road	18 E4	Percy Street	10 E2
Lackington Street	12 F1	Markham Street	14 H4	North Audley Street	9 B3	Petticoat Square	12 G2
Ladbroke Grove	7 A3	Marlborough Road	10 E5	North Carriage Drive	8 G3	Petty France	16 E1
Lafone Street	12 H6	Marshall Street	10 E3	North End Road	13 B5	Philpot Lane	12 F4
Lamb Street	12 H1	Marshalsea Road	11 D6	North Gower Street	4 E5	Phoenix Place	5 A6
Lamb's Conduit Street	10 H1	Marsham Street	16 F2	North Row	9 A3	Phoenix Road	4 F4
Lamb's Passage	12 E1	Marylebone High Street	9 B1	Northdown Street	4 H4	Piccadilly	10 E4
Lambeth High Street	16 H3	Marylebone Lane	9 B2	Northington Street	11 A1	Piccadilly Circus	10 E4
Lambeth Palace Road	16 H2	Marylebone Road	3 B6	Northumberland Avenue	10 G5	Pilgrim Street	11 C3
Lambeth Road	17 A2	Marylebone Street	9 B1	Norton Folgate	12 G1	Pimlico Road	15 B4
Lambeth Walk	17 A3	Mercer Street	10 G3	Notting Hill Gate	7 B4	Pitfield Street	6 F5
Lancaster Gate	8 E4	Middle Temple Lane	11 A3	Nottingham Street	9 B1	Plender Street	4 E3
Lancaster Place	10 H4	Middlesex Street	12 G2	Nutford Place	8 H2	Pocock Street	11 C6
Lancaster Terrace	8 F3	Midland Road	4 G4			Poland Street	10 E3
Lancelot Place	14 H1	Milford Lane	11 A3	**O**		Polygon Road	4 F4
Langham Place	9 D2	Milk Street	11 D3	Oakley Square	4 E3	Ponsonby Place	16 F4
Langley Street	10 G3	Millbank	16 G3	Oakley Street	14 G5	Pont Street	15 A2
Launceston Place	13 D1	Millman Street	4 H6	Old Bailey	11 C3	Poole Street	6 E3
Laurence Pountney Lane	12 E4	Milner Street	14 H2	Old Bond Street	9 D4	Porchester Gardens	7 D3
Lavington Street	11 C5	Mincing Lane	12 G4	Old Broad Street	12 F3	Porchester Place	8 H2
Leadenhall Street	12 F3	Minories	12 H3	Old Brompton Road	14 E3	Porchester Road	7 D2
Leake Street	11 A6	Minories Hill	12 H4	Old Castle Street	12 H2	Porchester Terrace	7 D3
Leather Lane	11 B1	Mint Street	11 D6	Old Church Street	14 G5	Portland Place	9 C1
Leicester Square	10 F4	Mitre Street	12 G3	Old Compton Street	10 F3	Portman Square	9 B2
Leigh Street	4 G5	Monck Street	16 F2	Old Court Place	7 C6	Portsoken Street	12 H4
Leinster Place	7 D3	Monmouth Street	10 G3	Old Gloucester Street	10 H1	Portugal Street	10 H3
Leinster Terrace	8 E3	Montagu Place	9 A2	Old Jewry	12 E3	Poultry	12 E3
Leman Street	12 H3	Montagu Square	9 A2	Old Marylebone Road	8 H2	Praed Street	8 F2
Lennox Gardens	14 H2	Montagu Street	9 A2	Old Nichol Street	6 G6	Pratt Street	4 E2
Leonard Street	6 F6	Montague Place	10 F1	Old Palace Yard	16 G1	Prescot Street	12 H4
Lever Street	5 D5	Montague Street	10 G1	Old Paradise Street	16 H3	Primrose Hill Road	3 A1
Lewisham Road	18 E6	Montpelier Street	14 H1	Old Park Lane	9 C6	Primrose Street	12 G1
Lexington Street	10 E3	Monument Street	12 F4	Old Pye Street	16 F2	Prince Albert Road	3 A2
Lidlington Place	4 E4	Moor Lane	12 E2	Old Quebec Street	9 A3	Prince Consort Road	14 F1
Lillie Road	13 B5	Moorfields	12 E2	Old Queen Street	16 F1	Prince's Gardens	14 G1
Lime Street	12 F3	Moorgate	12 E2	Old Street	6 F5	Prince's Square	7 C3
Lisle Street	10 F4	Morley Street	17 B1	Old Woolwich Road	18 G2	Prince's Street (City)	12 E3
Lisson Grove	8 H1	Mornington Crescent	3 D3	Onslow Gardens	14 F3	Prince's Street (Mayfair)	9 D3
Lisson Street	8 G1	Mornington Street	3 D3	Onslow Square	14 G3	Princelet Street	12 H1
Little Britain	11 D2	Mornington Terrace	3 D3	Orange Street	10 F4	Princess Road	3 B2
Little Dorrit Court	11 D6	Morpeth Terrace	15 D2	Orchard Street	9 B3	Princeton Street	10 H1
Liverpool Road	5 B3	Mortimer Street	9 D2	Osnaburgh Street	3 D6	Provost Street	6 E5
Liverpool Street	12 F2	Moscow Road	7 C3	Ossington Street	7 C4	Purchese Street	4 F3
Lloyd Baker Street	5 A5	Motcomb Street	15 A1	Ossulston Street	4 F4		
Lloyd's Avenue	12 G3	Mount Pleasant	5 A6	Oval Road	3 C2	**Q**	
Lombard Street	12 E3	Mount Row	9 C4	Oxford Square	8 H2	Quaker Street	12 H1
London Bridge Street	12 E5	Mount Street	9 B4	Oxford Street	9 B3	Queen Anne Street	9 C2
London Road	17 C1	Museum Street	10 G2			Queen Anne's Gate	16 E1
London Wall	12 E2	Myddelton Street	5 B6	**P**		Queen Elizabeth Street	12 H6
Long Acre	10 G3			Paddington Street	9 B1	Queen Square	10 G1
Long Lane	11 C1	**N**		Page Street	16 F3	Queen Street	12 E4
Longford Street	3 D6	Nash Street	3 D5	Palace Avenue	7 D6	Queen Victoria Street	11 C3
Lothbury	12 E3	Neal Street	10 G3	Palace Gardens Terrace	7 C4	Queen's Gate	14 E2
Lovat Lane	12 F4	Neal's Yard	10 G3	Palace Green	7 D6	Queen's Gate Place	14 E2
Love Lane	11 D2	Nelson Road	18 F3	Palace Street	15 D1	Queens Town Road	15 C5
Lower Belgrave Street	15 C2	Nelson Square	11 C6	Pall Mall	10 E5	Queensberry Place	14 F2
Lower Grosvenor Place	15 C1	New Bond Street	9 C3	Pancras Road	4 G3	Queensway	7 D3
Lower Marsh	11 A6						

K–Y | 277

R

Railway Street	4 H4
Randall Road	16 H4
Randolph Avenue	1 D4
Randolph Gardens	1 C3
Rathbone Street	10 E2
Red Lion Square	10 H1
Redchurch Street	6 H6
Redcliffe Gardens	13 D4
Redcross Way	11 D6
Redhill Street	3 D4
Regency Street	16 F3
Regent Square	4 H5
Regent Street	10 E4
Regent's Park Road	3 B2
Richmond Terrace	10 G6
Riding House Street	9 D2
Rivington Street	6 F5
Robert Street	3 D5
Rochester Row	16 E3
Rodney Street	5 A4
Roger Street	5 A6
Romilly Street	10 F3
Romney Road	18 G3
Rood Lane	12 F4
Ropemaker Street	12 E1
Rose Alley	11 D5
Rosebery Avenue	5 B5
Rossendale Way	4 E2
Rossmore Road	2 H6
Roupell Street	11 B6
Royal Avenue	15 A4
Royal College Street	4 E1
Royal Hill	18 F4
Royal Hospital Road	15 A4
Royal Mint Street	12 H4
Royal Opera Arcade	10 F5
Rupert Street	10 E3
Russell Square	10 G1
Russell Street	10 H3

S

Sackville Street	10 E4
Saffron Hill	11 B1
St Alban's Street	10 F4
St Andrew Street	11 B2
St Barnabas Street	15 B4
St Botolph Street	12 G3
St Bride Street	11 B3
St Chad's Place	4 H4
St Chad's Street	4 G5
St Christopher's Place	9 C2
St Cross Street	11 B1
St George's Drive	15 D3
St George's Road	17 B2
St George's Square	16 E4
St Giles High Street	10 F2
St James's Square	10 E5
St James's Street	9 D5
St John Street	11 C1
St John's Lane	11 C1
St John's Square	5 C6
St John's Wood High Street	2 G3
St John's Wood Road	2 F5
St John's Wood Terrace	2 G3
St Katharine's Way	12 H5
St Leonard's Terrace	15 A4
St Luke's Street	14 G2
St Margaret Street	16 G1
St Martin's Lane	10 G4
St Martin's Le Grand	11 D3
St Martin's Place	10 G4
St Martin's Street	10 F4
St Mary at Hill	12 F4
St Mary Axe	12 G3
St Pancras Way	4 E2
St Paul's Churchyard	11 C3
St Petersburgh Place	7 D4
St Swithin's Lane	12 E4
St Thomas Street	12 F6
Sale Place	8 G2
Salem Road	7 D3
Savile Row	9 D4
Savoy Hill	10 H4
Savoy Street	10 H4
Scala Street	10 E1
Sclater Street	6 H6
Scrutton Street	6 G6
Seething Lane	12 G4
Serle Street	11 A2
Seward Street	5 D6
Seymour Place	9 A2
Seymour Street	9 A3
Shad Thames	12 H6
Shaftesbury Avenue	10 F3
Shafts Court	12 F3
Shawfield Street	14 H4
Shelton Street	10 G3
Shepherd Market	9 C5
Shepherd Street	9 C5
Shepherdess Walk	6 E4
Sherwood Street	10 E4
Shirland Road	1 C6
Shoe Lane	11 B2
Shooters Hill Road	18 G5
Shoreditch High Street	6 G6
Short Street	11 B6
Shorts Gardens	10 G3
Shouldham Street	8 H2
Silk Street	12 E1
Skinner Street	5 B5
Sloane Avenue	14 H3
Sloane Gardens	15 A3
Sloane Square	15 A3
Sloane Street	15 A1
Smith Square	16 G2
Smith Street	14 H4
Snow Hill	11 C2
Snowsfields	12 F6
Soho Square	10 F2
Soho Street	10 F2
South Audley Street	9 B4
South Eaton Place	15 B3
South Lambeth Road	16 G5
South Molton Lane	9 C3
South Molton Street	9 C3
South Place	12 F1
South Street	9 B5
South Tenter Street	12 H4
Southampton Place	10 H2
Southampton Row	10 G1
Southampton Street	10 G4
Southgate Road	6 F2
Southwark Bridge Road	11 D6
Southwark Street	11 C5
Southwell Gardens	14 E2
Spital Square	12 G1
Spring Street	8 F3
Spur Road	15 D1
Stamford Street	11 A5
Stanford Road	13 D1
Stanhope Gardens	14 E3
Stanhope Place	8 H3
Stanhope Street	3 D4
Stanhope Terrace	8 F3
Steward Street	12 G1
Stoney Street	12 E5
Store Street	10 F1
Storey's Gate	16 F1
Strand	10 G4
Strand Lane	11 A4
Streatham Street	10 G2
Strutton Ground	16 E2
Suffolk Lane	12 E4
Sumner Place	14 F3
Sumner Street	11 D5
Sun Street	12 F1
Surrey Street	11 A3
Sussex Gardens	8 G3
Sussex Square	8 G3
Sussex Street	15 D4
Sutherland Avenue	1 C6
Sutherland Street	15 C4
Swallow Street	10 E4
Swanfield Street	6 H5
Swinton Street	4 H5
Sydney Place	14 G3
Sydney Street	14 G4
Symons Street	15 A3

T

Tabernacle Street	6 F6
Tachbrook Street	16 E3
Tavistock Place	4 G6
Tavistock Street	10 H4
Taviton Street	4 F6
Telegraph Street	12 E2
Temple Avenue	11 B3
Temple Place	11 A4
Tenterden Street	9 C3
Thayer Street	9 B2
The Cut	11 B6
The Mall	10 E6
The Ring	8 G4
The Vale	14 F5
Theed Street	11 B5
Theobald's Road	10 H1
Thirleby Road	16 E3
Thorney Street	16 G2
Thrale Street	11 D5
Threadneedle Street	12 E3
Throgmorton Avenue	12 F3
Throgmorton Street	12 F3
Thurloe Place	14 G2
Thurloe Street	14 F2
Tonbridge Street	4 G5
Tooley Street	12 F5
Tothill Street	16 F1
Tottenham Court Road	10 E1
Tottenham Street	10 E1
Tower Bridge Approach	12 H5
Tower Bridge Road	12 G6
Tower Hill	12 G4
Townshend Road	2 H3
Trafalgar Road	18 H2
Trafalgar Square	10 F4
Trinity Square	12 G4
Tudor Street	11 B3
Tufton Street	16 F2
Turnmill Street	11 B1
Turpentine Lane	15 C4

U

Ufford Street	11 B6
Union Street	11 C6
University Street	4 E6
Upper Belgrave Street	15 B1
Upper Berkeley Street	9 A2
Upper Brook Street	9 B4
Upper Grosvenor Street	9 B4
Upper Ground	11 A5
Upper Marsh	17 A1
Upper Montagu Street	9 A1
Upper St Martin's Lane	10 G3
Upper Street	5 C3
Upper Thames Street	11 D4
Upper Wimpole Street	9 C1
Upper Woburn Place	4 F5

V

Varndell Street	3 D5
Vauxhall Bridge Road	16 E3
Vere Street	9 C3
Vestry Street	6 E5
Victoria Embankment	10 H4
Victoria Road	13 D1
Victoria Street	15 D2
Villiers Street	10 G5
Vincent Square	16 E2
Vincent Street	16 E3
Vine Street	12 G3
Vintner's Place	11 D4

W

Wadham Gardens	2 G1
Wakefield Street	4 G5
Walbrook	12 E3
Walpole Street	15 A4
Walterton Road	1 B6
Walton Place	14 H2
Walton Street	14 H2
Walworth Road	17 D3
Wandsworth Road	16 G5
Wardour Street	10 E3
Warren Street	3 D6
Warwick Avenue	1 D6
Warwick Gardens	13 A2
Warwick Lane	11 C3
Warwick Road	13 B3
Warwick Square	15 D3
Warwick Way	15 D3
Waterloo Road	11 A5
Watling Street	11 D3
Webber Street	11 B6
Weighhouse Street	9 C3
Welbeck Street	9 C2
Wellington Road	2 G3
Wellington Street	10 H3
Wells Street	9 D2
Wentworth Street	12 H2
Werrington Street	4 E4
West Cromwell Road	13 A3
West Smithfield	11 C2
West Street	10 F3
West Tenter Street	12 H3
Westbourne Crescent	8 F3
Westbourne Grove	7 C3
Westbourne Park Road	7 A2
Westbourne Street	8 F3
Westferry Road	18 E1
Westminster Bridge Road	17 A1
Weston Street	12 F6
Westway	7 C1
Weymouth Street	9 C1
Wharfdale Road	4 H3
Wharton Street	5 A5
Wheler Street	12 H1
Whitcomb Street	10 F4
White's Grounds	12 G6
Whitechapel High Street	12 H3
Whitecross Street	12 E1
Whitefriars Street	11 B3
Whitehall	10 G5
Whitfield Street	10 E1
Wicklow Street	4 H4
Wigmore Street	9 B2
Wild Street	10 H3
Willesden Lane	1 A1
William IV Street	10 G4
William Road	3 D5
Willow Place	16 E3
Wilson Street	12 F1
Wilton Crescent	15 B1
Wilton Road	15 D2
Wimpole Mews	9 C1
Wimpole Street	9 C2
Winchester Street	15 C4
Windmill Street	10 E2
Windmill Walk	11 B5
Woburn Place	4 G6
Woburn Square	4 F6
Wood Street	11 D3
Woodbridge Street	5 B6
Woodstock Street	9 C3
Wootton Street	11 B6
Wormwood Street	12 F2
Worship Street	12 F1
Wrotham Road	4 E1

Y

York House Place	7 C6
York Road	11 A6
York Street	9 A1
York Way	4 G4

Índice

Os números de página em **negrito** referem-se às entradas principais.

A

achados e perdidos 31, 33
AEGON Championships 51
Albert Memorial (Kensington Gardens) **172**, 175
Albert, príncipe 172, 178, 185
Albertopolis 181
Alf Barrett Playground 102
alfândega 30, 33
Alfredo, o Grande 54
All Hallows by the Tower 16, 17, **125**
All Seasons 34, 35
anglo-saxões 54, 125
Anne, Queen 176
Ano-Novo 16
Ano-Novo chinês 16, 17, 63
apartamentos e flats 35
 agências 35, 242
 Arredores do Centro 251
 Bloomsbury e Regent's Park 245
 City e East End 246
 Kensington, Chelsea e Battersea 249-50
 Southwark e South Bank 247
 Westminster e West End 243-4
Apex 34, 35
Apple Store 88
Apples & Pears Adventure Playground 210
Apsley House 177
aquários *veja* Vida selvagem
Archbishop's Park 161, 164, 167
Armada Espanhola 151
Arredores do Centro **192-233**
 comida e bebida 199, 209, 217, 222-3, 228-9
 compras 197, 199, 207, 215, 221, 227
 festivais e eventos 197, 207, 215, 221, 227
 Greenwich e arredores 196-205
 Horniman Museum e arredores 220-5
 hotéis 250-1
 Kenwood House e arredores 214-9
 Kew Gardens e arredores 226-33
 O Melhor de 194-5
 principais atrações 193
 transportes 197, 207, 215, 221, 227
 V&A Museum of Childhood e arredores 206-13
Arsenal FC 50, 51
artesanato 44-5
At Home in London 242
atletismo 150, 151
avião, viagens de 20-1

B

Bachelors Acre (Windsor) 239
bagagem 33
bancos 31, 33
Bandeirantes 225
Banhistas em Asnières (Seurat) 80
Bank of England Museum 117, 119, 129, 132
Banqueting House 71
Barbican Centre **138**, 139
 Family Film Club 44, 118, 138, 139
barcos
 aluguel 50, 51, 112, 171, 258
 em Windsor 239
 passeios 141, 161, 199
Barrie, J.M. 98
Battersea Park 17, 52, 169, 186-90
 Adventure Playground 48, 49, 189
 Bonfire Night 16, 171

Battersea Park (cont.)
 Jardins subtropicais 188
 lago de barcos 171, 186, 188
 Millennium Arena 50, 51, 188
 Peace Pagoda 188
 Pleasure Gardens 188
 Pump House Gallery 188
Battersea Park Children's Zoo 11, 17, 171, 187, **190**, 191
Battersea *veja* Kensington, Chelsea e Battersea
Bay SIXTY6 49
BBC Promenade Concerts 15, 17, 171, 185
Bear Gardens 85
Beating Retreat 19
Beating the Bounds 19
bed and breakfast 34, 35
 agências 242
 Arredores do Centro 251
 Bloomsbury e Regent's Park 244-5
 Kensington, Chelsea e Battersea 248-9
 Southwark e South Bank 247
 Westminster e West End 243
Bed & Breakfast e Homestay Association 24
Beefeaters 122
Benjamin Franklin House 63, 83
Benjamin Pollock's Toyshop 42, 43, 89
Bernie Spain Gardens 162, 163
Bethnal Green 194, 206
BFI IMAX 163
BFI Southbank 143, **162-3**
bicicletas
 aluguel 25, 161, 163, 224, 232
 reclinadas 188
Big Ben 26, 27, 68, 69
Big Draw Festival 45
Birdcage Walk 85
Bishop's Park 16, 17
Blackheath **52**
 Bonfire Night 16
Blitz 57, 70, 156
Blood, coronel Thomas 57, 120, 123
Bloomsbury Bowling 13
Bloomsbury e Regent's Park **96-115**
 British Museum e arredores 100-7
 comida e bebida 102, 111
 compras 101, 109
 festivais e eventos 101, 109
 hotéis 244-5
 O Melhor de 98-9
 principais atrações 97
 transportes 101, 109
 ZSL London Zoo e arredores 108-15
BMX (bicicleta) 49, 210
Boadiceia 54, 57, 125, 217
Bolena, Ana 120, 122, 199, 232
boliche 13, 175
Borough Market 43, 141, 142, 143, 145, 146, **150**, 151
Bramley's Big Adventure 48-9
Brentford Fountain Leisure Centre 51, **228**
BridgeStreet 35
brinquedos e jogos, lojas 81, 85, 89
 Apple Store 88
 Benjamin Pollock's Toyshop 42, 43, 89
 Build-A-Bear Workshop 41, 89
 Davenport's Magic Shop 42, 43
 Disney Store 41, 42, 43, 89
 Early Learning Centre 41, 42
 Eric Snook's 89
 Games Workshop 89
 Hamleys 16, 17, 42, 63, 79, 81, **85**
 Little Stinkies 42, 43
 Playlounge 42-3
 Tintin Shop 89
 TokyoToys 81

British Film Festival 143
British Film Institute (BFI) 44, 45, 143, **162-3**
British Library 99, 105
British Museum 11, 13, 44, 97, 99, 100, **102-3**
British Music Experience 193, **203**
Broadgate Centre 132
Broadgate Circle 132
Broadway Market 209
Bromley Ski & Snowboard Centre 13
Brompton Cemetery 189
Brown, "Capability" 230, 236
Brownlow, John 107
Build-A-Bear Workshop 41, 89
Burgh House 217
Burlington Arcade 75
Bushy Park 236
Butlers Wharf 157

C

caiaque 113
caixas eletrônicos 31
câmbio 31
Camden Lock Village 112
Camden Market 43, 97, 99, 108, **112-3**
Cameron, David 240
Camley Street Natural Park 107
Canada Square Park 16
Canalway Cavalcade (Little Venice) 14, 17
Canary Wharf 125
Cantelowes Skatepark 49
Carlos I 56, 232
 estátua de 55
 execução 71
 túmulo (Windsor) 238
Carlos II 56, 85, 233
Carnaby Street 85
carro,
 aluguel de 24, 25
 viagem de 24, 25
cartões de crédito 31
Cartoon Museum 45, 99, **103**
castelos
 Castelo de Windsor 235, **238-9**
 Torre de Londres 11, 19, 28, 29, 117, 118, 119, 120, **122-3**
 veja também Palácios; Residências oficiais
catedrais *veja* Igrejas e catedrais
Causton Street Playground 69
celulares 32, 33
Cerimônia das Chaves 19
cerimônias 18-9
Chamberlain's Men 146
Charing Cross Station 21
Charles Dickens Museum 99, **106-7**
Chaucer, Geoffrey 66, 150
Chelsea FC 50, 51, 189
Chelsea Flower Show 14, 17
Chelsea Football Ground 189
Chelsea Physic Garden 45, 171, 186, **191**
Chelsea Sports Centre 51, 171, **189**, 190
Chelsea *veja* Kensington, Chelsea e Battersea
Chessington World of Adventures 48, 49, **237**
Cheval Residences 35
Cheyne Walk 186
Chickenshed 12
Chinatown 63
Churchill, Winston 57, 68, 70, 71, 131
 Churchill War Rooms 70
 Winston Churchill's Britain at War Experience 143, **156**

A–F | 279

cinemas 12, 44, 45
   BFI IMAX 163
   BFI Southbank 143, **162-3**
   Cineworld 12, 203
   Clapham Picture House 12, 44, 45
   Electric Cinema 12, 44, 45
   Odeon Camden 112
   Odeon Leicester Square 12, 44, 45
   Renoir Cinema 44, 45
   Vue 12
   veja também Filmes
Cineworld 12, **203**
Citadines 35
Citiskate 13
City e East End **116-39**
   Catedral de St Paul e arredores 128-33
   comida e bebida 123, 131, 136-7
   compras 121, 129, 135
   festivais e eventos 121, 129, 135
   hotéis 245-6
   Museum of London e arredores 134-9
   O Melhor de 118-9
   principais atrações 117
   Torre de Londres e arredores 120-7
   transportes 121, 129, 135
City of London Festival 15, 17
City of London Information Centre 32, 33
Clapham Picture House 12, 44, 45
Cleopatra's Needle 27, 81
Climbers and Creepers (playground, Kew) 195, 227, **228**, 229
Clink Prison Museum 145, **149**
ClownTown 49
Colisseum 12
College Garden (Westminster) 67
comida e bebida **36-9**
   Arredores do Centro 199, 209, 217, 222-3, 228-9
   Bloomsbury e Regent's Park 102, 111
   City e East End 123, 131, 136-7
   Kensington, Chelsea e Battersea 175, 180, 189
   Southwark e South Bank 146-7, 155, 161
   viagens de um dia 236, 239
   Westminster e West End 67, 74-5, 81, 88
   veja também Restaurantes
compras **40-3**
   Apple Store 88
   Arredores do Centro 197, 199, 207, 215, 221, 227
   Benjamin Pollock's Toyshop 42, 43, 89
   Bloomsbury e Regent's Park 101, 109
   Build-A-Bear Workshop 41, 89
   Carry Me Home 85
   City e East End 121, 129, 135
   Davenport's Magic Shop 42, 43
   David & Goliath 85
   Disney Store 41, 42, 43, 89
   Early Learning Centre 41, 42
   Eric Snook's 89
   Fortnum & Mason 74, **75**
   Games Workshop 89
   Golden Treasury 42, 43
   Hamleys 16, 17, 42, 63, 79, 81, 85
   Harrods 11, 16, 17, 41, 169, 179, **181**
   John Lewis 41, 43
   Kensington, Chelsea e Battersea 173, 175, 179, 181, 187
   La Stupenderia 41, 43
   Little Stinkies 42, 43
   livrarias 42, 81
   lojas de brinquedos e jogos 42-3, 81, 85, 89
   lojas de departamentos e shopping centers 41
   lojas de roupas 41, 85
   Mamas & Papas 41, 81
   Marchpane 81
   Oh Baby London 41, 43
   One New Change 131

compras (cont.)
   Playlounge 42-3
   Rachel Riley 41, 43
   ruas comerciais 40
   Selfridges 16, 17, 41, **175**
   shopping Westfield 41
   Southwark e South Bank 144, 152, 159
   The Lion and Unicorn 42, 43
   Tintin Shop 89
   TokyoToys 81
   Westminster e West End 64, 72, 75, 79, 81, 85, 87, 89
   veja também Mercados
comunicações 32, 33
Conan Doyle, Sir Arthur 114
Congestion Charging Auto Pay 24, 25
Conspiração da Pólvora 56, 57, 67, 68, 217
corais, shows e missas 16, 17
Coram's Fields 11, 48, 49, 52, 97, 99, 101, **106**, 107
Courtauld Gallery 93
Courtauld, Stephen e Virginia 204, 205
Covent Garden 12, 45, 63, 86-7, **88-92**
   Apple Market 88
   artistas de rua 87, 88, 89
   estátuas vivas 61, 86, 88
   Great Christmas Pudding Race 89
   Jubilee Market 88
   London Transport Museum 89, **92**
   May Fayre and Puppet Festival 14, 17, 62
   Punch and Judy Festival 15, 17
   Royal Opera House 88, **90-1**
   St Paul's Church 88, **90**
Crabtree Fields 104
críquete 50, 51
Cromwell, Oliver 56
Crown Jewels 122
Crowne Plaza 34, 35
Crystal Palace 224-5
Crystal Palace FC 50, 51
Crystal Palace Museum 225
Crystal Palace Park 195, 223, **224-5**
   Dinosaur Court 195, **225**
Cutty Sark 194, **198**, 199
Davenport's Magic Shop 42, 43

D

Dennis Sever's House 137
Design Museum 28, 29, 152, **157**
Diana Princess of Wales Memorial Fountain 172, 174, 175
Diana Princess of Wales Memorial Playground 11, 48, 49, 168-9, 172, **174**, 175
   piscina infantil Peter Pan 171
Diana, princesa de Gales 176, **177**
Dickens, Charles 56, 57, 99
   Charles Dickens Museum 106-7
dinheiro 31, 33
dinossauros 182-3, 195, 225
Discover 206, **212-3**
Discovery Centre 230
Disney Store 41, 42, 43, 89
diversões eletrônicas
   Funland 85
   Namco Station 161
Docklands Light Railway 21, 23, 25, 194, 202
Doggett's Coat and Badge Race 15, 17
Dr Johnson's House 132
dragões 117, 133
Drury Lane Gardens 91, 92
Dulwich Park 195, 220, **224**
Dulwich Picture Gallery 45, 221, **224**, 225
Dulwich Village 224

E

Early Learning Centre 41, 42
East End *veja* City e East End
Edgar, rei 126
Eduardo III 55

Eduardo IV 55
Eduardo, o Confessor 55
Electric Cinema 12, 44, 45
eletricidade 33
Elizabeth I 55, 66, 151
Elizabeth II 66, 185, 239
Eltham Palace **204**, 205
embarcações e navios
   Cutty Sark 194, **198**
   Golden Hinde 141, 143, **150**, 151
   HMS *Belfast* 28, 29, 142, 143, 152, **154-5**
English National Opera 44, 45, 89
entretenimento 44-7
   de rua 88
equitação 50, 51, 175
Eric Snook's 89
escalada, paredes de 12-3
espetáculos 47
espiões 161
esportes 12-3, 50-1
esqui 13
Eton College 235, **240**, 241
Eton, cidade 240
Eurostar 21
Eurotunnel 21
Euston Station 21
Exchange Square 132
Expedia 35

F

fantasias 143-4
fantasmas 91, 213, 233, 236, 241
Faraday, Michael 63, 77
farmácias 31, 33
   veja também Compras (por área)
Fashion and Textile Museum 157
Fawkes, Guy 56, 57, 67, 68, 120, 123
fazendas urbanas 12
   Crystal Palace Park Farm 225
   Hackney City Farm 194, **210-1**
   Mudchute Park and Farm 12, 192-3, 197, **202-3**
Fenton House 14, 17
feriados públicos 17
ferrovia 21
festivais e eventos **14-7**
   AEGON Championships 51
   Ano-Novo 16
   Ano-Novo chinês 16, 17, 63
   Arredores do Centro 197, 207, 215, 221, 227
   Árvore de Natal, cerimônia de abertura (Trafalgar Square) 16, 17
   BBC Promenade Concerts 15, 17, 171
   Beating Retreat 19
   Beating the Bounds 19
   Big Draw Festival 45
   Bloomsbury e Regent's Park 101, 109
   Bonfire Night 16
   British Film Festival 143
   Butterworth Charity 14, 17
   caça a ovos de Páscoa 14
   Canalway Cavalcade (Little Venice) 14, 17
   Carnaval de Notting Hill 11, 15, 17
   Casa do Papai Noel 11, 16, 17
   Cerimônia das Chaves 19
   cerimônias 18-9
   Chelsea Flower Show 14, 17
   City e East End 121, 129, 135
   City of London Festival 15, 17
   corais em shows e missas 16, 17
   Covent Garden May Fayre and Puppet Festival 14, 17, 62
   Doggett's Coat and Badge Race 15, 17
   equinócio de primavera 14, 17
   Frieze Art Fair (Regent's Park) 98
   Great Christmas Pudding Race 89
   Great River Race 15, 17
   Greenwich & Docklands International Festival 15, 17, 45

Índice

festivais e eventos (cont.)
  Halloween 16
  Hampton Court Flower Festival 15, 17
  iluminação de Natal de Regent's Street 16, 17
  Imagine Children's Festival 44, 45
  Kensington, Chelsea e Battersea 173, 179, 187
  Kenwood House, shows ao ar livre 15
  Kids Week 45, 47, 62
  LolliBop Festival 44, 45
  London Children's Film Festival 16, 17
  London Design Festival 45
  London Friday Night Skate & Sunday Stroll (Hyde Park) 14
  London Green Fair (Regent's Park) 15, 17
  London Ice Sculpting Festival 16, 17
  London International Horse Show 16, 17
  London to Brighton Veteran Car Run 16, 17
  Londres ao Longo do Ano 14-7
  Lord Mayor's Show 19
  Mayor's Thames Festival 15, 17, 45
  Natal 62-3
  Oak Apple Day 19
  October Plenty 16, 17
  óperas em Holland Park 15
  Oranges and Lemons Service (St Clement Danes) 14, 17
  Osterley Weekend 15, 17
  Oxford and Cambridge Boat Race 50, 51
  Parada de Ano-Novo 16, 17
  Pearly Harvest Festival 15, 17
  peças ao ar livre no Shakespeare's Globe 15, 17
  Punch and Judy Festival (Covent Garden) 14, 17
  Regent's Park Open-Air Theatre 11, 15, 17, 45, 47, 98, 112
  Remembrance Day 18, 19
  Royal Academy Summer Exhibition 15, 17
  Salvas de Canhão 18-9
  St Patrick's Day Parade 62
  Southwark e South Bank 143, 144, 152, 159
  Spitalfields Festival 15, 17
  State Opening of Parliament 18, 19, 68
  Troca da Guarda 18, 19, 62, 73, 76, 177, 238
  Trooping the Colour 18, 19, 62
  Underage Festival 44, 45
  Virgin London Marathon 50, 51, 62
  Watch This Space Festival (National Theatre) 143, 162
  Westminster e West End 62-3, 64, 72, 79, 87
  Wimbledon Tennis Championships 51
  Winter Wonderland (Hyde Park) 11, 16, 17
Festival Garden 131
Festival of Britain 141, 164, 186
filmes 75, 89, 131, 161, 175, 217, 230
  BFI Southbank 162-3
Firepower Museum 204-5
Fishmongers' Hall 28
Florence Nightingale Museum 167
Forest Hill 220, 222
Fortnum & Mason 74, **75**
Fortune Street Park 138
Foundling Museum 99, **106**, 107
Franklin, Benjamin 63, **83**
Fraser Place 35
Frieze Art Fair (Regent's Park) 98
fuso horário 32
futebol 50, 51, 189, 219

G

Gabriel's Wharf 142, 146, **163**
galerias de arte *veja* Museus e galerias
Gambado, Chelsea 49
Games Workshop 89

Gatwick, aeroporto 20, 21
Geffrye Museum 13, 194, 207, **210**, 211
George Inn, The 147
Geraldine Mary Harmsworth Park 166
"Gherkin" 119, 125
Gog e Magog 55
Golden Hinde 141, 143, **150**, 151
Golders Hill Park 214, 215, **217**
Gordon Square Gardens 105
Grahame, Kenneth 132
Grande Exposição de 1851 57, 169, 178, 224
Grande Incêndio de Londres 55, 56, 124, 125, 131
Great Christmas Pudding Race 89
Great Court (British Museum) 100, **103**
Great River Race 15, 17
Green Park 52
Greenwich & Docklands International Festival 15, 17, 45
Greenwich 194, **196-201**
Greenwich Market 194, 196, 198, **199**
Greenwich Mean Time 198, 201
Greenwich Park 52, 194, **198-9**, 203
  lago de barcos 198
  playground 199, 200
Greenwich Wildlife Centre 198
Grey, Lady Jane 80, 122
Guards Museum 61, 72, **76**
Guerra Civil Inglesa 55, 56
Guildhall Art Gallery 117, 119, **133**
Guilherme, o Conquistador 55, 120, 239
Gwynne, Nell 218

H

Hackney 206-7, 210-1
Hackney City Farm 194, **210-1**
Hackney Empire 12
Hackney Museum 207, **211**
Haggerston Park 210
Half Moon Young People's Theatre 46, 47
Ham House 17, 226, **233**
  caça a ovos de Páscoa 14
Hamleys 42, 63, 79, 81, **85**
Hampstead Heath 11, 52, 194, 214, 215, **216-7**
  lagoas 217
  parque de diversões 14, 17
  playground 217
Hampton Court Palace 11, 235, **236-7**
  cozinhas Tudor 235, 236
  Flower Festival 15, 17
  Fountain Court 236
  Great Hall 236
  Great Vine 236
  Haunted Gallery 236
  labirinto 235, 236, 237
  parque de diversões 14, 17
  Wine Fountain 236
  Young Henry VIII Exhibition 236
Handel House Museum 14, 17
Handel, George Frederic 90
Hanover Square 85
Harrods 41, 169, 179, **181**
Harry, príncipe 57, 240
Hays Galleria 28
Hayward Gallery 164
Heathrow, aeroporto 20, 21
Henrique III 55, 122
Henrique VIII 55, 71, 125, 199
  Hampton Court Palace 236-7
  Richmond Park 232
  Torre de Londres 122
  túmulo (Windsor) 238
Herne, o Caçador 240, 241
Hertford Union Canal 194
Highgate Cemetery 218
Highgate Village 218
história 54-7

HMS *Belfast* 28, 29, 142, 152, **154-5**
Holbein, Hans, *Os embaixadores* 78
Holland Park 52-3
  ópera 15
  playground de adventure 48, 49
Hollywood Bowl 13
Holmes, Sherlock 114-5
Home Base Holidays 35
Home Exchange 35
Home Link 35
Home Park (Windsor) 241
horários de funcionamento 32
Horniman Museum and Gardens 13, 16, 17, 193, 195, 220, **222-3**
Horniman, Frederick 222, 223
Horse Guards Parade 62, **70-1**
hospitais 30-1, 33
hospital infantil de Great Ormond Street 98
hotéis 34-5
  Arredores do Centro 250-1
  Bloomsbury e Regent's Park 244
  City e East End 245-6
  Kensington, Chelsea e Battersea 247-8
  Southwark e South Bank 246-7
  Westminster e West End 242
House of Commons 55, **68**
Household Cavalry Museum 70
Houses of Parliament 62, **68**
Howard, Catarina 236
Hoxton 194
Hunter, John 94-5
Hunterian Museum 45, 87, **94-5**
Hyde Park 170-1, **172-5**, 178
  London Friday Night Skate & Sunday Stroll 14
  estábulos 50, 51, **175**
  Serpentine 170, **174**
  Speakers' Corner 173, **174**
  Winter Wonderland 11, 16, 17, 171
  veja também Kensington Gardens

I

igrejas e catedrais
  Abadia de Westminster 10, 62, 64, **66-7**
  All Hallows by the Tower 16, 17, **125**
  Catedral de St Paul 10, 116-7, 118, 125, **130-1**
  Catedral de Westminster 67
  Southwark Cathedral 16, 17, 28, 142, 144, **150-1**
  St Bartholomew the Great 14
  St Clement Danes 14, **95**
  St Dunstan in the East 124
  St George's Chapel (Windsor) 238
  St Martin-in-the-Fields 15, 44, 45, 82
  St Mary-at-Hill 16, 17
  St Mary-le-Bow Church 119, **131**
  St Olave's Church 119, **125**
  St Paul's Church 14, 27, 87, **90**
Imagine Children's Festival 44, 45
Imperial War Museum (IWM) 13, 141, 159, **166**, 167
Império Britânico 56-7, 191
informações turísticas 32, 33
ingressos
  teatro 47
  teatro com desconto 12, 84
  transporte público 23, 25
instrumentos musicais 222, 223
internet, acesso à 32
Intervac 35
inundações 205

J

Jack, o Estripador 117, 156
Jaime I 56, 71
jardins *veja* Parques e jardins
Jewish Museum 113

Jogos Olímpicos 2012 57
John Lewis 41, 43
John, King 55
Johnson, Dr Samuel **132**, 133
Jones, Inigo 88
Jonson, Ben 67
Jorge I 177
Jorge III 229
jornais e revistas 32
Jubilee Gardens 161, 162, **164**

K

karts 13
Keats House 217
Keats, John 217
Kensington Gardens 53, 171, **172-5**, 185
    Albert Memorial **172**, 175
    Diana Princess of Wales Memorial Fountain 172, **174**, 175
    Diana Princess of Wales Memorial Playground 11, 48, 49, 168-9, 171, 172, 174, 175
    estátua de Peter Pan 172, 174
    veja também Hyde Park
Kensington High Street 40
Kensington Palace 169, 172, **176**
Kensington, Chelsea e Battersea **168-91**
    Battersea Park e arredores 186-91
    comida e bebida 175, 180, 189
    compras 173, 175, 179, 181, 187
    festivais e eventos 173, 179, 187
    hotéis 247-50
    Hyde Park, Kensington Gardens e arredores 172-7
    O Melhor de 170-1
    principais atrações 169
    Science Museum e arredores 178-85
    transportes 173, 179, 187
Kenwood House 11, 17, 214, **216-7**
    caça a ovos de Páscoa 14, 216
    shows ao ar livre 15, 44, 216
Kew Gardens 11, 17, 53, 193, 195, **228-9**
    caça a ovos de Páscoa 14
    Casa do Papai Noel 16, 17
    Evolution House 228
    Palm House 228, 229
    playground Climbers and Creepers 195, 227, **228**, 229
    Princess of Wales Conservatory 228
    Temperate House 228
    Treetop Walkway 228
Kew Palace 229
Kia Oval 50, 51
Kids Rollerblading Lessons 13
Kids Week 45, 47, 62
King Edward VII Park 219
King's Cross St Pancras Travel Information Centre 33
King's Cross Station 21
King's Road 40, 169
Knights Hospitaller 139

L

lastminute.com 35
Late Rooms 35
Lauderdale, duquesa de 233
Leadenhall Market 119, **124**
Legoland (Windsor) 234-5, **241**
Leicester Square 63, **84**, 85
Lilian Baylis Studio 12
Lincoln's Inn Fields 94, 95, 132
Linford Christie Sports Centre 50, 51
Lion and Unicorn, The 42, 43
Little Angel Theatre 46, 47
Little Dorrit Park 149, 150, 151
Little Stinkies 42, 43
Little Venice 11, 111
    Canalway Cavalcade 14, 17
Liverpool Street Station 21

livrarias
    Golden Treasury 42, 43
    The Lion and Unicorn 42, 43
    Marchpane 81
livros de histórias 98-9, 212-3
Lloyds Building 119
lojas de departamentos
    Fortnum & Mason 74, **75**
    Harrods 11, 16, 17, 41, 169, 179, **181**
    John Lewis 41, 43
    Selfridges 16, 17, 41, **175**
LolliBop Festival 44, 45
London Bed & Breakfast Agency 242
London Bicycle Tour Company 161
London Brass Rubbing Centre 82
London Bridge Experience 16, 17, **156**
London Canal Museum 16, 17, **107**
London City Airport 21
London Docklands, Museum of 194, **202**, 203
London Duck Tour 161
London Dungeon 16, 17, 143, 153, **164-5**
London Eye 11, 16, 27, 125, 142, 158, **160-1**
London Fields 194, **211**
London Film Museum 159, **165**
    estreias 85
    veja também Cinemas
London Fire Brigade Museum 155
London Friday Night Skate & Sunday Stroll (Hyde Park) 14, 17
London Green Fair (Regent's Park) 15, 17
London Home to Home 242
London House 242
London Ice Sculpting Festival 16, 17
London International Horse Show 16, 17
London Overground 23, 25
London Scottish 51
London Skaters 13
London Symphony Orchestra 44, 45
London Transport Museum 61, 87, 89, **92**, 93
London Zoo veja ZSL London Zoo
London, Museum of 10-1, 118, 119, 134, **136-7**
Londres econômica 12
Lord Mayor's Show 19
Lord's 50, 51
Luton, aeroporto 20-1
Lyric Theatre Hammersmith 46, 47

M

Madame Tussauds 11, **114**, 115
Maddison, Robbie 127
Mamas & Papas 41, 81
mapas
    Abadia de Westminster e arredores 64-5
    Battersea Park e arredores 186-91
    British Museum e arredores 100-1
    Catedral de St Paul e arredores 128-9
    Covent Garden e arredores 86-7
    Greenwich e arredores 196-7
    HMS *Belfast* e arredores 152-3
    Horniman Museum e arredores 220-1
    Hyde Park, Kensington Gardens e arredores 172-3
    Kenwood House e arredores 214-5
    Kew Gardens e arredores 226-7
    London Eye e arredores 158-9
    Museum of London e arredores 134-5
    National Gallery e arredores 78-9
    Palácio de Buckingham e arredores 72-3
    Science Museum e arredores 178-9
    Shakespeare's Globe e arredores 144-5
    Torre de Londres e arredores 120-1
    V&A Museum of Childhood e arredores 206-7
    ZSL London Zoo e arredores 108-9
Marble Hill House 233
Marchpane 81
Margaret, princesa 176, 177
Maria I 55
Maria II 176

marionetes
    Covent Garden May Fayre and Puppet Festival 14, 17
    Punch and Judy 15, 17, 88, 89
    Puppet Theatre Barge 46, 47, 97, 98, **111**
Marx, Karl 218
Mary Poppins 131
Mayor's Thames Festival 15, 17, 45
mercados 43
    Borough Market 43, 141, 142, 143, 145, 146, **150**
    Broadway Market 209
    Camden Market 43, 97, 99, 108, **112-3**
    Greenwich Market 194, 196, 198, **199**
    Leadenhall Market 119, **124**
    Old Spitalfields Market 118, **138-9**
    Petticoat Lane Market 43, **138**, 139
    Portobello Road Market 43, **175**
    veja também Compras
Meridian Duck Tours 199
Metrô
    como circular em Londres 22-3, 25
    de/para o aeroporto 20, 21
MI5 161
MI6 161
Middleton, Kate 57
Mile End Leisure Centre 213
Mile End Park 213
Millennium Arena (Battersea Park) 50, 51, 188
Millennium Bridge 27, 128, 148
Millwall Park 202
Milne, AA 98
mini-cabs 24, 25
Minories Hill 123
Mint Street Adventure Playground 146
missas veja Corais, shows e missas
Montgomery, Field Marshal 166
Monument 28, 117, 119, 120, **124**, 125
More, Sir Thomas 125
Mudchute Park and Farm 12, 192-3, 197, **202-3**
mudlarks 203
Murray, William 233
Museum Gardens 209
museus e galerias
    Bank of England Museum 117, 119, 129, **132**
    Barbican Centre **138**, 139
    Benjamin Franklin House 63, **83**
    British Museum 11, 13, 44, 97, 99, 100, **102-3**
    British Music Experience 193, **203**
    Burgh House 217
    Cartoon Museum 45, 99, **103**
    Charles Dickens Museum 99, **106-7**
    Churchill War Rooms 70
    Clink Prison Museum 145, **149**
    Courtauld Gallery 93
    Crystal Palace Museum 225
    Dennis Sever's House 137
    Design Museum 28, 29, 152, **157**
    Discover 206, **212-3**
    Dr Johnson's House 132
    Dulwich Picture Gallery 45, 221, **224**, 225
    Eton College Museum 235, **240**
    Fashion and Textile Museum 157
    Firepower Museum 204-5
    Florence Nightingale Museum 167
    Foundling Museum 99, **106**
    Geffrye Museum 13, 194, 207, **210**, 211
    Guards Museum 61, 72, **76**
    Guildhall Art Gallery 117, 119, **133**
    Hackney Museum 207, **211**
    Handel House Museum 14, 17
    Hayward Gallery 164
    Horniman Museum and Gardens 13, 16, 17, 183, 195, 220, **222-3**
    Household Cavalry Museum 70
    Hunterian Museum 45, 87, **94-5**
    Imperial War Museum 13, 141, 159, **166-7**

museus e galerias (cont.)
  Jewish Museum 113
  Keats House 217
  London Bridge Experience 16, 17, **156**
  London Canal Museum 16, 17, **107**
  London Dungeon 16, 17, 143, 153, **156**
  London Film Museum 159, **165**
  London Fire Brigade Museum 155
  London Transport Museum 61, 87, 89, **92**, 93
  Madame Tussauds 11, 114, 115
  Museum of London 10-1, 118, 119, 134, **136-7**
  Museum of London Docklands 194, **202**, 203
  Museum of the Order of St John 139
  National Army Museum 186, 187, **190-1**
  National Gallery 10, 44, 61, 63, 78, **80-1**
  National Maritime Museum 194, **200-1**
  National Portrait Gallery 10, 45, 63, 79, **82-3**
  Natural History Museum 11, 45, 169, 171, 179, **182-3**
  oficinas 13
  Old Operating Theatre 45, 141, 143, 145, **151**
  Petrie Museum 103
  Pollock's Toy Museum 99, 100, **104**, 105, 209
  Pump House Gallery (Battersea Park) 188
  Queen's Gallery 75
  RAF Museum 193, 214, 215, **218-9**
  Ragged School Museum 194, **213**
  Ripley's Believe It Or Not 84-5
  Royal Academy 15, 17, 81
  Royal Institution 63, **77**
  Saatchi Gallery 189
  Science Museum 11, 45, 169, 170, 178, **180-1**
  Serpentine Galleries 45, 171, 173, **176**
  Sherlock Holmes Museum 114-5
  Sir John Soane's Museum **94**, 95
  Tate Britain 10, 63, **68-9**
  Tate Modern 10, 27, 44, 142, 143, **148**, 149
  V&A Museum of Childhood 11, 193, 194, 206, **208-9**
  Victoria & Albert Museum 45, 169, 171, 178, **184**
  Wallace Collection 108, **115**
  Wellcome Collection 97, 99, 101, **104-5**
  Wernher Collection 198
  Whitechapel Gallery 45, 121, **127**
  Wimbledon Lawn Tennis Museum 232
  Winston Churchill's Britain at War Experience 143, **156**
música 44, 45

N
Namco Station 161
natação 51
Natal 62-3
  Casas de Papai Noel 11, 16, 17
  cerimônia de inauguração da árvore de Natal (Trafalgar Square) 16, 17
  Great Christmas Pudding Race 89
  Regent's Street Christmas Lights 16, 17
National Army Museum 186, 187, **190-1**
National Gallery 10, 44, 61, 63, 78, **80-1**
  A execução de Lady Jane Grey (Delaroche) 80
  Ala Sainsbury 78, 80
  Banhistas em Asnières (Seurat) 80
  Girassóis (van Gogh) 80
  Os embaixadores (Holbein) 78
  Peepshow (van Hoogstraten) **80**, 81
  Peepshow 80
  Perseu transformando Phineas e seus seguidores em pedra (Giordano) 80
  São Jorge e o Dragão (Uccello) 90

National Maritime Museum 194, **200-1**
National Portrait Gallery 10, 45, 63, 79, **82-3**
National Rail 21, 23, 25
National Sports Centre (Crystal Palace) 50, 51, **225**
National Theatre 13, 45, 46, 47, **162**
Natural History Museum 11, 45, 169, 179, **182-3**
navios *veja* Embarcações e navios
Neal's Yard 89
Nelson Square Garden 146
Nelson, Horatio 83, 200, 201
  Nelson's Column 82
  túmulo (St Paul's) 129, 130
Nelson's Column 82
New Wimbledon Theatre and Studio 12
No. 10 Downing Street 67
Normans 54-5
Notting Hill, carnaval 11, 15, 17
Novotel 34, 35

O
O2 Arena 203
Oak Apple Day 19
Oasis Sports Centre 51, **88**
Obelisk Lawn (Windsor Great Park) 240
October Plenty 16, 17
Odeon Camden 112
Odeon Leicester Square 12, 44, 45, 84
Oh Baby London 41, 43
Old Operating Theatre 45, 141, 143, 145, **151**
Old Royal Naval College 194, 195, 197, **200**
Old Spitalfields Market 118, **138-9**
Old Vic 12
One New Change 131
ônibus
  como circular em Londres 22, 25
  de/para o aeroporto 20, 21
  passeios turísticos 22, 25
Oranges and Lemons Service (St Clement Danes) 14, 17
Order of St John, Museum of 139
Oriental Pagoda (Kew Gardens) 228
Original Maids of Honour 227, **228**
Osterley Park 231
Osterley Weekend 15, 17
Oxford Street 40
OXO Tower 27, 147, **163**
Oyster cards 23, 25

P
Paddington Station 21
Paddington Street Gardens 115
Palácio de Buckingham 11, 62, 72, **74-5**
  Troca da Guarda 18, 19, 62, 73, **76**, 177
palácios
  Eltham Palace **204**, 205
  Hampton Court Palace 11, 14, 15, 17, 234, **236-7**
  Kensington Palace 169, 172, **176**
  Kew Palace 229
  Palácio de Buckingham 11, 62, 72, **74-5**
  veja também Castelos; Residências oficiais
Pall Mall 85
parada de Ano-Novo 16, 17
Park Plaza 34, 35
Parliament Hill (Hampstead Heath) 215, 216, 217
Parliament Square **68**, 69
Parliament, State Opening of 18, 19, 68
parques e jardins 52-3
  Archbishop's Park 161, 164, 167
  Bachelors Acre (Windsor) 239
  Battersea Park 16, 17, 48, 52, 169, 171, **186-90**
  Bernie Spain Gardens 162, 163

parques e jardins (cont.)
  Bishop's Park 16, 17
  Blackheath 16, 17, 52
  Bushy Park 236
  Camley Street Natural Park 107
  Canada Square Park 16
  Chelsea Physic Garden 45, 171, 186, **191**
  College Garden (Westminster) 67
  Coram's Fields 11, 48, 49, 52, 97, 99, 101, **106**, 107
  Crabtree Fields 104
  Crystal Palace Park 195, 223, **224-5**
  Drury Lane Gardens 91, 92
  Dulwich Park 195, 220, **224**
  Festival Garden 131
  Fortune Street Park 138
  Geraldine Mary Harmsworth Park 166
  Golders Hill Park 214, 215, 217
  Gordon Square Gardens 105
  Green Park 52
  Greenwich Park 52, 194, **198-9**, 200, 203
  Haggerston Park 210
  Hampstead Heath 11, 14, 17, 52, 194, 215, **216-7**
  Holland Park 15, 48, 52-3
  Home Park (Windsor) 241
  Hyde Park 11, 16, 17, 53, 170-1, **172-5**, 180
  Jubilee Gardens 161, 162, **164**
  Kensington Gardens 53, 171, **172-5**, 185
  Kew Gardens 11, 14, 16, 17, 53, 193, 195, **228-9**
  King Edward VII Park 219
  Lincoln's Inn Fields 94, 95, 132
  Little Dorrit Park 149, 150, 151
  London Fields 194, **211**
  Mile End Park 213
  Millwall Park 202
  Mudchute Park and Farm 12, 192-3, 197, **202-3**
  Museum Gardens 209
  Nelson Square Garden 146
  Osterley Park 231
  Paddington Street Gardens 115
  Postman's Park 117, 118, **136**
  Potters Fields Park 126, 155, 156, 157
  Primrose Hill 52, 53, 113
  Putney Common 52, 53
  Queen Mary's Gardens 98
  Ravenscourt Park 16, 17
  Regent's Park 11, 15, 17, 53, 98, 111, **112**
  Richmond Park 52, 53, 195, 226, **232**, 233
  Rotunda Garden 139
  Savill Garden 240
  St James's Park 52, 53, 61, 62, 67, 72, 73, **74**
  St John's Churchyard 156
  St Mary Aldermanbury Garden 133
  Story Garden (Discover) 213
  Tanner Street Park 155
  Temple Gardens 95
  Thames Barrier Park 205
  Treehouse Tower park (Kew) 228
  Trinity Square Gardens 123
  Victoria Embankment Gardens 83
  Victoria Park 194, **209**
  Victoria Tower Gardens 68
  Waterlow Park 218
  Wildlife Garden (Natural History Museum) 171, 184
  Wimbledon Common 52, 53
  Windsor Great Park **240**, 241
  veja também BMX (bicicleta); Parques temáticos; Playgrounds; Recreação, áreas de; Skate, parques de
parques temáticos
  Chessington World of Adventures (Chessington) 48, 49, **237**
  Legoland (Windsor) 234-5, **241**
  Thorpe Park (Chertsey) 48, 49, **237**

M–S | 283

Páscoa, caça a ovos de 14
passaportes 30, 33
passeios de um dia **234-41**
  comida e bebida 236, 239
  Hampton Court Palace 236-7
  principais atrações 235
  transportes 237, 238, 240, 241
  Windsor 238-41
passeios turísticos
  a pé 25, 131
  barcos 161
  ônibus 22, 25
patinação 13, 16, 50, 51, 175
Peace Pagoda (Battersea Park) 188
Peacock Theatre 12
Pearly Harvest Festival 15, 17
Pedra de Rosetta 103
Pepys, Samuel 88, 125, 131
Perceval, Spencer 68
Peter Harrison Planetarium 201
Peter Pan 98
  estátua (Kensington Gardens) 172, 174
Petrie Museum 103
Petticoat Lane Market 43, **138**, 139
Piazza, Covent Garden 88
Piccadilly Circus 84-5
pipas, Blackheath Bike and Kite Festival 15, 17
piscina Hampton 236
playgrounds
  Alf Barrett Playground 102
  Apples & Pears Adventure Playground 210
  Bachelors Acre (Windsor) 239
  Battersea Park Adventure Playground 48, 49, 189
  Causton Street Playground 69
  Climbers and Creepers (Kew Gardens) 195, 227, **228**, 229
  Coram's Fields 11, 48, 49, 52, 97, 99, 101, **106**, 107
  Diana Princess of Wales Memorial Playground 11, 48, 49, 168-9, 171, 172, **174**, 175
  Dulwich Park 224
  Greenwich Park Playground 199, 200
  Haggerston Park 210
  Hampstead Heath 217
  Mile End Park 213
  Minories Hill 123
  Mint Street Adventure Playground 146
  Obelisk Lawn (Windsor Great Park) 240
  Paddington Street Gardens 115
  Richmond Park 232
  Snakes and Ladders (Syon House) 231
  St John at Hackney Churchyard 211, 212
  St Luke's 191
  Treehouse Tower park (Kew) 228, 229
  Triangle 122
  Weavers Fields Adventure Playground 194, **209**
  veja também Parques e jardins; Parques temáticos; Recreação, áreas de
Playlounge 42-3
Playscape 13
Plazzotta, Enzo, *The Young Dancer* 88
Poet's Corner (Westminster) **66**, 67
polícia 31, 33
Polka Theatre 46, 47, 232
Pollock's Toy Museum 99, 100, **104**, 105, 209
portadores de deficiência 32, 33
Portobello Road Market 43, **175**
Postman's Park 117, 118, **136**
Potter, Harry 124
Potters Fields Park 126, 155, 156, 157
Prime Meridian 198, 210
Primeira Guerra Mundial 57, 166, 167, 187, 190
Primrose Hill 52, 53, 113
príncipes da Torre 55
Proms, The *veja* BBC Promenade Concerts

Pump House Gallery (Battersea Park) 188
Punch and Judy Festival (Covent Garden) 14, 17
Putney Common 52, 53

Q

Queen Charlotte's Cottage (Kew) 228
Queen Elizabeth Hall 164
Queen Mary's Doll's House 208, 235, **238**, 239
Queen Mary's Gardens 98
Queen Mother Sports Centre 67
Queen's Gallery 75
Queens Ice and Bowl 50, 51, **175**
Queens Park Rangers 50, 51

R

RAF Museum 193, 214, 215, **218-9**
Ragged School Museum 194, **213**
Raleigh, Sir Walter 123
Ravenscourt Park 16, 17
recreação, áreas de
  Bramley's Big Adventure 48-9
  ClownTown 49
  Gambado, Chelsea 49
Reforma 55
Regent's Canal 98
  Towpath Trail 111
Regent's Park 53, 97, 112
  atividades sazonais 98, 112
  Frieze Art Fair 98
  Holme Green, coreto **112**
  lago de barcos 11, 96-7, 112
  LolliBop 44, 45
  London Green Fair 15, 17
  Open Air Theatre 11, 15, 17, 45, 47, 98, 112
  playgrounds 111, 112
  The Hub 98, 112
  vida selvagem 112, 113
  veja também Bloomsbury e Regent's Park
Regent's Street, luzes de Natal 16, 17
Rembrandt 216
Remembrance Day 18, 19
remo 50, 51
Renoir Cinema 44, 45
Repton, Humphrey 102, 216
residências oficiais
  Apsley House 177
  Burgh House 217
  Fenton House 14, 17
  Ham House 14, 17, 226, **233**
  Kenwood House 11, 14, 15, 17, 44, 214, **216-7**
  Lauderdale House 44, **218**
  Marble Hill House 233
  Osterley Park 231
  Sutton House 194, **212**, 213
  Syon House 227, **230-1**
  Vanbrugh Castle 197
  veja também Castelos; Palácios
restaurantes 36-9
  veja também Comida e bebida
Ricardo III 55
Richmond 194, 195, 226, **232-3**
Richmond Park 52, 53, 195, 226, **232**, 233
Richmond Theatre 12
Ripley's Believe It Or Not 84-5
romanos 54, 118-9, 124, 125, 133
Rose Theatre (Kingston) 12, **237**
Rosslyn Park 51
Rotunda Garden 139
roupas, lojas de 41, 85
  Carry Me Home 85
  David & Goliath 85
  Gap 41, 43
  Mamas & Papas 41, 81
  Oh Baby London 41, 43
  La Stupenderia 41, 43
Royal Academy Summer Exhibition 15, 17

Royal Albert Hall 185
  corais 16, 17
  Proms, The 171
Royal Ballet 63, 90-1
Royal Ballet School 91
Royal Botanic Gardens *veja* Kew Gardens
Royal Festival Hall 44, **164**, 165
Royal Hospital Chelsea 190-1
Royal Institute of British Architects 181
Royal Institution 63, **77**
Royal Mews 62, **76**, 77
Royal Observatory Greenwich 45, 193, 194, 198, 201
  planetário 201
Royal Opera House 12, 13, 61, **90-1**
  visita aos bastidores 63, 90-1
rúgbi 51
Russell Square 102

S

Saatchi Gallery 189
SACO 35, 245
Sadleir, Sir Ralph 212
Salters Steamers 239
salva de canhões 18-9, 171
Sandown Active Sports 13
saúde 30-1, 33
Savill Garden 240
Savoy Hotel 27
Science Museum 11, 45, 169, 170, 178, **180-1**
Scoop, The 44, 45
Sea Life London Aquarium 26, 27, 158, **164**
Segunda Guerra Mundial 57, 70, 143, 154-5, 156, 157, 166, 167, 190, 219
segurança pessoal 31, 33
seguros 30, 33
Selfridges 41, **175**
Serpentine 170, **174**
Serpentine Galleries 45, 171, 173, **176**
Serpentine Lido 51, **171**
Sever, Dennis 137
Shakespeare, William 133, 146, 147, 150
Shakespeare's Globe 11, 13, 17, 28, 144, **146-7**
Sherlock Holmes Museum 114-5
shoppings
  One New Change 131
  Westfield 41
Sir John Soane's Museum **94**, 95
skate de rua 14
  Cantelowes Skatepark 49
  White's Grounds Skate Park 155
snowboard 13
Soane, Sir John 94, 95, 224
Somerset House 27, 61, 88, **93**
  eventos artísticos 44, 93
  Fountain Court 93
  rinques de patinação no gelo 63, 93
South Bank 26, 27, 141, 142 *veja também* Southwark e South Bank
Southbank Centre 44, 142, **164**
  teatro Udderbelly 143, 164
Southwark Cathedral 28, 142, 144, **150-1**
  missas com coral 16, 17
Southwark e South Bank **140-67**
  comida e bebida 146-7, 155, 161
  compras 144, 152, 159
  festivais e eventos 143, 144, 152, 159
  HMS *Belfast* e arredores 152-7
  hotéis 246-7
  London Eye e arredores 158-67
  O Melhor de 142-3
  principais atrações 141
  Shakespeare's Globe e arredores 144-51
  transportes 144, 152, 159
Speakers' Corner (Hyde Park) 173, **174**
Spitalfields City Farm 135, 139
Spitalfields Festival 15, 17
St Bartholomew the Great 14
St Clement Danes 14, **95**

284 | Índice

St Dunstan in the East 124
St George and the Dragon (Uccello) 80
St George's Chapel (Windsor) 238
St James's Park 52, 53, 61, 62, 71, 74
St John at Hackney Churchyard 211, 212
St John's Churchyard 156
St Katharine's Dock 11, 28, 29, 118, 120, **126-7**
St Luke's 191
St Martin-in-the-Fields 15, 44, 45, **82**
St Mary Aldermanbury Garden 133
St Mary-at-Hill 16, 17
St Mary-le-Bow Church 119, **131**
St Olave's Church 119, **125**
St Pancras International 21
St Patrick's Day Parade 62
St Paul, Catedral de 10, 116-7, 118, 125, **128-31**
    cúpula 130
    Golden Gallery **130**, 131
    Oculus 130
    túmulo de Florence Nightingale 130
    túmulo de Nelson 129, **130**
    Wellington Monument 130
    Whispering Gallery 128, 130, 131
St Paul's Church 14, 27, 87, 90, 91
Stamford Bridge 189
Stansted, aeroporto 20, 21
Star Command 87
State Opening of Parliament 18, 19, 68
Stomp 47
Story Garden (Discover) 213
Stuarts 56
Stupenderia, La 41, 43
Sutton House 194, **212**, 213
Syon House 227, **230-1**

T

Tâmisa, rio
    Blackfriars Bridge 26-7
    London Duck Tour 161
    Meridian Duck Tours 199
    passeio de RIB-boat 141, **161**
    Southwark Bridge
    St Katharine's Dock 28-9
    transportes 24-5, 28
    Westminster Bridge
    Windsor, passeios de barco 239
Tanner Street Park 155
Tate Britain 10, 63, **68-9**
Tate Modern 10, 27, 44, 142, **148**, 149
táxis 24, 25
teatros e casas de espetáculos
    Barbican Centre 44, 118, **138**, 139
    Chickenshed 12
    Coliseum 12
    Hackney Empire 12
    Half Moon Young People's Theatre 46, 47
    Lilian Baylis Studio 12
    Little Angel Theatre 46, 47
    Lyric Theatre Hammersmith 46, 47
    melhores teatros e espetáculos 46-7
    National Theatre 13, 45, 46, 47
    New Wimbledon Theatre and Studio 12
    O2 Arena 203
    Old Vic 12
    Peacock Theatre 12
    Polka Theatre 46, 47, **232**
    Puppet Theatre Barge 46, 47, 97, 98, **111**
    Queen Elizabeth Hall 164
    Regent's Park Open-Air Theatre 11, 45, 47, 98, 112
    Richmond Theatre 12
    Rose Theatre (Kingston) 12, **237**
    Royal Albert Hall 16, 17
    Royal Festival Hall 44, **164**, 165
    Royal Opera House 12, 13, 44, 61, 63, **90-1**
    Shakespeare's Globe 11, 13, 15, 17, 28, 45, 47, 142, 143, 144, **146-7**
    Southbank Centre 44, 142, 164
    The Scoop 44, 45

teatros e casas de espetáculos (cont.)
    Theatre Royal Drury Lane 13, 45, 47, 63, **91**
    Tricycle 12
    Unicorn Theatre 47, 147
    Wigmore Hall 44, 45
telefones 32, 33
Telford, Thomas 126
Temple Gardens 95
templo romano (Windsor Great Park) 240
tênis 51
Thames Barrier 205
Thames Barrier Park 205
Thames Path 233
Theatre Royal Drury Lane 13, 45, 47, 63, **91**
Tintin Shop 89
TokyoToys 71, 115, 199, 201
torneios (justas) 71, 115, 199, 201
Torre de Londres 11, 28, 29, 117, 118, 119, 120, **122-3**
    Cerimônia das Chaves 19
Tower Bridge 28, 29, 120, **126**
Tower Wharf 123
Trafalgar Square 63, 81, **82**
    cerimônia de iluminação da árvore de Natal 16, 17
Trafalgar Tavern 198, 199
Transport for London 12, 21, 22
transporte fluvial 24-5
transportes
    Arredores do Centro 197, 207, 215, 221, 227
    Bloomsbury e Regent's Park 101, 109
    City e East End 121, 129, 135
    como chegar a Londres 20-1
    como circular em Londres 22-5
    Kensington, Chelsea e Battersea 173, 179, 187
    passeios de um dia 237, 238, 240, 241
    Southwark e South Bank 144, 152, 159
    Westminster e West End 64, 72, 79, 87
traslados 20-1
traveller's cheques 31
Travelocity 35
Treehouse Tower Park (Kew Gardens) 228, 229
Treetop Walkway (Kew Gardens) 11, **228**
trem 21
Triangle 222
Tricycle 12
Trinity College of Music 200
Trinity Square Gardens 123
Troca da Guarda18, 19, 62, 73, **76**, 177, 238
Trocadero Centre 85
Trooping the Colour 18, 19, 62
Tudors 55

U

Uccello, Paolo, *São Jorge e o dragão* 80
Underage Festival 44, 45
Unicorn Theatre 47, 147

V

V&A Museum of Childhood 11, 193, 194, 206, **208-9**
Vanburgh Castle 197
Vauxhall City Farm 12
viagem marítima 21
Victoria & Albert Museum 45, 169, 178, **184**
Victoria Coach Station 21
Victoria Embankment Gardens 83
Victoria Gate, cemitério de animais 172
Victoria Park 194, 209
Victoria Tower Gardens 68
Victoria, Queen 56-7, 75, 176, 177
vida selvagem
    Battersea Park Children's Zoo 11, 14, 17, 171, 187, **190**, 191
    Butterfly House (Golders Hill Park) 215, 217
    Camley Street Natural Park 107
    Crystal Palace Park Farm 225

vida selvagem (cont.)
    Greenwich Wildlife Centre 198
    Hackney City Farm 194, 210-1
    Horniman Museum Aquarium 222
    Kew Gardens Aquarium 228
    Mudchute Park and Farm 12, 192-3, **202**
    Nature Base (Horniman Museum) 222
    Sea Life London Aquarium 26, 27, 158, **164-5**
    Spitalfields City Farm 135, 139
    Wildlife Garden (Natural History Museum) 171, 184
    WWT London Wetland Centre 53, 195, 227, **230**, 231
    ZSL London Zoo 11, 97, 98, 108, **110-1**
View from The Shard, The 156
vikings 54, 95, 119
Virgin London Marathon 50, 51, 62
Visit London 32, 33
vistos 30, 33

W

Wallace Collection 108, **115**
Walpole, Robert 56, 240
Warner Bros. Studio Tour London
    – The Making of Harry Potter 218
Watch This Space Festival 143
Waterloo, batalha de 177, 190
Waterlow Park 218
Weavers Fields Adventure Playground 194, **209**
Wellcome Collection 97, 99, 101, **104-5**
Wellington Arch 170, **177**
Wellington, duque de 131, 177, 190
    Wellington Monument (Catedral de St Paul) 130
Wembley Stadium 50, 51, 193, 214, **219**
Wernher Collection 198
West End *veja* Westminster e West End
Westfield, shopping center 41
Westminster Cathedral 67
Westminster e West End **60-95**
    Abadia de Westminster e arredores 64-71
    comida e bebida 67, 74-5, 81, 88
    compras 64, 72, 75, 79, 81, 87, 89
    Covent Garden e arredores 86-95
    festivais e eventos 62-3, 64, 72, 79, 87
    hotéis 242-4
    National Gallery e arredores 78-85
    O Melhor de 62-3
    Palácio de Buckingham e arredores 72-7
    principais atrações 61
    transportes 64, 72, 79, 87
Westminster, Abadia de 10, 62, 64, **66-7**
Westway Sports Centre 12
White's Grounds Skate Park 155
Whitechapel Gallery 45, 121, **127**
Whittington, Dick 57, 66, 119, 124, 133
Wigmore Hall 44, 45
William, príncipe 57, 240
Wimbledon Common 52, 53
Wimbledon Lawn Tennis Museum 232
Wimbledon Tennis Championships 51
Windsor Great Park **240**, 241
Windsor, Castelo de 235, **238-9**
Winston Churchill's Britain at War Experience 143, **156**
Woolwich Waterfront Leisure Centre 51, **205**
Wren, Sir Christopher 56, 57, 124, 128, 131, 200, 236
WWT London Wetland Centre 53, 195, 227, **230**, 231

Y

Young London 32, 33

Z

ZSL London Zoo 11, 97, 98, 108, **110-1**

Frases

Na terceira coluna, você encontra a transcrição mais aproximada em português da pronúncia das palavras em inglês. Há na língua inglesa, no entanto, sons inexistentes em português como o "th", que é transcrito aqui de duas maneiras diferentes: como "d" na palavra "this" ou como "f" na palavra "thank you". A pronúncia correta é, nos dois casos, com a língua entre os dentes frontais. O "h" de "help" é transcrito pelas letras "rr" enquanto o "rr" de "sorry" aparece na terceira coluna como "r", com um som próximo ao do "r" seguido de consoante pronunciado em algumas regiões do interior de São Paulo.

Em Emergências

Socorro	Help	rrélp
Pare	Stop	stóp
Chame um médico	Call a doctor	koladóktor
Chame uma ambulância	Call an ambulance	kolanémbiulens
Chame a polícia	Call the police	kol dê políss
Chame os bombeiros	Call the fire department	kol dê fáier département
Onde fica o telefone mais próximo?	Where is the nearest telephone?	ueriz dê nírest télefoun?
Onde fica o hospital mais próximo?	Where is the nearest hospital?	ueriz dê nírest rróspital?

Comunicação Essencial

Sim	Yes	iés
Não	No	nôu
Por favor	Please	plíz
Obrigado	Thank you	fênkiu
Desculpe	Sorry	sóri
Com licença	Excuse me	ekskíuzmi
Oi	Hello	rrélou
Adeus	Goodbye	gudbái
Manhã	Morning	mórnin
Tarde	Afternoon	afternún
Noite	Evening	ívinin
Noite (tarde)	Night	náit
Ontem	Yesterday	iéstêrdei
Hoje	Today	túdei
Amanhã	Tomorrow	tumórou
Aqui	Here	rriêr
Lá	There	dér
O quê?	What?	úat
Quando?	When?	úen
Por quê?	Why?	úai
Onde?	Where?	uér

Frases Úteis

Como vai?	How are you?	rrauáriu
Muito bem, obrigado.	Very well, thank you	véri uél, fênkiu
Muito prazer em conhecer você	Pleased to meet you	plízd tu mítiu
Até logo	See you soon	síu sún
Está bem/bom	That's fine	déts fáin
Onde está/estão?	Where is/ where are...?	uériz uérár
Quantos metros/ quilômetros são até...?	How far is it to...	rrau farízit tu—
Como se vai para...?	Which way to...?	uítch uei tu
Você fala português?	Do you speak portuguese?	du iu spík pôrtiuguíz?
Você fala espanhol?	Do you speak spanish?	du iu spík spênish?
Não entendo	I don't understand	ai dount anderzténd
Pode falar mais devagar, por favor?	Could you speak more slowly, please?	kúdiu spík môr slóulí plíz?
Sinto muito	I'm sorry	áim ssóri

Palavras Úteis

grande	big	bêg
pequeno	small	smól
quente	hot	rót
frio	cold	kôuld
bom	good	gúd
ruim	bad	béd
suficiente	enough	ináf

bem	well	uél
aberto	open	ôupen
fechado	closed	klôuzd
esquerda	left	léft
direita	right	ráit
direto	straight (on)	strêit (ón)
perto	near	níer
longe	far	fár
em cima	up	áp
abaixo	down	dáun
cedo	early	êrlí
tarde	late	léit
entrada	entrance	êntranss
saída	exit	égzêt
banheiros	toilettes	tóilétz
mais	more	môr
menos	less	léss

Nas Compras

Quanto custa isto?	How much does this cost?	rrau mátch daz dês kóst?
Eu gostaria	I would like	ai uôd laik
Vocês têm...?	Do you have...?	du iu rrév...?
Estou só olhando, ...obrigado	I'm just looking, ...thank you	aim djast lûkin,... fênkiu
Vocês aceitam cartões de crédito?	Do you take credit cards?	du iu têik krédit kardz?
A que horas vocês abrem?	What time do you open?	uotáim du iu ôupén?
A que horas vocês fecham?	What time do you close?	uotáim du iu klôuz?
Este	this one	dêss uán
Aquele	that one	dét uán
caro	expensive	ekspénssîv
barato	cheap	tchíp
tamanho (roupas e sapatos)	size	ssáiz
branco	white	úait
preto	black	blék
vermelho	red	réd
amarelo	yellow	iélou
verde	green	grín
azul	blue	blú
loja de antiguidades	antique shop	entík shóp
padaria	bakery	bêikeri
banco	bank	bénk
livraria	bookshop	bôkshop
açougue	butcher's	bótcherz
farmácia	chemist's	kémists
peixaria	fishmonger's	fêshmônguerz
quitanda	greengrocer's	grin grôusserz
loja de alimentos	grocer's	grôusserz
cabeleireiro	hairdresser's	rrer drésserz
mercado, a feira	market	márket
jornaleiro	newsagent's	niúzêidjentz
agência do Correio	post office	pôustófiss
loja de calçados	shoe shop	shú shóp
supermercado	supermarket	supermárket
tabacaria	tobacconist	tbákounîst
agência de viagens	travel agency	trévl êidjenssí

Atrações Turísticas

galeria de arte	art gallery	art guélerí
catedral	cathedral	kfídral
igreja	church	tchêrtch
jardim	garden	gárden
biblioteca	library	láibreri
Museu	museum	miuzíam

Frases

Português	English	Pronúncia
informação turística	tourist information	tôrist infôrmêishan
a prefeitura	townhall	táunról
fechado por férias/feriado	closed for holiday	klouzd for rrólidei
ponto de ônibus	bus stop	bástop
estação de trem	railway station	reiluei stêishan

No Hotel

Português	English	Pronúncia
Tem quarto disponível?	Do you have a vacant room?	du iu rev â vêikant rum?
quarto para dois	double room	dábô rúm
com cama de casal	with double bed	uêf dábô bed
quarto com duas camas	twin room	tuên rúm
quarto de solteiro/individual	single room	cêngol rúm
quarto com banheiro	room with a bath	rúm uêf â bef
chuveiro	shower	sháuer
porteiro	porter	pórter
chave	key	kí
Eu tenho uma reserva	I have a reservation	ai rrev â rezêrvêishan

No Restaurante

Português	English	Pronúncia
Tem uma mesa para...?	Have you got a table for...?	rreviu gat a teibôu for..?
Quero reservar uma mesa	I want to reserve a table	ai uant tu rízérv â teibôu
A conta, por favor	The bill, please	dê bêll, plíz
Sou vegetariano/a	I'm vegetarian	áim vedjetérian
garçonete/garçom	waitresse waiter	uêitress uêiter
menu	menu	mêniu
menu do dia	fixed-price menu	fêkst-praiss mêniu
carta de vinhos	winelist	uáin lêst
copo	glass	gláss
garrafa	bottle	bátlou
faca	knife	náif
garfo	fork	fórk
colher	spoon	spún
café da manhã	breakfast	brékfest
almoço	lunch	lântch
jantar	dinner	dêner
prato principal	main course	mêin kórs
entrada	starter	stárter
prato do dia	dish of the day	dêsh ov dê dêi
café	coffee	kófi
malpassado	rare	rér
ao ponto	medium	mídium
bem passado	well done	uél dán

Interpretando o Cardápio

Português	English	Pronúncia
apple	apple	âpôl
baked	baked	bêik
banana	banana	bnána
beef	beef	bíf
beer	beer	bîer
bread	bread	bréd
butter	butter	bátâr
cake	cake	kêik
cheese	cheese	tchíz
chicken	chicken	tchêken
chocolate	chocolate	tcháklat
cold meat	cold meat	kôuld mít
dessert	dessert	dêzért
dry	dry	drái
egg	egg	êg
fish	fish	fêsh
fried	fried	fráid
fruit	fruit	frút
garlic	garlic	gárlek
ham	ham	rrem
icecream	icecream	áiss krim
lamb	lamb	lêm
lemon	lemon	léman
lemonade	lemonade	lémanêid
lobster	lobster	lábster

Português	English	Pronúncia
maçã	apple	—
ao forno	baked	—
banana	banana	—
carne de boi	beef	—
cerveja	beer	—
pão	bread	—
manteiga	butter	—
bolo	cake	—
queijo	cheese	—
frango	chicken	—
chocolate	chocolate	—
os frios	cold meat	—
sobremesa	dessert	—
seco	dry	—
ovo	egg	—
peixe	fish	—
frito	fried	—
fruta	fruit	—
alho	garlic	—
presunto	ham	—
sorvete	icecream	—
cordeiro	lamb	—
limão	lemon	—
limonada	lemonade	—
lagosta	lobster	—

Português	English	Pronúncia
meat	meat	mít
milk	milk	mêlk
mineral water	mineral water	mineral uáter
nuts	nuts	nâts
oil	oil	óill
olives	olives	ólêvz
onion	onion	ânian
orange	orange	órandj
pepper	pepper	péper
pie	pie	pái
pork	pork	pórk
potatoes	potatoes	ptêitôuz
prawns	prawns	prónz
red wine	red wine	red úain
rice	rice	ráiss
roast	roast	rôust
rosé wine	rosé wine	rouzê úain
salt	salt	sólt
sauce	sauce	sóss
sausages	sausages	sósêdj
seafood	seafood	sifud
sirloin steak	sirloin steak	sêrloin stêik
soup	soup	súp
still/sparkling	still/sparkling	stíl/spárklin
sugar	sugar	shûgar
vegetable stew	vegetable stew	védjetabôu stú
tea	tea	tí
toasts	toasts	tôusts
vinegar	vinegar	vênagar
white wine	white wine	úait úain

Tradução em português: carne, leite, água mineral, nozes, azeite, azeitonas, cebola, laranja, pimenta, torta, porco, batatas, camarões, vinho tinto, arroz, assado, vinho rosé, sal, molho, linguiças, frutos do mar, filé mignon, sopa, sem gás/com gás, açúcar, cozido de vegetais, chá, torradas, vinagre, vinho branco.

Números

#	English	Pronúncia
0	zero	zírou
1	one	uán
2	two	tú
3	three	frí
4	four	fór
5	five	faiv
6	six	sêks
7	seven	sévên
8	eight	êit
9	nine	nain
10	ten	tên
11	eleven	ilévên
12	twelve	tuélv
13	thirteen	fêrtín
14	fourteen	fortín
15	fifteen	fêftín
16	sixteen	sêkstín
17	seventeen	seventín
18	eighteen	êitín
19	nineteen	naintín
20	twenty	tuentí
21	twenty-one	tuentí uán
22	twenty-two	tuentí tú
30	thirty	fêrtí
31	thirty-one	fêrtí uán
40	fourty	fórti
50	fifty	fêfti
60	sixty	sêksti
70	seventy	séventi
80	eithty	êiti
90	ninety	náinti
100	one hundred	uán rrándrêd
200	two hundred	tu rrándrêd
500	five hundred	faiv rrándrêd
1.000	one thousand	uán fáuzand
1.001	one thousand one	uán fáuzand úan

Tempo

Português	English	Pronúncia
um minuto	one minute	uán mênat
uma hora	one hour	uán áuar
meia hora	half an hour	rráfen áuar
segunda-feira	Monday	mândei
terça-feira	Tuesday	túzdei
quarta-feira	Wednesday	uênizdêi
quinta-feira	Thursday	fêrzdêi
sexta-feira	Friday	fráidêi
sábado	Saturday	satêrdêi
domingo	Sunday	sândêi

Agradecimentos

A Dorling Kindersley agradece a todas as pessoas cujo auxílio e assistência contribuíram para a preparação deste livro.

Principal Colaborador
O jornalista Vincent Crump, formado em inglês em Oxford, já atuou nas mais diversas esferas do jornalismo impresso: em equipes de revistas especializadas, jornais regionais e, recentemente, como redator e editor freelance, escrevendo principalmente sobre viagens. A maior parte de seu trabalho recente é como jornalista especializado em viagens para a editoria de turismo do Sunday Times e para a Sunday Times Travel Magazine, para as quais escreve e edita há dez anos. Este é seu primeiro livro.

Introdução a Londres e Onde Ficar
Escritos por Leonie Glass.

Fotografias Adicionais
Demetrio Carrasco, Tim Draper, Steve Gorton, Dave King, Stephen Oliver, Rough Guides/Victor Borg, Chris Stowers.

Cartografia
Os mapas nas páginas 196-7, 206-7, 214-5, 220-1 e 226-7 foram extraídos de © www.openstreetmap.org e colaboradores, licenciados sob CC–BY–SA; veja creativecommons.org para mais detalhes.

Assistência Editorial e de Design
EDITORA-ASSISTENTE Claire Bush
CAPA Tessa Blindoss, Louise Dick
ÍCONES Claire-Louise Armitt
LEITURA Scarlett O'Hara, Anna Streiffert
CHECAGEM DE DADOS Karen Villabona
REVISÃO Huw Hennessy
INDEXAÇÃO Helen Peters

Agradecimentos a Douglas Amrine pela ajuda no desenvolvimento desta série.

Equipe de revisão
Karen D'Souza, Caroline Elliker, Kaberi Hazarika, Bharti Karakoti, Catherine Palmi, Susie Peachey, Khushboo Priya, Ajay Verma

Autorizações de Fotos
A Dorling Kindersley agradece a todos a seguir pela colaboração e gentileza de nos permitir fotografar seus estabelecimentos.

Terri e Sir Richard Raleigh nos 44 Curzon Street Apartments, Apple UK Press Office, Nicolas no Arosfa B&B, Hélène Muron para Barbican Film Sunday, Finoa Vella no Battersea Park Children's Zoo e no Lemon Tree Café, Benjamin Pollock's Toyshop, Britain at War, British Music Experience, Paul e Sarah na Brown's Brasserie, Sophie Darley no Browns Hotel, Brunel Museum, Burgh House, Camden Arts Centre, Cartoon Museum, Shannon Hermes no Charles Dickens Museum, Jess Walker em Davis Tanner para Chelsea Football Club e todos no clube, The Clink Museum, Crystal Palace Museum, Crystal Palace Sports Center, DR Johnson's House, Lettie McKie na Dulwich Picture Gallery, Farady Museum e Royal Institution, Fire Brigade Museum, Florence Knightingale Museum, Gemma Colgan no Foundling Museum, Lorenzo e Giuseppe na La Gaffe, Garden Museum, Guards Museum, Nancy Loader no Geffyre Museum, Vikki no Giraffe, Golders Hill Butterfly House, Amelia Atkinson no The Goring, Hany Kirollos no Gourmet Burger Kitchen Windsor, Guildhall Art Gallery, Jo Wilkinson e Madeleine McClure no Hamleys, Richard Brindley no Hard Rock Café, Harrods, Tim Powell nos Historic Royal Palaces, Sarah Beckett no Horniman Museum, Household Cavalry Museum, Hunterain Museum, Imperial War Museums, Alison Bledge na Legoland®, Sophie Lilley na The London Eye, London Film Museum, Wendy Neville no London Transport Museum, Nicola Kalimeris no Museum of London, Becca Hubbard no National Army Museum, Claire Gilbey no Natural History Museum, Old Operating Theatre Museum e Herb Garret, Malida na Original Maids of Honour, Gren Middleton no Puppet Theatre Barge, Royal Air Force Museum, Bryony Phillips nos Royal Botanic Gardens Kew, Royal Observatory Greenwich, SACO – Holborn, Catedral de St Paul, Nicola Osmond-Evans no Science Museum, Serpentine Gallery, Snook's Fun Store, Syon House, Theatre Royal Drury Lane, Unicorn Theatre, Joanna Bolitho no V&A Museum of Childhood, Amy Randall na Wallace Collection, Collegiate Church of St Peter Westminster, WWT London Wetland Centre, Zoological Society of London (ZSL).

Crédito das Imagens
a = acima; b = abaixo/embaixo; c = centro; e = esquerda; d = direita; t = topo

Os editores gostariam de agradecer aos seguintes pela gentil permissão de reproduzir suas fotografias:

ALAMY IMAGES: The Art Gallery Collection/A execução de Lady Jane Grey 1833 Hippolyte (Paul) Delaroche 80cda; Robert Bird 80td; Mike Booth 184bd; Greg Balfour Evans 20be; Keith Mayhew 218tc; John Warburton-Lee Photography 178ce.

BATTERSEA PARK CHILDREN'S ZOO: 187te.

THE BRIDGEMAN ART LIBRARY: Index/Bymuseum, Oslo, Norway 54cda.

BRITISH AIRWAYS: Newscast 20-1.

THE TRUSTEES OF THE BRITISH MUSEUM: 103tc, 103cea; Alan Hills 103ca.

CHESSINGTON WORLD OF ADVENTURES/MERLIN ENTERTAINMENTS GROUP: 49be.

288 | Agradecimentos

CORBIS: Demotix/David Mbiyu 46bd, /James Gourley 18be, /P Nutt 18bd; EPA/Frantzesco Kangaris 11t; Eurasia Press/Steven Vidler 55cb; Jason Hawkes 252-3; Heritage Images 78be; Robbie Jack 91te; Pawel Libera 58-9; Reuters/A.J. Sisco 17be; SuperStock/Clive Sawyer PCL 8-9.

DESIGN MUSEUM: Gilbert McCarragher 157tc.

DORLING KINDERSLEY: Jamie Marshall Collection 30be; Courtesy of The Science Museum 180td; Park Lane Group Young Artists' Concert 164be.

DREAMSTIME.COM: Padmayogini 16bd, 17bd.

EDF ENERGY LONDON EYE: 160bc.

© ENGLISH HERITAGE PHOTO LIBRARY: 204ceb, 216ce, 216c, 216cd.

EUROLINES: 21bc.

GAMBADO CHELSEA: 48bd.

GETTY IMAGES: 19bd; AFP 62bd, /Carl de Souza 19be; Express/Stan Meagher 57cdb; Imagno 80cd; Chris Jackson 72c; Christopher Lee 16be; Clive Rose 63c; Oli Scarff 15be; SuperStock 80c; Time & Life Pictures/Mansell 56td.

GLENTHURSTON SELF CATERING APART MENTS: Andrew Hatfield 251ae.

THE GOLDEN TREASURY BOOKSHOP: 43be.

THE GOVERNOR & COMPANY OF THE BANK OF ENGLAND: 129cd.

IMPERIAL WAR MUSEUMS: 154cdb

WWW.KIDSROLLERBLADINGLESSONS.CO.UK: 13b.

THE KOBAL COLLECTION: Walt Disney Pictures 131bc.

LONDON BOROUGH OF CAMDEN: 48be.

LONDON CITY AIRPORT: Andrew Baker 20bc.

LONDON RECUMBENTS: 188ce.

MADAME TUSSAUDS/LONDRES: 114tc.

THE MAYOR'S THAMES FESTIVAL: Barry Lewis 15bd.

NATIONAL PORTRAIT GALLERY, LONDRES: Colin Streater 79te.

THE NATIONAL TRUST PHOTO LIBRARY ©NTPL: Arcaid/Richard Bryant 233be; Andrew Butler 231cb; Geoffrey Frosh 212tc; David Levenson 44bd.

NATURAL HISTORY MUSEUM, LONDRES: 182ce.

POLKA THEATRE: © Robert Workman 47bd, 232td.

REGENT'S PARK OPEN AIR THEATRE: Tristram Kenton 14be.

RIPLEY'S BELIEVE IT OR NOT: 85te.

ROYAL ALBERT HALL: © Marcus Ginns 2009 185te.

ROYAL NATIONAL THEATRE: Simon Annand 162td.

ROYAL OPERA HOUSE: Sim Canetty-Clarke 45bd.

THE ROYAL COLLECTION © 2011 HER MAJESTY QUEEN ELIZABETH II: 238cd; John Freeman 74cdb; Derry Moore 74cea, 74ceb.

SHAKESPEARE GLOBE TRUST: Pawel Libera 146ce, Rocco Redondo 146cd.

SIR JOHN SOANES MUSEUM: Derry Moore 94tc.

SOMERSET HOUSE: © Gideon Mendel 13td, 93t.

ST PAUL'S CATHEDRAL: PETER SMITH 130cda.

THORPE PARK/MERLIN ENTERTAINEMENTS GROUP: 49te.

TRAVEL PICTURES: Charles Bowman 27ceb.

THE VIEW FROM THE SHARD: 153td, 156tc.

VISIT GREENWICH: 198ce, 198c.

WESTFIELD LONDON: 41be.

Imagens da sobrecapa: Capa: Mike McQueen b; GETTY IMAGES: Jon Arnold td; SUPERSTOCK: Roberto Herrett/Loop Images tc; PHOTOLIBRARY: Age fotostock/North Light Images te. Contracapa: ALAMY IMAGES: Veryan Dale td; AWL IMAGES: Alan Copson te, Julian Love tc. Lombada: CORBIS: Sylvain Sonnet t.

Todas as outras imagens © Dorling Kindersley
Para mais informações, veja: www.dkimages.com

MAYOR OF LONDON

Website: tfl.gov.uk
24 hour travel information: 0843 222 1234*

© Transport for London   Reg. user No. 12/2179/P